Indomptable

DU MÊME AUTEUR

Une autre histoire de Londres, *Robert Laffont, 2013*
Winston, *Stock, 2015*; *Le Livre de Poche, 2016*

Boris Johnson

Indomptable

Traduit de l'anglais (Royaume-Uni)
par Odile Demange, Christel Gaillard-Paris,
Renaud Morin, Florence Noblet et Pierre Reignier

Stock

TITRE ORIGINAL :
Unleashed

Couverture : © HarperCollins
Adaptation jaquette : © Le Petit Atelier

ISBN : 9782234096776

Publié initialement en anglais par HarperCollins Publishers Ltd.
sous le titre *Unleashed*.

À Carrie,
et à la mémoire de ma mère, Charlotte

« Hasta la vista, baby. »
Arnold Schwarzenegger,
Terminator 2 : Le Jugement dernier (1991)

PREMIÈRE PARTIE

Pris au piège

Chapitre 1

LA MALÉDICTION DE LA FEMME ARAIGNÉE

qui apparemment me valut d'être épinglé par la Cour suprême

On dit que l'heure qui précède l'aube est la plus sombre. Admettons, pourtant ma montre indiquait que l'aube était là depuis belle lurette mais il faisait toujours sombre. Bon sang, qu'est-ce qui n'allait pas ? Ah, mais bien sûr… je me trouvais à New York !

Je n'étais pas logé dans un hôtel grandiose à en juger par la taille de la chambre. Alors que je reprenais mes esprits, je me suis souvenu de l'autre donnée essentielle.

J'étais venu à New York avec ma future femme, qui dormait à côté de moi. Elle était enceinte. Et c'est bien ça, oui, j'étais Premier ministre du Royaume-Uni, premier lord du Trésor, ministre de la Fonction publique et de l'Union. Avant que je puisse m'attarder là-dessus, j'ai aperçu la lumière qui m'avait réveillé.

C'était Martin Reynolds, mon génial directeur de cabinet, dont le nom brillait sur mon iPhone, en direct de Londres.

« Bonjour, monsieur le Premier ministre », m'a dit Martin de sa voix à l'enthousiasme caractéristique. S'il avait été le meilleur ami de l'homme, on aurait pu l'entendre frétiller sur la moquette. « Désolé de vous réveiller si tôt, mais je pense que vous devriez allumer la télé. Ce sont de mauvaises nouvelles, je le crains. » De mauvaises nouvelles ? Il me semblait difficile que ma situation politique puisse encore empirer.

Oui, j'étais le chef d'un pays du G7 et, oui, j'avais prétendument un pouvoir de décision colossal. J'avais des gardes du corps super entraînés et lourdement armés. Rien qu'hier à New York l'un d'eux avait traversé la rue pour écarter un piéton inoffensif qui aurait pu se trouver sur mon chemin. Ce dernier avait laissé échapper un cri de surprise.

J'avais à ma disposition des voitures et des avions et un budget de mille milliards de livres sterling. Mais, politiquement, j'étais pris au piège. Avec un pouvoir déjà fragile en arrivant à mon poste, j'avais la sensation, après soixante-trois jours mouvementés, aux turbulences en augmentation constante, de me retrouver agrippé au rebord d'une fenêtre rendu glissant par la pluie.

Ma majorité parlementaire était nulle et se réduisait comme peau de chagrin de jour en jour. J'avais, en tant que Premier ministre, essuyé la défaite la plus rapide de tous les temps dans une élection législative partielle. Trois semaines avant mon arrivée à New York, j'étais à la Chambre des communes quand l'un de mes collègues[1] – un médecin généraliste de Bracknell, plutôt sensé d'ailleurs – s'était levé comme s'il allait me couper la parole, mais au lieu d'attirer mon regard il s'était dirigé sans se presser jusqu'au banc des Libéraux-Démocrates où il avait été accueilli par des applaudissements nourris pendant que je continuais de discourir.

Je n'avais pas de réel mandat électoral, étant devenu Premier ministre par la seule grâce du vote de 160 000 membres du Parti conservateur, tous sûrement estimables et responsables, mais qui ne représentaient qu'une fraction infime de l'électorat. Je n'avais pas obtenu une seule voix au Parlement. J'étais dos au mur, avec la sensation d'être dans un mauvais rêve, où vos jambes refusent de vous obéir.

La seule chose que j'avais promise au petit groupe trié sur le volet de Conservateurs qui m'avait fait confiance, je ne l'avais pas accomplie. Je n'avais pas pu honorer le mandat donné par les électeurs. J'avais été incapable de tenir la promesse faite à ces 17,4 millions de personnes, celle de quitter l'Union européenne à la date butoir du 31 octobre*, qui n'était plus qu'à quelques encablures. J'avais juré que cela se ferait, accord de sortie ou non, selon la stratégie du « ça passe ou ça casse ». Au vu des circonstances, c'était la casse qui se profilait à l'horizon.

Je ne voyais pas d'issue à la situation. Le Parlement refusait de voter un accord qui nous aurait permis de quitter l'UE. De son côté, l'Union européenne refusait de nous accorder de nouvelles conditions. La marge de négociation du Royaume-Uni, déjà très mince, avait été plus ou moins réduite à néant par le Surrender Act**, un vote du Parlement qui empêchait le Royaume-Uni de quitter la table des négociations et qui l'obligeait à signer tout ce que l'Union européenne proposerait – et l'UE n'allait rien nous offrir qui plaise au Parlement.

* 2019. (*Toutes les notes sont des traducteurs.*)

** Littéralement « Loi de reddition ou de capitulation ». Il s'agit en fait de l'European Union (Withdrawal) (No. 2) Act, ou Benn Act, du nom de l'un de ses instigateurs, Hilary Benn, député travailliste. C'est Boris Johnson qui la surnomme ainsi.

Je ne pouvais ni avancer ni reculer. Je n'avais même pas à disposition le remède miracle d'un Premier ministre désespéré. C'était le comble ! Selon les modalités du Fixed-term Parliaments Act*, je ne pouvais pas organiser d'élections législatives anticipées.

J'étais dans une impasse, cerné, embourbé, et au moment où j'ai allumé la télévision – malgré les protestations de Carrie –, je me demandais quelle nouvelle calamité allait tomber. J'ai trouvé la chaîne de BBC News et compris que cela avait à voir avec la Cour suprême.

Ouah ! me suis-je dit. J'étais informé qu'une décision judiciaire était prévue ce jour – j'étais presque blasé, ayant déjà vu passer une masse d'actions en justice farfelues contre le Brexit. Depuis le 23 juin 2016, date à laquelle le Royaume-Uni avait voté en faveur de la sortie de l'Union européenne, les tribunaux avaient été submergés de requérants acharnés.

L'essentiel des plaintes postulait que les gens avaient été dupés, que la campagne du Vote Leave** était frauduleuse, et qu'en aidant à mener cette campagne je m'étais rendu coupable d'une sorte de forfaiture dans l'exercice de mes fonctions publiques. Toutes ces plaintes avaient été à juste titre rejetées et je les avais mises dans le même panier que le type coiffé d'un chapeau bleu arborant le drapeau européen et habillé comme Mister Bumble le bedeau***, qui avait l'habitude de brailler des obscénités à mon intention avec son mégaphone, allant jusqu'à montrer ses fesses au cortège de voitures qui me conduisait.

Toutes ces manifestations étaient le symptôme d'une fièvre nationale. Elles montraient combien ses participants étaient remontés, du côté des perdants. J'avais supposé qu'ils n'avaient pas d'importance, un simple bruit, et qu'ils ne représenteraient aucun obstacle pour le Brexit.

En revanche, ce que je voyais là était autrement plus sérieux.

Une femme aux cheveux gris venait d'apparaître à l'écran. Son expression était sévère et elle portait une broche en argent qui ressemblait à l'araignée

* Votée en 2011, cette loi introduisait le système des élections à date fixe, cinq ans après les précédentes, mettant un terme au pouvoir de dissolution du Premier ministre entre-temps.

** Littéralement : Votez pour la sortie [de l'UE]. Créé en octobre 2015 pour soutenir les votes en faveur du Brexit en prévision du référendum sur l'appartenance du Royaume-Uni à l'UE, le mouvement Vote Leave devint l'organisation officielle de campagne en faveur de la sortie du Royaume-Uni.

*** Personnage d'*Oliver Twist* de Charles Dickens, bedeau cruel qui supervise l'atelier du pensionnat où se trouve Oliver.

géante du *Seigneur des anneaux*. Il s'agissait de la baronne Brenda Hale, présidente de la Cour suprême du Royaume-Uni. Elle était en train de dévoiler le jugement unanime de la Cour concernant le procès engagé contre moi par Gina Miller, une femme d'affaires qui avait la conviction que le Royaume-Uni aurait tort de quitter l'Union européenne.

J'avais du mal à suivre ce que disait la baronne Hale entre les appels téléphoniques qui n'arrêtaient pas, Carrie qui s'était levée et moi-même en train de m'habiller pour aller courir. Au moment où j'avais allumé la télévision (il devait être 10 h 30 à Londres et 5 h 30 à New York), la baronne en était arrivée à la moitié de la lecture du jugement et cela ne se présentait pas bien – je comprenais pourquoi Martin avait appelé.

Ses collègues et elle-même avaient pris leur décision sur une question cruciale, à savoir qu'ils étaient habilités à émettre un avis sur l'affaire en question. Ce qui en soi était une décision assez inouïe.

La question soulevée était de savoir si j'étais dans mon droit, en tant que Premier ministre, de proroger le Parlement, c'est-à-dire de mettre fin à une session parlementaire en cours et d'en commencer une nouvelle avec un nouveau Discours du Trône. Je dois dire qu'aucun de mes conseillers juridiques ne m'avait suggéré qu'il pût y avoir le moindre problème là-dedans. Je ne faisais que ce que tous les Premiers ministres avant moi avaient toujours fait.

Dans le cas présent, on pouvait arguer que cette prorogation était tardive. Cette session parlementaire durait depuis trois cent quarante-huit jours. La plus longue depuis la première révolution anglaise du XVIIe siècle[2], et comme Cromwell l'avait dit aux parlementaires de l'époque, cela faisait bien trop longtemps qu'ils siégeaient pour qu'il en sorte quelque chose de bien.

Nous étions un nouveau gouvernement avec un nouveau programme. Nous avions des projets ambitieux : construire davantage d'hôpitaux, mettre plus de policiers dans les rues, développer les compétences, les infrastructures et l'urbanisme. Nous avions besoin de nouvelles lois et d'une nouvelle session parlementaire et, en renvoyant les parlementaires chez eux, nous perdions quelques jours de séance, entre deux et quatre – voilà tout ce que cela représentait.

Bon sang, où était le problème ? Cette décision relevait de la compétence du Premier ministre, pas de celle des tribunaux.

La femme araignée arrivait maintenant au point crucial de son discours et elle devenait de plus en plus critique à l'égard de quelqu'un – ce devait être moi. Elle disait que j'essayais d'empêcher le Parlement de débattre sur le Brexit.

Son argument était que le Parlement devait être totalement impliqué dans le processus de sortie de l'Union européenne et qu'en le prorogeant, j'empêchais les parlementaires de faire leur travail. À ce moment précis, des témoins présents affirment que j'ai explosé de colère. Interdire au Parlement de débattre sur le Brexit ?

Je n'empêchais pas le Parlement de débattre sur le Brexit. Les parlementaires bavassaient sur le sujet depuis plus de trois ans et ils n'avaient absolument pas tenu les promesses faites à la population.

Ils ne voulaient pas débattre sur le Brexit. Ils voulaient bloquer le Brexit – à l'instar d'un grand nombre de gens puissants et importants, par ailleurs sans doute gentils, aimables, bienveillants. Je commençais fortement à soupçonner que la juge faisait partie de ces gens-là. Elle porta le coup de grâce en disant que ce que j'avais fait était illégal, qu'en réalité je n'avais pas prorogé le Parlement et qu'à son avis les députés devaient revenir à Westminster au pas de course, et reprendre leurs discussions sur le Brexit.

Dès qu'elle eut mis un point final à son discours sur Johnson le contrevenant à la loi, Twitter explosa d'une joie orgasmique. « Boum ! La situation de Boris Johnson s'est effondrée », déclara un correspondant de la BBC. À la conférence du Parti travailliste, le chef de l'opposition, Jeremy Corbyn, fit une pause dans son discours pour annoncer la nouvelle à la salle. Ce qui déclencha une ovation tonitruante de la part des militants du parti.

Dans les secondes qui ont suivi, j'ai reçu des appels téléphoniques m'enjoignant à démissionner, de la part du Parti travailliste, du Parti national écossais, des Libéraux-Démocrates et de collègues conservateurs comme Dominic Grieve[3], ex-procureur général et député de Beaconsfield (slogan électoral: Grieve pour Beaconsfield)*, qui me dit de « réfléchir à ma situation », entendant par là que je devais démissionner.

Je me suis douché, j'ai enfilé mon costume tout en réfléchissant à ma situation, j'y ai réfléchi encore pendant une réunion d'urgence avec mes conseillers tenue dans une chambre de l'hôtel, et j'ai continué d'y réfléchir alors que nous traversions New York en voiture pour mon premier rendez-vous, un petit-déjeuner avec d'importants investisseurs américains.

J'ai réfléchi à ma situation en regardant les rayons du soleil frapper le sommet des gratte-ciel, les épiceries fines ouvrir leurs portes, la vapeur qui sortait des bouches d'égout. Je ressentais l'énergie et l'optimisme

* Trait d'ironie sur le slogan. Le verbe *grieve* signifie être en deuil, pleurer.

constitutifs de ma ville natale. Oui, je réfléchissais à ma situation et globalement je ne la trouvais pas si mauvaise.

Je n'étais pas ébranlé dans ma conviction – et je reste convaincu – que les juges avaient tort. Non seulement leur décision allait à l'encontre des conseillers juridiques, mais elle faisait fi de l'opinion du lord chief justice*, du master of the rolls** et de la présidente de la Queen's Bench Division***. Même si nous sortions de l'UE le 31 octobre 2019, comme prévu, il y avait suffisamment de temps pour des débats parlementaires, si c'est ce que les juges voulaient vraiment.

Sans vouloir manquer de respect à aucun des juges de la Cour suprême, il me semblait néanmoins saisir quelles pressions psychologiques les avaient conduits à cette décision à la légalité aventuriste. Il faut comprendre qu'en 2019 le pays était encore divisé au sujet du Brexit, les divisions allaient même en s'aggravant. Le Royaume-Uni avait voté en faveur d'une sortie de l'UE par une majorité de 52 %, 48 % des électeurs votant contre. Une majorité étroite, néanmoins stupéfiante compte tenu de l'équilibre des forces en présence dans le débat.

Tous les grands partis politiques étaient partisans de rester dans l'UE. Toute la machine de guerre de propagande gouvernementale avait fait campagne pour le *Remain*****, et la plupart des membres de l'establishment étaient extraordinairement hostiles à une sortie de l'UE : la majorité des lecteurs du *Times* (plus de 70 %, disaient certains) ; la plupart des journalistes de la BBC ; des professeurs d'université ; des membres de la Confederation of British Industry***** ; la plupart, et de loin, des députés ; et également le « grand » monde de la justice britannique.

Pendant des décennies, nombre de ces gens-là m'avaient regardé (dans la mesure où ils étaient conscients de l'enjeu) avec une vague moue de désapprobation. Ils me connaissaient en animateur de jeux télévisés, éditorialiste dans la presse, où je disais des choses scandaleuses, roi de la gaffe. Il ne leur était jamais venu à l'esprit que je puisse un jour devenir Premier ministre et faire sortir la Grande-Bretagne de l'Union européenne.

* En français : Lord juge en chef. Il est à la tête de la magistrature britannique.

** Préside la cour d'appel civile, il est le troisième représentant du système judiciaire, après la Cour suprême et le lord chief justice.

*** La présidente ou le président (*King's Bench* dans ce cas) est à la tête de tribunaux civils spécialisés (notamment commerce, technologie et construction).

**** Littéralement : Restons.

***** Ou CBI. Le plus grand syndicat patronal britannique.

Désormais, certains d'entre eux étaient au bord de l'hystérie. Mes adversaires au Parlement – dans tous les partis – disaient craindre un Brexit « sans accord », une calamité économique dans laquelle se retrouverait plongé le Royaume-Uni en sortant brusquement de l'ordre établi de l'UE. Ils prédisaient une panique de la Bourse, une pénurie de médicaments, des avions qui ne prendraient plus en compte le pilotage automatique, ce genre de choses.

En réalité, jamais cela ne se produirait. Jamais cela n'avait été mon plan. Aucune des deux parties en présence n'aurait permis un tel chaos. Et mes adversaires le savaient.

Ce qu'ils voulaient réellement : pas de Brexit du tout. M'enfermer dans l'Union européenne, comme ma prédécesseure, Theresa May ; continuer d'utiliser les mécanismes parlementaires pour me priver de mon autorité, me forcer à rompre ma promesse de quitter l'UE, m'ôter toute crédibilité auprès de mes collègues députés conservateurs – une sacrée bande sans pitié – jusqu'à ce que je jette l'éponge et démissionne à cause de l'Europe, comme Theresa May, David Cameron et même Margaret Thatcher.

Déjà certains de mes prédécesseurs réclamaient un second référendum. Devais-je m'incliner ? Devais-je démissionner ? J'ai repensé à la contravention pour excès de vitesse que j'avais eue près de quarante ans plus tôt. La première et dernière fois où j'ai été reconnu coupable, par un tribunal, d'avoir enfreint la loi. Je me souviens de mon indignation en découvrant le motif de l'infraction. J'avais été contrôlé à Headington, dans une banlieue d'Oxford, à 55 kilomètres-heure dans une zone limitée à 50. J'étais outré : ma Fiat 128 avait déjà du mal à se propulser, alors imaginer qu'elle puisse excéder la vitesse autorisée... C'est ce qui m'avait décidé à me rendre au tribunal pour contester la décision.

J'étais arrivé trop tard et je me souviens que j'avais regardé par la porte une femme aux cheveux gris, très comme il faut – l'ancêtre, dans l'esprit, de la baronne Hale –, prononcer ma condamnation et ordonner d'une manière impitoyable que je devais m'acquitter d'une amende. Je ressentais le même genre d'exaspération avec la décision de la Cour suprême.

Démissionner ? Pas question, pas plus que je n'avais arrêté de boire en 1985. Au fil de la journée, ma confiance s'accrut. Je fis un discours lors de l'important petit-déjeuner avec les principaux investisseurs américains au Royaume-Uni, et tout se passa bien. J'eus un tête-à-tête agréable avec Donald Trump, à la personnalité méga-flamboyante. Il m'apporta son soutien enthousiaste, et dans le monde politique britannique, si vous arrivez à survivre au soutien de Donald Trump, alors vous pouvez survivre à tout.

J'eus des entretiens avec les dirigeants de l'Égypte, de l'Afghanistan, de l'Iran, du Rwanda. Avec Recep Tayyip Erdogan de Turquie, et Leo Varadkar d'Irlande. Ils avaient tous pris note de la décision de la Cour suprême. Il m'est venu à l'esprit que se lancer dans le Brexit, c'était comme si le Royaume-Uni s'était avancé sur la pointe des pieds au bord d'un plongeoir de dix mètres de haut, et que le monde entier nous regardait.

Nous étions alors sur le point de nous lancer dans une aventure merveilleuse, grisante. Nous allions montrer que nous pouvions de nouveau être un pays indépendant; puis nous nous étions retrouvés avec un défaut majeur dans notre maillot de bain, suscitant la consternation, l'hilarité, la gêne et la confusion de la planète entière.

On voyait sans nul doute que nous étions en train de chanceler sur le rebord du plongeoir. Eh bien, nous ne pouvions pas accepter cet état de fait. Nous devions aller jusqu'au bout et montrer de quoi nous étions capables.

Vers 18 h 30, heure de Londres, j'ai eu la reine au téléphone pour discuter de la situation et lui donner mon point de vue. Il ne m'est pas possible de raconter ici ce qu'elle m'a dit, mais pendant tout mon mandat elle n'a jamais cessé d'apporter ses encouragements et son soutien. J'ai mis au courant les membres de mon Cabinet, lesquels se sont montrés calmement déterminés (enfin, je pense qu'ils étaient déterminés – c'était l'une de ces conférences à distance où le son était coupé). J'ai fait deux discours, l'un adressé aux représentants du Commonwealth, l'autre, fleuve, devant l'assemblée des Nations unies, sur le futur des data. Il était 21 heures à New York et 2 heures du matin à Londres. L'auditoire onusien, plutôt sélect, sembla apprécier mon discours. Ensuite, j'ai repris l'Airbus Voyager pour ma confrontation avec le Parlement. Lorsque, en fin d'après-midi, je me suis levé pour répondre aux questions, l'endroit était en ébullition.

John Bercow, le président de la Chambre, respirant l'autosatisfaction et la pomposité par tous les pores, était en extase – il n'avait jamais approuvé la prorogation et il était ravi de me voir humilié. Les bancs de l'opposition frémissaient de colère et les cris de « Démission » se sont enchaînés pendant plus de deux heures. S'il y avait bien une chose qu'ils haïssaient, me disaient-ils, c'était mon insouciance, mon culot.

Le fait que la baronne Hale ait cité dans son jugement une note confidentielle dans laquelle je disais que la pratique de tenir une session parlementaire en septembre n'avait été introduite que récemment n'aida pas mon cas.

« C'était juste David Cameron jouant au bon élève, avais-je griffonné, essayant de montrer que les députés gagnaient leur croûte. » Le choix des mots n'était pas judicieux, même si normalement de tels documents ne sont rendus publics qu'au bout de trente ans. J'ai noté quelque temps plus tard (après qu'elle avait pris sa retraite) que la bonne baronne Hale elle-même arborait un tee-shirt portant l'inscription « Bonne élève », ce qui me laisse à penser que ces mots l'avaient d'une manière ou d'une autre irritée.

Mais ce qui mettait vraiment en rage mes adversaires[4], ce n'était pas simplement mon comportement et mon attitude irresponsables. C'était mon langage dangereux. Une députée travailliste dénommée Paula Sherriff m'a demandé des explications : « Pourquoi utilisez-vous des mots comme capitulation, trahison, traître ? » Sous-entendant que c'était ce genre de chose qui avait conduit à l'assassinat de Jo Cox, une députée qui avait péri tragiquement, tuée par un cinglé de droite pendant la campagne pour le référendum.

Eh bien, je n'allais pas laisser dire des choses pareilles. Jamais je n'avais traité qui que ce soit de traître, et je pensais qu'il était parfaitement justifié de décrire le Surrender Act comme une loi de capitulation puisqu'il avait démoli la capacité du Royaume-Uni à négocier et nous avait obligés à nous soumettre aux termes de l'Union européenne.

« Je n'ai jamais de toute ma vie entendu de telles sornettes », dis-je.

La fureur fut totale sur les bancs de l'opposition, accompagnée de demandes répétées que je me rétracte et m'excuse. Parfois, c'est comme au cricket, c'est lorsque vous êtes en danger au guichet que vous accomplissez le plus de tours ou, en tout cas, que vous en avez l'impression. Ce soir-là, j'ai envoyé la balle à l'autre bout du terrain, j'ai amoché l'opposition et je suis sorti satisfait de ma prestation.

Mon staff était inquiet parce que le reportage de la BBC était plutôt sévère et que sur Twitter c'était un désastre. On m'accusait d'arrogance, d'insensibilité et même de sexisme. Beaucoup de gens se mettaient à déclarer que je pourrais être le Premier ministre au mandat le plus court de l'histoire. Mais le débat en lui-même avait prouvé mes dires : en plus de deux heures, le Parlement n'avait pas offert une seule idée sur les négociations ou le Brexit. Pas plus que ne le firent les députés dans les semaines suivantes. La Cour suprême avait tort. Il n'y avait pas besoin de plus de temps pour débattre.

La vérité, c'est que l'arrêt de la Cour suprême était douloureux, mais cela ne changeait rien à ma situation puisque le Parlement m'avait pris au piège.

De plus, d'une certaine manière, Brenda Hale et ses collègues nous rendaient service. Quoi qu'il en soit, l'arrêt de la Cour suprême confirma l'impression générale au sein de l'opinion que le gouvernement et moi-même ne reculerions devant rien pour faire aboutir le Brexit. Après trois années de calamités et de paralysie, c'est ce que voulait la population.

Chapitre 2

LA COUPE EMPOISONNÉE

Pourquoi et comment je suis devenu chef du Parti conservateur – et les débuts du nivellement par le haut

Mais attendez une seconde. Avant de poursuivre ce récit, prenons le temps d'une respiration. Il faut commencer par le commencement.

Je n'ai pas de peine à imaginer que de nombreux lecteurs sont encore légèrement dans le flou quant à la manière dont je suis devenu Premier ministre – les raisons qui ont poussé le Parti conservateur à me choisir. Souvenez-vous : pour les pharisiens aux lèvres pincées de l'establishment britannique, j'étais le type qui présentait une émission satirique à la télévision, *Have I Got News for You*.

J'étais l'aimant à gaffes et à scandales, un polype bénin mais irritant qui aurait dû depuis longtemps être excisé du corps politique. Il y a près de vingt ans, à la suite d'un de mes nombreux désastres de carrière, Michael Portillo, ex-secrétaire d'État à la Défense et star des médias, avait écrit un billet dans le *Sunday Times* annonçant : « Sa carrière politique est finie. »[1]

Cette prophétie politique s'est avérée prématurée, d'au moins deux décennies, mais elle montre ce que les gens pensaient à l'époque. Je garde précieusement un article de Simon Carr, du temps où il rédigeait des billets d'humeur politiques pour *The Independent*, dans lequel il concluait, à peu près au même moment que Portillo, que les Conservateurs « ne recouvreront jamais la santé à moins que Boris Johnson ne quitte la scène ». J'imagine que de nombreux Conservateurs étaient, ouvertement ou secrètement, d'accord là-dessus.

Mais alors, bon sang, que s'est-il passé ?

On dit que la politique, c'est avoir le sens du timing, c'est vrai, bien sûr. Mais c'est aussi ce qu'on entreprend pour que la chance vous sourie, en tentant d'écrire le scénario du film dans lequel – vous en avez la conviction, fût-elle vaniteuse – vous aurez le premier rôle.

Certaines personnes ont le chic pour se trouver au bon endroit au bon moment. Elles se trouvent simplement sous l'arbre à l'instant précis où la pomme tombe sur leurs genoux. D'autres doivent secouer l'arbre et donner des coups de tête au tronc pendant une éternité avant que la queue de la pomme, exténuée, ne puisse plus tenir sur la branche.

Il n'y a aucun doute que j'appartiens à la deuxième catégorie.

Pour comprendre comment je suis devenu Premier ministre, il faut se souvenir à quel point tout semblait sinistre dans les années qui ont suivi le référendum sur l'Union européenne. Ce serait un peu exagéré de dire que le pays était en état de choc, mais les classes dirigeantes étaient sans nul doute chamboulées.

Elles avaient du mal à se faire à la réalité, à savoir qu'elles avaient perdu une bataille face à ceux qu'elles considéraient comme inférieurs intellectuellement. Pour reprendre la phrase arrogante de Jeremy Clarkson* (qui, allez savoir pourquoi, était un ardent Remainer), les classes dirigeantes avaient l'impression d'avoir été privées de leur citoyenneté européenne par une bande de « vieux débris crétins » qui résident dans des endroits comme Sunderland**.

Les gens ont commencé, j'en ai bien peur, à diviser mentalement le pays en différentes catégories. Il y avait les zones qui avaient voté « Restons dans l'UE », à savoir les endroits civilisés, sensés, opulents : Londres, les banlieues autour de Londres, les villes universitaires, et bien sûr les Écossais dont le sentiment d'identité et d'indépendance était assidûment entretenu et financé par l'UE.

Et il y avait les régions qu'une éditorialiste avait étiquetées « Brexity*** ». Je peux presque l'entendre en cracher chaque syllabe. Pour elle, il s'agissait probablement des Midlands, du nord du pays, des villes du bord de mer… Les endroits moins chic, moins riches, ceux qu'on appellerait par la suite les laissés-pour-compte, ceux où l'obtention d'un diplôme n'était pas considérée comme essentielle à la réussite ou à la joie de profiter de la vie, sans oublier le pays de Galles qui, courageusement, a voté à 52 %[2] pour le Leave.

On a eu peu à peu une vision claire (aussi stéréotypée et exagérée soit-elle) de la différence entre les deux groupes. Soudain, pour la première fois, d'aussi loin qu'on s'en souvienne, les vœux de la classe dirigeante de gauche ont été non seulement ignorés mais renversés. Ce n'était pas comme les

* Journaliste et animateur de télévision, spécialisé dans l'automobile.

** Ville portuaire du nord-ouest de l'Angleterre.

*** Mot-valise pour Brexit city (ville du Brexit).

élections législatives où les puissances en place reprennent leur allégeance aux Travaillistes pour la donner aux Conservateurs de manière invisible, et vice-versa.

C'était plus fondamental que ça. Les contrées Brexity de Grande-Bretagne avaient été menacées de toutes sortes de représailles. On les avait averties que ce serait un désastre si elles votaient pour la sortie de l'Union européenne – budget d'urgence de George Osborne* pour augmenter les impôts[3] ; chômage massif. Vous vous en souvenez ?

C'est alors que les régions Brexity prirent les devants et firent un colossal doigt d'honneur en direction de tous les experts Remain de l'establishment. Les classes dirigeantes enrageaient : c'est elles qui dirigeaient le pays, pas les Brexity, et elles allaient le montrer.

Le vendredi 24 juin 2016, lendemain du référendum, un groupe de députés conservateurs eurosceptiques se retrouva le matin dans la Boothroyd Room à Portcullis House**. Certains des participants débordaient de joie. D'autres avaient du mal à cerner ce que le résultat du référendum signifiait. Tout le monde semblait penser que la discussion était close C'est alors que je me suis levé pour une mise en garde.

Chaque fois que cela arrive, ai-je dit, chaque fois qu'il y a un référendum qui va à l'encontre de l'intégration dans l'Union européenne – j'ai donné des exemples qui allaient du Danemark à la France en passant par les Pays-Bas et l'Irlande –, l'establishment européen trouve toujours un moyen de renverser la décision du peuple et de le forcer à reconsidérer la question. Il va essayer cette fois aussi, ai-je conclu.

C'est exactement ce qui est arrivé. Dans les mois qui ont suivi, l'establishment britannique se mit en cheville avec l'UE pour tenter de faire du Brexit un non-sens et rendre impossible sa mise en œuvre. Au printemps 2019, nous étions dans un état de Brexchosis*** depuis près de trois ans. Nous avions promis aux gens qu'il s'agissait d'un moment unique dans une vie, que s'ils votaient Leave, nous quitterions alors l'Union européenne, sans « si » ni « mais ». Mais voilà, le moment venu, lorsqu'il s'est agi d'honorer cette promesse, les députés se sont dérobés, encore et encore.

* Chancelier de l'Échiquier (chargé des Finances et du Trésor) dans le gouvernement de David Cameron entre 2010 et 2016.

** Immeuble situé à Westminster, qui fournit des bureaux aux parlementaires et qui est relié au Parlement par un souterrain.

*** Mot-valise inventé pour montrer que le pays souffrait de la maladie du Brexit. Le suffixe du grec ancien, *-osis,* signifie « maladie ou état de ».

Nous étions tellement à l'arrêt en tant que nation que la nouvelle s'est répandue autour du feu de camp mondial. Ça a commencé à ricaner. À Paris, le président Emmanuel Macron, ex-banquier londonien, tourna en ridicule l'expérience du Brexit, la qualifiant de désastre basé sur une quantité considérable de mensonges.

Sur l'ensemble du continent européen, du journal *Le Monde* à la *Süddeutsche Zeitung*, les journalistes politiques ont éreinté les instances au pouvoir au Royaume-Uni, les traitant de bande de dilettantes qui conduisaient un grand pays à sa ruine. Nous mijotions dans une marmite de xénophobie, disaient-ils. Tout s'écroulait, et les eurosceptiques (ils me montraient souvent du doigt) avaient intellectuellement ce qu'ils méritaient.

Nous ressemblions au chien qui chaque matin poursuit une voiture jusqu'au jour où il la rattrape, et qui n'a pas la moindre idée de ce qu'il faut faire ensuite. Les gens s'en rendaient parfaitement compte, et l'effet sur le Parti conservateur, comme on aurait pu s'en douter, frisait la catastrophe.

Le 23 mai 2019, on atteignit le fond du trou, le trou le plus profond dans les deux cents ans de notre histoire comme « parti politique le plus ancien et le plus victorieux au monde ». Puisque nous avions échoué, encore et encore, à ce que le Brexit se fasse, nous fûmes contraints d'entrer dans la danse des élections européennes – une situation au ridicule achevé. Oui, en 2019, nous avons mis en ordre de bataille une armée complète de candidats pour intégrer une institution que nous avions décidé de quitter à l'issue d'un vote trois ans auparavant.

C'était humiliant. Jamais dans l'histoire un parti politique de premier rang ne s'était retrouvé à pointer un menton tremblant, de manière si lamentable et abjecte, vers les électeurs pour les inviter à lui infliger une déculottée. Jamais les électeurs n'ont obéi avec une telle allégresse.

Nous avions une petite idée de ce qui allait arriver le 2 mai 2019, quand nos conseillers municipaux – bien qu'ils n'en fussent en rien responsables – furent malmenés de sale manière aux élections locales – nous perdîmes 1 300 sièges. Le 23 mai, on n'obtint que 9 % des voix aux élections européennes[4]. Le Parti conservateur et unioniste arrivait en cinquième position – cinquième ! – dans le cadre d'une élection nationale.

Pour dire vrai, nous n'avons battu personne, excepté un mouvement frondeur, Change UK, qui avait pour plan de rejoindre l'UE et comptait dans ses rangs un ancien député travailliste, Chuka Umunna, et ma sœur Rachel, dont les talents indéniables d'agitatrice étaient gaspillés dans ce mouvement, comme je tentais en vain de le lui expliquer. Quel que fût le signal envoyé par les électeurs dans cette élection, ce n'était pas un désir de rejoindre l'Union européenne.

Voilà donc l'état d'esprit dans lequel se trouvaient les députés conservateurs lorsqu'ils examinèrent la situation à l'été 2019. Au vu des résultats, Theresa May annonça sa démission.

Même si on tient compte de la singularité de ces élections européennes et du peu de portée de ce vote, les Conservateurs voyaient que le fusil était pointé vers eux. En suivant la trajectoire, la prochaine élection se solderait par un anéantissement complet.

Mes collègues députés se tournèrent vers moi cet été-là – pour la même raison que n'importe qui se tourne vers n'importe quel député.

Ils étaient désespérés et n'avaient pas trouvé de meilleure idée.

Ils savaient que j'avais été un maire de Londres plutôt performant (même mes pires ennemis en convenaient). Ils savaient que je souhaitais plus que tout réduire les impôts et libérer les gens, et que je voulais utiliser les libertés qu'apporterait le Brexit – et ils avaient raison à ce sujet. Pour moi, l'avantage principal du Brexit était qu'il nous permettrait d'entreprendre les choses différemment de nos concurrents, et plus vite. Je savais que cette idée, ce que les gens appelaient parfois Singapour-sur-la-Tamise, effrayait Angela Merkel et Emmanuel Macron.

Je savais qu'il n'y avait aucun intérêt dans le Brexit si nous restions dans le marché unique et l'union douanière – acceptant les règles de l'UE mais dans l'incapacité de participer à leur élaboration. Mes collègues en étaient bien conscients, et je n'avais pas besoin de pousser plus avant cet argument. Mais je pensais que j'avais quelque chose de différent à offrir. De Gaulle écrit dans ses *Mémoires* de *guerre** que toute sa vie il s'était fait une certaine idée de la France. Eh bien, au risque de paraître prétentieux eu égard à mes convictions politiques – et après tout ce temps, je pense que j'ai gagné au moins le droit d'être un petit peu prétentieux –, j'avais aussi une certaine idée concernant le futur du Royaume-Uni. C'était en relation avec le Brexit. Mais c'était aussi plus grand et plus vaste que le Brexit.

Il s'agissait de déterminer comment traiter les problèmes que le vote en faveur du Brexit avait mis en lumière. Il s'agissait de déterminer la destinée de la Grande-Bretagne et les moyens pour y parvenir et cela était basé sur tout ce que j'avais observé et entrepris dans le journalisme et en politique. Pendant des années, je n'avais pas su mettre de mots là-dessus.

* Tome I, *L'Appel*, Plon, 1954.

Et soudain, ça m'a frappé. J'ai trouvé la formule : le nivellement par le haut.

Quoi ? Vous ne comprenez pas ce que je veux dire par nivellement par le haut ? Vous avez déjà entendu cette expression mais vous n'êtes pas bien sûr de sa signification ? Pas de souci. Je ne vous reproche rien. Peut-être cela vous aidera-t-il si je vous donne quelques exemples, des photos de mon album personnel de nivellement par le haut. Commençons par ma scolarité.

Beaucoup de gens savent que j'ai fréquenté la même école que le chef du parti. Nous avons eu, lui et moi, la chance de faire notre parcours dans l'enceinte de ses vieux bâtiments consacrés, en brique rouge, proches de la Tamise.

Oui, je suis allé à l'école primaire Primrose Hill, dans Princess Road à Camden, mère nourricière d'Ed Miliband* et de son frère David.

Un jour, dans la cour de récréation, je devais avoir sept ou huit ans j'ai appris, comme nous tous, quelques-unes des dures leçons de la vie : cerner les différences entre les êtres humains, mesurer mes aptitudes et mes faiblesses.

J'étais nul au football, je n'étais pas fichu de dribbler. Je ne valais pas grand-chose avec une flûte à bec. J'avais un petit talent pour le dessin, mais d'autres enfants étaient bien meilleurs (je pense à Matthew Bakewell, fils de Joan Bakewell, personnalité de la radio et de la télévision bien connue).

Que POUVAIS-JE faire ? J'étais plutôt doué pour les batailles avec quelqu'un sur mon dos. Je portais mon ami Joel Harris et nous nous lancions dans une joute contre une autre équipe, que nous faisions tomber sans problème. Peut-être étais-je fort ? J'en arrivai à la conclusion, sans pourtant aucune preuve flagrante, que j'étais un genre de Chuck Norris prépubère avec un talent pour les arts martiaux.

De manière insensée, j'ai décidé que j'allais mettre au défi de se battre tous ceux qui croisaient mon chemin. « Allez, viens en découdre, disais-je en débarquant dans la cour de récréation au sol bitumé, synonyme de genoux éraflés. Allez, viens te battre si tu te crois suffisamment costaud », disais-je, ou des mots dans cette veine-là. La plupart de mes camarades se contentaient de rire, mais un jour une enfant plus âgée s'est retournée.

* Chef du Parti travailliste entre 2010 et 2015.

Elle s'appelait Tracy et elle faisait au moins une tête de plus que moi. Je n'ai pas eu le temps de me préparer, de serrer les poings façon griffes de tigre, ou de faire mon échauffement de kung-fu. Je n'ai même pas pu effectuer une danse autour d'elle comme Mohamed Ali, mon héros de l'époque.

Tout ce dont je me souviens, c'est d'avoir remarqué que les poings de Tracy étaient imposants et noueux, puis – c'est la première photo de mon album de nivellement par le haut – je me suis retrouvé au sol, sur le dos, mes jambes en l'air s'agitant faiblement. Penchées au-dessus de moi, Tracy et toutes ses amies, avec leurs silhouettes se découpant sur le ciel gris londonien comme un bosquet d'arbres secoués de rire.

C'est à cet instant que j'ai appris une vérité importante au sujet de la vie: nous ne sommes pas aussi bons que nous croyons l'être, et d'autres personnes se révèlent meilleures que vous ne l'escomptiez. Et surtout – voilà le point clé –, vous ne savez pas qui cette personne va devenir. Gardez en tête cette image, puis avançons de cinq ou six ans.

Après avoir passé quelques années à l'étranger, je me retrouve dans l'enceinte d'une autre vieille bâtisse privilégiée, proche de la Tamise. Je suis dans le Farrer Theater au sein de l'Eton College dans le Berkshire, près de Windsor, SL4 6AU. À treize ou quatorze ans, je devrais avoir plus confiance en moi. J'ai obtenu une bourse d'études de la fondation créée par Henry VI, une sacrée somme d'argent à l'époque.

Je suis ce qu'on appelle un *colleger* parce que je vis dans une pépinière de bons élèves, appelée *college* ou *tug*, et qu'à la différence des mille deux cents autres élèves nous portons une toge, d'où l'expression latine *gens togata**, gens de la toge. Mais à l'instant présent mon cœur bat la chamade parce que je suis à nouveau mis à l'épreuve dans le rituel terrifiant appelé Reading Over**.

C'est la fin du trimestre et les deux cent cinquante élèves sont tous rassemblés pour être informés publiquement de leurs résultats aux examens. Ceux-ci sont lus à voix haute en partant du bas de la liste, c'est-à-dire en partant de l'élève qui a obtenu les moins bonnes notes. Le silence se fait alors que le *master* monte sur la scène. C'est un homme grand, mince, pâle, probablement tout à fait sympathique, mais je me souviens de lui comme d'un flagellateur invétéré et je me disais que fouetter des adolescents était un système de punition plutôt sinistre.

* Expression utilisée par le poète Virgile dans *L'Énéide* pour qualifier les Romains.
** Littéralement: lecture du début à la fin.

« Numéro 250, commença-t-il, et un échec général complet... » Imaginez cela ! Existe-t-il encore de nos jours une école qui dirait à un jeune garçon devant ses pairs qu'il est un échec général complet ? Le maître donna le nom de l'échec général complet – un gars sympathique qui deviendrait à l'âge adulte un agent de voyages de luxe qui aurait un sacré succès et gagnerait plus d'argent que la plupart d'entre nous.

Celui-ci salua bien bas sous les acclamations générales. Le maître continua sa récitation insoutenable de chiffres et de noms, et pendant le compte à rebours de la première centaine, puis de la deuxième, mon cœur battit plus vite.

Je ne me souviens pas quel fut mon classement exact au cours de ces jeunes années. Bon, si vous vous posez la question, si vous voulez vraiment savoir – je vois que vous insistez –, je crois que je suis arrivé à la quatrième place du classement à la fin de la terminale. Je sais que beaucoup de lecteurs présumeront, et ils auront raison, que c'était probablement un coup de veine. Mais ce n'est pas le sujet.

Alors que les chiffres et les noms des élèves sont annoncés, on observe la génétique en action. Il est toujours vrai qu'Eton reste sentimentalement attaché à son système d'admission des élèves au vu de son histoire. Des noms sont lus dans ce théâtre, qui sont des noms présents à l'école depuis des centaines d'années, des noms qui sont apparus au temps des morts à Waterloo et dans la Somme, des noms qui sont gravés sur les boiseries en chêne pré-Tudor des salles de classe.

En écoutant cette liste de noms, on remarque que les performances académiques de ces « noms » suivent la loi binomiale. Il est indiscutable que certaines jeunes pousses de l'aristocratie sont douées. Oui, la foudre peut tomber deux fois au même endroit. Parfois. Mais on observe aussi que certaines ne le sont pas. La qualité de vos gènes importe peu, vous pouvez tout aussi bien finir dans la moyenne – ou en dessous de la moyenne – comme n'importe qui.

Je ferme les yeux, attendant le jugement de mes examinateurs, et j'ai la sensation de faire face à un processus biologique-historique inéluctable. J'ai lu quelque part que l'intelligence, comme les autres qualités humaines, revient à la normale. (Est-ce H. J. Eysenck qui m'avait donné cette idée ? Oui, c'est bien lui.)

Eh bien, voilà. Comme David Attenborough qui observe en retenant son souffle la loi de l'évolution, prenant comme exemple une assemblée de babouins, je peux entendre dans cette liste les gènes de l'intelligence exprimés dans quelques-unes des familles les plus prestigieuses et les plus prospères de Grande-Bretagne, et il n'y a pas de doute que cette intelligence suit l'effet du retour à la moyenne.

Lentement et à la manière d'un amateur – s'il vous plaît, vous les vrais biologistes et les vrais experts, détournez le regard – j'ai commencé à élaborer une théorie sur le potentiel humain, et esquissé les débuts d'une campagne de nivellement par le haut. Bien sûr, je ne croyais guère que ce classement sommaire donnait une véritable hiérarchie de l'intelligence.

Pas plus que je ne croyais que ceux qui se trouvaient à gauche de l'examen binomal – sur le bord gauche du chapeau melon – étaient nécessairement voués à être moins capables ou moins talentueux ou à moins réussir que ceux situés sur le côté droit. Nous savons tous que l'intelligence humaine est une chose complexe, à multiples facettes, et qu'elle se développe de différentes manières et à des rythmes différents. Personne ne veut une méritocratie darwinienne glaçante, où les alpha sont sélectionnés et promus sur la base de leur QI.

Je ne peux m'empêcher de me demander comment serait le monde si beaucoup d'autres humains avaient eu la chance que j'ai eue dans cette merveilleuse école : la chance d'écouter des professeurs qui changent votre vie, la chance de jouir de l'immensité verdoyante des terrains de sport, de s'asseoir dans les vastes salles de dessin bien éclairées, de faire l'imbécile avec l'exemplaire de la Bible de Gutenberg que possède l'école, les terrains de jeu de raquettes, le cyclotron.

Peut-être que j'exagère au sujet du cyclotron, mais bon, vous voyez le tableau.

Avant d'obtenir ma bourse, j'avais passé quatre trimestres dans une école privée anglaise où j'avais gobé du latin et du grec comme un python engloutit un œuf. J'avais aussi appris par cœur la célèbre « Élégie écrite dans un cimetière de campagne » de Thomas Gray. Vous la connaissez.

Le poète se tient au crépuscule dans le cimetière qui se trouve dans le désormais cossu village de Stoke Poges dans le Buckinghamshire, en grande banlieue londonienne, et il médite en pentamètres iambiques sur le sort des paysans pauvres. « La cloche du couvre-feu sonne le glas du jour d'adieu. Les troupeaux mugissants errent lentement à travers l'herbage. » Nous sommes en 1750 et il n'y a pas d'école primaire obligatoire, encore moins secondaire.

Ces gens meurent tous illettrés, songe-t-il, alors qu'il contemple les sépultures qui se désagrègent. Ils auraient pu être poètes. Ils auraient pu devenir politiciens ou grands chefs militaires Ils auraient pu aspirer à tout cela. Ils n'en ont jamais eu la possibilité.

Plus d'un bijou, de la beauté la plus pure et la plus sereine,
Dans les cavernes de l'océan par le sable est tout couvert;
Plus d'une fleur naît sans être jamais vue, sa grâce est vaine,
Et va, dissipant son parfum si délicieux dans l'air désert.

Voilà ce que dit Thomas Gray, et je suis d'accord avec lui. C'est le boulot des professeurs, des politiciens, des dirigeants de mettre au jour ces sombres grottes sous-marines et permettre au talent de briller. Nous savons tous qu'il s'y trouve.

Nous connaissons tous des gens qui sont arrivés miraculeusement au sommet – par la seule force de leur talent.

La dernière photo de mon album de nivellement par le haut est celle d'un type souriant, avec une masse de cheveux blancs. Il s'appelle Frank Johnson et j'ai entendu parler de lui pour la première fois alors que j'étais assis, le cœur palpitant, dans le théâtre de l'école, à Eton. Je devais avoir un peu plus de treize ans, et pour ma dissertation du dimanche j'avais rédigé une sorte de satire sans grand intérêt.

Clairement perplexe, mais voulant sans doute m'encourager, le professeur avait griffonné au bas de la page : « Frank Johnson du *Daily Telegraph* ? » Après avoir fouiné un peu partout, j'ai déniché quelques vieux exemplaires du *Telegraph*. Les billets de Frank Johnson étaient très drôles et rendaient à merveille l'atmosphère de la Chambre des communes. Il lui donnait une tonalité excitante mais aussi légèrement démoniaque. Norman Tebbit* était « le skinhead de Chingford », et Dennis Skinner – un député du vieux Parti travailliste bien connu pour sa causticité – avait reçu, lui, le qualificatif de « la bête de Bolsover** ». (C'était vraiment une bête. Je me souviens d'une fois où je m'éclaircissais la gorge aux Communes, il a crié quelque chose de si impossible à mentionner que j'en ai perdu le fil de mes pensées.)

Alors que j'étais sur le point de finir la fac, j'ai rencontré Frank. Sa gentillesse et les conseils qu'il m'a donnés à un moment crucial resteront gravés à jamais dans mon cœur ; plus important, il était l'exemple parfait de ce que j'essaie de démontrer.

Dans l'entrée qui lui est consacrée dans le *Who's Who*, on apprend que Frank était le fils d'un pâtissier et confiseur. En ce qui concerne ses études,

* Député conservateur pour la circonscription de Chingford.
** Circonscription dans le Derbyshire.

il n'obtint pas son 11-plus* et fut inscrit dans une école généraliste à Shoreditch où il finit sa scolarité avec un seul O-level**. Et malgré tout, par le pouvoir de son maniement inventif de la langue, il s'est hissé au sommet du journalisme : correspondant à l'étranger pour le *Times*, rédacteur en chef adjoint du *Sunday Telegraph*, rédacteur en chef du *Spectator* et, de l'avis de tous, virtuose du billet d'humeur politique.

Il adorait le ballet et l'opéra, c'était un autodidacte qui trimballait toujours un livre, savant ou autre, et son souhait le plus cher – me disait-il souvent – était de pouvoir lire Thucydide en grec ancien. « Thucydide ! disait-il de sa voix douce au fort accent de l'East End en tapotant son exemplaire du texte. Ça, c'est un homme ! »

Frank me tannait souvent pour que je lui parle de la révolte de Mytilène, qui décida les Athéniens à exécuter tous les hommes de cette cité et à réduire en esclavage les femmes et les enfants avant de faire volte-face, et ce que cela signifiait pour la démocratie. Je fouillais dans ma mémoire, voulant autant que possible satisfaire sa soif de connaissance.

J'évoquais alors une vieille citation poussiéreuse tronquée ou un fait dont je ne me souvenais qu'à moitié et Frank se jetait dessus comme s'il avait trouvé un tableau de maître dans un vide-grenier. Pour moi, c'était du bric-à-brac. Pour Frank, c'était de l'or. Cela me semblait si injuste. Le grenier dans mon esprit regorgeait de trésors de famille desséchés, transmis avec amour par mes anciens professeurs, et qui étaient désormais recouverts de toiles d'araignées.

Personne n'avait agi de la sorte pour Frank. Personne ne lui avait dit dans son école secondaire à Shoreditch qu'il avait les aptitudes pour étudier les grands auteurs à Oxford, ce qui, il venait de me l'avouer, aurait été son vœu le plus cher. C'est ainsi que, lorsque je devins le porte-parole de l'opposition pour l'enseignement supérieur, je fus obsédé par l'idée de mettre en place la recherche de talents ou, pour le dire plus simplement, de mettre en œuvre plus largement l'égalité des chances.

Je ne voulais pas forcer les universités à laisser entrer dans leur sein des gamins qui n'avaient pas les qualifications requises. Pas plus que je ne voulais que ces universités fassent de la discrimination envers les parents qui économisaient et raclaient les fonds de tiroir pour payer des professeurs

* Examen de passage pour l'entrée en sixième, à l'âge de onze ans, qui détermine quel type d'école (classique ou plus élitiste) va accueillir l'élève.

** *Ordinary Level* : examen comportant plusieurs matières (jusqu'à douze) dont certaines obligatoires choisies par l'élève et passé à la fin du collège, à quinze-seize ans. Réussir un O-level signifie que Frank Johnson n'a obtenu qu'une seule des matières présentées.

particuliers. Pas plus que je ne voulais mettre des bâtons dans les roues de ceux qui avaient fait leur scolarité dans des écoles privées payantes.

Ce n'était pas niveler par le haut, c'était niveler par le bas. C'était ce que le Parti travailliste avait fait, c'était avec ça que les gauchistes prenaient leur pied. Abolir les *grammar schools**, bannir la sélection à l'entrée des universités, taxer les frais de scolarité des écoles privées (comme c'est actuellement le cas avec les Travaillistes), punir l'effort, punir l'investissement, punir l'ambition, faire en sorte que tout se paie. C'était le programme de la gauche et l'exact opposé de ce que je voulais.

Je voulais créer des échelles, des tremplins, des trampolines, des catapultes, tout ce qui pouvait aider les gamins avec de l'énergie et du talent. À la fin des années 1990 et au début des années 2000, il y avait des quartiers de Londres où pas un seul élève – je veux dire dans les écoles publiques – n'étudiait les mathématiques approfondies pour ses A-level**.

Il existait des écoles où la physique au niveau des A-level avait plus ou moins disparu, où l'allemand était un souvenir du passé. Quant à l'étude des auteurs grecs et latins, la matière qui m'avait catapulté tout droit à l'université, c'était devenu aussi rare que de vouloir étudier le sumérien ou l'akkadien. Fini. Et donc fini aussi, bien sûr, l'ascension sociale que nous avions vue après-guerre, quand les *grammar schools* faisaient monter le niveau de la société avec des jeunes talents. Lorsque Frank Johnson mourut, bien trop jeune, d'un cancer, les affichettes de vente de l'*Evening Standard* proclamaient : « Le génie de Fleet Street*** est mort ».

C'était un génie. N'empêche que cela tenait du miracle qu'il ait pu sortir du lot. Il avait commencé comme *tea-boy***** dans un métier, le journalisme, qui est – ou était – ouvert au talent, où on pouvait arriver au sommet en repérant la bonne histoire dans une mélasse de faits, en écrivant une intro plus incisive, en frappant fort grâce à un paradoxe plus mordant, en racontant une meilleure plaisanterie.

Mon objectif politique durant les trente dernières années a été de faire ce que je pouvais pour donner un coup de pouce à chaque Frank Johnson en devenir, et à chaque gamin qui n'aurait même que la moitié du potentiel de Frank.

* Écoles secondaires d'excellence avec un système sélectif à l'entrée.

** Advanced Level : examen passé à la fin de la scolarité secondaire, construit sur le même modèle que les O-level.

*** Anciennement la rue de la presse à Londres, sur la rive gauche de la Tamise.

**** Garçon chargé de préparer le thé et de le servir aux employés.

* * *

Certaines personnes voient la chose avec pessimisme. Je me souviens d'avoir eu de longues conversations avec mon ami David Willetts, qu'on dit par ailleurs doté de deux cerveaux, qui doutait de mon affirmation incessante selon laquelle la Grande-Bretagne était un grand Klondike de talents cachés.

De son point de vue, les raisons pour lesquelles l'ascenseur social était en panne étaient complexes, et notamment l'habitude de l'« accouplement assortatif », par lequel les femmes diplômées ont tendance à n'épouser que des hommes eux-mêmes diplômés. Cette endogamie entre diplômés a pour effet de creuser le fossé, dit-on, entre ceux et celles qui sont allés à l'université et ceux et celles qui n'y sont pas allés.

La seule manière de rompre le cycle de l'accouplement assortatif, si je comprenais bien Deux-Cerveaux, est d'encourager les femmes à se marier davantage avec des éboueurs et des porteurs de sacs de ciment, ce qui est peut-être très romantique mais ne semble pas encore se produire, en tout cas pas suffisamment.

Comme le Sutton Trust* ne cesse de nous en informer[5], toutes les professions supérieures continuent d'être colonisées par les enfants des classes moyennes avides d'études supérieures, tellement expertes à transmettre leurs privilèges. Cela signifie-t-il que nous devions jeter l'éponge ? Bien sûr que non.

Je répète : je suis fier d'appartenir à la bourgeoisie qui veut en découdre. Je défends ses valeurs. Mais je crois aussi qu'il y a vraiment de l'or à exploiter, sans parler de bijoux à la beauté la plus pure et la plus sereine – et en quantité colossale.

Niveler par le haut, c'est extraire ou débrider ce potentiel. En 2019, j'avais une foi presque messianique dans ce projet et j'avais la conviction qu'il pourrait être mis en œuvre. Pendant les huit années où j'ai été maire de Londres, je m'étais engagé à fond dans un plan de rénovation et de transformation de nombreux quartiers de la ville.

Une fois encore, c'est la raison pour laquelle je ne suis pas socialiste ou même social-démocrate. Je déteste les mots comme « défavorisés » ou « économiquement faibles » parce qu'ils encouragent un sentiment d'inévitabilité. Je me souviens qu'on m'avait dit, avant que je devienne maire, qu'il existait des quartiers du centre de Londres condamnés au

* Organisation caritative créée en 1997, qui lutte contre les inégalités sociales, notamment éducatives.

déclin économique. On m'avait dit que des communautés entières, des cités entières, étaient enfermées dans un cycle d'échec de génération en génération, avec un foyer sans travail donnant naissance – aux frais du contribuable – au suivant. On m'avait dit qu'il n'y avait pas grand-chose à faire contre la pauvreté de ces quartiers. Que la vie était ainsi faite.

Eh bien, je suis là pour vous dire que tout ça est une ineptie. Oui, bien sûr qu'il existe des endroits prisonniers d'un cycle de déclin et bien sûr qu'il existe des politiciens de gauche élus et réélus parce qu'ils nourrissent une culture du ressentiment et un sentiment d'avoir le droit de dépendre des aides de l'État. Mais c'est une absurdité de dire qu'il y a une prédestination ou une inévitabilité de ce type de dégradation urbaine. J'ai vu comment Londres s'est transformé. Je l'ai vu de mes yeux et j'ai joué un rôle dans cette régénération.

Il y eut aussi un changement dans le mode de fonctionnement culturel des écoles londoniennes et au moment où j'ai pris mes fonctions de maire, en 2008, les matières qui donnaient du grain à moudre – maths approfondies, physique, langues étrangères – avaient repris du poil de la bête. Grâce notamment à l'énergie et l'ambition de familles d'immigrés, des écoles « défavorisées » de la capitale obtinrent soudain de meilleurs résultats que les établissements des banlieues londoniennes verdoyantes et privilégiées.

Tout ce que nous avons entrepris – grands projets d'amélioration des transports, répression de la criminalité, développement de l'apprentissage – avait pour finalité de développer l'égalité des chances, de remettre à niveau les quartiers que les gens croyaient prédestinés à rester en queue de peloton. Mais ce n'était pas – je répète : ce n'était pas – simplement une question de dépenser l'argent public (quand j'étais aux manettes, la mairie a en fait diminué la part des impôts locaux que nous pouvions percevoir).

On ne peut pas espérer que l'argent de l'État change seul les choses. Il s'agit avant tout de créer les conditions – rues plus sûres, meilleurs transports – pour que le secteur privé investisse. Les gouvernements ont des milliards, des dizaines de milliards. Le secteur privé en a des milliers de milliards. Cet argent a afflué à Londres, dans toute la ville, venant du monde entier.

Le nivellement par le haut est avant tout une question de leadership. Nous avons besoin de professeurs qui voient le potentiel de leurs gamins et qui y croient, de personnes inspirantes (nous en avons tous croisé) qui maintiennent la flamme de notre intérêt et de nos aptitudes. Nous avons besoin de leaders locaux qui feront du bruit pour leur village, leur ville ou leur communauté et raconteront leur histoire extraordinaire, qui défendront le talent et les perspectives d'avenir et ne se contenteront pas de se plaindre des privations. Et nous avons besoin d'un gouvernement qui voit le potentiel de tout le pays.

Ce qui m'amène à un moment de révélation, le jour où je décide que les compétences et les idées que j'acquiers à Londres pourraient bien avoir une application plus générale. Nous sommes en mai 2014. Je suis maire depuis six ans. Les Conservateurs font campagne pour garder la circonscription de Newark lors d'une élection partielle, et moi, je suis assis en compagnie de David Cameron, alors Premier ministre, à l'arrière de sa voiture de fonction.

Sa Jaguar est tellement blindée que le signal pour les téléphones mobiles est aléatoire. Alors, nous papotons. Je n'ai aucune idée de la raison pour laquelle David m'a fait cet honneur – m'inviter à mener campagne avec lui –, mais je suis content d'être là.

Dans l'ensemble, c'est un type amical, qui a bon caractère, et en général nous nous parlons assez franchement. Nous avons quitté Newark et nous roulons tranquillement dans une banlieue des East Midlands, dont j'ai oublié le nom. Ce jour-là, l'endroit traversé n'est pas à son avantage. Il y a des fenêtres condamnées, des branches de lilas s'immiscent entre les fissures des murs de brique et l'activité économique locale semble concentrée sur des échoppes de kebab et de tatoueurs.

David frappe de l'index la vitre blindée de la Jag, puis fait un geste léger de la main vers l'extérieur. « Le problème avec l'économie britannique, dit-il, c'est qu'une fois sorti de Londres et du Sud-Est, il n'y a pas grand-chose. »

Je veux insister sur le fait qu'il n'est pas dédaigneux. Il n'entend pas dénigrer. Il est dans une humeur mélancolique. Il se lamente comme Gray le poète devant les tombes, il constate cette évidence socio-économique contre laquelle nous luttons tous en vain. Sa remarque englobe, il me semble, l'attitude du ministère des Finances pendant les dernières décennies. Ce commentaire est du genre qui vous reste en tête. Je n'arrête pas d'y penser, et je me dis que, même si c'est vrai, cela n'a pas à l'être.

Dave a raison, dans le sens où le Royaume-Uni possède l'économie la moins équilibrée du monde, en tout cas parmi les pays du G7. Londres est environ 56 % plus productive que le pays de Galles. Faites un tour dans les grandes villes de province du continent européen et, même si vous verrez çà et là, bien sûr, des signes de dégradation urbaine – graffitis, délabrement, etc. –, ces villes sont globalement opulentes et pèsent dans la richesse moyenne du pays.

Allez aux États-Unis, et même s'il existe là-bas de colossales inégalités de niveau de vie, vous trouverez également une riche diversité, une homogénéité d'État en État.

Le Royaume-Uni est différent. Pendant des décennies, Londres et le Sud-Est ont été largement sur le devant de la scène, et le reste du pays, en tout cas une grande partie, a été traité comme une donnée économique secondaire, la longue queue d'une comète d'entreprises et de rues en sous-production, comme celle que nous venions de traverser.

Je suis donc en train de regarder le paysage urbain et je me demande si cette situation est inévitable. Est-ce le sort de notre nation ? Et je réponds : non. Nous sommes dans les Midlands, le berceau de la révolution industrielle, qui donna en premier à la Grande-Bretagne sa place de leader mondial. C'est ici ou dans les environs que ses habitants inventèrent la forge et les fonderies, les moulins et les métiers à tisser qui allaient changer le destin de l'humanité. Seriez-vous en train de suggérer que les descendants de ces inventeurs sont d'une manière ou d'une autre moins talentueux par nature ?

Je sais que c'est faux et je pense que nous faisons une grossière erreur. Il est immoral d'être fataliste au sujet de l'état de l'économie britannique, mais là n'est pas la question. C'est une folie.

Regardez la carte économique de la Grande-Bretagne et l'histoire de notre développement au cours des cent cinquante dernières années. Allez dans nos grandes villes de province et vous verrez l'héritage architectural de leurs anciens dirigeants : de fiers hôtels de ville, des halles au grain et aux textiles, de magnifiques musées aux colonnades de pierre, des hôtels en brique rouge qui ont jailli de terre près des gares. Ces grandes villes – Belfast, Birmingham, Bristol, Cardiff, Glasgow, Leeds, Liverpool, Manchester, Nottingham, Sheffield – étaient autrefois les pistons et les cylindres de l'économie du Royaume-Uni.

Elles n'étaient pas seulement de grands viviers démographiques ; elles étaient le foyer d'innovations technologiques qui changèrent le monde. Pourtant, l'histoire de ces villes, au cours du siècle dernier, a connu un certain déclin démographique – parfois absolu – et un déclin massif de la productivité, qui découle du premier.

Les Londoniens produisent aujourd'hui environ 90 700 livres sterling par an de valeur ajoutée brute. Dans les grandes métropoles régionales du pays, ce chiffre n'est plus que de 45 000 à 60 000 livres, et nulle part il n'atteint celui de la capitale.

Londres et le sud-est du pays sont pratiquement les régions les plus productives de toute l'Europe. Mais les grandes métropoles régionales britanniques sont bien moins productives que leurs homologues européennes. Prenons les villes secondaires d'Allemagne – Munich, Düsseldorf, Stuttgart, Cologne, etc. –, les travailleurs de ces villes sont environ 30 % plus productifs que ceux des villes britanniques équivalentes[6].

Ou encore les habitants de Marseille, Lyon, Bordeaux, Toulon : ils sont environ 22 % plus productifs que leurs homologues britanniques. Les travailleurs des villes secondaires des Pays-Bas sont 26 % plus productifs, et ceux de l'Italie, 17 %.

Quelle en est la raison ? Ayant dirigé une grande ville (la meilleure) pendant huit ans, je peux vous dire qu'il n'y a rien d'inéluctable dans tout cela, comme nous le verrons. Dans leur grande majorité, je le crains, les villes se développent et s'effondrent principalement à cause de la politique et de la manière dont elles sont gérées.

Lorsqu'une ville prospère, c'est presque toujours grâce aux « effets d'agglomération » – la masse critique de talents qui incite d'autres personnes talentueuses à s'y installer. Pour que cela se produise, il faut des rues sûres, un bon système éducatif, des transports efficaces et un édile ambitieux capable de raconter l'histoire de la ville et d'expliquer pourquoi les gens devraient être fiers d'y habiter.

Si vous y parvenez, vous avez toutes les chances de niveler par le haut et de voir les jeunes familles de cadres revenir en ville, pour profiter de l'effervescence et des avantages de la vie urbaine. C'est ce qui s'est passé à Londres, même dans les quartiers que l'on disait sans perspective.

Cela peut se produire et se produira dans tout le Royaume-Uni, si nous nivelons par le haut. Andy Haldane*[7] et ses collègues ont calculé que si nous pouvions amener les métropoles régionales britanniques au niveau de leurs homologues européennes, nous ajouterions facilement 100 milliards de livres par an au PIB national, soit 5 % de manière pérenne. La croissance serait stimulée non seulement dans ces métropoles, mais aussi dans les zones périurbaines, à condition que les transports soient de bonne qualité. On réduirait également la forte pression qui pèse sur le développement des Home Counties**.

Si nous nivelions par le haut la Grande-Bretagne – en réduisant l'écart entre les régions les plus productives et celles qui le sont moins afin que celui-ci ne soit pas plus prononcé que dans le reste de l'Europe –, nous

* Économiste britannique qui a travaillé à la Banque d'Angleterre.

** Les comtés situés autour de Londres.

accomplirions une transformation totale. Nous deviendrons vraiment l'économie la plus prospère d'Europe. C'est faisable.

Regardez ce qu'ont fait les Allemands de l'Est. Il existe encore des problèmes dans l'ex-Allemagne de l'Est, néanmoins il y a une donnée stupéfiante : les écarts de productivité entre différentes régions du Royaume-Uni sont à l'heure actuelle plus importants que ceux entre l'ex-RDA et l'Allemagne de l'Ouest. Comment cela est-il possible, au nom du ciel ? Comment pouvons-nous gaspiller autant de potentiel ?

Je pense aussi que ce déséquilibre – et la tolérance chronique de ce déséquilibre – est une sottise politique. Deux ans après que Dave et moi nous nous sommes faufilés dans ces rues aux fenêtres barricadées dans notre Jag blindée, la révolte a finalement eu lieu. Les habitants des endroits laissés pour compte se sont rebellés contre un modèle économique qui ne fonctionnait pas pour eux.

Ils se sont rebellés contre le fatalisme de l'orthodoxie du ministre des Finances. Je crois qu'ils avaient raison. En votant pour la sortie de l'UE, ils se sont révoltés contre l'idée que la Grande-Bretagne était juste un territoire dans le vaste empire européen, où le nivellement par le haut (ou la « convergence » comme on l'appelle à Bruxelles) était du ressort de la direction générale de la politique régionale de la Commission européenne.

Quelles que soient les bonnes intentions des fonctionnaires de l'UE, quelles que soient leur gentillesse et leur intelligence, les habitants des Midlands n'avaient pas l'impression que cela fonctionnait pour eux, pas plus que ne le pensaient 52 % de la population. Oui, c'était en partie à cause de l'immigration. Mais je ne crois pas que les citoyens du Royaume-Uni soient hostiles aux immigrés, loin de là.

C'était davantage parce qu'ils en avaient assez d'un système qui semblait sous-estimer leurs compétences et celles de leurs enfants, parce que le monde des affaires peut toujours remplacer ces compétences par des talents venus de l'étranger. Ils voulaient que la considération, l'attention et l'amour soient dirigés vers leur pays, notre pays.

Ils ont pensé que ce n'était pas suffisant de soupirer mélancoliquement et de dire que les choses ne pouvaient pas changer. Ils voulaient du changement et, le 23 juin 2016, ils ont voté pour le changement en plus grand nombre que n'importe quelle partie de la population britannique ne l'avait fait auparavant, que ce soit pour une idée ou un gouvernement.

Trois ans plus tard, avec le Brexit toujours en cours, je me suis finalement retrouvé en position d'apporter ce changement et de me présenter à la direction du Parti conservateur.

La bataille a commencé, comme c'est la coutume de nos jours, avec une sorte de longue course d'obstacles des candidats. Mais il ne fallut pas attendre longtemps avant que les députés conservateurs ne le réduisent à sa plus simple expression. Pendant des semaines, il n'y eut que Jeremy Hunt et moi, une campagne que les médias, je pense, ont trouvée à leur grande déception très courtoise, dans laquelle nous nous affrontions dans des débats sur tout le territoire. Jeremy avait beaucoup d'atouts en sa faveur, très compétent, fils d'amiral. Mais il avait voté pour rester dans l'UE et il était évident, après trois ans de blocage, que le gouvernement devait être conduit par quelqu'un qui croyait vraiment dans le projet.

J'avais l'avantage de savoir exactement ce que je voulais faire et j'avais les idées et les slogans pour les exprimer. Je voulais niveler par le haut, débrider le potentiel de tout le Royaume-Uni et je voulais que la Grande-Bretagne soit plus forte et plus sûre d'elle à l'étranger. Ce que j'ai appelé « Global Britain ».

Je voulais montrer à tous combien ils avaient tort, ceux qui pensaient que d'une certaine manière le Brexit indiquait un retrait de la scène internationale. Après les horribles empoisonnements à Salisbury en mars 2018, quand Vladimir Poutine utilisa des armes chimiques au Royaume-Uni, causant la mort d'une personne innocente, je voulais montrer que nous défendrions nos valeurs dans le monde entier.

Les deux idées dépendaient de la réalisation du Brexit, c'est-à-dire de notre capacité à reprendre vraiment le contrôle de notre système législatif et de réglementation ; et si je participais à cette course, c'était parce que beaucoup de gens croyaient désormais que j'étais la seule personne avec une personnalité suffisamment forte pour réussir, faire le nécessaire et mettre en œuvre le Brexit.

Bien sûr, je n'étais pas toujours convaincu qu'ils avaient raison, et bien sûr j'étais inquiet quant à mes propres capacités. Toute personne saine d'esprit éprouve ces inquiétudes. Je m'inquiétais aussi de la longue et jolie liste d'ennemis que j'avais après des années dans le journalisme et en politique, pendant lesquelles j'avais été loin d'être prudent concernant mes actes ou mes propos.

Jeremy s'est bien battu, mais au final j'ai obtenu pas loin des deux tiers des voix. J'avais un plan. J'avais le poste. Mais le temps était très, très court et les requins étaient là, juste au-dessous des vagues, bien plus nombreux que je ne l'avais imaginé.

Chapitre 3

LE SYNDROME D'ENFERMEMENT

L'Irlande du Nord et le complot visant à entraver le Brexit

Cela ne faisait qu'une semaine que j'étais Premier ministre lorsqu'on me dit que j'allais être confronté à ma première catastrophe naturelle. C'était début août et de fortes pluies s'étaient abattues dans le Peak District. Les eaux se sont déversées des landes dans une vieille infrastructure, le Toddbrook Reservoir. Soudain, une grande entaille est apparue sur le côté de la digue.

Quelques dalles de béton avaient glissé, laissant apparaître de la boue et des déchets. Le pronostic n'était pas fameux. On me dit à ce moment-là que 1,2 million de mètres cubes d'eau allaient engloutir la ville de Whaley Bridge, où vivaient 6 000 âmes, y compris la célèbre ex-ministre Edwina Currie.

Lorsque je suis arrivé sur place dimanche en fin d'après-midi, l'état d'urgence avait été déclaré[1] avec un « risque létal imminent », 1 500 personnes avaient déjà été évacuées.

Certains habitants refusaient de partir. Je me souviens de m'être émerveillé des limites du pouvoir coercitif de l'État. Si un Anglais ou une Anglaise nés libres choisissaient d'être noyés comme des rats au sein de leur propre maison, l'État ne pouvait absolument rien y faire. J'ai trouvé ça formidable. (J'étais loin d'imaginer, bien sûr, que j'aurais bientôt tous ces pouvoirs, au nom de la santé publique, pas tellement pour évacuer, plutôt pour confiner d'office toute la population.)

Je vis apparaître dans le ciel nocturne un hélicoptère Chinook à deux rotors, portant sous sa cabine un gigantesque sac de sable. Les soldats du génie le firent tomber de manière experte avec un *ploc* sourd sur le trou dans la digue. Est-ce que ça tiendrait ? Cela semblait un expédient de fortune, d'autant plus qu'on annonçait davantage de pluie.

C'était clairement une course contre la montre et une métaphore – vous l'avez vue venir – de ma propre situation politique.

Jour après jour la pression montait. Le Parti conservateur m'avait engagé pour réaliser le Brexit et il ne restait plus que trois mois avant notre sortie de l'UE le 31 octobre 2019. Si nous échouions encore, si nous retardions une fois encore, j'aurais l'air ridicule, une sorte de Theresa May à perruque blonde, et je serais balayé par un torrent d'indignation publique.

Certaines personnes du bord politique opposé commençaient à clamer que le référendum perdait de sa portée. Cela faisait plus de trois ans qu'il avait eu lieu. Beaucoup des Brexiters* étaient probablement en train de manger les pissenlits par la racine, disaient-ils. Il fallait organiser un nouveau référendum. Il était temps de procéder à un « vote populaire », disaient-ils encore, comme si le peuple n'avait pas été consulté la première fois. Pour les Leavers – les 52 % –, ce genre de discours était simplement rageant.

On leur avait dit que ceci était une décision qu'on ne prend qu'une fois dans la vie et que leur vote était vraiment important. Une fois encore, leurs souhaits allaient être ignorés. J'étais comme un cascadeur à moto qui roule des mécaniques en clamant qu'il peut exécuter une cascade impossible – et maintenant ils me mettaient au défi de tenir ma promesse.

Comme Evel Knievel, je faisais pétarader ma moto, me préparant à prendre la passerelle, sachant qu'à l'autre extrémité je devais sauter par-dessus deux énormes bus à impériale : obtenir que l'UE nous accorde un nouvel accord et ensuite obtenir que le Parlement vote en faveur de ce que l'UE nous aurait accordé, quel qu'en soit le contenu. Il y avait de quoi déglutir avec difficulté parce que franchement je n'étais pas sûr de passer sans problème le premier bus, encore moins le second.

Arrivés à la troisième semaine d'août 2019, nous n'avions pas avancé d'un pouce. Le Royaume-Uni avait désormais un nouveau négociateur en chef en la personne de David Frost, ex-professeur d'université et diplomate, un esthète et un spécialiste de la poésie allemande, et qui avait l'*Adoration de l'agneau mystique* de Jan et Hubert Van Eyck en fond d'écran sur son mobile. Allez savoir pourquoi.

Frost, alias Frosty, avait été mon conseiller au Bureau des Affaires étrangères et du Commonwealth pendant des années. Concernant le Brexit, sur sa signification actuelle et future, il était et est toujours l'un de mes plus proches alliés. Il avait vu très clairement ce que nous devions faire et savait que le Brexit ne représentait rien à moins que nous ne reprenions vraiment le contrôle.

Frosty présenta le dossier devant l'Union européenne, de façon claire et logique, et, oui, il reçut un accueil glacial**.

* Personnes en faveur de la sortie de l'Union européenne. On parle aussi des Leavers (ceux qui veulent quitter).

** Plaisanterie sur le diminutif de Frost : Frosty, qui est aussi un adjectif qui veut dire « glacial ».

Le négociateur en chef de l'UE était Michel Barnier, ancien ministre des Affaires étrangères français. La position de Bruxelles était la suivante : les Britanniques avaient déjà signé un accord de retrait et par conséquent nous devions nous en tenir gaiement à ce qui nous avait été donné. Comme l'ont souligné de nombreux commentateurs, au Royaume-Uni et à l'étranger, on ne voyait pas pourquoi ils auraient dû faire un effort particulier pour m'aider, moi, entre tous.

J'étais le monstrueux Johnson, la Bête du Brexit, le cascadeur à la manque des deux gros bus, le joueur de flûte qui interprétait les airs du diable et menait les gens à leur perte. Pourquoi se seraient-ils assouplis et pourquoi auraient-ils fait un compromis juridiquement difficile simplement parce que j'étais un petit peu dans une situation politique compliquée ? Pourquoi auraient-ils fait des concessions alors que je pouvais être balayé à tout moment pour être remplacé, une fois encore, par un autre leader éphémère des Conservateurs ?

Comme le répétait Barnier à Frosty, il n'avait aucun mandat pour modifier l'accord et il n'y avait rien qu'il puisse faire. Alors, le 21 août, nous avons décidé qu'il était temps d'arrêter de parler aux saints et que nous devions nous adresser directement à Dieu.

L'Union européenne est en fin de compte la création de l'axe franco-allemand. Nous devions nous rendre à Berlin, puis à Paris. Rapidement.

Le caractère formel de la réception à Berlin me stupéfia. Un tapis rouge menant à la chancellerie fédérale d'Angela Merkel avait été déroulé et une fanfare militaire jouait avec entrain nos hymnes nationaux, étouffant presque les cris de la foule de manifestants anti-Brexit amassée aux portes de la chancellerie.

Pour une raison que j'ignore (je crois qu'elle avait peur de s'évanouir à cause de la chaleur), Angela avait dû s'asseoir pendant la cérémonie, mais une fois que nous eûmes rejoint son bureau à l'étage, elle avait retrouvé tout son entrain et fit montre de son habituel humour légèrement caustique. On nous servit un verre de crémant d'Alsace et nous fûmes conduits sur le toit-terrasse, avec l'espoir que nous sympathiserions.

Nous contemplions Berlin où les parcs et les avenues sont tellement verdoyants que d'en haut cela donnait l'impression que la ville était une immense forêt de feuillus parsemée çà et là d'immeubles.

Je lui dis que nous devions modifier l'accord de sortie. « Vous devez en donner l'ordre à la Commission », ai-je ajouté.

Elle fit un geste en direction du Bundestag dont le dôme dessiné par Norman Foster brillait sous les rayons du soleil, parfait symbole de l'amitié anglo-allemande de l'après-guerre.

« Je peux contrôler mon Parlement, pouvez-vous contrôler le vôtre ? » m'a-t-elle demandé.

Ce n'était pas le moment d'avoir l'air hésitant. Il y a des moments où on s'épanche sur ses soucis avec ses amis internationaux et d'autres moments où clairement il ne le faut pas.

« Pas de souci, ai-je répondu. *Wir schaffen das !* » Nous pouvons le faire.

D'un point de vue tactique, ce n'était peut-être pas la meilleure phrase à sortir. C'étaient les mots prononcés par Angela au début de la crise des réfugiés en 2015[2]. En reprenant sa phrase, je voulais lui montrer que je partageais son esprit positif du « on va y arriver ». On m'expliqua plus tard que les opposants de la chancelière en avaient fait un leitmotiv contre elle, et qu'Angela en avait un peu assez de les entendre.

Bon, eh bien, tant pis, me suis-je dit. Essayons Macron.

La chaleur était accablante le lendemain et nous sommes restés assis pendant une éternité dans les jardins de l'Élysée à essayer de concocter de nouvelles recettes pour l'unité franco-britannique. J'ai suggéré toutes sortes de trucs : une seconde liaison fixe à travers la Manche, un nouveau Concorde alimenté à l'hydrogène, un nouveau pacte nucléaire. Macron était chaleureux et je l'aimais bien. Mais je sentais sa profonde réserve.

Il travaillait à la banque Rothschild à Londres quand j'étais maire et je savais qu'il considérait que le Brexit était une rebuffade terrible vis-à-vis de l'Union européenne et vis-à-vis de sa propre vision du monde. Il s'était déjà exprimé à de nombreuses reprises sur le fait que le Brexit ne pourrait pas être un succès, politiquement ou économiquement.

Les Britanniques, disait Macron, devaient être pénalisés pour leur décision, ne serait-ce que *pour encourager les autres*♦*. Pourquoi devrait-il aider Johnson, *menteur*♦ et *tricheur extraordinaire*♦ ?

J'ai encore bu du vin blanc, constatant la sueur qui ruisselait sur le front des conseillers militaires en grande tenue, galons et épaulettes, alors que j'improvisais davantage de plans pour la coopération transmanche.

Finalement, Emmanuel et moi sommes allés à l'intérieur pour un tête-à-tête. Il m'a montré un curieux tabouret en métal en forme de tambour africain. Pour tester son poids, j'ai levé la jambe et posé brièvement

* Les mots en italique suivis d'un losange sont en français dans le texte.

le pied sur le tabouret, un geste qui fut malheureusement filmé par les caméras.

Emmanuel était penché en avant comme s'il examinait mon pied, et moi, j'étais renversé en arrière. On aurait dit que je l'invitais à me cirer les chaussures, ce qui n'était absolument pas le message que nous voulions faire passer.

C'était plutôt nous qui essayions de lui lécher les bottes, non l'inverse.

De retour à Londres, il était clair que nous n'étions pas plus avancés. L'Union européenne ne bougeait pas d'un pouce. Cela ne servait à rien d'essayer de trouver un soutien dans d'autres capitales. Je savais de longue date que c'était le moteur franco-allemand qui conduisait l'UE. D'autres pays poussent parfois des cris utiles, d'autres encore peuvent compatir. Mais si les Français et les Allemands sont unis sur un dossier, ils obtiennent en général ce qu'ils veulent.

Dans le cas précis, ils voulaient nous faire suer. Ils voulaient nous coincer dans les cordes pour voir combien de temps je pourrais tenir. Ils étaient en position de force, et ils le savaient. Ils avaient réussi à organiser un court-circuit entre l'ambition du Brexit et la paix en Irlande du Nord. Et celui qui n'était pas d'accord avec eux, celui qui voulait sortir tout le Royaume-Uni de l'UE, risquait de finir électrocuté, *pssssscht*, sous le chef d'accusation (toutefois exagéré) de mettre en péril la paix en Irlande du Nord. Personne n'avait cette idée en tête.

En 1996, je me trouvais dans mon bureau au *Daily Telegraph* situé dans les Docklands*, quand se produisit un énorme bang. J'étais en train de parler avec mon vieil ami Chris Lockwood, vétéran des zones de guerre dans les Balkans, qui avec une présence d'esprit caractéristique plongea sous le bureau.

Cette bombe de l'IRA** tua deux victimes innocentes, deux hommes qui travaillaient chez un marchand de journaux, et fit des centaines de blessés, en plus de souffler toutes les vitres du quartier.

Depuis que j'étais un enfant londonien, dans les années 1970, j'avais la crainte et la haine de l'IRA, je haïssais leurs bombes jetées sur des pubs et des centres commerciaux, je haïssais leurs fausses « alertes » et leurs « regrets » en toc.

* Quartier de l'est de Londres.

** Irish Republican Army, Armée républicaine irlandaise, organisation paramilitaire luttant par des actions terroristes contre la présence des Britanniques en Irlande du Nord.

Je me suis donc réjoui quand, deux ans après mon expérience au *Daily Telegraph*, fut signé le Belfast Good Friday Agreement*. Il s'agissait d'un acte d'une grande adresse politique, l'aboutissement avec l'aide des Américains du travail des gouvernements britanniques et irlandais successifs, et aucun Premier ministre britannique ne voudrait mettre cela en péril.

C'est cette peur – ne mâchons pas nos mots : la peur d'un retour de l'activité de l'IRA – qui a été utilisée pour coincer le Royaume-Uni dans l'Union européenne. L'argument consistait à dire qu'une fois le Royaume-Uni sorti de l'UE, il y aurait une nouvelle frontière pour l'Union européenne, entre l'Irlande du Nord et la république d'Irlande**. L'UE n'aurait pas d'autre choix, nous dit-on, que de mettre en place des contrôles à cette frontière, des contrôles douaniers pour empêcher la contrebande de marchandises. Ce serait une calamité.

En tant que membres du gouvernement de Theresa May, on nous donnait des avertissements encore plus glaçants sur ce que feraient les terroristes. On me montra des photos (je pense qu'il y avait des caméras de sécurité) d'installations frontalières qui avaient été arrachées et détruites par les Républicains.

Il y avait environ trois cents points de passage. On nous dit qu'il faudrait installer des postes douaniers partout, et que l'IRA serait sans merci. Ses membres étaient opposés à la notion même d'une frontière.

Ils feraient exploser les postes. Ils tueraient quiconque s'y trouverait, y compris les employés innocents de la Garda***.

Bien sûr, il n'était pas question que je prenne cela pour argent comptant et pendant des années, en tant que ministre des Affaires étrangères, j'ai affirmé que cette menace était chimérique. Le gouvernement britannique n'aurait jamais des postes de contrôle avec la république d'Irlande, nous avons tous été très clairs là-dessus. Et en ce qui concernait la libre circulation des personnes, le Common Travel Act existait depuis 1921. Cela n'avait rien à voir avec l'UE.

Et il n'était tout simplement pas nécessaire que l'UE ait un contrôle de frontière. Il y avait déjà une contrebande transfrontalière assez importante,

* *L'accord du Vendredi saint* : accord de paix signé par toutes les parties concernées pour mettre fin à trente ans d'actions sanglantes en Irlande du Nord.

** La république d'Irlande, membre de l'UE, est partie prenante de l'union douanière.

*** Force de police nationale de la république d'Irlande.

les gens profitant des différences de taxation sur les carburants. Il n'y avait pas besoin de contrôle aux points de passage pour cela.

Il existait une coopération entre les forces de police; entre les douanes irlandaises et l'administration des impôts; entre les douanes britanniques et l'administration des impôts. Il était très révélateur que dans les mois précédant le vote sur le Brexit, début 2016, le gouvernement irlandais avait de manière très intelligente prévu le problème et s'était attelé à sa résolution par l'application de remèdes de bon sens.

Ils allaient mettre en place un système d'échanges commerciaux de confiance, ou des contrôles effectués par des agents des douanes ou des agents de la direction de la consommation et de la répression des fraudes dans le cas improbable où des marchandises britanniques passeraient la frontière sans payer de droits de douane ou sans se conformer à certaines normes de l'UE. Aucun de ces remèdes n'impliquait de contrôle systématique aux frontières; tous les prétendus problèmes pouvaient être résolus.

Mais tout l'intérêt de ces problèmes – des arguties essentiellement – était qu'ils n'étaient pas censés être résolus. Dans les mois qui ont suivi le vote sur le Brexit, de plus en plus de personnes à Londres et à Bruxelles ont commencé à voir comment la question de l'Irlande du Nord était l'excuse parfaite pour faire ce qu'ils voulaient entreprendre depuis le début. Ce que j'avais prophétisé qu'ils essaieraient de faire.

Ils ont exacerbé le problème, l'ont sacralisé et instrumentalisé, pour empêcher le Brexit. Leur objectif était de maintenir le Royaume-Uni dans l'union douanière et le marché unique. J'ai eu un aperçu de ce qui se passait en septembre 2017 lorsque la moitié du Cabinet a été envoyée, allez savoir pourquoi, à Florence[3] pour un autre discours de Theresa May sur le Brexit.

Elle avait commencé son mandat en promettant de sortir convenablement la Grande-Bretagne de l'UE. Ce jour-là, alors que je lisais le texte sur le chemin pour Florence, il était clair qu'elle se dégonflait. La Grande-Bretagne allait accepter les réglementations et les lois de l'UE, même si nous n'étions pas là pour les élaborer.

J'ai protesté avec véhémence auprès du chancelier de l'Échiquier, Philip Hammond. En fait, nous avons eu une grosse dispute à l'arrière de la Lancia, pendant tout le trajet entre l'aéroport de Florence et l'endroit où devait se tenir le discours. C'était infâme, ai-je dit. C'était antidémocratique pour le peuple du Royaume-Uni d'être soumis aux règles de Bruxelles. Nous serions un État vassal, un satellite, une colonie. Et de toute façon, les gens avaient voté pour la liberté. Le Brexit ne servait à rien si nous ne pouvions pas faire les choses différemment.

Le Brexit nous donnait une chance de prendre de l'avance sur le reste du monde : sur le partage des données, sur les biosciences, l'IA, les médicaments, et j'en passe.

« Écoute, a déclaré Hammond, sur ses gardes. J'ai été naïf. Toutes ces discussions sur la divergence n'ont aucun sens. La Grande-Bretagne est une nation européenne, avec un modèle économique européen. Nous tirons notre politique étrangère des États-Unis et notre politique économique de l'UE », a-t-il conclu.

J'ai répondu que je trouvais ces deux idées tout aussi répugnantes l'une que l'autre.

À la fin de l'année, j'ai découvert que j'avais été complètement surpassé en termes de tactique. Le 8 décembre 2018, j'ai été convoqué au 10 Downing Street* pour lire ce qui avait pour nom le Joint Report, un énième accord de sortie entre la Grande-Bretagne et l'Union européenne. Le document comportait une nouvelle clause que je n'avais jamais vue auparavant, encore moins validée.

On m'a dit qu'elle avait été rédigée pour protéger le processus de paix du Good Friday. Il s'agissait de mettre fin à la violence en Irlande du Nord. Ce qui est devenu connu sous le nom de *backstop***. C'était un seul paragraphe qui stipulait que tant que nous n'aurions pas résolu le problème de la frontière entre l'Irlande du Nord et la République irlandaise – et fait en sorte qu'il n'y ait aucun contrôle –, le Royaume-Uni resterait « pleinement aligné » sur l'UE.

Nous suivrions les lois de l'UE, même si nous avions quitté l'UE. Nous imposerions les mêmes droits de douane que l'UE à nos frontières, même si cela signifiait que nous ne pourrions plus conclure d'accords de libre-échange. Nous resterions membres d'organes de l'UE tels que l'Agence européenne des médicaments (une restriction qui, si elle avait été maintenue, aurait eu par la suite des implications considérables). Quel que fût le contenu de ce document, il ne s'agissait clairement pas d'un Brexit.

C'était le *Brexit in Name Only****, BRINO. Un désastre politique et moral. À l'évidence, l'establishment, majoritairement Remain, y était favorable (je

* Adresse au centre de Londres où se trouvent la résidence officielle et les bureaux du Premier ministre.

** Filet de sécurité.

*** Brexit qui n'en a que le nom.

vous demande pardon d'utiliser ce raccourci quelque peu conspirationniste, mais c'est un fait que l'écrasante majorité des personnes chargées de mettre en place les détails du Brexit avaient en fait voté Remain, y compris, bien sûr, Hammond et May).

Le backstop pour l'Irlande du Nord remplissait très bien deux fonctions. Il apaisait les inquiétudes de la Confédération de l'industrie britannique et du Trésor concernant les frictions sur les échanges commerciaux. Il ne devait pas y avoir de frictions, puisque la Grande-Bretagne devait rester dans l'orbite réglementaire de l'UE. Et en mettant un terme à la divergence, à la perspective d'accords de libre-échange indépendants, il signifiait que, sous un autre Premier ministre, toute l'expérience du Brexit pouvait être *Breversed** et que les Britanniques pouvaient voter en faveur d'un *Brejoin***.

Le backstop était effrayant, et le pire, c'est qu'une fois que nous l'aurions signé et ratifié, nous ne pourrions pas en sortir, à moins que l'UE ne nous y autorise. Nous nous enfermions dans l'union douanière et le marché unique – sans avoir notre mot à dire sur l'un ou l'autre – et nous remettions la clé à nos geôliers.

Il n'est donc pas étonnant que les députés brexitariens s'y soient opposés avec tant d'acharnement. Il n'est pas étonnant que le Parlement l'ait rejeté à trois reprises. Nous étions en train de nous transformer en punks de Bruxelles, en éclopés de l'UE.

C'est avec cet accord que j'ai dû travailler à l'automne 2019. Le Parlement ne l'adopterait pas. L'UE ne le modifierait pas. Je n'avais qu'une seule carte en main, un seul moyen de me faire prendre au sérieux. Alors que nous approchions de la date butoir du 31 octobre – et de ce qui semblait être la fin de ma carrière politique –, je devais leur faire croire que nous partirions sans accord. De l'avis général, cette option – une sortie sans accord – était impensable.

Les journaux étaient remplis des horribles prédictions habituelles sur ce qui allait se passer. Il y aurait des paniques, des files d'attente, des spéculations sur la monnaie et des catastrophes informatiques du type « bug du millénaire ». Il y aurait des restrictions sur l'approvisionnement des médicaments essentiels, et l'usine qui fabriquait les barres Mars à Slough manquerait de poudre de lait et de petit-lait. Même si tout cela était très exagéré (quand on veut boire du petit-lait, on le

* *Breverse* : renverser (*reversed*) le Brexit.
** *Brejoin* : rejoindre (*rejoin*) le Brexit.

peut*, disais-je souvent), je voyais bien qu'il y aurait une période de bouleversements et que le gouvernement en serait blâmé.

Je ne voulais vraiment pas d'une sortie de l'UE sans accord. Mais comme vous le savez si vous avez mené une négociation, quelle qu'elle soit, vous devez tout simplement être capable de vous désengager. J'ai compris qu'il n'y avait qu'un seul moyen de persuader Merkel et Macron de nous proposer un meilleur accord, un seul moyen de sortir de l'esclavage du backstop, et donc d'obtenir un accord qui passerait à la Chambre des communes.

Nous devions être capables de bluffer, montrer que nous étions au minimum prêts à accepter un Brexit sans accord. J'avais un curieux avantage en tant que Premier ministre, car nos partenaires pensaient que j'étais peut-être assez fou pour le faire. Ils avaient entendu ma rhétorique du « ça passe ou ça casse ». Ils avaient vu ma volonté de proroger le Parlement, et écouté l'homme qui emballait furieusement le moteur, prêt à jeter la voiture du haut de la falaise sans problème.

En réalité, je n'allais rien faire de tel. Mais j'avais besoin qu'ils m'en croient capable (et c'est pourquoi j'étais si énervé contre la femme araignée Hale, et que je pensais que la Cour suprême était si malavisée : elle interférait avec la prérogative de l'exécutif de négocier avec d'autres pays, ainsi que de proroger le Parlement).

Et, bien évidemment, si l'UE pouvait voir qu'une sortie sans accord était la dernière carte désespérée que j'avais en main, il en allait de même pour tous mes collègues Remainers au Parlement. Ils ont élaboré un plan des plus ingénieux, dont je n'avais pas prévu les détails, malheureusement. Avec la complicité de John Bercow, le speaker**, dont la voiture arborait un autocollant « Bollocks to Brexit*** », les députés ont pris le contrôle de l'ordre du jour des Communes, comme les passagers d'un bateau de croisière prenant d'assaut le pont et s'emparant du gouvernail.

Le 4 septembre 2019, ils ont adopté le Surrender Act[4]. En vertu de ce texte législatif incroyable, ils ont pris la main sur les négociations et m'ont contraint, par la loi, à exclure toute possibilité d'un Brexit sans accord.

Le Surrender Act stipulait que je devais parvenir à un accord avec l'UE avant le 19 octobre – six semaines plus tard environ – et faire adopter cet

* L'expression anglaise est : *When there is a will, there is a way* (Quand on veut, on peut), transformée en *When there is a will, there is a whey* (whey signifiant petit-lait).

** Le speaker est le président de la Chambre des communes.

*** Merde au Brexit.

accord par le Parlement, faute de quoi je devrais écrire à l'UE (et ils avaient défini les termes de la lettre) pour demander une nouvelle prolongation, ce qui me forcerait à rompre ma promesse de sortir de l'UE pour le 31 octobre et me causerait une blessure politique – probablement mortelle.

Les parlementaires ne s'inquiétaient guère d'un Brexit sans accord. Contrairement à l'UE, ils me connaissaient et savaient que je ne voudrais pas infliger ce genre de tumulte au pays. C'était plus astucieux que cela. En me forçant à écarter la possibilité d'une sortie sans accord, ils voulaient affaiblir ma position de négociateur au point où en fin de compte je ne pourrais même pas obtenir un meilleur accord ou un accord susceptible d'être adopté par la Chambre des communes. Soyons clairs : ces gens voulaient humilier leur propre pays en détruisant notre capacité à négocier au nom du peuple britannique. Lors des élections de 2017, ils avaient promis de faire sortir la Grande-Bretagne de l'UE. Ils ont manqué à leur parole de manière éhontée.

Ils voulaient que nous restions dans l'UE pendant des mois, payant notre dîme exorbitante, incapables de partir, jusqu'à ce que le barrage de la patience publique finisse par céder et que le gouvernement Johnson soit déversé dans la vallée avec fracas et pour qu'il n'en reste rien qu'une écume.

Ils pourraient alors entamer la campagne de réintégration. C'était monstrueux, mais efficace. Nous étions pris au piège.

Chapitre 4

PLUS HULK EST EN COLÈRE…

plus Hulk devient fort

1er septembre 2019, le dimanche précédant le vote du Surrender Act, j'ai pensé qu'il serait bon de prendre la température des parlementaires du parti. Notre décision de proroger le Parlement avait été saluée par certains, d'autres étaient consternés.

Nous savions, grâce à nos renseignements, que les Remainers ourdissaient un complot et nous comprenions globalement ce qu'ils essayaient de faire : prendre le volant et arrêter le Brexit. Mais il était loin d'être évident qu'ils y parviendraient. Combien oseraient défier leurs électeurs et se joindre à la révolte ?

Tout le bureau des *whips** est venu déjeuner à Chequers**, sous la houlette de leur chef, Mark Spencer – un fermier du Nottinghamshire aux mains comme des battoirs capables d'étrangler un faisan. Tout le monde était d'humeur très joyeuse et nous sommes restés sur la terrasse à boire du vin pétillant anglais Balfour (également connu sous le nom de jus de Brexit), et j'ai demandé à chaque whip de prédire combien d'entre eux se rebelleraient.

Je ne pense pas, dans ma carrière parlementaire, avoir toujours obtenu l'affection des whips, mais là j'avais besoin d'eux, et j'avais besoin qu'ils me disent la vérité.

Le parti serait indéfectible, m'ont-ils dit. Tout le monde savait ce qui était en jeu. Si quelqu'un votait contre un Brexit sans accord, il votait pour affaiblir le Royaume-Uni dans les instances internationales, à un moment crucial. Il votait pour miner notre capacité à obtenir un bon accord avec l'UE. Donc si quelqu'un votait avec les rebelles, il votait également pour mettre fin à mon mandat de Premier ministre. Il s'agissait ainsi d'un vote

* *Whip* (littéralement « fouet ») : parlementaire chargé de faire respecter la discipline dans son parti, c'est-à-dire de veiller que les députés de base votent en fonction des consignes du parti.

** Résidence secondaire du Premier ministre, située dans le Buckinghamshire.

de confiance, et les députés avaient tous été informés – de longue date – de la conséquence automatique d'un vote contre le gouvernement sur une question de confiance. La personne en question perdrait le whip. Elle ne pourrait pas se présenter comme candidat conservateur.

Dépouiller un député de son fouet est l'instrument de punition le plus brutal de tout l'arsenal répressif. C'est l'outil ultime de la correction parlementaire, le dernier qu'on arrache de la poitrine dans un bruit métallique. J'ai demandé combien de fois la dépossession du fouet avait été utilisée depuis 1979 et l'arrivée au pouvoir de Margaret Thatcher. Il s'est avéré que c'était à moins de vingt reprises. Pour perdre le fouet, il faut faire quelque chose d'assez incroyable. Être pris en flagrant délit de fraude fiscale majeure, de trafic d'esclaves sexuels ou de vente de secrets nucléaires aux Chinois. Voter contre le gouvernement, dans le cadre d'une motion de confiance, était pire que toutes ces vilenies réunies.

Peut-être était-ce le porto ou la torpeur alimentée par la digestion du repas, aussi gluante que du caramel mou, mais les whips étaient presque tous d'accord pour dire que nous étions en sécurité. La seule exception était Mike Freer, député de Finchley and Golders Green, que je connaissais et appréciais depuis mes années londoniennes. Il a dit qu'il avait parlé à certaines de ses ouailles et qu'il n'aimait pas l'ambiance qui régnait. Deux jours plus tard, il serait clair que Mike avait raison.

Le mardi 3 septembre 2019, Sir Oliver Letwin, le professeur Branestawm* de la politique conservatrice, a dévoilé son bidule explosif pour ligoter le gouvernement. Il a réussi à proposer et à faire adopter un projet de loi permettant aux *backbenchers*** de prendre le contrôle de l'ordre du jour au détriment du gouvernement, et le mercredi 4 septembre, les députés ont contrevenu à tous les précédents en utilisant sa motion pour adopter le projet de loi Benn-Burt Surrender.

Ils l'ont fait avec les voix des Conservateurs. Pas un ou deux, mais vingt et un. J'ai regardé la liste avec une incrédulité glacée.

J'allais maintenant retirer le fouet conservateur à Ken Clarke, le doyen de la Chambre et l'un de mes héros politiques – l'homme pour lequel j'avais

* Allusion au personnage d'une série de romans pour enfants écrits par Norman Hunter. Le professeur Branestawm (nom composé à partir de *brainstorm*) est un savant d'une grande distraction, génial inventeur de créations bizarres qui échappent à son contrôle.

** Les députés d'arrière-ban (*backbenchers*) sont des parlementaires « de base » qui n'occupent aucun poste ministériel, ni ne font partie du Cabinet fantôme (celui de l'opposition), ni ne sont whips.

voté en 2001 afin qu'il devienne chef du parti. Parlant d'anciens chanceliers de l'Échiquier, on me demandait d'expulser Philip Hammond du parti qu'il avait rejoint il y a quarante-cinq ans.

J'allais devoir exclure Nick Soames, petit-fils de Winston Churchill, un homme qui n'avait voté que deux fois contre le parti au cours de ses trente-sept années de carrière en tant que député. Je me sentais comme Octave, ce tyran froid et subtil, ordonnant le bannissement de noms au sein des plus grandes familles sénatoriales.

La porte de mon bureau s'est ouverte et le chef des whips est entré. Il était pâle – pour un homme pourtant habitué aux scènes de l'abattoir – mais résolu. Ils avaient été prévenus. Ils connaissaient le prix à payer. Il venait juste vérifier que je n'avais pas été saisi par une soudaine sensiblerie. J'ai regardé ces noms : Stephen Hammond, Ed Vaizey, Richard Benyon. J'ai pensé à Soames, si drôle lorsqu'il s'agissait de raconter des histoires, au point qu'il pouvait presque me faire m'étouffer de rire. Je me suis souvenu que, lorsque je suis entré au Parlement, il m'avait encouragé et m'avait dit de ne pas faire attention aux whips. « Ce sont des souris qui auditionnent pour devenir des rats », m'avait-il déclaré.

Allais-je vraiment faire cela à mes alliés politiques, à mes amis ? L'autorité du gouvernement et du chef des whips était en jeu.

« On doit le faire », ai-je dit à Mark. Et on l'a fait. Nous avons limogé en une seule fois plus de députés conservateurs qu'au cours des quatre décennies précédentes[1]. On peut dire que la réaction politique a frisé l'hystérie. John Major m'a fustigé pour avoir transformé les Tories en une secte à l'esprit étroit. Nick Boles, mon ancien chef de cabinet, a annoncé qu'il n'y avait rien ni personne que je ne massacrerais pas sur l'autel ensanglanté de mon ambition. Au fil de la semaine, les grommellements se sont multipliés.

J'étais désormais contraint de négocier avec une main attachée dans le dos, et l'UE voyait bien que ma situation politique s'effritait. D'autres le voyaient aussi. Lors d'une réunion du Cabinet politique, Michael Gove* a tenu des propos quelque peu ambigus sur le fait que nous avions perdu de nombreux collègues appréciés et respectés. Bien que j'estime énormément Michael, je pense parler au nom de plusieurs ex-Premiers ministres conservateurs en disant que c'est toujours une bonne idée de le surveiller dans le rétroviseur.

* À l'époque, chancelier du duché de Lancaster, poste dans lequel il gère les biens immobiliers et immobiliers du duché. Il est nommé par le souverain sur avis du Premier ministre.

Quelques autres n'ont pas fait preuve d'une grande constance lors du défilé. La situation était si manifestement désastreuse que le mercredi soir j'ai fait ce qu'aucun Premier ministre ne fait à la hâte. J'ai essayé pour la première fois d'appuyer sur le bouton du siège éjectable. Si je ne parvenais pas à faire passer un accord au sein de ce Parlement, j'essaierais d'obtenir un nouveau mandat et un nouveau Parlement. Ce soir-là, j'ai mis Jeremy Corbyn au défi de me rejoindre dans le vestibule* et de voter pour des élections législatives. Il a refusé et je dois dire qu'il avait l'air sacrément ridicule.

Je lui ai dit que le très honorable monsieur avait été payé par le contribuable pour tenter de me démettre de mes fonctions lors des élections. C'était son boulot. C'est pour cela qu'il était là. Et maintenant il devenait le premier chef de l'opposition de l'histoire à refuser de livrer bataille; en fait, il était le premier chef de l'opposition à exprimer sa confiance effective dans le gouvernement de Sa Majesté...

Cela n'a servi à rien. Nous avons remporté le vote, mais nous étions à des kilomètres du seuil des deux tiers requis par le Fixed-term Parliament Act. Les Travaillistes ne voulaient pas jouer le jeu, et mon tourment exquis continuait.

Le lendemain, mon frère Jo a démissionné du Cabinet[2]. Je ne lui en veux pas du tout. J'étais fier de l'avoir eu à mes côtés, compte tenu de notre profond désaccord sur le Brexit. Dans notre famille, les liens du sang sont plus forts que tout. Mais je dois admettre que ça ne donnait pas une image terrible. Plus tard dans la journée, j'ai prononcé un discours dans une école de police à Wakefield, dans le Yorkshire, pour insister sur l'un de nos engagements les plus importants: envoyer vingt mille policiers supplémentaires dans les rues. Lorsque je suis arrivé, j'avais passé trop de temps au téléphone à m'occuper du Cabinet, et les recrues étaient restées debout pendant un certain temps au soleil. L'une d'entre elles – la pauvre – s'est évanouie pendant que je parlais. Elle est tombée d'un rang derrière moi comme un soldat abattu au combat.

Mon discours était censé délivrer quelques phrases édifiantes sur l'importance et l'intérêt d'une carrière dans la police. Il s'est transformé en un discours politique décousu (ce qui m'a valu d'être critiqué plus tard, à juste titre), dans lequel je suis devenu de plus en plus hystérique quant à ma détermination à quitter l'UE. Je préférerais être « mort dans un fossé », ai-je dit aux cadets de la police un peu abasourdis, plutôt que laisser le Royaume-Uni au sein de l'UE au-delà du 31 octobre.

* *Division lobbies* en anglais. Les deux vestibules qui courent le long de la Chambre où se répartissent les députés pour voter pour (*aye*) ou contre (*no*) le projet de loi en cours.

Les médias ont conclu, peut-être pas tout à fait à tort, que je montrais des signes de fatigue. Le lendemain, j'ai donc eu du baume au cœur en me rendant dans un autre univers, un endroit où la politique politicienne est activement bannie. Le vendredi, Carrie et moi sommes allés à Balmoral, chez la reine.

Certains journaux avaient gentiment suggéré que Sa Majesté pourrait regarder d'un mauvais œil un Premier ministre célibataire venant séjourner avec sa petite amie. Serions-nous autorisés à dormir dans la même chambre ? s'interrogeaient-ils.

En étudiant les mille ans d'histoire de la famille royale britannique, la reine – comme on aurait pu le prévoir – n'avait rien à faire de ces broutilles. (On nous avait toutefois déconseillé de venir avec le chien Dilyn. Il semblerait que la princesse Anne ait un jour amené des chiens et qu'ils aient tué un corgi.)

Balmoral a été une expérience curieusement apaisante, surtout parce qu'elle était on ne peut plus surréaliste. Ce n'était pas seulement ce grand château de Gormenghast, avec ses interminables couloirs ornés de bois de cerf. C'était le fait que nous nous trouvions dans la maison du monarque et qu'elle nous traitait comme ses invités, s'occupant de nous et s'assurant que nous passions un bon moment.

Ce soir-là, la reine d'Angleterre, âgée de quatre-vingt-treize ans, au volant de sa Range Rover nous a conduits comme un bolide sur une route de terre cahoteuse, alors que la lune brillait sur la lande. J'ai dû me pincer. Nous sommes arrivés à un refuge autrefois tant apprécié de la reine Victoria. C'était si paradoxal, le monde à l'envers, de voir la reine s'affairer, préparer sa vinaigrette spéciale et disposer les éléments du pique-nique qu'elle sortait de leurs Tupperware.

Le duc d'Édimbourg a allumé son énorme barbecue en acier, qu'il avait conçu et fabriqué lui-même, et après le dîner lui et moi avons discuté pendant un moment au coin du feu des problèmes de la démographie humaine et des atteintes à l'environnement. Puis nous avons été convoqués à l'extérieur, car une procession de joueurs de cornemuse, éclairée par des flambeaux, avait fait son apparition. Je n'oublierai jamais les étincelles des torches qui s'envolaient dans le ciel nocturne, et Sa Majesté qui, regardant attentivement son joueur de cornemuse attitré, rayonnait et tapait la mesure avec son pied. Le lendemain samedi, boum, nous sommes redescendus sur terre. Amber Rudd m'a appelé pour me dire qu'elle démissionnait de son poste de ministre du Travail et des Retraites. Là encore, je ne peux pas dire que j'ai été très surpris. Elle n'avait jamais été, c'est le moins que l'on puisse dire, très enthousiaste à l'égard du Brexit.

J'ai estimé que sa démission était un coup dont je pouvais parfaitement me remettre, et nous avons vite trouvé une excellente remplaçante en la personne de Thérèse Coffey. Mais combien de coups de ce genre pourrais-je encore encaisser ?

Le lundi suivant, le 9 septembre 2019, nous avons à nouveau tenté de procéder à des élections. J'avais décidé d'appuyer là où ça fait mal jusqu'à ce que Corbyn reconnaisse l'absurdité de sa position. Nous avons déposé une autre motion au Parlement. Nouvel échec. Cinq semaines à peine nous séparaient du crucial sommet européen du 17 octobre, notre dernière chance d'obtenir un accord avec l'Union européenne.

Tout le monde pouvait voir que je me trouvais dans un gigantesque casse-noix, pressé d'un côté par un Parlement obstiné et de l'autre par l'implacable Union européenne. Ma majorité parlementaire théorique était passée d'environ moins 1 à environ moins 43.

J'ai continué d'insister sur le fait que tout cela n'était qu'une blessure superficielle, comme le chevalier mutilé des Monty Python, et que nous quitterions quand même l'UE le 31 octobre. Les gens ont montré des signes d'impatience vis-à-vis de mes affirmations. Ouais, OK, ont-ils dit, ou des mots dans ce style-là. Comment allez-vous faire ? Dans certains milieux, on commençait à soupçonner que je n'écrirais pas la fameuse lettre Benn-Burt demandant une nouvelle prolongation de l'adhésion du Royaume-Uni ; que je pourrais en fait être assez imprudent pour désobéir à la loi parlementaire et refuser de me conformer à la loi de capitulation.

Certains collègues du Cabinet se sont mis à dire que c'était trop, qu'ils ne pouvaient pas l'accepter et qu'il fallait respecter la loi. Bien sûr que j'obéirais à la loi, ai-je répondu, et j'ai maintenu avec encore plus de folie ma ligne de conduite selon laquelle nous partirions le 31 octobre. Intérieurement, je ne savais pas du tout quoi faire.

L'idée d'écrire la lettre de capitulation me répugnait. Je voulais bien être pendu si je devais me transformer en automate, en copiste impuissant de Hilary Benn. J'ai réfléchi à diverses manœuvres. La lettre pourrait peut-être contenir un acrostiche, de sorte que les majuscules de chaque phrase – LET BRITAIN GO* ! – contrediraient le sens de la lettre. Peut-être devais-je tenter un palimpseste ou un code.

Peut-être pourrais-je annuler l'effet de la lettre en l'écrivant en hexamètres grecs, ou peut-être devrais-je écrire deux lettres, l'une contredisant l'autre, ou une lettre sur un papier spécial autocombustible. J'ai essayé toutes sortes

* Laissez partir la Grande-Bretagne !

d'idées, mais aucune n'a fait mouche auprès des avocats. La loi Benn-Burt était en béton. La loi était la loi, et si je ne la respectais pas, je serais envoyé en prison.

Je paraissais si serein que les gens ont supposé que je devais avoir un tour dans mon sac, une ruse à la Houdini pour nous sortir de là, qui nous permettrait de filer comme un zèbre, réputation dont on m'avait affublé.

Ce n'était pas le cas. J'avais plutôt la conviction instinctive que les farces parlementaires, aussi ingénieuses soient-elles, ne pourraient pas empêcher la Grande-Bretagne de quitter l'UE. Le peuple avait voté pour. Le peuple l'emporterait.

Lorsque les journalistes m'ont demandé comment cela était censé se passer, j'ai joué à l'oracle de Delphes. J'ai comparé le Royaume-Uni au Dr Bruce Banner, physicien aux manières douces, qui se réveille dans les bandes dessinées Marvel pour découvrir que des forces hostiles l'ont enchaîné. Alors que Banner se débat avec ses chaînes, il se met en colère contre l'injustice de sa position et, lorsque la rage le gagne, il se transforme en un grand Goliath vert, l'Incroyable Hulk.

Plus ils mettaient notre patience à l'épreuve, plus les exigences de nos geôliers étaient déraisonnables, expliquais-je, plus nous nous battrions férocement pour nous libérer. Ou, comme le disait l'Incroyable Hulk, qui ravissait mon âme d'enfant de huit ans, « plus Hulk est en colère, plus Hulk devient fort ».

Au fur et à mesure que le mois de septembre avançait et que nous étions de plus en plus désespérés, nous sommes devenus plus créatifs. Il y avait peut-être une idée pour résoudre le problème de la frontière entre l'Irlande du Nord et la république d'Irlande, un ingrédient à ajouter au mélange.

J'étais, et je suis toujours, unioniste. Lorsqu'en 1990 le ministre pour l'Irlande du Nord, le conservateur Peter Brooke, a déclaré que la Grande-Bretagne n'avait aucun « intérêt stratégique ou économique égoïste » en Irlande du Nord[3], j'ai compris où il voulait en venir et pourquoi il l'avait dit. C'était le premier pas vers la fin de ce lamentable conflit et le début de l'accord du Vendredi saint.

J'ai également trouvé la tournure de la phrase un peu décourageante. Elle donnait l'impression que nous ne nous préoccupions pas de l'Irlande du Nord, ou que nous n'étions pas intéressés par la préservation des frontières de notre pays. Moi, je m'en souciais.

Je n'aimais pas les échos de Bruxelles, où le secrétaire général allemand de la Commission européenne, Martin Selmayr, aurait déclaré que « la perte de l'Irlande du Nord est le prix que les Britanniques doivent payer pour le

Brexit ». Ensuite Selmayr a nié à plusieurs reprises avoir tenu de tels propos, mais cela correspondait au sentiment communément punitif de certains au sein de l'UE. J'ai pensé qu'il n'y avait probablement pas de fumée sans feu.

J'étais furieux qu'un membre de la Commission européenne puisse penser de la sorte. C'est pourquoi mon objectif était de faire sortir le Royaume-Uni de l'UE dans son intégralité en rétablissant complètement le contrôle national. Mais on peut être unioniste sans être un unioniste irréductible ou un unioniste à œillères.

Je reconnais que l'Irlande du Nord est une région très complexe et délicate à gérer. Il existe différentes traditions et différentes aspirations. Même si j'exécrais l'IRA, j'ai compris – comme tout Premier ministre britannique doit le faire – l'histoire et la puissance du sentiment nationaliste. Il doit y avoir un équilibre dans la politique nord-irlandaise, et le secret de cet équilibre, qui est aussi le fondement au cœur du processus de paix du Vendredi saint, est le principe du consentement.

Un des moyens de résoudre ce problème était peut-être de confier l'opération et la responsabilité aux personnes le plus directement concernées, à savoir les habitants d'Irlande du Nord. J'ai commencé à réfléchir à une solution limitée dans le temps au problème de la frontière avec la république d'Irlande, qui reposerait sur le principe du consentement.

Le 2 octobre 2019, dernier jour de la conférence du Parti conservateur, David Frost a présenté une nouvelle proposition venant du côté britannique. Elle était radicalement différente de l'accord de Theresa May. Selon ces plans, la Grande-Bretagne quittait totalement l'UE. Nous sortirions de l'union douanière et du marché unique. Nous reprendrions le contrôle de tout : monnaie, frontières, lois.

Nous tiendrions compte des circonstances et des besoins particuliers de l'Irlande du Nord, et de la nécessité d'éviter tout contrôle à la frontière, en maintenant la région alignée sur certaines normes au moins de l'UE, notamment en ce qui concernait les denrées alimentaires et les produits manufacturés. Mais cet alignement serait limité dans le temps et devrait être activement réaffirmé par la population d'Irlande du Nord.

L'UE n'a pas du tout apprécié. Elle n'aimait pas le délai limité ni l'idée d'un consentement. Les Irlandais, si. C'est l'essence de l'accord que nous avons conclu avec le Taoiseach* irlandais, Leo Varadkar, à Thornton Manor, près de Liverpool, un lieu de réception plutôt agréable qui avait déjà accueilli l'anniversaire de Coleen Rooney, l'épouse du footballeur Wayne.

* Chef du gouvernement, en gaélique irlandais.

Je pensais qu'il s'agissait, à première vue, d'un très bon accord. Le texte indiquait clairement que l'Irlande du Nord quittait l'UE en même temps que le reste du Royaume-Uni. Il était explicitement indiqué que l'Irlande du Nord faisait partie de la zone douanière du Royaume-Uni et il était envisagé que l'Irlande du Nord puisse participer aux accords de libre-échange conclus par le Royaume-Uni avec le reste du monde.

Il était expressément établi que l'Irlande du Nord faisait partie du marché intérieur britannique et que les interférences dans les échanges entre la Grande-Bretagne et l'Irlande du Nord devaient être minimales.

Oui, il y a eu des objections, notamment de la part des partis unionistes d'Irlande du Nord. Ils ont souligné qu'il était antidémocratique de demander à la population d'Irlande du Nord d'accepter des règles et des règlements élaborés à Bruxelles alors qu'elle n'avait pas son mot à dire. Ils s'inquiétaient de l'apparition de nouvelles barrières commerciales le long de la mer d'Irlande, étant donné qu'en vertu du protocole nous étions convenus que les douanes britanniques contrôleraient les marchandises entrant en Irlande du Nord, celles considérées comme « risquant » d'être acheminées vers la république d'Irlande.

Je ne pensais pas que ces contrôles seraient ou devaient être laborieux. Et à chaque objection, j'ai pu mettre en avant le mécanisme de consentement. Si l'Assemblée d'Irlande du Nord ne votait pas expressément en faveur du maintien de ces dispositions en 2024, celles-ci deviendraient automatiquement caduques. L'Irlande du Nord deviendrait du point de vue économique aussi indifférenciée du reste du Royaume-Uni que l'était le comté du Hampshire, et totalement en dehors de l'UE.

Avec le recul, je crains d'avoir pris mes désirs pour des réalités. En accordant à l'Union européenne le droit de continuer de se prononcer sur les contrôles douaniers en Irlande du Nord, j'ai imaginé qu'elle serait raisonnable. Je n'ai pas pensé pas qu'elle serait mesquine et vindicative au point d'interdire l'entrée en Irlande du Nord de saucisses britanniques, de bacon britannique ou de plantes en pot.

Je me suis trompé. Quant au mécanisme de consentement, il ne reflétait pas fidèlement les principes de l'accord du Vendredi saint. Au lieu de proposer d'obtenir un soutien majoritaire au sein de l'Assemblée pour la poursuite du protocole, j'aurais dû insister sur un soutien intercommunautaire, de sorte que le sentiment unioniste ne puisse être ignoré.

L'ennui, c'est qu'au moment où je suis devenu Premier ministre, la position de négociation du Royaume-Uni avait été sérieusement affaiblie. Nous avions enduré trois années de capitulations. Si j'avais fait table rase du passé, je n'aurais jamais accepté le backstop ou le protocole sur l'Irlande du Nord. J'aurais fait ce qui s'imposait – que j'ai toujours défendu au sein du Cabinet – et négocié notre sortie et le nouvel accord de libre-échange en même temps.

Mais pour l'instant tout cela était secondaire. Et tout cela fut ignoré dans l'excitation d'obtenir un accord. J'avais trouvé un moyen de m'en sortir et je savais que le Parlement voterait en sa faveur et que je serais en mesure de le vendre au peuple britannique. S'il y avait des problèmes par la suite, eh bien… nous étions enfin sortis et nous étions sur le point de devenir un pays indépendant et souverain. S'il y avait des problèmes dans notre pays – comme dans n'importe quel autre pays –, alors nous adopterions un projet de loi pour les résoudre. C'était le but de la reprise en main.

Le 19 octobre, après que l'accord a été approuvé par l'UE, nous avons tenu une session extraordinaire du Parlement un samedi – la première fois depuis la guerre des Malouines[4]. Nous avons voté l'accord, parce qu'il n'y avait tout simplement pas d'argument valable pour s'y opposer.

Les citoyens avaient voté pour le Brexit et nous allions enfin le mettre en œuvre.

Mes ennemis avaient encore une petite embuscade sous le coude. Étonnés (et secrètement chagrinés) que j'aie obtenu un accord avec l'UE, après tout ce qu'ils avaient fait pour crever mes pneus, mes collègues ont essayé une dernière fois de m'achever.

Après avoir voté en serrant les dents pour le Brexit, ils ont aussitôt voté contre la « motion de programme », bloquant le projet de loi au Parlement de sorte que, techniquement, nous ne pourrions pas l'adopter avant le 31 octobre. Ils ont prétendu, de manière fallacieuse, qu'ils avaient besoin de « plus de temps » pour examiner l'accord.

Ils n'ont pas eu besoin de plus de temps et n'en ont pas pris. Ils essayaient tout bonnement de me faire perdre la tête. Ils voulaient un prix de consolation, celui de me forcer à ne pas tenir ma promesse, et me forcer à reconnaître publiquement que je m'étais trompé – et à écrire cette foutue lettre.

En fin de compte, je n'ai pas écrit une, mais deux lettres. L'une n'était pas signée et n'était qu'une copie de la lettre *pro forma* de la loi Benn-Burt. L'autre était une lettre personnelle que j'ai écrite et signée, adressée à Donald Tusk, président du Conseil des ministres de l'UE, dans laquelle je disais que je ne voyais aucune raison concevable de retarder la sortie de la Grande-Bretagne de l'UE.

Hélas, comme nos avocats l'avaient prédit, l'UE a décidé que la première lettre était le texte de référence et nous a maintenus dans l'UE pendant trois mois supplémentaires. Mais politiquement, cela n'avait pas d'importance. Nous avions déjoué tous les pronostics en supprimant le backstop et en obtenant un nouvel accord. Nous avions mis en déroute les sceptiques en faisant adopter cet accord par le Parlement, au moins en deuxième lecture aux Communes.

Jeremy Corbyn était pris au piège. Il avait dit qu'il n'organiserait pas d'élections sans accord. Maintenant, il était acculé. Il a essayé de tenir bon pendant quelques jours, mais nous avons maintenu une pression incessante. Finalement, les Libéraux-Démocrates et le Parti nationaliste écossais l'ont abandonné et il a été contraint de plier bagage. Le 29 octobre, il a accepté la tenue d'élections. Bien sûr, nombreux sont ceux qui ont dit que j'étais fou. Danny Finkelstein, éditorialiste conservateur et sage tous azimuts, a déclaré que Corbyn pourrait bien devenir Premier ministre ; le grand gourou des sondages, John Curtice[5], a déclaré que nous allions perdre vingt sièges et laisserions la place à une coalition dirigée par Corbyn.

Mais contrairement aux Travaillistes, nous avions un plan à présenter aux citoyens. Après trois ans et demi, nous avions montré que nous pouvions mener à bien le Brexit. Nous avions un accord à temps pour des élections avant Noël, et la dinde, c'est-à-dire l'accord, était prête à cuire.

Mise au four direct ! J'entends certains de mes opposants s'exclamer : « Elle n'était pas prête ! Pas prête à être enfournée ! »

Il est vrai que nous n'avions pas encore négocié la nouvelle relation avec l'UE, car le gouvernement May avait convenu, hélas, que le retrait devait passer en premier. Mais nous avions enfin trouvé un moyen de sortir de l'UE, qui garantissait notre indépendance constitutionnelle et qui rendrait évidente la forme du nouvel accord.

Notre plan de sortie de l'UE était sacrément prêt à être mis au four. Il appartenait désormais aux citoyens de se prononcer sur ce projet.

Chapitre 5

TREMBLEMENT DE TERRE

Le plus grand changement dans la politique britannique depuis des décennies

Il ne restait plus que quelques secondes avant que les gongs ne se mettent à gonguer à 22 heures et que nous n'apprenions les résultats du sondage de sortie des urnes. Nous étions dans la Thatcher Room, l'ancien bureau de Margaret Thatcher au premier étage, avec vue sur le jardin du 10 Downing Street.

Il y avait de la bière. Il y avait des chips. Il y avait l'omniprésent photographe Andy Parsons qui prenait des clichés. J'essayais de préparer les traits de mon visage.

La défaite ? Cela signifiait que je devais avoir l'air prêt à relever le défi, alors j'ai essayé une mimique de résolution avec une mâchoire carrée comme une lanterne. La victoire ? Hum... Cela impliquait un sourire épanoui et un front noble aux sourcils détendus, mais sans un air suffisant.

Un Parlement sans majorité ?

« Pourquoi tu fais cette tête ? » a demandé Carrie. Alors j'ai laissé tomber. Dans mon esprit, j'étais revenu à l'un de ces moments de « lecture de liste de noms » à l'école, à ces secondes qui précèdent le moment où l'on sait si l'on a gagné ou non un prix ; et mon pouls battait dans mes oreilles, boum-boum-boum, avec une vigueur qui aurait ravi n'importe quel cardiologue.

J'ai regardé fixement les visages des présentateurs de la soirée électorale de la BBC, Huw Edwards et toute la bande. Ils avaient l'air tendus, blafards, constipés, comme s'ils souffraient d'un problème digestif. Ils connaissaient les résultats du sondage à la sortie des urnes. Ils devaient savoir depuis au moins une demi-heure.

Pourquoi avaient-ils l'air si abattus ? Il est vrai que nous, les Conservateurs, avions commencé les élections avec une avance dans les sondages... mais Theresa May aussi. Il y a quelques années à peine, elle s'était lancée à l'assaut de l'électorat avec une large avance de vingt points. Elle s'attendait à un raz-de-marée, et elle avait réussi à faire voler en éclats notre majorité.

Je savais qu'une élection est un pari, un jeu de dés. Les citoyens se sentaient beaucoup trop consultés. Ils en avaient assez qu'on leur demande sans cesse de donner leur avis sur nous, les politiciens, sur des choses du style « est-ce que ça ne me boudine pas un peu ? » Ils voulaient que nous la fermions et que nous nous mettions au travail.

Aujourd'hui je leur avais demandé de voter pour un quatrième gouvernement conservateur consécutif, avec le troisième dirigeant conservateur consécutif – et peut-être que je leur en demandais trop. Jeremy Corbyn était encore une idole pour des millions de jeunes électeurs. « Ohohoh, Jeremy Corbyn », scandaient-ils à l'extérieur des studios pendant les débats télévisés, sur l'air de « Seven Nation Army » des White Stripes.

Peu de jeunes branchés scandaient quelque chose à mon sujet. Rien qui soit publiable en tout cas.

C'est dans le creuset en fusion d'une campagne électorale que l'on sépare la base du vrai métal. Et si en quelque sorte on m'avait percé à jour ? Et si la nation avait scruté mon âme et décidé qu'il était temps de changer ? Ces derniers jours, la tension était montée et j'avais commencé à dérailler.

Les choses se sont gâtées trois jours avant le scrutin, le lundi 9 décembre 2019. Nous étions au marché aux poissons de Grimsby, et j'avais passé environ une heure à prendre la pose en tenant à bout de bras des morues – d'énormes monstres visqueux des profondeurs à la mâchoire béante – et à faire semblant de les vendre aux enchères. C'était amusant, et j'ai senti un franc soutien pour notre candidate, Lia Nici, de la part des gens de ce marché. Il était temps de faire mes interviews avec les médias, et le journaliste d'ITV sur place était Joe Pike, le bien nommé*.

Je pensais que M.Pike aimerait parler de la reprise du contrôle de nos eaux et de la façon dont notre accord prêt à être enfourné nous permettrait de mettre fin aux iniquités de la politique commune de la pêche. Pike m'a coupé la parole. Il voulait parler du principal thème de campagne des Travaillistes, à savoir l'état du NHS**. Il était préoccupé par le traitement d'un enfant de quatre ans, Jack, qui avait apparemment passé la nuit allongé au sol sur un manteau, au Leeds General Infirmary.

Il se trouve que j'étais tout à fait au parfum en ce qui concernait cet hôpital. J'y étais allé très peu de temps auparavant et j'avais vu ses aspidistras poussiéreux dans les anciennes salles victoriennes. C'était l'un des quarante hôpitaux que nous allions reconstruire, et je savais que nous allions offrir au formidable personnel du Leeds General Infirmary exactement les

* Pike signifie Brochet.

** National Health Service : système national de santé.

installations dont il avait besoin pour l'aider à traiter des cas douloureux comme celui du jeune garçon en question.

Je m'étais donc lancé dans une longue réponse passionnée et pleine de données factuelles lorsque Pike m'a fait taire à nouveau. Il a tendu son téléphone et m'a demandé de regarder l'image – si j'avais le cœur assez accroché – qui s'affichait à l'écran.

Je savais ce qu'il était en train de faire. Je connaissais la technique. Vous êtes en train de bavasser lors d'une interview télévisée et le journaliste vous met soudain quelque chose de compromettant sous le nez – un document ayant fuité censé contredire ce que vous êtes en train de raconter –, et il filme votre réaction confuse. Cela se produisait assez souvent avec un journaliste d'ITV lorsque j'étais maire de Londres, et j'avais mis au point une solution astucieuse.

Je prenais le document incriminant, le pliais, le mettais dans ma poche et continuais de parler de ce que je voulais. D'accord, ça avait l'air un peu cinglé mais au moins on restait maître de l'entretien.

Appliquant le même principe, j'ai pris le téléphone de Pike et l'ai glissé de manière invisible (du moins je le pensais) dans ma poche en disant que je regarderais plus tard. Mon geste a eu l'air de tout sauf de celui d'un sain d'esprit. Pike a fait remarquer à juste titre aux téléspectateurs que non seulement je refusais de regarder la photo déchirante d'un jeune garçon souffrant dans un service du NHS, mais que je donnais l'impression de lui voler ce qui lui appartenait. « Vous avez pris mon téléphone et l'avez mis dans votre poche, monsieur le Premier ministre », a-t-il déclaré.

Je me suis arrêté de parler. Il avait raison. Je l'ai repêché dans ma poche, j'ai regardé la photo de Jack endormi sur les manteaux et, bien sûr, je me suis excusé. Je me suis excusé auprès de l'enfant, de sa famille, de tous ceux qui avaient eu une mauvaise expérience avec le NHS. Et, avec un peu d'irritation, je me suis excusé auprès de Joe Pike pour lui avoir brièvement confisqué son téléphone.

La journée n'a pas été facile. Selon la journaliste de la BBC Laura Kuenssberg, l'épisode avait montré, pour une raison ou une autre, que j'étais pour le moins indifférent au sort du nord de l'Angleterre, tandis que Paul Brand, d'ITV, s'est demandé quel mauvais aspect de mon caractère était apparu le plus clairement – mon insensibilité ou mon incapacité flagrante à faire la distinction en matière de téléphones portables entre *meum* et *tuum*.

Le Travailliste Jonathan Ashworth a déclaré que mon refus[1] de regarder l'image d'un enfant souffrant était un « nouvel exemple de défaillance » et que cela mettait en lumière pourquoi les électeurs ne devaient pas donner à

« cette honte d'homme » cinq ans de plus au pouvoir. Le type des Libéraux-Démocrates[2] a proclamé que j'avais fait preuve d'un « manque d'empathie choquant ».

Pour ma défense, je dirai que le contenu de ces embuscades journalistiques s'avère souvent trompeur, en particulier les histoires d'horreur du NHS. Souvenez-vous des élections de 1992 et de la guerre de l'oreille de Jennifer, lorsque les affirmations du Parti travailliste sur la détresse d'une petite fille au sujet d'un drain transtympanique n'ont pas survécu à un examen approfondi.

Je pense que l'histoire du petit Jack était également plus compliquée qu'il n'y paraît, et que le personnel de Leeds avait fait de son mieux. Mais les Travaillistes avaient réussi, au cours de la semaine écoulée, à occuper le terrain avec cette histoire. Bien sûr, j'étais inquiet. Vous l'auriez été à ma place.

À la veille du scrutin, le mercredi 11 décembre, j'étais très nerveux. La journée avait pourtant bien débuté. J'avais une mission simple : symboliser notre détermination à être « à la hauteur de la tâche » en livrant du lait à une adresse à Leeds. Je me suis donc levé dès potron-minet, je suis allé à la laiterie, j'ai pris le lait et j'ai sonné à la porte du 8 Jacquard Gardens, où la famille sembla heureuse de recevoir la livraison et même modérément heureuse de me voir. Je devais ensuite me préparer pour mes interviews avec les médias et je suis retourné à la laiterie.

À ma sortie de la voiture, toutes sortes de représentants des médias télévisés m'invitèrent à participer à leur émission, tels des colporteurs de bazar qui attirent le chaland. Un assistant de l'animateur Piers Morgan se montra particulièrement pressant. Je lui assurai que je le retrouverais dans une minute.

Mais où était la salle de briefing ? J'avais besoin de « préparation ». Nous devions éviter une autre embuscade du genre de celle de l'histoire d'horreur du NHS. « Par ici », dit quelqu'un de l'équipe des médias, je crois que c'était l'excellente Rosie Bate-Williams. Nous franchîmes une porte, poursuivis par les journalistes, et on la referma derrière nous avec soulagement.

Il s'agissait d'une chambre froide utilisée par la société laitière et, comme tous les réfrigérateurs dont la porte est fermée, il ne faisait pas chaud à l'intérieur. Et nuit noire. Quelqu'un a eu la présence d'esprit d'allumer la lampe de son téléphone portable et nous avons évalué la situation.

Il n'y avait pas d'autre issue que la porte avant de la chambre froide. Nous étions encerclés, comme Butch Cassidy et le Kid à la fin du film. Les caméras des émissions de télé nationales du petit-déjeuner étaient braquées sur notre réfrigérateur, comme les fusils de l'armée bolivienne.

Il n'y avait rien d'autre à faire. De toute façon, il commençait à faire froid. Nous sommes sortis de notre refuge réfrigéré au milieu de la dérision nationale, et l'intempérant Piers Morgan m'a accusé d'être un lâche et un planqué dans un frigo. L'un des rebelles conservateurs déchus de son whip, David Gauke, s'est même donné la peine de tweeter une photo de lui dans un frigo. Contrairement à moi, a déclaré M. Gauke, lui était prêt à parler à Piers Morgan à tout moment.

Vous pensez peut-être que je fais tout un plat de ces tempêtes médiatiques sans importance. Mais elles me restent à l'esprit, en partie parce que j'étais très parano, et en partie parce que cette campagne a été pour l'essentiel un modèle de discipline en matière de communication.

J'étais le porte-parole, j'étais le messager. Mais les véritables héros de la campagne électorale de 2019 ont été les personnes – du directeur de campagne, Isaac Levido à la responsable des opérations, Shelley Williams-Walker – qui ont imaginé les cascades et les astuces pour faire passer notre message.

Quelques années plus tard, je nageais dans un lac en Slovénie. Deux habitants de la région sont arrivés à bord d'une sorte de kayak. À une certaine distance, ils ont aperçu ma tête dans l'eau, puis ils ont crié mon nom et se sont exclamés : *Get Brexit Done* !*

C'est ce qu'on attend d'une campagne électorale : un slogan de trois mots avec une portée mondiale. Dans une boulangerie juive traditionnelle du nord de Londres, j'ai glacé des beignets de Hanoukka avec la légende Get Brexit Done et je les ai distribués à une foule enthousiaste. À l'usine textile John Smedley, dans le Derbyshire, j'ai participé à la fabrication d'un foulard portant la mention Get Brexit Done. J'ai fait cuire une tourte à la viande géante, avec Get Brexit Done écrit en lettres de pâte sur la croûte, et je l'ai enfournée pour montrer que nous avions un accord tout prêt à être dégusté.

Le moment culminant, la pièce de résistance – dont Isaac était si fier qu'il me l'a cachée jusqu'au jour même – a eu lieu deux jours avant le scrutin. Nous nous sommes rendus à l'usine JCB d'Uttoxeter. Je suis monté dans la cabine d'une chargeuse-pelleteuse 4CX parée d'une magnifique livrée Union Jack. Je l'ai fait tourner à plein régime et je l'ai conduite à toute blinde à travers un mur de briques géantes en polystyrène.

Le mur portait l'inscription GRIDLOCK** – et devinez quels mots étaient inscrits sur la pelle de la pelleteuse JCB lorsque j'ai fait sauter ce mur ?

* Faisons aboutir le Brexit !

** En français : « impasse » et aussi « bouchon » (dans le sens d'embouteillage).

C'était téléphoné. C'était maladroit. Mais cela a certainement effacé ce qui restait de ma gêne d'avoir escamoté le téléphone portable de Joe Pike.

Comme expression visuelle de ce que nous essayions de dire – le déblocage du Parlement dans une impasse –, c'était aussi remarquablement efficace. Bien sûr, les médias ont fait la moue et se sont moqués. Mais nous avons fait passer le message sans passer par les médias, comme s'ils n'étaient eux aussi qu'un tas de blocs de polystyrène sans résistance.

Tous mes discours de campagne étaient une variation autour de cette métaphore centrale. Le Parlement était comme un bus articulé en panne sur un carrefour, qui s'était mis en travers de notre vie nationale, précisément sur le marquage jaune au sol*. Les électeurs disposaient d'une dépanneuse pour le mettre de côté.

Le Parlement était un grand fatberg**, bloquant les tuyaux de la nation par ses tactiques dilatoires. Le moment était venu pour l'électorat d'envoyer le nettoyeur à haute pression et de faire sauter l'obstruction.

Lors des élections de 2019, j'étais un candidat politique plutôt expérimenté. À certains moments – au milieu de mon anxiété généralisée –, j'ai senti que le sol politique se déplaçait sous nos pieds. Je l'ai noté dans les réponses enjouées des métallurgistes de Scunthorpe, dans l'enthousiasme de milieu d'après-midi des buveurs dans un pub à Walsall. Cela ne voulait peut-être pas dire grand-chose ; il aurait pu s'agir d'une simple secousse ; il aurait pu aussi s'agir de rien. Si vous avez pris beaucoup de bains de foule, vous développez une sorte de sensibilité instinctive face au langage corporel des gens. Est-ce qu'ils évitent votre regard ? Demandent-ils avec insistance un selfie ou une poignée de main ? Quel est le pourcentage de personnes qui vous demandent d'aller vous faire f... ?

On commence alors à faire des estimations, et dans les régions favorables, j'ai senti que nous avions bien au-delà de 40 % de soutien, certainement assez pour former un gouvernement.

Aussi, lorsque Huw Edwards a fixé la nation du regard et s'est préparé à nous annoncer le résultat du sondage à la sortie des urnes – compte tenu de la précision des sondages actuelle, c'est presque le résultat de l'élection –, la vérité est que je n'avais pas la moindre idée de ce qu'il allait dire.

* Il s'agit d'un quadrillage de bandes jaunes (*yellow box junction*), sur lequel ne peuvent s'engager les véhicules que si la voie est libre ensuite. Ceci afin d'éviter la formation d'embouteillages.

** Mot-valise issu de *fat* (gras) et iceberg. Amas de graisses alimentaires et autres déchets qui bloquent les canalisations.

Je me préparais mentalement pour de mauvaises nouvelles, mais j'étais aussi prêt à croire que les choses s'étaient bien passées. Je ne m'attendais certainement pas à ce qu'il a annoncé. Si le sondage était exact, l'élection de 2019 était un séisme. Après presque dix ans au pouvoir, et quatre élections, le Parti conservateur semblait se diriger vers une majorité accrue de manière massive. Quatre-vingt-six sièges, a déclaré Huw. Rien d'étonnant à ce qu'ils tirent des mines d'enterrement dans le studio de la BBC.

Le public de la soirée électorale en direct de Channel 4 a été si choqué qu'il a d'abord hoqueté, puis s'est mis à huer. Je crains d'avoir tellement jubilé que je me suis levé comme un gagnant à la loterie, poings serrés et yeux exorbités, d'une manière qui manquait tout à fait de dignité. Andy Parsons a capturé le moment, et nous avons ensuite publié la photo, ce qui était une erreur à mon avis, tant elle paraissait triomphaliste. Peu après, l'équipe politique de la BBC a craché le reste des statistiques : quatorze millions de votes conservateurs ; le deuxième plus grand sondage jamais réalisé par un parti politique ; une nuit terrible pour les Travaillistes, etc., etc. Et nous avons essayé de comprendre ce qui s'était passé.

Où avions-nous gagné ? Que se passait-il ? Au fur et à mesure que la nuit avançait, il était évident qu'un tremblement de terre était en cours. Ce n'était pas tant l'ampleur de la victoire des Conservateurs que la composition sociale et géographique de cette victoire.

À 23 h 33, nous avons eu le premier signe de ce qui arrivait. Ian Levy a remporté Blyth Valley pour les Conservateurs, la première fois depuis 1950 que le siège du Teesside nous est revenu.

À 1 h 23, Mark Jenkinson, un ancien apprenti des aciéries, remportait Workington, pour la première fois depuis 1979.

À 1 h 50, Sarah Atherton arrachait le siège de Wrexham aux mains des Travaillistes. Wrexham ! Wrexham n'avait jamais élu de député conservateur. Ce n'était pas une ville phare. Ce n'était pas un siège à surveiller. C'était un résultat auquel personne ne s'attendait. Je connaissais un peu Wrexham. Je m'étais présenté pour le siège voisin de Clwyd South lors des élections de 1997 et avais été dûment battu, et mes militants parlaient de Wrexham à voix basse, un endroit si viscéralement anti-tory qu'un ancien candidat (Owen Paterson, en l'occurrence) avait été attaqué et roué de coups dans la rue par un vieil homme. Aujourd'hui, Wrexham avait pris des couleurs bleues et, bigre, nous avions également remporté Clwyd South.

Il était évident que nous étions en train de réaliser un double exploit : mettre en déroute les Travaillistes dans leurs anciennes régions de cœur et conserver notre territoire traditionnel à Londres et dans le Sud-Est.

À 2 h 33, j'ai été soulagé d'apprendre qu'Iain Duncan Smith avait tenu bon à Chingford and Woodford Green.

À 2 h 54, nous avions conservé la circonscription de Cities of London et Westminster*, Nickie Aiken ayant battu Chuka Umunna, qui avait changé plusieurs fois de cheval, passant du Parti travailliste à Change UK, pour finir chez les Libéraux-Démocrates.

À 3 h 32 : nous avons pris Don Valley, c'était la première fois que les Travaillistes perdaient ce siège depuis 1922.

À 3 h 38 : nous remportions Wakefield, fief du Parti travailliste depuis 1932, et Bassetlaw, fief du Parti travailliste depuis 1935.

Et de toute la nuit, ça ne s'est pas arrêté. Nous étions en train de renverser les briques de ce qui avait été décrit comme le mur rouge du Parti travailliste, les places fortes invincibles qui traditionnellement permettaient d'atteindre la majorité.

À 3 h 44, le bulldozer bleu s'est emparé de Rother Valley, siège travailliste depuis 1918, et de Sedgefield, ancien bastion de Tony Blair. Oui, pour couronner le tout, nous avons renversé l'humiliation de 1997 et pris le siège du triple vainqueur travailliste des élections.

Quelques minutes plus tôt, j'avais conservé mon siège d'Uxbridge et South Ruislip avec une majorité considérablement accrue. J'ai remercié mon équipe et j'ai échangé quelques mots avec les autres candidats. Lord Buckethead** semblait assez sympathique, même s'il était difficile de comprendre ce qu'il disait sous son seau. Il semblait demander des nouvelles du chien Dilyn.

J'ai ensuite couru jusqu'aux CCHQ*** et j'ai remercié toutes les personnes présentes – Isaac Levido, Ben Elliot, Dom Cummings. À 7 h 23, j'ai prononcé un discours lors d'un rassemblement impromptu au QEII Centre****, que je me dois de reproduire ici car il reflète bien la saveur de la nuit et le sens de la mission. Je suis monté sur un podium et j'ai proclamé qu'il s'agissait désormais du « gouvernement du peuple »...

« Bonjour à tous. Eh bien, on y est arrivés, nous avons réussi, n'est-ce pas ?

Nous sommes sortis du cul-de-sac, nous avons mis fin à l'impasse, nous avons fait sauter le barrage routier et dans ce glorieux, glorieux moment

* Cette circonscription comporte la partie sud de la cité de Westminster (où se trouve le Parlement) et la cité de Londres, communément appelée la City, où se trouvent notamment le quartier des affaires et le siège de la Banque d'Angleterre.

** Nom fictif d'un candidat réel mais fantaisiste qui fait campagne avec un seau (*bucket*) qui recouvre son visage.

*** *Conservative Campaign Headquarters* : le QG du Parti conservateur.

**** *Queen Elizabeth II Conference Centre*.

d'avant-petit-déjeuner, avant qu'une nouvelle aube ne se lève sur un nouveau jour et un nouveau gouvernement, je veux tout d'abord rendre hommage à mes collègues qui ont perdu leur siège, sans que ce soit leur faute, lors de l'élection qui vient de se dérouler. Et bien sûr, je tiens à féliciter tous ceux qui ont participé à l'obtention de la plus grande majorité conservatrice depuis les années 1980. Littéralement, littéralement – alors que je regarde autour de moi –, littéralement avant que beaucoup d'entre vous ne soient nés.

Grâce à ce mandat et à cette majorité, nous allons enfin pouvoir faire... Quoi ? [*La foule hurle: "Get Brexit Done."*] Vous avez été attentifs. Parce que cette élection signifie que le Brexit est désormais la décision irréfutable, irrésistible et incontestable du peuple britannique. Et avec cette élection, je pense que nous avons mis fin à toutes ces misérables menaces de second référendum.

Et je dis respectueusement, je dis respectueusement à notre ami à la voix de stentor et au chapeau bleu à douze étoiles [Steve Bray]: "C'est fini, il est temps de débrancher le mégaphone et d'offrir un peu de paix à tout le monde." [*Il ne l'a pas fait.*]

J'ai un message à adresser à tous ceux qui ont voté pour nous hier, en particulier ceux qui ont voté pour nous, Conservateurs, une nation de Conservateurs, pour la première fois. Vous ne nous avez peut-être prêté que votre voix et vous ne vous considérez peut-être pas comme un vrai Tory. Et, comme je pense l'avoir dit il y a onze ans aux habitants de Londres lorsque j'ai été élu dans ce qui était considéré comme une ville travailliste, votre main a peut-être tremblé sur le bulletin de vote avant que vous ne mettiez votre croix dans l'urne conservatrice, et vous avez peut-être l'intention de revenir au Parti travailliste la prochaine fois. Si c'est le cas, je suis très honoré que vous m'ayez fait confiance, que vous nous ayez fait confiance. Je ne considérerai jamais votre soutien comme acquis. Aucun de nous.

Je me donnerai pour mission de travailler jour et nuit, sans relâche, pour vous prouver que vous avez eu raison de voter pour moi cette fois-ci, et pour mériter votre soutien à l'avenir. Et je vous dis que dans cette élection, votre voix a été entendue et qu'il était temps. Parce que nous, les politiciens, avons gaspillé les trois dernières années, trois ans et demi, en prises de bec sur le Brexit, nous nous sommes même disputés au sujet des disputes et sur le ton de nos disputes.

Je mettrai fin à toutes ces absurdités et nous ferons en sorte que le Brexit soit réalisé dans les délais impartis, c'est-à-dire pour le 31 janvier, sans "si", sans "mais", sans "peut-être". Nous quitterons l'Union européenne en tant que Royaume-Uni, reprenant le contrôle de nos lois, de nos frontières, de notre argent, de notre commerce, de notre système d'immigration, en étant à la hauteur du mandat démocratique du peuple.

Dans le même temps, ce gouvernement conservateur d'une nation unie augmentera massivement ses investissements dans le NHS, le service de santé qui représente le meilleur de notre pays, avec une seule et belle idée : qui que nous soyons – riches, pauvres, jeunes, vieux –, le NHS est là pour nous lorsque nous sommes malades, et chaque jour ce service fait des miracles.

C'est pourquoi le NHS est la priorité absolue du gouvernement conservateur de cette nation. Nous allons donc engager 50 000 infirmières supplémentaires, mettre en place 50 millions de rendez-vous en plus dans les cabinets de médecins généralistes et combien de nouveaux hôpitaux ? [*La foule hurle : "Quarante."*] C'est exact.

Et nous fournirons un budget NHS à long terme inscrit dans la loi, 650 millions de livres supplémentaires chaque semaine, monsieur le ministre de la Santé.

Et pour toutes les autres priorités pour lesquelles les citoyens de ce pays ont voté. Des dépenses records pour les écoles, un système d'immigration à points à l'australienne, davantage de policiers. Combien ? [*La foule hurle : "Vingt mille."*] Des investissements colossaux dans les infrastructures, la science, utilisant nos incroyables avantages technologiques pour faire de ce pays le plus propre et le plus vert de la planète, avec le programme environnemental le plus ambitieux.

Et vous, citoyens de ce pays, avez voté pour la neutralité carbone lors de cette élection. Vous avez voté pour la neutralité carbone d'ici à 2050 et nous y parviendrons. Et puis, vous avez également voté pour que Corbyn soit neutre d'ici Noël, ce que nous ferons également.

Vous avez voté pour toutes ces choses et c'est maintenant notre gouvernement, le gouvernement du peuple, qui a le devoir solennel de tenir chacun de ces engagements. C'est une grande et lourde responsabilité, une confiance sacrée pour moi, pour chaque député conservateur nouvellement élu, pour tout le monde dans cette salle et pour tout le monde dans ce parti.

Je répète qu'en remportant ces élections, nous avons gagné des voix et la confiance de personnes qui n'avaient jamais voté pour les Conservateurs auparavant et qui avaient toujours voté pour d'autres partis. Ces personnes veulent du changement. Nous ne pouvons pas, nous ne devons pas les laisser tomber.

Et en apportant le changement, nous devons changer, nous aussi. Nous devons reconnaître l'incroyable réalité que nous parlons désormais en tant que Parti conservateur d'une seule nation, littéralement pour tout le monde, de Woking à Workington, de Kensington, je suis fier de le dire, à Clwyd South, de Surrey Heath à Sedgefield, de Wimbledon à Wolverhampton.

Alors que la nation nous confie ce mandat historique, nous devons nous montrer à la hauteur du défi et des attentes. Et le Parlement doit changer pour que nous travaillions pour vous, le peuple britannique.

Et c'est ce que nous allons faire, n'est-ce pas ? C'est ce que nous allons faire. Sortons, sortons et mettons-nous-y.

Unissons ce pays, étendons les perspectives d'avenir dans chaque coin du Royaume-Uni, avec une superbe éducation, de superbes infrastructures et une superbe technologie.

Faisons en sorte que le Brexit se fasse.

Mais d'abord, mes amis, prenons aussi le petit-déjeuner.

Merci à tous, merci beaucoup d'être venus, merci beaucoup, merci à tous, merci, merci. »

Après mon intervention, Andrew Marr* a fait la moue, disant que tout cela semblait un peu totalitariste, ce discours sur le gouvernement du peuple, mais je pensais ce que je disais. Il y avait toutes sortes de raisons à ce tremblement de terre et à ce qui semblait être – du moins à l'époque, lors de ce moment glorieux – une réorganisation de la politique britannique.

Il y avait Corbyn, un extrémiste de gauche, qui était loin d'avoir fait assez pour purger son parti de la tare de l'antisémitisme. Il était également sans espoir sur la question centrale de la campagne. Sa politique sur le Brexit consistait à dire qu'il y aurait un deuxième référendum, mais il ne voulait pas dire s'il ferait campagne pour Remain ou Leave !

Je soupçonne Jeremy d'avoir été en réalité un vieux Bennite** anti-UE, mais qu'il n'osait pas le dire parce que son parti était rempli de Remainers en colère. Il a donc eu l'air insipide et irrésolu. Quoi qu'on ait dit d'autre sur nous au sein du gouvernement du peuple, nous n'avions pas l'air irrésolus.

Toutes les choses qui les ont rendus dingues dans le SW1***, proroger le Parlement, fouetter les rebelles en leur enlevant leur fouet ; toutes les choses qui ont poussé les médias de gauche à chercher un flacon de sels de

* Journaliste très connu de presse écrite et animateur de télévision et radio.

** Allusion à Tony Benn (1925-2014), célèbre politicien travailliste, connu pour ses positions radicales, et favorable au Brexit. Dans le langage politique, être un « Bennite », c'est professer des idées d'extrême gauche.

*** South Western 1 : quartier de Londres, situé des deux côtés de la Tamise et dans lequel on trouve la Chambre des communes, la Chambre des lords, Buckingham Palace, le 10 Downing Street, et bien d'autres institutions de première importance.

pâmoison, ce sont ces mêmes choses qui ont montré au grand public que nous étions sérieux et que nous allions tenir nos promesses.

Ils nous ont vus non pas comme des Conservateurs de la continuité, mais comme des radicaux, un gouvernement du changement. Je pense qu'ils ont apprécié ce que nous disions sur la direction du pays : que c'était le temps de la croissance, le temps d'augmenter les salaires, de niveler par le haut. Je l'ai ressenti profondément, ce poids énorme des attentes. J'ai dit et répété à mon équipe, aux députés tories, que cette décision prise par des millions de personnes de changer les habitudes de vote de plusieurs générations n'était pas seulement miraculeuse. Elle était fortuite.

Les gens nous avaient fait confiance. Ils nous avaient accordé le bénéfice du doute. Mais ils ne nous feraient à nouveau confiance que si nous leur montrions que nous étions capables de faire avancer les choses. Je savais combien il était difficile dans une démocratie moderne de tenir ses promesses.

Mais je me rassurais en pensant que, contrairement à beaucoup d'autres occupants du 10 Downing Street, j'avais passé une décennie les mains dans le cambouis à faire aboutir des projets dans presque tous les domaines de la politique publique.

DEUXIÈME PARTIE

Londres

Chapitre 6

LA PLUS GRANDE VILLE SUR TERRE

Affronter Ken le Rouge

À mi-parcours sur le chemin de la vie – *nel mezzo del cammin di nostra vita* –, le poète Dante a vécu une expérience qui l'a ébranlé. Et je devais avoir une quarantaine d'années lorsque, moi aussi, j'ai vécu une expérience qui a changé ma vie. J'étais littéralement *nel mezzo del cammin* – à mi-chemin sur High Holborn – quand une force nouvelle et incompréhensible m'a entraîné sans ménagement dans le flot de la circulation venant en sens inverse.

Nous étions fin 2003 et j'arrivais à la fin de ma mission comme rédacteur en chef du *Spectator*. J'étais alors député, élu dans la circonscription de Henley-on-Thames. Ce jour-là, je devais être en retard pour une session de travail parlementaire, je pense, et j'étais donc en train de pousser sur les pédales de mon vélo, quand je suis arrivé à cette portion de rue où tout le monde tourne à gauche avant de se diriger vers Shaftesbury Avenue. Il fallait que j'avance, mais j'étais coincé derrière un bus rouge exploité par le Transport for London*. J'ai réfléchi aux options qui s'offraient à moi. Je pouvais le dépasser par la gauche, mais j'avais peur d'être écrasé en compote contre les grilles bordant le trottoir. J'ai donc décidé de le doubler par la droite.

Je n'aime guère ce genre de manœuvre, car il y a toujours un risque que le bus accélère – et on est alors entouré de véhicules roulant vite, certains arrivant derrière soi, et d'autres en sens inverse. Aucun cycliste n'aime se retrouver dans cette situation. Mais, ce jour-là, Holborn étant très embouteillé, la circulation était ralentie et je me suis dit que j'aurais le temps.

En danseuse, j'ai donné un bon coup de pédale. Et j'étais en train de le doubler quand j'ai compris que quelque chose clochait. Ce bus était trop

* En abrégé : TfL. L'organisme public local responsable des transports en commun de la ville de Londres et du Grand Londres.

long. Il n'en finissait pas. On aurait dit deux bus articulés par un gigantesque accordéon en caoutchouc.

Et c'est le moment où ce foutu engin de malheur a pris de la vitesse ; je devais réagir. J'ai pédalé de plus en plus fort, mais je restais bloqué sur sa droite. Soudain, en tournant à gauche, ce Léviathan monstrueux s'est comme déhanché paresseusement et, *waouh*, m'a déporté, me propulsant dans la file de taxis qui venaient en face ; les chauffeurs ont klaxonné, m'ont injurié, et crié ce que je savais : c'était dangereux.

J'ai hurlé à l'adresse du bus. J'ai alors vu les passagers jeter un regard apathique sur le cycliste en costume, terrorisé, à bout de souffle, que j'étais. Sans plus réagir, ils se sont replongés dans leur journal.

Évitant les voitures, j'ai fait un effort surhumain pour dépasser ce diplodocus à double queue, mais je me suis tout à coup retrouvé face à un terre-plein. Le bus était tellement énorme que ses pneus mordaient sur le trottoir. J'allais me faire hacher menu. Je savais déjà que j'avais perdu la course, je suis donc descendu de vélo et me suis rencogné contre les grilles du terre-plein jusqu'à ce que le monstre soit passé.

Putain, qui avait mis ce truc-là en circulation ?[1] me suis-je demandé. Et de quel droit ? J'ai appris plus tard qu'il s'agissait d'un bus articulé Mercedes-Benz Citaro de dix-huit mètres de long, capable de transporter environ 144 personnes, leurs poussettes et leurs bagages. L'homme qui en avait autorisé la circulation dans les rues de Londres était le maire, Ken Livingstone, et il l'avait fait en vertu de l'autorité du Greater London Act de 1998*.

Je me suis alors juré de faire tout ce qui était en mon pouvoir pour le démettre de ses fonctions.

Il serait exagéré de dire que j'ai passé les deux ou trois années suivantes à fomenter un complot pour l'assassinat politique du maire ; mais la graine avait été plantée dans un coin de mon cerveau et lentement elle a germé.

C'est sans doute dès 1996, alors qu'il était clair que le Parti travailliste allait remporter les prochaines élections législatives, que j'ai entendu aux informations qu'on parlait d'un nouveau Parlement en Écosse et aussi au pays de Galles et d'un nouveau maire pour Londres. J'ai alors pensé : maire de Londres, ça paraît intéressant.

* Loi qui définit l'autorité du Grand Londres (*Greater London*). Le Grand Londres est une subdivision administrative qui regroupe 32 *boroughs*, 12 à l'intérieur de Londres, 20 à l'extérieur de la capitale. L'autorité est composée d'un maire, élu au suffrage universel direct, et de l'assemblée de Londres, dont les membres sont des élus régionaux.

Et donc, dix ans plus tard, quand des amis du Parti conservateur ont évoqué cette possibilité – je crois qu'il s'agissait de Howard Leigh et de Hugo Swire –, j'ai tendu l'oreille. L'idée de remplir cette fonction me plaisait bien. Je savais qu'il s'agissait d'un poste essentiellement monarchique. On n'a pas à se soucier des mutineries au sein d'un cabinet ministériel ou de l'agitation dans l'arrière-ban. On n'a pas à comprendre la différence entre la deuxième et la troisième lecture d'un projet de loi. On a certains pouvoirs en propre et un budget à gérer, et on fait simplement en sorte que des choses valables soient accomplies. Je n'ai donc pas vraiment rejeté ces aimables suggestions. J'ai sans doute marmonné une réponse floue, et je me suis plus ou moins demandé si on m'en reparlerait.

Cependant, tout au moins pendant un certain temps, la direction du Parti conservateur avait d'autres idées en tête. Le poste de maire de Londres était déjà à l'époque l'une des fonctions les plus importantes du pays. La campagne à mener devrait donc être une campagne test, un galop d'essai en vue des élections législatives de 2010. Tous les regards seraient tournés en direction de la capitale. Étais-je vraiment leur meilleur candidat ? J'avais de nombreux partisans, mais aussi de puissants détracteurs.

Lorsque j'avais été choisi pour succéder à Michael Heseltine en tant que député de la circonscription de Henley, l'*Evening Standard* avait publié l'article suivant, daté du 14 juillet 2000 :

> Avoir choisi Boris Johnson, le rédacteur en chef du *Spectator*, comme candidat conservateur pour les électeurs de Michael Heseltine à Henley, confirme la tendance du Parti conservateur à satisfaire son goût pour les gens célèbres au détriment des mornes impératifs de la politique. On aurait pu s'attendre à ce que les décisionnaires choisissent quelqu'un qui soit plus dans le moule de Heseltine : un politicien de haut vol, favorable à l'Europe ; cependant, ce n'est pas ainsi que fonctionnent les comités de sélection. Johnson est un eurosceptique qui fait beaucoup de bruit mais qui, malgré tous ses talents, a peu de chances d'intégrer un futur cabinet conservateur. En effet, il n'est guère connu pour faire preuve d'un intérêt excessif envers les questions politiques sérieuses, et on le voit mal s'échiner à des tâches administratives en tant qu'obscur et laborieux sous-secrétaire d'État délégué à la Protection sociale.

Et ainsi de suite. Plouc snobinard, non ?

Je pense avoir décelé la patte de Max Hastings, mon ancien rédacteur en chef au *Daily Telegraph*, dont la fierté initiale pour mes comptes rendus comme correspondant à Bruxelles s'était transformée en une horreur digne du Dr Frankenstein face au monstre qu'il avait créé.

Pendant longtemps, il a semblé avoir raison. Lorsque mon ami Zac Goldsmith* a suggéré à David Cameron que je serais un bon candidat à la mairie, ce dernier s'est emporté : « Il n'a pas du tout le profil. » Je ne sais pas exactement ce qu'il entendait par là, mais presque tout le monde, parmi les membres du Parti conservateur, a été sollicité. L'ancien Premier ministre John Major s'est vu alors invité à se porter candidat pour le Parti ; mais aussi Nick Ferrari, l'animateur radio de la station LBC, qui aurait été excellent mais qui a décliné, après avoir prétendu devoir payer une pension alimentaire trop élevée ; Sir Greg Dyke, l'ancien directeur général de la BBC qui avait jadis promu une marionnette appelée Roland Rat, a lui aussi été sollicité. Greg n'était même pas conservateur, et il a insisté sur le fait qu'il devrait être une sorte de maire d'opposition, avant de finir par refuser. Et c'est Nick Boles qui a été choisi. Mais il a alors dû se retirer pour raisons de santé. Ainsi, à l'été 2007, le Parti conservateur n'avait plus aucune alternative et le temps manquait. C'est probablement la raison pour laquelle on a fini par me choisir (cet état de fait semblera familier aux lecteurs attentifs de ce récit). Toutefois, je n'étais pas du tout sûr de devoir accepter.

J'avais une circonscription merveilleuse à Henley-on-Thames et j'avais enfin un travail politique – porte-parole du Cabinet fantôme** pour l'enseignement supérieur – que je trouvais passionnant et gratifiant.

Et ce n'était pas pour rien que tous les potentiels candidats conservateurs à la mairie avaient finalement décliné les sollicitations flatteuses de Cameron.

Le poste semblait génial de prime d'abord, mais la campagne risquait d'être très désagréable et de se solder par une défaite.

Ken Livingstone était un poids lourd de la politique londonienne. Il était devenu chef du conseil du Grand Londres en 1981, alors que j'avais dix-sept ans, et il avait l'art de démolir ses adversaires et l'habitude d'avoir raison. Si vous regardez toutes les causes qu'il a défendues dans les années 1980 – lorsqu'il était diabolisé en tant que leader de l'aile extrémiste du Parti travailliste londonien –, elles incluent les droits des homosexuels, le féminisme, la lutte

* Député conservateur, candidat malheureux à la mairie de Londres en 2016, conseiller de Boris Johnson dont il deviendra le secrétaire d'État au Développement international (2019-2020), puis secrétaire d'État chargé du Pacifique et de l'Environnement international (2020-2022).

** *Shadow Cabinet*, en anglais. C'est le cabinet de l'opposition alternatif à celui du gouvernement en place. Il comprend des députés, chacun représentant un ministère, chargés de suivre et critiquer l'action des ministres en poste.

contre le racisme ; par la suite, toutes ses causes sont devenues monnaie courante, elles ont même été la marque de fabrique du Parti conservateur « modernisé » de Cameron. Livingstone avait aussi défendu l'IRA[2] et, désormais, les anciens terroristes étaient intégrés dans le système par l'accord du Vendredi saint. Ils faisaient partie du gouvernement du pays.

Ce n'était pas seulement un guerrier culturel victorieux ; c'était aussi un administrateur original et efficace. Il avait élaboré un plan visant à dissuader les gens d'utiliser leur voiture en les faisant payer pour circuler dans le centre de Londres et en utilisant ensuite l'argent pour investir dans les transports publics. C'était une mesure audacieuse mais qui a fini par être populaire auprès des Londoniens.

À cette époque, je n'avais pas encore vu sa part d'ombre, ses accès occasionnels de crapulerie, ou la façon dont – comme tant d'autres chez les Corbynistes* –, ses opinions sur Israël étaient tellement proches de l'antisémitisme sans avoir l'air d'y toucher que c'était du pareil au même. Ce que je voyais, c'était un cockney** effronté, culotté, qui avait échoué à son 11-plus, mais qui, grâce à son énergie politique et à son intelligence, avait affronté tout l'establishment politique britannique – de Margaret Thatcher à Tony Blair – et obtenu le poste le plus élevé de cette ville que, manifestement, il aimait beaucoup.

Livingstone était impitoyable et sans scrupule. Il avait une étrange fascination pour les tritons. Il parlait avec l'accent nasillard du sud de Londres. Mais je l'admirais et, franchement, comme tout le monde, j'appréhendais de l'affronter. Pourquoi aurais-je perdu près d'un an de ma vie pour être battu publiquement par Ken le Rouge ? Il y avait peu de chances que je gagne. Le jeu en valait-il la chandelle ?

Cependant, plus j'y pensais, plus il était clair que oui, le jeu en valait la chandelle.

Voyez-vous, ce bus qui avait failli briser ma carrière était, en un sens, une offense à la nature. Un véhicule de cette taille n'aurait jamais dû circuler dans les vieilles rues sinueuses de Londres.

Non seulement les bus articulés effrayaient les cyclistes, mais ils bloquaient les routes lorsqu'ils tombaient en panne ou prenaient feu – ce qui n'était pas si rare – et se mettaient en travers aux *box junctions*, comme des baleines échouées.

* Les partisans de Jeremy Corbyn, alors chef du Parti travailliste.

** Quelqu'un qui parle avec un accent populaire londonien. À l'origine, un cockney est une personne née et vivant dans l'Est londonien.

Toutefois, il y avait aussi une très bonne raison pour laquelle Livingstone avait décidé que ces bus étaient nécessaires.

Il avait besoin d'engins plus grands parce que de plus en plus de Londoniens utilisaient ce moyen de transport, tout comme de plus en plus de Londoniens utilisaient le métro. En effet, la population à Londres avait recommencé à augmenter car la ville était en plein essor après des décennies de déclin, un déclin dont je me souviens très bien.

Je ne vois pas de sujet plus fascinant ou qui relève plus de la mélancolie que l'essor et le déclin des grandes civilisations, c'est-à-dire des grandes villes. Pensez à Edward Gibbon qui, en 1764, assis dans les ruines du Capitole romain tandis que les moines aux pieds nus chantaient les vêpres, a eu l'idée d'écrire son livre sur la décadence et la chute de l'Empire romain. Il cite un érudit italien du XVe siècle, Poggio Bracciolini* : « Les bancs des sénateurs sont masqués par un tas de fumier... Le forum des Romains, où ils se réunissaient pour promulguer leurs lois et élire leurs magistrats, est aujourd'hui enclos pour y cultiver des herbes potagères ou ouvert pour l'accueil des porcs et des buffles. » Rome a été la plus grande ville du monde, avec probablement un million d'habitants à l'époque d'Auguste, et, pendant des siècles, ce site autrefois marécageux et impaludé, sur les rives du Tibre, a été le siège du pouvoir le plus puissant, le plus fort et le plus solide au monde.

Puis Rome est tombée, dans une révolution qui, comme le dit Gibbon, a encore des conséquences sur tous les peuples vivant aujourd'hui, accablés à la fois par des guerres, des maladies, l'inflation, les impôts, la bureaucratie excessive et des vagues d'immigration incontrôlées.

De cette trajectoire épique, de cette vaste parabole d'ascension et de chute, on peut tirer une leçon saisissante. Rien ne prédestine jamais une ville à connaître un véritable essor. Il n'y a aucune raison intrinsèque pour qu'une ville triomphe ou pas, aucune raison intrinsèque pour qu'elle ne s'effondre pas. Tout dépend des personnes qui la dirigent et des décisions qu'elles prennent. Le déclin peut être rapide et se produire d'un jour à l'autre. *Iam seges est ubi Troja fuit*, dit Ovide : « Déjà croît la moisson dans les champs où fut *Troie***. » D'ailleurs, depuis des décennies, la végétation revient au cœur de certaines villes américaines. Voyez, à Saint-Louis dans le Missouri, où la population a chuté de plus de 60 % depuis 1950, les lianes qui ravagent les bâtiments, les arbres qui percent les toits. Lorsque le gouvernement échoue, que la criminalité est trop élevée, que les impôts sont trop

* Également chancelier de la république de Florence.

** Lettre de Pénélope à Ulysse.

lourds, les emplois disparaissent et la population déserte les lieux. Quelle était la plus grande ville du monde en l'an 800 ? Probablement Bagdad. Regardez la pauvre Bagdad d'aujourd'hui. Quelle était la plus grande ville du monde en 1800, au cœur d'une nouvelle culture européenne d'exploration et d'échanges internationaux ?Oui, c'était déjà Londres.

Quelle était la plus grande ville du monde en 1900 ? Londres, encore. La capitale était alors le centre d'un empire sept fois plus grand que l'Empire romain à son apogée sous Trajan. En 1939, à la veille de la Seconde Guerre mondiale, la population de Londres atteignait 8,6 millions d'habitants[3].

Mais en 1964, l'année de ma naissance, elle avait perdu deux millions d'habitants, soit près d'un quart. En revanche, dans le reste du pays, la population augmentait ; c'était encore le baby-boom. Pourtant, Londres allait à vau-l'eau, Londres faisait naufrage.

Cet affaiblissement a duré jusque dans les années 1970, avec une population en chute libre et un sentiment de déclin. Vous ne vous souvenez pas de Londres à cette époque-là ? Moi, si. J'y étais.

Je me souviens de l'odeur des trottoirs éclaboussés de bière devant les pubs fermés, des parcs remplis de merdes de chien et d'emballages de bonbons Spangles – dents cariées pour les enfants. Je revois un pauvre receveur de bus pakistanais, la lanière en cuir de sa machine à distribuer les tickets trempée de sueur, et je me souviens d'avoir admiré son calme magistral face au manque de courtoisie des passagers dont la plupart étaient des Blancs.

À l'époque, on se moquait de la nourriture anglaise dans le monde entier. Je devais avoir sept ou huit ans lorsque j'ai lu *Astérix* et que j'ai compris que la nourriture britannique – bœuf bouilli, agneau bouilli, chou bouilli – était la risée de toute l'Europe. Et ils avaient raison, ces dessinateurs français. À l'époque, j'aurais pu vous emmener dans des restaurants où l'on vous proposait, avec le plus grand sérieux, du pamplemousse en boîte en entrée.

Je me souviens des infos : grèves interminables, émeutes raciales, inflation. Ce n'était pas la faute des Britanniques. On en trouvait des géniaux partout : dans les années 1960 et 1970, les banlieues londoniennes ont été le berceau de certains des meilleurs morceaux de rock et de pop jamais entendus ; des airs qui font toujours partie de la bande-son du monde entier. Londres ne souffrait ni d'un manque de talents ni d'esprit d'entreprise.

Il s'agissait avant tout d'un échec politique. Un leadership inefficace, un manque de planification urbaine, de vision. Les docks ont fait faillite et Londres a alors perdu sa plus grande source d'emplois de tout l'East End, non seulement parce que personne n'avait eu le courage de s'attaquer aux syndicats (bien qu'ils aient joué un rôle important dans cette situation), mais aussi parce que l'infrastructure londonienne était trop petite et obsolète, et ne pouvait pas faire face à la conteneurisation. Il fallait aller chercher du travail aux Pays-Bas ou à Felixstowe* dans le Suffolk.

Avec les meilleures intentions du monde, les urbanistes d'après-guerre avaient essayé de faire disparaître les taudis ; ils avaient donc envoyé les gens dans de grands lotissements construits à cet effet en dehors de Londres, de Crawley à Hemel Hempstead. Ils ont ensuite essayé d'« étaler la confiture », de créer des emplois dans ces zones périurbaines, et ils ont sévèrement restreint l'espace dévolu aux bureaux et aux usines dans la capitale.

Il en est résulté une spirale descendante. Il était devenu plus difficile de créer une entreprise à Londres parce qu'il n'était pas possible d'obtenir un permis de construire, les gens quittaient donc la capitale pour trouver un emploi ailleurs ; mais, à mesure que la population diminuait, il devenait plus difficile de trouver de la main-d'œuvre à Londres, et donc plus difficile de créer une entreprise. Ce déclin ne s'est d'ailleurs pas arrêté dans les années 1980 ; il s'est poursuivi et la population a encore diminué.

Mais quelque chose a changé dans ces années-là : le leadership politique. Margaret Thatcher a refusé que la Grande-Bretagne soit condamnée au déclin, et elle a accompli des choses remarquables – des choses qui ont remis Londres en mouvement et ont fait de la ville un pôle d'attraction pour les gens talentueux. Elle a pris des mesures résolument axées sur le libre marché, des mesures révolutionnaires. Elle a déréglementé les services financiers avec le fameux Big Bang**, permettant aux gens de devenir propriétaires et les encourageant à détenir des actions.

Elle a également pris des mesures qui n'étaient pas du tout conformes aux principes du libre marché, des interventions qui ne pouvaient être réalisées que par l'État. Elle a fait avancer des projets colossaux – certains diraient grandioses – en matière de transports, qu'il s'agisse de la liaison ferroviaire avec le tunnel sous la Manche, ou du Docklands Light Railway***, ou encore de l'achèvement de la M25, l'autoroute périphérique de Londres, avec un énorme pont sur la Tamise à Dartford. Elle n'a pas seulement encouragé le

* Port de conteneurs le plus important du Royaume-Uni.

** Ensemble de mesures de libéralisation des marchés financiers britanniques (dérégulation de la Bourse de Londres) qui a pris effet du jour au lendemain (d'où le terme de Big Bang), le 27 octobre 1986.

*** Ou DLR. Le Docklands Light Railway est un réseau ferroviaire moderne sans conducteur, qui dessert le quartier des Docklands et certaines parties du sud-est de Londres.

secteur privé, elle a aussi aidé les gens à accéder à une mobilité professionnelle.

En 1988, j'étais assis à mon bureau à Bruxelles lorsque j'ai lu un brillant article du *Sunday Telegraph* écrit par mon ancien collègue Simon Heffer, qui mettait le doigt sur ce qui se passait. L'essence même de l'*Essex Man* – nom donné au phénomène sociologique qu'il avait identifié – est qu'il avait non seulement un bon travail lucratif en tant que trader à la City mais qu'il pouvait prendre commodément le train de la gare de Liverpool Street jusqu'à son domicile dans l'Essex.

Peu importait que l'Essex Man soit souvent si alcoolisé après sa journée de travail qu'il dégueulait dans le wagon qui le ramenait chez lui (la ligne était alors connue sous le nom de « *vomit comet** »). C'est cette combinaison d'un boulot lucratif et de bons moyens de transport qui lui rendait la vie facile et l'amenait à éprouver une dévotion sans faille envers Maggie.

À l'époque où j'ai failli être tué par le bus articulé, ces deux philosophies politiques – le laissez-faire économique et l'intervention de l'État dans les infrastructures – fonctionnaient en parallèle depuis près de vingt ans, et Londres se redressait rapidement. La population était remontée à 8 millions d'habitants, certains disaient même 8,5 millions, et une action municipale dynamique répondait aux besoins.

Avec l'aide du gouvernement, Ken investissait dans les transports publics, le bus et le métro, et développait le projet Crossrail**. Il avait l'intention de construire des centaines de milliers de logements supplémentaires. Ken était désormais un animal à l'idéologie très différente de celle de l'ancien Livingstone ultra-gauchiste des années 1980. Il fréquentait des promoteurs immobiliers et des capitalistes de toutes sortes. Il faisait des choses sensées, comme promouvoir Londres lors de ses voyages en Chine et en Inde. Il s'est rendu à Davos et à Cannes au MIPIM, le marché international des professionnels de l'immobilier, et y a vanté les incomparables opportunités d'investissement et de développement à Londres.

La ville redevenait un immense pôle d'attraction mondial pour les gens de talent, et pour l'argent. Sous Tony Blair, l'imposition des particuliers était

* Littéralement : comète du vomi.

** Le Crossrail a été développé pour connecter les banlieues à l'est et à l'ouest de Londres (celles du Grand Londres) en passant par le centre de la capitale. Finalement ouverte le 24 mai 2022 sous le nom d'Elizabeth Line, cette nouvelle ligne ferroviaire ultrarapide de 118 kilomètres et 40 stations, dont 10 nouvelles dans Londres même, a nécessité des travaux souterrains pharaoniques qui ont retardé de près de quatre ans son inauguration.

assez faible (plus faible, hélas, que sous les quatorze années de gouvernement conservateur qui viennent de s'achever) et les résidents non domiciliés fiscalement au Royaume-Uni se voyaient proposer des avantages. C'était alors dans les rues de Londres que l'on entendait parler plus de langues que dans n'importe quelle autre ville au monde, et que l'on voyait plus de Français que dans toute la ville de Bordeaux (c'est du moins ce que j'ai affirmé plus tard, sans être contredit).

Dans les quartiers défavorisés de l'Inner London*, la pauvreté et des inégalités flagrantes existaient toujours. Si vous preniez la Jubilee Line entre Westminster et Canning Town, soit huit stations, on disait que vous perdiez un an d'espérance de vie à chaque arrêt. Je ne dis pas qu'emprunter le métro était une expérience qui raccourcissait votre espérance de vie, mais que la santé et la prospérité ambiantes de la population diminuaient à mesure que l'on se dirigeait vers l'est. Il y avait aussi trop de crimes à l'arme blanche, trop de jeunes qui mouraient dans la rue. Il fallait s'attaquer à ces problèmes.

Alors que je réfléchissais quant à la décision à prendre, je voyais se dessiner un projet de campagne électorale. Ken était formidable, mais il demandait aux Londoniens un troisième mandat, ce qui n'est jamais évident. Si vous mettiez des lunettes roses et regardiez de près certains sondages, vous commenciez à entrevoir la possibilité de le battre. S'il faut choisir entre se lancer dans un projet excitant ou ne rien faire, je suis de ceux qui décident en général de se lancer. J'ai donc décidé d'affronter Ken.

En juillet 2007, je suis alors devenu le candidat officiel du Parti conservateur et je me suis rendu à vélo dans le quartier de la mairie pour faire mon annonce juste à côté du Great Glass Testicle**, le quartier général de Ken, espérant qu'on y verrait une sorte d'intimidation. Les journalistes et les chahuteurs étaient nombreux.

« C'est une blague, n'est-ce pas ? » a demandé Guto Harri, alors journaliste à la BBC, qui deviendrait mon porte-parole officiel à la mairie.

Ce jour-là, Lynton Crosby, le stratège politique ayant propulsé John Howard*** vers plusieurs victoires, qui assistait à la scène depuis l'Australie, s'est tourné vers sa femme Dawn et lui a dit : « Cet homme ne sera jamais maire de Londres ». Six mois plus tard, il devenait le cerveau de ce qui allait s'avérer être une campagne réussie.

* Nom donné aux 12 boroughs du centre de la capitale.

** Le siège de l'hôtel de ville de Londres a été surnommé le Testicule de verre par Ken Livingstone, en raison de sa forme architecturale phallique.

*** Chef du Parti libéral d'Australie, il a été Premier ministre australien de 1995 à 2007.

Ce même après-midi, quand je suis retourné au salon de thé de la Chambre des communes, j'ai vu Bill Cash* qui m'a dit : « J'ai cru percevoir une certaine agitation au cours des journaux télévisés : de quoi s'agit-il ? » Je lui ai alors annoncé que j'allais faire campagne pour être élu maire de Londres.

« Bien, a répondu ce vieil eurosceptique, avant de réfléchir à la question et d'ajouter : Londres... Grande ville, non ? »

C'était, et c'est toujours, une ville énorme, la plus grande d'Europe en termes d'étendue géographique, avec plus de 1 500 kilomètres carrés et, ses singularités topographique exigent d'en connaître les moindres détails, à l'instar d'un chauffeur de taxi.

Cet été-là, alors que nous campions en famille aux États-Unis, j'ai emporté avec moi quatre lourds classeurs à levier contenant les communiqués de presse récents de Ken Livingstone. Je les ai feuilletés avec stupéfaction. Cet Auguste des temps modernes avait abordé tous les aspects de la vie des citoyens ; et tout ce qu'il touchait, il le magnifiait avec l'or des contribuables. Les arts, l'environnement, les transports, le logement, la criminalité : il était partout à la fois. Comment diable allais-je pouvoir rivaliser ?

J'étais terrifié à l'idée d'être considéré comme un homme cosmopolite sans racines – et non comme un vrai Londonien –, né à New York et ayant vécu une grande partie de mon enfance à Washington et à Bruxelles. Si vous m'aviez demandé à l'époque quel était le quartier londonien le plus à l'est, Havering ou Hillingdon, je me serais pétrifié, en panique.

À certains moments, j'esquivais les subtilités de ce poste, ce qui, je le crains, s'est vu dans les premiers mois de ma campagne. À la fin de l'année 2007, j'étais à la traîne dans les sondages. Les gens avaient fait une croix sur notre parti. Une note d'information anonyme a été publiée par quelqu'un proche des dirigeants conservateurs – Cameron et Osborne –, suggérant que ma campagne était un fiasco et qu'ils s'attendaient à être mis dans l'embarras.

J'ai alors passé un triste Noël à me demander quoi faire ; puis en janvier les choses ont commencé à s'améliorer. Lynton Crosby avait mené la campagne 2005 des Conservateurs pour les législatives et, bien que nous n'ayons pas gagné, il avait reçu des critiques élogieuses : pugnace, d'une franchise australienne parfois brutale, avec aussi un don rare pour motiver les troupes. Quelqu'un m'a suggéré qu'il serait possible de le convaincre de devenir directeur de campagne.

* William Nigel Paul Cash est un homme politique britannique conservateur, député depuis 1984.

C'est ainsi qu'un soir je l'ai appelé depuis Thame, qui était en proie aux rigueurs de l'hiver tandis que lui se trempait les pieds dans les eaux chaudes de l'Australie méridionale. J'ai évoqué les chances que j'avais de gagner et il m'a répondu qu'il allait y réfléchir.

À mon grand soulagement, il m'a vite rappelé et il a pris le train en marche. Il m'a dit que je devais me concentrer, et c'est ce que j'ai fait.

J'ai commencé à attaquer Ken ; je l'ai accusé de gaspiller l'argent des contribuables en frivolités : ses réserves personnelles de châteauneuf-du-pape, son journal gratuit, le *Londoner*, une feuille de chou à la Pyongyang, dans laquelle il régalait les Londoniens de ses faits et gestes. J'ai critiqué son étrange amitié avec le dictateur marxiste vénézuélien, Hugo Chavez, et surtout son incapacité à empêcher les gosses de se vider de leur sang lors de règlements de comptes entre bandes rivales. Je me suis engagé à lutter contre la criminalité à l'arme blanche et je l'ai mis au défi de prendre ce problème plus au sérieux.

Ken a alors commis l'erreur de blâmer les médias sur cette question. Selon lui, les faits étaient montés en épingle pour donner dans le sensationnel. « Le sang fait vendre », a-t-il dit, en citant un dicton de la presse américaine*, et je l'ai descendu en flammes pour avoir fait preuve de complaisance.

Bien sûr il a riposté. Ses représentants ont passé au peigne fin certains articles que j'avais écrits[4], à la recherche de preuves que j'étais, comme ils l'affirmaient, le candidat le plus à droite, le plus raciste, sexiste, xénophobe et homophobe qui ait jamais brigué de si hautes fonctions en Grande-Bretagne. Lors d'un débat télévisé, il m'a finalement déstabilisé. Il a tenté de saper mes arguments. Tandis que j'affirmais que j'étais, comme des millions de Londoniens, le descendant d'immigrants, il a attaqué le patriotisme de mon arrière-grand-père turc, Ali Kemal.

J'étais chatouilleux sur le sujet, car je suis très fier de mon ancêtre, même s'il était (et reste) controversé en Turquie.

Après l'émission, j'ai coincé Livingstone dans les loges, et je lui ai fait une prise vulcaine à la base du cou.

« Espèce d'enfoiré. Ne dis plus jamais une chose pareille », l'ai-je averti. Il n'a jamais recommencé.

Le jour de l'élection, le *Guardian* a publié l'un de ces suppléments dans lesquels plusieurs notables de gauche promettaient de quitter le pays si j'étais élu. (Bien entendu, aucun d'entre eux ne l'a fait, pas plus que ce cher

* *If it bleeds, it leads.* Littéralement : si ça saigne, ça prend le dessus. *Lead* est aussi un article à la une, en jargon journalistique.

vieux Max Hastings n'allait respecter son vœu de vivre en Argentine pendant mon mandat de Premier ministre.)

Cette nuit-là, Londres a fait une chose que John Ross, le conseiller économique de Ken, avait qualifiée de mathématiquement impossible. La ville a voté pour les Conservateurs.

Lorsqu'ils ont vu le nombre de gens qui s'étaient rendus aux urnes à Bexley et à Bromley*, on m'a dit que les membres de l'équipe de Ken étaient restés bouche bée. Au matin, j'avais obtenu près de 54 % des voix et le plus grand nombre de suffrages pour un politicien britannique. J'avais bien évidemment pris toutes sortes d'engagements dans mon programme électoral, j'avais donc un impératif moral et politique : je devais mettre un terme aux meurtres entre adolescents.

Mais il fallait du temps pour trouver comment faire, et mes premiers mois comme maire de Londres ont été, je le crains, aussi chaotiques que mes ennemis l'avaient prédit.

* Deux boroughs du Grand Londres qui forment une circonscription électorale, votant d'habitude majoritairement pour le Parti conservateur.

Chapitre 7

CRISE À LONDRES

À la City et au City Hall

L'un des grands avantages de la démocratie au Royaume-Uni est que lorsque vous gagnez, hop ! c'est fait : vous endossez immédiatement votre rôle.

Je suis donc passé en un instant de secrétaire d'État de rang inférieur ou moyen dans le Cabinet fantôme – avec une expérience en matière d'embauche et de licenciement qui ne dépassait guère celle du magazine *Spectator* (et je crains même qu'à l'époque il y ait eu des moments où j'invitais quelqu'un à déjeuner avec l'intention de le licencier et où il repartait, après quelques bouteilles, avec la vague impression d'avoir été promu), au poste de maire qui gérait tous les bus, toutes les rames de métro, tous les tramways, tous les véhicules de pompiers et chacun des 52 000 hommes et femmes de la Met*. J'étais responsable de l'environnement, des qualifications, du logement, de l'urbanisme, de l'ensemble du développement géographique d'une ville qui représentait déjà 23 % de l'économie britannique et était probablement, par conséquent, la huitième ou la neuvième puissance économique d'Europe.

Le samedi 3 mai 2008, à 9 heures, le sort en était jeté. Je devais me rendre au City Hall et en prendre les rênes. Lorsque je suis arrivé dans ce quartier qui en jette, pavé de granit, propriété d'un consortium privé appelé More London, tout semblait calme. En descendant de vélo, j'ai regardé la silhouette proéminente du bâtiment, un sphéroïde dessiné par Norman Foster, qui ressemble à un casque effrayant dans *La Guerre des étoiles*.

Et j'ai senti la force obscure en moi : la force de Livingstone. Pendant des années, mon adversaire vaincu s'était battu pour créer cette institution, qui avait été, dans une large mesure, façonnée à son image. En entrant dans le bâtiment, j'ai remarqué les couleurs acidulées très tendance – jaune et

* La Metropolitan Police (police métropolitaine), appelée familièrement la Met, est la force territoriale de police britannique responsable du Grand Londres.

violet –, et la signalétique dans une police de caractères moderniste sans empattement. Pas de drapeau, pas de portrait de la reine (j'en ai ajouté un plus tard), et j'ai d'emblée senti le contraste avec Westminster. Il s'agissait de donner l'image d'un socialisme urbain cool du XXIe siècle, et je me suis alors demandé si j'y avais vraiment ma place.

Que se passait-il dans tous ces couloirs et ces salles de réunion tout en courbes ? J'imaginais de jeunes gauchistes talentueux, tatoués, percés, et diplômés avec mention du Wadham College*, qui marmonnaient leur indignation face à ma victoire et qui complotaient déjà ma destitution.

Arrivé au huitième étage, on m'a indiqué où était mon bureau, celui de Livingstone, et j'ai de nouveau senti une bouffée de parfum à la Vador, la présence du seigneur des ténèbres. Il était encore entre ces murs quelques heures auparavant. Les déchiqueteuses de papier étaient encore chaudes après avoir vibré et haleté toute la nuit, pendant que Ken et son équipe détruisaient des documents.

J'ai ouvert son bar et, nom de Dieu, elles étaient là, scintillant dans la pénombre comme le tombeau d'un pharaon, exactement comme je l'avais révélé aux habitants de Londres : les bouteilles de châteauneuf-du-pape financées par le contribuable !

Je crois qu'il n'en restait qu'une dizaine. Mais c'était suffisant pour faire passer le message et prouver que j'avais raison.

On m'a ensuite conduit à l'étage supérieur pour parler au personnel, *mon* personnel, dans la grande salle de réception située au sommet du bâtiment et connue sous le nom de London's Living Room. J'ai survolé du regard l'assistance : les chefs de la police et des services d'urgence, les chefs des AAI** dont je comprenais à peine les fonctions. Tous ces gens s'étaient vu confier leur poste par Ken. Et la plupart d'entre eux avaient présumé, ou espéré, que j'échouerais.

Au moment de prendre la parole, j'ai ressenti le syndrome de l'imposteur. Et, parce que j'étais trop nerveux pour m'y opposer, j'avais cédé aux desiderata de mon équipe et acheté une nouvelle paire de chaussures aux semelles en cuir tellement glissantes que j'ai dérapé et failli m'étaler de tout mon long. Ce qui était une préfiguration, à peu de chose près, de la première année de mon mandat.

* Une des facultés de l'université d'Oxford, fondée en 1610.

** Autorités administratives, ou publiques, indépendantes qui sont en charge de la régulation d'un secteur d'activité (pouvoir de recommandation, de décision et pouvoir de réglementation et de sanction).

Au moment même où j'essayais d'apprendre mon nouveau métier, diriger Londres est soudain devenu beaucoup plus difficile : au printemps 2008, la ville entière a connu une crise, un effondrement spectaculaire qui a provoqué une onde de choc économique et mis des millions de gens au chômage. Presque personne ne l'avait vu venir.

À la fin de l'année 2007, quand je menais encore ma campagne électorale pour la mairie de Londres, je m'étais attablé pour déjeuner avec quelques maîtres de l'univers, sous la houlette de Michael Spencer d'ICAP*. Je leur avais présenté mon programme avec enthousiasme (conscient que les marchés étaient alors plutôt sceptiques quant à mes chances de gagner).

Je leur avais dit que nous allions réduire la criminalité, réduire le gaspillage municipal, les impôts locaux et abattre les obstacles freinant l'investissement et la croissance. Nous allions investir dans les transports en commun et faciliter l'accès des travailleurs à un logement situé à proximité de leur lieu de travail. Je leur avais dit que tout allait bien se passer. En fait, nous allions faire de Londres la plus grande ville sur Terre. L'homme à ma droite s'était alors manifesté.

« Tout ça me paraît très bien, avait-il dit d'un ton nonchalant. Mais qu'avez-vous dirigé jusqu'à maintenant ? Je veux dire, de quoi avez-vous été responsable ? »

C'était cruel, mais je savais où il voulait en venir. Je me suis mis en position de défense mentale et j'ai essayé de trouver ce qu'il fallait rétorquer. Il était vrai que, sous ma direction, le magazine *Spectator* avait enregistré des ventes et des bénéfices records (dépassés depuis longtemps, bien sûr). À l'époque, notre chiffre d'affaires était largement supérieur à 20 millions de livres et nous devions avoir environ vingt-cinq employés. Disons plutôt trente. Peut-être quarante. Ce qui, toutefois, ne semblait guère impressionnant.

Il est vrai aussi que j'avais été responsable de toutes sortes de choses au cours de ma vie. J'avais été capitaine de, euh... du College Wall**, président du syndicat de...

C'était affligeant. Je ne pouvais pas dire ça.

Si j'avais eu l'esprit clair, si je n'avais pas été déconcerté, j'aurais répliqué que Margaret Thatcher, avant de devenir ministre puis Première ministre, n'avait jamais été responsable de grand-chose. Quant à Tony Blair, il n'avait même pas été secrétaire d'État et n'avait jamais rien dirigé de sa vie. Mais

* Intercapital est une société de courtage britannique cotée à la Bourse de Londres.

** Mur de brique qui borde le terrain du Wall Game, un sport collectif, mélange de rugby et de football, qui se joue à Eton.

je crains fort de ne pas y avoir pensé. J'étais intimidé par ce type charmant, bien habillé, qui maniait des milliards tous les jours. Il s'appelait Johnny Cameron et, si mes souvenirs sont bons, je crois qu'il portait un pantalon écossais, comme s'il s'apprêtait à participer à une séance de tir ou de danse folklorique. Il était responsable des actions cotées en Bourse de la Royal Bank of Scotland.

Vous souvenez-vous de lui ? Vous souvenez-vous de ce qui est arrivé à la Royal Bank of Scotland ? Je vais vous résumer la chose en deux mots.

La situation économique semblait avoir commencé à pourrir aux États-Unis sous l'administration Clinton, lorsque de nombreux prêts avaient été accordés aux personnes à faibles revenus dans l'excellente intention de les encourager à devenir propriétaires. Le problème, c'est que beaucoup de ces pauvres gens n'avaient pas pu rembourser leurs prêts hypothécaires. Mais avant qu'ils soient tous en défaut de paiement, les banques avaient fait quelque chose de très malin. Elles avaient racheté toutes ces dettes hypothécaires, bonnes et mauvaises, en avaient fait une enveloppe globale qu'elles avaient revendue à d'autres institutions financières. Elles ont alors utilisé des noms compliqués tels que « titre de créance collatéralisé » et « contrat d'échange sur le risque de défaut », pour dissimuler la réalité de ce qu'elles faisaient. Elles ont été comparées aux fabricants de pâtés qui pensent pouvoir fourguer de la viande dont la date de consommation est dépassée en l'ajoutant à des ingrédients encore mangeables et en espérant que personne ne s'en apercevra. Comme dans le cas des pâtés, la viande avariée a contaminé le reste.

La vérité était que ces « packages » de dettes, sur lesquels les banques négociaient et spéculaient, et dont elles faisaient monter le prix de plus en plus haut, devenaient en fait de plus en plus toxiques ; mais les banques ont continué de les négocier, de plus en plus vite, même si beaucoup avaient commencé à se rendre compte du problème.

Goldman Sachs avait convaincu le marché d'acheter une grande quantité de titres de créance collatéralisés et avait ensuite court-circuité le marché. Les banques avaient parié qu'ils perdraient de la valeur, ce qui s'est évidemment produit.

C'était comme vendre une voiture avec des freins défectueux en faisant le pari que l'acheteur se planterait. C'était monstrueux.

Et tout avait explosé en vol. Sous l'effet du gaz libéré par la viande pourrie, les couvercles d'emballage des pâtés ont sauté. On s'est rendu compte que les banques avaient gonflé leurs bilans en spéculant sur des actifs qui se sont révélés valoir moins que rien. Et le krach bancaire s'est propagé à l'ensemble de l'économie.

Les gens ne pouvaient plus obtenir de prêts bancaires. Et il n'était plus possible d'obtenir des prêts hypothécaires. En octobre 2008, le gouverneur adjoint de la Banque d'Angleterre, Charlie Bean, avait déclaré que c'était « la plus grande crise financière de l'histoire ». Les grandes entreprises ont commencé à couler, mais pas les banques, pas les plus grosses.

Tout le monde savait qui étaient les coupables et pouvait voir ce que les banques avaient fait : elles avaient honteusement bazardé des dettes douteuses. Mais personne ne savait comment les punir. En principe, nous aurions dû laisser les banques couler, comme avait paru le suggérer au début Mervyn King, gouverneur de la Banque d'Angleterre. Ne croyions-nous pas à la destruction créatrice tant défendue par l'économiste Schumpeter ?

Le problème était que nous ne pouvions pas prendre ce risque.

Si les gens n'avaient plus accès aux financements, toute l'économie mondiale ferait une crise cardiaque. Les banques ont donc été maintenues en vie avec d'énormes transfusions de liquidités ; et pour s'assurer que le crédit continuerait de circuler, le Royaume-Uni et d'autres pays ont commencé à faire tourner la planche à billets, dans un processus connu sous le nom d'assouplissement quantitatif, dont nous ressentons encore aujourd'hui les conséquences inflationnistes.

Il est important de s'attarder sur cette crise et la grande dépression qui a suivi, car elle est cruciale pour comprendre la révolution qui a eu lieu huit ans plus tard en Angleterre : le vote pour le Brexit de 2016.

C'est en effet en 2008 que le niveau de vie au Royaume-Uni a cessé d'augmenter et que la productivité a stagné. Tout le monde a dû se serrer la ceinture ; tout le monde, sauf les banquiers, que les largesses du gouvernement ont maintenus à flot et qui (comme l'a raconté* ma sœur Rachel) se sont mis à creuser de plus en plus profondément le sous-sol de leurs hôtels particuliers à Notting Hill pour y construire piscine avec cinéma Sensurround, avec une démesure digne de Néron. Et la valeur de ses biens immobiliers a, aussi, monté exagérément sous l'effet de la quantité de cash injectée dans le système.

C'est à ce moment-là que le fossé qui existait entre Londres et le reste du pays a été largement perçu, suscitant un sentiment d'aliénation qui s'est accentué. Même si, à l'époque, nous n'étions pas du tout sûrs que Londres s'en sortirait.

* *Le diable vit à Notting Hill*, de Rachel Johnson, a été traduit de l'anglais par Daphné et Henri Bernard, Le Livre de Poche, 2009.

Un après-midi, je me tenais sur le toit-terrasse du City Hall quand la femme d'US TV qui m'interviewait m'a interrompu : « Monsieur le maire, regardez derrière vous ! » Je me suis retourné.

« Les grues ! a-t-elle glapi. Les grues ont cessé de bouger. Plus personne ne construit dans votre ville ! »

Elle avait raison. La crise du crédit avait anéanti le marché immobilier et les promoteurs restreignaient leur train de vie. En octobre de cette année-là, la couverture du magazine *Time* montrait un raz-de-marée[1] qui menaçait d'engloutir la ville, avec pour titre « *London's Sinking** ». Les gens parlaient d'une fuite des cerveaux et des investissements à Shanghai, Dubaï, Mumbai – bye-bye Londres. On aurait pu penser que j'étais maudit, comme si Ken avait vécu les huit années fastes du boom économique et que moi, j'arrivais juste au moment de la récession. Pour ajouter à mes inquiétudes, la situation au City Hall paraissait aussi chaotique que celle des marchés financiers.

J'ai perdu en effet une série de conseillers dans des circonstances plus ou moins embarrassantes. En fait, le *Times* avait missionné une envoyée spéciale à la mairie, dont le travail semblait être de ravir ses lecteurs en leur racontant mes déconfitures.

Elle rédigeait chacun de ses articles avec toujours la même intro :

« Nouveau coup dur pour le maire… » commençait-elle en se frottant les mains.

Je vous donne quelques exemples des coups durs auxquels elle faisait alors allusion, plus ou moins dans l'ordre…

Pan ! Le premier à partir a été un conseiller politique, James McGrath, à qui l'on a posé une question assez absurde : mon élection allait-elle déclencher un exode des résidents caribéens de longue date ? Ce à quoi James a répondu que, bien sûr, quiconque n'aimait pas Londres était libre de partir.

C'était très grossier. Mais j'estimais que des excuses auraient pu suffire. Toutefois, on m'a persuadé que nous devions faire preuve d'une tolérance zéro à l'égard de tout propos un tant soit peu discriminatoire. Le pauvre James s'est donc sacrifié pour moi, il a démissionné et a fait de grandes choses en Australie, où il est maintenant sénateur.

Le problème avec les démissions, c'est que dès que les médias obtiennent un scalp, ils partent en chasse pour en obtenir d'autres. Et très vite…

* Littéralement : Londres est en train de couler.

Pan ! Pan ! Pan ! Les coups ont continué de pleuvoir de plus belle ; d'abord sur mon adjoint à l'éducation, Ray Lewis, un Londonien baraqué, charismatique, né en Guyane, et qui a ensuite dirigé une école à Hackney, appelée Eastside, avant de mourir récemment – bien trop jeune. Ray avait pris de jeunes enfants noirs sous son aile pour leur enseigner la discipline et leur apprendre à avoir confiance en eux ; et il les avait envoyés dans certaines des meilleures écoles et universités du pays. Je croyais alors en lui et je suis toujours un fervent admirateur de qu'il a essayé de faire. Il incarnait la mise en action du nivellement par le haut.

Mais les gauchistes de Londres en avaient après lui. Ils n'aimaient pas ses méthodes disciplinaires. Ils lui reprochaient d'inscrire ses propres enfants dans des établissements privés. Ils désapprouvaient son attitude politiquement incorrecte, scandaleuse à leurs yeux. (S'il n'est pas vrai qu'il ait dit une fois à une femme qu'il pouvait imaginer garer son vélo entre ses fesses, j'ai bien peur que ce soit le genre de commentaire qu'il aurait pu facilement faire.) Mais surtout, ils n'aimaient pas la façon dont il traînait avec moi et d'autres Conservateurs.

Et il y avait des bizarreries dans son CV que nous avions du mal à tirer au clair. Était-il vraiment juge de paix ? Vicaire ? En quoi était-il directeur de prison ? Qu'était-il arrivé à l'argent de la tombola des années auparavant ?

La manière dont les gauchistes harcelaient Ray me rendait furieux. Qu'avait à voir ce qu'on lui reprochait avec sa capacité à changer la vie des gosses de Londres ?

Ce n'était pas suffisant. J'ai essayé de le défendre lors d'une conférence de presse conjointe, un événement tellement chaotique que « conférence de presse conjointe » est devenu un euphémisme au City Hall pour désigner une nouvelle catastrophe ou une démission.

Heureusement, j'ai pu le réhabiliter plus tard mais, le 4 juillet, la situation était si confuse qu'il a dû démissionner. À partir de là, les coups n'ont cessé de s'abattre sur moi...

Bing ! Les médias ont affirmé que j'avais « perdu » un autre conseiller lorsque mon directeur de cabinet par intérim, Nick Boles, est parti (en fait, il n'avait jamais eu l'intention de rester longtemps) et...

Fantastique ! J'ai aussi « perdu » le plus haut fonctionnaire à la mairie, un homme génial et cultivé du nom d'Anthony Meyer. En réalité, il avait déjà prévu de démissionner, mais les médias avaient désormais ce que nous aimons le plus : un « récit ».

Et ça a continué.

C'est foutu ! J'ai perdu mon premier adjoint, un homme d'affaires de renom, Tim Parker, le roi du revirement. Tim avait d'abord généreusement accepté de faire un passage au gouvernement local, peut-être comme prélude à une carrière politique mais en août il avait finalement décidé que ce n'était pas trop pour lui.

Et l'ultime épisode de ce feuilleton...

Un coup de tonnerre ! Le départ de mon adjoint aux relations gouvernementales, un ancien chef du conseil municipal de Bexley petit mais combatif, appelé Ian Clement.

Ian a fait une sortie de scène qui a dépassé de loin celles de ses prédécesseurs, d'abord en tombant dans un guet-apens à Pékin, où une belle Chinoise l'a drogué, mis au lit et a ensuite téléchargé le contenu de son BlackBerry professionnel (avec, selon lui, des informations top secrètes). Et ensuite, en utilisant sa carte de crédit professionnelle pour payer des choses essentielles, par exemple un autoradio Blaupunkt et des nuits d'hôtel avec sa petite amie.

Ian, je le crains, a été reconnu coupable de détournement de fonds. Et la joie des médias a atteint des sommets.

Cette situation m'a-t-elle affecté ? La succession de coups durs m'a-t-elle assommé ? Pas vraiment. Au-delà du récit raconté par les médias, nous commencions à trouver nos marques. Certains ont donc quitté l'équipe, mais des gens nouveaux et talentueux les ont bientôt remplacés : Sir Simon Milton a pris le poste de Tim Parker, et Isabel Dedring est arrivée en tant qu'adjointe chargée de l'environnement.

Bien entendu, les médias n'auraient rien tant aimé que dire qu'avec Boris Johnson la pagaille régnait au City Hall. « Boris : Tout fout le camp ! » exultait le *Daily Mail* en première page, le jour de la démission de Ray Lewis. Mais ma cote de popularité dans les sondages était étonnamment bonne. Je commençais à apprécier le travail et, d'après mon expérience, l'arrivée à un nouveau poste se caractérise toujours par un certain chaos avant de pouvoir remporter des victoires.

Il faut juste de la patience.

Quant à Johnny Cameron – le type en tartan qui m'avait demandé quelle expérience j'avais –, ses investissements se sont effondrés, sa banque a été nationalisée et il s'est vu signifier officiellement qu'il ne pourrait plus jamais travailler à la City. Je suppose donc qu'il est ailleurs, quelque part, comme nous tous, en train de faire des conférences sur ce que la vie lui a appris.

* * *

Le point culminant de cet été 2008 a été mon premier voyage à Pékin, où j'ai été chargé, au nom de Londres, d'accepter le drapeau olympique. Il s'agissait d'un rôle purement protocolaire, le genre d'événement qui devrait se dérouler sans accroc.

Je me tenais dans les entrailles du Stade national, surnommé « Nid d'oiseau » au vu de son architecture, attendant le signal comme un gladiateur transpirant dans le Colisée. Les instructions que j'avais reçues étaient simples.

Avancer. Prendre le drapeau. Agiter deux fois le drapeau, à deux mains, pour dessiner une figure en forme de huit, avec des gestes larges pour ne pas emmêler le drapeau autour de la hampe. Et repartir.

Des milliards de personnes regardaient et le bruit était impressionnant. Les Chinois semblaient avoir dépensé pour les seuls feux d'artifice plus que notre budget pour la défense (comment allions-nous faire aussi bien en 2012 ?), et je craignais de rater mon coup. L'homme en face de moi a grogné et pointé mon ventre, avec ce que j'ai pris pour une joyeuse franchise confucéenne. Je lui ai répondu par un sourire et un grognement, comme pour lui dire qu'il était trop tard pour perdre du poids !

Il a grogné à nouveau et, à ma grande surprise, il s'est jeté sur moi, a saisi les pans de ma veste et a essayé de les rapprocher.

Ah ! J'avais compris. Il voulait que je boutonne ma veste. J'étais sur le point d'obtempérer quand j'ai soudain pensé : Merde, alors ! Je suis maire de Londres, avec le plus grand nombre de suffrages de l'histoire politique britannique. Je ne suis pas un larbin du système chinois. Je vais prendre position pour la liberté, pour la démocratie, pour le droit inaliénable de l'Anglais né libre de décider quand et où il veut boutonner sa veste.

Je l'ai donc repoussé et je suis entré dans le superdome en ébullition pour agiter le drapeau avec ce que j'espérais être la vigueur appropriée. À la suite de quoi, j'ai été dûment attaqué par les téléspectateurs et les lecteurs de journaux à travers toute la Grande-Bretagne pour avoir eu l'air échevelé et débraillé et pour ne pas avoir fait honneur à mon pays.

Ce soir-là, nous sommes tous partis nous amuser à la London House de Pékin, une villa que nous avions réquisitionnée dans un vieux quartier, un hutong avec ses toits en tuiles grises couleur saucisse, dans le but principal de promouvoir le Royaume-Uni.

Depuis leur création au VIIIe siècle avant J.-C., les Jeux olympiques sont certes un événement sportif mais c'est aussi une aubaine en termes économiques. Les pays viennent vanter leurs propres mérites, se disputant tout autant les investissements financiers que les victoires sportives. En cette soirée de clôture à Pékin, l'ambiance dans la villa était surchauffée. Il y avait des athlètes, des hommes d'affaires, des politiciens, des supporters de tout bord, dont beaucoup étaient bien « imbibés ».

Au diapason de l'esprit euphorique qui régnait parmi nous, j'ai salué la moisson de médailles remportées par nos équipes britanniques et j'ai annoncé que le succès serait encore plus énorme à Londres quatre ans plus tard. Les Chinois avaient sorti le grand jeu, ai-je dit, mais Londres ferait encore mieux. Alors que mon esprit chauvin s'emballait sans savoir que j'étais suivi par la télévision britannique, ainsi que par Marina et les enfants (qui ont failli s'évanouir tant ils étaient embarrassés) qui se trouvaient à Hyde Park, sur un des lieux de retransmission en direct des Jeux, j'ai revendiqué la paternité britannique d'à peu près tous les sports des Jeux olympiques.

« Oui, ai-je dit à la foule triomphante et enivrée. Je félicite nos amis chinois pour leur succès au ping-pong. Mais où le ping-pong a-t-il été inventé ? On y a joué pour la première fois sur les tables des salles à manger de l'Angleterre victorienne et on l'appelait whiff-whaff !

Un jour, les Français ont regardé une table et ont vu une occasion de s'y installer pour manger. Les Britanniques, eux, ont regardé une table et y ont vu une occasion de jouer au whiff-whaff ! Et c'est la raison pour laquelle nous avons gagné autant de médailles, ai-je prétendu. C'est la raison pour laquelle un pays qui représente 0,7 % de la population mondiale semble si doué pour le sport, ai-je insisté, face à l'assemblée qui donnait de la voix pour m'approuver.

Tous ces jeux, toutes ces épreuves athlétiques, toutes ces formes d'effort physique, c'est nous qui les avons inventés ! Et maintenant, ils reviennent à la maison. Le whiff-whaff revient à la maison, le ping-pong revient à la maison, le sport revient à la maison, et Londres va organiser des Jeux olympiques qui feront la fierté du monde entier. »

Mes détracteurs, bien sûr, se sont emparés de ces propos (tous vrais, d'ailleurs). Ils ont déclaré que c'était le genre de balivernes chauvines auxquelles on pouvait s'attendre de la part de Johnson, et ils m'ont accusé de manquer une fois de plus de respect à l'égard de nos hôtes chinois.

Franchement, j'ai trouvé que mes propos reflétaient assez bien l'ambiance du moment.

Vous devez comprendre ce que nous avons ressenti à Londres au tout début de la crise bancaire.

C'était comme si l'air s'échappait d'un gigantesque château gonflable qui se repliait et s'effondrait sous nos yeux ; et mon travail consistait à faire le tour de la ville et à insérer, partout où c'était possible, la buse de ma pompe à regonfler le moral, brevetée.

Je devais faire en sorte que les gens gardent le moral. Quoi que je pense en privé de ce que les banquiers (ou une petite minorité d'entre eux) avaient fait, je savais qu'ils étaient essentiels à l'avenir économique du pays. À Londres, le produit de l'impôt s'élève à environ 65 milliards de livres.

Au fur et à mesure que la crise s'aggravait, la colère nationale s'est tournée contre ces banquiers qui avaient pris tant de risques, et contre l'ampleur nauséabonde des primes qui les avaient persuadés de prendre ces risques. Bien sûr, ceux qui s'attaquaient aux banquiers avaient raison, mais sur un point seulement.

Il fallait donc que quelqu'un défende les services financiers. Ils ne sont pas uniquement vitaux pour Londres et l'économie britannique. Ils sont vitaux pour le monde entier. C'est en prêtant de l'argent, en prenant des risques, que vous permettez aux gens de développer et de commercialiser les innovations qui sauveront nos vies et notre planète. Comment élaborer les médicaments et les vaccins contre le cancer, comment développer des cultures résistant aux maladies, et fabriquer les voitures neutres en carbone ? Qui peut financer le coût colossal de ces entreprises ? La banque, encore la banque, toujours la banque.

Il fallait que quelqu'un s'oppose aux casseurs de banques sans cervelle. Quelqu'un devait se battre pour sauver Londres, et c'est à moi qu'est revenue cette tâche.

Lorsque le Trésor public a commencé à ressentir les effets de la récession, il n'a pas tardé à chercher à faire des économies. Comme toujours, les infrastructures ont été les premières touchées et Londres offrait quelques juteuses opportunités à saisir.

On nous a dit que nous pouvions soit rénover le métro pour un montant de 20 milliards de livres, soit construire une nouvelle ligne de transport en commun, le Crossrail. Nous ne pouvions pas avoir les deux.

J'ai rejeté cette alternative bidon et décidé qu'un tel choix serait désastreux. Mon approche du gâteau, comme évoqué ailleurs, était de prendre le beurre et l'argent du beurre, contrairement à ce que dit le proverbe*.

* Référence au proverbe anglais *You can't have cake and eat it* (traduit en français par vouloir le beurre et l'argent du beurre), auquel Boris Johnson est connu pour avoir répliqué qu'il était pour *pro having it and pro eating it*, littéralement : « pour avoir du gâteau et pour le manger ».

Le métro londonien, le plus ancien au monde, n'était pas climatisé, il était sale et sujet à des retards exaspérants. Nous devions faire mieux. Nous avions un vaste projet de mise en place d'une nouvelle signalisation et de nouvelles voies sur l'ensemble du réseau. Nous devions augmenter les vitesses moyennes et réduire les temps de parcours moyens. Nous l'avions promis aux Londoniens. Ils attendaient. Si nous ne tenions pas notre promesse, nous serions lynchés.

Quant au Crossrail, quinze ans plus tard, il existe sous le nom d'Elizabeth Line. Vous l'avez peut-être emprunté. Il s'agit d'un magnifique système ferroviaire de 170 kilomètres de long qui transporte les gens dans des wagons climatisés confortables, de couleur violette, du Berkshire au Kent et à l'Essex, à travers une série de voûtes et de cathédrales souterraines immenses sous le centre de Londres. Il s'agit d'un complément massif et crucial au réseau londonien. L'Elizabeth Line sera source d'emplois et de prospérité pour les générations à venir.

Mais à ce moment-là, il ne s'agissait que d'une ligne dessinée sur une carte – et d'une énorme économie potentielle. En 2009 environ, tout le monde pouvait constater qu'un changement de gouvernement se profilait à l'horizon. George Osborne, le futur chancelier de l'Échiquier, était à la recherche de grands projets qu'il pourrait sabrer, et sabrer sans douleur. Or, même à cette époque, le Crossrail devait coûter 16,9 milliards de livres. Un samedi, les Osborne sont venus déjeuner en famille dans notre jardin d'Islington.

« Pourquoi le projet s'appelle-t-il Crossrail ? a demandé Frances, l'épouse de George. Est-ce parce qu'il met beaucoup de gens en colère* ? »

J'ai essayé d'expliquer les bénéfices considérables qu'il générerait pour le PIB britannique, et les emplois que ce programme créerait.

« Dans quel sens va-t-il ? a insisté Frances. De haut en bas ou de gauche à droite ? »

Je ne lui en ai pas voulu. Il n'y avait pas si longtemps encore, j'aurais pu poser le même genre de question.

« Écoute, a dit George, après que nous avons discuté du sujet pendant un certain temps. Pourquoi ne pas arrêter d'en parler ? »

Je savais ce qu'il voulait dire et ce qu'il essayait de faire. La raison pour laquelle les gouvernements suppriment si souvent les projets futurs d'infrastructures, même si c'est une vision à court terme, est la suivante : ce que les gens ne peuvent pas voir ne leur manque pas.

* En anglais, *cross* signifie « en colère ».

C'était l'occasion d'économiser près de 20 milliards de livres sur ce que Ken Clarke, alors ministre chargé du Commerce dans le Cabinet fantôme, avait dénoncé comme une « tranchée géante sous Londres ».

Je ne pouvais pas me permettre de donner cette option à George. J'ai donc redoublé d'efforts pour défendre ces deux dossiers, la rénovation du métro et la construction du Crossrail, parce que nous devions montrer que nous avions confiance en Londres, en son avenir. Il fallait que la capitale continue de bouger et de fonctionner, et ces deux projets créaient déjà des milliers d'emplois. Tous ces énormes chantiers qui demandaient de gros investissements – le Crossrail, le site olympique, le centre Westfield* à Shepherd's Bush – ont été planifiés à un moment opportun pour Londres ; de vastes programmes anticonjoncturels qui ont permis aux pelles de continuer de creuser le sol et ont garanti des emplois dans toute la ville.

Comme je l'ai dit lors du lancement du Crossrail en 2009 avec le ministre des Transports travailliste, Andrew Adonis, vous pouvez parfois vous retrouver dans un trou si grand (et le Crossrail était un très grand trou) que la seule réponse est de continuer de creuser.

Tous ces projets, c'est du moins ce que désespérément j'espérais, permettraient à la capitale du Royaume-Uni de sortir de la récession. Nous avons lancé en direction de l'étranger de vastes campagnes d'investissement, exhortant les entreprises et les touristes à tirer parti de la faiblesse de la livre sterling.

Ce qui, je crois, a porté ses fruits. Au fil du temps, nous avons constaté que, pour la première fois depuis la Seconde Guerre mondiale, Londres serait moins durement touchée par une grave récession que le reste du pays.

En fait, on peut dire que Londres, où la crise bancaire avait pris naissance, semblait comparativement protégée. Le taux de chômage dans la capitale n'a presque pas bougé : il n'a augmenté que de 0,2 %* à la suite du krach. En revanche, le reste du pays a connu une situation bien pire, avec une hausse du chômage de 2,5 %.

Les gens ont fini par remarquer ce qui se passait : la façon dont la métropole et ses banquiers coupables semblaient continuer de s'en sortir. Je suis persuadé que ce phénomène a renforcé le sentiment d'exception londonienne et, je dirais, a rendu le nivellement par le haut plus essentiel que jamais.

* Centre commercial de quelque 375 magasins.

Mais, au cours de ces deux premières années, nous ne pouvions pas encore le constater. Tout ce que nous pouvions apercevoir, c'était le spectre d'un désastre économique ; et toutes les analyses conventionnelles indiquent que lorsque l'économie tourne au ralenti, la criminalité augmente.

Chapitre 8

LE CULTE DU COUTEAU

Lutter contre les gangs et contre la sensiblerie libérale mal placée

Le soleil tapait sur les vitres courbes et poussiéreuses de ma cabine au sommet du vaisseau spatial City Hall. On ne pouvait pas ouvrir les fenêtres, sans doute pour une excellente raison environnementale, mais ce jour-là ce n'était pas seulement la chaleur qui me donnait des picotements dans la nuque.

C'était la honte. En tant qu'élus, faire face au chagrin de ses électeurs est une tâche qui nous est dévolue. Face à la détresse de Barry et Margaret Mizen, j'étais hébété.

Nous étions au début de l'été 2008 et toute trace de lune de miel avec mes électeurs avait disparu depuis longtemps. Je devais tenir mes promesses. Car il ne faisait aucun doute que j'avais remporté le poste de maire en partie en dénonçant mon adversaire, Ken Livingstone, pour son incapacité à lutter contre la criminalité et, en particulier, contre la criminalité à l'arme blanche.

Pendant des semaines, la campagne municipale avait été régulièrement interrompue par le glas annonçant la mort d'un gosse dans les rues de Londres. Des adolescents mouraient poignardés les uns après les autres, et personne ne semblait en mesure de contrôler ni d'expliquer le phénomène.

Ce genre de crime, cette méthode choisie pour tuer, une arme enfoncée entre les côtes de la victime, induit forcément une idée de promiscuité, une intimité corporelle monstrueuse. En comparaison, appuyer sur la détente d'une arme à feu paraît impersonnel. Comme me l'a dit Tim Godwin, le directeur adjoint de la Met: « Pour tuer au couteau, il faut s'approcher de la victime au point d'en sentir l'odeur et de l'entendre respirer. »

Les médias, et c'est compréhensible, étaient obsédés par la question. L'*Evening Standard* s'est mis à publier un décompte des décès d'adolescents – comme une réprobation de l'échec des institutions. Et chaque adolescent tragiquement exsangue sur le trottoir est devenu un événement politique – à juste titre.

Je ne pensais pas que la police mettait tout en œuvre pour faire cesser ce phénomène. Je n'avais pas eu l'impression que Ken Livingstone avait pris le problème suffisamment au sérieux. Pour chaque mort, il y avait des dizaines de blessés, voire des centaines, souvent très graves, ou des coups de couteau dans les fesses, le geste d'humiliation préféré entre bandes rivales. Les gangs n'avaient jamais été aussi puissants, régnant par la peur, utilisant la menace de leurs armes terrifiantes – allant des simples couteaux de cuisine aux machettes zombies – pour contraindre à l'allégeance et revendiquer leur territoire. Il me semblait que la réaction de l'ensemble de la société, politiciens compris, à ce type de crime, était empreinte d'un racisme modéré et implicite.

Qui, dans l'immense majorité des cas, étaient les auteurs de ces actes ? De jeunes Noirs. Qui dans leur grande majorité étaient les victimes ? De jeunes Noirs.

Soyons francs. Ce n'étaient pas des crimes qui avaient beaucoup d'impact sur la vie des Londoniens blancs de la classe moyenne, et c'était une question à laquelle Livingstone paraissait étonnamment peu réceptif.

Au milieu de la campagne électorale, alors que nous étions dans une salle paroissiale d'Edgware, Livingstone avait tenté d'expliquer le phénomène en disant qu'il s'agissait en fait d'une importation culturelle, issue des guerres tribales d'Afrique centrale où l'on maniait la machette. Il avait l'air de dire qu'il ne s'agissait pas d'un problème spécifique à Londres. J'avais alors vu s'agiter le public, composé en grande partie de Londoniens noirs. Ils avaient clairement eu l'impression que Livingstone n'avait rien compris. On ne pouvait décemment pas imputer la situation au conflit entre les Hutus et les Tutsis. Les Interahamwe* ne pouvaient pas être accusées de ce qui se passait à Londres.

Les spores de ce fléau, qui exigeait une réponse déterminée de la part du maire, avaient été semées à Londres. Et c'est moi qui allais apporter cette réponse, comme je m'en étais vanté à maintes reprises pendant que je faisais campagne. J'allais « prendre le taureau par les cornes ». J'allais « faire baisser les chiffres ». Je ne savais pas bien comment, mais je sentais que j'y arriverais d'une manière ou d'une autre.

À ce moment-là, je faisais le boulot, mais je me sentais impuissant.

Jimmy Mizen – le fils du couple qui était dans mon bureau – n'avait que 16 ans. Il était devant le comptoir d'une boulangerie à Lee lorsqu'un autre jeune, connu de lui et de sa famille, était entré et avait provoqué une bagarre.

* Milices responsables de la plupart des massacres pendant le génocide de 1994.

Il avait lancé une plaque chauffante en verre qui s'était brisée en heurtant le menton de Jimmy avant qu'un éclat de verre se plante dans la carotide du jeune garçon, qui s'était vidé de son sang dans le magasin. Jimmy était totalement innocent ; il avait la vie devant lui, avec tout ce qu'elle lui offrait comme potentiel. Elle lui avait soudain été enlevée, au cours d'une querelle absurde entre adolescents, une de plus.

Alors que nous étions assis là, plusieurs semaines après la mort de leur fils, Barry et Margaret ne m'ont pas fait de reproches, comme certains parents auraient pu le faire. Ils ne m'ont pas blâmé, ni moi ni la police, pour la culture de la violence dans les rues qui avait coûté la vie à leur fils. Mais leur douceur et leur gentillesse me mettaient au supplice.

Ils voulaient simplement aider, empêcher que ce genre de chose arrive à l'enfant de quelqu'un d'autre ; et j'ai vivement éprouvé le sentiment désagréable d'être dans le mensonge. Je m'étais attaqué à cet énorme problème, j'avais fait naître chez les Londoniens l'espoir que je pourrais le résoudre, et j'allais échouer car, pour être franc, je ne savais pas trop quoi faire.

Les semaines passaient, et le nombre de gosses qui se faisaient tuer continuait d'augmenter. C'était de la folie. En juillet, en l'espace de vingt-quatre heures, six personnes étaient mortes poignardées[1] et les médias étaient consternés. Ils ont parlé de « Blade* Britain ». Ils ont parlé d'épidémie. Kit Malthouse, mon adjoint chargé de la police et de la criminalité, était aussi préoccupé que moi.

Inquiets de ce qui pouvait se passer à Haringey, Ealing ou Croydon, nous ne fermions pas l'œil de la nuit – littéralement. Dès que le jour se levait, Kit attrapait son téléphone pour avoir le compte-rendu des activités nocturnes transmises par la police et m'envoyait les mauvaises nouvelles.

Nous essayions de comprendre au plus vite ce qui se passait, de nous projeter dans la vie de ces adolescents et d'imaginer pourquoi ils agissaient de la sorte. Était-ce à cause des films violents qu'ils regardaient – cette éternelle source de panique pour la morale conservatrice ? S'agissait-il des jeux vidéo ? Peu probable. Certains disaient que c'était lié au statut et au prestige que conférait l'appartenance à un gang, le sentiment d'être quelqu'un d'important. D'autres disaient que c'était le résultat de la perte du noyau familial, de l'absence des pères. Les gangs donnaient aux jeunes un sentiment de sécurité, d'appartenance à une unité familiale qu'ils n'avaient pas. Dans un contexte économique difficile, l'argent de la drogue était important.

* En anglais, *blade* signifie « lame ».

Et si les gosses se baladaient avec des couteaux, me disait-on, c'était uniquement parce qu'ils avaient peur. Ils n'osaient pas se promener dans les rues sans être armés et ne faisaient pas confiance à la police pour les protéger.

Les positions des uns et des autres variaient en fonction de leurs points de vue sur la criminalité. La criminalité est-elle fonction de multiples causes socio-économiques sous-jacentes ? Ou bien la criminalité est-elle principalement causée par l'existence même de criminels ?

Conscients de mes difficultés, les gens ont commencé à affluer à la mairie pour proposer des solutions. Lily Allen, la star de la pop, est venue me voir pour m'expliquer que nous devions investir dans des ustensiles à émousser les couteaux qu'il faudrait installer au coin des rues. Elle a suggéré que les gosses posent des bouchons de liège à la pointe de leurs lames. Lily Allen est une artiste de talent mais je n'étais pas certain de comprendre sa stratégie pour endiguer la criminalité juvénile. D'autres ont imaginé des projets pour créer des « espaces sécurisés », des magasins et des cafés où les jeunes pourraient se rendre sans craindre les attaques au couteau, et qui pourraient être identifiés par une plaque ou un signe, comme un macaron Michelin. J'ai répondu que c'était très bien, mais qu'il fallait sécuriser toute la ville, et pas seulement quelques cafés. J'ai créé le Mayoral Expert Advisory Group, le MEAG, un groupe consultatif d'experts, pour me conseiller. Y participaient des professeurs, des criminologues, des travailleurs sociaux et des membres de gangs repentis, hommes et femmes, et nous avons organisé d'innombrables réunions, séminaires, séances de réflexion et colloques sur la criminalité à l'arme blanche. Nous avons essayé de tirer des leçons de ce qui se passait dans d'autres villes et de leurs luttes contre les gangs, de Boston à Bogota.

J'aimerais pouvoir dire que le MEAG a réellement réglé le problème. Mais, après un certain temps, nous avons eu l'impression de tourner en rond. Il s'agissait des mêmes vieilles idées et, comme pour de nombreuses questions qui deviennent soudain politiquement essentielles, et pour lesquelles on peut disposer de l'argent public, j'ai eu le sentiment que chacun cherchait de plus en plus à tirer la couverture à soi et à défendre ses intérêts pour en tirer des bénéfices. Dans les échanges sur le sujet, on n'était jamais loin du chantage avec l'idée implicite d'extorquer de l'argent.

En vérité, les gens venaient me voir à la fin des réunions et me disaient : « Vous avez un problème avec les gangs et la criminalité à l'arme blanche. J'ai un projet qui tente d'aider ces jeunes à s'en sortir. Donnez-moi de l'argent et je pourrai dire que vous faites du bon travail. »

Je ne dis pas que certains de ces projets n'étaient pas valables, mais les temps étaient durs et comment savoir lesquels valaient le coup ? L'ancien membre d'un gang, entièrement repenti m'avait-il dit, est venu me voir pour me présenter son projet. Il proposait un spectacle musical destiné à dissuader les gosses de se tirer dessus, qu'il appellerait *Bra-ka-ka*.

« C'est quoi, Bra-ka-ka ? » ai-je demandé.

Il m'a répondu que c'était le bruit d'une arme à feu et qu'il en avait fait un titre de rap. J'étais certes dubitatif, mais j'étais aussi désespéré. Quelques jours plus tard, je me suis donc retrouvé à l'assemblée du matin* dans une école, à le regarder interpréter *Bra-ka-ka*. Il a joué la fusillade et la mort de manière très convaincante ; cependant, je me suis demandé l'effet que cette représentation aurait sur les enfants. Seraient-ils vraiment dissuadés d'utiliser des armes blanches et des armes à feu ?

En fait, nous semblions plutôt glorifier ce genre de crime en conférant à ces meurtres épouvantables un caractère mélodramatique fallacieux. J'ai commencé à regretter la façon dont nous avions politiquement aggravé la situation. Si la criminalité à l'arme blanche est en partie une question de mode, de mimétisme et d'enfants osant outrepasser l'interdit, alors le risque est que nous l'ayons involontairement rendue plus à la mode.

Plus les adultes s'affolaient, plus les discussions sur la criminalité à l'arme blanche étaient feutrées à la télévision, plus les gosses s'y intéressaient. Il ne faut pas oublier que certains d'entre eux qui se faisaient arrêter pour des crimes à l'arme blanche n'étaient même pas encore adolescents.

J'ai commencé à craindre que nos admonestations soient psychologiquement contre-productives. Si vous sortez de chez vous le matin et que vous dites : « Les enfants, quoi que vous fassiez, ne vous mettez pas un haricot blanc dans le nez », que pensez-vous qu'ils vont faire ?

Nous devions mettre un terme à cette vague de criminalité juvénile et considérer ce fléau pour ce qu'il était vraiment : une façon trop répandue et stupide de mourir. Nous devions adopter une approche mixte. Pour reprendre la formule célèbre**, nous devions être fermes face à la criminalité juvénile et fermes aussi face à aux causes de cette criminalité.

* Tradition dans les écoles britanniques de réunir chaque matin avant le début des cours l'ensemble des élèves pour leur faire part d'informations, de remises de récompenses, mais aussi écouter des débats entre élèves, des discussions sur l'actualité, des prières, etc.

** Celle de Tony Blair, exprimée en 1993 lors de la conférence du Parti travailliste : « *I think it's important that we are tough on crime and tough on the causes of crime too.* »

Après quelques mois, Kit a élaboré un plan de lutte, que sa femme Juliana l'a aidé à rédiger, contre la criminalité à l'arme blanche. Le projet s'intitulait « *Time for Action** »[2] et était assez complet. Nous avons commencé par nous attaquer aux causes sous-jacentes – le mécontentement et la vulnérabilité des jeunes – et nous avons pris toutes sortes de mesures pour que les jeunes abandonnent le culte des armes blanches et des gangs.

Nous avons soutenu l'école de Ray Lewis dans l'est de Londres. Nous avons soutenu des programmes de mentorat et je pense que nous avons trouvé un millier de mentors dont la tâche était de s'asseoir sur un lit avec de jeunes enfants et d'avoir des discussions viriles, « d'homme à homme », pour démontrer que posséder une arme blanche relevait de la folie.

Nous avons parrainé une unité spéciale de l'Institution pour jeunes délinquants de Feltham, appelée Heron Wing, chargée de réhabiliter les jeunes par l'éducation et de réduire le taux de récidive, par ailleurs dément. Nous avons parrainé un excellent groupe de sensibilisation chrétienne appelé XLP, qui a fait le tour des quartiers les plus difficiles dans un bus à impériale offrant un espace sécurisé, où les jeunes pouvaient échapper aux gangs et jouer sur des ordinateurs.

Je suis sûr que certaines de ces interventions ont été efficaces, d'autres moins. Mais c'était loin d'être suffisant. Après des mois d'études et de réflexion, et après avoir parlé à de jeunes Londoniens, j'ai conclu que les criminologues de gauche et les conseillers municipaux travaillistes qui avaient décidé de graviter autour de la mairie et du MEAG ne me fournissaient pas un compte-rendu complet de la situation.

J'en ai déduit que la criminalité à l'arme blanche n'était pas un problème de santé publique. Il ne s'agissait pas d'un simple épiphénomène de désavantage social et économique. Non, mes amis, tout ça, c'était du pipeau.

Il s'agissait d'un problème criminel. Il était causé par des criminels et des gangs criminels, et la solution relevait de la justice pénale. Nous devions faire respecter la loi.

Comme beaucoup d'autres politiciens britanniques à l'époque, j'avais été très influencé par la théorie de la criminalité dite « des fenêtres cassées » : à savoir que si vous tolérez de petits signes d'incivilité, comme des vitres cassées ou des graffitis, votre quartier sera plus susceptible d'être touché par des délits plus graves, notamment des vols et des actes de violence de rue.

Donc, dès que j'avais été élu, j'avais envoyé quelques signaux pour expliquer dans quel genre de ville je voulais que nous vivions tous.

* « Il est temps de passer à l'action ».

Dès le premier jour, j'ai prohibé l'alcool dans les transports londoniens. Une décision suggérée par un ami, David Ross, qui avait mis en place cette interdiction dans les autocars de la National Express, avec de bons résultats. Une mesure qui peut sembler illibérale, et donc être vécue comme une restriction des libertés, mais qui a été immédiatement populaire, en particulier auprès des femmes qui en avaient assez des réflexions ou des comportements d'ivrognes dans le bus ou le métro. Nous avons alors mis sur pied un programme appelé « Payback London* », dans le cadre duquel les jeunes pris en flagrant délit de taggage étaient contraints d'effacer leurs graffitis, vêtus de gilets à bandes réfléchissantes haute visibilité.

Nous punissions sévèrement les jeunes qui se comportaient mal dans les bus avec lesquels ils pouvaient se déplacer gratuitement grâce à Ken Livingstone. En effet, le soir, quand ils prenaient le bus en rentrant de l'école, souvent pour des distances tout à fait praticables à pied, ils provoquaient un terrible chahut, criant, se battant et inquiétant les passagers plus âgés. Là encore, vous pourriez penser qu'il s'agit d'incidents mineurs et, d'ailleurs, Livingstone a minimisé les choses en disant que c'étaient juste « des gamins qui se défoulaient », rien de plus. Nous avons alors commencé à leur retirer leur carte Zip (carte de transport gratuite) et tant pis s'ils devaient se rendre à l'école à pied pendant un certain temps.

Certains gamins ont râlé, la gauche a protesté, mais les retraités de Bexley et de Bromley, qui m'avaient élu précisément pour résoudre ces problèmes-là, ont plébiscité la mesure. Plus important encore, elle a fonctionné[3]. Les bus sont devenus plus silencieux et plus calmes, et parce que nous ne tolérions plus aucune forme de bagarre ni de chamaillerie, la criminalité dans les bus a chuté de manière significative.

Plus important encore, nous avons mené une campagne massive d'interpellations, avec contrôle d'identité et fouille au corps. C'était, et c'est toujours, très controversé. À Londres et dans tout le Royaume-Uni, on se souvient de l'ancienne loi « sus** », en vertu de laquelle la police disposait de pouvoirs étendus pour arrêter une personne soupçonnée d'être sur le point de commettre un délit.

À la fin des années 1970 et au début des années 1980, cette loi avait été appliquée de manière abusive. La police avait arrêté et fouillé bien trop de

* En français : Remboursez Londres.

** Abrégé de *suspicion* ou *suspected*. En Angleterre et au pays de Galles, la loi *sus*, créée en 1824 dans le cadre de la lutte contre le vagabondage, permettait une interpellation avec contrôle d'identité et fouille au corps. Elle a été abrogée en 1981.

jeunes hommes noirs simplement parce qu'ils étaient considérés comme « suspects ». Ces interpellations, jugées discriminatoires par ceux qui en étaient l'objet et le sentiment d'injustice induit, ont contribué à déclencher les émeutes de Brixton en 1981. À la suite du rapport Scarman sur ces émeutes, la loi « sus » a été abrogée et, même si en 2008 il était permis de procéder à des interpellations, avec contrôle d'identité et fouille au corps, cette pratique était fortement circonscrite.

Toutefois, en vertu de l'article 60 de la loi de maintien de l'ordre public, la police était fondée à estimer qu'une zone géographique était susceptible d'être le théâtre d'une infraction et que des contrôles d'identité et des fouilles au corps pouvaient y être effectués. Mais elle était réticente à utiliser ces pouvoirs sans être couverte et soutenue explicitement par les politiques.

Je ne voyais pas ce que nous pouvions faire de plus.

Nous savions tous – j'avais parlé aux familles, aux membres des gangs eux-mêmes – que les jeunes se promenaient dans les rues armés jusqu'aux dents. Ils se donnaient rendez-vous entre bandes rivales, de sorte qu'une bagarre au couteau entre deux individus isolés devenait une véritable bataille rangée à l'arme blanche. J'avais besoin que la police ait la confiance nécessaire pour leur confisquer leurs armes.

À l'époque où je suis devenu maire, la police était déjà parvenue à peu près à la même conclusion. Elle avait lancé une campagne d'interpellation et de fouille appelée « opération Blunt* ». D'une ampleur plutôt modeste, cette opération n'avait manifestement pas fonctionné et, surtout, elle n'avait guère été encouragée par Livingstone ou ses conseillers.

La Met sous la direction de son chef de l'époque, Ian Blair, semblait adopter une approche psychologique douce. Sur les affiches dans le métro, on pouvait voir un homme vêtu d'un costume rose et duveteux de gros poulet, avec la légende suivante : « Porter un couteau vous donne l'air ridicule ». Ce qui semblait aussi déconcertant et inefficace que le *Bra-ka-ka*.

Je m'impatientais face à ce que je considérais comme de la sensiblerie à l'égard du contrôle d'identité et de la fouille au corps. Je ne pensais pas que les gosses portaient des couteaux parce qu'ils avaient « peur », comme tous les criminologues de gauche me l'avaient répété pendant de nombreux mois. Je ne pensais pas non plus qu'il s'agissait de « légitime défense ».

* En anglais, *blunt* a le sens d'« émoussé » en parlant d'une lame. Cet adjectif est aussi utilisé par la police dans ses rapports criminels pour décrire un type de blessure : « *with a blunt instrument* » (en français : blessure avec un objet contendant). Et le verbe signifie « désamorcer ».

Que disent tous les criminels lorsqu'ils portent une arme à feu ou une arme blanche sans en avoir le droit ? Que disent-ils tous lorsqu'ils tirent sur quelqu'un ou le poignardent ? Ils disent que c'était de la légitime défense.

Et c'est presque toujours bidon. Les suspects n'étaient peut-être que des jeunes, mais en « se déplaçant équipés d'une arme blanche », comme le dit la loi, ils savaient ce qu'ils faisaient. Ils augmentaient considérablement leurs chances de tuer ou d'être tués lors d'un affrontement désastreux qui gâcherait à jamais la vie de certaines familles londoniennes.

Nous nous sommes donc lancés dans l'opération Blunt 2, qui ressemblait à la première, mais en plus grand et avec plus de conviction. Nous avons installé des portiques détecteurs de métaux dans le métro, équipé dans la rue les policiers de « baguettes » optiques détectrices d'armes blanches ou de détecteurs de métaux portatifs, et nous avons dit à la police que si elle utilisait ses pouvoirs avec tact et dans le respect de la loi, nous lui accorderions une couverture politique totale pour procéder à autant d'interpellations, avec contrôle d'identité et fouille au corps, qu'il le fallait.

Il serait juste de dire qu'après quelques mois à la mairie, et après l'angoisse de voir tant de morts, nous sommes devenus assez directifs dans notre approche du problème. Nous avons insisté pour que les budgets soient consacrés aux services dédiés au maintien de l'ordre public, de manière qu'il y ait le plus grand nombre possible d'agents dans les rues et, en jonglant pas mal, nous avons maintenu leur nombre à 32 000 ou presque, pendant toute la durée de mon mandat.

En octobre, j'ai nommé un nouveau directeur de la Met, en usant de mon droit de président de l'Autorité du Grand Londres. Ian Blair était un homme talentueux et intelligent qui, à bien des égards, s'était acquitté convenablement de ses fonctions, mais il faisait partie de la vieille équipe et, dans la lutte contre la criminalité à l'arme blanche, nous avions besoin d'une nouvelle énergie et d'un nouveau souffle.

Nous avions besoin de ce qu'on appelle un flic à l'ancienne, quelqu'un qui, métaphoriquement, bat le pavé avec ses bottes pointure 47, enfonce les portes et tend le long bras de la loi pour mettre la main au collet des criminels.

C'est plus ou moins ce que nous avons eu avec Paul Stephenson, l'adjoint et successeur de Blair ; puis avec Bernard Hogan-Howe.

Au cours des premiers mois de l'opération Blunt 2, nous avons confisqué dans les rues 10 000 armes blanches. Les criminologues de gauche ont bien sûr affirmé que c'était de la folie et que le stock de couteaux se reconstituerait instantanément, si ce n'était en piochant dans les tiroirs des cuisines, en les achetant sur Internet où on trouve des lames au design terrifiant. Ils affirmaient que cette politique était fondamentalement raciste, parce que, par la force des choses, un grand nombre des personnes interpellées étaient de jeunes hommes noirs et qu'un grand nombre d'entre eux étaient arrêtés à plusieurs reprises. Au cours des premiers mois, j'ai bien sûr craint que nos détracteurs aient raison.

Il était peut-être illusoire de confisquer les couteaux. C'était peut-être comme essayer de lutter contre l'obésité en confisquant les fourchettes. Le nombre de gosses morts continuait d'augmenter, lamentablement et, semblait-il, de manière inéluctable.

Kit a essayé de me rassurer en soulignant que tout dépendait de la manière dont les statistiques étaient rapportées. Les chiffres relatifs aux crimes commis avec des armes blanches augmentaient en partie parce que la police était beaucoup plus active à Londres, là où de nombreuses armes blanches étaient confisquées. C'était vrai (et c'est un paradoxe propre à la plupart des statistiques sur la criminalité : le simple fait de lutter contre un type particulier de crimes semble en produire davantage puisque plus de crimes sont signalés).

Toutefois, après environ un an d'efforts, purs et durs, l'opération a porté ses fruits. Les jeunes ont commencé à comprendre le message. S'ils sortaient avec un couteau, pensant ou non être en état de légitime défense, il y avait de fortes chances qu'ils se fassent arrêter et que, s'ils se faisaient arrêter plusieurs fois, ils aillent en prison.

Et voilà : le nombre d'infractions liées aux armes blanches a diminué, de manière significative. À mesure que le nombre total d'infractions diminuait, le nombre de gosses tués a baissé, passant d'une trentaine à une dizaine, voire moins, par an.

Et les adolescents n'étaient pas les seuls concernés. Le taux d'homicides a globalement diminué, de sorte que, pendant plusieurs années consécutives, nous avons eu une centaine de meurtres par an ou moins, un chiffre très bas pour une ville aussi vaste et foisonnante que Londres. Comme me le disait Paul Stephenson lorsqu'il me communiquait les dernières statistiques : « Si nous avions lancé cette opération à New York, nous aurions été portés en triomphe au cours d'un défilé dans les rues. » C'est devenu l'un des thèmes principaux de mes discours, irritant quelque peu Bloomberg, alors maire de New York. Je disais que si on vivait à Londres, on avait cinq fois moins de chances d'être assassiné qu'en vivant à New York.

Et ce n'est pas seulement le taux d'homicides qui a baissé. La criminalité sous toutes ses formes a diminué de 20 % dans les quartiers. La criminalité dans les bus (c'est-à-dire la criminalité à l'intérieur des bus et non les morts causées par un bus, devais-je expliquer au public, les accidents mortels causés par des bus étant déjà très peu nombreux) a chuté de 40 %.

Voilà une des choses dont je suis le plus fier: pendant mes mandats à la mairie, Londres a acquis la réputation – méritée – d'être l'une des grandes villes les plus sûres au monde.

Et que tous les politiques, pour quelque raison que ce soit, n'aient pas été d'accord avec mon approche était profondément frustrant. En 2014, et après six ans de travail acharné, la ministre de l'Intérieur conservatrice Theresa May a décidé qu'elle n'approuvait pas mon soutien à ce principe d'interpellations, avec contrôle d'identité et fouille au corps; elle a alors modifié la loi pour rendre les choses plus difficiles – une fois encore.

Parce que la Met est une sorte de copropriété que se partagent le maire et le ministre de l'Intérieur, la police à Londres n'a pas eu d'autre choix que d'obéir. C'était exaspérant, et je pensais que Theresa et ses conseillers étaient probablement motivés non tant par une aversion pour le principe d'interpellation avec contrôle d'identité et fouille au corps que par un désir général de couper les ailes au maire.

C'était d'autant plus dommage que la criminalité – y compris le crime à l'arme blanche – a de nouveau augmenté après mon départ du City Hall, et c'est devenu l'une de mes missions les plus importantes, une fois Premier ministre en 2019, d'essayer de remettre la ville et le pays sur les rails.

La mort par arme blanche, et le meurtre d'enfants par des enfants, est un phénomène horrible et effrayant. Mais nous avions montré que le problème n'était pas insoluble, et qu'on pouvait tenter de l'éradiquer. Il fallait utiliser tous les leviers possibles pour que les gamins échappent à l'emprise des gangs, pour les galvaniser en leur insufflant l'espoir d'une vie meilleure (et surtout un travail). Il faut des mentors, des entraîneurs et des bénévoles. C'est pourquoi, avec l'aide de la Fondation Reuben, j'ai créé Team London, afin de recruter des éducateurs bénévoles dans toute la ville. Et il fallait donner à nos policiers, qui dans l'ensemble font un excellent travail, le pouvoir de faire ce pour quoi ils sont devenus policiers, et leur apporter notre soutien.

Ne me dites pas qu'il est discriminatoire ou raciste d'encourager le principe des contrôles d'identité et des fouilles au corps. Celles qui approuvent le plus la nécessité de procéder à ces fouilles – d'après mon expérience – sont les mères des enfants en possession d'armes blanches.

Je vais vous dire ce qui est raciste : c'est de laisser mourir des jeunes Noirs dans la rue et de ne pas faire assez, par sensiblerie libérale exagérée, pour renverser la situation et lutter contre la criminalité.

La lutte contre la criminalité est essentielle pour le nivellement par le haut. Si la criminalité diminue, la confiance augmente, les investissements augmentent et la valeur des propriétés augmente. Je voulais que Londres soit une ville plus saine, où la population serait plus heureuse et se sentirait en sécurité dans la rue, même en deux roues.

Chapitre 9

LA RÉVOLUTION CYCLISTE

Comment nous avons rendu Londres à vélo plus rapide et plus sûr

Vous avez dû parfois ressentir cette sensation d'étouffement quand votre voiture est coincée dans un bouchon, quand votre train s'est arrêté sans que vous en compreniez la raison, ou encore quand votre bus est immobilisé au milieu d'une nappe asphyxiante de gaz d'échappement.

Vous avez dû – si vous êtes un peu comme moi – avoir l'envie irrésistible de sortir de votre voiture, de sauter du train sur le remblai ou d'emprunter à pied le tunnel du métro. N'importe quoi pour retrouver votre autonomie.

Avez-vous déjà ressenti ça ? N'avez-vous jamais souhaité vous retrouver projeté comme par magie en tête d'une file de voitures en surchauffe ? N'avez-vous jamais souhaité disposer d'un moyen de propulsion individuel, rapide et fiable, un moyen d'aller d'un point A à un point B sans être contrarié et ralenti par la densité de la circulation ou par les dirigeants du Syndicat du secteur des transports ferroviaire, maritime et routier, ou encore par l'incapacité du conducteur de train (comme c'est incroyablement souvent le cas) de régler son réveil et d'arriver à l'heure au travail ?

Si ? Vous savez donc de quoi je parle ? Alors, j'ai la solution pour vous.

C'est la bicyclette, une des inventions les plus belles et les plus ergonomiques jamais sorties du cerveau humain. C'est une machine qui a tout bon. Faire du vélo, c'est amusant, c'est propre, c'est écolo, c'est facile, c'est rapide, c'est un excellent exercice et, en l'espace de vingt minutes à peine, cette machine vous emmènera n'importe où dans le centre de Londres, en toute liberté, sans empêchement pour freiner votre élan. Et, oh... j'ai failli oublier : contrairement à toute autre forme de transport mécanisé, elle fonctionne sans que vous déboursiez quoi que ce soit.

Lorsque je suis devenu maire, je me déplaçais à vélo dans Londres depuis une dizaine d'années. J'avais certes fait quelques chutes, sans gravité (je suis passé par-dessus le guidon à Trafalgar Square lorsqu'un taxi avait pilé devant moi ; et j'avais heurté le ventre d'un touriste français du genre bonhomme

Michelin qui avait regardé dans le mauvais sens de la circulation avant de descendre d'un trottoir à Knightsbridge – il n'a rien eu ; moi, une légère entorse. J'avais appris à être malin.

Je connaissais les zones dangereuses. Je savais où me mettre quand les feux tricolores passaient au rouge (en tête, à l'avant). Je connaissais les aléas quotidiens – l'ouverture inopinée d'une portière de voiture, les camions qui tournent à gauche –, et j'aimais ça. C'était la liberté, l'air frais, le soleil filtrant à travers le feuillage des platanes pour moucheter de lumière la route. Le sentiment d'avoir un choix infini quand on regarde sa roue avant se frayer un chemin dans les petites rues de Londres, tel un missile en caoutchouc de vingt-cinq centimètres, sans que personne sache exactement où on se trouve ni quand on arrivera. Bien sûr, il pleuvait de temps en temps, mais je m'y étais habitué ; je me séchais en un rien de temps, et si quelqu'un détectait une odeur de labrador mouillé, il avait la bonté de ne pas le mentionner.

Tout en roulant – et l'un des secrets pour éviter un accident est d'aller à la vitesse d'un vendeur d'oignons* –, j'ai pu m'abreuver de bribes de conversation qui s'échappaient des pubs et des cafés, et attraper des instants de vie dans les centres-villes des quartiers et les gros bourgs qui composent Londres. Sur un vélo, les soucis s'estompent. On perd son agressivité et son impatience. Les endorphines se mettent à circuler dans votre système et vous arrivez dans un état de quasi-euphorie, bouillonnant d'idées et d'initiatives.

J'aimais tellement faire du vélo que je voulais que d'autres partagent cette passion-là. Je ne comprenais pas pourquoi tant de gens gaspillaient leur vie dans des voitures ou des trains, alors qu'ils auraient pu être actifs et s'amuser. En 2008, dans mon premier programme électoral, j'avais promis entre autres choses aux Londoniens un système de location de vélos : un système meilleur et de plus grande ampleur que celui issu de l'idée née à Lyon et transférée à Paris, connu sous le nom de Vélib'. Ce qu'avait d'ailleurs annoncé depuis des lustres Livingstone, en tant que maire en exercice, sans jamais rien faire.

Quand j'ai pris mes fonctions au City Hall, il n'y avait aucun plan local d'urbanisme, aucun budget, et encore moins d'accord avec les boroughs londoniens pour installer des bornes de stationnement sur les trottoirs. La vérité est que le maire travailliste de Londres n'aimait pas le vélo comme

* Jusque dans les années 1930, ces vendeurs faisaient du porte-à-porte, portant leurs tresses d'oignons sur les épaules puis, quand la bicyclette est apparue, sur leurs vélos.

mode de transport. Comme beaucoup de tyrans socialistes, il voulait que les gens prennent le bus et le métro : des systèmes collectivistes qu'il contrôlait.

Selon moi, son inertie face à la question du vélo relevait d'un manque d'investissement personnel dans le cyclisme parce qu'il était incapable de faire du vélo (il était d'ailleurs tout aussi incapable de conduire une voiture, cet autre mode de transport individualiste). Il disait parfois que c'était parce qu'il avait peur d'être renversé par un Londonien furieux, d'autres fois parce qu'il avait des problèmes d'oreille interne qui l'empêchaient de garder l'équilibre.

Quoi qu'il en soit, Ken n'aimait pas les vélos, en tout cas pas autant que moi ; et le TfL, cette régie de transports par ailleurs formidable et dirigée à l'époque par Peter Hendy, qui permet aux Londoniens de se déplacer, ne les aimait pas non plus, du moins au début. Peter Hendy avait tout de suite compris qu'un système de location de vélos engendrerait une extension massive de ses responsabilités – soudain, ce système fournirait un tout nouveau mode de transport, en plus des trains, des bus, des trams et du métro.

La direction des transports publics a vu le piège. Mon projet impliquait la gestion d'un service de transport supplémentaire : la bicyclette. Ils pensaient donc que ce projet leur coûterait de l'argent. Ils avaient raison.

Lors de la campagne électorale, j'avais fanfaronné en disant que le système serait autofinancé, à l'instar du Vélib' parisien. Mais il y avait un hic. En y regardant de plus près, il s'est avéré que le programme Vélib' s'autofinançait parce que la mairie de Paris avait conclu un accord unique avec JCDecaux, la société d'affichage, qui fournissait gratuitement le dispositif complet de location de vélos en échange de l'utilisation de tous les panneaux publicitaires sur les stations de location. J'ai essayé de faire la même chose à Londres, mais il était clair, après de longues discussions avec JCDecaux, que c'était impossible. Les panneaux ne nous appartenaient pas – pas de la même manière. Nous étions donc à la ramasse de plusieurs dizaines de millions de livres. Nous avons dû acheter des milliers de vélos et des centaines de bornes de stationnement, et embaucher des bataillons de personnes chargées de déplacer ces vélos, d'en assurer l'entretien, et de vérifier qu'ils se trouvaient là où il fallait.

Les gens parlaient d'un projet trop audacieux, servant les intérêts personnels du maire. Ils disaient que l'argent devait servir à l'entretien et au développement du métro et non des vélos qui, de toute façon, étaient plutôt utilisés par des hommes blancs de la classe moyenne.

J'ai insisté. J'avais promis de concrétiser ce projet. Il faisait partie de mon rêve pour Londres.

J'ai grandi en partie en Belgique, et les Belges sont aussi « vélophiles » que les Néerlandais. J'ai passé des jours heureux à faire du vélo dans des villes comme Amsterdam et Copenhague. J'étais persuadé – je croyais dur comme fer – qu'une révolution cycliste serait bénéfique pour Londres, et influerait sur l'humeur de la population.

Lorsque je m'adressais à un public conservateur (qui pouvait parfois être un peu antivélo, pour ne pas dire plus), je lui rappelais qu'à Londres, en 1904, 40 % des déplacements se faisaient à bicyclette, et que la ville était alors le cœur du plus grand empire que le monde ait jamais connu. Je voulais revenir à 1904, et si ça, ce n'était pas du conservatisme, disais-je, je ne savais pas ce que c'était.

La régie des transports, en la personne de Peter Hendy et de l'excellent responsable du transport de surface, David Brown, a commencé à s'intéresser à l'idée. Ils voulaient que les voitures soient retirées de la circulation, qu'il y ait moins de pollution et ils étaient d'accord pour dire que promouvoir la marche et le vélo était une bonne idée. Ils voulaient simplement un sponsor. J'ai essayé Jaguar Land Rover, qui a d'abord été partant (nous allions avoir de jolis vélos couleur *British Racing Green**) mais a ensuite décidé que cette action ne correspondait pas à sa mission principale dans la vie, qui était de vendre davantage de voitures.

Qui d'autre ? me suis-je demandé. Qui avait de l'argent en abondance ? Qui pourrait penser avoir quelque chose à expier ? Qui pouvait vouloir redorer son image auprès des Londoniens ?

Oui, vous avez deviné !

Les banques ! Pendant des mois, j'avais été à peu près le seul homme politique britannique à dire du bien des banquiers. Il était certainement temps pour eux de faire montre de responsabilité sociale, et en grand. Qu'importe le *greenwashing* ou le *sportswashing*.

J'ai décidé que nous allions *vélowasher* tout le secteur : on les appellerait les vélos des banquiers. Chaque fois qu'un Londonien utiliserait une de ces machines financées par les banques, il se sentirait un peu moins hostile envers l'ensemble du secteur financier. Génial !

* Le British Racing Green (un vert profond), abrégé en BRG, est la livrée nationale utilisée par les automobiles de course britanniques en compétition internationale jusqu'à la fin des années 1960, date à laquelle est abandonnée la distinction de couleur par nationalité.

J'avais besoin de quelqu'un pour organiser le montage d'une sorte de consortium entre plusieurs banques qui soutiendraient le projet, et j'ai appelé Bob Diamond, qui était à l'époque l'énergique directeur de la banque d'investissement chez Barclays. Il m'a mis en contact avec le président de Barclays, Marcus Agius, qui a accepté de faire de son mieux.

Pendant des mois, nous ne sommes arrivés à rien, principalement parce que mon idée était plutôt mauvaise. Les banques ne voulaient pas s'associer, pas sur la base d'un contrat de sponsoring. Elles ne voyaient pas ce qu'elles pouvaient y gagner.

En janvier 2009, vous auriez pu me voir, d'humeur morose, marcher dans la neige à Davos pour me rendre à un rendez-vous avec Marcus. Je m'attendais à ce qu'il me dise que mon idée était nulle ; et c'est ce qu'il a fait.

« Cette idée de consortium entre banques ne fonctionnera pas », a-t-il dit.

J'ai piteusement hoché la tête.

« Alors, pourquoi ce ne serait pas nous qui le ferions ? a déclaré Marcus.

– Qu'est-ce que tu veux dire par *nous* ? ai-je demandé.

– Je veux dire Barclays. Nous vous donnerons 25 millions de livres. »

Tope là, mon pote, ai-je dû dire, ou un truc dans le genre. Ce n'était pas suffisant, mais c'était beaucoup mieux que rien, et cet apport nous permettrait de réduire considérablement le coût du projet.

Et en moins de deux ans, en juillet 2010 (deux ans et demi avant le calendrier initial), les vélos de location étaient opérationnels. Ils ont remporté un franc succès. Ils étaient si visiblement robustes et superbes, avec une grande selle bien rembourrée, que les cyclistes se sentaient en sécurité, pouvant occuper la route de plein droit. Les automobilistes les voyaient de loin, avec leur livrée du bleu vif de la Barclays, et leur accordaient suffisamment de place sur la chaussée. J'ai décidé que les gens n'étaient pas obligés de porter un casque, de sorte qu'on pouvait en louer un à n'importe quel moment, peu importait sa tenue ou son activité. Ce qui a fonctionné.

Tout le monde a commencé à en louer. Il n'y a presque pas eu d'accidents ni de vols. Après une année au cours de laquelle des milliers de vélos ont été utilisés pour des millions de voyages, seuls dix-huit ont disparu (l'un d'entre eux s'est retrouvé au camp de base de l'Everest), et je n'ai pas pu résister à la comparaison avec le Vélib' parisien et ses milliers de vélos volés chaque année parce que, au lieu d'obliger les utilisateurs à les garer à des bornes de stationnement, beaucoup sont en libre-service avec un système d'attache inutile et fragile, une politique que le TfL considérait comme insensée (ou in-Seine*, puisque tant de vélos finissaient dans le fleuve).

Le système de location de la Barclays a connu un tel succès que nous avons bientôt envisagé de l'étendre aux quartiers est de Londres, car il était impératif qu'il englobe le Parc olympique. Nous avions donc besoin de plus d'argent.

Je suis alors retourné chez Barclays. Ils ont pris un air pensif. Ils ont dit qu'ils étaient contents de leur sponsoring. Ils étaient fiers d'être associés à un programme qui avait conquis le cœur des Londoniens. Ils avaient juste remarqué un détail : beaucoup de gens semblaient, pour une raison quelconque, appeler les vélos les *Boris bikes* plutôt que les *Barclays bikes*.

Pouvais-je y faire quelque chose ?

Je leur ai dit : « Si vous nous donnez encore 25 millions de livres, je changerai mon nom en Barclays Johnson. »

Ils nous ont donné 25 millions de livres supplémentaires.

Mais pour une véritable révolution cycliste, il ne suffisait pas d'inciter les gens à se déplacer partout dans Londres sur des vélos de location. Pour faire de Londres une véritable ville du vélo, il fallait aller plus loin, montrer aux automobilistes que l'environnement urbain avait changé. Dans le même temps, nous nous sommes empressés de mettre en place un réseau de « voies express à plusieurs files », où les cyclistes devaient, en quelque sorte, être prioritaires.

Là, pour être franc, nos idées sur la question n'étaient pas aussi élaborées qu'il l'aurait fallu. Ayant peu de temps – et un manque cruel d'espace routier –, nous avons décidé qu'il suffirait de marquer ces itinéraires avec de longs rubans de macadam peints en bleu, sur l'extérieur de la chaussée. Dans l'une de mes tentatives les moins réussies pour appliquer la théorie du beurre et de l'argent du beurre, nous n'avons pas vraiment interdit aux voitures l'accès à ces havres bleus ; elles pouvaient s'y aventurer si elles le souhaitaient. Nous voulions simplement signaler qu'il s'agissait d'un espace avant tout destiné aux vélos.

Comme les cyclistes n'ont pas tardé à le souligner, le message n'était pas clair, et cette solution n'était pas sans danger.

À l'époque, j'étais fasciné par l'idéologie de « l'espace partagé », défendue par de grands urbanistes comme le Danois Jan Gehl. Daniel Moylan, conseiller municipal de Kensington, au sens esthétique très développé, m'a

* *Insane* (« insensé ») se prononce comme « in-Seine ».

convaincu que nous avions commis une terrible erreur en essayant de dissocier le trafic automobile des déplacements à pied et à vélo.

Depuis le célèbre rapport Buchanan* de 1963, *Traffic in Towns*[1], nous avions eu tendance à construire des voies de dégagement et des rocades urbaines bordées d'imposants garde-corps, ainsi que quelques zones piétonnes, éclaboussées de vomi, dans les centres-villes. Dans d'autres pays, d'autres tactiques avaient été appliquées : ne pas interdire les voitures, mais les obliger à respecter les autres usagers de la route piétons et cyclistes, plus vulnérables – d'où le concept d'espace partagé.

Nous avons essayé d'appliquer ce principe sur Exhibition Road, où Moylan s'est lancé dans une sorte de délire d'architecte d'intérieur. Il a arraché toutes les bordures de trottoir, posées, a-t-il précisé, à une époque où le crottin de cheval s'empilait sur quinze centimètres de hauteur dans la rue, et a créé une magnifique piazza, qui s'étend de Hyde Park à Cromwell Road, où les voitures pouvaient se mêler aux vélos et aux passants.

Nos premières grandes voies cyclables reposaient sur la même idée : les voitures négocieraient avec les cyclistes, comme les lions et les gnous au point d'eau du soir, en gardant toutefois leurs distances et en évitant les conflits. Cependant, cette idée avait ses limites. Comme me l'a dit Jan Gehl, lorsque je l'ai rencontré un an plus tard à Copenhague, « il ne peut y avoir de négociation entre un bambin et un poids lourd ». Pas plus qu'il n'y a de négociation possible entre un cycliste et un camion-benne, ou un cycliste et une bétonnière. Je savais que nos voies cyclables n'étaient pas parfaites.

Le jour où nous avons inauguré la deuxième grande voie cyclable, allant de Tower Hill à l'Isle of Dogs, j'avais réuni un peloton de politiciens et de fonctionnaires locaux pour parcourir triomphalement l'itinéraire.

Étaient présents Andrew Adonis, le ministre des Transports, mon conseiller vélo, Kulveer Ranger, et plusieurs autres personnes. Nous venions d'atteindre Limehouse lorsque j'ai entendu un fort grondement derrière nous. Une camionnette roulait à toute allure au milieu de la chaussée, passant si vite sur un dos-d'âne que ses portes arrière se sont ouvertes et tout à fait bizarrement la poignée de l'une des deux portes a accroché le pare-chocs d'une voiture stationnée là, de sorte que cette voiture a été soulevée de terre et s'est mise à se balancer au-dessus de notre peloton comme une massue géante tandis que la camionnette passait devant nous en trombe.

* Rapport sur le trafic automobile dans les villes et la manière de le fluidifier, rédigé par Colin D. Buchanan pour le ministère des Transports.

Cet épisode terrifiant a été filmé par une caméra de sécurité: la troupe de cyclistes du City Hall a failli être décapitée alors qu'elle battait en retraite sur son tronçon de peinture bleue non protégé. Les ennemis de la bicyclette jubilaient. Une grande voie cyclable ? Un espace partagé ? Hum... Ils l'avaient dit dès le début: faire du vélo était trop dangereux, point barre.

À ce moment-là, nous avons subi un premier retour de bâton. Les chauffeurs de taxi, qui m'avaient largement préféré à Ken, étaient furieux de voir tous ces cyclistes en herbe zigzaguer au milieu de la circulation. Les donateurs du Parti conservateur étaient furieux de trouver des bornes de stationnement pour vélos au pied de leurs appartements de Knightsbridge.

Comme souvent lorsque les gens veulent s'opposer à un projet, mes détracteurs ont commencé à invoquer la salubrité et la sécurité. Je m'étais mis dans une position politiquement exposée. J'étais celui qui avait encouragé les gens à faire du vélo avec rien d'autre que de la peinture bleue pour les protéger (nous avions mis « *the woad on the road** », comme je le disais); et j'étais donc responsable de tous les accidents mortels de cyclistes.

Bientôt les médias se sont focalisés sur les cyclistes morts et il n'a pas fallu longtemps, à mon grand effroi, pour que l'un d'entre eux soit tué sur une piste cyclable, puis un autre, et encore un autre.

Une veuve a insisté pour venir à la mairie et je l'ai écoutée, le cœur en berne, décrire très précisément ce qui était arrivé à son mari. Au cours de l'été 2013, nous avons eu neuf cyclistes tués en très peu temps et, soudain, les médias se sont déchaînés, un battage qui n'était pas sans rappeler celui qui avait été fait autour des crimes à l'arme blanche.

J'ai appelé le rédacteur en chef de l'*Evening Standard* et j'ai essayé de lui faire entendre raison. Je lui ai fait remarquer que le nombre de morts n'était pas plus élevé que les années précédentes et que, pourtant, de plus en plus de gens enfourchaient leur bicyclette – des dizaines de milliers de déplacements à vélo en plus chaque jour. Pourquoi devait-il traiter chaque accident comme s'il s'agissait d'une attaque de requin ?

Le rédacteur en chef est resté de marbre, de manière plutôt légitime. Les gens étaient bouleversés par les morts de cyclistes. Le sujet soulevait les passions. Il lui appartenait de refléter l'émotion du public. C'était à moi

* Littéralement « la guède sur la route ». La guède est une plante dont les feuilles étaient utilisées en teinturerie jusqu'au XIXe siècle pour leur matière colorante bleu foncé. Jeu sur l'homophonie entre *woad* et *road*, qu'on pourrait traduire par « du bleu sous les pneus ».

de régler le problème. Agacé, j'ai commis l'erreur d'aller à la radio et de dire ce que je savais être vrai, je le voyais tous les jours : que des cyclistes – y compris, malheureusement, certains impliqués dans des accidents – semblaient avoir l'habitude de brûler les feux rouges.

Bzzz ! J'avais touché le fil électrifié. Je blâmais les victimes. J'étais insensible aux personnes endeuillées et à leurs familles.

Il y a eu un tollé de la part d'associations de cyclistes, qui ont organisé des *die-in* devant la mairie. Ils se sont allongés, avec leurs vélos, mimant avoir été écrasés.

Des actions efficaces. Les sondages ont montré que les gens n'avaient plus envie de faire du vélo. Nous devions agir.

Tout d'abord, nous avons mis la police sur le coup, qui a infligé une amende forfaitaire (25 000 au total) à toute personne, automobiliste ou cycliste, prise en flagrant délit d'infraction au Code de la route.

Nous avons entrepris de réaménager les ronds-points les plus dangereux, avec des feux de signalisation spécifiques pour les cyclistes et des miroirs spécial angle mort sur les poteaux de signalisation[2].

Nous avons financé 75 000 cours d'apprentissage du vélo dans les écoles.

Nous avons fait suivre aux chauffeurs routiers des cours de sensibilisation, les obligeant à circuler à vélo avant d'obtenir leur permis poids lourd. Nous avons dû nous attaquer au problème le plus courant et le plus tenace : que se passe-t-il quand il y a, comme le disent les ingénieurs de la circulation, un conflit de « lignes de désir* » : à savoir, lorsque le cycliste veut aller tout droit et que le camion veut tourner à gauche ?

Que se passe-t-il lorsque le conducteur n'aperçoit pas le cycliste qui se trouve dans son angle mort ? Les cyclistes sont alors happés et traînés sous les roues, et les blessures sont horribles, avec des têtes et des corps tellement aplatis qu'ils sont presque méconnaissables.

Trop souvent, comme les médias s'en sont vite rendu compte, les victimes de ces terribles accidents étaient des femmes ; allez savoir pourquoi… Peut-être parce qu'elles avaient tendance à rester « sous le vent » des poids lourds, de sorte que les conducteurs ne pouvaient pas les voir.

Nous avons lancé une grande campagne pour informer les cyclistes sur l'endroit où ils devaient se placer par rapport aux autres véhicules, et sur la manière d'attirer l'attention du conducteur du camion (en lui faisant des

* Les urbanistes appellent « lignes de désir » les chemins que tracent les usagers par souci d'efficacité (raccourci, par exemple) ou d'agrément, au lieu d'emprunter le chemin « officiel ».

signes, si nécessaire, comme Simon Rattle avec les percussions*). Mais ce n'était pas suffisant. Nous avons compris qu'il fallait modifier les camions eux-mêmes. Nous avons obligé tous les poids lourds à placer des protections latérales le long du châssis, afin d'empêcher que les cyclistes puissent être entraînés sous les roues, mais nous restions inquiets. Le conducteur était tellement haut dans sa cabine, si peu conscient de la vie au niveau de la route, qu'il aurait fallu placer des vitres dans la partie inférieure des portes de la cabine. Ainsi les conducteurs auraient réellement pu voir les usagers de la route les plus vulnérables, cyclistes et piétons.

Malheureusement, pendant mes deux mandats au City Hall, nous n'avons pas réussi à mettre en place ces mesures et c'est une grande frustration pour moi. À l'époque, on m'a dit que le ministère des Transports ne nous laisserait pas, par sympathie pour les cyclistes, imposer des vitres aux camions parce que (vous l'avez deviné) la conception des cabines de poids lourds relevait de l'Union européenne et que la Commission européenne, pour une raison ou une autre, tardait à élaborer une nouvelle directive à ce sujet. Les fonctionnaires de Bruxelles semblaient attendre que Renault et DAF soient en mesure de se conformer à cette nouvelle réglementation.

En attendant, les camions continueraient de traverser les centres-villes à l'aveuglette. Comme vous pouvez l'imaginer, ce freinage des quatre fers m'a tellement sidéré qu'il a été l'une des raisons pour lesquelles j'ai décidé plus tard que l'appartenance au marché unique n'était pas tout à fait ce que l'on voulait nous faire croire.

Enfin, en dernier recours, nous avons commencé à repenser et à sécuriser ces voies cyclables. Là où nous le pouvions, nous avons essayé de protéger les cyclistes en les séparant matériellement des véhicules à moteur. Je crains que cette décision n'ait rendu certains de mes amis du Parti conservateur complètement dingues. Nigel Lawson, le formidable ancien chancelier de l'Échiquier, a déclaré que la piste cyclable le long d'Embankment avait fait plus de dégâts à l'économie londonienne que la Luftwaffe.

Bien plus tard, le Conservateur Philip Hammond a tenté de soudoyer mon successeur à la mairie, Sadiq Khan, pour qu'il la supprime. Mais je dois vous dire que, lorsque je regarde cette piste cyclable aux heures de pointe aujourd'hui, sur laquelle il y a trois fois plus de circulation en volume que

* Référence au chef d'orchestre britannique (directeur musical de l'Orchestre symphonique de Londres depuis 2017) qui exécute un solo de percussions à l'ouverture d'une œuvre de Siegfried Matthus, qu'il va diriger ensuite.

sur les trois autres voies de circulation réunies, je pense que c'est une réussite. J'aurais toutefois aimé pouvoir faire davantage.

À la fin de mon second mandat, le nombre de cyclistes avait augmenté de 50 %, avec des centaines de milliers de trajets supplémentaires par jour et, au cours des deux dernières années de ce mandat, nous avons enregistré moins de 10 décès de cyclistes par an ; dans les deux cas, le chiffre le plus bas depuis bien plus d'une décennie. En d'autres termes, la popularité du vélo s'est considérablement accrue, et le nombre de cyclistes tués ou gravement blessés a diminué – à la fois dans l'absolu et, de manière encore plus marquée, en proportion du nombre de trajets effectués.

En 2016, la dernière année de mon second mandat au City Hall, 20 % des véhicules circulant dans le centre de Londres étaient des bicyclettes[3]. Je n'ai pas tout à fait remonté le temps jusqu'en 1904, mais nous avions parcouru un long chemin. Le vélo n'était plus réservé aux hommes blancs de la classe moyenne habillés en lycra et l'invective à la bouche. Tout le monde s'y mettait, hommes et femmes et tous les groupes ethniques. La politique adoptée, avec le recul, a été éclairante et devrait guider la conduite à tenir en la matière.

Certains députés et conseillers du Parti conservateur n'appréciaient pas du tout ce que nous faisions et ont parfois mené une campagne active contre nos projets. Mais cette propagande n'a jamais porté ses fruits auprès de l'ensemble de l'électorat. Les opposants au vélo avaient peut-être le soutien des chauffeurs de taxi et de personnalités comme Philip Hammond, l'équivalent moderne (comme je le lui ai dit en face) de J. Bonington Jagsworth*, fou de mécanique et chef du Front de libération des automobilistes. Mais la majorité de l'électorat était plus réfléchie. La population voyait bien que le vélo était fondamentalement bénéfique : pour l'environnement, la fluidité du trafic, la santé.

Il y a eu quelquefois des manifestations contre certains de nos projets, comme le Ride London, où nous avions fermé les rues pour organiser un grand parcours circulaire depuis le Parc olympique, via les collines du Surrey, ou encore nos « mini-Hollande », où nous avons essayé de rendre certains quartiers aussi accueillants pour les cyclistes que les Pays-Bas. Mais l'ensemble de la population a massivement approuvé nos projets et, partout où nous avons encouragé une culture du vélo, la valeur des biens immobiliers a augmenté de façon spectaculaire.

* Un des personnages de fiction inventé par le journaliste Michael Wharton, auteur d'une chronique satirique hebdomadaire au *Daily Telegraph*, sous le pseudonyme de Peter Simple.

Quant à mes détracteurs de gauche, j'ai le plaisir de dire que mon amour du vélo leur a un peu fait perdre les pédales. J'étais là, moi, un membre du Parti conservateur, à faire fureur sur le territoire des libéraux métropolitains modérés, gagnant les encouragements (et sans doute des votes) de personnes qui, autrement, n'auraient jamais pensé un jour m'apporter leur soutien.

Je n'ai pas entrepris des changements parce que je pensais qu'ils seraient populaires. S'ils se sont révélés gagnants, c'est parce qu'ils fonctionnaient vraiment et parce que je savais avec une certitude absolue que c'était ce qu'il fallait faire. L'automobiliste en a-t-il souffert ? Pas tant que ça. Pas du tout même. Grâce à SCOOT*, un dispositif astucieux sur les feux de circulation, et à quelques autres mesures, notamment en mettant un coup d'accélérateur sur les travaux d'entretien des routes, nous avons en fait augmenté la vitesse moyenne des voitures à Londres.

De combien ? De 14,96 km/h à 15,12 km/h. Une vitesse loin d'être supersonique, je l'admets. Mais tout de même.

* *Split cycle offset optimisation technique*. Système permettant de coordonner les feux de signalisation et de les adapter à la circulation en temps réel.

Chapitre 10

HOP ! ET HOP !

Un beau bus neuf

Ma mère m'a confié un jour un secret de la peinture. Tout tableau a besoin d'un héros, m'a-t-elle dit. Toute toile a besoin d'un point focal – un objet intéressant ou une tache de couleur qui attirera le regard du spectateur avant qu'il ne musarde sur le reste de la composition.

Dans un Vermeer, il peut s'agir d'une boucle d'oreille en perle. Dans une marine de Turner, d'une bouée rouge ballottée par les flots. Dans un Titien, du téton rose d'un sein gauche.

Prenez n'importe quelle image du paysage urbain londonien – carte postale, photo, plan cinématographique : tout ce qui est censé résumer la métropole, tout ce qui cherche à dire « Londres ». Observez-la pendant une demi-seconde et dites-moi qui en est le héros.

C'est le bus ! Le gros pachyderme haletant, le bus à impériale au front bombé, le merveilleux parallélépipède curviligne rouge vif. Aucun portrait visuel de Londres ne s'aviserait d'omettre le Routemaster et, dans toutes ces représentations, le bus est toujours la vedette, sans conteste l'objet le plus charismatique et le plus accrocheur de la scène.

Quand les consommateurs japonais achètent des biscuits britanniques (et ils en achètent beaucoup), c'est dans des boîtes métalliques en forme de bus londonien rouge. Cela fait des décennies que les réalisateurs du monde entier savent comment informer en un clin d'œil le spectateur que l'action s'est déplacée à Londres. Il suffit de lui faire entrevoir un AEC Routemaster avec son envoûtante carrosserie monocoque en aluminium rouge, ses rivets qui font penser à un avion de la Deuxième Guerre mondiale, sa demi-cabine à l'avant et sa plateforme ouverte à l'arrière – cette immortelle plateforme où l'on monte et dont on descend d'un bond. Hop ! Et hop !

Le Routemaster est (ou était) un monument de notre culture, un élément incontournable de l'image de marque mondiale du Royaume-Uni et pourtant, quand je suis devenu maire en 2008, une tragédie se déroulait sous nos yeux. Ces bus disparaissaient. Ils étaient trop vieux, construits entre 1954 et 1968, et ils étaient à bout de souffle.

Il n'était pas rare qu'on les aperçoive au bord de la chaussée, leur chauffeur inspectant sans entrain leurs entrailles noircies à travers une trappe dissimulée sous l'escalier arrière, la banquette du fond couverte de moquette rougeâtre adossée verticalement contre le moteur – pour bien montrer, en admettant que quelqu'un pût en douter, que le bus était en panne. Ils ne respectaient pas la nouvelle réglementation sur l'accessibilité aux personnes handicapées : leur marchepied était trop haut ; ils n'avaient pas de rampe d'accès.

Au bord de l'extinction, ils ne desservaient plus que quelques lignes « patrimoniales » et avaient, pour le reste, cédé la place à des Volvo, des Scania et des Mercedes-Benz. Ces substituts étrangers avaient beau être rouges et pourvus de deux niveaux, ils n'avaient rien du caractère ni de la grâce de l'ancien Routemaster. Ils n'étaient même pas britanniques : le grand et gros bus rouge, symbole de notre pays, n'était plus fabriqué chez nous.

Je sais, vous allez m'accuser d'être déraisonnable. La famille royale est largement originaire d'Allemagne, les joyaux de la Couronne viennent d'Inde, les pierres de la Tour de Londres ont été importées de Caen (quant aux platanes de Londres, c'est une espèce espagnole et les jeunes plants sont importés de Belgique). Nos bus étaient fabriqués à l'étranger ? Et alors ? Qu'est-ce que ça pouvait bien me faire ?

Je ne sais pas pourquoi, mais ça me chiffonnait. Ces nouveaux bus étaient très confortables, parfaitement fonctionnels. Ils roulaient sans cahots, ils étaient propres et climatisés. Oui mais voilà, ils ne ressemblaient à rien. Toutes les grandes créations du design britannique des transports au XXe siècle reposent sur la courbe, de la Mini à l'arrière-train majestueux des Rolls-Royce nuptiales. Pourquoi la forme du Spitfire est-elle tellement plus séduisante que celle de n'importe quel autre avion de chasse ? À cause de son aile elliptique. Ces nouveaux bus n'étaient que des caisses sur roues, tout en angles droits et en vitres immenses. Ils auraient pu venir de n'importe quelle ville. Ils ne disaient pas « Londres ». Pire, ils n'avaient pas de plateforme ouverte.

À peine monté à bord, vous étiez enfermé jusqu'à ce que le chauffeur vous libère. Et si vous deviez absolument vous échapper ? Fut un temps – avant que je découvre les joies du vélo –, je prenais le 277, de Highbury Corner à Canary Wharf. J'étais alors éditorialiste au *Daily Telegraph* et je m'installais sur la première banquette de l'étage supérieur, d'où j'avais une vue panoramique sur Hackney, pour discuter politique avec Yvette Cooper, une éditorialiste brillante et gracieuse d'un peu plus de vingt ans, qui travaillait pour *The Independent*. C'était avant la victoire de Blair en 1997, et je la mettais en garde contre les risques du salaire minimum.

– Et les petites entreprises ? lui demandais-je. Si elles n'ont pas les moyens de payer plus ?

– Eh bien alors, répliquait Yvette, future ministre de l'Intérieur travailliste, elles n'ont qu'à faire faillite. Les gens méritent d'être mieux payés, un point c'est tout.

Sa brutalité gauchisante à l'égard des entreprises me surprenait, mais j'ai fini par admettre qu'elle n'avait pas tort. Le capitalisme moderne se caractérisait notamment par un écart croissant de richesse et par une différence de rémunération entre la direction et les salariés qui ne cessait de se creuser d'année en année. Il fallait revaloriser les faibles revenus – et un des objectifs de ma campagne londonienne de nivellement par le haut, dix ans plus tard, a été d'augmenter considérablement le salaire minimum vital des Londoniens.

Les entreprises ne se sont pas effondrées ; elles ont simplement augmenté les salaires, ce qui a entraîné une hausse de la productivité et de la motivation de leur personnel. La discussion que j'avais eue avec Yvette a été importante. C'était le genre de conversation approfondie impossible à vélo, dans le métro, ou même en voiture où un des interlocuteurs doit se concentrer sur la route.

C'était le bus qui avait favorisé notre échange de vues et m'avait obligé à réfléchir. Et si notre dialogue sur la politique salariale était devenu d'une véhémence insupportable ? Et si Yvette ou moi avions été pris d'une si folle envie de nous soustraire à l'idéologie insensée de l'autre que nous avions souhaité quitter le bus au plus vite ?

C'était possible autrefois. Si la situation avait dégénéré au point que nous ayons failli en venir aux mains, Yvette ou moi aurions pu tirer notre révérence et dévaler l'escalier jusqu'à la plateforme. Nous aurions pu descendre d'un bond à un feu rouge, comme un prisonnier de guerre sautant d'un train, et nous perdre dans la jungle de Dalston.

Je regrettais cette liberté perdue. Qu'était-il arrivé à notre pays ? Pourquoi avions-nous accepté d'en être privés ? Pendant une période de mon enfance où nous habitions Londres, nous avions occupé un appartement à l'angle d'Elgin Crescent et de Ladbroke Grove. Toute la journée et une grande partie de la nuit, mon frère, ma sœur et moi entendions le 52 passer dans la rue. Nous entendions littéralement les larges flancs se soulever et retomber, *ka-chouga, ka-chouga, ka-chouga*, son souffle bruyant comme celui des grandes bêtes du Serengeti. Nous avions appris à sauter de la plateforme juste devant notre immeuble, même si le feu passait au vert et que le bus redémarrait.

Vous n'êtes jamais descendu d'un véhicule en marche ? Rien de plus facile. Le secret est de se placer sur le côté de la plateforme – jamais à l'arrière – en tendant le pied gauche et en suivant, d'un pas vif, la même direction que le bus en mouvement.

Ne sautez PAS à l'arrière. Comme nous avions pu le constater, votre vitesse s'ajoutera à celle du bus, 8 km/h devenant 17 ou 18 km/h. Vous trébucherez, vous vous rétamerez contre les voitures en stationnement. Vous tomberez. Et au pire, vous vous assommerez, ce qui est sûrement arrivé à certains. Bien sûr, il y avait un risque – mais était-il si grand qu'il faille l'interdire ? Pensez à ce que nos grands-parents ont dû faire pendant la guerre, sautant incessamment de toutes sortes de véhicules en marche : chars, avions, barges de débarquement.

Étions-nous tous de telles mauviettes que nous ne pouvions pas descendre d'un bus malgré la lenteur d'escargot de la circulation londonienne ?

S'y ajoutait l'excitation sans pareille de courir derrière cette plateforme et d'essayer d'y monter, un instant superbement décrit vers la fin de *Jim-la-Chance*, le roman de Kingsley Amis publié en 1954. Le héros, Jim Dixon, court après son bus dans la rue d'une ville universitaire, conscient qu'il le conduira dans les bras de la belle Christine, conscient aussi que s'il le manque, il risque fort de perdre la fille.

Le bus ralentit, lambine, et Jim se lance dans un sprint à se faire exploser les poumons. Il s'apprête à bondir sur la plateforme ouverte quand le receveur – qui l'a observé impassiblement – actionne sa sonnette et le bus se remet en route. Ce n'est qu'au moment où Jim, épuisé et vaincu, lui fait un doigt d'honneur que le receveur fait à nouveau tinter sa cloche, arrête le bus et le laisse monter en prononçant ces paroles immortelles : « Bien couru, l'artiste*. »

Je repensais à cette scène chaque fois que, jeune homme, je piquais un sprint sur le trottoir. C'était comme ça que Dixon conquérait la fille, et il y avait une leçon à en tirer : dans la vie, ceux qui remportent le gros lot ne sont pas forcément les plus rapides ou les plus forts, mais ceux qui sont prêts à se décarcasser et à sauter dans un bus en marche par l'arrière, juste pour ne pas être en retard à un rendez-vous.

Pourquoi ne pouvait-on plus offrir cette possibilité aux gens ? Pourquoi toutes les portes se refermaient-elles hermétiquement dans un sifflement

* Kingsley Amis, *Jim-la-Chance*, trad. R. Celli, Paris, Plon, 1956, p. 291.

dès qu'on était monté dans le bus ? Nous perdions notre niaque nationale, notre goût du risque. En fait, cette expérience grisante – sauter à bord d'un véhicule – était condamnée dans l'ensemble du monde occidental par les impératifs de santé et de sécurité. Les seuls véhicules à avoir encore une plateforme ouverte pendant leurs déplacements sont, à ma connaissance, les vieux trams de San Francisco.

Voilà pourquoi au début de 2008, alors que je préparais ma campagne et cherchais des promesses à faire aux Londoniens, j'ai trouvé une idée dans un programme que Nick Boles* avait abandonné. Nous fabriquerions un nouveau Routemaster, un « nouveau bus pour Londres », spécifiquement conçu, à l'image de son illustre prédécesseur, pour répondre aux besoins de la ville[1]. Je serais tout à la fois conservateur et modernisateur. Le nouveau Routemaster entretiendrait avec l'ancien la même relation que la nouvelle Mini (plus grosse, plus bombée, plus musclée) avec celle des années 1960 d'Alec Issigonis.

Ce serait un chef-d'œuvre de design, un nouvel emblème de la plus grande ville au monde, et il serait fabriqué au Royaume-Uni. Je l'ai inscrit à mon programme, l'ai mentionné deux ou trois fois dans mes discours (sans susciter d'acclamations particulières), puis je l'ai plus ou moins oublié. Jusqu'au jour où j'ai été élu. Comme pour la lutte contre la criminalité à l'arme blanche et le projet de vélos en libre-service, j'ai alors pris conscience que j'allais devoir passer à l'action.

Il n'a pas manqué de commentateurs de gauche ni d'experts autoproclamés des bus pour m'accuser, comme on pouvait s'y attendre, d'avoir perdu la tête.

Ils ont prétendu que mon nouveau bus était irréalisable, que c'était une ineptie économique et que j'aurais été éjecté du fauteuil de maire bien avant que ses pneus ne touchent la chaussée. L'élaboration d'une voiture prenait en général au moins six ans, ont-ils fait remarquer, et coûtait plusieurs centaines de millions de livres. Les gens de TfL se sont montrés tout aussi sceptiques, dans un premier temps du moins.

S'ils comprenaient bien mes intentions, m'ont-ils dit, ce nouveau Routemaster posait d'insurmontables problèmes de design. Si je tenais *mordicus* à la plateforme ouverte à l'arrière – ce qui était le cas, et même passionnément –, il faudrait un receveur. Il était impensable d'avoir un véhicule à plateforme ouverte qui se baladait dans les rues de Londres avec

* Nick Boles a été candidat à l'investiture tory aux élections municipales de Londres en 2008 avant de se retirer pour raisons de santé.

des passagers qui montaient et descendaient à leur guise sans personne pour les surveiller. C'était bien trop dangereux. Et cela ferait perdre trop de recettes : les gens fileraient à l'étage sans prendre de ticket et le chauffeur n'en saurait rien.

Et bien sûr, s'il fallait un receveur en plus du chauffeur, le coût salarial du bus serait doublé. Je demandais l'impossible. Ne pouvais-je pas reconsidérer la question ?

Je comprenais le bien-fondé de ces objections, mais j'ai riposté. N'était-il pas essentiel d'enseigner à nos enfants de prendre des risques ? La disparition du goût de l'aventure inspirait alors une légère panique à notre pays.

Les enfants étaient scotchés à des appareils électroniques. Ils étaient couvés, airbagués, élevés dans du coton au point d'en être étouffés – et les gens en avaient assez. Le best-seller numéro un avait pour titre *The Dangerous Book for Boys** et se faisait fort d'inculquer aux plus jeunes des compétences que leurs parents étaient censés posséder – grimper à la corde, dépecer un lapin, creuser un tronc de bois puant avec un canif pour en faire un canoë, ce genre de choses.

Ne serait-il pas judicieux, ai-je demandé, que les jeunes aient l'occasion de se livrer à de rapides calculs de temps, de distance et de vitesse depuis la plateforme ouverte d'un Routemaster nouvelle génération ? Rappelez-vous les hoplites grecs, ai-je conseillé aux spécialistes des transports de TfL. Ils étaient anabates et apobates, sautant de leurs chars et y remontant en pleine bataille. C'étaient les hoplites hop ! et hop ! Des profondeurs de ma mémoire un fragment d'Homère a refait surface : le passage du chant V de *L'Iliade* où Diomède disjoncte et se met à attaquer les dieux eux-mêmes. Je leur ai rappelé qu'Athéna avait sauté dans le char de Diomède et que l'essieu avait gémi sous le poids de la déesse. Les types de TfL m'ont jeté un regard sombre.

Ils ne se souciaient pas plus d'Homère que de la paranoïa de la classe moyenne à propos de la disparition de l'esprit d'aventure. Ils avaient la responsabilité de milliers de gros engins, dont 8 000 bus, chacun de ces véhicules pouvant semer la pagaille dans les rues de Londres. Leur mission – une de leurs missions essentielles – était d'assurer la sécurité des transports.

D'accord, ai-je dit, s'il nous faut absolument des receveurs, peut-être pourrions-nous limiter les frais en recrutant des bénévoles, des guides touristiques, des acteurs sans emploi. J'ai fini par me taire. C'était ridicule. Il

* *Le Livre de tous les dangers pour les garçons*, non traduit en français, de Conn et Hal Iggulden, Londres, Harper Collins, 2006.

n'était pas question que TfL fasse travailler des bénévoles dans ses bus. La réalité était incontournable. Une des raisons pour lesquelles nous nous étions débarrassés des vieux Routemaster était précisément qu'une seule personne suffisait à assurer le fonctionnement des bus modernes.

Les passagers montaient à l'avant quand le chauffeur ouvrait les portes électriques, et payaient avec leur Oyster Card (remplacée depuis par une carte bancaire, un téléphone, une montre, etc.), ils allaient s'asseoir et ressortaient par les portes arrière dont l'ouverture était contrôlée, elle aussi, par le chauffeur.

Je gémissais en me débattant avec ce problème. Comment diable créer un nouveau bus, avec une plateforme ouverte à l'arrière, qui puisse se passer de deux salariés ?

Nous avions besoin d'un designer de génie. Et nous en avons trouvé un.

« Il nous faut Heatherwick, a lancé Daniel Moylan, alors vice-président de TfL. Il est le seul à pouvoir faire ça. »

Thomas Heatherwick a incontestablement un look de designer : un regard flamboyant, une tignasse ébouriffée, d'étranges costumes en tweed et il ne cesse de sortir de sa poche un petit carnet pour dessiner les idées qui lui passent par la tête.

Mais c'est aussi – comme me l'avait affirmé Moylan – un homme à l'esprit éminemment pratique, un vrai maniaque des détails techniques, qualités indispensables pour prendre en compte les exigences normatives que requiert un bus, sans oublier les passagers et l'expérience qu'ils en auront. Nous avons réglé le problème de la plateforme ouverte grâce à un exemple classique de solution gagnant-gagnant.

La plateforme serait à la fois ouverte et pas ouverte. Elle accorderait une grande liberté aux passagers qui parcouraient paisiblement le centre-ville, tout en assurant la sécurité des trajets plus longs et plus rapides. Heatherwick a dessiné pour ce bus une superbe ligne arrière arrondie avec une incroyable vitre en diagonale – rappelant un peu l'escalier extérieur en spirale des tout premiers omnibus. Et il l'a équipé d'une porte électrique incurvée, un peu sur le modèle de celle d'une grande cabine de douche d'un hôtel cinq étoiles, qui pouvait dégager la plateforme à volonté.

Pour flâner dans Oxford Street et offrir aux passagers une expérience hop ! et hop ! on passait en mode receveur avec plateforme ouverte. Pour filer sur Shooter's Hill ou Edgware Road, il suffisait d'avoir une personne aux commandes et de fermer la plateforme. Génial !

Nous avions une plateforme ouverte – ou du moins assez ouverte pour satisfaire ma soif d'aventure. Mais la caractéristique vraiment révolutionnaire de ce bus était la gestion des flux de passagers. Le problème des anciens bus londoniens était qu'ils n'avaient qu'une voie d'accès et de sortie : la plateforme arrière. Il fallait faire la queue en attendant que les passagers à bord du véhicule soient tous descendus, ce qui entraînait inévitablement des prises de bec entre ceux qui avaient hâte de monter et ceux qui prenaient leur temps pour sortir. Ces retards augmentaient ce que nous appelons le « temps d'attente » – le temps passé aux arrêts – et nuisaient à la ponctualité.

Les bus à impériale plus modernes avaient deux portes, une à l'avant, une à l'arrière, ce qui leur permettait d'ingérer et d'expulser les passagers comme un système digestif plus traditionnel. Cela faisait gagner un peu de temps. Nous sommes allés plus loin encore avec trois séries de portes – à l'avant, au milieu et à l'arrière. Mieux, nous avons installé deux escaliers, ce qui permettait aux passagers de circuler avec fluidité dans tout le véhicule, réduisant les temps d'arrêt et améliorant la ponctualité.

Avez-vous déjà vu un bus à impériale avec deux escaliers ? Le résultat était une bête – trois mètres de plus que le vieux Routemaster. Si ce grand bus avait été un éléphant indien, le nouveau était un énorme éléphant mâle d'Afrique, et j'éprouvais une bouffée d'orgueil chaque fois que j'apercevais son noble profil à l'horizon. Produire un nouveau bus en moins de quatre ans – cinq d'entre eux sillonnaient déjà les rues au moment des Jeux olympiques de 2012 – aura été un exploit fantastique. Comment avons-nous fait ?

La vérité est qu'après leur scepticisme initial, les grands manitous de TfL ont été emballés. Peter Hendy, David Brown et Leon Daniels étaient tous de vrais mordus de bus. Peut-être vous demandez-vous pourquoi tant d'hommes aiment circuler dans de gros engins rouges vrombissants. En tout cas, quelles que soient les origines freudiennes de cette fascination, ça a marché. Convaincus que Londres méritait un nouveau bus, ils ont tout fait pour le lui offrir.

Et quand, contre toute attente, cela a été chose faite, mes ennemis en sont restés pantois, avant de se demander ce qu'ils pourraient bien trouver à redire. Ils ont prétendu qu'on y crevait de chaud en été et l'ont surnommé le bus sauna. Les journaux étaient remplis de récits de passagers qui affirmaient être tombés dans les pommes ou presque, avoir eu une crise de panique, etc.

Les responsables de TfL ont catégoriquement réfuté ces allégations. Ils ont envoyé des collaborateurs munis de thermomètres qui se sont installés en plein soleil sur la banquette arrière, puis m'ont présenté des relevés prouvant qu'il n'y faisait pas plus chaud que dans un bus ordinaire. Cela n'a pas empêché les gens de continuer de se plaindre. J'ai décidé que le client a toujours raison et nous avons trouvé une solution révolutionnaire : ouvrir les fenêtres.

Je ne doute pas que certains passagers aient vraiment eu trop chaud dans le nouveau bus et je ne prétends pas que c'était le fruit de leur imagination. Nous avons bien fait de régler ce problème. Je n'en suis pas moins convaincu que dans bien des cas, cette impression d'étouffement, de suffocation était aggravée par leur irritation envers celui (moi) qui avait fait preuve d'un entêtement aussi manifeste et aussi incarné pour donner naissance à ce nouveau bus.

Je crois que ce qui les heurtait était l'implication évidente de mon ego dans cette affaire. Certains parlaient du « bus de Boris » comme des « vélos de Boris », et franchement je ne m'étonne pas que bien des gens aient eu un sentiment d'abus. Ils étaient littéralement forcés de voyager dans un véhicule public qui portait mon nom – alors que je n'étais même pas mort. En plus, j'étais un Tory.

Je comprends qu'ils aient fulminé, transpiré et déboutonné le col de leur chemise.

Ils n'avaient pas tout à fait tort. J'étais en cause, fatalement. Ayant fait une promesse aux Londoniens, je devais la tenir, voilà tout. Si on m'accuse d'égocentrisme parce que j'ai mené à bien un projet dans lequel je m'étais investi en personne, alors je plaide coupable. Oui, c'était mon grand chantier, dans la mesure où ma fierté et mon avenir politique étaient en jeu, mais n'est-ce pas le cas de toutes les avancées humaines qui ont laissé des traces ? Le Parthénon, la tour Eiffel, les égouts de Bazalgette ? Autant de grands chantiers personnels.

Le nouveau bus pour Londres a tenu mes promesses. Il était d'une beauté parfaite – dessiné avec élégance par Heatherwick – et est vite devenu une icône. Le prototype était à peine terminé que les réalisateurs du film de James Bond l'ont réclamé pour *Skyfall*. On le voit à Whitehall*, au moment où Bond se précipite pour sauver Judi Dench des griffes de Javier Bardem. Depuis, il s'est imposé dans le monde entier comme un emblème de la ville.

L'élaboration du nouveau Routemaster n'a coûté que 7,8 millions de livres, soit un montant de 10 % supérieur seulement à celui d'un bus diesel ordinaire alors que ce véhicule hybride permettait une réduction de

* Rue de Westminster, siège traditionnel du gouvernement du Royaume-Uni, dont le 10 Downing Street, le ministère de la Santé, de la Défense, etc.

40 % des émissions. Il était, et est toujours, l'incarnation du nivellement par le haut – conduire les Londoniens sur leur lieu de travail avec classe, tout en favorisant la création d'emplois dans l'ensemble du Royaume-Uni. Le tissu à volutes des sièges, dessiné par Heatherwick, était fabriqué à Huddersfield. Le moteur venait de Darlington. Les panneaux de destinations venaient de Middleton dans le Grand Manchester, les sièges de Telford, les rampes pour fauteuils roulants de Hoddesdon dans le Hertfordshire et le revêtement de sol ultra-résistant à base de liège de Liskeard en Cornouailles.

L'assemblage était l'œuvre de Wrightbus de Ballymena, comté d'Antrim, en Irlande du Nord, qui fournissait aussi le châssis et la carrosserie. Ce véhicule personnifiait l'union du Royaume-Uni et il se trouve qu'en effet la main-d'œuvre de Wrightbus était massivement unioniste.

Je me suis rendu à Ballymena pour l'achèvement du premier bus et j'ai prononcé un discours depuis la plateforme ouverte. L'octogénaire Billy Wright* m'a donné une claque dans le dos quand j'en suis descendu. « Ne capitulez pas ! » m'a-t-il dit.

À l'instar de ce grand chef d'entreprise d'Irlande du Nord, je suis ravi que nous ayons construit un bus réellement britannique, ravi que tant de gens (exception faite de la poignée de mécontents qui prétendaient que nous les faisions bouillir vivants) l'aient aimé, et aient aimé l'emprunter.

La réalisation de ce projet m'a appris un certain nombre de choses importantes. Si vous ne changez pas tout le temps d'avis, si vous avez une super équipe et que celle-ci croit sincèrement à votre projet, il est encore possible de faire de grandes choses avec une remarquable rapidité, même au Royaume-Uni.

Malgré les chocs économiques et les hausses de tarifs que j'ai imposées, le nombre de passagers des lignes de bus a augmenté, et celui des usagers du métro aussi. Nous nous étions engagés dans un cercle vertueux. Grâce à l'augmentation des ventes de tickets, nous avons pu injecter des millions dans la modernisation du métro, améliorant la signalisation en même temps que la rapidité et la fiabilité des rames. Ces progrès ont à leur tour encouragé davantage de Londoniens à prendre les transports en commun, ce qui a augmenté nos recettes et réduit la circulation automobile dans les rues.

Des transports en commun sûrs et fiables, voilà le grand facteur d'égalité. Ils conduisent les salariés à faibles revenus vers les emplois bien rémunérés

* William Wright (1927-2022), PDG de Wrightbus et homme politique nord-irlandais.

dont ils ont besoin. À Londres, je découvrais chaque jour la corrélation entre logement, transport et éducation, le lien entre rues plus sûres et croissance économique. Je découvrais le nivellement par le haut.

Mais après trois années de récession – et alors qu'aucun banquier n'avait été incarcéré à cause de la crise bancaire –, un magma de ressentiment a commencé à bouillonner dans les profondeurs de certains quartiers de la ville. Et par une nuit d'août 2011, tout a explosé.

Chapitre 11

LONDRES BRÛLE

Une violence et une voracité contagieuses

J'ai vécu bien des moments embarrassants, mais il m'est rarement arrivé d'être pris d'un sentiment de honte si aigu que j'aurais voulu disparaître sous terre. C'est pourtant ce que j'éprouvais en cet instant.

C'était le lundi 8 août 2011 en début de soirée, et je me trouvais dans la salle d'embarquement de l'aéroport de Calgary. J'avais encore une heure à attendre et je rongeais mon frein. Je m'étais tapi aussi discrètement que possible dans un coin, tête baissée, col relevé, mais cela ne m'empêchait pas de percevoir les regards posés sur moi.

Ils savent, me chuchotait ma conscience. Ils savent qui tu es. Ils connaissent ton terrible secret. Les gens s'étaient massés autour d'un grand écran de télévision suspendu au plafond, leurs visages baignés de la lueur d'un orange infernal des incendies qui faisaient rage à plus de sept mille kilomètres de là. Même de mon siège, je voyais des bandes de manifestants mettre le feu à des bâtiments et pénétrer par effraction dans des commerces ; et *pouf !* ce qui était apparemment un grand magasin se transformait en une immense boule de feu, un effroyable Phlégéthon.

Le besoin de savoir l'a emporté sur la prudence. Je me suis levé pour m'approcher de l'écran, et j'ai aussitôt reconnu les lieux. Ça se passait à Croydon. Et c'était Reeves Corner qui brûlait, un magasin de meubles qui existait (ce que tous les journaux ont rappelé le lendemain) depuis 1867[1].

Oh mon Dieu, ai-je murmuré. Mais bon sang, que font-ils ? J'observais la scène avec une horreur et une répulsion auxquelles s'ajoutait une bonne dose de dégoût de moi-même. C'était ma ville. Mes électeurs. J'étais leur maire, et je me trouvais à des milliers de kilomètres alors que la situation ne cessait d'empirer.

Il y avait eu, a-t-on établi par la suite, plus d'incendies à Londres cette nuit-là que n'importe quel autre soir depuis le Blitz de 1940[2]. Coincé à l'aéroport de Calgary, à l'autre bout du monde, il m'était impossible d'être de retour avant le lendemain matin. J'ai dû pousser un gémissement de frustration, car un autre passager s'est tourné vers moi.

« Hé, m'a-t-il lancé. Vous n'êtes pas le maire ? Vous ne devriez pas être là-bas ? » Et ses paroles se sont enfoncées dans mon cœur comme un poignard.

Exercer une fonction politique majeure au Royaume-Uni est un immense privilège. On connaît l'ivresse et les prérogatives qui accompagnent la prise de décisions au plus haut niveau, on a la possibilité de peindre sur la toile la plus vaste qui soit. En contrepartie, il faut admettre qu'on est désormais – au sens propre – le serviteur du peuple. Son larbin.

Votre temps est le sien, vingt-quatre heures sur vingt-quatre ; et il peut arriver qu'on ait du mal à se rappeler cette réalité – surtout quand on est en vacances. J'aime mon travail comme tout un chacun, peut-être même un peu plus, mais après avoir passé plusieurs mois sans décompresser, je commence à avoir terriblement envie de boire un verre de retsina bien frais à la taverne du bord de mer et de sentir le sable crisser entre mes orteils.

Voilà comment les choses se passent pour un homme politique : vous faites le compte à rebours des jours qui vous séparent des vacances, vous partez et, *vlam*, alors que vous venez à peine de trouver comment rejoindre la plage, il arrive quelque chose, un événement assez important pour que vos adversaires laissent entendre qu'il réclame votre attention personnelle. Les cris s'élèvent alors, intermittents d'abord, puis de plus en plus fréquents, avant de se transformer en clameur continue : où est le maire ?

Où est le ministre des Affaires étrangères ? Où est le Premier ministre ? Pourquoi est-il encore en vacances, ce gros fainéant, et quand compte-t-il rentrer ? Tout l'art consiste à savoir quand vous êtes cuit. Et c'est précisément parce que vous êtes loin – dans l'impossibilité de prendre le pouls directement, et sans conseiller sous la main – qu'il peut être si difficile d'en juger.

Vous lisez les titres de la presse ; puis vous voyez les visages radieux de vos enfants, vous entendez les questions inquiètes de votre femme et vous savez, le cœur gros, que si vous cédez, ce sera, une fois de plus, des vacances gâchées et encore plus de travail pour elle. Alors vous fermez les yeux sur le problème et vous vous dites : est-ce grave ? Personne d'autre ne peut-il s'en charger ? Mon retour est-il vraiment indispensable ?

Ainsi s'engage un bras de fer psychologique entre plaisir et culpabilité, entre famille et devoir, entre votre envie de vous prélasser sur la plage et celle des médias de vous faire rentrer. Et dès que cette lutte s'engage, croyez-moi, vous l'avez perdue. Vous n'en prenez peut-être pas conscience tout de suite, mais vous rentrerez.

J'avais perçu le premier pépiement d'alerte de Londres le samedi 6 août, à peu près à l'heure du déjeuner au Canada. J'étais avec Marina et nos enfants, Lara, Milo, Cassia et Theo sur la route entre Vancouver et les Rocheuses, et nous étions tous d'excellente humeur. Nous avions loué un énorme camping-car, un vrai mobile home du genre de celui qu'on voit dans *Mon beau-père, mes parents et moi*, d'une dizaine de mètres de long. Le frigo était rempli, la musique à fond, et nous grimpions de plus en plus haut sur des routes en lacets, loin de la civilisation, loin de tout réseau.

Mon petit Nokia a reçu un dernier message me demandant d'appeler Kit Malthouse, mon adjoint chargé du maintien de l'ordre et de la criminalité, puis toutes les barres de réseau ont disparu. Hum, me suis-je dit, que peut bien vouloir Kit un samedi ?

Heureusement, Lara avait encore du réseau par intermittence et j'ai mis Kit sur haut-parleur pendant que nous poursuivions notre ascension à travers les érables et les pins.

Il y a eu une manifestation à Tottenham, m'a-t-il expliqué, et la situation a un peu dégénéré.

À cause de la mort de Mark Duggan, a-t-il poursuivi.

Ah oui, ai-je dit. J'étais au courant de cette affaire qui remontait au 4 août, quelques jours plus tôt donc, alors que j'avais déjà quitté le pays, mais j'étais perplexe.

Que Duggan ait été abattu était évidemment affreux. Et qu'il ait été abattu par la police l'était plus encore, mais Duggan ne s'apprêtait-il pas à tuer quelqu'un ? N'y avait-il pas un pistolet dans la voiture où il se trouvait ?

Pourquoi la mort d'un homme qui était de toute évidence un criminel déchaînait-elle la colère des habitants de Tottenham ?

Kit était de mon avis : Duggan était un sale type. On pouvait pourtant se poser quelques questions : où était le pistolet de Duggan à l'instant où il avait été abattu ? Avait-il tiré, comme l'avait d'abord prétendu la police, ou était-il désarmé quand il était descendu du taxi ? Apparemment, la Met avait fait des déclarations contradictoires.

Ah, ai-je dit, une nouvelle bavure, c'est ça ? Il peut arriver, dans des cas très rares par rapport à d'autres grandes villes, que la CO19 Armed Response Unit* de la police commette une erreur. Elle abat quelqu'un qui ne représente pas une réelle menace pour le public, comme dans l'affaire de

* Il s'agissait à l'époque d'un commandement de la Met chargé d'assurer une réaction armée, les autres policiers britanniques n'étant en général pas armés.

Jean-Charles de Menezes tragiquement tué dans le métro parce qu'on l'avait pris pour un terroriste, alors que c'était un plombier brésilien tout à fait innocent.

Non, non, a répondu Kit: Duggan était un vrai délinquant, mais c'était aussi un séduisant jeune homme de 29 ans, père de six enfants, populaire à Tottenham.

C'est à ce moment-là que le téléphone de Lara a perdu tout réseau et que nous avons continué notre route dans les majestueux vallons de Colombie-Britannique. Mais dans mon esprit, la splendeur du paysage était en partie éclipsée par des scènes imaginaires de Tottenham: des banderoles et des poings brandis devant le commissariat, suivis, au crépuscule, du premier jet de bouteilles et de plots de signalisation.

En milieu d'après-midi, nous étions arrivés à notre camping au bord d'un charmant lac appelé Clearwater, et j'ai retrouvé du réseau. J'ai appelé Kit. La situation était pire que je ne l'avais pensé. Des voitures avaient été brûlées, des magasins pillés.

– Regarde la télé, m'a-t-il dit.

– Je n'ai pas de télé.

– Et, euh, un bus a été brûlé et un bureau de poste incendié.

– Quoi ???

Je commençais à avoir l'impression d'être la marquise d'une célèbre chanson française qui téléphone à son valet pour apprendre que sa jument grise est morte car les écuries ont pris feu, parce que son mari a malencontreusement incendié le château avant de se suicider*.

– Autre chose ? ai-je demandé.

– Eh bien, vingt-six policiers ont été blessés, dont un grièvement.

– La vache.

Lecteur, vous avez déjà compris que tout est fichu. Vous avez assez de recul pour savoir qu'une catastrophe majeure se joue. Mais dans ce genre de dialogue, les deux interlocuteurs éprouvent l'envie irrépressible de minimiser le problème. Le politicien en vacances cherche à se persuader qu'il peut rester en vacances, tandis que celui qui tient la boutique souhaite montrer qu'il a la situation en main.

« Tout est sous contrôle », m'a assuré Kit, et nous avons décidé de nous reparler le plus tôt possible le lendemain.

J'avais discuté avec Kit au clair de lune, sur une jetée à demi submergée qui s'enfonçait dans le lac, le seul endroit où j'avais trouvé du réseau. En

* « Tout va très bien, madame la marquise », chanson de Ray Ventura de 1935.

rebroussant chemin à travers le camping plongé dans la pénombre, j'aurais juré entendre quelqu'un chuchoter mon nom. Peut-être n'était-ce que mon imagination, mais j'avais l'impression qu'on me reprochait de ne pas être à Londres.

Quand le jour s'est levé au Canada, il n'était pas loin de midi à Londres et la situation semblait plus calme. L'opposition réclamait sans surprise mon retour de vacances, mais au moins Tottenham n'était plus à feu et à sang. Peut-être arriverais-je à m'extirper de cette affaire sans dommage. Après tout, ça pouvait très bien n'être qu'une mauvaise soirée, rien de plus. Si je restais au Canada, politiquement j'encaisserais un coup, bien sûr. Je serais légèrement destabilisé. Avec de la chance, les emmerdements s'arrêteraient là. La plupart des membres de mon équipe municipale étaient partis en Espagne pour un mariage, mais Guto Harri* avait obtenu que je passe sur Sky News, ce qui me permettrait de montrer qu'au moins je n'ignorais rien de ce qui se passait.

Je suis retourné sur la jetée submergée et, de l'eau jusqu'aux chevilles, j'ai vitupéré contre les émeutiers. Nous allions les coffrer, ai-je dit sur Sky News via mon téléphone, les rues étaient désormais quadrillées de policiers et les fauteurs de troubles n'avaient qu'à bien se tenir.

Pendant tout ce temps, j'entendais le clapotis de l'eau sur la rive, espérant qu'il n'arrivait pas aux oreilles des téléspectateurs.

Non, ai-je répondu d'un ton arrogant, il n'était pas question que je rentre. Les émeutiers voulaient créer un maximum de désordre. Ils voulaient perturber la vie des honnêtes gens.

– Eh bien, je ne leur donnerai pas cette satisfaction, ai-je continué de pontifier.

– Mais enfin, il va bien falloir que vous rentriez ? a insisté le présentateur, incrédule.

– Non, ai-je rétorqué, revenir maintenant, ce serait euh, donner raison aux voyous !

Au moment même où je parlais, j'avais conscience que ma plaidoirie était nulle. Politiquement, j'étais dans le pétrin jusqu'aux chevilles, sinon jusqu'aux genoux. Mais que faire ? Je me trouvais à plus de sept mille kilomètres de chez moi, à des centaines de kilomètres de l'aéroport le plus proche. Marina ne pouvait pas prendre le volant du camping-car, qui était un vrai monstre, bien plus gros que tout ce qu'elle avait déjà conduit. Si je quittais le Canada, nous devrions louer deux autres voitures – une pour les enfants et elle, une

* Directeur de la communication au 10 Downing Street.

pour moi – et abandonner cet énorme mobile home dans la nature. Ça nous coûterait une fortune. J'aurais, une fois de plus, gâché nos vacances en famille et pouvais m'attendre à une soupe à la grimace.

Il fallait continuer, c'était la seule solution. J'ai réussi à joindre la ministre de l'Intérieur, Theresa May, qui faisait de la randonnée en Suisse. Nous avons décidé de rester où nous étions l'un comme l'autre et de nous tenir au courant si nous changions d'avis.

Nous avons donc croisé les doigts, emballé toutes nos affaires et repris notre ascension : de plus en plus haut, de plus en plus loin dans les montagnes. Nous avons aperçu un ours, un élan et d'autres espèces de cervidés ; nous avons vu des lacs d'altitude bleu pâle, d'une couleur glacée de neige fondue. La beauté qui m'entourait m'encourageait à espérer que les choses s'arrangeraient. Je regardais l'écran de mon Nokia. Pas de messages. Pas de réseau.

Peut-être à notre arrivée en ville – une localité qui s'appelait Jasper – découvrirais-je que je n'avais toujours pas de message, même quand j'aurais retrouvé du réseau. Si seulement ! En fin d'après-midi, nous sommes arrivés aux abords de Jasper en Colombie-Britannique, et mon téléphone a repris vie en vibrant.

Brrrr-brrrr, brrrr-brrrr, les messages accumulés ont afflué depuis la capitale britannique dévastée.

Ayant tiré du lit Kit et Tim Godwin, le directeur adjoint de la Met, j'ai appris que la situation était pire que je ne l'avais craint, pire que je n'aurais pu l'imaginer. Le couvre-feu avait été maintenu à Tottenham, mais surtout des troubles avaient éclaté à Brixton, Wood Green, Dalston, Enfield, Woolwich, Shepherd's Bush, Oxford Circus, Islington*. Dans presque toute la ville en fait.

Les jeunes semblaient atteints d'une nouvelle manie contagieuse qui les poussait à dévaliser les magasins de sport et d'électroménager, brisant les vitrines et emportant leur butin avec une impudence effrontée qui les entraînait dans une vraie foire d'empoigne. J'ignore s'ils avaient entendu les menaces et les coups de gueule du maire, proférés depuis la rive d'un lac canadien idyllique. J'ignore s'ils en avaient quelque chose à foutre ; en tout cas, ils n'en avaient pas l'air.

Je sais m'avouer vaincu. Le lendemain, j'ai loué deux voitures, j'ai garé le camping-car et nous nous sommes fait des adieux émouvants avant que je prenne la route, pied au plancher, pour l'aéroport de Calgary. Le vol a

* Boroughs de Londres et du Grand Londres.

été un calvaire, tout droit en direction du pôle au-dessus d'infinies étendues désolées de lacs et de marécages – mon Dieu, que le Canada est grand – et pendant tout ce temps je me demandais ce qui se passait dans la ville que j'étais censé administrer.

Arrivé à Londres à l'aube, j'ai pris une douche et enfourché mon vélo. C'était un mardi et la ville était en état de choc. On se serait cru dans le Londres du *Jour des Triffides* de John Wyndham, au lendemain de l'explosion d'une météorite.

Pédalant d'Islington à Southwark, j'ai constaté que les rues étaient désertes et affreusement silencieuses – à l'exception du mugissement de sirènes au loin.

Pendant qu'on me briefait à la mairie, je n'arrivais pas à croire à l'ampleur des violences. Les pillages s'étaient étendus à tous les centres de boroughs londoniens, de Croydon à Enfield, d'Ealing à Barking. Les émeutiers avaient jeté des cocktails Molotov. Le montant des dégâts s'élèverait à plusieurs centaines de millions de livres.

Dans certains quartiers, comme Eltham, des groupes d'autodéfense étaient venus, armés de matraques et de bâtons, pour protéger la communauté. À Ealing, un homme de 68 ans[3] était sorti de chez lui pour dire aux émeutiers ce qu'il pensait d'eux et éteindre un feu de poubelle. Il s'était fait agresser et était mort trois jours plus tard des suites de ses blessures.

Il y a des heures où la situation est si grave qu'on n'a pas besoin de réfléchir pour savoir ce qu'on doit faire. Je n'avais pas trente-six solutions. Il fallait que je sorte dans les rues, que je me montre, que je mette sans délai fin au désordre, que je remercie les héros et que je mette les délinquants en prison.

Je suis d'abord allé à Clapham où, dans un esprit citoyen, des habitants étaient venus avec des balais nettoyer le verre brisé. J'ai essayé de rallier tous ces gens, saluant leur initiative et jetant l'opprobre sur les émeutiers. Ça a marché trente secondes, puis ils se sont mis à m'interpeller.

Pourquoi avais-je attendu aussi longtemps pour rentrer ? Pourquoi est-ce que je ne démissionnais pas ? Et Mark Duggan ?

Il y a de belles séquences filmées sur lesquelles on me voit essayer de calmer la foule, flanqué de Theresa May, impassible. Alors que les braves habitants de Clapham commencent à se mettre franchement en rogne, on peut voir l'instinct de survie de Theresa May prendre le dessus et la pousser à s'éclipser de la scène.

J'ai remercié les pompiers, les policiers et les ambulanciers. J'ai rassuré les commerçants et tous les chefs d'entreprises locaux. Cette nuit-là, le virus s'est propagé à d'autres grandes villes. Dans les faits, ce coup de folie a touché tout le pays, les jeunes saccageant les magasins à la recherche de grosses baskets blanches ou d'autres biens de consommation (les seuls magasins qu'ils n'ont pas attaqués étaient les librairies de la chaîne Waterstones). En revanche, à partir de mardi, Londres a connu un calme relatif.

Après avoir passé trois ou quatre jours à arpenter les rues, à présenter mes excuses, à exprimer ma compassion, à remercier et à rassurer, j'ai réussi, me semble-t-il, à me faire une idée assez précise de ce qui s'était passé et des raisons pour lesquelles nous avions foiré. Je crois que tout remonte à ces toutes premières heures de troubles à Tottenham.

Bien sûr, la mort de Mark Duggan était une tragédie, mais la vérité est qu'il portait sur lui un pistolet d'alarme trafiqué pour tirer à balles réelles, qui lui avait été remis un quart d'heure plus tôt. Il n'avait pas l'intention de s'en servir pour faire du tir aux pigeons. Ni pour donner le signal de départ d'une compétition sportive scolaire des années 1920.

Il s'apprêtait à tuer quelqu'un. C'est vrai, il a été abattu au moment où il sortait du taxi – parce que les policiers ont éprouvé la crainte parfaitement justifiée qu'il leur tire dessus. Une des balles de la police l'a transpercé et s'est fichée dans la radio d'un agent, faisant naître le mythe d'un échange de tirs. Ce n'était pas la vérité.

Duggan n'a pas tiré, mais les policiers, avec un comportement aussi classique qu'humain, se sont empressés de présenter une pièce à conviction qui aurait pu justifier leur intervention, même s'ils n'avaient pas à se disculper, car ils ne faisaient manifestement que leur devoir.

C'est cette confusion initiale à propos du déroulé des faits et les doutes suscités par la version de la police qui ont été à l'origine des manifestations devant le commissariat de Tottenham. Il y avait sur place des gens bien, des amis à moi qui m'aidaient à combattre les crimes à l'arme blanche.

Je crois que malheureusement, au lieu de calmer les esprits, ils les ont échauffés. Mais la plus grave erreur a été commise à ce moment-là, quand les premiers projectiles ont été lancés.

Durant les semaines et les mois qui ont suivi, on a assisté à d'innombrables essais d'interprétation des émeutes, à des tentatives pour appréhender les ressorts sociologiques profonds de cette frénésie. On a consulté des criminologues de gauche qui ont sorti leurs conneries habituelles : c'était la faute de la récession ; des coupes budgétaires des Tories ; de la police ; des relations entre la police et les jeunes Noirs ; de la dégradation des liens familiaux ; de l'absence de modèles masculins positifs ; et bla-bla-bla sur des mètres et des mètres de pages du *Guardian*.

Pourtant, au cours de toutes les conversations que j'ai eues, personne ne m'a rien dit de tel. Les jeunes avaient chaud, ils s'ennuyaient, c'était le mois d'août – et la télé leur avait donné l'impression que la police était dépassée. Alors, ils se sont tous connectés à leurs messageries électroniques, de Twitter à BlackBerry Messenger, et ils se sont déchaînés.

Ce qui leur est monté à la tête, c'était les premières images de Tottenham : la police qui se retirait et les émeutiers qui prenaient l'avantage. Pour comprendre la retenue policière dans ces premiers instants, il faut remonter aux émeutes de 1985 à Tottenham et à l'horreur de Broadwater Farm.

C'était là, dans la cité même où Duggan était né quelques années plus tôt, que l'agent de police Keith Blakelock s'était retrouvé isolé, non loin d'un groupe d'émeutiers. Il avait trébuché et était tombé avant d'être attaqué par une bande qui avait cherché à le décapiter. Quand ses collègues avaient récupéré son corps plusieurs heures plus tard, ils avaient dénombré quarante plaies infligées par des armes allant d'une machette à un tournevis, et retrouvé un couteau de quinze centimètres enfoncé dans son cou jusqu'au manche. Chaque année, je parlais à la famille de l'agent Blakelock à l'occasion d'une cérémonie organisée à Hendon pour commémorer le sacrifice des policiers de la Met tués dans l'exercice de leurs fonctions.

Je sais à quel point ce drame épouvantable et les conditions dans lesquelles il s'était déroulé – à savoir qu'un des leurs s'était retrouvé isolé – avait marqué l'esprit des policiers londoniens et je ne serais pas surpris que ce souvenir, conscient ou non, ait pesé sur leur attitude au cours des premières heures cruciales.

On peut affirmer à juste titre que la police a manifesté trop de réserve, une trop grande réticence à sévir et à étouffer l'agitation dans l'œuf. Cette timidité apparente a enhardi les émeutiers.

Ils ont pu voir à la télévision que la police ne mettrait pas le holà à l'agitation, ce qui a permis à ce virus d'infecter tout Londres avant de s'étendre à l'Angleterre et de toucher la quasi-totalité des grandes villes. Lorsque tout a été fini, on a déploré cinq morts, dont trois à Birmingham, et près de cent quatre-vingts policiers blessés (sans compter cinq chiens policiers). Après ces événements, la Met a demandé à pouvoir faire usage de canons à eau, et je me suis décarcassé pour me procurer cinq engins allemands d'occasion – ce à quoi Theresa May, toujours en pleine crise libérale, a fait barrage.

Pour être honnête, je ne crois pas que des canons à eau auraient changé grand-chose. Il aurait fallu une action forte et décisive dès le premier soir, avant que le public ait l'impression que la police allait quitter les lieux.

Le mercredi 10 août, la situation était nettement plus calme à Londres, en grande partie parce que nous avions déployé 16 000 policiers dans les rues et procédé à l'arrestation de plusieurs milliers d'éléments perturbateurs. Je n'en ai pas moins veillé toute la nuit, écoutant le hurlement des sirènes, espérant qu'il ne tarderait pas à s'évanouir et priant pour qu'il n'annonce pas un nouvel embrasement. Les sirènes ont fini par se taire et, en partie parce que nous avions mis derrière les barreaux un grand nombre de suspects habituels, le taux de criminalité a encore baissé.

Une des décisions les plus intelligentes de David Cameron a été de refuser d'engager une enquête publique interminable à propos des émeutes. Personne n'en voulait vraiment, parce que tout le monde comprenait grosso modo ce qui s'était passé. Une bande de gamins – dont certains plutôt bien élevés – avait succombé à une forme d'hystérie collective provoquée par les réseaux sociaux et cédé à une tentation criminelle ; et maintenant, ils le payaient.

Cela m'a fait comprendre combien le vernis de civilisation est mince, et les instruments de contrôle fragiles. Ian Blair, ancien commissaire de police, m'a annoncé lors de notre toute première conversation qu'un jour je « perdrais les rues ». En un sens, c'est une évidence. Il est impossible de tenir une ville de 9 millions d'habitants avec 32 000 policiers. Certains courants qui circulent sous la surface d'une ville peuvent soudain se déplacer dans une direction dangereuse – avant de reprendre leur cours normal.

Un an plus tard seulement, après les pires émeutes de toute une génération, Londres vivrait un de ses moments d'optimisme et de communion les plus sublimes et les plus prodigieux.

Chapitre 12

UN ÉTÉ À NUL AUTRE PAREIL

Comment Londres a triomphé aux Jeux olympiques

Mitt Romney avait l'air d'un type sympa, mais je n'allais pas faire de quartier. Il avait merdé. Et j'allais, à mon grand regret, devoir le remettre à sa place.

Arrivé à Londres plusieurs jours avant le début des Jeux olympiques et paralympiques, Romney a commis la grave erreur de donner un avis parfaitement sincère à ceux qui l'interrogeaient sur l'état de préparation de la ville hôte.

Eh bien, a répondu le sénateur aux mâchoires carrées de l'Utah, qui avait organisé avec succès les Jeux olympiques à Salt Lake City, certains points étaient « déconcertants ». Et d'autres lui semblaient « décourageants ». En réalité, il se demandait comment nous allions nous en sortir. Le hasard a voulu que ce soir-là je sois à Hyde Park devant une masse de gens : 60 000 personnes étaient venues célébrer l'arrivée de la flamme olympique à Londres. Le soleil tapait, elles brandissaient des bouteilles de Corona, tandis que l'air chatoyait de l'éclat doré qui restera à jamais pour moi un des souvenirs de cet été, comme si quelqu'un avait déjà entrepris d'injecter en continu de la sérotonine dans le réseau de distribution d'eau.

Il n'avait pas été prévu que je fasse un discours mais, pendant le trajet, Neale Coleman, mon brillant conseiller, m'avait suggéré qu'à en croire les bruits qui nous parvenaient de Hyde Park, quelques mots pourraient être appréciés. Quand on m'a poussé sur la célèbre scène où Mick Jagger avait chanté « Sympathy for the Devil » en 1969, j'ai vu devant moi une foule immense qui n'attendait pas grand-chose pour se déchaîner.

J'ai dit à tous ces gens que c'était un des spectacles les plus sensationnels que j'aie vu de ma vie. Ils ont hululé leur approbation. J'ai senti que ce n'était pas un public difficile.

Je leur ai dit que le compteur Geiger de l'olympomanie était sur le point de crever le plafond: *zoink* ! et ils m'ont ovationné.

Des gens venaient du monde entier pour voir Londres, ai-je ajouté. Ils venaient dans la plus grande ville sur terre (*acclamations*) pour voir nos préparatifs.

« Il paraît qu'un certain Mitt Romney veut savoir si nous sommes prêts. Il veut savoir si nous sommes prêts. Est-ce que nous sommes prêts ? Oui ! » (*Hurlements assourdissants.*)

« Les sites sont prêts, le stade est prêt, le centre nautique est prêt, la police est prête, le système de transports est prêt, la sécurité est prête... » J'ai poursuivi en énumérant tout ce qui était prétendument prêt, avant tout nos athlètes, la Team GB, qui était sur le point de nous offrir un tel butin de médailles d'or que nous pourrions renflouer les finances de la Grèce ! Et de l'Espagne ! (Nous étions en pleine crise de la dette européenne.) Quant à nos rameurs, ils s'apprêtaient à remporter le plus grand triomphe sur l'eau depuis Trafalgar. J'ai conclu mon allocution par un crescendo de chauvinisme pur et dur.

Nous allions battre l'Australie (ouiiii ! a hurlé le public). Nous allions battre la France, nous allions battre l'Allemagne (ouiiii ! a répété le public).

On m'a dit que Barack Obama avait regardé ce discours et que l'embarras de Romney, son rival dans la course à la présidence, l'avait ravi. Aujourd'hui, je revois ça avec un certain malaise, parce qu'en vérité la situation était nettement moins brillante que je n'étais prêt à l'avouer.

Mitt Romney n'avait pas tout à fait tort. Il y avait de quoi s'inquiéter. Avant ce soir-là, rien de tangible ne me permettait de dire que ces Jeux olympiques et paralympiques seraient un succès populaire. Les préparatifs avaient duré sept ans, et beaucoup de gens pensaient pis que pendre de toute cette affaire.

Si nous avions « tenu le budget », ainsi que je l'affirmais avec constance, c'était uniquement parce que nous avions triplé le budget de candidature initial, le faisant passer de 3,2 milliards de livres à 9,3 milliards. À un moment où la crise bancaire avait frappé les finances publiques, ça faisait mauvais effet. Les gens détestaient l'Olympic Route Network, ce réseau à la soviétique genre « voies pour Zil* », aménagé dans les rues de Londres et réservé à ce qu'on appelait la « famille olympique », c'est-à-dire pour l'essentiel un vaste groupe de bureaucrates internationaux du sport plus ou moins corrompus. La population était hostile à toutes ces perturbations, dont l'unique intérêt était – du point de vue des olymposceptiques – de

* Zil est un constructeur automobile russe qui produit, entre autres, des voitures de luxe pour les dignitaires du pays.

voir quelques individus en maillot courir comme des dératés dans un stade à l'est de Londres.

Je dois dire qu'avant de prendre la coprésidence du Comité londonien d'organisation des Jeux olympiques, je n'avais pas considéré l'athlétisme comme une discipline passionnante à regarder, et je n'étais pas du tout convaincu que ça puisse faire le *prime time*. Londres n'avait pas accueilli les Jeux depuis 1948 et les souvenirs étaient vagues. Nous savions que tout s'était bien passé, mais c'était le temps des rationnements d'après-guerre, et la frugalité était de mise. À un moment, le Premier ministre Cameron avait suggéré que nous nous inspirions de l'histoire. « Pourquoi pas les Olympiades de l'austérité ? » avait-il lancé.

Non, avais-je répondu. Je n'aimais pas l'austérité, ni comme slogan ni comme stratégie. Les Britanniques n'avaient aucune envie de boire leur propre urine dans le style de Stafford Cripps*. Ils voulaient la croissance économique, et la confiance. Quant au reste du monde, il ne souhaitait pas vivre une expérience genre années 1940, faite de beignets de Spam** et de chandails posés au sol en guise de poteaux de but. C'était Londres, le centre de l'univers. Au diable l'austérité, ai-je dit, nous allions présenter un spectacle fantastique. J'étais en position de force.

Le fait d'accueillir des Jeux olympiques et paralympiques n'est pas accordé à un pays, mais à la ville où ils se déroulent et, en tant que maire de celle-ci, j'étais ce qui se rapprochait le plus de l'hôte proprement dit, même si l'ensemble de ce projet colossal était en grande partie piloté par d'autres. Les authentiques héros de l'organisation olympique et paralympique étaient des hommes comme Sebastian Coe, Paul Deighton, David Higgins et John Armitt. Je n'en avais pas moins un statut honorifique, auquel s'ajoutaient quelques responsabilités concrètes, ce qui me donnait un sacré poids pour faire avancer la machine, et à vitesse grand V.

Mais cela me plaçait aussi en première ligne quand les choses dérapaient. Or, pendant un long moment, on a pu avoir l'impression que rien ne marcherait.

Quand nous avons dévoilé notre logo olympique[1], une tache magenta asymétrique tapageuse, la Société de lutte contre l'épilepsie a protesté. Quand nous avons présenté notre adorable paire de mascottes baptisées Wenlock et Mandeville (du nom de Much Wenlock, le village du Shropshire qui avait organisé les premiers Jeux olympiques modernes, et de Stoke

* Ancien chancelier de l'Échiquier (1947-1950), connu pour sa politique d'austérité.
** Sorte de jambon en conserve bon marché.

Mandeville, dont l'hôpital a été le lieu de naissance des Jeux paralympiques), on a trouvé ces personnages sinistres et anticâlins ; il faut dire que, allez savoir pourquoi, ils n'avaient qu'un œil chacun.

À l'arrivée des premiers athlètes à la mi-juillet, on a pu penser que les inquiétudes qu'inspirait notre réseau de transports seraient justifiées. L'équipe australienne s'est perdue parce que le chauffeur de bus n'avait encore jamais mis les pieds à Londres et ne savait pas se servir d'un GPS. Il a fallu à l'équipe américaine quatre heures pour aller d'Heathrow à Stratford dans l'est de Londres, ce qui l'a mise de très mauvaise humeur. Apparemment notre chauffeur avait confondu Stratford et Southend.

C'était mortifiant. Nous avions investi des sommes faramineuses dans le réseau de transports, modernisant le métro et le Docklands Light Railway et renforçant en catastrophe les piliers de la section surélevée de la M4 à Hammersmith (qui avaient choisi cette année pour révéler qu'ils étaient à peu près aussi solides qu'un biscuit trempé dans du thé). Et voilà que toute cette opération était mise en péril par des chauffeurs de bus incompétents qui ne connaissaient pas Londres.

À l'approche de la cérémonie d'ouverture prévue le vendredi 27 juillet 2012, la météo nous préoccupait de plus en plus. Un élément incontournable de mes discours était que 94 % du temps il ne pleut pas à Londres. Certains jours de ce mois de juillet, ce pourcentage semblait s'inverser. Il tombait des cordes.

Pour faire des économies sur la construction du stade, nous l'avions équipé d'un toit à très court débord (une décision que j'avais prise et qui, à juste titre, me serait reprochée) et si le soir de la cérémonie d'ouverture il pleuvait – les prévisions étaient de plus en plus menaçantes –, un grand nombre de VIP se feraient tremper.

À cette date, Jeremy Hunt* était devenu mon interlocuteur gouvernemental en remplacement de Tessa Jowell**, et nous avons discuté ponchos. Il était favorable à l'acquisition de 10 000 ponchos imperméables ; pour ma part, j'y voyais une dépense inutile. Il a fini par me convaincre – sans que nous ayons résolu ce qu'il adviendrait de tous ceux sans poncho.

Tous ces soucis n'étaient rien, cependant, par rapport aux problèmes de sécurité. Depuis 1972 et l'attaque du village olympique de Munich par des

* Comme ministre (conservateur) à la Culture, aux Jeux olympiques, aux Médias et aux Sports.

** Elle occupait les mêmes fonctions que Jeremy Hunt avant lui, mais dans un gouvernement travailliste.

assassins de l'OLP, le risque d'un attentat terroriste inspirait aux organisateurs des Jeux une paranoïa tout à fait compréhensible. Et Londres semblait particulièrement vulnérable.

Le lendemain même du jour où nous avions été choisis pour organiser les Jeux – en 2005 –, notre ville avait été le théâtre des attentats du 7 juillet, une série concertée d'attaques islamistes contre les transports en commun qui avait fait 52 morts. Nous avions donc décidé d'imposer à tous les sites des Jeux des mesures de protection d'une intransigeance digne d'une compagnie aérienne. Il serait même interdit d'apporter des boissons sur place.

Deux semaines avant l'ouverture, nous avions les scanners à rayons X. Nous avions les systèmes de contrôle. Un porte-avions américain était ancré au large de la côte et un système de défense aérienne antimissile Starstreak installé sur un immeuble d'habitation de Hackney. D'importantes chicanes de béton avaient été mises en place pour éviter les attentats à la voiture-suicide. Et voilà que, soudain, nous découvrions avec ahurissement qu'il nous manquait un élément indispensable : le personnel de contrôle.

J'étais chez moi, allongé par terre dans mon bureau à 7 heures du matin pour l'une de nos téléconférences matinales, quand on m'a annoncé la nouvelle. J'ai cru que je faisais un cauchemar. J'ai demandé qu'on me répète les chiffres – parce qu'ils étaient atterrants. L'opération de recrutement du personnel de sécurité avait été intégralement sous-traitée à une société privée, G4S, qui nous avait laissés en plan ; ce n'étaient pas quelques centaines de personnes qui manquaient à l'appel, mais des milliers et des milliers, peut-être 14 000 en tout, bien que personne n'ait été capable de le dire.

Quoi ? ai-je croassé. Comment une société pouvait-elle perdre la trace de 14 000 employés ? C'était le plantage le plus monumental, le plus intergalactique dont j'aie jamais entendu parler.

G4S avait, semblait-il, reçu[2] plus de 100 000 candidatures enthousiastes, avait acheté des milliers d'uniformes Londres 2012 d'un rose magenta tapageur et organisé toutes les séances de formation, sans prendre la peine de signer des engagements en bonne et due forme.

En conséquence de quoi, tous ces jeunes (un signe de la résilience économique de Londres) avaient répondu à d'autres offres d'emploi, peut-être plus lucratives – cuistots de fast-food à Acapulco, gardes du corps pour oligarques russes ou que sais-je.

C'était la cata. Parmi les recrues de G4S qui s'étaient tout de même présentées, deux ont été immédiatement mêlées – ce n'est pas une blague – à des affaires de fausse alerte à la bombe. Où allions-nous trouver 14 000 employés dignes de confiance ?

La seule solution était de faire appel à l'armée. C'est ce que nous avons décidé, et les militaires ont été fantastiques. Ils ont relevé le défi. Nous leur avons trouvé des lits de camp et des bivouacs dans l'East End, et 11 000 soldats en uniforme, hommes et femmes, ont bientôt fait partie des images les plus réconfortantes et les plus populaires des Jeux de Londres. On aurait pu croire que cela avait été prévu dès le début.

Ils ont permis le déroulement de la cérémonie d'ouverture, en temps et en heure et sans anicroche. Il y a eu un peu de pluie, mais elle tenait plus de la bruine écossaise que de l'averse, et nous n'avons pas eu besoin des ponchos.

Danny Boyle, le metteur en scène de *Slumdog Millionaire*, avait réalisé une reconstitution émouvante de tout ce qu'il y a de grand en Grande-Bretagne, avec un assez long passage sur les splendeurs du NHS (je m'étonne qu'aucun autre pays n'ait adopté le même système de santé, pourtant remarquable) ; mais la vedette a été volée par Sa Majesté la reine. Grâce à un trucage, on la voyait, assise à son bureau de Buckingham Palace, se faire enlever par Daniel Craig, alias James Bond, survoler Londres en hélicoptère avant de sauter en parachute pour venir nous rejoindre, à la joie et à la surprise des chefs d'État et de gouvernement qui m'entouraient.

Le lendemain matin, j'ai eu l'agréable devoir de faire visiter à Sa Majesté le reste du Parc olympique et elle a voulu savoir si le public avait apprécié le numéro.

« Ont-ils trouvé cela amusant ? m'a-t-elle demandé.

– *Ma'am*, lui ai-je répondu, tous les comptes rendus ont été dithyrambiques. »

Quelques instants plus tard, je lui ai montré l'ArcelorMittal Orbit, une structure qu'elle a bien voulu trouver « fascinante ». C'est un des moments dont je suis le plus fier.

Je commençais à me demander si ce n'était pas trop beau. Les transports londoniens conduisaient les visiteurs sans incident, et en masse, partout dans la capitale. Tout le monde était tombé amoureux des *Gamesmakers*, les bénévoles qui assistaient les gens dans leurs déplacements. La ville était superbe, entièrement pavoisée aux couleurs olympiques, et les ponts brillaient de mille feux.

J'étais pourtant de plus en plus tendu. L'esprit de fête n'était pas encore tout à fait au rendez-vous. Malgré tous mes grands discours sur l'olympomanie, il restait des places inoccupées dans le stade (exclusivement à cause d'invités des sponsors qui ne s'étaient pas bougé le cul pour profiter de leurs billets gratuits, alors que d'autres se seraient coupé un bras pour être là), ce qui avait inspiré quelques commentaires à la BBC. Nous avons remédié à ce problème en décidant que ceux qui ne réclameraient pas leur place à temps la perdraient. Mais cela n'a pas suffi à me remonter le moral.

Une réalité colossale planait désormais, oppressante, sur toutes nos conversations, une vérité inavouable : l'équipe britannique n'avait pas encore remporté une seule fichue médaille d'or.

Au moment où j'avais commencé à envisager de me présenter à la mairie, Lord Colin Moynihan du Comité olympique était venu me parler. Nous obtiendrions des résultats brillants aux Jeux de Londres 2012, m'avait-il dit. Nous avions de jeunes espoirs, des athlètes très talentueux dans les domaines de l'aviron, de l'équitation, du cyclisme, de la voile : « tous les sports où on est assis », avait-il précisé.

Cela m'avait poussé à déclarer au public de Hyde Park qu'il pouvait compter dur comme fer sur notre moisson de médailles – et voilà que tout donnait à croire que je m'étais peut-être trompé. Nous avions pris une gamelle en ce premier samedi capital, le 28 juillet, quand notre équipe de cyclisme prétendument invincible n'avait pas remporté la course sur route dans le Surrey. Le dimanche, la Grande-Bretagne n'avait toujours pas de médaille d'or.

Lundi 30 juillet, toujours rien. Mardi 31 juillet, pas mieux. La France, la Chine, les États-Unis, l'Australie, tous les autres pays accumulaient les récompenses suprêmes. Tout le monde, sauf le pays hôte !

Sauf nous ! Encore et encore, j'entendais résonner au loin la musique des *Chariots de feu*, accompagnant une cérémonie de remise de médailles, et elle était toujours suivie de l'hymne d'un autre pays, jamais du *God Save the Queen*.

Bon sang, que se passait-il ? Je repensais à la promesse insensée que j'avais faite à Hyde Park. Je m'étais vanté que nous remporterions suffisamment d'or pour renflouer la Grèce. Quelle présomption ! Comme si ça ne suffisait pas, mon équipe s'inquiétait de l'ambiance qui régnait à Londres. Pour assurer la fluidité de la circulation – et dégager les rues pour la si importante « famille olympique » d'athlètes et d'officiels –, j'avais fait diffuser dans le métro des mises en garde franchement terrifiantes, exhortant les gens à rester chez eux. Elles avaient été, semblait-il, trop convaincantes.

On a du mal à s'en souvenir maintenant, mais au cours de ces premières journées, tout était un peu trop calme. Pour encourager l'atmosphère de fête, nous avions aménagé dans les parcs des *live sites* avec écrans géants, hot dogs, cochons à la broche, etc., pour que les Londoniens qui n'avaient pas de billets puissent tout de même assister collectivement au spectacle grâce aux retransmissions. Il y avait du monde, bien sûr, et les gens s'amusaient, mais l'ambiance n'était pas encore électrique. Alors, le mercredi 1er août, je suis allé à Victoria Park, à Hackney, où j'avais décidé de rendre le *live site* particulièrement attrayant en y ajoutant une tyrolienne.

Je m'étais pris de passion pour les tyroliennes depuis que j'avais fait un tour de Flying Fox, comme on l'appelait, au-dessus des créneaux de Jodhpur en Inde. J'étais sûr que le public adorerait ça. Mais, allez savoir pourquoi, il avait fallu du temps pour installer cette attraction dans Victoria Park, et elle n'avait été en place que cinq jours après le début des Jeux. J'allais donc l'inaugurer.

J'ai grimpé au sommet de la tour d'échafaudage, reliée par un câble d'acier à une deuxième tour, située à une centaine de mètres. Toute l'installation m'a paru un peu branlante.

« Je suis vraiment le premier à l'essayer ? ai-je demandé.

– Oui ! » m'a-t-on répondu avec un sourire radieux. Et on m'a montré un type muni d'un porte-bloc à pince qui descendait au même moment de l'autre côté de la tour. « C'est le responsable de la santé et de la sécurité du Conseil. Il vient de donner son aval.

– Super ! »

J'ai enfilé le harnais, je me suis coiffé d'un casque bleu et, agitant deux Union Jack en plastique, je me suis élancé dans le vide.

Je voyais au-dessous de moi un public de Londoniens éparpillés et apathiques. Mon objectif avait été de les réveiller un peu, de les stimuler par mes hauts faits – une ambition aussitôt compromise parce que j'ai pivoté sur moi-même et commencé à glisser à reculons, ce qui m'empêchait de voir où j'allais.

Après avoir d'abord dévalé le long du câble à une vitesse inquiétante, j'ai constaté que ma progression était devenue plus lente, de plus en plus lente, jusqu'au moment où je me suis arrêté, suspendu dans les airs, à peu près aux trois quarts du parcours. Je me suis légèrement déplacé dans mon harnais, car la pression sur mon entrejambe devenait inconfortable. J'ai agité mes Union Jack et essayé de chauffer la foule. Mais la réalité était accablante.

J'étais coincé à plus de dix mètres de hauteur et personne ne savait comment me faire descendre. Plusieurs de mes enfants m'avaient accompagné avec leurs cousins pour essayer la tyrolienne. Je les ai vus chercher à s'éclipser en douce. Puis j'ai repéré Carl, un agent de protection de la Met, qui m'avait été affecté pour les Jeux.

« Carl, ai-je dit, pourriez-vous me faire descendre ? » Lentement, il a glissé la main dans sa poche de poitrine, comme s'il s'apprêtait à en extraire un pistolet et à tirer pour couper le câble ; en réalité, il en a sorti un téléphone portable pour immortaliser mon humiliation.

Une demi-heure plus tard, ayant enfin pu rejoindre la tour opposée en me faisant remorquer par une corde, je suis reparti avec mon conseiller politique, Ben Gascoigne. Cet épisode ayant peu de chances de redorer ma stature d'*homme sérieux** accompli et d'homme d'État d'envergure mondiale, j'avais besoin d'être rassuré.

– Vous croyez que les médias vont en faire leurs choux gras ? ai-je demandé à Ben. Ils n'auront certainement pas de photos, si ?

– Non, a répondu Ben. Je suis sûr que tout va bien se passer.

Il avait déjà les yeux rivés sur l'écran de son téléphone et regardait les infos, hilare.

En fin d'après-midi, Dieu merci, mes pitreries ont été oubliées. La période de vaches maigres avait pris fin et il pleuvait de l'or, de l'argent et du bronze. Le cycliste Bradley Wiggins de la Team GB a remporté le contre-la-montre sur route, tandis que Helen Glover et Heather Stanning sont arrivées en tête de l'épreuve féminine d'aviron en deux sans barreur. Et ainsi de suite, les jours de gloire se succédant dans un crescendo effréné d'enthousiasme.

Le lendemain, nous avons gagné l'épreuve de canoë et celle d'aviron en deux de couple, puis il y a eu le samedi, ce MOment historique, où Mo Farah a remporté le 10 000 mètres, Greg Rutherford le saut en longueur et Jess Ennis l'heptathlon. Qui prétend que nous ne sommes bons que dans les sports où on est assis ?

Vous auriez dû être là le samedi soir où Mo, jeune Britannique d'origine somalienne, nous a fait pleurer et bondir sur nos pieds en hurlant, quand il a fait son Mobot triomphal, un geste de son invention où il dessine un M avec les coudes en posant les mains sur sa tête.

Nous y voilà, ai-je pensé : un pays et une ville qui, alors qu'ils redoutaient un nouvel attentat islamiste, parviennent à communier dans un élan d'orgueil, de profond orgueil national, grâce à un jeune Londonien appelé Mohamed. Je ne me rappelle pas que nous ayons déjà eu l'air plus heureux, plus unis et plus solidaires.

John Major, l'ancien Premier ministre, présentait souvent la Grande-Bretagne comme « une nation à l'aise avec elle-même ». C'était exactement ça.

Andy Murray a ensuite remporté une médaille d'or en tennis, et Nicola Adams en boxe. Ce n'était pas terminé. En définitive, nous sommes arrivés en troisième position au tableau des médailles. L'euphorie nationale a semblé s'intensifier encore quand les Jeux olympiques ont cédé la place aux paralympiques, avec deux nouvelles semaines sportives dorées.

Quand ils repensent à ce moment, les gens aimeraient pouvoir remettre ça, et moi aussi. Mais n'oublions pas la plus grande leçon de cette incroyable expérience nationale. Ce qui compte le plus n'est pas le sentiment d'unité et de joie que nous inspire notre belle identité multiraciale, aussi importante soit-elle. C'est la détermination individuelle impitoyable à exceller, à battre les autres et à monter sur le podium. C'est la poursuite féroce et absolue de l'objectif de victoire, et le travail acharné que cela implique. C'est la compétition.

Ces athlètes olympiques et paralympiques ont eu de la grâce, de l'humour et de la dignité dans la défaite. Mais ils ont également eu le cran nécessaire pour l'emporter contre les meilleurs des autres pays. En fin de compte, c'est pour cela que nous nous sommes tous sentis baignés de cet éclat doré, inondés de fierté devant leurs efforts.

En ce temps de légère léthargie post-Covid et post-confinement, peut-être devrions-nous retrouver cet esprit d'effort.

Chapitre 13

MIRACLE À BATTERSEA

Et une leçon de nivellement par le haut à Londres

« Vraiment ? ai-je demandé à Roisha Hughes, ma secrétaire particulière. Il faut que j'aille voir le prince Andrew ? Mais pourquoi diable ? »

Bien que je n'aie rien contre la famille royale, je ne voyais pas du tout en quoi je pouvais être utile au deuxième fils de la reine.

« Désolée, a répondu Roisha, vous n'avez pas le choix. »

Roisha était ma plus proche collaboratrice à la mairie depuis huit ans, et c'était en grande partie grâce cette jeune Nord-Irlandaise qui avait obtenu un diplôme d'allemand à Cambridge avec mention très bien que tout se passait comme il fallait.

Peu de temps après, je prenais le thé avec Son Altesse Royale (titre qu'il portait alors) dans ce que je pensais être son appartement, une pièce sombre et encombrée de Buckingham Palace. J'ai commencé à y voir plus clair.

Le prince souhaitait apparemment parler d'investissements à Londres en sa qualité de défenseur mondial des entreprises britanniques et d'ambassadeur commercial, des fonctions dont il s'acquittait plutôt bien. Aussi m'étais-je fait accompagner de mon maire adjoint et chef de cabinet, Sir Simon Milton. Personne ne s'y connaissait mieux que lui en urbanisme et environnement bâti. Quelles qu'aient pu être les intentions de Son Altesse Royale, je voulais lui montrer que nous les prenions au sérieux.

Nous avons évoqué tout ce qui risquait de rebuter les investisseurs – les contraintes à Heathrow, les problèmes de circulation. Puis le prince a mentionné la centrale électrique de Battersea. On était en 2009, et cette immense cathédrale de brique se dressait, inutilisée depuis des décennies, à l'horizon de Londres. Ses célèbres cheminées s'effondraient. Son toit avait disparu. L'intérieur était délabré, dégoulinant d'humidité.

Elle ne pouvait servir à rien, sinon de décor pour l'ultime scène « fusillade et torture » des films britanniques de gangsters et son dernier titre de gloire avait été de figurer sur la pochette d'un album de Pink Floyd, surmontée symboliquement d'un gigantesque cochon volant. Elle était à présent à l'abandon, quadrupède mort et boursouflé, coincé tête en bas dans la vase des berges de la Tamise, déparant l'immense terrain de seize hectares qui l'entourait. Et cette abomination était à deux pas de Westminster. C'était une honte, un réquisitoire contre le manque d'imagination des responsables politiques de tous bords, qui avaient essayé en vain depuis trente ans de revitaliser ce site. On avait envisagé d'en faire un parc à thème, des cinémas, des bureaux, des patinoires, des zoos, des logements, des cirques. Rien n'avait abouti.

Peu après mon élection en 2008, un architecte uruguayen du nom de Rafael Viñoly était venu me voir pour me présenter un projet loufoque : la création d'une sorte d'écodôme avec une cheminée tubulaire de trois cents mètres jaillissant en son centre – comme un rouleau de PQ colossal –, le tout entouré d'une sorte de canopée en polyéthylène pleine d'oiseaux et de feuillage. C'était de la folie, comme je le lui avais dit.

Le prince avait une autre idée. « Pourquoi ne pas la raser, tout simplement ? »

Simon Milton s'est tourné vers lui avec un large sourire. C'était un petit homme soigné, un peu enveloppé, aux manières irréprochables en toutes circonstances. Avec un côté tueur aussi. « Ma foi, a-t-il répliqué, pourquoi ne pas démolir Buckingham Palace, tout simplement ? Il y a là un immense espace vieillot. Nous pourrions y construire un tas de logements abordables. »

Le duc/prince/Randy Andy* a regardé Simon avec des yeux ronds ; mon adjoint avait raison. Raser cette vieille centrale électrique aurait été un sacrilège. Nous avions tous grandi avec elle et, dans l'ensemble, les Londoniens l'aimaient. C'était à maints égards un chef-d'œuvre d'architecture, une ziggourat moderne de six millions de briques, conçu dans les années 1920 par Giles Gilbert Scott, le créateur des cabines téléphoniques rouges, qui avaient inspiré un attachement sentimental bien plus pérenne que leur utilisation pratique.

En tout état de cause, même si nous avions voulu démolir la centrale de Battersea, nous n'aurions pas pu. Michael Heseltine, ministre de l'Environnement dans les années 1980, l'avait fait classer en Grade II**. Nous ne pouvions pas plus toucher à cette célèbre silhouette que l'aménager. Le borough

* Randy Andy : « Andy le chaud lapin » ou « Andy le tombeur », surnom donné par la presse au prince Andrew en raison de ses frasques.

** Le classement des monuments en Angleterre comprend trois catégories. Le Grade II est accordé aux édifices particulièrement importants ou d'un intérêt spécial.

local, Wandsworth, avait depuis longtemps un projet de construction de 2 500 logements. Mais il aurait fallu dépenser des centaines et des centaines de millions, peut-être plus d'un milliard, simplement pour rendre le site plus ou moins habitable, sans parler de restaurer la structure vétuste de la centrale.

Dépenser autant d'argent pour la construction de 2 500 appartements ne se justifiait pas, et il ne fallait pas espérer en construire davantage car le site était très mal desservi. Comme disent les urbanistes, le niveau d'accès aux transports publics était beaucoup trop faible. Pour rendre tout ce projet réalisable, il aurait fallu une station de métro supplémentaire, sinon deux.

Nous aurions dû prolonger la Northern Line, ce qui aurait coûté des milliards. Nous avions vidé les fonds de tiroir pour construire le Crossrail et moderniser la signalisation des lignes Jubilee, District et Circle et de l'ensemble du réseau. Comment financer de nouvelles stations ?

Le problème est donc resté en suspens, comme il l'était depuis des décennies, et la centrale électrique a continué de se délabrer.

Un an plus tard, j'étais au chevet de Simon à l'hôpital St Mary de Paddington, avec son compagnon, Robert Davis. Nous étions en larmes tous les deux. Je parlais à mon ami inconscient, cherchant à le réconforter, lui murmurant tout ce qu'on dit en pareille circonstance : qu'il devait s'accrocher, que tout le monde l'aimait.

Cela n'a servi à rien. Il s'est éteint sous nos yeux. Simon est mort à 49 ans, sa vie prématurément écourtée, comme il s'y attendait, par les dégâts pulmonaires dus à une ancienne leucémie. Je crois qu'il y a aujourd'hui à Londres cinq statues ou monuments à sa mémoire, plus que pour la plupart des Premiers ministres. Et c'est amplement mérité.

Il faisait partie de ces hommes politiques qui avancent et agissent, sans jamais se pousser du col. Chef du conseil municipal de Westminster, il avait joué un rôle majeur dans l'adoption du nouveau programme scolaire, et son anoblissement au titre de chevalier par le gouvernement Blair – alors qu'il était tory – donne la mesure du respect général dont il jouissait.

Il m'avait aidé à stabiliser la situation à la mairie après les premiers mois difficiles. Il avait tempéré certaines de mes idées les plus extravagantes et m'avait aidé à en réaliser d'autres. Dans mon chagrin, je me demandais – à l'image de nombreux commentateurs – comment nous pourrions nous passer de lui. Peut-être est-ce en partie grâce à son héritage administratif qu'en définitive nous nous en sommes sortis.

Le terme de mon premier mandat approchait et tout marchait comme sur des roulettes. Notre équipe municipale était très solide – plus solide à tous les postes que celle de Ken* – et nous adorions notre travail. Nous arrivions chaque matin conscients d'être engagés dans des dizaines, des centaines peut-être, de projets destinés à améliorer la vie des Londoniens. Nous pouvions constater nos progrès en consultant les statistiques de criminalité, le nombre de logements, la diminution des retards du métro, les analyses de la qualité de l'air. Je crois que nous éprouvions tous une satisfaction et une fascination immenses.

Malgré mon quota habituel de gaffes et de bourdes, cette impression d'activité acharnée et de détermination a sans doute touché les Londoniens, parce qu'en mai 2012 j'ai été réélu maire pour un nouveau mandat de quatre ans : un résultat d'autant plus appréciable que les Tories affichaient un retard d'une quinzaine de points à Londres et que le contexte politique national était celui d'un budget « bordélique », dont la mesure la plus mémorable était une taxe au goût amer sur les *Cornish pasties***.

Quelques mois plus tard, nous organisions des Jeux olympiques et paralympiques qui ont fait partie des plus réussis, et cet été-là nous avons pu proclamer spectaculairement notre message sur des milliards d'écrans du monde entier. Londres était la plus grande ville au monde, un lieu joyeux, accueillant, multiethnique, où la criminalité était faible et ne cessait de diminuer, où l'air devenait plus pur et qui était doté d'un système de transports en commun rapide et abordable.

Tous les maires ont pour mission de faire la promotion de leur ville, mais nous sommes passés dans une autre dimension, sillonnant la planète en surfant sur la vague postolympique. Pour défendre Londres devant le public mondial, j'ai eu l'immense chance de disposer d'un remarquable nouvel adjoint, Sir Edward Lister, un vétéran à la chevelure blanche, chef du conseil municipal de Wandsworth, dont les méthodes de réduction des coûts et des impôts avaient fait l'admiration de Margaret Thatcher.

Eddie possédait le calme et la délicatesse de Simon, ainsi qu'une connaissance encyclopédique de l'urbanisme. Il était également passé maître dans l'art de courtiser les investisseurs. Durant les quelques mois qui ont suivi les Jeux olympiques, nous nous sommes mis en route comme des navigateurs élisabéthains avec un objectif très simple : rapporter du butin à notre ville.

Nous sommes allés à Hong Kong et en Australie, en Inde, dans le Golfe, en Amérique, en Malaisie – partout, à dire vrai, où nous pensions trouver

* Livingstone.

** Friands à la viande, spécialité de Cornouailles. Cette expression a été utilisée dans la presse britannique à propos d'une augmentation de la TVA sur les plats à emporter.

des oreilles attentives. Nous sommes montés au sommet des gratte-ciel de Shanghai et avons trinqué à la santé de nos généreux hôtes – *Ganbei !* – avec des soupières de château margaux. Nous avons assisté à des courses de dromadaires en Arabie saoudite et avons mangé du chameau au dîner (une bosse ou deux ? aurait, paraît-il, demandé le serveur).

Un tsunami d'argent a déferlé sur Londres, inondant jusqu'aux quartiers les plus reculés de la ville. Nous avons calculé que moins d'un an après les Jeux nous avions attiré 4 milliards de livres supplémentaires d'engagements financiers, à Croydon, aux Royal Docks, au Parc olympique, partout. C'est au cours de cette période gratifiante et propice que j'ai mis au point mes réflexions sur le nivellement par le haut.

Je croyais aux vertus du marché, bien sûr ; je croyais qu'il convient de laisser les entreprises et les gens décider de la manière dont ils veulent dépenser leur argent. Mais j'étais aussi convaincu que dans une économie mondialement compétitive où le capital pouvait circuler librement, il était indispensable de se remuer. Il fallait un vrai leadership. Il fallait quelqu'un capable de raconter l'histoire de Londres, l'histoire de la Grande-Bretagne, de raconter où nous allions et quelles étaient nos ambitions. Eddie et moi avons constaté que nous étions très doués pour ça.

Nous étions conscients que nos interlocuteurs n'avaient pas beaucoup de temps à nous consacrer. Ils voulaient un topo éclair. Ils voulaient savoir : pourquoi Londres ? Pourquoi maintenant ? Nous avions les réponses. Nous savions également que lorsqu'il s'agit de conclure un accord, les géants du secteur privé veulent absolument savoir si vous vous engagez – vous, les pouvoirs publics – à leurs côtés.

Ils veulent être certains que vous actionnerez vos leviers, que vous utiliserez vos lois sur l'aménagement du territoire, vos ressources énergétiques et vos infrastructures de transports pour que ça marche, et nous étions en mesure de le prouver, avec éclat même. L'exemple le plus grandiose et le plus fascinant était le Parc olympique.

L'histoire moderne abonde en catastrophes postolympiques : piscines envahies de buddleias, stades déserts, villages d'athlètes colonisés par des toxicomanes et des squatteurs. J'étais décidé que Londres soit l'exception, et ce fut le cas, dans des proportions qui ont dépassé mes attentes.

Durant les années qui avaient précédé les Jeux, j'avais été obsédé par ce problème d'« héritage » : je voulais qu'après avoir dépensé 9,3 milliards de livres pour une compétition sportive nous laissions quelque chose de concret derrière nous. Nous devions prouver que nous croyions à nos discours sur la transformation de l'est de Londres et que le Parc postolympique deviendrait un nouveau lieu spécial de la ville, un aimant pour les curieux de Grande-Bretagne et du monde entier.

Par un samedi matin frisquet de janvier 2009, j'étais chez moi à étudier les plans du Parc quand ça a fait tilt : tout était trop fonctionnel, trop exclusivement axé sur le sport. Il n'y avait rien qui puisse attirer le touriste, rien qui l'incite à dire : « Mince alors, Doris, t'as vu ça ? Allons faire un tour au Parc olympique ! » Je me suis rappelé que quand j'étais enfant à Bruxelles, nous allions régulièrement à une piscine aménagée sur le site de l'Exposition universelle de 1958 où, pour des raisons qui m'échappent, les Belges avaient construit un modèle géant en acier d'une molécule de carbone, appelé l'Atomium.

Quoi qu'on puisse penser de l'Atomium (je doute un peu de son exactitude pour ce qui est des molécules de carbone), ce monument avait porté ce quartier de Bruxelles sur la carte. Notre vaste site de Stratford, me suis-je dit, avait besoin de quelque chose de tout aussi farfelu, quelque chose de vertical. Il nous fallait un point de repère – un point d'exclamation ! – pour attirer le regard. J'en ai discuté avec Tessa Jowell, une de ces ministres travaillistes avec qui il était possible d'entretenir une relation chaleureuse et amicale, et elle est vite devenue complice de mes projets.

La semaine suivante, alors que j'étais aux toilettes à Davos, j'ai repéré Lakshmi Mittal qui se lavait les mains. Nous ne nous étions jamais rencontrés, mais je savais qui il était, et il savait qui j'étais. Moins d'une minute plus tard – quarante-cinq secondes à tout casser –, il avait accepté de fournir l'acier nécessaire à une structure quelconque, quelque chose de grand.

Quoi exactement ? Nous avons organisé un concours. Nous avons constitué des commissions. Nous avons examiné des versions modernes de la colonne de Trajan, de la tour Tatline, un colosse de Stratford. Antony Gormley a été à deux doigts de nous convaincre de lui accorder je ne sais combien de millions pour construire encore une statue à son effigie, un Gormley énorme au point qu'il faudrait près d'une heure pour monter laborieusement de la jambe de Gormley à l'abdomen de Gormley puis à la tête de Gormley, d'où l'on aurait une vue magnifique, des Chilterns aux Southdowns.

Finalement, nous nous sommes décidés pour l'ArcelorMittal Orbit, une sorte de point d'exclamation avec un point d'interrogation superposé. C'est aujourd'hui la plus grande œuvre d'art public de Grande-Bretagne et, bien qu'elle ait ses détracteurs, elle a aussi ses fans, dont, vous n'en serez pas surpris, je suis.

C'est une étrange fantaisie de cent vingt mètres d'acier rouge, qui vrille et s'enroule asymétriquement au-dessus du site. Après les Jeux, nous avons ajouté un long toboggan en spirale argenté, le plus long toboggan tubulaire du monde. Si vous voulez savoir ce qu'éprouve un bol alimentaire qui descend dans le système digestif d'un gigantesque trombone mutant rouge, prenez le toboggan de l'Orbit, qui va un tout petit peu plus vite que vous ne le souhaiteriez vraiment.

En fait, cette attraction rapporte aujourd'hui de l'argent, mais ce n'était pas l'objectif initial de l'ArcelorMittal Orbit. Il devait proclamer : je suis une destination. Il incite à porter un regard neuf et différent sur ce qui avait été un des quartiers les plus délabrés de la ville. Nous y avons ajouté un nouveau centre culturel géant, que j'ai pompeusement baptisé Olympicopolis. Nous avons obtenu du Victoria & Albert Museum la construction d'une annexe, le V & A East ; nous avons fait venir Sadler's Wells, la grande troupe de ballet. L'université des Arts de Londres y a ouvert un campus, tout comme Loughborough, la grande université d'études sportives.

La BBC y a installé des studios. L'ancien centre multimédia des Jeux est devenu un centre technologique appelé *Here East**. Le succès a nourri le succès. Les mauvaises herbes n'ont pas envahi le village olympique, orné de frises antiques à ma demande. Tous les appartements ont été vendus et on a continué d'en construire afin de satisfaire les Qataris qui se bousculaient pour les acheter. À un jet de pierre du stade – un jet de javelot –, on a inauguré une nouvelle école privée pour les enfants du quartier qui seraient étonnamment nombreux à être admis par la suite à Oxford ou Cambridge.

La valeur des biens immobiliers a augmenté plus vite dans ces boroughs olympiques – Hackney, Newham, Waltham Forest – que partout ailleurs à Londres. À l'heure où j'écris, dix ans et quelque plus tard, ce projet continue d'accumuler des milliers d'emplois et de logements supplémentaires. Longtemps désertée, la gare de Stratford est devenue une des plus animées de Grande-Bretagne, car elle sert de jonction à l'Elizabeth Line, à la Jubilee Line, à la Central Line, au DLR et à la liaison ferroviaire avec le tunnel sous la Manche.

C'est parce que nous avons ajouté ces connexions d'une grande fluidité que toute cette entreprise a été viable et que le secteur privé s'est senti en confiance pour investir dans les logements, les musées et les campus universitaires. Et voilà comment – pour en arriver à la chute de ce long sermon – nous avons réglé le problème de Battersea et d'autres casse-tête de réhabilitation.

* Ici, l'Est.

Portés par cette vague d'euphorie postolympique, Eddie et moi avons embarqué à bord d'un avion à destination de Kuala Lumpur et conclu un accord avec le Premier ministre de Malaisie, Najib Razak. Nous avons accompli le tour de magie qui a donné au fonds souverain malaisien la confiance nécessaire pour investir.

Vous vous rappelez le cercle vicieux de la centrale électrique à l'abandon ? Il était impossible de la raser, mais on ne pouvait pas non plus construire assez de logements pour justifier les dépenses de sa rénovation parce qu'il n'y avait pas de moyens de transport, et on ne pouvait pas justifier de financer de nouvelles stations de métro pour un montant de plusieurs milliards parce qu'il n'y avait ni logements ni habitants.

Soudain, nous avons eu une idée ou, plus exactement, quelqu'un m'a donné une idée que nous avons adoptée : le *Tax Increment Financing**. En deux mots, cela consiste à emprunter en comptant sur les futures recettes fiscales – impôts locaux, taxe professionnelle, droits d'enregistrement – provenant des biens immobiliers qui seront bâtis grâce aux nouveaux moyens de transport.

C'était une opération spéculative, c'est vrai ; elle n'était pas sans risque. Mais nous étions au cœur de Londres, la plus grande ville sur Terre. Ça ne pouvait que marcher.

Nous sommes allés voir le chancelier de l'Échiquier, George Osborne, que je ne remercierai jamais assez d'avoir dit oui (quelles qu'aient pu être nos divergences par ailleurs, notre collaboration à Londres a été à la fois sympathique et remarquablement productive) – et c'est ainsi que Battersea a pu être transformé.

TfL a obtenu l'autorisation de contracter un emprunt pour prolonger la Northern Line, et le succès a été au rendez-vous. La centrale électrique a ressurgi de terre, la dynamo tourne et au lieu de rejeter une fumée noire sulfureuse, elle produit des emplois, de la croissance et des logements ; pas 2 500 logements comme l'avait envisagé Wandsworth au départ, mais 25 000, ainsi que des dizaines de milliers d'emplois, et aussi le siège britannique d'Apple.

Les recettes fiscales dégagées par ces logements et ces bureaux remboursent déjà le Trésor du coût des stations de métro de la Northern Line. Les cheminées ont été reconstruites ; les espaces intérieurs Art déco restaurés avec amour. C'est un phénix qui renaît de ses cendres, un triomphe de cercle

* « Financement par augmentation fiscale », il s'agit d'un outil utilisé par les municipalités pour soutenir le développement économique de certaines zones géographiques.

vertueux. Nous avons eu le beurre et l'argent du beurre : la préservation d'un bâtiment historique ET la réalisation d'un grand nombre de nouveaux projets.

À l'approche de la fin de mon mandat de maire, toutes sortes de données statistiques montraient la réalité de notre nivellement par le haut. D'un bout à l'autre de la ville, nous avions accordé 2 300 permis de construire dont 200 pour de très grands immeubles, certains plus hauts que le gratte-ciel de Canary Wharf.

Malgré la crise bancaire, l'économie londonienne avait continué de progresser à un rythme soutenu et le chômage des jeunes était à son plus bas depuis vingt-cinq ans. Sur bien des points, les déciles socio-économiques inférieurs étaient ceux qui bénéficiaient le plus de nos réalisations.

En faisant baisser la criminalité de 20 % et le taux d'homicides de 50 %, nous avons aidé les pauvres, car ce sont eux les plus touchés par le crime. En réduisant le nombre de morts et de blessés sur les routes, nous avons aidé les pauvres, car ce sont les enfants des pauvres qui ont le plus tendance à mourir dans des accidents de la circulation.

En divisant par deux comme nous l'avons fait le nombre de morts dans des incendies (c'était avant le terrible embrasement de l'immeuble Grenfell), nous avons aidé les pauvres et les nécessiteux, car statistiquement ce sont surtout les gens à faibles revenus qui meurent dans des catastrophes dues à des accidents domestiques comme les feux de friteuse. Nous avons même réduit les risques que des tragédies comme celle de Grenfell se reproduisent en encourageant l'utilisation de matériaux de bonne qualité dans les logements de ce qu'on appellerait le New London Vernacular Style*.

Faites un tour dans Londres et vous pourrez voir le New London Vernacular Style à peu près dans tous les lotissements construits depuis 2011 environ. Ce style privilégie les fenêtres encastrées aux proportions classiques (plus hautes que larges) et les portes d'entrée qui ouvrent directement sur la rue, et surtout nous avons exigé de la brique – sur le modèle des rangées de maisons mitoyennes géorgiennes et victoriennes. Nous nous sommes opposés aux affreux parements qu'on voyait partout jusqu'alors et avons ainsi contribué à rendre Londres plus belle et moins inflammable.

En réduisant la pollution atmosphérique, nous avons aidé les pauvres, car ce sont toujours leurs enfants qui grandissent près des endroits où la circulation est la plus dense et les rues les plus polluées.

* Nouveau style architectural reposant sur les besoins locaux, la disponibilité de matériaux de construction et le respect des traditions locales.

À la fin de mes huit années de mandat, la population de Londres avait augmenté d'environ un million d'habitants et toute la ville s'était enrichie. Au début, elle comptait 4 des 6 plus pauvres boroughs de tout le Royaume-Uni. À la fin, il n'y avait plus aucun borough londonien parmi les 20 plus pauvres. L'espérance de vie avait augmenté de 18 mois pour les femmes et de 19 mois pour les hommes, et dans certaines parties de Harrow Road l'espérance de vie à la naissance était de 97 ans.

De quoi se nourrissaient-ils dans Harrow Road ? me suis-je demandé. De gelée royale et de glandes de singe ? Ils vivaient plus vieux que les ermites du Caucase.

En définitive, notamment grâce au succès des Jeux olympiques, Londres n'était pas seulement la région la plus productive d'Europe ; c'était aussi la ville qui attirait le plus de touristes au monde, avec 18,8 millions de visiteurs.

J'adorais ce boulot et j'avais indéniablement fait des progrès au fur et à mesure. Dans mes instants les plus raisonnables, je me disais qu'il serait certainement préférable pour tout le monde – ma famille, moi – que ce soit ma dernière fonction importante dans la politique britannique. Mais voilà : la politique est addictive et, à l'approche des élections législatives de 2015, des gens ont commencé à faire irruption dans mon bureau – des députés tories aimables et bien intentionnés – pour m'exhorter à essayer de retrouver un siège à Westminster.

Eddie Lister était de leur avis. Jamais en panne de solution, il savait même exactement où. Pourquoi pas Uxbridge ? m'a-t-il suggéré.

J'étais tenté. Mon travail à Londres m'avait changé. J'étais devenu bien plus sérieux, davantage captivé par les subtilités de la politique. Dans au moins un domaine important, j'avais commencé à changer d'avis.

Chapitre 14

LA COP FAIT FLOP À COPENHAGUE

De climatosceptique à partisan de la neutralité carbone

Si vous faites partie de ces gens que jamais la moindre interrogation sur le changement climatique n'est venue troubler...

Si depuis trente ans la science établie vous emplit d'une certitude inébranlable...

Si vous ne vous êtes jamais demandé si on n'exagérait pas un chouïa toute cette affaire...

Si vous n'avez jamais regardé la neige tomber ou dérapé sur une plaque de verglas en pensant: Hmm... Et il paraît que la planète se réchauffe...

Si vous n'avez jamais éprouvé un soupçon d'irritation devant les leçons de morale de certains écoguerriers...

Si vous n'avez jamais rouspété dans un embouteillage provoqué par des militants d'Extinction Rebellion ou de Just Stop Oil qui s'étaient collé les joues à la superglu sur la chaussée...

... En ce cas, mes amis, ce chapitre n'est pas vraiment fait pour vous.

Si par contre vous êtes prêt à entendre une histoire de scepticisme et de repentance, la conversion d'un cynique devenu évangélisateur, et comment j'ai rejoint cette foule aujourd'hui nombreuse des anciens incrédules sur le chemin de Damas, eh bien...

Voilà comment j'ai trouvé une façon de réconcilier mes instincts hérétiques naturels avec la campagne engagée pour sauver la planète de la catastrophe. Tout a commencé à la COP15, la conférence sur le climat de Copenhague. J'étais là-bas lors de cette soirée décisive où tout a foiré.

Mes obligations à ce sommet n'étaient pas écrasantes. Officiellement, je m'y trouvais pour prendre la parole lors d'une réunion de responsables de grandes villes du monde. En fait j'étais là-bas car les jeunes fonctionnaires brillants et idéalistes de la mairie avaient décidé que je devais assister à la COP parce qu'ils croyaient tous – et je dis bien: ils CROYAIENT vraiment – que cet événement était capital pour l'avenir de notre planète et que si les choses se terminaient mal nous serions tous coupables d'un immense crime collectif envers la postérité.

J'étais encore loin, je le crains, d'avoir la même foi qu'eux chevillée au corps. Pas de tout cœur, pas encore.

Le 15 décembre 2009, donc, en revenant en fin de soirée au centre de conférence Bella, plutôt joliment euphorique après avoir dîné avec le prince héritier du Danemark, qui est un type épatant – Hamlet sans les atermoiements –, j'ai tout de suite senti qu'il y avait un os.

Je suis un habitué des réunions au sommet qui partent en sucette. J'étais à Rome en 1990 quand Margaret Thatcher est tombée dans l'embuscade que lui tendaient les autres responsables de la Communauté avec leur plan d'union monétaire européenne. J'étais à La Haye quand les discussions ont capoté entre le Serbe Milosevic et le Croate Tudjman, avant que n'éclate la guerre de Bosnie.

Et tant d'autres : la conclusion épique des discussions du GATT sur le commerce mondial, la guerre malheureuse du bœuf menée par John Major contre le reste de la CEE. J'ai couvert tous ces événements.

Je connais les mines paniquées des officiels chargés des discussions quand ils se rendent compte qu'ils ne peuvent plus dissimuler les désaccords. J'en ai pourchassé assez dans les couloirs, avec leurs compromis et leurs communiqués pleins de formules temporaires entre crochets.

« Comment ça se passe ? » ai-je demandé avec nonchalance. Eh ben… c'est la cata, m'a-t-on répondu.

Après un an de négociations tous azimuts, nous n'aboutissions à aucun résultat concret. Le monde en développement criait à la trahison. Les petits États insulaires semblaient condamnés à se dissoudre comme des morceaux de sucre dans des mers de plus en plus chaudes et dont le niveau était en élévation constante.

L'Union européenne rejetait la faute sur les Américains. Les Américains accusaient les Chinois. Je suis passé devant une salle dans laquelle Barack Obama se trouvait, disait-on, en discussion avec une délégation chinoise : on entendait presque les reproches voler dans un sens et dans l'autre comme des balles de ping-pong.

C'était fichu. Il était 23 heures passées. La 15e Conférence des parties (COP) de la Convention des Nations unies sur les changements climatiques allait se terminer dans le chaos et la mésentente. Son unique production tangible était une déclaration brumeuse rappelant que, dans l'ensemble, il serait moche que le monde continue sur sa trajectoire actuelle.

Nous déplorions de voir les températures vraisemblablement parties pour grimper de 2 °C supplémentaires d'ici à la fin du XXIe siècle, mais quelles mesures concrètes prenions-nous à ce sujet ? Nada.

Le monde s'était réuni à Copenhague à l'approche des fêtes de Noël pour se tourner les pouces. Nous n'avions convenu d'aucun engagement juridiquement contraignant pour réduire les émissions de CO_2 d'un iota. Nous condamnions les générations futures au désastre – fonte des glaces, disparition des habitats, désertification, migrations de masse.

Des milliers de politiciens et autres officiels avaient pris du bon temps en notes de frais dans cette capitale réputée pour ses mœurs progressistes, et malgré leur travail bien réel la planète était toujours en passe d'être grillée comme une saucisse saisie à feu vif, ou un bon gros steak juteux dans un restaurant cossu de Copenhague – et cela ne les dérangeait pas plus que ça.

À l'extérieur du site de la conférence, des dizaines de milliers de manifestants plus ou moins courroucés, installés dans des campements de fortune, nous suppliaient de nous ressaisir. Dans le monde entier des millions, sinon des milliards, de défenseurs de l'environnement de tous âges espéraient, priaient pour que nous fassions preuve de sens politique.

Mais nous avions échoué.

Il y avait toutes sortes de responsables à cet échec. Les Américains auraient certainement dû faire davantage (imaginez les critiques au vitriol des médias progressistes si la délégation états-unienne avait été menée, hum, par Donald Trump plutôt que Barack Obama). Je suis certain que les Chinois auraient aussi pu offrir davantage.

Et de mon côté, que faisais-je ?

Pendant que le monde oscillait au bord de l'apocalypse climatique, je suis allé au musée Thorvaldsen admirer ses sculptures. Quand la conférence de Copenhague s'est effondrée sur elle-même dans l'aigreur générale, je suis tout bonnement allé me coucher.

Pour comprendre notre échec et mon impardonnable apathie, je vous demande de ne pas ignorer cette évidence imparable, que vous auriez vous-même observée à Copenhague en ce mois de décembre 2009. La météo. Il avait neigé, reneigé et reneigé encore ! Un manteau blanc recouvrait jusqu'aux tours vert-de-gris de l'hôtel de ville rendues célèbres par *Borgen* et d'autres grandes séries danoises. Pas besoin d'inspectrice de police en pull à col roulé pour savoir qui avait tué l'accord sur le climat. La coupable était là, sous nos yeux.

La neige s'engouffrait en tourbillonnant sous les auvents de la conférence. La neige fondue s'insinuait dans les chaussures des délégués et leur gelait les orteils. Il suffisait d'un regard à leurs visages transis, à leurs lèvres bleuies par le froid, pour se rendre compte qu'ils n'avaient pas le cœur à l'ouvrage. Nous tenions un sommet sur le réchauffement climatique au beau milieu de ce qui avait toutes les apparences d'une mini-ère glaciaire. C'était absurde. Quant à moi, pour être franc j'étais déjà politiquement traumatisé à cause de la neige et de l'abominable pouvoir du mauvais temps.

Onze mois plus tôt seulement, le dimanche 1er février 2009 en fin d'après-midi, assis à ma table de travail à mon domicile d'Islington, j'avais regardé par la fenêtre en pensant : Hum, c'est une vraie avalanche. La neige s'était mise à tomber dru, en gros flocons asymétriques qui ressemblaient à des fleurs de coton. Elle s'empilait en croûtes verticales sur les branches des buissons et les rosiers. À mon réveil le lendemain matin, il y avait dehors cette merveilleuse lumière à la fois brillante et terne qui annonce une journée spéciale – un jour de neige.

J'ai enfourché mon vélo pour me rendre au bureau mais, obligé comme je l'étais de slalomer sans arrêt entre des congères et des flaques de neige fondue, j'ai vite regretté de m'être lancé dans cette expédition téméraire. Arrivé à destination, épuisé par l'effort qu'il m'avait fallu produire pour rester à la verticale sur mon engin, j'ai appris que j'étais déjà attaqué sur le front politique. Vingt centimètres de neige étaient tombés sur Londres – on n'avait pas vu cela depuis vingt ans. À 4 h 32 du matin, les contrôleurs de TfL au centre de commandement d'urgence avaient jeté l'éponge[1].

Un si grand nombre de nos autobus s'étaient mis à déraper et à emboutir des voitures qu'ils avaient tous été renvoyés aux dépôts. Pour ne pas en ressortir de la journée. Comme mes ennemis ne tardèrent pas à le souligner, c'était du jamais vu, ou presque. Il fallait remonter avant la Seconde Guerre mondiale pour trouver une telle mise à l'arrêt des autobus londoniens. Ken Livingstone, mon ex- et futur adversaire, piaffait, hilare, à la radio. « Même la Luftwaffe n'a jamais réussi à arrêter les bus, se gaussait-il. Boris Johnson aura fait ça dès sa première année en poste. »

Sous-entendu : les conducteurs de bus londoniens et leur maire étaient des gens bien délicats, délicats comme des flocons de neige, tenez. À vrai dire je pense que cette critique était injuste, et la décision d'arrêter la circulation des bus complètement légitime. Durant les premières heures de la tempête on avait dénombré trente accidents de nos véhicules. Qu'aurait-il fallu faire ? Attendre que des gamins se fassent faucher à un arrêt de bus ?

Cette semaine-là, la neige a paralysé la totalité du pays. Elle a fermé 4 500 écoles, des universités, et des millions de gens ont décidé que pour l'essentiel ils resteraient chez eux.

Bon, si vous m'aviez dit que confrontés à quelques dizaines de centimètres de neige les Britanniques étaient des petits joueurs en comparaison, par exemple, des Scandinaves, j'aurais été obligé d'en convenir. Nous faisions tout un pataquès d'un événement que d'autres pays auraient géré sans sourciller. Mais si vous aviez accusé les Londoniens – ou la mairie de Londres – de se montrer anormalement pitoyables par rapport au reste du Royaume-Uni, eh bien, là j'en aurais pris ombrage.

Qu'étions-nous censés faire de plus ? Nous avons recouvert les chaussées de couches de sable aussi épaisses qu'une plage de bord de mer. Nous avons sablé (sablonné ? sabloyé ?) encore et encore. Comme je l'ai expliqué quelques semaines plus tard devant la Commission d'enquête sur les transports de la Chambre des communes, il était absurde d'attendre de ma part que je monte sur le toit de la mairie et que j'agite les bras pour repousser les flocons.

J'ai expliqué comment nos sablages et resablages à tout-va s'étaient à vrai dire révélés contre-productifs, puisque les couches successives de neige, de sable, de gravier et de sel avaient fini par se transformer en redoutables lasagnes glacées. TfL, ai-je précisé, ne méritait aucun reproche pour avoir arrêté la circulation des bus. C'était la décision opérationnelle qu'il fallait prendre et il aurait été ridicule de ma part de l'annuler.

Il a été rapporté que j'avais quitté la commission – après avoir dépassé les quarante-cinq minutes que ses membres m'avaient demandé de leur consacrer –, « en colère ». Mais jamais bien sûr cela n'a été mon intention. Ainsi, j'espère que le lecteur comprendra pourquoi durant ces premiers mois, ces premières années de mon mandat de maire, je n'étais pas encore assez préparé, sur le plan psychologique, pour entrer en guerre contre le changement climatique.

La question climatique me préoccupait, certes, mais en lorgnant sur l'autre extrémité du thermomètre. Et j'ai peur que toute l'année 2009, depuis l'enfer blanc de Londres jusqu'à la mascarade de Copenhague, n'ait exacerbé mon penchant inné à l'hérésie. « Réchauffement climatique, marmonnais-je les mains crispées sur mon guidon pour éviter le dérapage sur une chaussée verglacée de la City. Sérieux ? »

Ne vous méprenez pas. Je suis, j'ai toujours été un fervent défenseur de l'environnement. Comme bien des gens de ma génération je suis saisi depuis l'enfance d'horreur et d'effroi face à ce que l'humanité fait subir la nature. À partir de l'âge de huit ans environ, à l'instar de tant de mes concitoyens j'ai été un grand admirateur de Gerald Durrell. Je me suis demandé si moi aussi, comme lui, je deviendrais un jour un grand naturaliste. J'ai passé tout un été à dessiner avec soin des petits êtres vivants que je découvrais dans les champs et les cours d'eau du Somerset – des larves de trichoptères et autres bidules. J'ai été affligé par la diminution du nombre de baleines et de toutes les espèces qui voyaient leur existence menacée par l'humanité. J'ai aussi toujours soutenu avec passion l'approche sans concession de mon père en matière de préservation de la nature.

Ma grand-mère Bice l'a un jour mis au défi de soutenir qu'il serait prêt à sacrifier ses propres enfants pour sauver le dernier couple de tigres reproducteurs. J'ai été fier de lui – quoiqu'un peu inquiet – quand il a répondu par l'affirmative. Perdre quelques gamins pour sauver une espèce irremplaçable ? Mais oui !

En 1975, nous sommes allés voir tous ensemble *Les Dents de la mer* dans un cinéma de l'avenue Louise à Bruxelles. Quand les lumières se sont rallumées, mon père (il travaillait alors à la direction générale de l'environnement de la Commission des communautés européennes) a déclaré d'une voix forte : « Je trouve terrible ce qu'ils ont fait à ce requin. »

J'ai ri, mais je comprenais ce qu'il voulait dire. Quand nous étions étudiants, ma sœur Rachel et moi avons circulé à travers l'Espagne comme bénévoles pour le Fonds international pour la protection des animaux. Nous répertoriions les cas de cruauté envers diverses espèces : lions et chimpanzés drogués dans des fêtes foraines, épouvantables manèges où des enfants obèses étaient juchés sur des poneys miniatures dont le dos ployait sous leur poids, et au pénis ligaturé pour les empêcher d'uriner.

Mon collègue Michael Gove raconte que lorsque nous avons fait connaissance à Oxford, il m'a demandé quel parti politique je soutenais et j'ai répondu : « Je suis un conservateur vert. » Cela me paraît très probable.

J'étais écolo, je suis écolo… et pourtant je me suis égaré, mes amis. Sur la question de la science, avec un grand S, du réchauffement climatique, je suis devenu, temporairement à tout le moins, peu perspicace.

Au grand embarras de mon équipe à la mairie, j'ai commencé à prêter l'oreille aux sceptiques. Comme à d'autres, le chant de certaines sirènes m'a paru irrésistible. Allez savoir pourquoi, je me suis lié d'amitié avec le conspirationniste marxiste Piers Corbyn (bien avant que son frère Jeremy ne prenne la tête du Parti travailliste). Je suis même allé visiter sa station météorologique WeatherAction à Bermondsey.

D'après Piers, qui possédait un diplôme de physique avec une mention « très bien » de l'Imperial College, il fallait tout mettre sur le compte des taches solaires. Le changement climatique lié aux activités humaines était un canular, affirmait-il – preuve s'il en est que l'extrême gauche et l'extrême droite peuvent converger sur les mêmes théories du complot.

Il était tout à fait raisonnable de ma part de m'inquiéter devant la neige, disait-il, et la probabilité de voir une nouvelle ère glaciaire survenir était considérable. Je n'ai jamais véritablement apporté mon soutien à Piers, car ma jugeote me murmurait qu'il était tout de même un brin zinzin, mais je lui ai donné un petit peu la parole au *Telegraph*. J'ai fait pire. J'ai activement collaboré avec certains climatosceptiques et autres contradicteurs du changement climatique en me moquant de l'énergie verte – des remarques qui n'ont pas bien vieilli du tout. Ces moulins à vent, ai-je affirmé dans un article pour le *Sun*, ne rideraient même pas la peau d'une assiette de riz au lait.

J'ai comparé les éoliennes à « une espèce d'invasion de Vénusiens hideux lancés à la conquête de nos landes et détruisant nos vallées ; des jouets de plage démesurés posés au hasard sur nos paysages ; des ribambelles de vieux cinglés agitant leurs bras tout blancs, gesticulant mollement les uns à côté des autres »...

Comment ai-je pu dire cela ? Comment ai-je pu me tromper à ce point ?

Aujourd'hui vous m'entendrez chanter les louanges du Royaume-Uni transformé en Arabie saoudite de l'énergie éolienne. Pourquoi étais-je tellement à côté de la plaque ?

Par pur esprit de contradiction, à vrai dire. J'étais agacé par l'aspect semi-religieux de la thèse du changement climatique. Je n'appréciais pas les hurlements de désapprobation qui s'élevaient contre certaines voix, comme celles de Matt Ridley* et de Nigel Lawson, quand elles osaient exprimer leur désaccord. Le dogmatisme et le fanatisme de l'argumentaire climatique me rendaient méfiant. J'avais besoin que quelqu'un me prenne à part, me calme, m'expose à nouveau les faits scientifiques et m'aide à mieux cerner le problème. Par chance j'avais Isabel Dedring à mes côtés.

Isabel est une Américaine d'origine allemande, une ancienne analyste de McKinsey et une brillante dézingueuse de foutaises. Conseillère sur les questions environnementales à la mairie, c'est elle qui m'a fait revenir de ma folie. Elle ne protestait jamais ouvertement devant mes singeries. En réunion, elle ne me contredisait pas quand je me mettais à citer Piers Corbyn et à déblatérer sur l'arrivée imminente de la nouvelle ère glaciaire. Elle me témoignait de la sympathie, elle disait bien comprendre les doutes qui m'assaillaient, et elle reprenait tout à zéro : les effets de l'accumulation du carbone dans l'atmosphère, la rapidité sans précédent du phénomène,

* Journaliste et écrivain scientifique.

le risque que nous soyons en train d'envelopper le monde dans une espèce d'édredon suffocant.

À ce stade je passais davantage de temps dans des avions, à regarder le monde depuis le ciel, et je constatais l'impact de l'humanité partout sur notre planète. Le risque d'une catastrophe de notre fait semblait de plus en plus plausible. Nous discutions pendant des heures de la façon dont certaines politiques environnementales bien menées seraient susceptibles de contribuer à la croissance économique : augmentation du PIB, amélioration des conditions de vie de la population, nivellement par le haut. Elle mesurait mes inquiétudes – ma crainte que tout cela ne soit motivé que par les angoisses de la classe moyenne et que les mesures prises se traduisent tout bonnement par une augmentation des factures pour les faibles revenus.

Rien n'était écrit en ce sens, affirmait-elle. Il était possible, de fait, de mettre l'économie au vert et de réduire les coûts.

J'ai donc décidé de faire un pari à la Pascal, celui de croire au réchauffement climatique. Vous vous souvenez que le grand philosophe français finit par décider que la solution la plus rationnelle pour lui est de croire en Dieu. Si je me trompe, raisonne-t-il, je ne perds rien. Si j'ai raison, je gagne le paradis éternel. Mais si j'échoue à croire, et s'il s'avère que Dieu existe bel et bien, là, je suis condamné à l'enfer pour toujours.

Au fil des ans j'ai essayé de construire le même genre de raisonnement – croire au réchauffement de la planète et faire campagne contre le changement climatique, pour un résultat toujours gagnant. Si nous nous trompons, nous ne perdons rien. Dans le cas contraire nous réduisons la pollution, nous favorisons le développement de technologies propres et durables et nous créons de très grandes quantités d'emplois bien rémunérés dans les industries vertes.

Si nous avons raison et prenons les mesures appropriées, nous assurons aussi le salut de l'essentiel de la race humaine et du monde naturel tel que nous le connaissons. Si nous ne réussissons pas à croire, et ne parvenons pas à agir, eh bien, le risque est là que nous soyons condamnés à l'enfer.

Petit à petit, sous mon caparaçon de cynisme, j'ai fait ma mue d'évangélisateur vert. Nous avons mené campagne – avec succès – pour un Londres plus propre, plus vert, plus cyclable, moins pollué, doté de centaines de milliers sinon de millions d'arbres supplémentaires.

Nous avons engagé Rosie Boycott, rédactrice en chef et fondatrice du magazine féministe *Spare Rib*, comme papesse de notre alimentation. Elle a lancé une campagne pour encourager les Londoniens à faire pousser des végétaux. Bientôt, des centaines d'endroits improbables – toits d'immeubles, ronds-points – ont vu jaillir de terre des asperges et des haricots grimpants. Elle s'était donné pour objectif de créer 2 012 espaces de ce type d'ici 2012, et elle y est parvenue.

Bien avant qu'elle ne soit réellement viable, je suis devenu un fervent défenseur de la voiture électrique. En 2009 nous avons lancé un programme pour doter Londres de 25 000 bornes de recharge et apaiser ainsi l'anxiété des conducteurs liée à l'autonomie des véhicules. En 2015, hélas, nous n'en avions encore que 1 400 et la plupart étaient inutilisées ou hors d'usage, oubliées comme les totems d'une religion défunte.

J'ai annoncé que 100 000 véhicules électriques[2] rouleraient bientôt dans Londres, et en 2015 ils n'étaient en réalité que 3 000. Mais quand je regarde la circulation aujourd'hui – des Tesla à la queue leu leu –, je sais que nous avons au moins amorcé le processus. En 2008, je suis allé à Pékin conclure un marché avec le constructeur Geely[3] en vue de la création d'un taxi noir londonien électrique. Ce véhicule est aujourd'hui fabriqué à Coventry. Il roule dans nos rues et il a fière allure.

Sur les huit années de mon mandat de maire, en plus de réduire la pollution nous avons massivement diminué les émissions de gaz à effet de serre. La population de Londres a augmenté. Le PIB a augmenté, le PIB par habitant a augmenté, tandis que la production de CO_2 a baissé d'environ 24 %, presque entièrement grâce à l'arrivée de nouvelles et meilleures technologies. De cynique, je suis devenu croyant, car j'ai entrevu une façon de prendre le virage de l'écologie qui encourageait la croissance économique, qui ne supposait aucune posture moralisatrice agaçante, et qui permettait un nivellement par le haut.

Douze ans après l'échec de la conférence de Copenhague, auquel je n'avais prêté qu'une oreille apathique, j'ai été l'hôte d'une autre réunion mondiale de palabres décisifs, la COP26 de Glasgow. Cette fois, et bien que la chose m'ait échappé sur le moment, j'ai été confronté à un risque politique d'une autre nature : non pas l'échec du sommet, mais que les mesures mêmes que nous y adoptions – à la fois radicales et légalement contraignantes – ne nous aliènent les climatosceptiques de plus en plus véhéments à l'intérieur de mon propre parti.

Si ma vision des choses avait évolué, celle de beaucoup d'autres n'avait pas changé.

Il y avait un point cependant sur lequel j'étais en désaccord avec les éco-fondamentalistes : le transport aérien. Nous vivons dans une économie globalisée, où de plus en plus de fret est acheminé par voie aérienne, où de plus en plus de gens veulent prendre l'avion. Il reste probablement des milliards de gens qui n'ont encore jamais pris l'avion.

La réponse au problème des émissions de CO_2 des avions n'est pas de mettre le voyage aérien hors de portée du commun des mortels, ni de réduire le nombre des vols. La réponse, c'est de produire du carburant durable et des avions électriques.

Dans certaines villes comme Londres, nous avions aussi besoin d'augmenter – pas de réduire – le nombre de créneaux dans les aéroports.

Chapitre 15

DES SOLUTIONS PLUS RADICALES

Qui restent hélas sur la planche à dessin

« Bonjour à tous, annonce le capitaine d'une voix pleine d'entrain. Voici la bonne nouvelle : nous avons gagné du temps et nous arrivons plus tôt que prévu. »

Vous êtes sur le dernier vol parti de New York la veille au soir et les dieux du vent vous ont apparemment mis en avance sur l'horaire en faisant grimper si haut et si vite votre avion sur le jet-stream que déjà l'Angleterre est là, encore endormie.

Sous l'appareil file l'Oxfordshire, dans quelques minutes vous serez à Slough, puis, *zoum,* il y aura très vite la descente vers Heathrow. Plus possible de regarder un film ! Pas le temps d'aller se brosser les dents ! Ohé, on se secoue !

Vous relevez le dossier de votre fauteuil, vous remettez vos chaussures et vous vous dites : Ah, super, il est seulement 6 h 30. Peut-être pourrez-vous vous glisser au lit auprès de votre femme avant qu'elle se soit levée. Peut-être pourrez-vous voir les enfants avant leur départ pour l'école. Peut-être aurez-vous un moment de rab pour préparer cette réunion très importante. Vous attendez l'atterrissage en faisant jouer vos mâchoires et en vous pinçant le nez pour soulager vos tympans. Et puis au bout d'un moment vous jetez un œil à votre montre et vous pensez : C'est bizarre. Il n'a pas dit qu'on devait se poser très vite ?

Vous regardez par le hublot. Oui, c'est sûr, ces gros réservoirs sont les mêmes que ceux que vous avez survolés il y a quelques minutes. Vous sentez l'avion s'incliner pour virer et... vous comprenez qu'une fois de plus vous êtes en circuit d'attente au-dessus d'Heathrow. Toute l'avance que l'avion avait pu prendre s'évapore tandis que les moteurs Rolls-Royce dégueulent sans rime ni raison du CO_2 et d'autres émanations dans le ciel. Et quand vous touchez enfin terre, qu'apprenez-vous ? Pas de passerelle de débarquement disponible ! Résultat : l'appareil tourne en rond sur le tarmac, la chaleur dans la cabine devient étouffante et autour de vous les passagers se lamentent et grognent à mi-voix. Des correspondances vont être ratées, des rendez-vous annulés. Cette préparation de réunion et ce petit-déjeuner avec les enfants ? N'y pensez plus.

Vous avez foncé par-dessus l'océan Atlantique à une vitesse quasi supersonique, au point d'avoir gagné près d'une demi-heure sur l'horaire prévu, et grâce à cet avantage inattendu vous alliez prendre la journée d'assaut, étonner vos ennemis et ravir vos amis. Au lieu de quoi, *grrr*, vous êtes pris au piège dans l'un des plus grands goulets d'étranglement de la productivité de Londres et de tout le Royaume-Uni : le manque de pistes d'atterrissage de l'aéroport international d'Heathrow.

Ce n'est pas la faute de son personnel, qui fait un travail extraordinaire avec les créneaux dont il dispose. Le problème, c'est que l'aéroport fonctionne déjà à 98,5 % de sa capacité maximale et n'est doté que de deux pistes. Charles-de-Gaulle en possède quatre, Francfort et Madrid en ont aussi quatre. La dernière fois que j'ai regardé, Istanbul en comptait cinq, et Schiphol en a six.

C'est pendant ma première campagne pour la mairie de Londres, en 2008, que je suis tombé sur la solution. La position officielle du Parti conservateur sur la question était que jamais Heathrow ne devrait construire une troisième piste. Pas de si, pas de mais, disait le Premier ministre David Cameron. Il a même parrainé un arbre sur le terrain où était envisagée, depuis déjà des décennies, cette nouvelle piste. Et à mon avis il a eu raison.

Troisième piste rejetée – et qui ne verra jamais le jour, car Heathrow est le mauvais endroit où développer de nouvelles capacités d'accueil. Ce n'est pas que je sois à titre personnel allergique au bruit des avions. J'ai été sur les bancs d'une école quasiment dans l'axe de la piste de cet aéroport à l'époque où les 747 faisaient un raffut de tous les diables, et je ne me souviens pas que cela ait une seul fois perturbé ma concentration. Ce bruit faisait juste partie de l'environnement, comme le tintement de la cloche de Lupton's Tower ou les aboiements du chien du *master in college**.

Mais il y a beaucoup de gens que le vacarme des avions importune intensément. J'ai eu des habitants de ma circonscription de Henley-on-Thames, autour de Binfield Heath pour être précis, que les vols du début de journée mettaient sur les nerfs. La pollution sonore est subjective, mais elle est aussi très réelle.

* Référence au Collège d'Eton où Boris Johnson a fait sa scolarité secondaire en tant que « boursier du roi ». Le *master in college* est le professeur responsable du pavillon des boursiers.

Il y a longtemps que j'ai compris cette vérité : les personnes qui résident au voisinage de l'aéroport d'Heathrow apprécient beaucoup l'avantage logistique qu'il leur confère. Elles sont contentes de pouvoir s'y rendre vite fait en taxi. Elles ne sont pas hostiles au petit plus qu'il apporte à la valeur de leur bien immobilier. Mais elles refusent catégoriquement d'avoir davantage de bruit, elles ne veulent pas d'avions supplémentaires.

L'ouest de Londres n'est pas seul concerné. Si une troisième piste était ajoutée à Heathrow, cela réveillerait les gens jusque dans le cœur de la capitale – à Camden, à Islington, à Southwark, partout. Les fenêtres vibreraient dans des quartiers dont les habitants s'imaginent volontiers être bien loin des trajectoires de vol. Construire cette troisième piste, cela ne signifierait pas uniquement démolir la vénérable église normande du village de Sipson, voisin de l'aéroport, avec tous les *oh* et les *ah* indignés que cette mesure entraînerait.

Cette troisième piste supposerait de consentir à une chose qu'aucune autre capitale au monde n'imaginerait, à savoir faire passer toujours plus d'avions par un couloir directement situé au-dessus du cœur de l'agglomération, car les vents dominants soufflent d'ouest en est et les avions volent face au vent pour atterrir.

Ce serait aussi une solution désespérément court-termiste, puisque la troisième piste serait d'emblée surchargée et des voix commenceraient aussitôt à en réclamer une quatrième.

C'était de la folie, avais-je conclu, et comme ce projet ne devait jamais voir le jour il me fallait trouver la solution. Ce que j'ai fait. Avec une idée qui était – et qui est toujours – magnifique.

Partout dans le monde, de grandes villes ont déplacé leur principal aéroport pour gagner de la place, pour réduire aussi les problèmes de bruit et de congestion du trafic, et elles ont souvent réglé la question des nuisances sonores, à l'instar de Hong Kong et de Singapour, en l'implantant là où personne ne vit : sur des terres artificiellement gagnées sur la mer.

La solution au problème chronique d'Heathrow, évidente à mes yeux une fois qu'elle m'est apparue, consistait à remettre sur la table le projet que le Parti travailliste avait fait l'erreur de jeter aux orties en arrivant aux affaires en 1974. Il était temps de donner un nouveau souffle au projet Aéroport de l'estuaire de la Tamise. Ses avantages étaient considérables. On pourrait y construire de multiples pistes ! On pourrait y atterrir et en décoller H24 !

Il s'agirait de créer un vaste hub à l'est de Londres, à la fois port maritime et aéroport – accompagné d'une usine marémotrice pour produire de l'énergie verte –, qui favoriserait un développement fantastique de certaines zones les plus déshéritées de l'est de Londres, du Kent et de l'Essex – cette bande de terre que l'on surnomme depuis longtemps la Thames Gateway*. Avec une liaison ferroviaire à grande vitesse, le centre de Londres ne serait qu'à une demi-heure – un trajet bien plus rapide que le taxi d'Heathrow à Westminster.

Pour couronner le tout, le projet permettrait de libérer les 1 200 hectares du territoire de l'aéroport d'Heathrow – une superficie supérieure à celle du borough royal de Kensington and Chelsea –, lequel est déjà doté de certaines des meilleures infrastructures de transport et connexions du sud-est du pays. Pensez au développement immobilier envisageable ! Pensez à l'espoir que cela pourrait représenter pour les jeunes à qui le marché londonien est actuellement inaccessible !

Cela a été une de ces campagnes qui démarrent sans fanfare. J'ai demandé à Doug Oakervee, un ingénieur septuagénaire distingué, d'étudier les différentes options. Et un jour du début de l'année 2009 nous nous sommes retrouvés à bord d'un dragueur dans l'estuaire de la Tamise, tous un peu verts de nausée, quelque part au large de la côte du Kent.

La mer était grise et agitée. D'étranges structures rouillées, semblables à des Martiens, dépassaient des vagues : des vestiges des installations anti-débarquement des années 1940, ai-je appris. Qu'allions-nous en faire ? Pas très loin reposait l'épave du *SS Richard Montgomery*[1], un Liberty ship** échoué et brisé là pendant la Seconde Guerre mondiale, avec 1 400 tonnes d'explosifs dans ses cales.

Si ce chargement devait péter, m'a-t-on expliqué, il détruirait toutes les fenêtres des communes dans un rayon de dix kilomètres de part et d'autre de l'estuaire. Là encore, qu'allions-nous faire ? Tout cela ne paraissait pas très prometteur et le correspondant de la BBC chargé des transports, un type d'ordinaire assez impartial, s'est permis de gentiment tourner notre projet en dérision. Des critiques l'ont surnommé « Boris Island ». L'ont jugé fantasque, voire délirant. Parmi les députés tories, toutefois, l'idée commençait à plaire.

Les députés de Londres n'aimaient pas la troisième piste d'Heathrow pour le bruit, la pollution et le surcroît de circulation qu'elle entraînerait. Certains députés de l'Essex saisissaient pleinement le potentiel de croissance que mon projet signifiait pour la Thames Gateway. Bernard Jenkin, qui était alors élu de Colchester, m'a appelé pour m'encourager. D'une

* Les portes de la Tamise.

** L'un des 2 710 cargos construits par les États-Unis pour l'effort de guerre.

voix de crooner, au téléphone, je lui ai chanté le tube de Dolly Parton et Kenny Rogers.

Islands in the stream
That is what we are
No one in between
How could we be wrong ?
Sail away with me
To another world...*

« Comment pourrions-nous avoir tort ? » demandais-je à mon équipe. Personne ne proposait de meilleure solution. Le nouveau gouvernement de coalition mené par les Tories restait opposé à la troisième piste. Qu'allions-nous faire d'autre ?

Personne ne voulait d'avions supplémentaires dans aucun des aéroports terrestres existants. Ma campagne s'est enlisée un moment, puis les Jeux olympiques de 2012 sont arrivés, et soudain les gens ont repris confiance. Ils ont eu le sentiment que nous étions peut-être réellement un coin du monde dynamique et capable. D'autres pays construisaient des aéroports colossaux à l'écart des villes. Pourquoi étions-nous freinés par cette vieille querelle de planification au sujet d'Heathrow ?

Les Jeux olympiques montraient que nous pouvions bâtir de grandes choses. Quelle que fût en outre l'opinion que les gens avaient de moi, ils avaient l'impression que j'étais capable d'obtenir des résultats – et vite. De nouveaux vélos, un nouveau bus et la nouvelle ligne de métro Elizabeth, alias le Crossrail, étaient en route. J'avais même construit un nouveau téléphérique par-dessus la Tamise, entre Greenwich et le Royal Albert Dock.

Comme tant de mes projets, ce dernier a eu ses détracteurs. Mais je dis : Peuh ! Notre téléphérique est magnifique, il est parfait pour les rendez-vous romantiques, il sert à un million et demi de passagers chaque année et les chiffres grimpent régulièrement depuis la pandémie, de 200 000 usagers par an. Sa caractéristique principale, à mes yeux, est qu'il a été construit en un temps record. Conçu en 2010, il a ouvert à temps pour les Jeux olympiques, offrant une liaison idéale entre deux sites de compétitions sportives

* Des îles dans le courant/ Voilà ce que nous sommes/ Personne entre nous/ Comment pourrions-nous avoir tort ?/ Vogue avec moi/ Vers un autre monde... (Chanson des Bee Gees pour Dolly Parton et Kenny Rogers, 1983).

– Greenwich et le Centre ExCel*. La première semaine des Jeux, j'ai invité Arnold Schwarzenegger à y faire un tour et nous avons admiré les splendeurs de Canning Town sous nos pieds.

« Super sympa ! » a-t-il dit avec son large sourire.

C'est durant cette période de grande confiance postolympique que les gens ont vraiment commencé à adhérer à l'idée d'un nouvel aéroport sensationnel. Et parce que cette idée faisait son chemin, et parce qu'il était incapable d'imaginer une alternative viable, le gouvernement a concocté un plan magistral pour la tuer dans l'œuf.

Une commission a été créée. George Osborne, le chancelier de l'Échiquier, a demandé à Sir Howard Davies, l'un des grands satrapes polyvalents de ce pays, ancien de Balliol**, d'étudier la question de la capacité aéroportuaire dans le sud-est de l'Angleterre et de proposer une solution APRÈS les élections législatives de 2015.

La réputation de Howard avait été écornée quelque temps plus tôt quand on avait découvert que la London School of Economics, dont il était le directeur, avait accepté des fonds de Mouammar Kadhafi, le dictateur libyen et soutien financier de terroristes. J'avais alors estimé qu'il était tout à fait injuste de l'accabler pour cette histoire, dans la mesure où le gouvernement britannique avait mené une politique passablement lâche à l'égard de la Libye de Kadhafi, mais il avait tout de même démissionné et je présume qu'il avait accepté la Commission des aéroports pour faire plus ou moins pénitence.

Il s'est montré de bout en bout très convenable, consciencieux, et il a pleinement joué le jeu de l'examen attentif des différentes solutions envisageables. Mais son objectif était limpide : il devait conclure en faveur de la solution préférée du Trésor, celle de la troisième piste pour Heathrow.

Howard Davies était là pour permettre à Cameron de faire volte-face avec élégance, et il était naïf de ma part de croire qu'il aurait pu en aller autrement. Lors d'un agréable déjeuner que nous avons partagé au début de ses cogitations (qui lui ont demandé environ trois ans), il m'a expliqué le problème que posait mon idée.

« Ce n'est pas britannique, voilà tout, a-t-il dit. Ce n'est pas notre façon de faire les choses. »

Je lui ai demandé de préciser sa pensée.

* ExCel, abréviation pour Exhibition Centre London, est un centre de congrès, d'expositions et un complexe sportif.

** Une des facultés au sein de l'université d'Oxford.

Quand on regarde notre façon de développer les choses, a-t-il répondu, qu'il s'agisse de villes, de routes, de voies ferrées, d'aéroports, ou quoi que ce soit, nous ne faisons pas la révolution. Nous y allons étape par étape, petit à petit. Nous n'aimons pas faire des pas de géant. Ça, c'est pour les pays comme la France, où les procédures sont plus *dirigistes**.

Il y a beaucoup de vérité dans ce propos. C'est une grande force de notre nation, ce goût de la prudence, du graduel, de l'empirique, pour ne construire que là où le marché montre qu'il y a un intérêt ou un besoin. Mais cette attitude peut aussi être un grave obstacle, une entrave.

Parfois, quand il s'agit de résoudre de grands problèmes de développement territorial, il faut faire preuve d'audace. Pour construire le Crossrail, la ligne de métro reliant le Berkshire à l'Essex et au Kent, il n'y avait pas d'autre solution que de creuser un énorme tunnel sous Londres. Pour accueillir les Jeux olympiques, il était impératif de dégager un espace gigantesque dans l'est de la capitale.

Lorsque Joseph Bazalgette a créé le réseau d'égouts de Londres au XIXe siècle, il a considéré le diamètre des tunnels qu'on lui demandait de creuser, et l'a multiplié par deux. Parce qu'il pensait à l'avenir. À raison. Nous avons parfois besoin de cette approche pour bâtir les infrastructures britanniques de notre époque.

Lorsque j'ai quitté la mairie en 2016, en dépit de la récession j'avais de très loin dépassé le résultat de mon prédécesseur en matière de construction de logements, et cet aboutissement avait été, en partie au moins, rendu possible par nos investissements frénétiques dans le réseau de transports.

L'heure de mon départ approchant, j'ai eu une vision de plus en plus claire de ce qu'il était nécessaire de faire, de l'ampleur des solutions exigées. Pour que Londres reste la plus formidable ville au monde, et pour conforter son leadership, nous devions régler la question de la circulation sans assaisonner davantage les automobilistes. J'avais un plan magnifique pour faire disparaître 10 à 20 % des voitures des artères de surface.

En utilisant de nouvelles techniques de creusage de tunnels pour enterrer les 70 kilomètres des périphériques nord et sud, nous allions améliorer considérablement les temps de trajet à travers Londres, créer de nouveaux parcs et de nouveaux logements sur les terrains libérés, et faire circuler des véhicules électriques dans les tunnels.

J'avais lancé le projet Crossrail Two, alias la ligne Churchill comme j'espérais la voir un jour baptisée. Reliant Chelsea à Hackney, elle serait encore plus longue que la ligne Elizabeth. D'un seul trait elle réglerait tout le problème de congestion des trains arrivant du Sud-Ouest à Waterloo et permettrait le développement de centaines de milliers de logements agréables sur les anciens terrains industriels du couloir de la Lee Valley.

En examinant un jour le projet avec attention, j'ai remarqué que le tracé principal des tunnels passait directement sous le 20, Colebrooke Row, l'adresse de mon domicile. Je crois que c'était un pur hasard, et non une plaisanterie à mes dépens du planificateur de TfL, mais cela rendrait bel et bien la maison plus difficile à vendre.

Parmi les nombreuses autres choses que j'ai été obligé de laisser sur la planche à dessin durant ces derniers mois se trouvait le Garden Bridge, notre projet de passerelle-jardin sur la Tamise, auquel mon successeur consacrerait 17 millions de livres supplémentaires avant de tirer un trait dessus. Dommage, car c'était une très belle idée, et toutes les villes doivent continuer de développer des projets nouveaux et intéressants. Tant pis.

Résoudre le problème de la capacité du trafic aérien, régler la question d'Heathrow : il s'agissait d'un coût colossal et c'est là que nos plans ont été contrariés. Régénérer la Thames Gateway, créer le plus vaste hub logistique d'Europe et apporter des emplois et de la croissance à toute une zone géographique qui ne s'était jamais remise de l'effondrement des docks de Londres, cela aurait été du nivellement par le haut à très grande échelle. Pensez-y la prochaine fois que vous planerez au-dessus de Londres comme un condor inconsolable, tournant en rond dans l'attente désespérante d'un créneau, comme une voiture à l'entrée du parking bondé d'un Waitrose* un samedi matin.

Nous sommes laissés à la traîne. Nous avons besoin de ces vols directs pour les villes d'Amérique latine et d'Afrique, car c'est l'offre de vols directs qui peut faire toute la différence en matière de commerce et de décisions d'investissement. Pourquoi venir à Londres si vous devez vous colleter une correspondance à Francfort, Madrid ou Amsterdam ? La Grande-Bretagne mondialisée a besoin de liaisons directes avec le reste du monde, la seule façon de nous les assurer, c'est de disposer de suffisamment de pistes d'atterrissage réunies au même endroit, et pour cela il n'y a pas d'autre solution que de disposer d'un grand pôle international.

Je m'attends à ce que les Travaillistes retentent le coup de la troisième piste à Heathrow. Je doute qu'ils y parviennent. Il existe un seul endroit susceptible d'accueillir un hub aéroportuaire britannique véritablement respectueux de l'environnement, et il se trouve sur l'estuaire de la Tamise.

* Enseigne de près de 340 supermarchés au Royaume-Uni.

L'idée refera surface, comme celles du Crossrail, du tunnel sous la Manche et de la M25, tous projets qui ont demandé bien des décennies (sinon des siècles dans le cas du tunnel) pour être concrétisés. Le temps, le bon sens et la géographie la feront un jour aboutir.

* * *

En 2015, je me suis donc présenté aux élections législatives pour la circonscription d'Uxbridge[2] et, grâce en partie aux chantiers que j'avais été en mesure d'accomplir pour la périphérie de Londres, grâce aussi à l'excellente réputation du Parti conservateur local dirigé par Sir Ray Puddifoot, j'ai été élu sans difficulté. Il serait juste de dire qu'à ce stade j'avais acquis une bonne réputation en politique.

Nous avions réalisé des choses considérables à Londres et, en tant que gouvernement local, nous étions à la pointe du pays dans toutes sortes de domaines, de la réduction du nombre de SDF dans nos rues au développement de l'enseignement de la musique dans les écoles. J'étais considéré comme un Tory d'un moule plutôt progressiste, avec raison puisque j'avais défendu certaines réformes telles que le mariage homosexuel.

Lors d'un dîner de gala de la Pride de Londres organisé au Brown's Hotel, j'ai annoncé que nous célébrerions ces nouveaux mariages dans le Parc olympique de Londres, de telle sorte que l'officiant clôturerait la cérémonie en beauté en disant à l'heureux couple : « Vous pouvez maintenant mener votre partenaire au sommet de l'ArcelorMittal Orbit. » (À ce moment-là, hélas, quelques députés travaillistes entraînés par Angela Eagle ont quitté la salle*.)

Quoi qu'il en soit, il fut un temps où je pouvais me joindre à un dîner dans les quartiers chics au nord de la capitale sans recevoir de la foccacia à la figure. Je ne dirais pas que la bonne société londonienne m'aimait, mais elle jugeait que dans l'ensemble je n'étais pas si mal.

Ce qu'elle n'avait pas encore lu, bien sûr, c'était mon considérable corpus de deux décennies d'articles sur l'Union européenne.

* Angela Eagle s'est offusquée, car la phrase en anglais de Boris Johnson, contenant « up the Arcelor… » (phonétiquement : *up the arse* [dans le c…]), était un peu « risquée », comme l'ont observé des journaux britanniques à l'époque. Un site web gay (*Pink News*) a trouvé la plaisanterie plutôt drôle.

TROISIÈME PARTIE

Confessions d'un eurosceptique

Chapitre 16

CHIPS SAVEUR COCKTAIL DE CREVETTES

Et leur rôle dans le débat sur la souveraineté du Royaume-Uni

À un moment de notre conversation téléphonique j'ai perçu une aspérité nouvelle dans la voix de la fonctionnaire de la Commission, une pointe d'impatience. La fin de l'après-midi approchait et elle avait sans doute envie d'être ailleurs.

Elle ne voulait en tout cas pas passer une minute de plus à se faire soutirer des infos par un journaliste britannique un peu voyou sur les bords. Je l'ai presque vue agiter un index, assise dans son bureau du siège de la commission de la CEE (comme était alors appelée l'UE), bâtiment Berlaymont à Bruxelles, quand elle a essayé de clore la conversation par ce qu'elle imaginait être un argument peut-être décisif: « Mais ces chips ne sont pas bonnes pour les enfants ! »

À ce moment-là je le reconnais, j'ai vu rouge – rouge comme l'érythrosine, ce colorant que l'on trouve dans certaines saucisses et dont la Commission se préparait aussi à interdire l'utilisation. Je suis un peu sorti de mes gonds.

Je n'arrivais pas à y croire, mais d'après ce que me racontait cette responsable de l'état-major du marché unique, il n'y avait pas d'échappatoire: la CEE se préparait bel et bien à interdire les chips saveur cocktail de crevettes. Il s'agissait d'une spécialité nationale, lui ai-je fait remarquer. Depuis des décennies, pour tous mes compatriotes, c'étaient ces chips saveur crevette – sinon des lanières de porc frit – qui accompagnaient la pinte de bière blonde au pub.

Mais voilà: la nounou de Bruxelles soucieuse de notre santé avait estimé que les enfants britanniques étaient déjà suffisamment replets – et pan ! affaire réglée. Elle substituait son propre jugement à celui du gouvernement britannique. Elle ignorait les conclusions de la British Food Standards Agency qui ne trouvait aucune justification scientifique à ses inquiétudes.

La nounou prévalait contre les décisions de plusieurs ministres du gouvernement du Royaume-Uni – dont David Maclean, un homme très sympathique appelé à devenir le chef des whips du Parti conservateur – alors que ceux-ci étaient des parlementaires élus exprimant la volonté souveraine du peuple britannique. D'un claquement de doigts elle interdisait une classe entière de produits comestibles, et elle faisait disparaître une innocente tradition britannique avec tout l'arbitraire absurde d'une faux tranchant la tête d'un coquelicot.

Il ne s'agissait pas que des chips saveur crevette. Étaient visés tous les produits contenant un certain type d'arôme, car ils enfreignaient la directive nº 91-71 du marché unique de la CEE. On chassait les arômes de la sauce Worcestershire. On chassait les arômes du porc à la sauce aigre-douce traditionnelle britannique.

On attaquait nos snacks ! Et nos bloody mary ! C'était un assaut en règle contre notre culture. J'étais irrité pour une part parce que cela paraissait franchement gratuit, mais aussi – même si cela me fait encore mal de l'admettre – parce qu'on m'avait damé le pion. C'était un collègue, sans doute le légendaire Geoff Meade de Press Association, qui avait révélé l'histoire de l'offensive contre la chips saveur cocktail de crevettes. J'étais dans la position un peu humiliante, que ne savoure aucun journaliste, de m'être vu demander par le service étranger de Londres de « confirmer la chose », c'est-à-dire de vérifier si la rumeur était fondée ou non, et je n'avais donc aucune raison particulière d'y croire.

Vraiment ? m'étais-je dit en lisant que la Commission prévoyait d'interdire cet aliment de base vinaigré et vaguement rose de notre cuisine nationale. Mais non, ils ne peuvent pas être aussi dingues !

Nous étions en mai 1991 et j'étais assis dans mon bureau du square Marie-Louise, face à son étang charmant, bordé par certaines des plus belles maisons de style Art nouveau d'Europe. J'étais alors le « correspondant pour la Communauté européenne » (ou parfois « correspondant pour le Marché commun ») du *Daily Telegraph*, un poste que j'occupais – que je tenais même avec de plus en plus de poigne – depuis l'âge de vingt-quatre ans.

J'avais acquis une certaine expérience des activités de la Commission, et cette histoire de chips saveur crevette... hmm, elle aurait dû être à moi ! Je me targuais de lire les petits caractères de la prose administrative européenne et d'en déduire leurs implications. Grâce à moi, les lecteurs du *Telegraph* avaient déjà découvert les projets insensés de Bruxelles pour harmoniser tous les aspects de notre passage mortel dans ce monde, depuis l'europréservatif, où les Italiens étaient offensés par ce que nous autres journalistes dépeignions avec jubilation comme des restrictions douloureuses de Bruxelles du fait de l'inadéquation des dimensions de leurs capotes (trop étroites), jusqu'à l'eurocercueil, pour lequel la Commission essayait raisonnablement de formuler des normes minimales pour le transport transfrontalier des dépouilles humaines.

J'avais révélé certains aspects les plus timbrés de la logique de la politique agricole commune de la Communauté européenne, selon laquelle il fallait que chaque produit alimentaire soit répertorié et casé dans une catégorie spécifique. Les escargots étaient des poissons, devais-je expliquer aux lecteurs du *Telegraph* qui s'étouffaient avec leur tartine de marmelade, et les carottes étaient des fruits puisqu'on pouvait en faire des confitures. J'avais aussi découvert que Bruxelles cherchait à normaliser le fumier avec une réglementation sur les « odeurs maximales acceptables pour les exploitations agricoles ».

Tout cela paraît anecdotique, et c'était le cas. Ces histoires n'étaient que les conséquences logiques de l'effort gigantesque engagé pour créer un marché européen unique, afin que sur la totalité du territoire de la CEE et pour ses 340 millions de citoyens, les produits, les gens, les services et les capitaux puissent circuler librement, aidés par des normes communes ou mutuellement acceptées. Il s'agissait à bien des égards d'une ambition pragmatique et bonne pour le commerce – ou qui aurait dû l'être.

Alors pourquoi, en mettant de côté mon embarras professionnel à avoir été devancé, étais-je indigné à ce point par le destin des chips saveur cocktail de crevettes ? Laissez-moi vous expliquer.

Depuis deux ans que je me trouvais à Bruxelles, l'histoire qui s'y racontait avait évolué et pris de l'ampleur. À mon arrivée en mars 1989 la capitale belge était plus ou moins considérée comme un trou perdu du journalisme. Le sentiment dominant parmi mes collègues du journal était que j'allais m'offrir d'agréables déjeuners, mais que mes dépêches auraient peu de chances de faire la une. Mon prédécesseur à Bruxelles était un type sympathique qui s'était débrouillé pour continuer de vivre à Southend – en tout cas il y retournait chaque week-end. Pour ma part je trouvais le rythme de vie bruxellois, dans les premiers temps, plutôt relax.

Nous n'avions pas encore de téléphone portable, et pas d'Internet. J'avais une merveilleuse secrétaire flamande, Therese, qui me protégeait de ma hiérarchie pendant que je « prenais des contacts », ou m'accordais de longues pauses-déjeuner aux frais de Conrad Black, notre généreux propriétaire. Un jour le service étranger du journal s'est tellement lassé de ne jamais mettre la main sur moi qu'il a exigé que je m'équipe d'un bipeur.

Therese a splendidement tergiversé, puis réussi à tordre le cou à ce projet en montrant que l'opérateur Belgacom serait obligé d'ériger un pylône de dix mètres de haut sur le toit du bureau.

Puis l'histoire s'est accélérée et j'ai découvert que je m'abreuvais à la source de la plus grande histoire politique de l'époque.

Aujourd'hui cela paraît difficile à croire, mais lorsque je suis arrivé à Bruxelles, d'épouvantables règles empêchaient les Européens de l'Est de quitter leurs pays. En plein milieu de Berlin il y avait encore un mur, avec du fil de fer barbelé et des miradors, qui interdisait aux gens de circuler librement dans leur ville. Un vaste et douloureux conflit idéologique opposait les deux moitiés du continent.

D'un côté se trouvaient les nations d'Europe de l'Ouest qui tendaient à être membres de l'Union européenne, de l'OTAN ou des deux organisations, de l'autre côté il y avait le bloc communiste – et la différence entre les deux mondes en termes de qualité de vie devenait de plus en plus criante.

Nos magasins vendaient des produits que nous voulions acheter, pas les leurs. Nous avions des BMW, ils avaient ces épouvantables Trabant à moteur à deux temps. Nous avions du café Lavazza, ils avaient d'étranges ersatz à base de chicorée. Nous avions du PQ tout doux, ils avaient cet affreux papier-calque graisseux qu'on trouvait autrefois dans les écoles.

Cela ne pouvait pas durer mais, comme toujours avec ces choses-là, personne ne s'attendait à voir le bloc de l'Est s'effondrer comme il l'a fait. Durant l'été 1989, un grand pique-nique a été organisé à la frontière entre l'Autriche et la Hongrie[1]. Tout à coup les foules ont commencé à ignorer les cris des gardes et à franchir la ligne de démarcation : portés par une vague irrésistible de liberté, des centaines d'Allemands de l'Est sont passés à l'Ouest.

Quelques mois plus tard, en novembre, ils s'en sont pris au Mur lui-même. Quand j'ai vu à la télévision les images de ces Allemands pleins de joie qui le faisaient tomber, une pure allégresse s'est emparée de moi. C'était terminé. Adieu cette menace horrible qui faisait froid dans le dos, la peur de l'apocalypse nucléaire qui avait pesé sur mon enfance.

Nous avions gagné ! Et sans tirer un seul coup de feu. La liberté, le capitalisme, la démocratie – apparemment leur victoire était totale. Aussitôt, bien plus vite que quiconque ne l'avait envisagé, nous avons été confrontés aux conséquences logiques de l'événement. Si les amis et les familles des deux Allemagne pouvaient se retrouver, eh bien, l'Allemagne elle aussi devait être réunifiée – et tant pis si la génération de la guerre n'était pas d'accord. Si vous aviez posé la question à mon grand-père James qui l'avait combattue, il aurait répondu sans détour : l'Allemagne ne devait jamais être réunifiée (et il avait été président de la Commission européenne des droits de l'homme, donc il n'était pas franchement sectaire). Ses appréhensions étaient largement partagées – à tort, selon moi – à travers l'Europe.

L'Allemagne de l'Ouest était déjà le pays d'Europe le plus peuplé et le plus puissant sur le plan économique. Une Allemagne réunifiée acquerrait encore plus de puissance, disaient certaines voix, et reprendrait son ancienne domination sur l'Europe centrale et orientale. Il fallait une réponse.

Les Français en avaient une. La solution s'appelait « l'Europe », ont-ils expliqué, et tout le monde s'est alors mis à adapter l'ancienne formule de Thomas Mann évoquant son souhait d'une Allemagne européenne plutôt que d'une Europe allemande. La réponse, c'était de créer une Allemagne européenne en accélérant et en intensifiant le processus jusqu'alors somnolent de l'intégration européenne.

Le plan consistait à enfermer l'Allemagne, à la ligoter, et à la relier de toutes les façons possibles à la grande toile de la législation de l'Union européenne. Premier objectif à cette fin, et le plus important: ôter au pays sa domination monétaire sur l'Europe en abolissant le mark en faveur d'une monnaie européenne unique que l'on envisageait alors de baptiser *ecu* – à la fois l'acronyme de *European currency unit** et (bien commode) le nom d'une monnaie française médiévale.

Sous la direction inspirante – indiscutablement – d'un ancien ministre de l'Économie français, Jacques Delors, la Commission a mis au point un plan en trois étapes devant aboutir à la création d'une Banque centrale européenne et à la disparition du mark, du franc, de la lire, du florin et de toutes les autres monnaies des pays membres, y compris la livre sterling. En parallèle, le vieux plan de création d'un marché unique est redevenu une urgence politique et un nouvel accord a été programmé, qui devait devenir le traité de Maastricht – ultérieurement remanié à Lisbonne et à Amsterdam –, dans lequel les vetos nationaux seraient supprimés pour la plupart des domaines législatifs, et par lequel les pays européens s'engageraient non seulement sur la voie de l'unification monétaire et économique, mais aussi sur celle de l'union politique.

Le vieux drapeau bleu et or à douze étoiles (piqué par la CEE au Conseil de l'Europe) est devenu de plus en plus présent dans l'agit-prop, un nouveau passeport européen rouge bordeaux a fait son apparition et le concept de citoyenneté européenne a vu le jour. Le slogan « L'Europe – mon pays » a fleuri sur des autocollants à l'arrière des automobiles bruxelloises.

* Unité monétaire européenne.

Sur les douze membres de la Communauté économique européenne (l'appellation « Union européenne » n'est née qu'avec le traité de Maastricht en décembre 1991), la plupart étaient plus ou moins enthousiasmés par ce programme. Les Français l'aimaient, car ils y voyaient une réponse judicieuse à une éventuelle recrudescence de la domination allemande, et ils ne doutaient pas que leurs bureaucrates internationaux très qualifiés sauraient gérer les institutions de l'UE – comme Delors le faisait avec tant de génie – dans l'intérêt de la France.

Les pays du Benelux – la Belgique, les Pays-Bas, le Luxembourg – étaient partants pour à peu près les mêmes raisons. Ils conservaient des souvenirs amers du Reich en temps de guerre, et ils voulaient assurément une Allemagne européenne plutôt qu'une Europe allemande. Les Italiens étaient passionnément favorables à toute idée d'intégration européenne, parce que leur histoire politique depuis l'après-guerre était très chaotique.

Les Espagnols, les Portugais et les Irlandais en étaient encore au stade où ils dépendaient lourdement des financements structurels ou régionaux européens, et dans la mesure où « plus d'Europe » signifiait plus d'argent ils étaient sans conteste dans le coup.

La population danoise avait un fond héroïquement sceptique et l'amour de son indépendance, mais elle ne comptait que 6 millions d'âmes et ses dirigeants tendaient à suivre le mouvement européen.

Quant aux Allemands eux-mêmes, certains ont accueilli avec anxiété, dans un premier temps, l'idée d'une monnaie unique. Comment faire cela sans politique fiscale unique ? ont-ils demandé. Et si les peuples (les Italiens, les Français) empruntaient et dépensaient trop ? Ils ne voulaient pas endosser la responsabilité des dettes de toute l'Europe. Mais au fond, le chancelier Kohl, ce colossal mangeur de tripes de Rhénanie, était pour à cent pour cent. Il se rendait bien compte qu'il était appelé par l'histoire à conclure une affaire en or. L'Allemagne serait autorisée à se réunifier, mais comme acte ultime d'expiation pour les horreurs nationalistes de la Seconde Guerre mondiale les Allemands abandonneraient en même temps le tout-puissant mark, leur plus grande fierté de l'après-guerre, symbole de leur stabilité et de leur réussite économique, et rejoindraient gaiement ce grand mariage à plusieurs.

De très nombreux Allemands, en outre, pressentaient l'immense avantage économique que trouverait leur nation à être de manière générale la puissance industrielle la plus efficace d'une zone à monnaie unique, où les autres pays ne pourraient plus dévaluer leurs devises pour trouver une position compétitive (et si vous voulez des preuves que ces enthousiastes allemands avaient raison, regardez ce qu'est devenue l'industrie automobile italienne – anéantie, au moins en partie, parce que fixant désormais ses prix en euros, elle n'a plus été en mesure de vendre avec la chute de la lire).

Des douze pays autour de la table à ces grands sommets fondateurs de 1989 à 1991 – de Strasbourg à Maastricht –, un seul a eu de sérieux doutes. Un seul a été un peu mal à l'aise à l'idée de voir naître une Europe fédérale. À Strasbourg, un seul dirigeant n'a pas du tout été ému par l'idéalisme du projet de monnaie européenne unique – à dire vrai, le détestait viscéralement. Ce dirigeant portait un sac à main et avait les cheveux couleur ananas, et sa position sur ces questions n'avait pas changé le 28 octobre 1990 à l'ouverture du sommet de Rome.

« Non, non, non », a objecté Margaret Thatcher face à la vision de Delors d'une Europe fédéralisée. Quelques semaines après cette protestation elle quittait son poste de Première ministre, évincée par des députés qui intriguaient depuis longtemps contre elle et pour qui son « entêtement vis-à-vis de l'Europe » constituait un prétexte aussi bon qu'un autre.

Le jour où elle a démissionné, il paraît (selon Marina, mon épouse d'alors) qu'on m'a vu déambuler en larmes rue Stevin, dans le quartier de la Commission, et me plaindre amèrement de la lâcheté et de la trahison des députés de son parti. Pour les larmes j'ai un doute, mais j'ai assurément pensé qu'elle subissait une injustice.

Thatcher avait défendu l'entrée du Royaume-Uni dans la CEE au cours des années 1970, mais je pensais qu'elle avait raison, dans l'ensemble, d'être désormais sceptique. Durant cette période extraordinaire où la carte politique de l'Europe changeait si vite, j'ai beaucoup lu et réfléchi à l'histoire de notre continent – je me suis interrogé sur les nations, le nationalisme, le sentiment d'appartenance nationale, et plus particulièrement sur la question de savoir si la Grande-Bretagne était taillée pour s'intégrer aux États-Unis d'Europe.

Je suis arrivé à la conclusion qu'il y avait beaucoup à admirer et à aimer dans tous les autres pays et dans toutes les autres cultures de l'Europe, et que le projet européen avait beaucoup de noblesse, mais qu'en définitive cette vocation fédérale – en particulier la monnaie unique – n'était pas pour nous.

Nous ne partagions en réalité pas l'objectif ultime, ce que l'on appelle la *finalité politique**, d'une Union européenne parfaite. Nous oublions – des années après avoir voté pour la quitter – que faire partie de l'UE ne consiste pas simplement à être membre d'un club doté de tout un tas de règles. C'est un mécanisme à cliquet, incrémentiel et dynamique, qui va toujours dans le même sens.

Être dans l'UE, c'est appartenir à une coterie de nations qui modifient constamment les règles de leur association de façon à ressembler de plus en plus à quelque chose qui s'apparente à un État unique, doté d'institutions politiques toujours plus centralisées et d'un système juridique omniprésent appliqué par une Cour européenne irrécusable dont la raison d'être même est téléologique – créer une Union européenne.

Je ne voyais pas comment ceci pouvait être tout à fait compatible avec l'indépendance de la Grande-Bretagne, ou avec la démocratie. Nous avions nos propres institutions politiques et, contrairement à celles de nombreux pays européens, elles avaient résisté à l'épreuve du temps. Elles existaient depuis quelque chose comme mille ans et elles n'avaient été ni détruites ni humiliées par les événements du XXe siècle.

En tant que peuple, les Britanniques ne semblaient guère déborder d'euro-enthousiasme. Je ne percevais chez eux aucun désir de faire partie d'une grande entreprise supranationale. Et pourquoi, en Grande-Bretagne, aurions-nous été censés nous sentir particulièrement apparentés à ce groupe de onze pays réunis à l'extrémité occidentale du continent eurasiatique ?

Et notre Commonwealth ? Et les États-Unis, et l'Australie, et le Canada, et la Nouvelle-Zélande ? Assurément nous aspirions à être des citoyens du monde, pas juste des citoyens de l'Europe. Il y avait là-dedans un relent de suprémacisme culturel, de racisme inavoué. Quant à la logique du « verrouillage » de l'Allemagne, la justification principale avancée par Delors et les Français pour cette accélération hystérique de l'intégration de la CEE, je me doutais qu'il ne s'agissait que de sornettes.

Je ne croyais pas trop à la « menace » de l'Allemagne moderne, et je n'y crois toujours pas. Et je trouvais pervers d'essayer de résoudre un problème potentiel, celui d'une influence allemande pas très démocratique sur le reste de l'Europe, en créant un autre problème bien plus important, l'influence pas très démocratique des institutions européennes sur toute la population de l'Europe.

Bien sûr, nombre d'autres personnes partageaient secrètement ou ouvertement nos doutes. Mais Thatcher est la seule à avoir eu le courage de s'opposer haut et fort à tout cela. Et c'est ainsi que le Royaume-Uni est devenu le cancre de la classe. Nous sommes devenus les méchants, les trouble-fête, les empêcheurs de faire aboutir le projet. Nous semblions ne savoir que dire non, et je n'aimais pas cette façon qu'avaient nos objections d'être transformées en une sorte d'échec moral et politique.

Nos plages étaient sales, notre eau potable ne correspondait pas aux normes, nos employés étaient traités en esclaves, notre chocolat n'était que de la graisse végétale maquillée – et voilà qu'on m'apprenait que nos chips saveur cocktail de crevettes étaient si nocives qu'il fallait les interdire. Que cette directive ait été ou non une bévue (comme il plaît aujourd'hui à la Commission de l'affirmer), le fait est que je sais qu'elle a voulu les interdire, et elle aurait continué sur sa lancée et mené ce projet à terme si les médias britanniques n'avaient pas fait tout un raffut.

La plupart des journalistes et des politiciens du Royaume-Uni s'installant à Bruxelles découvrent qu'ils « s'assimilent ». La grande campagne de la construction d'une future Europe unifiée les gagne. Pour ma part je me suis petit à petit éloigné dans la direction opposée. L'idée me déplaisait au plus haut point – et je n'ai pas changé d'avis – que ce pays puisse systématiquement s'entendre dire ce qu'il doit faire par d'autres pays, et selon un processus qui n'est ni transparent ni démocratique.

J'en suis arrivé à penser que la quête de l'Union européenne était au fond un rêve freudien d'accomplissement du désir, une tentative permanente de redécouvrir l'enfance perdue de notre continent – la grande unité paisible de l'Empire romain, lorsque les biens, les personnes, les services et les capitaux circulaient librement sans nul doute, et qu'une citoyenneté unique liait les peuples du Portugal à l'Irak, du Danemark à l'Algérie.

Des années plus tard j'ai écrit un livre sur les diverses tentatives de recréation de ce que j'ai appelé le « rêve de Rome ». Je concluais que ce rêve peut certainement se réaliser, mais à la seule condition de disposer d'une autorité centrale toute-puissante. Le succès de Rome a reposé, entre autres facteurs, sur l'usage de la violence militaire systématique, sur une taxation commune, sur des langues communes et sur le culte de l'empereur.

L'Union européenne était de toute évidence très différente et bien moins féroce. Mais elle s'appliquait encore à créer une identité politique unique d'une façon, m'est-il apparu, qui n'était pas pour nous. Et cette opinion a en réalité été celle de tous les Premiers ministres britanniques qui ont succédé à Mme Thatcher. John Major s'est battu bec et ongles pour maintenir le pays en dehors de la zone euro, et il s'est montré très fier d'avoir évité au Royaume-Uni de participer au « chapitre social » des droits des travailleurs.

Nous avons toujours été des Européens réticents, avec un pied dedans, un pied dehors, toujours à revendiquer que nous pouvions profiter des « avantages » du marché unique tout en refusant clair et net l'idéologie fédéraliste. C'était une incohérence chronique, et la résolution de cette incohérence serait douloureuse. À un degré que je n'avais pas envisagé, bon nombre de Britanniques s'étaient paisiblement, sinon inconsciemment, européanisés.

La première fois que j'ai entendu parler de l'idée de Jacques Delors d'une citoyenneté européenne, je l'ai jugée ridicule – un gadget. Mais beaucoup de gens la trouvaient séduisante, au contraire, tout comme ils aimaient l'idée de « partager leur temps » entre l'Écosse et la Dordogne, entre le Norfolk et la Grèce.

Ils appréciaient la perspective d'une identité plus vaste et d'une certaine façon plus généreuse que leur identité étroite de Britanniques. J'ai sous-estimé tout cela.

J'écris ces mots dans un charmant village de l'Oxfordshire où le drapeau européen flotte au-dessus de certaines propriétés, comme les occupants désespérés de villas britto-romaines du Ve siècle continuant de saluer pour la forme leur buste de l'empereur longtemps après que les légions avaient repris la mer pour Rome (d'ailleurs, le drapeau à douze étoiles est parfois interprété comme un hommage à l'ancien collier des douze César porté par certains citoyens ultra-fidèles).

La vérité, c'est qu'à l'époque comme aujourd'hui nous étions un peuple divisé, et qu'à l'époque comme aujourd'hui l'opinion de l'élite britto-romaine était très différente des préjugés populaires.

À aucun moment je n'ai imaginé à quel point tout cela deviendrait conflictuel si nous étions obligés de faire un choix binaire, ni l'importance obsessionnelle qu'on accorderait à mon opinion sur la question.

Voilà donc comment j'ai été saisi par le doute sur la question de la relation de la Grande-Bretagne avec l'Union européenne. Mon scepticisme a été renforcé et exacerbé par l'observation des ministres britanniques qui défilaient à Bruxelles et affirmaient avoir remporté telle ou telle « victoire », alors que tout ce temps nous savions que l'intégration européenne se poursuivait sans relâche, et que le Royaume-Uni y était implacablement entraîné.

Comme un diplomate de l'UE a pu le dire à l'époque, « la Grande-Bretagne proteste, mais elle finit toujours par signer ». J'ai fini par être convaincu que la plupart des responsables britanniques étaient complices de ce que le journaliste Hugo Young a appelé « ce cher complot » : la campagne secrète visant à maintenir le Royaume-Uni prisonnier de la CEE, quelles que soient les protestations des députés ou des citoyens de ce pays.

Mes articles devenant plus provocateurs, mes amis du contingent des journalistes britanniques à Bruxelles ont commencé à me considérer comme un renégat. Un jour, le secrétaire général de la Commission européenne, un compatriote nommé Sir David Williamson, a annoncé que j'étais désormais boycotté. « Désolé, dit-il, nous ne parlons pas au *Telegraph.* »

Le ministre d'État pour l'Europe, Tristan Garel-Jones, a déclaré que j'étais un « voyou ». Douglas Hurd, ministre des Affaires étrangères, s'est plaint de moi en termes plutôt vigoureux, j'ai compris cela plus tard, auprès de Max Hastings au *Telegraph*.

En 1993, cet estimé rédacteur en chef qui avait ignoré sur le moment les protestations de Hurd m'a convoqué à son bureau. À l'époque j'étais encore son protégé. Il m'a accueilli, cigare aux lèvres et pieds posés sur le coin de sa table.

« Je ne veux pas que tu deviennes – pouah, tu sais – comme ces gens aux petits pieds. » Je ne voyais pas très bien à qui il faisait allusion, mais le message était clair. Il ne voulait pas que je devienne eurosceptique. Il était un peu tard pour cela.

Donc pour ce qui concernait l'appartenance de la Grande-Bretagne à l'UE, il y avait bien longtemps que je mettais en lumière – parfois de manière caustique – son problème majeur : un manque de démocratie.

Chapitre 17

LE CHOIX DU LEAVE

À la croisée des chemins

C'était le samedi 20 février 2016, et j'étais seul dans notre ferme près de Thame, à essayer de réfléchir. Le soleil se couchait, le froid commençait à s'infiltrer dans la charpente de la vieille bâtisse. Le feu s'était éteint et refusait obstinément de repartir. Mon moral chutait en même temps que le thermomètre.

Allez… me suis-je dit, histoire de me motiver.

Il fallait que j'écrive ce foutu article qui devait paraître le lundi dans *The Telegraph* et, surtout, je devais me décider.

… au boulot, cerveau ! Assez de tergiversations, d'atermoiements et de dérobades. Des années durant j'avais caressé l'idée que la Grande-Bretagne pourrait quitter l'Union européenne, j'avais fait de l'œil au projet qui s'imposait de plus en plus sous le nom de Brexit, et le moment était enfin venu de passer aux choses sérieuses. Est-ce que j'en avais le courage ? J'étais resté assis si longtemps sur la clôture, comme dit le proverbe, que le poison de l'indécision avait pénétré mon âme.

J'étais pétrifié, paralysé, tétanisé ; et le fait que mon téléphone sonne toutes les deux minutes et que des gens m'exhortent, me supplient ou cherchent à m'amadouer pour que je me déclare en faveur du Remain n'arrangeait rien à l'affaire. Ce week-end-là, énormément de gens que j'aimais et auxquels je tenais semblaient avoir été missionnés pour faire pression sur moi.

« Ne fais pas ça », me dit Hugo Dixon, un de mes plus vieux et chers amis. Nous nous connaissions depuis l'âge de onze ans, avions été à Eton ensemble, puis à Balliol. « Ne choisis pas le Brexit. Ce serait te rallier à Farage* et aux xénophobes. Autant démissionner de la race humaine. »

* Homme politique, membre du Parti conservateur jusqu'en 1992, puis membre fondateur du Parti pour l'indépendance du Royaume-Uni (UKIP). Il devient le chef d'un nouveau parti en 2019, Reform UK, pro-Brexit.

« Ne choisis pas le Brexit, ce n'est pas toi », me dit Ben Wallace, un ami et allié politique proche.

« Ne fais pas ça, Al, il faut que nous restions ! », disaient Rachel, Leo, Jo et Stanley, mon père.

Nicholas Soames, dont le père avait été le premier commissaire européen britannique m'appelait à entendre raison : « Si tu votes Remain, je promets d'être ton directeur de campagne pour prendre la direction du parti.

– Il ne s'agit pas de ça, Nick », ai-je maugréé.

Et puis il y avait mes amis eurosceptiques qui me téléphonaient pour s'assurer que je tenais bon.

J'ai tellement été harcelé et dérangé que j'ai fini par couper mon téléphone. Avant de tout condenser en un millier de mots, je me suis efforcé de peser le pour et le contre, comme nous sommes beaucoup à le faire face à des choix importants. Dans la mesure où j'étais en position d'éclairer la réflexion d'un grand nombre de lecteurs, j'éprouvais le sentiment étrange que cette décision n'était pas seulement la mienne.

Si quelqu'un connaît la réponse à cette foutue question, me disais-je, c'est peut-être bien moi. J'avais longtemps vécu à Bruxelles, à deux périodes de ma vie : pendant mon enfance et quand j'étais journaliste. Je connaissais l'institution comme ma poche, l'avais vu évoluer et grandir. Je connaissais les arguments et les faits. Et mon instinct me disait quoi faire. Alors, au travail !

J'ai rassemblé mes arguments, pour et contre, et j'ai eu tôt fait de construire un plaidoyer très largement favorable au Leave. Il y avait l'aspect économique. En dépit du montant des contributions britanniques, une vingtaine de milliards de livres net par an, personne ne pouvait dire que le processus d'intégration européenne avait été un triomphe pour la croissance et l'emploi.

Nous autres sceptiques avions vu juste au sujet de l'euro. Même si elle avait été utile à l'Allemagne, la monnaie unique avait été pour le moins désastreuse pour de nombreux autres pays européens. Les Grecs avaient été contraints à toutes sortes d'humiliations en bradant leurs actifs aux Allemands ; et lorsque j'avais emmené ma famille passer les vacances du nouvel an à Grenade, j'avais été consterné par le niveau de chômage des jeunes Espagnols.

Certes le Royaume-Uni était en dehors de la zone euro, mais nous faisions néanmoins partie de ce projet de régulation géant ; et ces coûts non salariaux élevés étaient sans doute une des raisons de la croissance anémique observée sur tout le continent.

Quel besoin avions-nous de faire partie d'un gouvernement économique européen ? Il était absurde que des responsables de la Commission financent, avec nos deniers, des routes et des ponts au pays de Galles. Il était insensé que le maire de Londres puisse installer un téléphérique grâce aux 8 milliards de livres de contributions alloués par le fonds européen de « développement régional »[1]. Entendons-nous bien, j'étais très reconnaissant au commissaire Hahn, l'homme politique autrichien aux yeux pétillants, qui avait approuvé ces subsides à l'occasion d'une visite à la mairie. N'empêche, c'était une folie.

Ce n'était pas à Bruxelles de se soucier du développement régional de la Grande-Bretagne. C'était l'affaire des hommes et femmes politiques britanniques. C'était à nous qu'il revenait de rassembler la société et de la niveler par le haut.

Qui est mon frère ? nous demande la Bible. Je suppose que la réponse est le reste de l'humanité. Mais aux yeux des électeurs et des contribuables britanniques nous devions nous soucier en premier lieu de nos 67 millions de compatriotes, à rebours de l'idéologie de l'Union européenne qui semblait affirmer l'existence d'un nouveau régime politique, d'une nouvelle loyauté, d'un nouvel État de 510 millions de citoyens – et que nos obligations devaient être envers chacun d'entre eux.

Certaines personnes ont adhéré à ce concept de citoyenneté européenne, et j'ai perçu cela comme un affaiblissement des liens qui devraient unir la nation; un affaiblissement des composantes du Royaume-Uni (comme nous l'avions peut-être vu lors du référendum sur l'indépendance de l'Écosse de 2014); un affaiblissement de la solidarité première qui devrait exister entre nous tous, Britanniques.

Je ne pensais pas que ce projet serait viable sur le long terme. À un moment donné, il finirait par capoter, et mieux valait pour la Grande-Bretagne quitter le navire avant qu'il ne soit trop tard.

Au cours de cette soirée, j'ai téléphoné à Marina, ma femme à l'époque. Je la connaissais depuis plus longtemps que n'importe quel autre de mes contemporains. Je l'avais rencontrée à Washington lorsque j'avais quatre ans. Elle avait fréquenté en même temps que moi l'École européenne d'Uccle. Il y a peu de personnes moins xénophobes et plus raisonnables qu'elle. Je ne suis pas sûr qu'elle ait voté un jour pour les Conservateurs, sauf peut-être pour moi quand je briguais la mairie, encore que je n'aie jamais eu le courage de lui poser la question.

Elle m'avait dit qu'elle penchait également pour le Leave. Je prenais son avis très au sérieux. Elle avait un diplôme en droit européen et avait exercé comme avocate à Bruxelles. Elle et moi partagions le sentiment qu'un moment pareil ne se représenterait jamais.

Nous étions confrontés à l'activisme judiciaire sans fin de la Cour européenne, à l'expansion infinie de l'empire du droit communautaire – un type de législation particulier qui ne pouvait être ni abrogé ni amendé par le Parlement britannique. Dans une démocratie, les responsables – les gens qui font les lois – devraient être en mesure de répondre à la question rendue célèbre par Tony Benn: Qui vous a élu ? Qui vous a placé en position d'autorité par rapport à moi et comment puis-je vous démettre de vos fonctions ?

Or dans le cadre du système européen, les électeurs britanniques n'avaient pas vraiment la possibilité de désigner leurs législateurs, il leur était impossible de les révoquer et, à dire vrai, la plupart d'entre eux leur étaient parfaitement inconnus. Tout cela devenait trop lointain, trop centralisé. Conforté par Marina, je me suis mis à écrire.

Je dois vous demander d'accepter ce que mes adversaires ont si souvent mis en doute: mes arguments, ce soir-là, n'étaient pas dictés par un mesquin calcul politique. En fait, le positionnement opportuniste aurait été d'opter pour le Remain. Il faut se rappeler que la campagne en faveur du maintien dans l'UE avait le soutien des principaux partis politiques, de la quasi-totalité de l'establishment, des animateurs de radio et de télévision, de la CBI, du monde des affaires, et cætera.

Le vote Remain était aussi presque unanimement donné gagnant, et il était en tête[2] dans la grande majorité des 168 sondages réalisés pendant la campagne. Tous les bookmakers pariaient sur le maintien.

Comme d'ailleurs une large majorité de députés conservateurs. Mon avenir politique, si tant est que je m'en sois soucié, paraissait bien plus radieux si je soutenais le gouvernement. L'automne précédent, j'avais disputé une partie de tennis avec David Cameron à Winfield House, la résidence de l'ambassadeur des États-Unis à Londres. Il avait gagné, comme d'habitude (c'est un gaucher habile qu'il est très difficile de battre).

Après quoi, il m'avait dit, magnanime: « Allez, fais campagne pour le Remain, et je ferai en sorte de t'obtenir un des cinq gros portefeuilles du gouvernement.

– Ouah, avais-je répondu, c'est alléchant. » Et j'avais rapidement essayé d'imaginer ce que son « top five » pouvait recouvrir.

Voyons... 1. Premier ministre; 2. Chancelier de l'Échiquier; 3. Intérieur; 4. Affaires étrangères; 5. Euh... Défense ? Santé ?

Quel que soit le poste, tout cela était très tentant. Mais j'avais continué d'hésiter et de tergiverser.

Puis, un soir, le Premier ministre m'avait appelé à la mairie, pour me pousser à sortir du bois. Je lui ai dit que j'étais tiraillé. Je voulais le soutenir, mais au fil des années j'avais signé des centaines voire des milliers d'articles dénonçant le caractère antidémocratique de l'UE. Je me devais d'être cohérent.

« Il ne s'agit pas d'articles ! avait-il bredouillé. Il s'agit de… de l'avenir du pays ! »

Je lui ai dit que nous étions d'accord là-dessus, mais que je penchais toujours pour le Leave.

« Si tu fais ça, avait-il conclu – et je le cite mot pour mot –, je t'emmerderai jusqu'à la fin des temps. »

En rentrant à Islington ce soir-là, je rapportai cette conversation à ma famille.

« Tu n'as pas le choix, avait aussitôt réagi mon fils Milo. Tu vas devoir voter Leave. »

Je devais admettre que la menace paraissait sérieuse. Est-ce que je voulais me faire emmerder ? Éternellement ? Par un Premier ministre doté de tous les instruments d'emmerdement dont disposait un gouvernement moderne, et d'une armée d'emmerdeurs qui ne demandaient qu'à exécuter ses ordres ?

La partie semblait mal engagée, et une fois que nous l'aurions perdue, les partisans du Leave, vaincus et défaits, seraient bien sûr écrasés comme des insectes ; des hurluberlus et des inadaptés que le peuple avait rejetés.

La chose la plus intelligente à faire était donc de rester aux côtés de Dave, de céder, d'accepter un des *top five jobs*, de m'épargner des souffrances inutiles, et de voter lâchement pour le Remain.

Mais comment aurais-je pu ?

Comme Marina et moi en étions convenus, c'était le moment de vérité. Le Royaume-Uni n'aurait plus jamais la chance d'être libre, d'être vraiment démocratique, de faire ses propres lois.

Aux alentours de 19 heures, l'article était achevé[3]. J'avais exposé les principaux arguments en insistant sur l'effet délétère de notre manque d'enthousiasme chronique quand il s'agissait d'exercer notre influence à Bruxelles. Sur les milliers de fonctionnaires zélés que comptait la Commission européenne, faisais-je remarquer, seuls 4 % étaient britanniques, alors que le Royaume-Uni comptait pour 12 % de la population de l'UE.

Je faisais état du volume et de l'immutabilité de la législation communautaire. Je me suis levé, étiré, suis allé faire un tour au jardin, ai mangé une conserve de thon, allumé le feu… et me suis interrogé sur l'idéalisme des

Monnet, Schuman, De Gasperi, Spaak, les fondateurs de la CEE, qui avaient espéré créer quelque chose qui rendrait tout conflit européen psychologiquement et politiquement impossible.

J'ai repensé à mon enfance heureuse à Bruxelles, au joyeux chaos polyphonique dans la cour de récréation de l'École européenne à Uccle, et à mon excellent professeur, Colin Black. Comment tourner le dos à tout cela ? N'aurais-je pas dû, pour paraphraser les Beach Boys, *be true to my school** ? Et à vrai dire, le sentiment antiétranger qui était inévitablement (à tort) associé au fait de quitter l'UE me déplaisait.

Je ruminais l'idée que le Royaume-Uni avait peut-être le DEVOIR de rester dans l'UE – en oubliant notre égoïste intérêt national – pour défendre le bon sens et le libre marché, faire en sorte qu'elle ne se transforme pas en quelque chose de pire. Que dirais-je si j'avais à me faire l'avocat de la position adverse ? Il est facile, quand on a déjà écrit et cogité un moment, d'écrire davantage. Les rouages de l'esprit tournent déjà et n'ont plus besoin d'être mis en branle. Je vais m'accorder quarante-cinq minutes, me suis-je dit.

Je me suis assis et j'ai troussé une sorte de pastiche d'éditorial écrit à la va-vite, bancal. L'essentiel de l'argumentation était que David Cameron avait certes peut-être échoué dans sa tentative de réformer l'UE, mais que c'était mieux que rien, et qu'il serait peut-être utile de soutenir le gouvernement en restant dans l'UE et, de manière plus générale, de mener une vie tranquille.

Je n'essayais pas de convaincre quiconque. Je battais en brèche ma façon de penser. Je me faisais l'avocat du diable. J'échafaudais une double argumentation, comme une ancienne suasoria[4], et la faiblesse et l'insignifiance même du second article visaient, dans mon esprit, à montrer le bien-fondé des arguments du premier.

Le lendemain, Rachel et Ivo sont venus jouer au tennis, et Ivo (un farouche Remainer) a estimé que ce second article était bien meilleur que le premier. Je l'ai envoyé à Ben Wallace, en espérant que les deux séries d'arguments, mises côte à côte, lui prouveraient de manière concluante qu'il était dans l'erreur.

Il n'en a rien été. Il a trouvé le second éditorial plus plaisant et l'a transmis, pour des raisons qui n'ont jamais été tout à fait éclaircies, à Tim Shipman du *Sunday Times*, et c'est ainsi que mon pastiche s'est retrouvé, bien plus tard, et à ma plus grande gêne, sur la place publique.

* « Être fidèle à mon école ». Le titre original de la chanson est « Be True to *Your* School » (Sois fidèle à *ton* école).

À ce stade, le second article était totalement superflu. Ma décision était prise.

Il était temps de repartir pour Londres où – c'était un dimanche après-midi – un attroupement était en train de se former devant notre maison de Colebrooke Row. Will Walden, le directeur de la communication à la mairie, m'avait averti qu'il y avait des dizaines de journalistes et de cameramen ainsi que quelques badauds du cru.

Il fallait que je me mette en route, car il y en avait pour plus d'une heure de trajet. Avant de monter dans la voiture, j'ai appelé mon père, Stanley, qui était à Bruxelles au début des années 1970, avec la première vague de Britanniques venus rejoindre la Commission.

Il y a eu un silence. Puis, après avoir toussoté, il a déclaré :

« Eh bien, je suppose que ça va te valoir une volée de bois vert, mais aussi quelques louanges. » Ce n'était sans doute pas exactement ce qu'il avait espéré, compte tenu de son parcours et du corpus en droit de l'environnement européen qu'il avait contribué à échafauder.

Mais depuis ce jour, pas une seule fois je ne l'ai entendu se plaindre, se lamenter ou chouiner. Beaucoup s'en faut. Il m'a témoigné un soutien inconditionnel. Il a peut-être fait campagne en faveur du Remain, et il se promène peut-être sur son vélo coiffé d'un bonnet à pompon estampillé « Bollocks to Brexit ». C'est son droit le plus strict. Mais il ne s'est jamais départi de sa bonne humeur et m'a défendu de toutes les façons imaginables. Qu'est-ce qu'un fils pourrait demander de plus ?

À mesure que j'approchais d'Islington, je sentais la tension remonter. Il était 17 h 30 passées, je n'avais pas encore rendu ma copie pour le *Telegraph*. Ils l'attendaient dans les vingt prochaines minutes. J'avais mon ami et ancien *spin doctor*, Guto Harri, sur mon portable – en mains libres –, et il était dans tous ses états. Il avait quitté la mairie après mon premier mandat, uniquement parce qu'il lui fallait renflouer les finances familiales, et nous étions restés proches. Il me pressait, pour le bien du pays, pour ma propre santé politique, de me prononcer en faveur du Remain.

Et à peine avais-je raccroché que son successeur, Will Walden, m'appelait à son tour pour me rassurer et me recommander avec insistance de m'en tenir à ma décision. J'ai garé la voiture, me suis frayé un chemin à travers l'attroupement, j'ai envoyé mon article et informé Downing Street de ma décision. Puis, histoire de me vider la tête, j'ai décidé de faire quelques pompes sur le sol de la salle de bains.

Après quoi, je suis sorti pour expliquer à la foule de journalistes pourquoi je m'étais prononcé en faveur du Leave. J'étais tellement tendu que

Hugo Rifkind, du *Times*, a prétendu qu'il ne comprenait presque rien à ce que je disais. Mais, bien entendu, ce n'étaient pas mes arguments qui intéressaient les médias.

Ils avaient décidé de jouer l'homme plutôt que le ballon. Comme si le camp du Remain était tellement inquiet de mon pouvoir de persuasion et de ma connaissance du sujet qu'il devait me discréditer.

La première question fut posée par la BBC, et elle ne concernait pas mes positions, que je venais d'exposer en bafouillant, sur la mainmise opaque de la Cour européenne de justice – bien sûr que non.

C'était moi qu'on ciblait : pourquoi est-ce que je tenais ces propos, est-ce que j'étais sincère, pouvait-on me faire confiance, etc., si bien que tout cela évoquait davantage un référendum sur ma probité intellectuelle plutôt que sur l'UE.

Ces méthodes allaient devenir assez oppressantes et hystériques. Elles ont commencé à me rendre impatient, et elles ont renforcé ma détermination à gagner. Surtout, ces méthodes n'ont pas fonctionné.

Chapitre 18

DANS MON BUS

La campagne du référendum

D'accord, me suis-je dit en apprenant la nouvelle. C'est terminé. C'est la fin de cette campagne. Tout cela était juste trop horrible. C'était le 16 juin 2016, et nous étions dans le grand bus rouge, le vaisseau amiral de campagne pour le Leave.

C'était une de ces imposantes machines conçues pour les joueurs de foot de Premier League, et possiblement leurs épouses et petites amies, avec une zone luxueusement aménagée à l'arrière, comportant sofas accueillants en similicuir noir, écran de télévision, minibar, et tout le toutim.

J'étais assis là en compagnie de ma collègue, la députée conservatrice Penny Mordaunt, et de Gisela Stuart, une députée travailliste dont l'élection dans la circonscription de Birmingham Edgbaston avait illuminé la victoire de Tony Blair lors de la soirée électorale de 1997.

Nous étions tous d'assez joyeuse humeur. Nous revenions d'une réunion dans une station balnéaire ensoleillée du Norfolk, où nous avions longuement dénoncé l'infamie de la politique commune de la pêche, et j'avais donné une interview facétieuse sur la jetée à John Pienaar de la BBC.

C'était le début de l'après-midi, et nous nous rendions à un meeting dans une usine de pelles mécaniques dans les East Midlands, quand Rob Oxley a passé la tête à travers le rideau de séparation. Rob était notre très efficace responsable médias que le lecteur se rappellera peut-être pour l'avoir déjà croisé dans le chapitre sur le siège de la chambre froide. Rob avait l'air grave.

Il avait de mauvaises nouvelles : une députée travailliste avait été victime d'une agression possiblement mortelle. Puis la nouvelle de son décès fut confirmée.

Elle s'appelait Jo Cox, et elle avait été sauvagement assassinée. Je ne la connaissais pas, mais elle semblait appréciée de tous, une députée en campagne chaleureuse et populaire.

Elle se rendait à sa permanence électorale, à Birstall, quand quelqu'un lui avait tiré dessus avec un fusil à canon scié de calibre .22, avant de la poignarder à de nombreuses reprises.

Elle et son mari avaient deux enfants, de cinq et trois ans. J'écoutais les informations l'estomac noué et en proie à un sentiment de malaise. C'était épouvantable, et il était impossible de nous voiler la face.

Nous devions nous demander si notre campagne – pour quitter l'UE – avait joué un rôle quelconque. Nous avions peu de détails, mais le tueur aurait crié des messages politiques, quelque chose comme « Liberté pour la Grande-Bretagne » ou « Mort aux traîtres ».

Mon Dieu, nous demandions-nous tous, avions-nous déclenché cela ? Quelques jours auparavant, mon frère Jo avait relayé, avec amusement, un message reçu du député Tristram Hunt qui faisait campagne pour le Remain dans sa circonscription de Stoke-on-Trent. Hunt avait confié à Jo que c'était peine perdue. Que les habitants de Stoke restaient sourds à ses appels. « Pfeffel a libéré la bête », avait-il dit.

Cette formule me revenait à l'esprit. Avais-je (cette partie de mon patronyme* me valait des mises en boîte régulières) activé quelque chose d'abominable dans la psyché nationale ? Avais-je sans le vouloir potentialisé le virus latent du racisme et de l'extrémisme ? À mesure que les circonstances de l'assassinat de Jo Cox se précisaient, la consternation se propageait dans le bus. Penny était en larmes, et certains journalistes étaient bouleversés.

Nous savions ce que nous avions à faire. Nous avons renoncé au meeting prévu cet après-midi-là, et la campagne fut suspendue pendant trois jours. Nous avons déposé la moitié des journalistes, qui avaient besoin d'un endroit où écrire, et sommes retournés directement à Londres. Même s'il s'agissait de l'œuvre fortuite d'un détraqué, et que le meurtre n'avait rien à voir avec la campagne pour le référendum en cours, je savais que notre campagne – explicitement ou implicitement – serait pointée du doigt.

C'était le jeudi précédant le scrutin. Il nous restait pile une semaine, et dans une campagne disputée – même si la balance avait paru parfois pencher en notre faveur –, c'est le genre d'événement qui peut sceller une élection ; et je n'étais pas le seul à faire cette analyse.

La plupart des gens pensaient que nous étions cuits, et que nous allions perdre. Il ne faut jamais oublier la disparité des forces en présence dans le

* Son nom complet est Alexander Boris de Pfeffel Johnson.

débat. Sur les 649 députés siégeant à mes côtés à la Chambre des communes, 479 étaient en faveur du Remain – près des trois quarts –, et seulement 158 pour le Leave. Au sein du gouvernement, et j'insiste sur le fait qu'il s'agissait d'un cabinet conservateur censément eurosceptique, 25 étaient pour le Remain et 6 pour le Leave.

Cette répartition se retrouvait plus ou moins à travers l'ensemble du spectre politique. Le camp du Remain disposait du gros des troupes. Il avait l'argent, l'expérience, la couverture médiatique, les communiqués de presse alarmistes des grandes entreprises. Il avait aligné un certain nombre de personnalités étrangères sur lesquelles on pouvait compter pour, au moment opportun, faire les gros yeux à l'opinion britannique et lui dire de ne pas commettre la folie d'un vote Leave.

La campagne du Remain avait tout pour elle, hormis la seule chose dont on a vraiment besoin dans une campagne : la conviction.

Comme ils manquaient d'enthousiasme, ce qu'ils avaient à dire, inévitablement, manquait d'intérêt. Aucun d'entre eux n'avait quoi que ce soit de réellement positif à raconter sur le rêve de l'intégration européenne. Aucun, pas même Ken Clarke ou Anna Soubry*, ne semblait aspirer, du moins en public, à ce que la Grande-Bretagne fasse partie des États-Unis d'Europe.

Ce problème remontait jusqu'au sommet du gouvernement, car en vérité David Cameron – au moins de par sa formation politique – était quelque peu eurosceptique. Il suffit pour s'en convaincre de consulter la couverture médiatique du mercredi 16 septembre 1992, le jour où la livre sterling a été exclue du mécanisme de change du Système monétaire européen parce que les marchés ne croyaient plus que le gouvernement de John Major parviendrait à maintenir un taux de change de 2,95 marks pour une livre.

Ce fut une humiliation totale pour la stratégie européenne du gouvernement (qui entendait être « au cœur » de l'Europe), et l'implosion de sa politique économique. L'opinion n'a jamais pardonné au Cabinet Major la hausse affolante des taux d'intérêt décidée ce jour-là – jusqu'à 15 % – pour tenter de préserver la parité avec le mark, ni l'impression d'un gouvernement soudainement et involontairement privé de gouvernail.

Ce « mercredi noir » aura été un désastre intégral. Il a conduit droit à la débâcle de 1997, et à une victoire électorale écrasante de Blair. Et a instillé

* Députée conservatrice, contre le Brexit, elle occupe des postes ministériels sous l'administration Cameron, puis elle quittera son parti pour rejoindre The Independent Group, devenu Change UK, dont elle prendra la présidence en juin 2019.

l'euroscepticisme au plus profond de l'âme tory. J'ai écrit l'article en une du *Daily Telegraph* ce jour-là, et sur certaines photos on peut voir un jeune freluquet à côté de Norman Lamont, le visage si lisse et poupin qu'on l'aurait cru sculpté dans un pain de savon Sunlight.

David Cameron avait démarré sa carrière comme conseiller spécial de Lamont, le chancelier de l'Échiquier tory qui avait présidé (malgré lui) à la politique catastrophique de John Major. On supposait que Cameron avait été si traumatisé par l'expérience, qu'il serait éternellement opposé à l'adhésion du Royaume-Uni à l'euro.

Il était hostile à la vocation fédérale de l'UE (*ever closer union**). Il avait fait savoir au Parti conservateur qu'il n'était pas favorable à l'octroi de nouveaux pouvoirs à Bruxelles. Il s'était vanté d'être un eurosceptique.

Aussi était-il prisonnier de sa rhétorique passée et dans l'incapacité de se déclarer fanatiquement attaché à l'UE. La tâche de nous amener tous à être plus enthousiastes fut donc déléguée, au fil des années, à George Osborne, son chancelier de l'Échiquier et compagnon de route, un homme qui se targuait, parfois à juste titre, de son habileté politique florentine.

Au moment de notre élection à tous les trois, en 2001, nous étions politiquement en plein marasme. Tony Blair était au plus haut, et marquait des points quoi qu'il fasse. De temps en temps, nous discutions de la façon de sauver le Parti conservateur; comment combattre Blair qui nous avait tant pris ?

C'est George qui nous a suggéré d'imiter « The Master », comme il surnommait Blair. Nous devions proposer une version actualisée du Parti tory, nous présenter comme les « héritiers de Blair » et, dans le cadre de notre « modernisation » nous débarrasser de nos attitudes rétrogrades, y compris pour ce qui touchait à la sexualité et à l'euroscepticisme.

Ils m'ont demandé ce que j'en pensais et je les ai regardés, les yeux ronds.

Certes, ai-je répondu, le Parti conservateur devrait être plus tolérant et progressiste (et je crois que Dave, George et moi étions les trois seuls députés tories à nous rebeller contre notre parti qui faisait un motif d'expulsion de toute prise de position en faveur de l'adoption homoparentale).

Mais abandonner notre euroscepticisme, vous n'y pensiez pas ?

Et je crois que Dave était sur la même ligne que moi. L'idée fut abandonnée, et quand Cameron a pris la direction du parti, en 2005, la position officielle demeurait résolument eurosceptique. Nous étions opposés à tout nouveau traité européen; nous étions hostiles à tout nouveau vote

* Une union toujours plus étroite.

à la majorité à Bruxelles. Nous étions vent debout contre toute nouvelle érosion du contrôle démocratique britannique.

Puis, en 2009, il devint évident que la manière de voir d'Osborne commençait à prévaloir. Un soir, j'ai reçu une convocation à dîner chez Dave et Samantha Cameron dans le quartier de Notting Hill. Je suis arrivé en retard et essoufflé, pour découvrir que George, Dave et moi étions les seuls invités – Pompée, César et Crassus –, il se tramait donc quelque chose.

Sam Cam avait préparé un repas délicieux, très nottinghillesque, et nous avait laissés, et comme le long trajet à vélo depuis la mairie m'avait donné soif, je me suis attaqué au vin rouge. Après l'échange habituel de plaisanteries sarcastiques, qui restaient foncièrement bon enfant, c'est de nouveau à George qu'avait été confiée la charge de transmettre le message.

Les Tories se rapprochaient alors du pouvoir ; une élection était attendue l'année suivante, en 2010, et les Conservateurs étaient donnés gagnants. Il était temps de débarrasser la coque du parti de ses bernacles, a annoncé George.

« Vous vous rappelez l'engagement que nous avons pris d'organiser un référendum sur le traité de Lisbonne ? »

Je me le rappelais.

C'était un sujet que je connaissais parfaitement. Le traité de Lisbonne sur la Constitution européenne était la dernière étape en date du processus d'intégration européen, et la plus importante depuis Maastricht en 1991. C'était également un exemple classique de la manière dont les élites européennes s'étaient occupées de faire pression sur l'opinion publique.

Le traité de Lisbonne n'était qu'une resucée des propositions pour une nouvelle « Constitution européenne » élaborée par l'ex-président de la République française, Giscard d'Estaing, et que les électeurs français et néerlandais avaient rejetés de manière embarrassante lors de référendums nationaux (les Britanniques n'avaient pas été consultés). Plutôt que de saisir le message et d'abandonner ces plans fédéralistes, les dirigeants de l'UE les avaient simplement reformulés sous la forme du traité de Lisbonne.

Cette gigantesque escroquerie avait suscité la consternation des députés et militants conservateurs.

Le traité de Lisbonne abolissait peu ou prou le droit de veto national au profit d'un vote à la majorité dans environ 45 domaines de compétence de l'UE, de sorte que les ministres britanniques pouvaient être mis en minorité pour toutes sortes de décisions relevant de la politique sociale, culturelle, éducative et économique. Il créait des présidents et euro-apparatchiks supplémentaires, y compris une sorte de ministre européen des Affaires étrangères.

Les Tories, alors dans l'opposition, s'étaient déchaînés contre ce traité. William Hague, ministre des Affaires étrangères du Cabinet fantôme, s'était montré particulièrement alarmiste, parlant de la fin de l'État-nation tel que nous le connaissions. David Cameron s'était engagé solennellement à ce que le peuple britannique ait son mot à dire sur ce traité, sous la forme d'un référendum – et d'un coup j'ai compris ce qu'on attendait de moi lors de cette joyeuse réunion.

Ils allaient faire volte-face, et j'étais là pour leur donner ma bénédiction. Un référendum n'avait plus lieu d'être, disaient Dave & George. Le gouvernement travailliste sortant avait déjà ratifié le traité de Lisbonne. Si nous remportions les élections l'année suivante, ce qui semblait probable, nous serions le premier gouvernement tory depuis treize ans. Mieux valait ne pas s'empêtrer dans une querelle interminable sur l'Europe.

Je comprenais la logique. Mieux valait opérer un virage à cent quatre-vingt degrés maintenant que rompre une promesse après les élections. Je comprenais qu'ils veuillent partir sur de nouvelles bases. Mais cela me semblait néanmoins être une bourde monumentale. Après toutes nos prises de position, je ne voyais pas comment nous pouvions accepter le traité de Lisbonne.

« Je pense que ça passera très mal auprès de la base », leur ai-je dit avant de disparaître dans la nuit.

Je crains d'avoir eu raison.

Après treize ans de régime travailliste, nous n'avons pas obtenu de majorité absolue en 2010 ; au moins en partie parce que nous étions vulnérables aux attaques du Parti pour l'indépendance du Royaume-Uni (UKIP), qui faisait grand cas de la « trahison » de Lisbonne, et nous avons donc été obligés de nous allier aux Libéraux-Démocrates (qui, eux, contre toute logique, proposaient un référendum sur l'UE).

En 2013, Cameron, menacé sur son aile eurosceptique, et effrayé par le score que Nigel Farage et consorts pourraient obtenir aux législatives suivantes, attendues en 2015, a décidé de donner un grand coup de balai. Il allait réduire au silence ses détracteurs eurosceptiques (je faisais partie du lot, je suppose) une fois pour toutes. Il allait mettre un terme à leurs jérémiades concernant la trahison du traité de Lisbonne en frappant un grand coup. Il allait sortir le plus gros canon de l'artillerie, allumer la mèche et croiser les doigts.

Pour la première fois en quarante et un ans, le peuple britannique allait se voir proposer un référendum sur sa relation avec l'UE, pas sur Maastricht,

Nice ou Lisbonne, ou un autre avenant au traité de Rome. On allait lui demander de se prononcer sur l'Union européenne elle-même : y rester ou en sortir. Un choix binaire.

Je trouvais cela cohérent. Je voyais le problème Farage et j'estimais que l'UKIP était fondamentalement une nuisance : un parti qui ne pouvait rien faire d'autre que nous prendre des voix et nous empêcher d'accéder au pouvoir. Je comprenais que Dave veuille les écarter.

D'aucuns pensent maintenant que Cameron aurait pris cet engagement par cynisme en tablant sur le fait qu'il n'aurait peut-être jamais à le tenir. Il semblait peu probable, en 2013, que les Tories obtiennent une majorité absolue aux prochaines élections, et plus que probable qu'ils soient obligés de conclure un nouvel accord avec les Libéraux-Démocrates, aux termes duquel la promesse d'un référendum pourrait être plus ou moins honorablement abandonnée (car à ce moment-là les Libéraux-Démocrates, comme à leur habitude, avaient tourné casaque sur la question des référendums).

Au lieu de quoi – et sans doute en partie en raison de cette incroyable promesse d'organiser un référendum *in or out** – les Tories l'avaient emporté haut la main. Nous disposions d'une courte majorité absolue sur les autres partis et, cette fois, nous n'avions pas le choix. Il fallait tenir nos engagements et demander enfin au peuple britannique ce qu'il pensait de tout cela.

Dave & George ont décidé de présenter le texte en début de législature, histoire d'évacuer la question, et le référendum fut annoncé pour le 23 juin 2016. Il n'a PAS été organisé pour répondre à une demande populaire massive. Il n'a PAS été organisé parce que beaucoup de gens estimaient que c'était la meilleure chose à faire pour le pays. Il n'a PAS été organisé parce que Dave ou George tenaient particulièrement à ce qu'il ait lieu.

Il a été organisé parce qu'ils n'avaient pas tenu leur promesse sur Lisbonne et ne se voyaient pas en rompre une autre. En d'autres termes, c'était un gâchis total, tout comme l'était leur stratégie pour l'emporter. Incapable d'être positive sur une Europe unie, la campagne du Remain ne pouvait être que négative : taper sur les Brexiters et essayer de terroriser tous ceux qui auraient été tentés de voter Leave.

Donald Tusk, le président polonais du Conseil européen, fut l'un des nombreux dignitaires étrangers invités pour nous donner la chair de poule. Le Brexit pourrait être « le début de la fin de la civilisation européenne », avait-il déclaré. Une lettre signée par huit anciens secrétaires d'État américains, adjurant tous à voter Remain, fut produite.

* Dedans ou dehors.

Le 22 avril, David Cameron appelait Barack Obama à la rescousse qui, tel une sorte de deus ex machina, était arrivé à bord d'Air Force One et avait obligeamment enterré l'idée – chère à de nombreux partisans du Brexit – que nous pourrions obtenir un accord de libre-échange post-Brexit avec les États-Unis. La Grande-Bretagne serait « *at the back of the queue* »[1], avait déclaré Obama. Le choix de cette formulation – typiquement britannique* – révélait que son discours lui avait été fourni par Downing Street.

Le FMI, l'OCDE, la Banque mondiale – à peu près toutes les organisations internationales auxquelles vous pouvez penser – avaient reçu les mêmes recommandations et s'étaient loyalement prêtées au jeu, soucieuses, comme toujours, des financements qu'elles recevaient du gouvernement britannique.

Le Trésor lui-même s'est complètement déshonoré en manipulant les statistiques. Il produisit un document de 70 pages, préfacé par Osborne[2], affirmant que le Brexit conduirait à une explosion du chômage, entre 500 000 et 1 million de personnes sans emploi. Dans la seule ville de Londres, y lisait-on, avec ce souci de la précision propre aux baratineurs de haut vol, 73 000 emplois seraient détruits, et 74 000 autres dans le reste du sud-est du pays.

Les prix de l'immobilier chuteraient de 18 %, pronostiquait George**, et les recettes fiscales diminueraient de façon si spectaculaire que cela représenterait un manque à gagner de 30 milliards de livres pour les finances publiques. On mettait en garde le peuple britannique que, s'il était assez téméraire pour voter en faveur du Brexit, il serait puni par un budget d'urgence imposant des hausses d'impôt.

Pour enfoncer le clou, le gouvernement a dépensé 9,3 millions d'argent public pour envoyer une brochure pro-Remain dans chaque foyer[3] du pays. Vaste opération de désinformation fièrement baptisée Project Fear***.

Ce n'est pas que le projet Peur n'a pas fonctionné. Le plus navrant, c'est que pour des millions de personnes il a sans doute produit son effet en étant assez effrayant pour les dissuader de voter pour le Leave. Mais le fait incroyable, et qui témoigne du courage de lion du peuple britannique,

* En anglais-américain, l'expression est *the back of the line* et non *back of the queue*. Autrement dit, en queue de peloton.

** Osborne.

*** Projet Peur.

c'est qu'il n'a pas suffi à nous vaincre ni à terrasser les arguments que nous défendions.

Le camp du Remain avait choisi de jouer sur la peur. Nous avions l'espoir. Il disait que la Grande-Bretagne n'était pas assez forte pour faire cavalier seul. Nous disions qu'elle l'était. Il agitait de vagues menaces. Notre message était parfaitement clair, et nous le martelions, chaque jour, à chaque conférence de presse, à chaque arrêt de bus.

Nous allions « reprendre le contrôle » de notre argent, de nos frontières et de nos lois. Il proposait de repartir pour un tour ; nous offrions quelque chose de différent, notre version de l'aspiration au changement de la population.

L'issue de tout bras de fer électoral important se joue sur la question de savoir à qui « appartient » l'avenir, et il ne fait aucun doute que, dans ce débat, l'avenir était de notre côté. Notre vision était celle d'une Grande-Bretagne dynamique, pratiquant le libre-échange, capable de tirer parti des libertés offertes par le Brexit et de libérer le potentiel du pays tout entier. Le camp du Romain n'avait pas de réelle alternative à proposer ; et la réalité de ce qui allait probablement se produire si nous restions au sein de l'UE, c'est-à-dire une Grande-Bretagne de plus en plus étroitement imbriquée dans une Europe fédérale, le camp du Remain n'était même pas prêt à la discuter, encore moins à la soutenir (ouvertement).

Nous étions un mouvement pour la liberté, pour l'indépendance. Et celui du Remain, qu'était-il ? Une campagne pour l'érosion progressive de l'indépendance du Royaume-Uni ?

Il n'y a donc rien d'étonnant à ce que les partisans du Remain aient renoncé à argumenter et qu'ils aient tenté de nous attaquer sur un plan personnel, afin de nous discréditer et d'éroder la crédibilité de notre discours. Il ne leur restait plus que cet expédient.

J'étais un menteur, affirmaient-ils ; Gove était un menteur, notre grand bus rutilant était un gros mensonge à cause du slogan sur son flanc. Ce message avait été soigneusement testé par notre directeur de campagne, cette tête brûlée de Cummings. Il avait été démontré qu'il rendait les gens fous d'indignation.

Voici ce qu'on lisait sur le bus rouge, en énormes lettres blanches : « Nous envoyons chaque semaine 350 millions de livres à Bruxelles – finançons plutôt le NHS. » Ce slogan était brillant parce qu'il allait droit au but. Il est devenu un sujet de discussion aux quatre coins du pays, et ce sont les tenants du Remain qui ont travaillé à notre place, en intensifiant massivement l'impact de ce que nous disions. Dès qu'ils ont pris conscience de la puissance du slogan, et à quel point il enflammait le débat national, ils ont tenté de riposter. Et ils ont commis l'erreur fatale dans toute campagne : venir sur notre terrain.

Non, non et non, disaient-ils : tout cela était faux. Ils insistaient sur le fait que ces 350 millions étaient le chiffre brut, et que lorsqu'on tenait compte des investissements de l'UE au Royaume-Uni – agriculture, politique régionale, etc. – ainsi que de l'abattement budgétaire, le chiffre réel était inférieur d'environ la moitié, soit peut-être 175 millions.

Ce qu'ils n'ont jamais compris, aveuglés par leur indignation au sujet du bus, c'est que dès qu'ils ont commencé à vouloir discuter des détails, ils ont perdu la bataille de l'opinion, parce que les faits nous ont toujours donné raison.

Certes, une partie de cet argent était dépensée au Royaume-Uni, mais pas sous le contrôle démocratique du peuple britannique, et même si le chiffre net n'était que de 175 millions, cela représentait une sacrée somme – de quoi financer un hôpital de proximité par semaine.

En fait, si l'on fourre son nez dans les chiffres, les contributions du Royaume-Uni devaient augmenter si fortement qu'en 2020, ce sont 420 millions que nous aurions dû verser chaque semaine.

Au fil des jours, les partisans du Remain s'apercevaient qu'ils étaient dans l'incapacité de réfuter les pièces essentielles du dossier. Ils ne pouvaient pas démentir la portée des traités européens ni le primat du droit communautaire et la façon dont il avait recouvert – comme Lord Denning l'avait formulé bien des années auparavant – telle une marée montante, la moindre crique et le moindre bras de mer de Grande-Bretagne[4].

Ils n'ont pas tardé à perdre patience, puis ils ont perdu leurs nerfs et sont devenus prêts à tout. Faute de pouvoir contrer le message, ils allaient s'en prendre aux messagers, en particulier à votre serviteur.

Un soir de mai, notre bus est arrivé à Stafford, et je suis descendu, avec Gisela, pour trouver là une foule nombreuse et joyeuse qui espérait un discours. Je suis monté sur une tribune et j'ai commencé par quelques remarques au débotté. Pourquoi, leur ai-je demandé, avions-nous besoin que l'UE nous dise quelle devrait être la puissance de nos aspirateurs ? Si Dyson affirmait qu'ils étaient sûrs et que nos responsables des normes de conformité validaient ses assertions, Bruxelles n'avait pas à dire aux Britanniques que la puissance d'aspiration de leurs aspirateurs était trop élevée.

À ce moment-là, je m'écartais en général du sujet en décrivant une blessure douloureuse et inavouable que certaines personnes avaient subie – des hommes, je le crains – en faisant un usage détourné de leur appareil.

Mais n'était-ce pas le droit de tout Anglais né libre d'utiliser son aspirateur à sa guise ?

Avait-on besoin de Bruxelles pour nous dire comment utiliser un aspirateur ? À ce stade, le public était en général conquis. C'est après avoir exposé mon argument sur les aspirateurs que ce soir-là j'ai dérapé.

Quelqu'un m'avait dit quelque chose sur les régimes de bananes et en le répétant j'ai commis une petite erreur (l'histoire de l'aspirateur était tout ce qu'il y a de plus véridique).

Pourquoi, ai-je lancé au public de Stafford, Bruxelles interdirait-il à un marchand britannique de fruits et légumes de vendre des grappes de plus de trois bananes ?

Boum ! La boulette était faite. Le discours était retransmis plus ou moins en direct au journal de 18 heures, et je ne tardai pas à me retrouver sous le feu roulant des critiques du camp d'en face.

Menteur ! glapissaient-ils. Il se trompe sur les bananes, et il se trompe sur tout.

Ils ont ressorti Lord Heseltine, bourreau de Margaret Thatcher et mon illustre prédécesseur dans la circonscription de Henley-on-Thames. Lui et moi avions entretenu jusque-là des relations d'une prudente cordialité, mais le voilà qui visait mes organes vitaux avec ses mocassins New & Lingwood.

Il agissait manifestement en service commandé pour m'éliminer. Il est passé au journal télévisé pour commenter ce Bananagate.

Hezza s'est mis en jambes en déclarant que mes propos étaient « totalement hasardeux et irresponsables », que je m'étais montré « obscène, ridicule et quasiment raciste » dans les remarques (très inoffensives) que j'avais faites au sujet de Barak Obama et de son intervention.

Il a prétendu que j'avais comparé Bruxelles à Adolf Hitler, alors que je n'avais rien fait de tel.

« Il perd le sens commun. La pression de la campagne[5] commence à se faire sentir. »

Sa Seigneurie a ensuite abordé le fond de l'affaire : la position de Bruxelles sur les bananes, et la législation communautaire sur la taille d'un régime.

« C'est une pure invention, a déclaré Michael Heseltine au journal télévisé. Je le sais. Ma femme et moi mangeons des bananes, a précisé le grand homme avec une autorité magnifique. J'ai moi-même acheté des grappes de bananes », a-t-il ajouté comme si cela concluait l'affaire.

Le camp du Remain cherchait à me démolir, mais tapait à côté.

Tout le monde s'est empressé de consulter la directive, et on s'est rendu compte que si j'avais peut-être pu me tromper sur un détail à l'occasion d'un discours électoral improvisé, j'étais loin d'avoir tort quant à l'esprit du texte. Voici, pour vous divertir, ce que préconise précisément la directive de 2011 « sur la présentation des bananes »[6] :

Les bananes doivent être présentées en mains ou en grappes (parties de mains) d'au moins quatre doigts.

La présentation des bananes en doigts isolés est admise.

Pour chaque colis, il est toléré deux doigts manquants par bouquet, sous réserve que le pédoncule ne soit pas arraché mais sectionné nettement, sans blessure des fruits avoisinants.

Il est admis d'utiliser, par rangée, au maximum un bouquet de trois doigts de mêmes caractéristiques que les autres fruits du colis.

Il est possible de commercialiser des bananes en régime dans les régions de production.

Oh, lâchez-moi la grappe !

Dans ma hâte et ma fatigue, j'avais compris de travers. Ce n'était pas la taille maximale des grappes de bananes qui était prescrite dans ce texte de loi aberrant, mais la taille minimale. Et pourquoi ? Pourquoi un primeur de Stafford n'aurait-il pas le droit de vendre ses bananes par trois ?

Pourquoi diable Bruxelles pensait-il pertinent d'interdire à notre primeur ou à tout vendeur de bananes sur la totalité d'un vaste territoire peuplé de 510 millions d'habitants de vendre deux grappes de trois bananes dans la même rangée ?

Pourquoi en faire la loi européenne, la loi des Mèdes et des Perses, la loi à laquelle aucun parlement national, aucune juridiction, aucun citoyen ne pourrait déroger ? Je veux dire par là que chaque fois qu'ils ont abordé les vrais sujets, les Remainers ont commencé à perdre, et que leur stratégie dès le départ (et, soyons clairs, ils ont plus moins persévéré dans cette voie depuis) a donc consisté en des attaques *ad hominem*, qui n'ont pas fonctionné.

J'ai aimé la plus grande partie de cette campagne. Comme toutes les campagnes politiques britanniques, elle faisait la part belle à la mangeaille et aux blagues destinées aux photographes. Quand je n'agitais pas des bananes, je mangeais des *Cornish pasties*, léchais des crèmes glacées, ou tenais à bout de bras d'énormes poissons gluants sur les marchés. Chaque fois que nous étions en dehors de Londres, loin de la condescendance de la capitale, j'avais le sentiment que la victoire était à notre portée. Jusqu'au moment où est survenu le meurtre tragique de Jo Cox.

Nous avons abordé les derniers jours la tête basse, notre confiance envolée. Notre tout dernier meeting à Fishmongers Hall, deux jours avant le scrutin, s'est tenu sans enthousiasme, devant une assistance clairsemée, en partie parce que nous étions tous épuisés et en partie parce que nous ne pensions pas que le public était d'humeur.

Curieusement, les électeurs ne voyaient pas les choses de cette manière. Quand les sondages sont tombés, ils ont montré que ni les Remainers ni les Leavers ne pensaient que nous avions causé la mort de Jo Cox ; ils estimaient que le meurtrier était juste un cinglé, et je pense qu'ils n'avaient probablement pas tort.

Il s'est avéré qu'il s'agissait d'un néonazi ayant des antécédents psychiatriques, et le public avait eu raison d'être globalement optimiste quant aux effets du Brexit sur la psyché nationale. Comme il a été démontré, étude après étude – en dépit de toutes les prédictions –, le Brexit n'a pas conduit à une montée du racisme. Il n'a pas provoqué davantage d'attaques xénophobes. Au contraire, il a été prouvé qu'il avait désamorcé une certaine forme de racisme.

Mais surtout le grand peuple britannique aura eu en fin de compte parfaitement raison d'ignorer le Projet Peur. George Osborne et Mark Carney* disaient qu'il allait plonger dans la récession. Il a adressé un doigt d'honneur aux experts, et la suite lui a donné raison sur toute la ligne.

La livre s'est redressée. Le marché immobilier a à peine bronché. Et pour ce qui est du chômage… eh bien, on prédisait que le nombre de demandeurs d'emploi bondirait d'au moins 7 000 au cours du mois suivant le vote, alors que pendant ce seul mois de juillet, le Royaume-Uni a CRÉÉ 9 000 emplois.

À l'heure où j'écris ces lignes, le Royaume-Uni n'a encore connu aucun déferlement du chômage, plus de huit ans après le vote. Le taux de chômage a même presque atteint son plus bas niveau depuis 1974 (et ils ont encore le toupet de se plaindre de notre bus).

Dans sa grande sagesse collective, le peuple britannique savait d'instinct que tout cela n'était que des conneries et se préparait à voter en conséquence. Dans les derniers jours, nos partisans étaient donc franchement plus confiants que nous l'étions nous-mêmes. J'ai commencé à percevoir un élan deux jours avant le scrutin en marchant dans les rues de Wolverhampton et Leicester.

* Gouverneur de la Banque d'Angleterre de 2013 à 2020.

Les gens traversaient la chaussée pour venir nous serrer la main, nous donner une tape dans le dos, ou klaxonnaient en passant en signe d'approbation, et j'ai alors eu le pressentiment de ce qui pourrait arriver. Et puis au soir du mardi 21 juin, il y a eu une dernière joute télévisée, devant une foule de plusieurs milliers de personnes, au Wembley Arena.

J'ai conclu le débat et, face caméra, j'ai dit au pays que s'il votait pour la liberté, et reprenait le contrôle, alors ce jeudi serait le jour de notre indépendance, et j'ai senti quelque chose dans le public trié sur le volet par la BBC afin de représenter équitablement les deux camps.

Si les acclamations des Remainers étaient bruyantes, celles des Leavers l'étaient plus encore.

Chapitre 19

TRIOMPHE ET DÉSASTRE

Comment la sortie théâtrale de Cameron a provoqué le chaos

Après tous ces efforts, j'ai failli ne pas déposer mon propre bulletin dans l'urne pour le référendum sur l'UE. L'après-midi du scrutin, Marina et moi assistions à la cérémonie de remise de diplôme de Lara à St Andrews, en Écosse. Nous sommes rentrés en avion en toute hâte pour découvrir que Londres avait été noyé sous un orage d'été exceptionnel.

Tous les taxis étaient pris, et il nous a fallu une éternité pour arriver jusqu'au bureau de vote d'Islington. Nous avons voté *in extremis* avant la fermeture, puis nous sommes retournés à Colebrooke Row pour assister à l'annonce des résultats.

Vous n'auriez pas été particulièrement assuré de la victoire si vous aviez été à ma place, après nos aventures en Écosse. Il existe peut-être quelque part dans les îles Britanniques une plus forte concentration d'électeurs favorables au Remain qu'à l'université de St Andrews, dans le Fife, mais je ne vois pas où cela pourrait être.

Ils étaient ouverts d'esprit, ils étaient universitaires, ils étaient écossais, et ils me considéraient comme un traître à ma classe et à mon éducation. Alors que nous étions dans une cour herbeuse à attendre le début de la cérémonie, je voyais tous ces gens qui me regardaient comme un étron dans le bol de punch, et qui ajustaient leur tenue universitaire de manière que je puisse voir l'autocollant Remain sur leur revers.

Nous avons fait mine d'ignorer cette hostilité – nous étions très fiers de Lara, qui avait réussi ses études, et je ne voulais surtout aucun embêtement d'aucune sorte. Mais le sentiment anti-Brexit semblait omniprésent.

« Vous allez perdre » ! a crié un homme à l'aéroport d'Édimbourg, avec apparemment l'assentiment général des autres passagers. Quand je me suis assis chez moi Londres ce soir-là pour attendre les résultats, j'étais passablement remonté et bien déterminé à prouver à cet homme qu'il avait tort.

À ce stade, j'avais essuyé un tombereau de critiques. J'avais cessé de regarder ou d'écouter la plupart de mes détracteurs, mais leur férocité ne laissait pas de me stupéfier.

Un jour, j'étais dans un studio de télévision en attendant de passer à l'antenne, et John Major se trouvait là[1]. J'ai été d'autant plus estomaqué de le voir me tailler une veste devant les caméras qu'il s'était montré tout à fait charmant face à moi (comme à son habitude). Il avait affirmé que j'allais m'en prendre au NHS, comme un python avalant un hamster. Sérieux ? Où était-il allé chercher ça ?

Je vais vous le dire : c'était le script de la campagne pour le Remain. Ils continuaient de faire une fixation sur le bus et les 350 millions de livres pour le NHS. Je ne leur reproche pas vraiment leur stratégie. C'est une vérité désolante et éternelle de la politique que les individus finissent par devenir les substituts des idées et des programmes qu'ils promeuvent. De sorte que si vous voulez saper le message – et que vous trouvez ça difficile –, vous devez passer le messager à tabac.

Je peux comprendre pourquoi le camp du Remain a agi de la sorte ; c'est ce que leurs sondages internes et leurs panels de discussion ont dû leur suggérer de faire (même si, de notre côté, nous étions loin de nous livrer à des attaques aussi personnelles dans notre rhétorique). J'essaye juste d'expliquer mon état d'esprit sur le moment.

Le soir du 23 juin, j'avais tellement été provoqué, raillé et (c'est ainsi que je le ressentais) diffamé, que j'étais à bout. Lorsque les premiers résultats ont commencé à pencher en notre faveur, en particulier quand le scrutin anticipé à Sunderland a donné le Leave largement en tête, j'ai éprouvé une bouffée d'excitation. Je regardais la soirée électorale avec Ben Wallace, et il n'était pas aussi joyeux, lui, l'europhile de nature et tory à la sauce Kenneth Clarke. Mais Will Walden partageait mon excitation, ainsi que Marina. Nous avons veillé toute la nuit en mangeant des lasagnes froides et des sandwichs au bacon pour suivre l'événement le plus extraordinaire de l'histoire électorale de la Grande-Bretagne.

Les sondages s'étaient trompés. Les bookmakers s'étaient trompés. Les marchés s'étaient trompés. Nigel Farage, le leader d'une campagne non officielle (et sans rapport) baptisée Leave, s'était trompé. Il avait bizarrement concédé la défaite[2] plus tôt dans la soirée, sur la foi d'une rumeur qui avait balayé la City.

Il s'est avéré qu'une partie de la population – une partie importante – avait été touchée par ce débat contradictoire comme jamais la politique ordinaire ne l'avait fait. Combien de fois, au cours de ces années passées à écrire des éditoriaux pour le *Daily Telegraph*, avais-je cité ces vers de G. K. Chesterton[3] ?

Riez-vous de nous, payez-nous, ignorez-nous. Mais prenez garde de nous oublier;
Car nous sommes le peuple d'Angleterre qui n'a encore rien dit.

Voilà qu'ils s'étaient exprimés, ces 2,3 millions d'électeurs que les sondeurs n'attendaient pas dans les bureaux de vote. C'étaient les voix de ceux qui se sentaient exclus du consensus en vigueur, qui voulaient sincèrement un changement, un gouvernement qui les écouterait et tiendrait compte de leurs intérêts.

Le nombre de personnes ayant voté pour le Leave – 17,4 millions – est supérieur au nombre de personnes ayant voté pour un gouvernement, quel qu'il soit, dans toute l'histoire du Royaume-Uni. Elles ont été plus nombreuses à voter pour le Leave que pour n'importe quel individu ou idée dans l'histoire de notre pays. À 7 heures du matin, notre victoire ne faisait plus de doute, et dans mon euphorie j'ai dû fermer les paupières parce que, lorsque j'ai rouvert un œil, aux alentours de 8 h 30, les caméras étaient braquées sur Downing Street.

David Cameron devait s'adresser à la nation: oui, il était là, avec Sam Cam à ses côtés, et, mon Dieu, il annonçait qu'il se retirait. Maintenant.

Il n'allait pas superviser la mise en œuvre de la volonté populaire alors même que c'était lui qui en avait appelé au peuple. Il s'en allait.

Il disparut de nouveau derrière la porte noire en sifflotant un air guilleret, comme pour dire, à nous les vainqueurs: Très bien, bande de branleurs, vous avez créé ce bordel, alors débrouillez-vous.

Je trouvais que ce n'était pas la bonne réaction, que cela ressemblait à un mouvement d'humeur. Bien d'autres dirigeants européens avaient essuyé des revers lors de référendums et avaient continué d'exercer leurs fonctions.

Qu'étions-nous fichtrement censés faire à présent ?

Certains ont prétendu que ni Michael Gove ni moi n'avions vraiment l'intention de remporter cette campagne, ce qui est du grand n'importe quoi, comme j'espère l'avoir expliqué. D'autres disent que nous avions bien l'intention de l'emporter, mais que nous – moi en particulier – étions moins motivés par les arguments visant l'UE que par le désir de renverser le gouvernement Cameron et de prendre le pouvoir.

Encore une fois, ce sont des inepties manifestes. Toutes ces affirmations sont réfutées par ce qui s'est effectivement passé.

Je connaissais Michael Grove depuis ses dix-huit ans environ, et j'avais trois ans de plus que lui. Nous nous étions croisés par hasard à l'Oxford Union*, et j'admirais son emphase écossaise et son brio d'improvisateur. Il avait cet air sérieux et intelligent, ce goût prononcé pour le tweed et, à l'époque comme aujourd'hui, il était souvent passablement ivre et d'une politesse exquise. Il avait traîné ses guêtres dans la même fac que moi et, de temps à autre, nous nous rendions aux mêmes dîners ridicules organisés par le club de débat.

Il a joué un rôle important (je ne pense pas qu'il le nierait) dans ma conquête de l'Oxford Union avant d'en prendre la présidence à son tour. Il semblait aimable et libertarien, et je suis certain qu'il était sincère dans ses déclarations sur le Brexit.

Son père était mareyeur à Aberdeen, et la pêche était un des secteurs – grâce à Edward Heath** – à avoir le plus pâti de l'adhésion à l'UE. Il paraissait avoir exactement les mêmes vues que moi sur le déficit démocratique au sein de l'UE.

Ce que je veux dire, c'est que Michael et moi avions été amis et collaborateurs pendant des décennies, mais nous n'avions jamais discuté des possibles conséquences d'un Brexit. À aucun moment de cette campagne nous n'avions envisagé un futur gouvernement issu du Leave, parce que nous n'imaginions pas qu'il y aurait un changement de gouvernement. La feuille de route affichée par le gouvernement était de mettre en œuvre le résultat du référendum. Il s'agissait d'un référendum, pas d'une élection. Il s'agissait d'une consultation populaire, pas de l'occasion d'un transfert de pouvoir.

Je ne me battais pas dans cette campagne de référendum en me disant : Mince alors, ça se passe bien, dans un mois je serai peut-être Premier ministre, et je suis pratiquement sûr que Michael Gove ne se le disait pas non plus.

Si bien que lorsque David Cameron a quitté la scène avec fracas, nous avons été pris au dépourvu. Évidemment. Nous n'avions aucun projet de gouvernement, aucun plan de négociations, parce que ce n'était pas notre boulot, et si les quelques jours qui ont suivi ont certes été chaotiques, il est rageant qu'on nous le reproche.

C'était au gouvernement d'annoncer son plan de retrait. C'était au gouvernement d'entamer les négociations. C'était au gouvernement de David

* L'Oxford Union Society est une société de débat prestigieuse fondée en 1823.

** C'est sous son mandat de Premier ministre conservateur que le Royaume-Uni adhère à la CEE en 1973.

Cameron de traduire en actes le résultat du référendum qu'il avait organisé. C'était au gouvernement de présenter un livre blanc (qu'il aurait dû préparer) expliquant comment il allait mettre en œuvre un vote Leave. Pourquoi ne l'a-t-il pas fait ? Peut-être parce que le gouvernement s'est dit, dans un jeu de billard à trois bandes, que le meilleur moyen de gérer le résultat était de laisser les Brexiters « assumer » le chaos.

Le Premier ministre s'était contenté de quitter la scène en sifflotant plutôt que de faire face aux conséquences logiques des événements qu'il avait provoqués.

D'où notre teint livide et notre air effaré quelques heures plus tard, quand nous avons fini par nous manifester – vers 11 heures du matin – pour revendiquer la victoire. Ce n'était pas, comme tout le monde l'a aussitôt claironné sur Twitter, parce que nous étions démoralisés d'avoir gagné (nous ne l'étions pas), mais parce que nous avions soudain beaucoup de pain sur la planche.

Rien, sinon une défaite, n'est aussi mélancolique qu'une victoire, a déclaré le duc de Wellington après avoir vaincu à Waterloo. Je comprends ce qu'il voulait dire. Il fallait montrer le respect approprié à David Cameron, notre leader disparu.

Des Remainers nous hurlaient dessus devant nos maisons, nous traitaient de salauds et cognaient sur nos voitures. Il fallait faire face à la colère et la perplexité de nos collègues au Parlement. Cela faisait à peine un an que Cameron avait remporté la majorité absolue, et voilà qu'il s'était jeté de façon spectaculaire sur le bûcher funéraire de l'appartenance du Royaume-Uni à l'Union européenne.

Le Parlement, la City, les médias, les Bourses étrangères nous demandaient tous à cor et à cri de tirer les conséquences de ce résultat, de prendre l'initiative et de répondre à la question : et maintenant quoi ?

Et maintenant qui ?

Cameron parti, le consensus était que le prochain Premier ministre devrait être issu du camp du Leave, une personnalité ayant le mandat de 17,4 millions d'électeurs. Ce qui nous désignait, Gove ou moi, dans la mesure où nous avions été les personnalités conservatrices les plus en vue à militer pour le Brexit.

Michael avait réalisé une brillante campagne, cela ne faisait aucun doute, mais beaucoup affirmaient (je ne sais pas trop sur quel critère) que j'avais touché une base électorale encore plus large et que je pourrais être mieux placé que Michael quand il s'agirait de mener et de remporter les élections. C'était en tout cas ce que semblait penser Dom Cummings, notre directeur de campagne, qui était par ailleurs un grand ami et un proche collègue de Gove.

Si bien que vendredi dans la matinée, Gove et moi nous sommes enfermés dans un minuscule bureau – peut-être même un placard à balais ou un cagibi – pour tenter d'accoucher d'une solution. Nous en sommes ressortis avec un accord provisoire, et le lendemain, samedi, il a appelé pour le valider à cent pour cent.

Il serait mon chancelier et, de fait, mon vice-Premier ministre. Nous allions former une équipe. Nous fusionnerions les cameronistes en colère et les eurosceptiques en liesse, et ramènerions la paix au sein du parti. Nous allions former un grand gouvernement.

J'étais tellement épuisé et tellement soulagé d'avoir un semblant de plan – ne serait-ce qu'une entrée en matière –, que j'ai sous-estimé les périls des journées qui allaient suivre, et les complexités immenses qu'entraîne le fait d'essayer de devenir Premier ministre du Royaume-Uni.

En annonçant son départ, Cameron a donné le coup d'envoi d'une vaste orgie de manigances et de machinations dans tout Westminster. On louait des bureaux, on installait des lignes téléphoniques, on dressait des listes de soutiens. Des communiqués hostiles étaient transmis en continu aux médias et des journalistes amis étaient sans cesse sollicités.

Que faisais-je de mon temps ce samedi crucial ?

J'étais allé jouer au cricket. Depuis des années, Charlie Spencer, comte de son état, invitait la famille Johnson à aligner une équipe, et chaque année nous sollicitions des joueurs ridiculement talentueux. Une année, nous avions eu Kevin Pietersen, une autre, Brian Lara, ce qui ne nous empêchait pas de perdre à tout coup. Je ne voulais vraiment pas annuler.

Cela aurait été mal élevé, et Charlie nous régalait toujours d'un déjeuner et d'un thé splendides. Et je songeais à l'attitude de Drake à Plymouth qui avait achevé sa partie de boules alors même que l'Armada était en vue.

Rétrospectivement, je me rends compte que cela a dû paraître bien frivole. Le pays était en ébullition; nous avions voté pour entreprendre un réalignement géostratégique majeur et un changement constitutionnel, que j'avais encouragés, et j'étais dans la demeure princière de mon vieux copain, en tenue de cricket, à me prélasser et à m'envoyer des Pimm's.

Cela ne ressemblait guère à une campagne de premier ministrable, et cela a dû irriter certains de mes partisans, mais je n'ai pourtant pas culpabilisé plus que ça. Si nous arrivions à tenir jusqu'à l'ouverture des investitures, j'avais le sentiment que nous avions de très bonnes chances de l'emporter.

Les jours suivants, l'alliance Johnson-Gove s'est maintenue. Nous avons organisé un barbecue chez moi à Thame le dimanche, et il est devenu évident que la fusion de nos différentes équipes de partisans ne se ferait pas sans difficultés. Il y avait des tensions et des rivalités, ce qui était bien naturel, entre l'équipe de la mairie, les talentueux jeunes « Govies » et l'équipe de Vote Leave, mais rien qui parût insurmontable, du moins à mes yeux.

Nous faisions la paire, nous apprécions de travailler ensemble, nous avions un mandat pour mener à bien un Brexit complet. Nous aurions pu être inarrêtables.

Hélas, cela n'a pas été le cas. Le jeudi matin, alors que je devais aller lancer ma campagne au St Ermin's Hotel, à Victoria, Michael a décidé de me faire exploser sur le pas de tir.

Il était à la fois mon directeur de campagne et mon colistier, et occupait de ce fait une position de grand pouvoir et de confiance. D'où ma surprise quand Lynton Crosby m'a appelé au petit jour pour m'annoncer laconiquement la mauvaise nouvelle.

« Gove se présente, mon pote », a-t-il dit (je crois n'avoir reçu aucune nouvelle de Michael en personne).

Si j'avais préparé ma candidature depuis des mois, si j'avais eu une liste de soutiens et une machine de guerre bien huilée, j'aurais peut-être persévéré.

Certaines personnes étaient de cet avis, et cela a été un crève-cœur de décevoir mes partisans.

Je me rappelle Andrew Mitchell debout au fond qui ponctuait bruyamment mon discours en criant « WINNER ! » jusqu'à ce que j'arrive à la péroraison et que j'annonce que je ne me présentais finalement pas. J'ai alors vu certains de mes plus proches amis et soutiens en larmes.

Gove avait choisi le moment idéal pour frapper, pour me déstabiliser. Je savais qu'il était essentiel que mon équipe paraisse solide dès le départ et présente un front uni. Gove a saboté tout ça.

Aujourd'hui encore, je n'arrive pas à m'expliquer cette trahison. Des tas de gens lui parlaient à l'oreille. George Osborne l'encourageait certainement à se présenter.

Il se trouve que Michael, en sa qualité de directeur de campagne, m'avait choisi pour assistant un jeune et brillant député brexiter, pour siéger avec moi au Parlement pendant que je présentais mon argumentaire à mes collègues et prendre note de ce qui se disait. Il s'appelait Rishi Sunak. Bien plus tard, Rishi me dira : « Tu as été bien trop confiant avec ces gens. Beaucoup d'entre eux n'étaient pas vraiment de ton côté. » Six ans plus tard, je devais me souvenir de cette remarque, et de l'ironie historique qu'elle renferme.

J'étais bien sûr attristé par le comportement de Michael. J'ai regretté la façon dont il a commencé à me dénigrer afin de justifier sa décision. Mais ce qui me restait le plus en travers de la gorge, c'était la stupidité même de ce qu'il avait fait.

J'avais le sentiment qu'il avait été manipulé par Osborne et consorts, qui l'avaient excité et radicalisé pour me faire ce sale coup, alors que je ne pensais guère qu'il l'emporterait lui-même. En agissant ainsi, il a beaucoup compromis nos chances de voir le Brexit mené à bien par quelqu'un qui comprenne vraiment ou se soucie de ce que nous essayions de faire ; et il y avait une possibilité réelle que le Brexit ne soit jamais appliqué.

Mes craintes étaient fondées. Gove lui-même a explosé en vol peu après, n'étant pas parvenu à recueillir assez de suffrages de députés pour rester dans la course. Et Cameron m'a envoyé un message qui disait : « Je parie que tu as trouvé ça jouissif. »

En fait, non : ça m'a rendu encore plus sombre. Le dernier Leaver à rester en lice, Andrea Leadsom, a aussi réussi à imploser, pour une quelconque raison, et c'est la ministre de l'Intérieur, Theresa May, qui avait fait campagne pour que le Royaume-Uni reste dans l'UE, qui a été élue à la tête du parti sans rencontrer d'opposition.

Ainsi soit-il, ai-je pensé. Je n'avais jamais accroché avec Theresa, et nous avions croisé le fer sur les pouvoirs d'arrestation et de perquisition de la police et l'utilisation des canons à eau antiémeute, entre autres. Retour à la case départ et à mes chères et vastes études en prévision d'un livre sur William Shakespeare (cet auteur injustement négligé), qui était un des projets que je devais à mes éditeurs.

Un soir de ce mois de juillet, je travaillais aux Communes et je venais de passer aux toilettes quand j'ai entendu mon portable sonner dans ma poche. Il n'est pas évident de se tenir devant un urinoir tout en parlant au téléphone, mais je voulais savoir qui m'appelait.

Ça par exemple ! Le standard de Downing Street. On me demandait si je pouvais venir voir la Première ministre. Et comment, ai-je répondu avant de finir.

J'ai été encore plus étonné, et ravi, d'apprendre qu'elle souhaitait me confier le portefeuille des Affaires étrangères.

QUATRIÈME PARTIE

Global Britain

Chapitre 20

LA SUPERPUISSANCE DU SOFT POWER

« Un peu plus de fanfaronnade, monsieur le ministre des Affaires étrangères ? »

Le lendemain matin, à 9 h 30, je me suis retrouvé à la Durbar Court, un vaste atrium au toit de verre situé au cœur du palais italianisant qui abrite le Bureau des Affaires étrangères et du Commonwealth. Il était peuplé de centaines de bustes d'impérialistes morts et de milliers de jeunes fonctionnaires attroupés sur le sol de marbre, tendant le cou de derrière les piliers et entassés sur les trois étages de galeries, comme la foule de prisonniers dans *Les Évadés*.

Ils faisaient partie de ce que le système britannique a de mieux à offrir, et j'étais désormais responsable d'eux tous. J'ai reconnu quelques visages familiers, des gens qui avaient assisté la mairie de Londres lors de déplacements à l'étranger. Des gens de qualité, amusants et intéressants, que j'appréciais et avec qui je m'entendais bien. À mon grand soulagement, ils ne faisaient pas la tête – sans doute l'une des premières choses que l'on apprend en tant que diplomate –, simplement curieux de ce que j'allais dire.

Il faisait chaud sous la verrière. Je ne voulais pas les retenir. Bien que je n'aie guère eu le temps de préparer un discours, je savais ce que je voulais dire. Je leur ai transmis la parole d'évangile :

Nous quittons peut-être l'Union européenne, mais nous ne quittons pas l'Europe.

En fait, le moment était venu de reconstruire activement nos relations bilatérales avec de nombreux pays européens, car mon sentiment était qu'elles s'étaient atrophiées dans le système centralisé basé à Bruxelles. Nous devions montrer à nos amis et partenaires européens, au monde entier, que le Brexit n'était pas un repli sur soi. Qu'il ne s'agissait pas d'un vote en faveur d'une sorte d'isolationnisme. Tout au contraire. Il était temps pour nous d'être plus ambitieux, plus confiants, plus engagés dans le monde. Il était temps de raviver d'anciennes alliances et amitiés, de redécouvrir de vieux muscles et d'en développer de nouveaux : remettre en question les orthodoxies, faire les choses différemment.

Pendant des décennies, la Grande-Bretagne s'est efforcée d'être au cœur de l'Europe, ce que dans l'ensemble elle n'avait pas réussi à faire. L'heure était venue d'une GLOBAL BRITAIN™ ; de renouer avec l'esprit qui avait fait la grandeur et la richesse de ce pays.

Les diplomates ont écouté avec attention ce que j'avais à dire. Après quoi, Sir Simon McDonald, le sous-secrétaire permanent, a demandé s'il y avait des questions. (Simon m'évoquait irrésistiblement Sir Humphrey*, un grand type pâle qui, chose étrange, avait toujours l'air de porter du mascara).

Il y a eu un moment de silence, puis un homme a levé la main.

Pour demander si je comptais revenir sur la décision du dernier ministre des Affaires étrangères (Philip Hammond) et rétablir le droit des ambassades britanniques à hisser le drapeau arc-en-ciel LGBTQI.

Bien sûr, ai-je répondu. J'avais un jour porté un stetson rose pendant toute la durée de la Marche des Fiertés. J'étais tout à fait à l'aise sur le sujet.

Je voulais que nous fussions fiers de nos valeurs, et que nous ne reculions pas devant les « sensibilités locales ». Nous croyions (je crois) que les gens devraient avoir la liberté d'aimer qui ils veulent, à condition de ne nuire à personne, et que nous devions utiliser notre poids moral, qui était considérable, pour défendre les homosexuels opprimés partout dans le monde. Mais je voulais aller plus loin.

Selon moi, nous devions être plus sûrs de nous à bien des égards. Si on regardait dans le rétroviseur, on avait l'impression sur les trente dernières années que nous avions perdu l'essentiel de notre niaque, de notre ambition, de notre volonté de nous affirmer à l'étranger. Dans les années 1990 et au début des années 2000, la Grande-Bretagne était régulièrement prête à faire usage de sa force militaire à l'étranger pour défendre la démocratie, la liberté et les droits de l'homme.

Sous les gouvernements Thatcher, Major et Blair, nous avions défendu un ordre international fondé sur des règles. Nous avions chassé Saddam du Koweït ; nous avions défendu les Kosovars ; nous avions aidé à renverser les talibans en Afghanistan et contribué à apporter à des millions de femmes les avantages de l'éducation.

Puis, en 2003, nous nous étions joints à nos alliés américains pour envahir l'Irak, et c'est comme si ce désastre – car il s'est agi d'un désastre, même si j'avais voté en sa faveur – avait marqué un tournant, le début de la fin

* Allusion à Sir Humphrey Appleby, personnage de fiction, interprété par Nigel Hawthorne, qui apparaît dans la série télévisée *Yes Minister* où il occupe la fonction de secrétaire permanent aux Affaires administratives, un ministère fictif.

du monde unipolaire dirigé par les États-Unis. Notre confiance avait commencé à s'éroder. Nos troupes ont connu des moments très difficiles, à Bassorah en Irak, et dans le Helmand en Afghanistan, où nous avons subi de lourdes pertes et nous avons fini par quitter les deux provinces. Nous avions contribué à l'élimination de Kadhafi en Libye. Mais on ne pouvait pas dire que ce pays devenu anarchique était une bonne publicité en faveur de l'ingérence étrangère. Ces dernières années, avant mon arrivée au Foreign & Commonwealth Office, nous avions donné l'impression d'éviter toute confrontation.

En 2013, le dirigeant syrien Bachar el-Assad a utilisé des armes chimiques pour empoisonner des civils innocents, des armes terribles qui brûlent les poumons et détruisent le système nerveux. Malgré les promesses réitérées de punir cette barbarie, je crains que nous n'ayons rien fait. En 2014, Poutine a envahi l'est de l'Ukraine et s'est emparé de la Crimée au mépris total du droit international et, une fois encore, la réaction occidentale a été timorée. L'Occident perdait peu à peu de son prestige, si bien que, lorsque je suis arrivé au Foreign Office, on ne savait pas trop quelle était la politique étrangère du Royaume-Uni.

Nous avions certes protesté contre la montée des « autocraties » : Russie, Chine et Iran. Mais quelle était notre position à présent ? À l'époque de Blair et Clinton, puis de Blair et Bush, nous étions prêts à risquer des vies, à partir en guerre et à larguer des bombes de forte puissance à 30 000 pieds d'altitude pour imposer nos valeurs. Cette époque était révolue, pour le meilleur ou pour le pire. Mais quelle était la doctrine de remplacement ?

Croyions-nous encore à l'exportation de la démocratie ? Qu'en était-il des droits de l'homme ? Les Russes n'avaient aucun complexe quand il s'agissait d'utiliser la violence, que ce soit en Syrie ou en Afrique. Comment pouvions-nous rivaliser ? Surtout, quelle était notre attitude face à la Chine qui, à bien des égards, était le catalyseur de la Russie, et la grande puissance émergente ? En étions-nous encore à l'« âge d'or » Cameron-Osborne des relations sino-britanniques ? Si ce n'était pas le cas, quelle était notre stratégie ?

Il y a de nombreuses années de cela, j'avais entendu un précédent ministre des Affaires étrangères, Douglas Hurd, prononcer un discours dans lequel il affirmait que le Royaume-Uni « boxait au-dessus de sa catégorie ». J'avais l'impression que nous boxions désormais dans une catégorie inférieure. C'était absurde.

En m'asseyant à ma table de travail dans le bureau de Lord Palmerston – grand comme deux terrains de squash avec dorures et miroirs –, j'ai essayé de faire le compte. En restant parfaitement réaliste, l'influence britannique, ou son influence potentielle, était colossale.

Prenez notre *hard power* (le deuxième budget de défense de l'OTAN, un arsenal nucléaire, deux grands porte-avions neufs, plus de transporteurs lourds que le reste de l'Europe réuni).

Combinez à cela notre *soft power* (notre Premier League de football, suivie dans le monde entier, les meilleures universités, la recherche scientifique, la tech, l'omniprésence de la musique britannique – des Beatles à Adele – grâce à laquelle nous pouvons prétendre avoir écrit la playlist du monde moderne, et ainsi de suite).

Ajoutez-y le vaste réseau de relations historiques qui a permis au Royaume-Uni de disposer d'une diaspora plus importante que celle de presque tous les autres pays de l'OCDE. Sans oublier que notre économie pèse deux fois plus que celle de la Russie, que nous sommes toujours le quatrième exportateur mondial, le deuxième exportateur de services et la première place financière de l'hémisphère Nord, etc.

Une superpuissance militaire ? Plus maintenant. Une superpuissance du soft power. Certainement. Et nous avions la capacité d'exercer un plus grand leadership politique dans le monde.

« Je comprends que vous souhaitiez que nous soyons plus fanfarons, monsieur le ministre des Affaires étrangères », m'a dit Simon McDonald, en faisant un geste de la main à la Alvin Stardust*.

Non, lui ai-je répondu, si vous voulez dire par là faire de l'esbroufe inutile. Pourquoi ne pas avoir simplement confiance en nous ? Je voulais que nous retrouvions notre cran, notre énergie et notre dynamisme.

Ce qui est merveilleux au FCO**, c'est que même si la majorité du ministère avait presque à coup sûr voté Remain (encore qu'une minorité non négligeable ait été discrètement en faveur du Leave), ses agents ont tous fait de leur mieux pour que cela fonctionne ; et je crois que pendant les deux années que j'y ai passées, ils se sont pour la plupart investis à fond dans le projet.

Ils ont dû refondre la politique étrangère britannique de fond en comble, ne plus penser à la façon de nous positionner à l'intérieur de l'UE, mais penser à nous positionner à l'échelle du monde. Je sais qu'ils m'ont parfois trouvé un peu barbare (et je jouais allègrement de leurs préjugés), mais je

* Star du glam rock anglais, disparue en 2014.

** *Foreign Commonwealth and Development Office*, le Bureau des Affaires étrangères et du Commonwealth.

n'ai que des éloges à adresser aux fonctionnaires du FCO. Ils ont travaillé très, très, très dur, et cela a été plaisir et un honneur de collaborer avec eux.

À la fin de ces années au Foreign Office, nous pouvions nous targuer de quelques réalisations assez remarquables. Entre autres choses, nous avions contribué à taper si fort sur les doigts d'Assad qu'il n'avait jamais plus utilisé d'armes chimiques, que ce soit contre son peuple ou qui que ce soit d'autre. Nous avions persuadé la plupart de nos amis et alliés d'adopter une ligne bien plus sévère à l'encontre de la Russie en expulsant un total de 153 diplomates, originaires de 29 pays, après que Poutine avait fait usage du novitchok à Salisbury*. Nous avions lancé une campagne, dont j'étais particulièrement fier, pour obtenir que chaque petite fille dans le monde bénéficie de douze années d'éducation de qualité, etc.

Mais la première tâche, et la plus importante, était d'expliquer ce que j'entendais par Brexit et Global Britain au reste du monde, et en premier lieu à nos principaux amis et partenaires américains. La position officielle et carrément hystérique du gouvernement britannique de déclarer que le Brexit serait un désastre, jusqu'à la disparition soudaine du gouvernement Cameron, constituait bien sûr un léger handicap. Nous devions dissiper ce malentendu. Le plus vite possible. Nous devions aller à Washington.

* Voir chapitre 29, « Poutine l'empoisonneur ».

Chapitre 21

BREXIT IN AMERICA

Déboulonner l'analogie bidon entre l'Union européenne et les États-Unis

Nous étions en septembre 2016 et c'était une belle journée pour une sortie en mer dans le port de Boston. J'étais ministre des Affaires étrangères depuis deux ou trois mois et je commençais à m'amuser énormément. Pour des raisons qui m'échappent aujourd'hui, le secrétaire d'État américain, John Kerry, avait organisé une réunion informelle dans sa ville avec ses plus proches copains européens ; pour des raisons encore plus floues, il avait décidé que nous devions voir Boston depuis la mer.

J'étais donc là, accoudé à la lisse de ce bateau de plaisance touristique, en compagnie de nos plus puissants alliés européens : les Français, les Allemands et les Italiens. Une brise tiède nous ébouriffait les cheveux, et nous nous sentions tous (c'était sans doute l'effet recherché) très spéciaux et très aimés des États-Unis.

Nous avions l'impression d'être dans le saint des saints, les intimes du pays le plus puissant de la planète, et notre hôte était l'ordonnateur de la politique étrangère de ce pays.

John Kerry est un homme mince, au visage anguleux, WASP* d'allure, avec une chevelure gris fer, des yeux bleus perçants, une femme richissime (Teresa Heinz – de quoi mettre du ketchup dans ses épinards) et apparemment tout ce que l'on peut souhaiter dans l'existence, y compris une mémoire remarquable pour les détails de politique étrangère.

Il devait être environ 17 heures ; le soleil déclinait doucement ; la lumière scintillait sur les buildings de Boston, et nous passions d'un sujet de conversation à l'autre. Nous avions parlé de l'Afghanistan, de la Syrie, puis le sujet du Brexit fut mis sur la table. Kerry s'est tourné vers moi et m'a demandé, avec un air de conspirateur : « Vous ne pouvez donc pas faire marche arrière ? »

Tous les regards étaient rivés sur moi, non seulement ceux du secrétaire d'État américain, mais aussi ceux, suppliants et anxieux, de nos amis

* *White Anglo-Saxon Protestant.*

européens, et l'idée m'a traversé l'esprit que c'était peut-être là le but de cette réunion.

On nous appelait « *the Quint* », non pas en référence à Quint, le pêcheur des *Dents de la mer*, qui se fait dévorer quelque part dans ces eaux, mais parce que cinq pays étaient représentés. En langage diplomatique, une réunion à trois est une troïka, à quatre un quartet et à cinq un quintet. Il serait juste de dire – en fait, ce serait un vaste euphémisme – que dans cet ensemble, j'étais le seul favorable au Brexit.

Il y avait Jean-Marc Ayrault, le Premier ministre français qui avait autrefois gagné sa vie en enseignant l'allemand. Son allemand était en effet meilleur que son anglais, et pendant un certain temps j'ai essayé de lui parler en français, ce qu'il a supporté avec une grande force d'âme.

Jean-Marc était presque inséparable de son homologue allemand, Frank-Walter Steinmeier, qui avait l'air tout aussi sérieux et avait le cheveu tout aussi blanc que lui. Frank-Walter allait devenir président de la République fédérale d'Allemagne et, comme beaucoup d'Allemands de sa génération, il trouvait le Brexit douloureux. Selon le *Guardian*, le simple fait d'être dans la même pièce que moi était pour lui une épreuve, même s'il s'était montré fort civil en ma présence. Comme Jean-Marc, il était fondamentalement un homme de centre-gauche, et nos positions étaient très divergentes sur la Russie de Poutine, vis-à-vis de laquelle, à mon avis, il était bien trop indulgent.

Ensuite, il y avait Paolo Gentiloni, l'Italien, un ancien journaliste incroyablement aristocratique et l'incarnation du charme et des bonnes manières italiennes. Je retrouvais toujours le sourire quand Paolo était dans la pièce, même si lui aussi était peu enthousiaste au sujet du Brexit.

Et – comment l'oublier ? – il y avait la « ministre des Affaires étrangères » de l'UE, la prétendue haute représentante de l'Union pour les affaires étrangères, une Italienne du nom de Federica Mogherini. Elle était jeune, intelligente, socialiste, compétente, parfumée, mais elle était aussi, selon moi, l'incarnation de ce qui n'allait pas dans l'UE.

Son poste avait été créé par le traité de Lisbonne (voir chapitre 18), et il avait été décidé qu'en tant que haute représentante et vice-présidente de la Commission (ou HRVP, comme elle se désignait elle-même), elle serait la présidente permanente du Conseil des ministres des Affaires étrangères de l'UE.

Ayant déjà assisté à plusieurs de ces réunions, je n'en pouvais déjà plus de la flagornerie à vomir que mes pairs manifestaient à son égard. « Merci, Federica », s'extasiaient-ils lorsqu'elle leur donnait la parole, comme s'ils étaient là par la grâce de la Commission et non parce que c'était leur droit en tant qu'États membres.

Mogherini était la femelle alpha, l'officière supérieure, la personne à qui il revenait de résumer l'ambiance de la réunion et dont les collaborateurs rédigeaient les conclusions. Je pensais fondamentalement qu'elle – ou sa fonction – ne devrait pas exister, et que nous ne devrions pas avoir de porte-parole fédéral en matière de politique étrangère, qui devrait relever de la seule compétence des gouvernements nationaux. Elle souhaitait probablement que je n'existe pas non plus.

Nous étions donc là, trois mois après le référendum, sur ce bateau dans le port de Boston, et le défi que me lançaient mes homologues européens était clair. Écoute, Johnson, disaient-ils, tant pis pour ta précieuse vision d'une Grande-Bretagne libre-échangiste et tournée vers l'extérieur.

Tant pis pour ta précieuse relation spéciale* avec les États-Unis ! Tant pis pour l'accord de libre-échange tant vanté entre les États-Unis et le Royaume-Uni !

Écoute ce que Kerry vient de dire. Même les Américains ne veulent pas du Brexit. Tout le processus est bloqué (ce qui était le cas).

Theresa May ne sait pas quoi faire ni comment interpréter le résultat (ce qu'elle n'a pas fait).

Tu ne peux pas faire machine arrière ?

J'ai vu quelle devait être ma stratégie. Je devais bien expliquer à John Kerry qu'il se trompait s'il pensait que nous allions revenir sur notre décision, mais transmettre le message d'une manière qui ait du sens pour un Américain.

« Vous voyez là-bas ! » ai-je dit, et tous les regards se sont tournés en direction du port de Boston que je montrais du doigt. « Souvenez-vous de ce qui s'est passé sur ce quai en 1776. [C'était en 1773, mais l'argument restait valable.] Vous avez jeté notre thé à la mer[1]. C'était la Boston Tea Party, et le début de la révolution américaine, parce que vous, les copains [je voulais dire les Américains], aviez décidé que vous ne vouliez plus être dirigés depuis l'étranger, par un gouvernement sur lequel vous n'aviez aucun contrôle. C'est de cela qu'il s'agissait, et c'est de cela qu'il s'agit avec le Brexit », ai-je conclu, assez satisfait de ce retour de service imparable.

Ont-ils compris le message ? Je ne sais pas. Ils m'ont regardé avec des yeux ronds et interrogateurs.

* *Special relationship*, en anglais. Cette expression a été employée pour la première fois par Winston Churchill en 1946. Elle décrit les liens très étroits entre le Royaume-Uni et les États-Unis au plan diplomatique, économique, militaire et culturel.

Ce à quoi je m'étais heurté cet après-midi-là, c'était à la doxa des responsables de la politique étrangère américaine. Il ne faut jamais oublier que la CEE est née avec le soutien explicite et fervent des États-Unis. Ce n'est pas un hasard si le brillant Jean Monnet – héritier d'une maison de cognac et père fondateur visionnaire du Marché commun – avait passé la guerre à Washington, où il travaillait à la Mission britannique à l'achat de matériel de guerre pour les Alliés.

Témoin de la ruine de son continent, de l'humiliation morale de l'Europe, il avait décidé que le seul moyen d'éviter un nouveau conflit était de créer une Union européenne réunissant la France, l'Allemagne et le Benelux.

Les Américains l'ont soutenu jusqu'au bout. Ce qui se comprend aisément : ils avaient été contraints de régler deux guerres mondiales, toutes deux déclenchées en Europe, et le coût en vies américaines avait été énorme. Ils voulaient que le problème soit résolu, et l'idée d'une Union européenne leur est apparue géniale et logique. Monnet a exploité la fierté légitime des Américains pour la réussite de leur construction nationale, pour cette extraordinaire fédération d'États unis en un seul – *e pluribus unum* –, devenue la plus grande puissance au monde.

Beaucoup d'Américains estiment que la construction européenne est au fond une imitation du génie américain, et qu'il est tout à fait naturel que les pays d'Europe finissent par fusionner, tout comme les États américains avaient émergé de leur effroyable guerre civile pour former la grande république à la bannière étoilée que l'on connaît encore aujourd'hui. Quiconque a vécu en Europe ou observé le processus d'intégration européenne sait que cette analogie est fictive, et que ce type d'intégration ne se produira jamais sur le continent européen.

Car ce sont de vieux pays, avec de vieux parlements et autres institutions, et quelle que soit l'unité bénie qui a pu leur être imposée jadis – avec une extrême violence (voir *The Dream of Rome**, *passim*) – il n'y a plus de nos jours ni empereur ni source unique d'autorité charismatique, mais un pouvoir centralisé à Bruxelles et un drapeau frappé de douze étoiles, qui ne peuvent inspirer le même sentiment d'allégeance et d'unité que l'*Old Glory*** des États-Unis d'Amérique.

* Dans ce livre publié en 2006 (non traduit en français), Boris Johnson compare l'unité politique et culturelle que l'Empire romain a réussi à imposer au continent au projet d'Union européenne, qu'il considère comme un échec.

** « Ancienne gloire ». Surnom donné au drapeau des États-Unis.

C'est cette tentative constante de forger une telle unité, du sommet à la base, avant d'avoir obtenu l'aval du peuple, qui a conduit au Brexit.

Tout ceci cependant n'a somme toute rien à voir avec les préoccupations américaines. Le point de vue traditionnel du département d'État est qu'il est souhaitable et logique que l'Europe s'unisse, et si l'Europe s'unit, il est souhaitable et surtout pratique d'avoir leur plus proche allié otanien – nous, les British – autour de la table de la CEE, pour leur dire ce qui se passe et faire entendre le bon sens. Et pour les responsables de la politique étrangère britannique, ce sens de l'intérêt américain est devenu à son tour l'un des principaux arguments pour faire accepter l'appartenance à la CEE.

Ils ont toujours prétendu que c'était une question d'INFLUENCE, et que l'INFLUENCE du Royaume-Uni au sein de l'UE était inestimable, parce qu'elle contribuait à nous rendre SPÉCIAUX aux yeux de Washington. Oui, c'était la pierre angulaire de la « relation spéciale », et sans cette influence, la Grande-Bretagne ne serait – ils devenaient alors tous songeurs et mélancoliques – qu'une petite île à la dérive, perdue dans les brumes et réduite à l'insignifiance par les vagues de l'Atlantique.

C'est à ce stade de l'argumentation – lorsque l'on prétend que l'appartenance du Royaume-Uni à l'UE est d'une certaine manière essentielle à la « relation spéciale » – que mon déconomètre commence à sacrément couiner comme un lave-linge en surcharge.

Les États-Unis sont nés d'une guerre avec la Grande-Bretagne. Nous avons brûlé la Maison-Blanche en 1812, et lorsque je suis allé rendre visite au chef de la majorité au Sénat, Mitch McConnell, il m'a montré une grande fissure dans sa cheminée, héritage de l'attaque britannique sur le Capitole. À mesure que l'Amérique grandissait et que la Grande-Bretagne déclinait, les États-Unis ont rarement manqué une occasion de rouler dans la farine l'ancienne puissance impériale. En 1940, alors que la Grande-Bretagne était aux abois, Roosevelt nous a donné une cinquantaine de destroyers obsolètes, en échange d'un droit sur les bases britanniques dans toutes les Caraïbes. Même lorsqu'ils se sont finalement engagés dans la guerre contre Hitler, ils nous ont fait payer le *Lend-Lease* au prix fort (c'est le gouvernement de Tony Blair qui a fini de rembourser la « générosité » américaine en temps de guerre).

C'est pourquoi il est important d'être réaliste sur les relations entre les États-Unis et le Royaume-Uni. Il faut reconnaître qu'elles sont essentiellement transactionnelles. Et pourtant, cette relation – qu'on la qualifie ou non de « spéciale » – est une donnée géopolitique fondamentale. Quand on a demandé à Bismarck, à la fin du XIXe siècle, de citer le fait politique majeur de son époque, il a répondu : « Le fait inhérent et permanent que l'Amérique du Nord parle anglais. »

Ces paroles étaient prophétiques car, au cours du siècle suivant, l'alliance transatlantique a été déterminante dans la défaite de l'Allemagne dans deux guerres mondiales et, après la Seconde, ce sont les Américains et les Britanniques (dans une très large mesure) qui ont mis en place un certain nombre d'institutions – ONU, OTAN, FMI, Banque mondiale – fondées sur les idées anglo-saxonnes de liberté et de démocratie ; et au cours de toutes les années qui ont suivi, la force organique de cette alliance a survécu et s'est même renforcée. Il y a le partage de la technologie nucléaire et d'autres technologies de défense, à une échelle que les États-Unis ne s'autorisent avec aucun autre allié. Il y a le partage des renseignements, le réflexe pavlovien que nous sommes du même bord, qui est aussi vrai aujourd'hui qu'il l'était pour James Bond du MI6 et Felix Leiter de la CIA.

Il y a la volonté fondamentale, encore et toujours, de se soutenir mutuellement en temps de guerre. Les États-Unis ont été discrètement indispensables pendant le conflit des Malouines et, à l'exception notable du Vietnam, la Grande-Bretagne aura été le *fidus Achates** de l'Amérique, toujours loyal, toujours à ses côtés. Nous étions là lors de la première guerre du Golfe, alors que les Belges ne voulaient même pas nous vendre de munitions.

Pourquoi Tony Blair a-t-il décidé de faire la guerre en Irak, alors qu'il n'y avait aucune preuve solide que Saddam possédait des armes de destruction massive ? Essentiellement parce qu'il croyait que, dans les moments difficiles, il était dans l'intérêt stratégique à long terme du Royaume-Uni de soutenir l'Amérique.

Cette guerre, hélas, fut une erreur. Mais le motif britannique – soutenir les Américains – était sensé et juste. Si cette alliance a survécu et prospéré, c'est parce qu'une communauté d'intérêts stratégiques est sans cesse consolidée par des échanges sociaux et culturels.

À la base, comme l'avait anticipé Bismarck, il y a la langue, 500 000 mots – un vocabulaire deux fois plus riche que le français ou l'allemand – évoluant de jour en jour dans la bouche des Américains et des Britanniques. Il y a l'interpénétration économique, le million de Britanniques qui travaillent pour des entreprises américaines, le million d'Américains qui travaillent pour des entreprises britanniques.

* « Fidèle Achate » : personnage fictif de *L'Énéide* de Virgile, guerrier troyen toujours fidèle à Énée.

Il y a le grand tapis roulant invisible à double sens reliant Londres et New York, où les Britanniques font depuis si longtemps partie du paysage médiatique qu'ils ont été satirisés par Tom Wolfe dans *Le Bûcher des vanités.* Rappelez-vous Peter Fallow et Caroline Heftshank qui inventent de combines pour que les Américains leur payent à boire. L'un des problèmes que j'ai rencontrés en expliquant le Brexit à l'opinion américaine tenait au nombre impressionnant de journalistes britanniques nichés dans les hautes sphères des médias américains et qui n'étaient que trop heureux – dans la vénérable tradition de l'Angleterre libérale – de déverser leur mépris sur les prétentions des Brexiters.

Bien sûr, d'innombrables films et programmes télévisés réalisés aux États-Unis nourrissent notre imaginaire et nos conversations à l'échelle mondiale, mais il est étonnant que la présence d'autant d'acteurs britanniques y passe inaperçue. Il y a notamment ce vieux Damian Lewis, dont le frère faisait partie de mon équipe de rugby au collège, qui a réussi à garder un accent américain très convaincant pendant d'innombrables épisodes de *Homeland*, avant que son personnage ne tire sa révérence, et qu'on revoie maintenant dans *Billions*, une série sur les fonds spéculatifs. Certains humoristes britanniques sont invités dans les talk-shows de fin de soirée – et la comédie est le produit le plus difficile à exporter. Il fut un temps où Peppa Pig était si populaire parmi les tout-petits new-yorkais qu'ils commençaient à prononcer le mot *tomato** à l'anglaise, au grand dam de leurs parents ; c'est du moins ce qu'on m'a rapporté.

J'insiste sur ce continuum culturel, et sur cette alliance stratégique durable, car je n'ai pas cru un seul instant que le Brexit mettrait cette relation en péril. Nous partagions une communauté d'idées, de valeurs et d'intérêts qui existait bien avant l'adhésion du Royaume-Uni à la CEE et qui lui survivrait aisément.

Je devrais sans doute ajouter que ma réflexion et mes instincts ont été modelés par mon amour et mon admiration pour l'Amérique. Je suis né à New York, où mes parents étaient étudiants, en 1964, après que Charles de Gaulle avait rejeté pour la première fois la demande d'adhésion de la Grande-Bretagne à la CEE l'année précédente. J'ai passé les cinq premières années de ma vie aux États-Unis et, chaque fois que j'y retourne, il me vient des flashbacks de choses que j'ai dû remarquer lorsque j'étais enfant : tout y est plus grand, à l'exception des écureuils qui, bizarrement, sont un peu plus petits.

* En anglais américain, le « a » de *tomato* se prononce « é » à la différence de l'anglais britannique.

J'ai même conservé la double nationalité jusqu'à ce que l'impitoyable extraterritorialité du système fiscal américain rende la chose impossible.

Il était donc d'autant plus exaspérant, pour l'atlantiste convaincu et sentimental que je suis, de s'entendre dire par notre allié numéro un que nous avions commis une erreur et que nous devrions « faire machine arrière » : organiser un nouveau référendum, probablement, comme tous les autres pays européens qui avaient eu l'impertinence de voter contre l'intégration. Kerry nous demandait de changer d'avis et de nous replier dans l'étreinte étouffante de Bruxelles.

J'étais indigné, et j'ai essayé plus tard d'expliquer mes sentiments plus en détail. C'est l'hypocrisie qui m'a dérangé. Pensez aux Fils de la Liberté, aux révoltés de la Boston Tea Party du XVIIIe siècle. Cet esprit, la flamme de la liberté, brûle toujours en Amérique.

De toutes les grandes démocraties occidentales, les États-Unis sont la plus impitoyable et la plus intransigeante pour ce qui est de la protection de son indépendance constitutionnelle. Ils ne partageront ni ne compromettront jamais leur souveraineté avec aucune autre puissance ou institution. Contrairement au Royaume-Uni et à presque tous les autres pays européens, ils ne reconnaissent pas la compétence de la Cour pénale internationale. Contrairement au Royaume-Uni et à presque tous les pays européens, ils n'ont jamais ratifié la Convention des Nations unies sur le droit de la mer.

Contrairement au reste d'entre nous, ils n'ont jamais daigné ratifier la Convention des Nations unies sur les droits de l'enfant. Et voilà que John Kerry disait au Royaume-Uni, « la mère des parlements* », que nous devions rentrer dans le rang et nous habituer à être dirigés par une Cour que nous ne pouvions pas contrôler et qui siégeait dans un autre pays ; et nous habituer à ce qu'on nous dise, à jamais, combien de bananes il pouvait y avoir dans une grappe, ou sur une étagère, ou combien d'heures on pouvait travailler par semaine, et quel congé de paternité on devait accorder aux travailleurs à temps partiel, et ainsi de suite sur des millions de pages de verbiage standardisé, le tout appliqué par cette cour internationale dont la mission téléologique explicite était de créer les États-Unis d'Europe.

L'administration Obama nous demandait d'accepter quelque chose que l'Amérique n'accepterait JAMAIS pour elle-même – précisément parce que (ironie suprême) l'Amérique avait été fondée par nous, par des Britanniques, sur des idées anglo-saxonnes de liberté et de souveraineté populaire.

* Périphrase de John Bright, homme politique britannique, prononcée lors d'un discours en 1865.

Ce soir-là, notre délégation est sortie dîner dans un restaurant de fruits de mer, et j'ai regardé Boston, ce centre d'innovation florissant dans tous les domaines, de la banque aux biosciences, et il m'est apparu que la position de l'administration Obama n'était pas seulement hypocrite. Elle était aussi injuste.

On nous demandait de consentir à une servitude constitutionnelle d'un genre que l'Amérique ne supporterait jamais. On nous demandait également d'accepter un modèle économique et réglementaire dont l'échec – au moins en comparaison avec l'Amérique – était patent.

Comparons les taux de croissance[2] atteints par la zone euro et les États-Unis, au cours de la période qui nous intéresse. En 2008, au moment du krach, les deux économies étaient de taille comparable, même si la zone euro était un peu plus peuplée. Le PIB de la zone euro s'élevait à environ 14 200 milliards de dollars, tandis que celui des États-Unis tournait autour des 14 800 milliards de dollars.

Quinze ans plus tard, en septembre 2023, la différence était stupéfiante. La zone euro avait à peine progressé pour atteindre 15 000 milliards de dollars, alors que le PIB américain s'était envolé pour atteindre 26 000 milliards de dollars ; et le taux de croissance britannique avait naturellement suivi la trajectoire européenne, pas l'américaine. Certes, la Chine s'était développée – énormément – mais davantage au détriment de l'UE que des États-Unis, et ce sont les emplois européens qui sont aujourd'hui les plus menacés par l'industrie chinoise.

Les Américains les plus pauvres – les habitants des régions rurales du Mississippi – sont aujourd'hui plus riches[3], en moyenne, que les Français. Bruxelles reconnaît cette humiliation mais en tire les mauvaises conclusions.

Oui, disent les gens de Bruxelles, les États-Unis sont plus riches que nous, mais c'est parce qu'ils ont un gigantesque marché unique. C'est pour cela qu'il y a toutes ces Tesla qui sillonnent silencieusement les petites routes de l'Oxfordshire. C'est pour cela que vous avez un iPhone dans votre poche et un MacBook sur votre bureau. Cela fait des décennies que la Commission européenne a décidé que nous avions besoin d'un marché unique à l'américaine en Europe, avec des « géants » européens capables de s'attaquer aux Américains – de la même manière qu'Airbus a défié Boeing avec succès.

Il est clair, après tant d'années passées à essayer de parachever le marché unique, que c'est très loin d'être la bonne réponse.

Pourquoi les entreprises américaines mettent-elles la pâtée aux Européens ? Est-ce parce que nous manquons de réglementations de la part de Bruxelles ? Bien sûr que non. Il nous en faudrait beaucoup moins – et dans le cas du

Royaume-Uni, nous n'en avons pas besoin du tout. La solution n'est pas d'espérer qu'un marché unique européen fasse miraculeusement éclore les équivalents européens d'Apple, Tesla et Microsoft.

Nous devons reconnaître que si nous voulons une croissance économique, et une croissance de la productivité, du type de celles que l'on observe outre-Atlantique, nous devons nous montrer franchement plus américains dans nos attitudes à l'égard de la création de richesses, de l'entreprise, de la fiscalité des particuliers et des entreprises, et du temps de travail – sujets que Bruxelles couve d'un œil vigilant. Nous devons CESSER d'imposer de plus en plus de coûts non salariaux du type de ceux que l'UE génère avec une telle prodigalité.

Comment les Américains osent-ils nous dire de continuer de nous traîner sur la voie la moins rapide – avec l'UE –, alors qu'ils ont adopté une approche diamétralement différente ?

N'y avait-il personne aux États-Unis à avoir soutenu le Brexit pour des raisons démocratiques ? Personne pour y voir des opportunités économiques, tant pour les États-Unis que pour le Royaume-Uni ?

N'y avait-il personne pour vouloir conclure un accord de libre-échange ?

Eh bien si, il y avait au moins quelqu'un. Un phénomène étrange dominait alors le paysage politique américain, pareil à un dirigeable aux teintes orangées, maintenu dans les airs de façon exubérante par l'inépuisable réchaud à gaz de son propre ego. Il était provocateur, porté à la polémique et ne tarissait pas d'éloges sur la Grande-Bretagne du Brexit.

Il était temps de parler à l'entourage de Trump.

Trump et le Brexit – une autre analogie bancale

Nous étions dans l'ascenseur de la Trump Tower, une toute petite délégation du Foreign Office en mission ultra-confidentielle. Je ne savais pas bien qui nous allions rencontrer, ni quel accueil on allait nous faire. Il y avait quelques mois à peine, Donald Trump, avec sa désinvolture habituelle, avait dirigé une de ses attaques contre Londres – la ville que j'avais été fier de diriger – en affirmant, sur je ne sais quel fondement, que certains quartiers de la capitale britannique étaient si dangereux qu'ils étaient des zones de non-droit pour la police.

La loi et l'ordre y étaient maintenus, à l'en croire, par des milices musulmanes. Il est vrai que sa critique semblait viser mon successeur, Sadiq Khan, plus que moi, mais je n'acceptais pas qu'on dise ça de Londres.

Né à New York,
j'ai vécu ma
petite enfance à
Washington – ici,
à 4 ans environ.

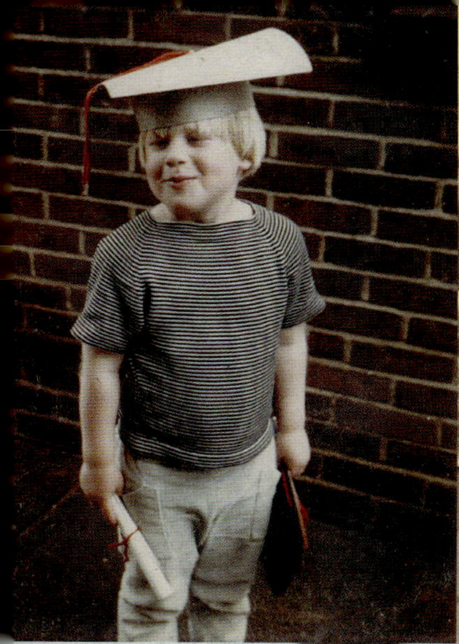

Wages of Guilt
MORTALS
Boris Johnson

vec Marina, dans les
caux du *Spectator*.

-contre, en haut à gauche :
but de ma scolarité à
ashington, vers mes 4 ans.

-contre, en haut à droite :
famille à Primrose Hill, de
uche à droite : votre serviteur,
, Rachel, Charlotte et Stanley
hnson, dans les années 1970.

-contre, au centre, à gauche :
train de bûcher, à 16 ans
viron.

-contre, au centre, à droite :
es débuts comme eurosceptique
rsque je suis correspondant à
uxelles pour le *Daily Telegraph*,
rs 1989.

-contre, en bas : dans mon
ureau de rédacteur en chef du
ectator, vers 1999.

En train d'agiter le drapeau olympique en 2008, dans le stade du Nid d'oiseau à Pékin après avoir refusé de boutonner ma veste.

Ci-dessus : en compagnie de la commissaire de polic Jo Oakley, près du magasin de meubles Reeves Corn incendié à Croydon, le 9 août 2011. Accablé de hont je l'avais regardé brûler à la télévision alors que je m trouvais à l'aéroport de Calgary, au Canada, attenda mon vol de retour.

À gauche : je suis venu remercier les habitants de Clapham de leur civisme, pour avoir balayé les débr de verre après la mise à sac de magasins par les émeutiers – mais la foule est devenue hostile.

Ci-dessous : Marina et les enfants attendent les résult des élections municipales de 2012 au City Hall. Nou avons gagné, même si les Conservateurs avaient un retard à Londres de 15 points.

-dessus : avec Lara, Milo, Marina, ıssia et Theo, en route pour aller ir Miley Cyrus.

droite : résultats sous haute tension soir des élections municipales en ·12. Je suis en compagnie d'une ırtie de mon équipe de campagne : ldie Lister, Lynton Crosby, Sam ron et Kit Malthouse.

-dessous : avec mon vieil adversaire, en Livingstone, politicien brillant, ventif et grand agitateur.

Hop ! Et hop ! Sur la plateforme ouverte d'un bus Routemaster nouvelle génération en 2012.

Avec Leo, Rachel, mon père et Jo à Orpington en 2015, en campagne pour Jo dans ce district de Bromley.

À vélo sur Whitehall : j'ai parcouru des kilomètres tous les jours lorsque j'étais maire et je ne suis jamais tombé.

Un phénix renaît de ses cendres. La nouvelle centrale électrique à Battersea : un modèle de réhabili tion fondée sur les infrastructure

Lancement de l'ArcelorMittal Orbit.

En selle avec Arnold Schwarzenegger sur deux vélos londoniens de location en libre-service.

Un tir, dos au panier, le 8 avril 2013.

Ci-dessus : aux Jeux olympiques, avec les athlètes britanniques Tessa Sanderson, Kelly Holmes et Jayne Torvill.

Ci-dessus : hommage au sprinteur jamaïcain Usain Bolt, avec les Game Makers, les bénévoles des Jeux olympiques de Londres de 2012.

Avec mes fils Milo et Theo, aux épreuves olympiques de cyclisme en 2012.

Cascade mouvementée mais promotion réussie pour l'inauguration de la tyrolienne sur le site de retransmission des JO à Victoria Park en 2012.

En campagne dans le bus Leave, avec la députée travailliste, Gisela Stuart, le 11 mai 2016.

J'y suis ! Arrivé au ministère des Affaires étrangères.

Dans mon rôle de premier Premier ministre des Affaires étrangères se rendant au Pérou depuis cinquante ans… pour rejoindre un village quelque part dans la jungle amazonienne.

Cricket à Kolkata. J'ai raté la balle, mais à la fin de mon mandat comme Premier ministre, les relations entre le Royaume-Uni et l'Inde avaient marqué un nombre de points record.

En Birmanie, dans les ruines calcinées d'une maison d'un village rohingya, je découvre une preuve accablante du génocide : même une bicyclette d'enfant n'a pas échappé au massacre.

À Moscou, le 22 décembre 2017, après avoir déjoué les plans de l'équipe de sécurité russe, je dépose sur un pont près du Kremlin des fleurs pour Boris Nemtsov, opposant à Poutine, assassiné en février 2015 près de la place Rouge. Mes « gardes du corps » se sont ensuite vengés en m'emmenant faire un long détour autour de Moscou, ce qui m'a mis en retard pour le prochain rendez-vous.

Gagné ! Je prends la direction du Parti conservateur en juillet 2019. Jeremy Hunt s'est montré un adversaire opiniâtre mais courtois tout au long de la campagne.

Je ne savais pas exactement comment j'allais m'y prendre pour faire aboutir le Brexit, mais j'ai toujours su que nous y arriverions.

J'ai tweeté que Londres était une ville très sûre, et que la seule raison pour laquelle je ne visiterais pas certains quartiers de New York était le risque d'y croiser Donald Trump. Je voulais que ça pique.

Je ne suis même pas sûr qu'il ait vu passer mon tweet. Le Brexit est arrivé en juin, et les médias américains ont commencé à faire le lien entre les deux phénomènes – le Brexit et la campagne de Trump. Selon les médias anti-Trump et anti-Brexit (des deux côtés de l'Atlantique), les deux étaient répugnants, nationalistes, anti-immigrés, flattaient les sentiments les plus vils, etc.

Ce parallèle approximatif me déplaisait. Je ne voyais pas le Brexit comme une plate-forme pour l'*alt-right**. On ne pouvait pas dire de David Owen ou Gisela Stuart qu'ils étaient xénophobes. Le Brexit avait été soutenu sur l'ensemble de l'échiquier politique. Nous avions même quelques Libéraux-Démocrates de notre côté. J'avais donc très envie de rencontrer l'équipe Trump, même si j'étais sur mes gardes.

La porte s'est ouverte et Steve Bannon est entré, avec l'air d'avoir une gueule de bois carabinée. Il n'était pas rasé, portait un tee-shirt noir négligé, et ses yeux étaient rougis et chassieux. Il était ravi du Brexit, et l'équipe Trump pensait manifestement que notre victoire serait le signe annonciateur de la leur.

J'ai été fasciné par Steve et il m'a bien plu. J'appréciais son côté un peu exalté et sa conviction évidente que les choses devaient changer. Nous sommes restés assis un moment dans une pièce étrange, blanche et nue, et nous avons essayé de déterminer quels points communs il y avait réellement entre nos deux mouvements.

Nous semblions l'un comme l'autre détester le politiquement correct, et nous étions tous les deux d'avis que des millions de personnes se sentaient exclues du débat actuel. Jusque-là, tout allait bien, mais ce genre de considération n'engage à rien. Nous avons abordé le sujet de l'économie et j'ai été frappé par son empressement à vouloir rouvrir les mines de charbon. Pourquoi ? ai-je demandé. Elles sont polluantes, non rentables, contribuent massivement aux rejets de CO_2, et la vie de mineur est tout sauf une sinécure. Il a commencé à visiblement perdre patience.

Il a expliqué que des emplois valables étaient sacrifiés juste pour apaiser le mouvement écologiste. Que tout cela n'avait aucun sens.

Je lui ai rétorqué que dans mon pays Margaret Thatcher s'était donné beaucoup de mal pour fermer les mines. Elle avait dû tenir tête à des syndicats

* Abréviation d'*Alternative Right*, la droite alternative, mouvance politique américaine apparue dans les années 2010 et centrée sur le nationalisme identitaire blanc.

politisés qui s'étaient mis en grève de manière illégale, sans vote, et nous étions à présent beaucoup moins dépendants du charbon.

Le combat de Thatcher contre Scargill* était l'une des raisons qui m'avaient poussé, lorsque j'étais étudiant, à devenir vaguement conservateur.

Avait-elle vraiment eu tort de fermer ces mines ? ai-je demandé à Steve Bannon.

Je pense que c'est l'une des pires choses qu'elle ait jamais faites, a-t-il répondu.

Nous nous sommes regardés de part et d'autre d'un abîme d'incompréhension.

Il est toujours piégeux d'établir des analogies entre la politique aux États-Unis et au Royaume-Uni, la réalité étant que les partisans du Brexit et ceux de Trump avaient peut-être des points communs, mais aussi de nombreuses divergences.

Mais les médias n'étaient pas très portés sur les subtilités, et Donald Trump non plus. De son point de vue, le Brexit était la vague d'étrave anticipée de son arrivée, et il se trouvait qu'elle avait déferlé en premier au Royaume-Uni.

Cette vague, il l'a surfée avec enthousiasme. « Ce sera le Brexit plus plus plus », a-t-il déclaré à la veille de l'élection américaine de novembre 2016.

Cette nuit-là, j'étais resté éveillé dans un hôtel de Zagreb, à regarder les résultats tomber. J'avais passé la soirée à discuter avec mes collaborateurs et tous, sans exception, semblaient souhaiter la victoire de Hillary Clinton. Ils restaient probablement sur la réserve en ma présence, mais il était clair que Trump était loin d'être leur tasse de thé.

Quant à moi, j'étais plutôt admiratif de Hillary. Elle avait l'air pragmatique et avait un bon sens de l'humour. Je l'avais rencontrée une fois lors d'un déplacement officiel à New York, en tant que maire de Londres, et lorsqu'un membre de la presse britannique avait rappelé que je l'avais comparée à Milfred Ratched, l'infirmière psychiatrique sadique de *Vol au-dessus d'un nid de coucou*, elle avait eu la délicatesse de s'en amuser.

Mais alors que le dépouillement des votes se poursuivait dans la nuit, et que Trump, contre toute attente, commençait à rafler la mise dans des endroits où on ne l'attendait pas, je me suis rendu compte que mon propre psychisme me jouait un drôle de tour. J'étais allongé sur le lit, la télévision allumée, et je suivais la soirée électorale les yeux mi-clos. J'étais en train de

* Arthur Scargill, dirigeant de l'Union nationale des mineurs (MUN) et figure centrale de l'opposition à Thatcher pendant les grandes grèves de 1984 et 1985.

perdre peu à peu conscience. Les parties mammaliennes de mon cerveau tiraient le rideau, et seul le cortex reptilien continuait de fonctionner.

Une sorte d'instinct subconscient prenait le dessus. Chaque fois que les prédictions des experts se confirmaient, et que les choses se passaient bien pour Hillary, je me rapprochais de la perte de conscience nocturne. Mais chaque fois que Trump marquait des points en remportant une circonscription ou un État, c'était comme si une hormone ou un neurotransmetteur était activé, et je ressentais alors un regain d'intérêt, et j'ai compris qu'une partie de moi – peut-être juste la partie reptilienne – souhaitait vraiment que Trump gagne.

Nous sommes tous humains et il est difficile de ne pas éprouver de la sympathie pour ceux qui en manifestent à notre égard. Il était difficile de ne pas aimer un homme qui au mépris de tant d'opinions respectables était prêt à défendre le Brexit, quoique avec une trop grande fébrilité, le grand projet dans lequel la Grande-Bretagne était alors engagée.

Et comment ne pas glousser quand la Première ministre, Theresa May, est entrée dans le Bureau ovale quelques semaines plus tard, lors de sa première visite au nouveau président, pour s'entendre demander par Donald Trump – devant les journalistes – pourquoi Boris Johnson n'était pas Premier ministre.

Lecteur, je le confesse : plus ils dénigraient Donald Trump, plus ils parlaient de lui avec dédain, plus j'étais enclin, quelles que fussent nos divergences, à le soutenir.

Lorsqu'il a gagné, bien sûr, j'ai constaté avec bonheur à quel point je devenais beaucoup plus important et intéressant aux yeux de tous nos amis européens. Soudain, la Grande-Bretagne du Brexit avait un allié et un défenseur – le plus puissant de tous – et ils voulaient nous connaître.

Ils étaient tous paranoïaques au sujet de Trump, terrifiés à l'idée qu'il inaugure une nouvelle ère populiste ayant pour slogan *America first,* et qu'il se désintéresse du reste du monde. Eh bien, vous découvrirez bientôt que les préjugés des Européens anti-Trump étaient (du moins de mon point de vue) très largement infondés.

Il serait plus juste de dire que jusqu'en 2016 les politiciens américains de tous bords étaient bien plus méfiants à l'égard tout engagement avec l'étranger, bien plus inquiets du tribut en vies humaines et des sommes engagées qu'ils ne l'étaient deux décennies auparavant. Pour comprendre ce qui s'était passé, il faut revenir à l'époque de l'après-guerre froide, à l'époque où les États-Unis étaient l'hyperpuissance incontestée et où rien ne semblait pouvoir nous résister.

Il faut remonter à 1999, quand Tony Blair était suffisamment sûr de lui pour prononcer à Chicago un discours proclamant la doctrine de l'« interventionnisme libéral »[4], entendant par là que l'Occident avait le droit de recourir à la force au nom de la démocratie. Pendant un temps, cela a fonctionné.

Chapitre 22

LA GRANDE-BRETAGNE À L'ÉTRANGER

Comment la victoire au Kosovo a favorisé un optimisme béat

Je devinais pourquoi cette situation était montée à la tête de Tony Blair. Nous étions en novembre 2016, et j'effectuais l'un de mes premiers voyages en tant que ministre des Affaires étrangères et du Commonwealth. Je venais d'arriver dans ce petit Parlement du Kosovo – sous les applaudissements des députés albanais kosovars – et j'ai compris pourquoi notre ancien Premier ministre avait un tantinet perdu la tête.

Comment vous sentiriez-vous si vous aviez contribué à libérer une nation et que des mères reconnaissantes prénommaient leurs bébés en votre honneur ? Quand César a conquis la Gaule (et massacré environ un million de gens au passage), de nombreux jeunes provinciaux ambitieux ont changé leur prénom pour se faire appeler Caius Julius, Jules César. Quand le président américain Andrew Johnson a contribué à la libération des esclaves, de nombreuses familles afro-américaines ont repris ce grand nom de famille, synonyme de liberté, et en ont fait le leur.

Aujourd'hui, dans le minuscule État balkanique du Kosovo, qui ne compte que 1,8 million d'habitants, on trouve huit jeunes hommes d'une vingtaine d'années dont les parents ont été tellement heureux que la Serbie ait été bombardée sous l'égide de Blair qu'ils portent aujourd'hui son prénom. Ou plutôt une version de son patronyme.

Ils ne s'appellent pas Tony. Ils ne s'appellent pas Blair. Ils s'appellent Tonibler, un nom qui en impose pour un garçon.

Un quart de siècle plus tard, on comprend pourquoi les Albanais du Kosovo étaient si enthousiastes à l'égard du Royaume-Uni (et des États-Unis : à Pristina, une statue de trois mètres de haut de Bill Clinton a été érigée sur le boulevard qui porte son nom). Ce que nous avons fait, en tant que pays occidental, était audacieux. Nous n'avions pas de résolution de l'ONU pour justifier notre intervention. Nous avons bombardé un pays européen souverain et indépendant, tuant probablement plusieurs centaines de civils en Serbie même, et probablement un millier de membres de la JNA, l'Armée populaire yougoslave. Nous avons pulvérisé des ponts, des routes, des raffineries, des usines de construction automobile.

Nous avons même détruit une gigantesque usine de cigarettes à Nis, comme pour priver les Serbes du tabac qui leur permettait de calmer leurs nerfs.

Nous avons ouvert la voie à un soulèvement populaire contre l'homme fort soutenu par la Russie, Slobodan Milosevic, aux cheveux gris acier coiffés en arrière, et qui est mort derrière les barreaux en attendant son procès à La Haye.

Nous sommes devenus l'un des premiers pays au monde à accorder une reconnaissance officielle au Kosovo et à permettre à cette région, dont l'écrasante majorité est d'origine albanaise, de prendre en main son destin. Nous avons rejeté la prétention de Milosevic selon laquelle le Kosovo faisait en quelque sorte partie intégrante de la Serbie d'un point de vue spirituel, tout comme nous rejetons la prétention pseudo-religieuse de Poutine à l'égard de l'Ukraine.

Je m'étais aventuré dans Belgrade au printemps, avant que l'OTAN ne commence vraiment à bombarder les Serbes jusqu'à les écrabouiller. J'avais l'intention d'écrire un ou deux articles et de m'en aller mais, une fois sur place, les choses ont tourné au vinaigre. Alastair Campbell, le porte-parole du 10 Downing Street, en a plaisanté plus tard en racontant qu'au moment même où Blair avait appris que j'étais à Belgrade, il avait donné l'ordre au SACEUR, le commandant suprême des forces alliées de l'OTAN en Europe, d'accroître les bombardements sur la Serbie et le Monténégro.

À mesure que les frappes de l'OTAN s'intensifiaient, les autorités serbes m'ont retiré l'autorisation de voyager à l'intérieur du pays. Je me suis donc installé à l'hôtel Hyatt de Belgrade, y passant toutes mes nuits, alors qu'au-dehors des explosions lointaines illuminaient le paysage. Je restais allongé, sans dormir et c'est ainsi que j'ai vu *Volte Face*, un film émouvant, avec Nicolas Cage et John Travolta. C'était difficile de décider ce qui était le scénario le plus plausible : la pyrotechnie à l'écran ou les événements à l'extérieur. Le jour, je récoltais des témoignages sur ce que la population ressentait en étant bombardée par l'OTAN.

J'ai interviewé une famille dans une maison détruite par l'OTAN et j'ai enregistré son indignation (bien que je n'aie jamais constaté de pertes humaines massives et que j'aie tendance à croire les affirmations de l'OTAN concernant la précision des frappes). Je traînais dans les rues de Belgrade, parcourant les librairies de la rue Knez Mihailova et buvant de la bière tout en assistant à d'étranges concerts techno-funk serbes, avec des femmes bronzées, chaussées de bottes, vêtues de bikinis en fourrure, chantant à tue-tête des hymnes nationalistes serbes. Puisque le monde entier semblait condamner les Serbes, j'ai naturellement éprouvé une certaine sympathie pour eux, pour le peuple serbe bien sûr, non pour ses dirigeants.

Après soixante-dix-huit jours de frappes aériennes de la part de l'OTAN, les Serbes ont compris qu'ils étaient à bout de forces et Milosevic a accepté d'obéir aux exigences des pays occidentaux et de retirer ses troupes du Kosovo. Nous étions sur le point d'assister à la victoire de l'OTAN. J'ai donc loué une voiture avec un chauffeur serbe.

Il s'appelait Vuk. C'était un joueur de basket-ball avec un cou à peu près aussi large que sa tête, et il buvait des quantités prodigieuses de Coca-Cola auquel il attribuait d'étonnantes propriétés médicinales.

« Vuk, foutons le camp de Belgrade* », ai-je dit.

Les forces terrestres britanniques étaient sur le point d'entrer au Kosovo. Il était crucial que je sois sur place – en tant que seul journaliste du *Daily Telegraph* dans les parages – pour voir nos troupes arriver avec leurs chars d'assaut. Alors que nous filions vers le sud dans une Fiat au moteur trafiqué, il serait juste de dire que ni Vuk, ni moi, ni l'OTAN, ni les Serbes, ni personne au 10 Downing Street ou à la Maison Blanche n'avait la moindre idée de ce qui allait se passer ensuite.

On estimait alors qu'environ 800 000 Albanais du Kosovo avaient été chassés de leurs maisons dans le cadre de pogroms menés par les Serbes avant le début des bombardements de l'OTAN. Les musulmans avaient fui en Albanie et dans d'autres zones frontalières, mais on pouvait supposer qu'ils reviendraient. En revanche, qu'adviendrait-il des Serbes ?

Qui dirigerait le Kosovo ? Tout ce que je savais, c'est que les forces armées britanniques étaient sur le point d'arriver et que nous, les Britanniques, allions une fois de plus marquer de notre empreinte l'histoire et les frontières d'une autre région du monde – une région, soyons honnêtes, qu'avant 1999 le citoyen britannique moyen aurait eu du mal à situer sur une carte.

Je ne pensais pas que nous avions pris une mauvaise décision, absolument pas. En effet, Milosevic était une crapule communiste et il traitait la minorité albanaise de manière épouvantable. De plus, les Serbes avaient commis de terribles atrocités en Bosnie de 1992 à 1995. Encouragées par Belgrade, les troupes serbes de Bosnie s'étaient livrées à des orgies de violence et de viols commis sous le coup d'une consommation excessive de slivovitz**,

* Dans le texte original, homophonie entre Vuk et Fuck : let's get the Vuk out of Belgrade/ let's get the fuck out of Belgrade.

** Eau-de-vie de quetsches.

procédant à un nettoyage ethnique de villages et de communautés et massacrant leurs adversaires – croates et musulmans – à une échelle sans précédent depuis la Seconde Guerre mondiale.

En 1998, il est apparu que Milosevic faisait la même chose au Kosovo, en fomentant des violences communautaires à l'encontre des musulmans albanais qui constituaient pourtant la majorité de la population ; attisant ainsi le sentiment nationaliste serbe, pour consolider sa propre position.

J'étais d'accord pour dire qu'il fallait qu'il arrête. Je reconnaissais que les pays occidentaux n'avaient pas été assez fermes en Bosnie et étaient intervenus trop tard.

Mais tandis que j'entrais au Kosovo avec Vuk, je n'avais aucune certitude sur ce qui s'ensuivrait – et je pense que personne d'autre non plus. Je savais que nous étions engagés dans un nouveau projet d'intervention humanitaire. La manière dont il devait se dérouler n'était pas vraiment claire.

À ce moment-là, je n'aurais jamais pensé revenir au Kosovo près de vingt ans plus tard, non comme journaliste mais comme ministre des Affaires étrangères, pour prendre connaissance des résultats de nos opérations sur place.

Lorsque vous devenez le chef de la diplomatie britannique, vous héritez de toutes sortes de prérogatives assez extraordinaires. Vous êtes la personne dont les instructions sont imprimées sur la première page de chaque passeport britannique. Vous êtes le ministre des Affaires étrangères et du Commonwealth de Sa Majesté britannique, et vous « demandez et exigez » de la part de tous les fonctionnaires de tous les États du monde, de tous les gardes-frontières mal rasés, de toutes les sentinelles fumeuses de joints se trimballant avec une kalachnikov, qu'ils permettent au titulaire de ce passeport de passer à tous les points de passage ou barrages de la planète sans entrave, au nom de la Couronne.

Vous avez l'usage de Chevening House*, dans le Kent, dont j'ose à peine décrire la beauté et le luxe de peur de provoquer de grosses crises de jalousie. Pour voyager à travers le monde, vous profitez du 32e escadron de la RAF et de ses jets BAe 146, déjà vintage mais qui volaient encore. Et le merveilleux personnel de la RAF, dans son uniforme aux plis nets et tranchants comme un couteau, vous sert des festins somptueux, se succédant sans relâche, et sans répit pour votre estomac : petits-déjeuners anglais complets, déjeuners

* Château qui n'est pas une résidence officielle, mais traditionnellement utilisé par le ministre des Affaires étrangères.

et dîners accompagnés de bière et de vin, canapés en toute fin de soirée, et goûters exceptionnels – cake aux fruits, scones avec confiture et crème, et toujours trois sortes de petits sandwichs triangulaires (jambon, fromage, concombre) – où que vous soyez dans le monde, le tout dans la vaisselle et avec l'argenterie de la RAF et des serviettes de table impeccablement repassées.

Pendant ce temps, sur chaque vol, vous avez le plaisir gourmand de parler aux hommes et aux femmes du Foreign Office et de glaner des connaissances dont leurs cerveaux sont bien remplis. Si, comme moi, vous aviez été correspondant à l'étranger et que vous en étiez venu à chérir des conversations à bâtons rompus avec ces gens intelligents, c'est comme si, gamin, on vous avait donné les clés d'une confiserie.

C'était le paradis. Vous vous rendez également compte, en tant que ministre des Affaires étrangères, que vous êtes l'héritier vivant de toute la politique étrangère britannique antérieure. Vous êtes le légataire des projets, des ambitions et, surtout, des interventions militaires britanniques, qui ont – pour le meilleur ou pour le pire – façonné une grande partie du monde d'aujourd'hui. Les Britanniques et leurs forces armées ont envahi, conquis ou, au moins partiellement, gouverné[1] 171 des 193 pays qui composent les Nations unies. Je ne pense pas qu'il s'agisse là d'un motif de fierté, mais pas nécessairement non plus d'un motif de honte ou de regret.

C'est un fait, ni plus ni moins, dont le monde doit s'accommoder, et dont nous aussi, nous devons nous accommoder. En tant que chef de la diplomatie britannique, vous vous rendez dans tous les pays fondés par vos prédécesseurs. Vous rencontrez les représentants modernes de dynasties qui ont été mises sur le trône grâce à des canonnières, dont l'expédition a été commandée par des hommes ayant siégé à King Charles Street dans le même grand bureau que le vôtre, à dorures et de la taille d'un court de tennis.

Vous devez faire face aux mêmes tensions ethniques ou religieuses que vos ancêtres ont tenté (souvent en vain) de résoudre et, à travers le monde, stupéfait, vous vous grattez la tête devant les limites et les frontières qu'ils ont créées. Plus on voyage – en deux ans, j'ai visité 132 pays –, plus on s'émerveille de l'influence du Royaume-Uni à l'échelle mondiale : une langue parlée dans le monde entier, des sports pratiqués dans le monde entier ; et même les costumes portés par les hommes d'affaires de tous les gouvernements du monde trouvent leur origine dans le Londres du début du XIXe siècle.

On constate aussi que nous sommes souvent blâmés et méprisés, et on se laisse aller à penser que certains actes vraiment choquants ont été commis au nom de l'Empire. Toutefois, on découvre également que nous avons fait de bonnes choses. J'écris ces lignes dans un avion, de retour du Brésil où le conservateur d'une galerie d'art m'a rappelé que son pays a été le dernier à abolir officiellement l'esclavage, mais qu'il a quand même pu le faire grâce à la Royal Navy.

Partout où je suis allé, j'ai vu que les gens voulaient plus de Grande-Bretagne, pas moins. Ils voulaient plus d'investissements, plus de partenariats, plus d'engagement de la part de la Grande-Bretagne ; et dans de nombreuses régions du monde en proie à des turbulences – ce qui était indubitablement le cas des Albanais du Kosovo – on désirait, plus que tout, voir arriver les forces armées britanniques.

La grande question pour les Britanniques de ma génération est de savoir comment réagir. Toutes proportions gardées, nos moyens sont désormais terriblement limités. Nous dépendons de notre partenariat avec les États-Unis pour la logistique, le partage des renseignements et bien d'autres choses encore.

Quand est-il juste, moralement et stratégiquement, d'intervenir ? Pendant la majeure partie de la période d'après-guerre – dans les années 1960, 1970 et 1980, les décennies au cours desquelles je suis né et j'ai grandi –, les classes dirigeantes britanniques étaient plutôt réticentes à l'idée d'un conflit à l'étranger. Les dirigeants du pays s'étaient sentis diminués, épuisés par la Seconde Guerre mondiale, puis humiliés par Suez en 1956, lorsque les Américains nous avaient coupé l'herbe sous le pied et avaient, fort judicieusement, interrompu une opération anglo-française visant à s'emparer du canal de Suez. On nous a alors dissuadés de tout aventurisme britannique traditionnel, surtout avec le contexte de la guerre froide et le risque que tout conflit se transforme en conflit entre grandes puissances dans lequel nous nous retrouverions face à l'Union soviétique et à ses alliés.

Oui, Margaret Thatcher a repris les îles Malouines en 1982 et, oui, le Royaume-Uni a joué un rôle important en aidant à chasser Saddam Hussein du Koweït en 1991. Mais il s'agissait d'opérations expressément mandatées par les Nations unies ; en d'autres termes, avec l'assentiment de la Russie et de la Chine. Il s'agissait de rétablir des frontières souveraines et de remédier à des violations flagrantes du droit international.

Ces opérations ne visaient en rien la vie et la politique intérieure d'autres pays. Mais c'est alors qu'est survenu l'effondrement de l'Union soviétique et l'aube d'un monde unipolaire dans lequel les États-Unis jouissaient d'une autorité militaire plus ou moins incontestée, avec une marine de guerre, par exemple, treize fois plus importante que la deuxième plus grande du monde (ce n'est plus le cas : les Chinois ont aujourd'hui plus de navires de guerre bien qu'ils aient beaucoup moins de porte-avions).

Au cours des années 1990, une nouvelle possibilité est apparue : les pays occidentaux pourraient utiliser une sorte de violence moralement aseptisée pour provoquer des changements dans d'autres pays et exporter nos valeurs par la force – comme nous avions été assez puissants pour interdire le sati* en Inde. En Occident, l'opinion publique avait été scandalisée par les massacres en Bosnie et au Rwanda, et leurs échos inévitables au génocide de la Seconde Guerre mondiale. Lorsque Tony Blair est arrivé au pouvoir en 1997, il y a eu un consensus internationaliste libéral** pour dire que de tels actes ne devaient pas se reproduire. L'administration Clinton était déterminée à y mettre un terme au Kosovo, tout comme Blair.

* * *

Par cette chaude journée de juin au cours de laquelle je me rendais au Kosovo, j'avais les yeux rivés sur les conséquences de ce que nous faisions : de l'interventionnisme libéral – bombarder ou envahir un pays parce que nous désapprouvions les actes commis par ses dirigeants, à l'intérieur de ses propres frontières.

Nous étions au milieu d'une sorte de convoi de journalistes internationaux ressemblant aux personnages des *Wacky Races****, et, bien que Vuk conduise lui aussi comme un fou, nous avancions lentement. Nous n'arrêtions pas de sortir de la route pour éviter d'être percutés.

L'armée yougoslave fonçait vers nous en rugissant, avec ses soldats assis sur des chars dont le moteur ronflait, et qui agitaient des bouteilles de bière et d'eau-de-vie de prune : ivres, poussant des vivats, ravis, je suppose, d'avoir échappé aux bombes de l'OTAN. J'ai alors vu des chars et des lance-roquettes encore recouverts de feuillage, et des unités sinistres dont les véhicules blindés de transport de troupes (VBTT) étaient peints en noir avec une tête de mort blanche, ou avec des bandes noires et orange

* Sati (également connu sous le nom de *suttee*) désigne le sacrifice volontaire d'une veuve hindoue qui s'immole sur le bûcher funéraire de son mari.

** L'internationalisme libéral est une doctrine de politique étrangère qui soutient les institutions internationales, les marchés ouverts, la sécurité coopérative et la démocratie libérale.

*** *Les Fous du volant (Wacky Races*, littéralement « Courses délirantes ») est une série télévisée d'animation dans laquelle onze bolides participent à des courses déjantées.

et des bouches géantes équipées de crocs. J'ai appris qu'il s'agissait des redoutables « Tigres » d'Arkan, l'arrogant criminel de guerre serbe en survêtement, à la tête d'une milice paramilitaire – de son vrai nom Zeljko Raznatovic – qui traînait dans le hall de mon hôtel et donnait des interviews à glacer le sang sur les représailles qu'il allait infliger aux musulmans kosovars.

À mesure que nous les croisions, j'ai compris que Vuk était bouleversé de voir l'armée de son pays battre en retraite. Il klaxonnait en rythme pour soutenir les Serbes vaincus et jurait entre ses dents. Il était de plus en plus évident qu'il s'inquiétait de ce qui pourrait lui arriver au Kosovo.

Moi, Johnson, je n'aurais pas de problème, mais Vuk était un jeune homme serbe.

« Ils vont me tirer dessus, a-t-il dit, en parlant des Albanais. Ce sont des espèces de singes puants. » Vuk utilisait le langage déshumanisant classique qui est le prélude au nettoyage ou aux crimes ethniques – le genre d'atrocités qui étaient commises dans les Balkans par toutes les forces en présence. Il avait raison de craindre la suite des événements.

Lorsque le Cabinet du Premier ministre britannique a tenté de formuler les objectifs de l'OTAN au Kosovo, il a proposé un slogan sans verbe, typique de Blair : « Les Serbes dehors, l'OTAN dedans, les réfugiés chez eux ». Je suppose qu'ils voulaient dire l'*armée* serbe dehors, plutôt que la population serbe. Cependant, cette distinction n'a pas été comprise par les musulmans prêts à se venger.

La balle avait en quelque sorte changé de camp et, dans les jours qui ont suivi, à leur tour, des Serbes ont dû fuir leurs fermes et leurs villages. J'ai vu passer un long convoi de familles serbes, qui roulait lentement dans la poussière depuis une ville du Sud appelée Suva Reka, avec ses petits tracteurs rouges tirant des chariots remplis de matelas et de casseroles.

C'était une humiliation pour les Serbes, un désastre, et ce n'était pas une consolation que la faute en incombe en grande partie à Milosevic. C'était également une humiliation pour leurs sponsors, les Russes. Autrefois, Milosevic aurait bénéficié de leur protection car faisant partie de l'escarcelle soviétique. Ce n'était plus le cas. Nous vivions dans un monde unipolaire et nous ne nous préoccupions pas vraiment de ce que la Russie pensait de cette situation.

J'étais à l'aéroport de Pristina quand – c'est du moins ce que tout le monde a prétendu par la suite – nous avons failli connaître une Troisième Guerre mondiale. Vuk et moi étions arrivés au Kosovo avant les Américains et les Britanniques. Mais les Russes aussi.

Un groupe d'une trentaine de TTB* russes – de curieux véhicules trapus peints en violet – dévalait la route depuis la Bosnie. Ils avaient barbouillé à la hâte les lettres KFOR sur leurs flancs, ce qui signifiait qu'ils faisaient désormais partie d'une force de protection du Kosovo dirigée par les Nations unies, et ils occupaient l'aéroport de Slatina.

Leur stratégie consistait à réquisitionner la piste et permettre aux Iliouchine russes d'atterrir, et à remplir le Kosovo avec suffisamment de troupes russes pour fournir une enclave protégée aux Serbes. Le début d'une partition de la province.

En apprenant ce qui se passait, Wes Clark, commandant de l'OTAN et général américain, une figure quelque peu messianique, a pété les plombs. Il s'agissait d'une opération de l'OTAN, et les Russes essayaient manifestement de la faire échouer. Il a demandé à Mike Jackson, le général britannique, de faire partir les Russes de l'aéroport. Par la force. J'ai alors assisté à un face-à-face au cours duquel un jeune officier britannique éminemment raisonnable a tenté de déloger les Russes.

Le commandant russe était l'un de ces Slaves aux pommettes hautes, aux dents recouvertes d'acier, aux gencives roses à la Iouri Gagarine et aux avant-bras de lutteur. Il avait l'air assez effrayant. Il ne bougerait pas, a-t-il dit. Finalement, le général Jackson a dit à Clark : « Je ne vais pas provoquer une Troisième Guerre mondiale pour vous », et le conflit a été évité.

Les Russes n'avaient nulle part où aller et rien à faire. Ils n'ont pas été invités à participer à l'effort de coalition. Ils n'ont pas reçu de secteur à patrouiller. Au bout d'un moment, ils sont donc partis, en même temps que les Serbes.

Oui, je suppose qu'il était psychologiquement difficile pour les Russes d'accepter cette nouvelle réalité, à savoir qu'ils n'avaient plus de « sphère d'influence ». Mais le but de la fin de la guerre froide était d'avoir une « Europe entière et libre », dans laquelle les peuples et les nations étaient libres de choisir leur destin ; et les Kosovars avaient choisi le leur.

Bien entendu, l'élargissement de l'OTAN figurait à l'ordre du jour de bon nombre de ces pays anciennement dominés par l'Union soviétique, à juste titre. Ces pays avaient fait leur choix. Ils ne voulaient pas être les satellites de Moscou, concrètement sous domination impériale russe. Ils voulaient rejoindre le club des pays occidentaux. Ils voulaient devenir des démocraties de libre marché, et ils avaient parfaitement le droit de demander la protection et l'adhésion à l'OTAN, et nous avons eu raison de les leur accorder.

* Transports de troupes blindés.

C'est l'année, en 1999, où la Pologne, la Hongrie et la République tchèque sont devenues les premiers pays d'Europe centrale à adhérer à l'OTAN. Évidemment, elles souhaitaient rejoindre ses rangs en partie parce qu'au cours des cinquante dernières années elles avaient TOUTES été envahies brutalement par les Russes (c'est pourquoi les arguments en faveur de l'adhésion de l'Ukraine sont aujourd'hui irréfutables). Ainsi a commencé l'élargissement constant de l'OTAN, qui a tant alimenté la paranoïa russe, une paranoïa qui relève bien plus de l'orgueil et de l'*amour-propre** russes que de la peur d'une réelle menace stratégique.

Nous avons aidé à protéger les Kosovars parce que c'était moralement justifié, mais aussi parce que nous le pouvions, parce que nous sentions que l'ensemble des pays occidentaux était désormais une puissance inattaquable. Nous avons même bombardé l'ambassade de Chine à Belgrade et tué trois journalistes chinois.

Et donc, dix-sept ans plus tard, en me promenant dans une Pristina humide et bruineuse, je me suis demandé si notre intervention avait eu des résultats bénéfiques. Quels avaient été les effets de nos bombardements éthiques ?

Les conséquences de notre intervention ont probablement été jugées satisfaisantes par les Albanais du Kosovo, qui avaient été victimes de persécutions et de discriminations chroniques de la part des Serbes, et par les 800 000 réfugiés kosovars qui ont pu rentrer chez eux. Ils ont désormais leur propre État, reconnu par plus de la moitié des pays de l'ONU.

En revanche, cette opération a-t-elle été bénéfique pour les Serbes du Kosovo ? Je crains que non.

En parcourant la ville, j'ai constaté qu'elle était encore un peu terne, un peu boueuse, un peu socialiste. Les fenêtres bombardées du Grand Hôtel, où j'avais séjourné, avaient été réparées, mais ce n'était pas le Ritz. On ne peut pas dire que le Kosovo d'aujourd'hui, malgré tout ce que nous avons fait, soit un modèle de démocratie de libre marché. Le président Hashim Thaçi m'a accueilli très chaleureusement et j'ai toujours entretenu avec lui les relations les plus amicales. Le fait qu'il ait été contraint de démissionner, accusé de crimes de guerre, notamment de trafic d'organes de soldats serbes, montre à quel point il est difficile pour le Kosovo d'échapper au passé.

Les enfants du pays ne passent pas assez de temps à l'école. La région est encore beaucoup trop dépendante des octrois de fonds et des dons en espèces des agences occidentales. Les quelques Serbes qui restent, principalement dans le Nord, sont persécutés et le Kosovo est toujours incapable de résister aux manipulations économiques de la Serbie, son voisin du Nord, bien plus grand que lui.

Quelles sont les leçons à en tirer ? La première est qu'il ne faut pas laisser certaines régions dans l'incertitude. Les pays de l'ex-Yougoslavie qui ont vraiment réussi – la Slovénie et la Croatie – sont ceux qui ont adhéré à l'OTAN et à l'UE, et qui ont eu une inclination vers l'Occident pure et simple. Cinq pays de l'UE, l'Espagne en tête, refusent encore à ce jour de reconnaître le Kosovo.

C'est une erreur. Une erreur que nous sommes en train de répéter avec l'Ukraine. Si des pays et des populations veulent choisir de rejoindre l'ensemble des pays occidentaux, nous devons les y aider.

L'autre leçon est que si l'on peut changer un régime et infliger une défaite militaire, ça ne veut pas nécessairement dire que l'on peut changer un pays pour le mieux. En tout cas, pas par une simple intervention extérieure, pas seulement par des bombardements et des opérations militaires terrestres.

Le changement doit venir de l'intérieur, et il doit venir de la population. L'intervention au Kosovo a donc été un succès partiel pour la nouvelle doctrine triomphaliste de l'intervention humanitaire libérale et, en tout cas, a été considérée comme telle à l'époque.

Elle a été suivie en 2000 par l'opération en Sierra Leone, où Blair a réussi à envoyer des troupes pour empêcher une armée rebelle meurtrière, qui n'hésitait pas à amputer les bras et les jambes de ses ennemis, d'envahir la capitale. Ensuite, en 2001, il y a eu la guerre en Afghanistan, où les armées envoyées par Bush et Blair n'ont eu aucun mal à déloger les talibans.

Un orgueil démesuré a commencé à s'installer dans l'esprit de tous les pays occidentaux. Il semblait qu'après des années de prudence, nous nous mettions à avoir une confiance excessive dans notre capacité à utiliser la force armée pour améliorer le monde. En 2003, la doctrine de l'intervention humanitaire libérale a de nouveau été invoquée, en même temps que divers mensonges patentés, pour envahir un autre pays souverain et indépendant.

Cette fois, les résultats ont été particulièrement désastreux.

Chapitre 23

CHAOS EN MÉSOPOTAMIE

Quand l'orgueil occidental dépasse les bornes – et j'en vois les conséquences

Fin avril 2003. J'étais assis à l'arrière d'un taxi à Sadr City, un grand quartier chiite de Bagdad avec des boulevards dont la largeur était parfaitement adaptée aux chars d'assaut pour aider le régime à écraser les rebelles. J'étais arrivé quelques jours seulement après la fin de la guerre – ou juste après que les forces alliées, menées par les États-Unis et la Grande-Bretagne dans son fidèle rôle d'adjudant, avaient réduit l'armée irakienne à néant, renversé Saddam comme une quille et pris le contrôle de la capitale irakienne.

Contrôle ? Ai-je dit contrôle ?

Personne ne contrôlait la situation. Dès mon arrivée à Bagdad, il était clair que les sceptiques allaient avoir raison. Tout, dans cette guerre, avait annoncé une fin désastreuse. J'ai essayé de rester optimiste en constatant les dégâts, mais les preuves étaient accablantes.

J'étais alors rédacteur en chef du *Spectator* et député de Henley, ainsi que chroniqueur hebdomadaire au *Telegraph* (c'était le bon temps, hein). Je n'avais jamais mis les pieds sur un champ de bataille, mais j'avais obtenu l'autorisation de passer la nuit dans un convoi de véhicules conduits par d'anciens membres des forces spéciales britanniques (pour beaucoup originaires de Belfast, allez savoir pourquoi) qui sont enclins à trouver un boulot dans les zones de guerre.

Je suis arrivé au petit matin, pour déposer mes bagages à l'hôtel Al Rasheed qui semblait avoir subi pas mal de dégâts mais restait le meilleur de la ville. Et, après un bon petit-déjeuner irakien composé de houmous, de taboulé et d'autres mets du même genre, je suis parti en vadrouille, accompagné de mon interprète Isaac, avec mon carnet de notes en espérant recueillir du « vécu » auprès de la population, de quoi nourrir mes articles pour le magazine.

C'était une journée à vous faire dresser les cheveux sur la tête. Partout on entendait le *pop-pop-pop* de coups de feu lointains, un bruit semblable à celui que fait un drap de calicot que l'on déchire. Je suis alors tombé par hasard sur des Marines de l'armée américaine qui s'en prenaient à un ingénieur irakien des télécommunications, à la suite de ce qui ressemblait à un malentendu. L'ingénieur tripotait les fils d'un poteau électrique, ce qui inquiétait manifestement les soldats américains qui lui hurlaient dessus pour qu'il arrête et mette les mains en l'air, tandis qu'il paraissait ne pas comprendre.

Je pense vraiment que, si je n'étais pas intervenu en poussant des cris, détournant l'attention des soldats qui ont alors pointé leurs fusils dans ma direction, me regardant fixement à travers leurs lunettes de soleil enveloppantes, ils lui auraient tiré dessus. Putain, j'étais qui ? ont-ils demandé. Et qu'est-ce que je foutais là ?

J'étais là pour soulager ma conscience. Et, comme c'est souvent le cas pour ceux d'entre nous qui sont contraints par leur profession à prendre des décisions rapides sur la base d'informations lacunaires, j'étais venu m'assurer, avec un espoir quelque peu anxieux, que les décisions prises étaient justifiées.

En tant que député, j'avais voté en faveur de cette guerre. En tant que rédacteur en chef, j'avais tristement titré en faveur de la participation de la Grande-Bretagne au conflit. Mais la vérité, c'est que je n'ai jamais aimé cette guerre. Dans les semaines précédant l'invasion, début 2003, je m'étais rendu à un dîner politique chez Conrad et Barbara Black, Conrad étant à l'époque le propriétaire du *Telegraph* (et il a toujours été d'une gentillesse sans faille à mon égard).

Certains de mes amis étaient présents, de jeunes députés conservateurs ou des députés en devenir ; Gove, Boles, Godson, pour ne citer qu'eux. Ce soir-là, ils ont joué à celui qui adopterait l'attitude belliqueuse la plus ostentatoire. Un feu d'artifice pour célébrer l'agressivité néoconservatrice. À la fin, Conrad a résumé de manière à demi satirique l'esprit de la soirée.

En ce qui le concernait, la guerre n'arriverait jamais assez vite. « Quand allons-nous ouvrir les vannes de la haine ? » avait-il dit.

Qu'est-ce qui n'allait pas chez moi ? m'étais-je demandé en rentrant ensuite à bicyclette, maussade. Pourquoi ne partageais-je pas la soif de sang, l'esprit guerrier qui brûlait avec un tel éclat dans le cœur de mes camarades ?

J'avais également été frappé par le scepticisme de certains de mes électeurs conservateurs, de vieux sages qui en avaient vu d'autres. Bill Birch-Reynardson, un avocat aux cheveux blancs, m'avait demandé lors d'un événement mondain organisé dans un jardin magnifiquement entretenu de l'Oxfordshire : « Pourquoi apportez-vous votre soutien à tout ça ? », en me donnant une bourrade sur le torse, et j'avais alors remarqué qu'il lui manquait quelques phalanges aux trois doigts du milieu de la main droite. Non, il ne s'agissait pas d'un accident de tondeuse à gazon, ai-je découvert plus tard. Il les avait perdues en service pendant la Seconde Guerre mondiale. Il connaissait les horreurs d'un conflit militaire.

Mes réponses m'avaient semblé peu convaincantes. Parce que le chef de mon parti, Iain Duncan-Smith, soutenait l'entrée en guerre. Parce que les troupes britanniques – dont certaines étaient basées dans le South Oxfordshire – étaient déjà prêtes pour la bataille et qu'il semblait impensable, en tant que député conservateur, de ne pas soutenir nos garçons.

L'entrée en guerre de la Grande-Bretagne devait être votée au Parlement et, tandis que le jour du vote approchait, je me suis retrouvé à marcher le long de la colonnade avec Cameron et Osborne. J'en ai profité pour exprimer mes doutes haut et fort. David était également inquiet et certains dans son entourage étaient sceptiques. Mais George, lui, approuvait sans réserve l'entrée en guerre (n'oubliez pas qu'il surnommait Blair « le maître »). Et quand il a repéré au loin William Hague, son pote qui lui aussi faisait partie des néoconservateurs, il l'a hélé et a déclaré :

« Quand on parle de la guerre en Irak, Boris se dégonfle. Il joue les poules mouillées. »

Ce à quoi Hague, notre ancien chef de parti, a répondu :

« Allez, Boris. Comporte-toi en faucon. » Comme un imbécile, je crains d'avoir suivi son conseil.

Lors du débat préalable au vote, j'ai fait un discours plein de circonvolutions, peu convaincant, et j'ai voté pour la guerre.

Et donc, en avril 2003, je me suis retrouvé à Sadr City regardant, d'une certaine manière, mon œuvre. Non seulement la ville avait été détruite – immeubles éventrés, chars irakiens carbonisés aux tourelles qui se détachaient comme un couvercle de boîte à biscuits – mais ce que j'avais sous les yeux, c'était une zone de non-droit.

Des bandes de voyous arrachaient les câbles de cuivre dans les rues pour les revendre, et les pannes d'électricité qui en résultaient rendaient les gens fous. Dans un ministère qui avait été bombardé et déserté, j'ai rencontré un grand Américain, en treillis et aux cheveux gris, errant dans les couloirs pillés et jonchés de papiers. Il m'a dit qu'il était un représentant du gouvernement américain et qu'il espérait trouver quelques vestiges du gouvernement irakien.

Eh bien, bonne chance, ai-je répondu. Nous avions anéanti le gouvernement irakien et rien ne sortait de terre pour le remplacer. L'ensemble de l'appareil d'État s'était effondré et avait disparu. L'anarchie régnait. C'était comme Thucydide et la *stasis** de Corcyre, mais avec des bombes et des fusils.

J'ai voulu me rendre chez Tarek Aziz, le ministre des Affaires étrangères qui ressemblait à une chouette moustachue, vice-Premier ministre et proche allié de Saddam Hussein. (À quelle heure dîne Saddam ? Quand Tarek Aziz dîne, disait-on.) Je me suis alors retrouvé devant une villa gardée par des miliciens chiites souriants, armés d'AK-47. Aziz n'était plus là, il avait été capturé par les Américains, m'ont-ils expliqué. Mais j'étais libre d'entrer. J'ai décidé de fouiller un peu, essayant d'imiter mon collègue et ami du *Telegraph,* David Blair, qui avait déjà trouvé dans les décombres de Bagdad toutes sortes de choses fascinantes.

Au fond d'une piscine couverte désaffectée, je suis tombé sur le dossier médical du type (il souffrait d'hypertension, ce qui n'est pas surprenant) et sur un étui en cuir rouge, assez grand pour contenir trois cigares – un pour lui, un pour Saddam et un pour George Galloway**, ai-je imaginé –, que j'ai fourré dans ma poche. Plus tard, malheureusement, j'ai commis l'erreur d'y faire allusion dans la presse. Lorsque je faisais campagne pour devenir maire de Londres en 2008, l'équipe de Ken Livingstone était tombée sur cet article et avait poussé les hauts cris, me dénonçant comme un voleur d'artefacts culturels ; et même si la famille de Tarek Aziz m'avait écrit pour me dire que je pouvais garder ce fichu objet, la MET, qui est extrêmement pointilleuse lorsqu'il s'agit d'affaires politiques – comme je le découvrirais par la suite –, s'en était mêlée.

Scotland Yard m'a envoyé une lettre menaçante me demandant de remettre l'étui en question ; ce que j'ai fait. Et, pour autant que je sache, il est toujours là-bas, dans un grand coffre-fort où sont stockés des trésors volés retrouvés. Vous pouvez probablement aller le voir, ce fameux étui à cigares du vice-Premier ministre irakien soi-disant volé lors d'un pillage par le futur Premier ministre britannique et confisqué par la police. Je pensais alors, et je pense toujours, que ce n'était pas du vol.

Comme Elgin sauvant les marbres du four à chaux ottoman, je l'avais sauvé du pillage universel.

* La *stasis* de Corcyre racontée par Thucydide, dans *La Guerre du Péloponnèse*, fait référence à la guerre civile comme risque majeur menaçant la cohérence de la cité.

** Politicien et parlementaire britannique travailliste. En 2003, il s'oppose à la guerre à laquelle participe le Royaume-Uni alors gouverné par Tony Blair. Il est exclu du Parti travailliste pour avoir entre autres appelé les troupes britanniques à la désobéissance.

Alors que je traversais le marché crasseux de Sadr City, rempli de moutons jaunâtres à la toison pleine de fèces séchées, je me demandais ce que nous avions accompli. Avec mon carnet à la main, j'ai vite été repéré. Et les gens sont venus me voir pour se plaindre des pannes d'électricité et des défaillances des pompes à eaux usées. Ils voulaient savoir qui était le responsable tandis que je battais en retraite vers le taxi. Ils péroraient, penchés à la vitre de la portière lorsqu'un homme ressemblant à une buse a passé la tête dans l'ouverture et crié qu'il n'avait pas d'argent, pas de travail, et que les tirs ne cessaient jamais.

« Si ça continue, je vais devenir kamikaze », a-t-il déclaré, en ouvrant en un geste grandiloquent son gilet pour dévoiler son torse maigre.

J'ai reculé sur la banquette arrière. Ce que vous auriez fait, vous aussi. On m'avait mis en joue, et maintenant ce type menaçait de se faire exploser. Lorsque Conrad Black avait parlé d'ouvrir « les vannes de la haine », je ne pense pas qu'il ait voulu être vraiment sérieux – et pourtant c'était exactement ce qui se passait. Quoi qu'il soit advenu de cet homme à Sadr City, de nombreuses personnes se sont transformées en kamikazes. Combien sont morts dans les violences intercommunautaires qui ont suivi le renversement de Saddam Hussein ? Les estimations varient[1] entre 200 000 et plus d'un demi-million.

Mon interprète, Isaac, était un catholique chaldéen comme Tarek Aziz. Sous le régime baassiste de Saddam, le christianisme avait plus ou moins été protégé, et Isaac s'inquiétait – à juste titre – des persécutions qui allaient frapper les adeptes de la religion qui était la sienne. Lorsque nous sommes rentrés à l'hôtel ce soir-là, épuisés, mon interprète a agité le doigt en guise d'avertissement et roulé des yeux.

« Comme le dit votre William Shakespeare dans son *Jules César*, il vaut mieux avoir un tyran que pas de souverain du tout », a-t-il déclaré.

Il est bien sûr possible d'arguer que les pays occidentaux ne sont pas entièrement responsables des souffrances et du terrorisme qui ont suivi la chute du tyran Saddam. Les pays occidentaux ne sont pas à l'origine de l'idéologie djihadiste et il est vrai, bien sûr, que la pire atrocité islamiste commise contre les pays occidentaux – le 11 Septembre – a eu lieu avant la guerre. Nous ne sommes pas responsables de la division entre sunnites et chiites et, quel que soit le chaos que nous avons laissé, il y avait déjà beaucoup de meurtres en Irak commis au nom de la religion avant même notre invasion.

Saddam avait tué de nombreux chiites ; il avait gazé les Kurdes, il avait bombardé les Arabes des marais et épuisé leur pays. Le problème, c'est que nous, les pays occidentaux (je veux dire ceux qui avaient commis l'erreur de soutenir la guerre), ne pouvions plus, moralement, avancer de tels arguments.

La guerre était censée être menée pour empêcher Saddam Hussein d'utiliser des stocks existants d'armes nucléaires, chimiques et biologiques; mais dès la chute de Bagdad, ou presque, il était clair que Tony Blair avait perdu toute autorité dans le débat, parce que la guerre était basée sur un mensonge.

Nous avons peut-être trouvé des objets fascinants dans le Bagdad de l'après-guerre. Mais il n'y avait pas d'armes de destruction massive. Nous savions que Saddam en avait eu. Des entreprises britanniques avaient même tenté de lui fournir les armes en question. En 1991, une société du nom de Sheffield Forgemasters avait fabriqué[2] d'énormes segments tubulaires ronds pour un énorme tromblon intercontinental ou supercanon, de 156 mètres de long avec un alésage d'un mètre, qui aurait permis à Saddam d'envoyer un obus dans la stratosphère.

Que pensaient-ils alors fabriquer ? Des canalisations d'égouts ? Des alambics pour distiller le gin ? Le projet n'avait été déjoué que lorsque le concepteur de cette arme, un scientifique canadien du nom de Gerald Bull, avait été abattu dans son appartement bruxellois. Je le sais parce qu'en tant que correspondant à Bruxelles j'avais écrit un article sur le sujet, bien qu'à cette époque je n'en aie pas saisi les implications.

Une autre société, Matrix Churchill[3], avait envoyé des machines-outils pour la fabrication d'armes, avec la connivence secrète du gouvernement Thatcher. Les Français, quant à eux, n'ont pas seulement fourni de l'uranium. Ils ont fourni le réacteur nucléaire Osirak, qui a ensuite été détruit par Israël. Les Allemands n'ont pas été en reste.

Prétendre qu'il possédait toujours des armes de destruction massive ou qu'il continuait d'en fabriquer était une hypothèse qui arrangeait les va-t-en-guerre. Je ne sais pas ce que Tony Blair et Alastair Campbell* croyaient réellement, en leur for intérieur, lorsqu'ils ont affirmé que Saddam était en possession de pareilles armes en 2003. Mais ils en savaient certainement assez – pour soupçonner Saddam de dire la vérité quand il affirmait ne plus en avoir vu l'incapacité totale des inspecteurs en désarmement de l'ONU à trouver la moindre preuve dans les mois qui avaient précédé la guerre.

Les fouilles faites dans la période d'avant la guerre n'arrêtaient pas. Hans Blix et ses équipes d'enquêteurs de l'ONU ont trouvé que dalle. Beaucoup

* Directeur de la communication et de la stratégie, pour Tony Blair.

d'entre nous avaient déjà commencé à croire Saddam, plutôt que Blair, et à penser qu'il était probablement vrai de dire qu'il avait abandonné son programme de création d'armes de destruction massive après la première guerre du Golfe en 1991. En fait, la seule chose à dire en faveur de mon discours à la veille de la guerre en Irak est que je n'avais pas gobé un mot de ce que Blair disait à ce sujet.

Je pense que Blair et Campbell savaient aussi, ou soupçonnaient fortement, que leurs affirmations n'étaient pas fondées – et pourtant ils ont affirmé, et permis au public de croire, que le dirigeant irakien pouvait à tout moment équiper d'armes chimiques ou biologiques des terroristes islamistes fanatiques. Il s'est avéré qu'il s'agissait d'un mensonge éhonté ; et la réalité même de ce mensonge, un mensonge provenant des pays occidentaux, et qui a provoqué la guerre, s'est avérée grandement pernicieuse.

La guerre n'a pas engendré l'extrémisme islamiste ; certainement pas. Mais elle a fourni à tous ceux qui prêchaient la haine un argument puissant et apparemment irréfutable : les pays occidentaux étaient prêts à attaquer des pays musulmans et à mentir de manière flagrante sur les raisons de cette attaque.

Bien entendu, la guerre en Irak a donc contribué à déclencher la vague de terrorisme qui a suivi – les monstrueux attentats à la bombe, les coups de couteau, les décapitations et les attaques au camion-bélier dans la foule allaient devenir une caractéristique tragique de la vie quotidienne dans de nombreuses villes occidentales. Et, bien sûr, la guerre en Irak a été responsable de la mort de centaines de milliers de civils irakiens – et d'un certain nombre de soldats occidentaux – dans les conflits qui ont suivi.

Je suis retourné à Bagdad quelques années plus tard avec des collègues parlementaires, et la situation était encore pire. La première fois, en 2003, toute la ville était en état de choc – c'est pourquoi j'ai pu me promener avec un carnet de notes et sans gilet pare-balles ni protection d'aucune sorte. Ce qui n'était plus possible en 2005.

À ce moment-là, la situation à Bagdad était si mauvaise que les non-Irakiens sortaient à peine de la zone verte fortifiée, et à Bassorah je ne quittais même pas la base. Je dormais dans une sorte de conteneur en acier entouré d'énormes sacs en treillis métallique appelés Hesco Bastion. Et l'année suivante, les forces britanniques ont été contraintes, de manière ignominieuse, de fuir la ville.

Hormis le fait de s'être débarrassé de Saddam, je crains qu'il n'y ait pas grand-chose à dire en faveur de notre intervention en Irak en 2003. C'était une entreprise arrogante, prétentieuse et malavisée. Blair s'est joint à la mission de Bush en partie à cause d'un réflexe judicieux – il est toujours bon de rester proche des États-Unis –, mais aussi à cause de son orgueil démesuré. Il se disait que les choses s'étaient bien passées en Sierra Leone et au Kosovo. Il pensait être un gagnant et croyait que les lauriers de la victoire orneraient à nouveau son front. Nous avons donc renversé un gouvernement et réduit un pays au chaos, sans avoir la moindre idée de ce qui allait se passer ensuite. Puis, *oups*, en 2011 nous avons recommencé.

Chapitre 24

TUER KADHAFI

fut beaucoup plus facile que le remplacer

Lorsque j'ai eu connaissance de l'existence de Kadhafi pour la première fois – probablement à l'école –, il était en grande partie un personnage de comédie, une parodie de Sacha Baron Cohen d'un dictateur du Moyen-Orient, avec ses discours de quatre heures, ses épaulettes tressées, ses amazones – gardes du corps féminines en chemise moulante et aux lèvres peintes en rouge. Il était aussi manifestement diabolique.

Il a brutalisé sa population, torturé ses opposants et cautionné de manière extravagante des attentats terroristes contre l'Occident. Il a fourni des explosifs et des armes à l'IRA, et nombreux sont ceux qui pensent que c'est du semtex* libyen qui a été utilisé dans les attentats à la bombe de Hyde Park et de Regent's Park en 1982. Celui de Hyde Park, particulièrement révoltant, avec une bombe artisanale remplie de clous qui a mutilé et tué des chevaux aussi bien que des êtres humains.

Il ne faisait aucun doute que le gouvernement libyen, probablement Kadhafi lui-même, était derrière l'assassinat de sang-froid, dans le quartier de St James's Square, d'Yvonne Fletcher, une jeune femme agent de police, âgée de 25 ans. En tant que maire de Londres, je rencontrais sa famille chaque année ; et je baissais la tête en marmonnant mes condoléances, parce que ses assassins n'avaient toujours pas été traduits en justice, même si nous savions parfaitement qui avait fait le coup – en plein jour, dans le centre de Londres.

J'étais assis à mon bureau à Bruxelles en décembre 1988 lorsqu'on a annoncé aux infos l'attentat à la bombe contre la Pan Am 103, et j'ai écouté, choqué, la description des corps pleuvant du ciel au-dessus de la ville de Lockerbie, et la façon dont certains d'entre eux avaient été retrouvés presque intacts, comme s'ils dormaient, dans les champs environnants. Kadhafi était un monstre, un égocentrique responsable du plus grand

* Puissant explosif de type plastic.

massacre de l'histoire de l'aviation britannique. Comment le Royaume-Uni pourrait-il avoir quoi que ce soit à faire avec lui ?

Oh, mais nous le pouvions, et nous l'avons fait. D'une manière ou d'une autre, ce partisan flagrant du terrorisme a persuadé le gouvernement Blair qu'il pourrait être utile dans la « guerre contre le terrorisme ». En tant que despote avant tout militaire, le « colonel » Kadhafi n'appréciait guère les djihadistes, et les services de sécurité libyens étaient trop heureux d'identifier les membres d'Al-Qaïda – qu'il s'agisse de véritables islamistes ou de simples opposants à Kadhafi, ou les deux.

Les entreprises britanniques avaient déjà commencé à s'installer à Tripoli. Le propriétaire de Harrods, Mohamed Al-Fayed, est parti en 2000 se prélasser sur des coussins avec Kadhafi et est revenu en se vantant des contrats, pour un montant de 25 milliards de livres, qu'il avait obtenus pour les hôtels et le tourisme – c'est du moins ce qu'il m'a dit quand je l'ai interviewé pour le *Spectator*. Qu'il ait été autorisé à négocier avec Kadhafi paraissait extraordinaire mais c'était plus crédible (et moins difficile à révéler dans la presse) que certaines des choses qu'il m'a racontées.

Cet amour émétique avec Kadhafi a atteint son apogée en 2004, lorsque Tony Blair lui-même s'est rendu à Tripoli[1] et s'est assis sous une tente avec lui. Ils ont conclu un accord dans le désert. Si Kadhafi reconnaissait ses crimes, indemnisait ses victimes et arrêtait ses programmes d'armement, les sanctions seraient levées et les relations normales pourraient reprendre.

En 2009, cette détente visqueuse est finalement allée trop loin, lorsque le gouvernement écossais*, alors dirigé par les Travaillistes, a décidé de libérer le seul homme condamné pour l'attentat de Lockerbie, un ancien responsable de la Libyan Airlines appelé Abdelbaset Al Megrahi[2]. Cette décision était tout à fait phénoménale.

Il s'agissait de l'auteur de la plus grande tuerie de l'histoire britannique. Sa bombe au semtex avait tué 259 personnes dans l'avion et 11 habitants de Lockerbie au sol. Il est vrai qu'au moment où il a été libéré il était malade et qu'il voulait mourir en Libye : mais était-ce vraiment par compassion que nous l'avons laissé rentrer dans son pays ? Un homme qui n'avait guère montré de compassion pour les passagers du vol Pan Am 103.

Qu'est-ce qui nous a poussés à le renvoyer à Tripoli, où, bien sûr, il a été accueilli en héros ? Comme je l'ai découvert lorsque je suis devenu

* L'Écosse a un gouvernement local et un Parlement dans le cadre de la décentralisation du pouvoir au Royaume-Uni. C'est aussi le cas du pays de Galles et de l'Irlande du Nord.

ministre des Affaires étrangères, la Libye est essentiellement une route côtière reliant Tripoli et Benghazi, au nord d'un immense désert brûlant, et la pauvreté et la misère relatives qui règnent dans le pays sont une honte sans nom, car cette région du monde est assise sur des quantités faramineuses de pétrole. Certes, nous avons fait de la lèche à Kadhafi parce que nous voulions des compensations pour les victimes de Lockerbie et nous voulions qu'il arrête son programme d'armement chimique et nucléaire (ce qui était sensé), mais je suis sûr que nous pensions aussi aux opportunités commerciales pour les entreprises britanniques.

C'est pourquoi nous avons renié nos principes et trahi la mémoire des victimes. Puis nous avons à nouveau changé de camp.

En 2011, des soulèvements populaires se sont succédé dans tout le Moyen-Orient : le Printemps arabe. Le président tunisien a d'abord été renversé, puis Hosni Moubarak en Égypte, et enfin Kadhafi s'est retrouvé dans la ligne de mire. L'homme fort de la Libye confronté, lui aussi, à un soulèvement populaire, menaçait les habitants de Benghazi de terribles représailles.

Nous ne nous sommes pas alors contentés de lui tourner le dos.

Nous avons lancé des frappes aériennes contre lui, des frappes aériennes de l'OTAN menées par les États-Unis, le Royaume-Uni et la France. En octobre 2011, nous en avons fini avec lui, alors que son convoi sortait de sa cachette à Syrte et qu'il s'est retrouvé pris à partie avec son entourage par un Tornado de la RAF[3]. Regardez les images, si vous êtes capables de les supporter, du pote de Blair traîné par la foule hors d'un collecteur d'eaux pluviales. On le poignarde dans le fessier ou, selon certains récits, on le sodomise, à l'aide d'une baïonnette. On le tabasse. On entend alors l'ancien dictateur supplier pour avoir la vie sauve, demander ce qu'il a bien pu faire pour contrarier ses geôliers. On le voit mourir, son visage flasque devenu un masque de sang.

Kadhafi était une ordure d'un niveau intergalactique. Mais si vous regardez ce que nous avons fait en Libye, vous comprendrez pourquoi Poutine est capable de trouver un public qui lui accorde du crédit lorsqu'il affirme que les pays occidentaux sont versatiles et susceptibles de vous trahir.

Quand on regarde la Libye de l'après-Kadhafi, on se demande si c'est vraiment ce que nous voulions. Je me suis rendu en Libye à plusieurs reprises, entre 2016 et 2019, et ma mission était de voir si nous pouvions commencer à recoller les morceaux. J'ai constaté que c'était sans espoir.

J'ai dû passer par Malte, puis par la Tunisie (les vieux BAe 146 tombant parfois en panne en cours de route, le voyage a pris du temps), et, à mon arrivée, j'ai découvert un pays en plein chaos.

Tripoli était en piteux état, défoncée par des trous d'obus, les rues jonchées de sacs en plastique bleu et d'autres détritus. La Libye de l'après-Kadhafi ressemblait à l'Irak de l'après-Saddam en ce sens qu'elle était réduite à un ensemble de fiefs ethniques ou de tribus rivales. Il semblait y avoir environ trois parlements distincts et au moins deux sièges de gouvernement rivaux, à Tripoli et à Benghazi.

Le dirigeant symbolique de la Libye était alors un homme charmant appelé Fayez al-Sarraj, avec qui j'avais des relations très cordiales. Je crois qu'il avait une maison à Wimbledon. Il bénéficiait de l'appui des Britanniques, des Américains et des Italiens, mais il ne semblait pas contrôler quoi que ce soit au-delà des banlieues de Tripoli. Il y avait une faction d'islamistes à Misrata. Il y avait aussi un type à Tobrouk, un homme extrêmement malin, appelé Aguila Saleh.

La Libye avait volé en éclats et un ego masculin monstrueux et belliqueux avait été remplacé par un groupe d'une demi-douzaine d'ego masculins qui se disputaient tous le pouvoir. Rien de ce que nous avions dit ou fait, rien de ce que nous leur avions offert ne les aurait persuadés de grandir, de s'unir et de faire progresser le pays.

Il en résultait que ce vaste pays était, et reste, divisé, chaotique, violent et un énorme exportateur d'immigrants illégaux de l'Afrique vers l'Europe. Il y a eu une brève vague d'enthousiasme lorsqu'un homme potentiellement fort, le maréchal Haftar, est apparu. Ce généralissime âgé avait le soutien d'Emmanuel Macron, des Russes, des Égyptiens. Il semblait avoir les lunettes noires et les galons requis.

Peut-être pourrait-il devenir le nouveau Kadhafi, couper des têtes, mettre fin au chaos ? Certains de mes collègues parlementaires sont allés le rencontrer dans son quartier général près de Benghazi.

Kwasi Kwarteng en est revenu impressionné. « C'est un salaud, a-t-il déclaré, mais ça pourrait être le nôtre. »

Je suis donc allé voir par moi-même. J'ai en quelque sorte aimé Haftar pour les efforts qu'il a déployés. Il a fait de son mieux pour ressembler à un homme fort du Moyen-Orient. À mon arrivée, un orchestre en uniforme mal ajusté a interprété une version discordante de l'hymne national britannique, un boucan inoubliable. C'était comme un portrait de la reine dessiné par un enfant de quatre ans – on admire l'application.

Des rubans de tapis rouge traversaient la cour de son quartier général, mais le vent du désert soufflait si fort que le tapis se tordait devant nous comme un serpent, et je devais sans cesse sauter dessus pour l'empêcher de s'envoler.

Il avait récupéré quelques-unes des légendaires amazones de Kadhafi et, en tant que dignitaire en visite, j'ai été invité à les inspecter, ce à quoi, bien sûr, j'ai complu. Elles étaient sculpturales et terrifiantes comme il se doit, et l'une d'entre elles me fixait impérieusement à travers des lentilles de contact d'un bleu saisissant.

Il avait les lunettes noires, les armes, les amazones, mais Haftar n'était pas Kadhafi. Le maréchal (il s'était lui-même élevé au rang de maréchal) semblait avoir environ 80 ans et, assis dans son salon, nous n'avons pas vraiment discuté. Il s'est contenté de lire, en arabe, une interminable dissertation sur la Constitution de la Libye – un concept assez arbitraire dans le meilleur des cas.

Pour finir, Haftar n'a pas réussi à prendre Tripoli ni à unifier le pays, et les troubles se sont poursuivis. J'ai tenté de rouvrir l'ambassade de Grande-Bretagne et j'ai hissé le drapeau de l'Union lors d'une brève cérémonie à Tripoli, sous haute surveillance. Mais pour autant que je sache, l'endroit est toujours en ruine, après avoir été saccagé lors des événements de 2011. La seule chose qu'ils n'ont pas pillée, c'est le billard.

Notre politique avait slalomé sur la piste. Nous avions d'abord traité Kadhafi comme « un chien fou », pour reprendre les termes de Ronald Reagan : nous l'avions bombardé, nous l'avions évité, nous l'avions sanctionné. Ensuite, nous avions fait la paix avec lui en choisissant d'oublier les crimes commis contre Yvonne Fletcher et d'innombrables autres personnes. En se prosternant devant ce monstre riche en pétrole, nous l'avons même aidé à écraser ses opposants en renvoyant des hommes comme Abdelhakim Belhadj en Libye où il a été torturé par le régime.

Et soudain, *zou*, nous avions pris un virage à cent quatre-vingts degrés et envoyé des avions de guerre de l'OTAN pour bombarder Kadhafi et sa famille, et nous avons effectivement collaboré à sa torture et à son assassinat. Oh oui, nous nous sommes ensuite excusés auprès de Belhadj, en 2018, de l'avoir renvoyé en Libye pour y être torturé. Tout ce que nous avions fait – un virage à trois cent soixante degrés – était vraiment très tortueux.

Saddam était un monstre. Kadhafi était un monstre. Il était tout à fait raisonnable de vouloir s'en débarrasser – mais si et seulement si nous avions eu une idée de ce qui allait suivre. D'une certaine manière, je comprends

Tony Blair et Mohamed Al-Fayed, qui souhaitaient de meilleures relations commerciales entre la Grande-Bretagne et la Libye. Le pays est dans un état lamentable, mais il a un vrai potentiel : à peine sept millions d'habitants, un littoral vaste et sous-développé avec des plages magnifiques et certains des plus grands sites de l'Antiquité, dont la plupart sont à peine visités par les touristes occidentaux, sans parler des richesses naturelles en hydrocarbures. Comme le disait Hérodote, le monde est divisé entre l'Europe, l'Asie et la Libye.

J'ai continué d'essayer d'aider une firme britannique entreprenante qui voulait transformer Syrte en une sorte de Las Vegas libyen, ou en une ville qui ressemblerait à Dubaï, et j'ai tenté d'expliquer la vision de ces investisseurs potentiels lors de la conférence du Parti conservateur en 2017.

La seule chose qu'ils avaient à faire, disais-je, c'était de faire le ménage en se débarrassant des cadavres qui jonchaient la ville. Ce n'était pas la façon la plus délicate d'exprimer mon point de vue, et mes ennemis m'ont accusé d'une effroyable désinvolture. Mais le mérite des plaisanteries est bien sûr de réveiller l'auditoire et de le rendre attentif à ce que vous dites ; et comme avec toutes mes prétendues gaffes, je ne faisais que dire la vérité.

Syrte était alors un paysage de cauchemar, où les batailles entre Daech et les autres combattants venaient à peine de se terminer ; et il y avait des cadavres piégés dans les ruines. La situation en matière de sécurité était terrible, et elle l'est toujours.

Ce n'est pas notre faute si les Libyens ne parviennent pas à se ressaisir ; et l'on pourrait se dire qu'après quarante-deux ans de dictature Kadhafi, il y aurait toujours des difficultés à le remplacer. Le problème, c'est que nous avons participé à un soulèvement populaire, que nous avons contribué à faire tomber Kadhafi et que nous ne pouvons donc pas nous soustraire à notre part de responsabilité dans le chaos qui règne là-bas.

Nous avons brisé le pays, nous l'avons acheté, nous le possédons ; c'est en tout cas ce que l'on peut faire croire. C'est pourquoi l'échec libyen a marqué la fin de la doctrine Blair de l'interventionnisme humanitaire libéral. Qui a duré, en tant que doctrine, une dizaine d'années ou un peu plus.

Tout a commencé par le Kosovo. Puis, ce principe a atteint son apogée en Irak. Mais l'échec de cet interventionnisme en Libye a signé la fin de l'orgueil démesuré, la fin de la confiance en soi du monde unipolaire.

Nous avons pu mettre fin à certains régimes, nous avons été néanmoins incapables de les remplacer. Ainsi, lorsque Bachar el-Assad, l'autre dictateur arabe, s'est retrouvé à son tour en difficulté, notre confiance avait disparu. Et, alors que la guerre civile syrienne prenait de l'ampleur et qu'Assad chancelait, nous étions prêts à attaquer, seulement nous avions peur de frapper.

Chapitre 25

LE BOUCHER D'ALEP

Notre indécision et notre confusion donnent sa chance à Poutine

J'étais allé en Syrie deux ou trois fois avant que la guerre éclate : une fois avec la BBC, pour réaliser un documentaire sur l'Empire romain, et une autre fois avec deux de mes enfants, Milo et Cassia, lorsque nous étions partis sur les traces d'un poète et diplomate du XIIe siècle appelé Oussama ibn Mounqidh, un cheikh qui a écrit une satire mémorable des Croisés des royaumes francs – leur médecine rudimentaire et leurs manières barbares, les étranges épilations de leurs épouses.

Je préparais un livre sur ibn Mounqidh et son monde (ne soyez pas impatient : un jour, j'aurai terminé). Nous étions donc allés visiter le château de sa famille à Shaizar et avions pique-niqué au sommet de ses imposants remparts de pierre, en contemplant l'Oronte, gargouillant et verdoyant en contrebas.

Nous avions vu les merveilles d'Alep, où mon arrière-grand-père Ali Kemal, forcé à l'exil par le sultan, avait vécu jeune homme. Nous avions séjourné dans un hôtel, un bijou, qui avait été la maison d'un noble quelconque, avec des fontaines partout et où la cuisine était délicieuse, et nous avions parlé avec des politiciens, des universitaires et des journalistes, dans le restaurant installé sur le toit-terrasse pour ne pas être entendus.

Nous savions qu'il s'agissait d'un État policier, à tendance sacrément autoritaire. Nous savions ce qu'Assad faisait à ses opposants. Mais la Syrie que j'ai vue alors semblait pacifique et, tout du moins en apparence, civilisée ; un endroit où les femmes avaient beaucoup plus de liberté que dans la majeure partie du monde arabe, où les artistes de Damas avaient la possibilité de s'exprimer.

En tant que ministre des Affaires étrangères en 2016, quand j'ai vu ce qui se passait dans des lieux que j'avais visités avec les enfants, j'en ai été malade. Bachar el-Assad, qui avait un jour été optométriste dans l'Ouest londonien, y vivant avec sa belle épouse d'origine britannique, usait d'une violence révoltante à l'encontre de son peuple et, petit à petit, réduisait ses opposants à l'impuissance et donc à l'obéissance.

Avec l'aide des Iraniens d'abord, puis des Russes, il s'est sorti d'une situation qui semblait désespérée. En 2012, il ne contrôlait plus que 16 % du pays, et le Royaume-Uni, ainsi que le reste des pays occidentaux, avait commencé à répéter le mantra « Assad doit partir », car nous supposions qu'un putsch était sur le point de se produire, comme ce qui avait eu lieu en Tunisie et en Égypte.

Seulement, cette fois-ci, nous n'avons pas eu le courage de faire en sorte que ce soit le cas, comme nous l'avions fait avec si peu de difficultés en Irak et en Libye. En 2012, il était si affaibli que nous aurions pu l'écraser comme une mouche. Nous aurions pu carboniser ses forces armées, comme nous avions carbonisé les chars que j'avais vus à Bagdad. Mais, cette fois, nous avions perdu notre confiance stratégique, au point que nous n'avons même pas mis à exécution le peu de menaces que nous avions formulées. Le président américain Barack Obama avait déclaré que si Assad utilisait des armes chimiques, on considérerait qu'il aurait « franchi une ligne rouge » ; et bien qu'Obama n'ait pas explicité les représailles qu'il envisageait, nous avions cru comprendre qu'il lui infligerait toutes les terreurs de la terre*.

C'est ainsi qu'en août 2013, dans la Ghouta, banlieue de Damas contrôlée par l'opposition, Assad a fait pleuvoir des missiles sur la population et l'a empoisonnée avec du gaz sarin. Il a tué plus de 1 400 civils avec des armes interdites dans le monde entier depuis la fin de la Première Guerre mondiale. Des enfants sont morts étouffés, l'écume aux lèvres, la peau dépigmentée et les pupilles rétractées. Les pays occidentaux, qui avaient pourtant menacé de punir toute action de ce type, ont été indignés comme il se doit. Nous avons soufflé fort. Nous avons râlé fort. Mais nous n'avons rien fait.

Le gouvernement Cameron a alors déclaré que le Royaume-Uni se joindrait aux États-Unis pour attaquer des cibles en Syrie, mais il a été surpris – et accablé – quand il a été battu lors d'un vote parlementaire (auquel je n'ai pas participé, car à l'époque j'étais maire de Londres). Ce vote était une erreur. Il n'était pas nécessaire d'un point de vue constitutionnel, mais une fois que le Parlement avait voté contre, le projet était mort.

* Reprise d'un vers tiré d'un monologue du roi Lear dans la pièce éponyme de Shakespeare (Acte 2, scène IV), où le personnage veut se venger de ses filles ingrates et leur infliger « *The terrors of the earth* », « les terreurs de la terre ».

Barack « No Drama* » Obama a ensuite profité du refus de la Grande-Bretagne d'agir pour décider qu'il n'avait pas besoin de mettre sa menace à exécution, et rien n'a été fait pour punir le dictateur d'avoir utilisé des armes chimiques contre un peuple qui était le sien. Oh, bien sûr, nous avons conclu un accord, par ailleurs impossible à appliquer, par lequel Assad promettait de nous remettre ses armes chimiques. Mais notre indécision et notre manque de fermeté ont envoyé un message désastreux.

L'Occident s'est dégonflé. Incapable même d'attaquer un voyou comme Assad, qui, pourtant, avait violé de manière flagrante chacune des règles du droit des conflits armés. Cette décision de ne pas agir a été une catastrophe, parce qu'elle puait la faiblesse et l'hésitation – et Poutine a senti qu'il avait une occasion à saisir.

Les Russes n'avaient pas apprécié les actions de l'OTAN au Kosovo, mais n'avaient eu aucun pouvoir pour les contrer. L'expansion constante de l'OTAN, qui englobait la majeure partie de l'Europe de l'Est et des pans entiers de l'ancienne Union soviétique rendait Poutine furieux ; à l'époque, il n'avait rien pu faire pour l'empêcher.

Il n'avait pas apprécié les frappes de l'OTAN en Libye et le renversement de Kadhafi. Mais c'était un fait accompli. Alors que les pays occidentaux étaient mis à l'épreuve par Assad, ils avaient plus ou moins fermé les yeux. Fatigués de cet interventionnisme moral, avec toutes les complexités et les responsabilités qu'il implique, les États-Unis et la Grande-Bretagne se sont visiblement déballonnés. En 2013, Poutine a tiré les conclusions de cet échec et, l'année suivante, il a frappé.

En 2014, il a lancé sa première invasion de l'Ukraine, envoyant son armée s'emparer d'une grande partie du Donbass oriental et de la Crimée, une portion non négligeable de ce qui était depuis 1991 un pays européen souverain et indépendant. Et qu'avons-nous fait pour défendre la liberté et la démocratie ?

Nous avons certes imposé des sanctions à la Russie mais, pour l'essentiel, Poutine s'en est tiré à bon compte. Nous l'avons exclu du G8, ce qui l'a certainement irrité mais n'a guère porté préjudice à la Russie. En 2015, il a donc décidé qu'il pouvait aller plus loin. Il a envoyé ses troupes en Syrie ainsi que le groupe de mercenaires Wagner, intervenant là où nous avions été trop timides, et du côté opposé. Lorsque je suis devenu

* Pendant ses deux mandats présidentiels, Barack Obama était connu pour son apparence calme et sereine, d'où son surnom de *No Drama Obama*.

ministre des Affaires étrangères en juillet 2016, la situation était très sombre. N'ayant pas réussi à frapper Assad, Obama avait décidé de verser des sommes considérables pour soutenir les rebelles. Qui étaient-ils vraiment ?

Qui étaient les ennemis d'Assad ? Je suppose qu'ils ont commencé par être vaguement laïques et démocrates dans leurs lettres de créance. Mais au fil du temps, grâce à la stratégie astucieuse d'Assad consistant à libérer de prison tous les terroristes djihadistes, ils sont devenus de plus en plus islamistes et, d'une manière générale, guère sympathiques.

Nous avons pépié, rabâchant notre slogan « Assad doit partir ». Nous avons tenu d'interminables conférences sur le prochain gouvernement syrien. Mais qui, à notre avis, allait former ce gouvernement ? Nous n'en avions pas la moindre idée. Au début de mon mandat de chef de la diplomatie britannique, nous avons organisé un événement que nous avons appelé « Amis de la Syrie » dans les magnifiques salles de réception de mon ministère, pour défendre la cause d'un certain Riad Hijab.

J'ai rencontré Hijab à plusieurs reprises et il semblait assez convaincant. Il avait une bonne vieille moustache baassiste. Il avait été membre du cercle rapproché d'Assad. Il aurait pu très bien convenir pour le remplacer. Mais je me suis rendu compte, alors que nous étions assis là – nous, les Américains, les Français, les représentants des pays du Golfe – que ce genre d'événement n'avait rien à voir avec ce qu'il se passait en Syrie. Combien de divisions avait Riad Hijab ? Zéro, et il n'avait aucune chance de prendre le pouvoir en Syrie.

Comme Assad et Poutine l'avaient prévu, et voulu, le conflit se transformait en une bataille dont on ne voyait pas l'issue. En 2014, un nouveau mouvement islamiste est né dans le chaos irakien, un mouvement encore plus violent qu'Al-Qaïda. Il s'agit de l'État islamique et, lorsque je suis devenu ministre des Affaires étrangères, il s'était répandu en Syrie, ayant choisi Rakka comme capitale.

C'était un système cauchemardesque de décapitations et d'immolations qui, à son apogée, revendiquait environ 12 millions de personnes sous sa juridiction wahhabite démente. Les membres d'Isis/Daech n'étaient certainement pas des amis d'Assad, mais nous ne voulions sûrement pas que Daech prenne le pouvoir, n'est-ce pas ?

Alors qui ? Les Iraniens ? Le Hezbollah ? Les Russes ? Les Turcs ? Le Front al-Nosra, un groupe rebelle de la guerre civile, une autre bande de djihadistes ? La Syrie était en train de devenir un véritable chaos et le peuple syrien subissait des pertes effroyables – au moins 200 000 morts et des millions de personnes déplacées dans le cadre de la plus grande crise humanitaire des temps modernes.

Obama a débloqué des sommes considérables pour soutenir l'opposition syrienne – qui est devenue de plus en plus antipathique – sans véritable plan pour l'aider à gagner ; et Assad est devenu de plus en plus impitoyable dans sa répression.

Il ne s'est pas contenté de bombarder son peuple, avec l'aide de la Russie. Il a utilisé du gaz, généreusement, à des centaines d'occasions tandis que Sergueï Lavrov, le ministre russe des Affaires étrangères, se moquait de nos protestations. Et il était en train de gagner.

En juillet 2016, le bastion rebelle d'Alep fut entièrement encerclé, et le monde a regardé, pendant des mois, Assad pilonner, avec des barils d'explosifs et des missiles, l'une des plus antiques villes du monde. Je suis à peu près certain qu'Assad est le seul tyran au monde à avoir tiré des missiles Scud sur un peuple qui était le sien. Même Saddam ne l'a pas fait.

J'étais obsédée par l'idée que nous devions réagir, faire quelque chose, n'importe quoi, pour aider le peuple syrien. C'était déjà assez grave que le souk, la grande mosquée, la citadelle – des lieux où je m'étais promené avec Milo et Cassia – aient été détruits. Avec l'arrivée de l'automne, les habitants d'Alep avaient froid et mouraient de faim. Nous ne pouvions peut-être pas lever le siège, mais ne pouvions-nous pas au moins leur apporter des vivres ?

Ne pouvions-nous pas organiser une sorte de pont aérien de Berlin avec des drones ? J'aimerais pouvoir dire que le Bureau des Affaires étrangères est passé à l'action. Nous avions les drones. Nous avions la technologie. Nous avions le matériel. Il semblait que nous n'avions tout simplement pas la volonté de le faire. Je n'ai cessé d'insister pour que nous agissions, et David Blair, qui rédigeait mes discours et était mon conseiller politique au FCO, a travaillé d'arrache-pied ; mais un certain défaitisme paraissait nous avoir gangrené, une aversion pavlovienne pour l'intervention, aussi modeste soit-elle. Qu'au 10 Downing Street on se soit catégoriquement désintéressé de tout projet dont j'étais l'instigateur n'a sans doute pas aidé. Finalement, les conditions pour agir ont été réunies : nous avions les drones, nous avions l'argent et nous avions l'approbation apathique de Downing Street. Nous nous sommes tous assis autour de la grande table du Bureau des Affaires étrangères, et un haut fonctionnaire du DFID* a dit, avec un léger rictus : « Oui, je suppose que tout ça vous donnera quelque chose à raconter lors des dîners dans le nord de Londres. »

J'éprouve rarement de la haine envers quelqu'un mais, à ce moment-là, j'aurais pu lui mettre mon poing dans la gueule. Il m'a semblé lamentable, alors que nous dépensions 0,7 % de notre PIB pour l'aide à l'étranger, que nous ne puissions rien faire pour aider les habitants d'Alep. Et par ailleurs, je ne vais presque jamais à des dîners en ville, que ce soit au nord de la Tamise ou ailleurs.

En fin de compte, les esprits chagrins ont obtenu gain de cause. Nous avions le matériel, nous avions les drones, et nous étions sûrs de pouvoir larguer des vivres sur Alep sans écraser les assiégés en leur balançant d'un geste charitable des palettes de boîtes d'ananas. Mais nous ne pouvions tout simplement pas trouver, du moins c'est ce qu'on m'a dit, un pays voisin d'où faire décoller les drones. Ni la Turquie, ni la Jordanie, disaient-ils ; et j'ai fini par abandonner, terrassé par le système et désormais hors délai.

En décembre, la dernière poche de résistance à Alep était étouffée et le siège terminé. J'ai découvert plus tard que, pendant ce temps, le DFID avait en fait financé de quoi larguer de la nourriture dans d'autres zones assiégées de Syrie : des zones assiégées par Daech et occupées, le croirez-vous, par les forces d'Assad. Les responsables du DFID m'avaient donné la nette impression qu'ils étaient contre le principe de largage aérien de nourriture ; mais j'ai ensuite découvert qu'ils en finançaient depuis le début… au profit du régime d'Assad !

Essayez de comprendre, comme on dit. J'ai grincé des dents et j'ai décidé de fusionner le DFID avec le FCO et de mettre fin à l'absurdité avec laquelle les fonctionnaires humanitaires se comportaient, comme s'ils étaient une agence scandinorvégienne qui se la joue, indépendante de la politique du gouvernement britannique. Pendant ce temps, la guerre se poursuivait. De plus en plus de personnes sont mortes ou ont été déplacées. Obama et les Américains ont continué de nourrir une rébellion vaine, comme l'ont fait beaucoup d'autres.

Encouragé et soutenu par les Russes, Assad a continué de gazer allègrement son peuple, jusqu'à ce que, début 2017, nous ayons un nouveau président américain, un homme peut-être moins circonspect et plus impulsif que son prédécesseur.

* Ancien département exécutif du gouvernement britannique responsable de l'aide humanitaire et de l'aide au développement au niveau international.

En avril, Assad a lancé des gaz toxiques sur Khan Cheikhoun, brûlant une fois de plus l'intérieur des poumons des enfants. Donald Trump a paru sincèrement atterré. Et il a riposté. Il était environ 2 heures du matin et, pour une raison quelconque, je me trouvais dans la résidence de l'ambassadeur du Royaume-Uni à Athènes, lorsque j'ai été réveillé, comme souvent dans ce récit, par Martin*, pour me dire que Rex Tillerson, pétrolier texan génial qui a été le premier secrétaire d'État de Trump, était en ligne.

Alors que Rex expliquait ce qui allait se passer, je me suis soudain senti mal à l'aise.

« Nous sommes avec vous. Nous vous soutiendrons jusqu'au bout », ai-je dit en regardant par la fenêtre ouverte sur la nuit athénienne baignée de fraîcheur. En tant que promesse, cette déclaration m'a semblé un tantinet insuffisante. Cette nuit-là, les États-Unis ont frappé l'aérodrome d'Al-Chaayrate, abattant une dizaine d'avions syriens et tuant plusieurs soldats syriens. Trump agissait de manière précipitée, sans avoir consulté quiconque. Mais nous aurions dû être présents. Nous aurions dû participer à l'opération. C'est ce que j'ai dit le lendemain matin au téléphone à Theresa May, qui a répondu sur un ton dédaigneux. Elle ne pensait pas que les frappes de Trump feraient une grande différence, a-t-elle dit. Et elle avait raison, dans le sens où Assad n'a pas été découragé par cette action trop peu dissuasive

Quand il a récidivé, je m'étais alors assuré que, cette fois, nous agirions nous aussi. Et quand, un an plus tard presque jour pour jour, il a lancé une terrible attaque chimique dans la banlieue de Damas. Trump a de nouveau riposté, plus durement cette fois-ci. Le Royaume-Uni et la France se sont alors pleinement impliqués dans cette opération, et nous avons au moins en partie expié l'inertie de 2013. Nous avons violemment frappé Assad en tirant une centaine de missiles, en lançant des frappes sur trois sites – deux entrepôts d'armes chimiques et une usine où elles étaient fabriquées. Nous avons fait beaucoup de dégâts. Mais nous n'avons pas pu arrêter le massacre en Syrie ; nous n'avons pas pu trouver un remplaçant pour Assad.

Cependant, c'est la dernière fois – pour autant que je sache – qu'Assad a utilisé des armes chimiques contre son peuple, ou en tout cas la dernière fois qu'il les a utilisées avec quelque effet que ce soit. Tous ceux qui critiquent Donald Trump, ou ce qui est souvent considéré comme l'isolationnisme et

* Martin Reynolds, le chef de cabinet.

« l'Amérique d'abord » des Républicains, devraient peut-être se souvenir de cette ironie dans la guerre en Syrie.

C'est Barack Obama, l'internationaliste libéral moralisateur, qui a laissé Assad s'en sortir en utilisant des armes chimiques. C'est Trump, le cynique et le négociateur, qui a tenu bon sur les principes et a riposté au nom de l'humanité. Je ne fais que le souligner.

Toutefois, il s'agissait fondamentalement d'un signe. Nos frappes limitées sur Assad n'ont pas changé le cours de la guerre et, franchement, elles n'étaient pas censées le faire. À l'heure où j'écris ces lignes, la Syrie est toujours un patchwork d'armées mandataires ennemies, dont les différentes parties sont contrôlées par diverses puissances extérieures. Et alors qu'il ne possédait que 16 % du pays, Assad en a désormais repris la majorité sous son contrôle et il a réintégré la Ligue arabe.

Sans exception, les dirigeants qui ont exigé qu'Assad « s'en aille » ont eux-mêmes quitté la scène politique (moi y compris). Assad, quant à lui, est toujours en place.

Si les pays occidentaux avaient lancé une attaque contre lui en 2013 et l'avaient fait tomber au moment où il était le plus vulnérable, la situation aurait-elle été meilleure ? Je ne vois aucune raison de le penser. L'Irak a été un désastre. La Libye aussi. Je peux vous dire catégoriquement que nous n'avions aucune idée de la manière dont nous aurions pu remplacer Assad.

Nous aurions certainement dû nous montrer plus fermes en 2013, après avoir proféré des menaces comme nous l'avons fait. Nous aurions dû riposter durement après qu'il avait utilisé des armes chimiques dans la Ghouta. Nous aurions dû faire ce que Trump a fait quatre ans plus tard – et nous aurions alors peut-être, peut-être, paru moins faibles aux yeux du Kremlin. Et, qui sait, nous aurions peut-être pu dissuader Poutine d'attaquer l'Ukraine.

Je considère que c'est le maximum que nous aurions pu raisonnablement faire. S'il y a une leçon à tirer du chaos de ces vingt dernières années au Moyen-Orient et en Afrique du Nord, c'est qu'envahir un pays souverain sans projet pour décider de son avenir, renverser son gouvernement et espérer que les choses s'arrangeront d'une manière ou d'une autre, ne suffit pas.

C'est une erreur que Poutine allait commettre lui-même, quelques années plus tard, avec ses manœuvres abusives en Ukraine. Mais, à ce moment-là, c'est nous qui avions perdu notre niaque.

Alors que la confiance en eux des pays occidentaux s'effritait, les autocraties commençaient au contraire à s'affirmer : l'Iran dans tout le

Moyen-Orient ; la Chine dans le monde entier, en particulier dans les mers de la Chine méridionale ; la Russie partout où elle pouvait semer le désordre, souvent avec les soldats d'élite de son groupe Wagner.

Mais cette situation a conduit à un paradoxe. Ce rééquilibrage du monde – la fin de la domination unipolaire des pays occidentaux – avait en fait créé une opportunité de mettre en route le projet Global Britain.

Chapitre 26

GØING GLØBAL

Trouver des amis partout dans le monde

Peu de temps après avoir été nommé ministre des Affaires étrangères, alors que j'étais à Berlin, avec une demi-heure libre devant moi, je déambulais dans le musée de Pergame quand une femme m'a repéré. Une Britannique d'une cinquantaine d'années. Sous l'effet de la colère, son visage s'est déformé :

« Pourquoi ne retournez-vous pas dans votre… votre… PETITE ÎLE ?! » a-t-elle crié.

J'ai bien sûr été très poli en retour. Mais le choix de ses mots a retenu mon attention, et plus particulièrement sa vision de ce qu'était devenue la Grande-Bretagne.

Parce que ce n'était pas vraiment ce que laissait entendre les autres gouvernements. Loin de nous bouder ou de nous mépriser, loin de traiter la Grande-Bretagne du Brexit comme une sorte de léproserie, nos homologues du monde entier semblaient fascinés par le Brexit (certains Européens en étaient d'ailleurs secrètement très envieux) et plus désireux que jamais de collaborer avec nous.

L'appétit pour la Grande-Bretagne semblait insatiable et j'étais presque sans cesse en train d'attacher ma ceinture dans un fameux BAe 146, d'en aspirer les vapeurs de kérosène, pour me rendre un peu partout sur la planète. Pourquoi voulait-on nous voir ? Je crains que ce ne soit pas à cause des yeux bleus du chef de la diplomatie britannique fraîchement arrivé. Un nouveau paramètre géostratégique majeur était entré en ligne de compte : la Chine.

Partout dans le monde, la Chine créait de plus en plus d'obligations à son égard. Les pays dans lesquels les Chinois construisaient un port, un chemin de fer, s'endettaient et devenaient donc de plus en plus redevables à Pékin. Les États-Unis étant moins engagés et peut-être moins fiables que par le passé, il n'était pas surprenant que ces pays commencent à s'inquiéter. Ils voulaient avoir le choix.

Ils voulaient développer d'autres amitiés, d'autres partenariats et, à bien des égards, la Grande-Bretagne était idéale. Nous disposons de superbes forces armées, de forces spéciales et d'agences de renseignement. Nous avons les banquiers de la City de Londres, avec ses vastes réserves de liquidités. Nous avons des économistes du développement et tous les experts que vous pourriez souhaiter, et nous investissons beaucoup plus à l'étranger que n'importe quel autre pays européen. Où que j'aille, je me suis rendu compte que les portes nous étaient déjà grandes ouvertes.

Et *hop*, il m'a suffi de monter à bord d'un BAe 146, les membres de l'équipage opérant la fermeture des portes en mode manuel, et je suis parti en direction du bassin indo-pacifique, bordé de dynamos* économiques. Je me suis rendu sur le pourtour du Pacifique, futur théâtre d'une grande partie de la croissance et de l'innovation mondiales. Le Royaume-Uni y entretient de nombreuses amitiés et alliances historiques, qui ont toutes besoin d'être renforcées.

Je me suis rendu au Pakistan, où je me suis émerveillé de l'anglophilie de la population et de son expertise en matière de whisky**. J'ai approfondi mon amitié avec l'Indien Narendra Modi, une relation qui avait débuté lorsque j'étais maire, et nous avons entamé une discussion sur la collaboration militaire entre le Royaume-Uni et l'Inde qui devait porter ses fruits quelques années plus tard.

À Singapour a été évoquée la possibilité de créer des partenariats technologiques. Nous avons parlé de développements immobiliers en Malaisie (voir chapitre 13). Avec la Corée du Sud, nous avons entamé des discussions sur une nouvelle alliance en matière de défense et de sécurité ; et au Japon – galvanisé par des verres de whisky japonais bus en compagnie de mon homologue Fumio Kishida, puis Taro Kono –, j'ai entamé des discussions sur l'étonnant système de combat aérien du futur, désormais connu sous le nom de programme Tempest. En vertu de cet accord – que j'espère voir respecter par le gouvernement actuel – le Royaume-Uni et le Japon collaboreront à la construction de la prochaine génération d'avions de combat, ainsi qu'à la mise en place d'un système d'aviation sans pilote.

* Pays ou région faisant l'expérience d'une croissance économique et d'un potentiel de développement considérables.

** Dans un pays où l'alcool est interdit pour 96 % de la population, la brasserie Murree qui fabrique du whisky depuis 1860, époque où cet alcool servait à approvisionner l'armée britannique, est en pleine expansion.

C'est extraordinaire que, quatre-vingts ans après la guerre, Mitsubishi et Rolls-Royce travaillent ensemble à la fabrication des machines qui protégeront la démocratie.

Nous avons passé plus de temps en Indonésie, où je m'étais déjà fait des amis quand j'étais maire de Londres et où il semblait y avoir un insatiable appétit pour les produits britanniques. Nous sommes ensuite partis en Australie, où Michael Fallon, le ministre de la Défense, m'a rejoint pour des discussions à quatre avec les ministres australiens des Affaires étrangères et de la Défense, Julie Bishop et Marise Payne, et si vous voulez savoir où ces conversations allaient nous mener, continuez de lire et vous découvrirez l'Aukus*.

Puis, après quatre heures de plus jusqu'au dernier arrêt de bus, je me suis rendu en Nouvelle-Zélande, qui envoie déjà environ un tiers de ses marchandises – beaucoup d'agneaux – en Chine. C'était le sous-texte de toutes les conversations.

Personne (et surtout pas moi) ne voulait faire montre d'hostilité envers la Chine ; tout le monde avait d'énormes intérêts commerciaux en Chine. Mais tout le monde voulait avoir le choix et créer des accords avec la Grande-Bretagne.

Nous avons donc ouvert de nouvelles ambassades au Vanuatu, dans les îles Samoa et au royaume de Tonga, et nous avons commencé à développer ce qui allait devenir, sous mon mandat de Premier ministre, l'« Indo-Pacific Tilt** », une décision stratégique visant à renforcer nos partenariats économiques, technologiques et militaires avec nos nombreux amis de la région. Ils nous veulent, ils veulent acheter nos produits. Suivez le Tilt.

C'était plus ou moins la même chose en Afrique où, de mémoire d'homme, j'ai visité plus de pays que n'importe quel ministre des Affaires étrangères. Les dirigeants africains voulaient simplement un engagement accru de la part de la Grande-Bretagne, en particulier dans les pays où la Grande-Bretagne était déjà bien connue.

J'ai passé des heures agréables à discuter avec l'Ougandais Yoweri Museveni, cet ancien guérillero, qui joue un rôle crucial pour le maintien

* Accord de coopération militaire tripartite, qui n'est pas formellement une alliance militaire, signé par l'Australie, les États-Unis et le Royaume-Uni. Rendu public le 15 septembre 2021, il vise à contrer l'expansionnisme chinois dans la zone indo-pacifique.

** Littéralement « inclinaison indo-pacifique », terme utilisé pour signifier l'attention accrue portée à cette région.

de la paix dans cette région, allant de la Somalie au Congo en passant par le Soudan. Même si nous ne pouvons pas approuver certains de ses préjugés (par exemple son interdiction en 2014 des rapports homosexuels), nous devons faire preuve d'un véritable engagement auprès de lui, faute de quoi il ira tout simplement s'adresser ailleurs.

Au Kenya, j'ai visité la BATUK, la base d'entraînement de l'armée britannique dans le comté de Laikipia, et j'ai vu comment les troupes britanniques travaillent avec les Kenyans pour contrecarrer les braconniers d'éléphants. À Nairobi, nous avons discuté avec le président Uhuru Kenyatta de ce que nous pourrions faire pour défier les Chinois en matière d'infrastructures de transport, et je suis fier de dire que la nouvelle gare de Nairobi sera de conception britannique.

Je me suis bien entendu avec Uhuru et nous avons beaucoup discuté sur l'éducation des femmes. Il a plaidé avec passion pour que la Bristish Airways augmente la température dans la cabine de ses avions sur les vols Nairobi-Londres.

Au Ghana, j'ai découvert la raison pour laquelle il faisait si froid dans la cabine : c'est à cause de tous les fruits réfrigérés en soute – tranches d'ananas, papayes et mangues en partance pour les supermarchés britanniques. Les Ghanéens voulaient que les entreprises britanniques les aident à investir en amont afin qu'ils ne s'occupent pas seulement de récolter les fèves de cacao, mais qu'ils aient la possibilité de fabriquer le chocolat sur place.

Partout j'ai été confronté aux mêmes demandes : plus de soutien pour l'échange de renseignements contre les terroristes, au Sahel et ailleurs ; plus d'investissements. Ils ne voulaient pas d'argent comme catalyseur de développement ni de subventions pour les aider. Ils voulaient que des entreprises britanniques viennent s'installer dans leurs pays.

Ils ont raison : le potentiel de croissance de l'Afrique est énorme, c'est le marché de consommation le plus jeune, à la croissance la plus rapide au monde. C'est en partie la raison pour laquelle l'un des premiers événements de mon mandat en tant que Premier ministre en 2019 a été l'organisation d'un important sommet sur l'investissement du Royaume-Uni en Afrique.

Dans certains endroits, j'ai été choqué par l'ampleur de l'aide que nous fournissions et par le peu d'influence qu'elle nous permettait d'acquérir. À Addis-Abeba, l'enceinte de l'ambassade est si vaste qu'elle abrite un terrain de golf de neuf trous et un léopard. L'un de nos diplomates a eu la brillante idée de me faire courir tout autour, avec le grand coureur de fond éthiopien, Haile Gebreselassie, à 2 355 mètres d'altitude et sous un soleil de plomb.

À dix mètres de l'arrivée, j'ai fait semblant d'avoir une crise cardiaque (c'était assez convaincant), et lorsque Haile s'est arrêté pour s'occuper de moi, je me suis relevé et j'ai filé vers la victoire.

Cette enceinte est un témoignage extraordinaire de la présence britannique à Addis. Mais les Éthiopiens savaient où se trouvait le véritable pouvoir : non pas au Foreign Office mais au DFID qui leur donnait alors environ 300 millions de livres par an sans poser de questions.

Ainsi, lorsque nous avons dû résoudre une question consulaire particulièrement difficile – les Éthiopiens avaient un prisonnier politique dont la famille vivait à Londres –, ça m'a vraiment gonflé de constater que notre munificence ne nous permettait pas d'acheter quoi que ce soit (et j'ai décidé, une fois de plus, de ramener le DFID dans le giron du FCO).

J'ai été le premier ministre des Affaires étrangères à me rendre au Liberia et le premier à visiter la Gambie. Pourquoi ? Nous avons des relations partout. Pourquoi ne pas les multiplier ? Adama Barrow, le dirigeant gambien[1], a travaillé chez Argos pendant ses études au Royaume-Uni (c'est ce qu'il m'a dit) et a considéré cette expérience comme inestimable en matière d'apprentissage de la vie.

Sur notre vol charter pour Banjul, il y avait quelques-unes de ces Britanniques d'âge mûr en quête d'idylles, apparemment attirées par les plages de Gambie. Ce qui me semble assez inoffensif, à condition que personne ne se fasse excessivement arnaquer. Ces femmes stimulent sans doute plus l'activité économique locale qu'une grande partie des dépenses du DFID.

Malgré l'apathie de la classe politique britannique, le Royaume-Uni est l'un des plus gros investisseurs en Afrique. Pourquoi ne pas approfondir nos liens ? Pourquoi laisser la Chine et la Russie s'en charger ? Nous disposons d'avantages naturels considérables, et nous ne les exploitons pas suffisamment.

Nous avons donc ouvert une série d'ambassades et installé de nombreux représentants de notre pays en Afrique, notamment au Tchad, au Mali et au Niger, et nous devrions faire davantage.

En Amérique du Sud, j'ai renoué des relations qui étaient grippées faute d'avoir été entretenues. J'étais le premier ministre des Affaires étrangères à visiter le Pérou depuis cinquante ans. Et je suis parti en avion avec le président Martin Vizcarra, volant au-dessus de la jungle amazonienne, jusqu'à ce que nous atteignions un village indien perdu où, ô surprise, une centrale électrique britannique d'énergie propre révolutionnaire fournissait de l'électricité à l'école locale.

Au Chili, j'ai entendu des gens dire qu'ils devaient leur liberté à la Grande-Bretagne, parce qu'un certain amiral Cochrane avait contribué à les libérer de la domination espagnole. Nous sommes toujours l'un des principaux investisseurs et exportateurs mondiaux dans le pays (le sixième).

En Argentine (où aucun ministre des Affaires étrangères ne s'était rendu depuis vingt-cinq ans), quand je me suis retrouvé en haut du point de repère du port de Buenos Aires – la Torre Monumental –, j'ai appris que la communauté britannique l'avait construit en 1916, sans parler des chemins de fer et des ports.

Ce que je veux dire, c'est que la Grande-Bretagne a une présence dans le monde bien plus importante que nous ne le pensons, et qu'il y a des pays qui veulent simplement plus d'implication de notre part, et qui sont bien sûr ouverts pour recevoir une plus grande quantité de nos biens et de nos services.

Je sais ce que vous pensez, cher lecteur europhile, vous pensez que tous ces efforts ont été faits au détriment de notre engagement avec le reste de l'UE. C'est absurde.

En fait, nous avons augmenté le nombre de nos représentants dans des capitales européennes, même quand nous étions encore membres de l'Union européenne et même quand les ministres britanniques, moi y compris, continuaient de participer à toutes les réunions de l'UE. À la fin de mon mandat de ministre des Affaires étrangères, nous avions plus de diplomates en Europe qu'auparavant, et une présence à l'étranger plus importante que jamais.

Certaines amitiés européennes étaient en train de se développer, en particulier avec les « nouveaux Européens » tels que les Polonais. J'ai même effectué un voyage en Ukraine avec mon homologue polonais, Witold Waszczykowski.

« Et si je vous y emmenais dans mon avion ? » lui ai-je proposé, grand seigneur.

Nous sommes allés le chercher à Varsovie, et alors que nous décollions – les vieux moteurs du BAe 146 hurlant à plein régime –, j'ai vu un gros pan du montant de la porte en bois se détacher lentement et tomber sur les genoux de mon invité.

Enfin… bon, j'espère que le contribuable britannique aurait approuvé. Personne ne pourra dire que nous n'avons pas exploité nos actifs jusqu'au trognon.

De toutes les régions du monde, celle où nos relations ont le plus progressé – à mon avis du moins – est le Moyen-Orient, plus précisément, les pays musulmans sunnites.

En Égypte, nous avons commencé à résoudre l'un des pires problèmes de nos relations diplomatiques : l'interdiction que nous avions imposée aux touristes britanniques[2] de se rendre dans la station balnéaire de Charm El-Cheikh, dans le Sinaï, interdiction en vigueur depuis que des terroristes avaient fait exploser un avion de ligne russe Metrojet en 2015.

Au fil des ans, les Égyptiens s'en étaient de plus en plus indignés. Ils avaient mis en place toutes sortes de protections et l'aéroport n'était pas plus dangereux que beaucoup d'autres. Ils avaient besoin de ces touristes britanniques affamés et assoiffés. Mais ils étaient confrontés à un cas classique de lâcheté politique.

Aucun ministre de l'Intérieur ne voulait prendre le risque, aussi minime soit-il, d'autoriser des vols, et d'assister ensuite à un nouvel attentat. J'ai donc dit au président Sissi que j'allais régler le problème ; j'ai insisté auprès de notre gouvernement et de Downing Street, et finalement (il est vrai que j'étais entre-temps devenu Premier ministre) nous y sommes parvenus. Les Britanniques sont de retour à Charm el-Cheikh pour faire du snorkeling dans la mer Rouge.

Nos relations avec l'Égypte sont historiques et importantes. Nous sommes le plus grand investisseur dans ce pays ; nous aidons à construire le monorail du Caire avec des trains fabriqués dans les Midlands, à Derby. Oui, le pays a ses problèmes et, bien sûr, j'ai toujours soulevé la question épineuse des droits de l'homme et des détentions arbitraires.

Mais, pour tirer le meilleur parti d'une relation, on ne peut pas passer son temps à être distant et désapprobateur. Il faut s'engager et accentuer tout ce qui est positif. Il en va de même pour cette autre puissance qu'est la Turquie.

Quoi que puissent penser les gens au sujet du gouvernement de Recep Tayyip Erdogan, je crois que le Royaume-Uni avait tout à fait raison de devenir, au sein de l'Europe, le plus solide soutien des Turcs. J'ai joué à fond la carte de mon héritage ottoman et, très vite, Erdogan et moi avons élaboré une longue liste de projets communs dont nous avons discuté, allant d'un avion de chasse à des porte-avions.

La Turquie est un pays très important. Les Turcs ont été en première ligne de la guerre en Syrie et ont fait face de manière héroïque à l'afflux de réfugiés. Ils mènent une politique étrangère beaucoup plus affirmée, si ce n'est véritablement ottomane, avec des déploiements en Libye, en Somalie et en Irak.

Lorsque je suis arrivé à l'aéroport de Mogadiscio, j'ai été stupéfait de constater qu'il avait été construit non pas par les Chinois ou les Américains mais par les Turcs. Ils sont nos alliés au sein de l'OTAN, ils contrôlent l'accès à la mer Noire, ils sont cruciaux pour la guerre en Ukraine.

Nous avons besoin des Turcs et grâce, du moins en partie, aux efforts d'un formidable ambassadeur à Ankara, Richard Moore, qui deviendrait plus tard « C* », nos relations avec la Turquie ont été, à mon époque, meilleures qu'elles ne l'avaient jamais été.

(En tant que « C », Richard voyagerait souvent pour nouer des partenariats avec des services de renseignement, et lorsqu'il s'est rendu en Égypte, j'ai demandé : « C a-t-il vu Sissi ? » Je crains, hélas, d'avoir fait cette blague** plus d'une fois...)

Mais, surtout, nous avons renforcé nos liens dans le monde musulman, avec le Golfe et l'Arabie saoudite. Aucun de ces pays ne présente toutes les caractéristiques des démocraties libérales occidentales. Mais les changements sont étonnants et rapides.

Les Émirats arabes unis boxent au-dessus de leur catégorie au vu de leur nombre d'habitants, probablement plus que n'importe quel autre pays au monde. Ils ont des ambitions extraordinaires, dans les domaines de la science et de la technologie, de l'espace, de la culture et de l'enseignement. Avant de revenir en Grande-Bretagne pour être ministre des Affaires étrangères, David Cameron a été une sorte de professeur dans une université de Dubaï.

On pourrait dire la même chose du Qatar, et même de toute la région du Golfe. Dans certains de ces pays, le drapeau britannique avait été descendu dans les années 1970, mais j'ai eu l'impression, chaque fois que je me suis rendu sur place, qu'ils voulaient conclure plus d'accords avec le Royaume-Uni : acheter davantage de biens et de services britanniques et investir davantage en Grande-Bretagne.

Comme me l'a dit un jour un dirigeant du Golfe : « Pourquoi nous avez-vous abandonnés aux Français ? » Les pays du Golfe constituent notre

* On appelle « C » le chef du service de renseignement extérieur britannique (le MI6).

** En anglais, dans « C see Sisi? », chaque mot se prononce « si ».

marché à la croissance la plus rapide, en valeur, et nous serions fous de ne pas consolider ce partenariat.

Les changements en Arabie saoudite sont peut-être encore plus significatifs au niveau mondial. Tony Blair m'a dit un jour que Mohammed ben Salmane, le prince héritier, était « l'espoir de la région », et je comprends pourquoi.

Les Saoudiens jouent un rôle central dans l'Islam. Ils sont les gardiens des deux sites les plus sacrés. Nous savons tous que le fanatisme inspiré par les wahhabites est à l'origine du massacre du 11 Septembre et de bien d'autres atrocités. Mais quand avez-vous entendu parler pour la dernière fois d'un attentat terroriste en Arabie saoudite ? Quoi qu'il ait commis par ailleurs, MBS a fait en sorte que l'on puisse se promener en toute sécurité dans les rues de Djeddah et de Riyad.

Les femmes peuvent désormais conduire (je sais, je sais, mais pensez à leur ancienne condition). Le pays s'ouvre au tourisme. Un projet comme Neom, la ville nouvelle dans le désert, semble presque être né d'un cerveau dérangé tant il est colossal. Mais les Saoudiens sont sérieux et il n'existe aucun autre endroit au monde où autant de choses se produisent aussi rapidement.

Je suis étonné d'entendre les gauchistes anglais se plaindre que la Grande-Bretagne est proche de l'Arabie saoudite. Oui, nous le sommes, et c'est une bonne chose. Nous n'avons rien à nous reprocher.

Le Royaume-Uni, scrupuleux et rigoureux, est l'antithèse de la Russie monstrueusement insensible. Depuis l'époque de Mme Thatcher, nous avons eu des contrats gigantesques pour fournir des armes au royaume d'Arabie saoudite, contrats qui créent des emplois dans tout le Royaume-Uni (vous n'entendrez pas les syndicats se plaindre de l'Al Yamamah*).

En 2015, les Saoudiens ont commencé à utiliser ces armes dans le cadre d'une intervention au Yémen contre les Houthis, une milice tribale soutenue par l'Iran. L'utilisation d'armes britanniques et la perte de vies civiles yéménites ont suscité un tollé au Royaume-Uni.

La guerre a été sanglante et les souffrances ont été grandes. Mais l'intervention s'inscrivait dans le cadre d'une mission visant à restaurer le gouvernement légitime du Yémen, reconnu par le Conseil de sécurité de l'ONU, et que les Houthis avaient renversé ; à chaque étape, lorsqu'il s'est agi d'utiliser ces armes britanniques, le Royaume-Uni a insisté sur

* Al Yamamah (le pigeon, en arabe) est le nom donné à une série de contrats de vente d'armement conclus entre le Royaume-Uni et l'Arabie saoudite depuis 1985.

l'application du droit international humanitaire afin d'éviter ou de minimiser les pertes civiles.

Nous avions même du personnel britannique travaillant avec les Saoudiens pour comprendre les cibles visées et s'assurer que rien de ce qui était fait n'était contraire au respect du droit international humanitaire. L'ensemble des opérations a été régulièrement examiné par le Parlement (je le sais : j'ai fait certaines des déclarations).

Comparons avec la Russie de Poutine qui, à la même époque, encourageait activement le régime d'Assad à se livrer à des massacres massifs et aveugles de civils – en portant les pertes au maximum au lieu de les réduire au minimum – et à utiliser des armes chimiques illégales.

Non, la guerre au Yémen n'a pas été couronnée de succès, même si nous savions que ce ne serait pas facile. Toutefois, quand on voit ce que les Houthis, soutenus par l'Iran, font maintenant dans le détroit d'Ormuz – ciblant des navires inoffensifs, obligeant le trafic maritime à faire d'énormes détours par le cap de Bonne-Espérance –, on doit admettre que les Saoudiens avaient raison de s'inquiéter.

MBS est un acteur du changement, dans une région qui en réclame à cor et à cri ; et parmi ses nombreux projets en matière de politique étrangère, il y a tout le processus – encouragé par Trump et Jared Kushner – par lequel les États arabes sunnites en sont arrivés à une potentielle réconciliation historique avec Israël.

Ce processus a été interrompu par le massacre révoltant de civils israéliens perpétré par le Hamas le 7 octobre 2023 et par la réponse inévitable d'Israël. Et, tout comme le voulaient les terroristes soutenus par l'Iran, les Israéliens ont été conduits à débarrasser Gaza du Hamas pour s'assurer qu'il ne puisse plus jamais lancer pareille attaque.

Tout comme le voulait le Hamas, l'ampleur et la violence de la réponse israélienne ont attisé les sentiments anti-israéliens et antisémites, non seulement au Moyen-Orient mais dans le monde entier.

Je suis fermement du côté d'Israël, car je crois que les Israéliens ont le droit de protéger leur population contre le genre de débauche sadique et violente qui a été perpétrée contre des hommes, des femmes et des enfants innocents le 7 octobre.

Je n'accepte pas la comparaison à égalité entre le Hamas et les forces israéliennes : au contraire, la distinction, une fois de plus, est que le Hamas essaie de porter la souffrance à son paroxysme, alors qu'Israël, je le crois, a dans l'ensemble essayé – même si ce n'est pas toujours de manière efficace – de réduire les souffrances.

Mais je dois aussi accepter, en tant qu'ancien ministre des Affaires étrangères, que nous sommes confrontés à une tragédie et à l'un des nombreux legs de l'Empire britannique. Ainsi qu'à l'ambiguïté délibérée mais funeste de l'un de mes prédécesseurs.

Chapitre 27

VENDRE DEUX FOIS LE MÊME CHAMEAU

L'incohérence fatale d'A. J. Balfour

« Nous y sommes », ai-je dit en ouvrant la porte pour faire entrer le Premier ministre israélien dans mon bureau. J'avais l'impression d'être Willy Wonka dévoilant à un enfant le secret le mieux gardé de la chocolaterie – la pièce où l'on fabriquait les meilleurs caramels diplomatiques de tous les temps.

Bibi Netanyahou, mon invité, se déclarait impressionné au plus haut point. Jamais encore il n'était venu ici, avait-il précisé. Comment, *jamais* ? Non, jamais.

Aussi, c'était un plaisir de franchir en sa compagnie l'entrée des ambassadeurs, de monter le grand escalier et de longer les peintures à l'huile de Britannia* coiffée de son casque et armée de son trident dans une succession de scènes toutes plus impérialistes les unes que les autres. Selon une tradition du Foreign Office, lorsqu'un ambassadeur vient en ami, il est dirigé vers l'escalier de droite sur le palier intermédiaire tendu d'un tapis rouge, afin qu'arrivant à l'étage il passe sous le regard de Britannia Pacificatrix, Britannia artisane de la paix.

Si les relations sont fraîches, ou pire, nous menons l'ambassadeur vers la volée de marches de gauche pour passer sous Britannia Bellatrix, Britannia la guerrière. Ces fresques murales datent de juste après la Première Guerre mondiale, une époque où cinquante-huit pays couvrant environ un quart de la planète étaient dirigés depuis ce palais de style néoclassique. Elles sont un pied de nez au politiquement correct : Britannia acceptant les hommages de nations moins favorisées, Britannia donnant son sein blanc à téter à un enfant, Britannia offrant sa protection à un gamin noir dénudé, symbole

* Personnification allégorique de la Grande-Bretagne peinte par Sigismund Goetze (1866-1939) en haut des marches de l'escalier monumental du bâtiment du Foreign Office. Il s'agit d'une série de sept œuvres représentant l'origine, l'éducation, le développement, l'expansion et le triomphe de l'empire britannique.

de l'Afrique. Un jour viendra où des gauchistes puritains sans humour engageront une campagne pour faire disparaître ces trésors. Nous devrons être prêts à nous battre le moment venu.

À la porte de l'antichambre nous sommes passés sous la peinture d'une autre Junon, celle-ci porte un doigt à ses lèvres tandis que le cartouche au bas du cadre ordonne « Silence ».

En faisant entrer Netanyahou dans le splendide bureau aux miroirs à cadre doré du ministre des Affaires étrangères, j'ai eu une inspiration soudaine.

« C'est elle, ai-je dit, désignant l'ancienne table de travail en noyer au centre de la pièce. C'est ici qu'il a écrit la déclaration Balfour.

– Waouh, a fait Bibi, et il a respectueusement passé la main sur le bois verni.

– Et là, heu… c'est sans doute le sous-main qu'il a utilisé, ai-je ajouté, désignant le rectangle de cuir rouge.

– Waouh. » Bibi semblait impressionné.

J'étais résolu à prolonger ce moment magique. « Et voici le stylo même avec lequel il l'a rédigée ! »

J'ai farfouillé dans un tiroir de la table et j'ai brandi un Bic. Netanyahou l'a regardé d'un air perplexe. Nous avons ri tous les deux.

Au vrai, je ne sais pas dans quelles conditions exactes Arthur James Balfour a écrit sa célèbre lettre à Lord Rothschild du 2 novembre 1917. Vu que le musée du Peuple juif de Tel-Aviv conserve au moins une de ses tables de travail, je dois reconnaître m'être sans doute trompé au sujet de cette table en noyer.

L'existence de la lettre est par contre indiscutable, et il n'y a aucun doute possible sur ce qu'elle dit. L'original est conservé dans un réfrigérateur à la British Library – je l'ai un jour tenu entre mes mains. C'est sa signification qui pose question. Même à l'aune de la diplomatie, cette missive est un chef-d'œuvre de double langage, un joyau prismatique dont les mots semblent dire des choses différentes selon l'angle de la lumière.

Un curieux bonhomme, cet A. J. Balfour : haute stature, paupières tombantes, célibataire, et aussi neveu de Robert Cecil, grand Premier ministre de la reine Victoria et marquis de Salisbury, dont le favoritisme pour booster la carrière de Balfour en 1880 serait, dit-on, à l'origine de l'expression « *Bob's your uncle** ». Philosophe de tendance sceptique à ses heures perdues, Balfour est aussi l'auteur de l'aphorisme : « Rien n'a beaucoup d'importance et peu de choses ont la moindre importance. » Le genre de fadaises

* Le tour est joué. (Littéralement : Ton oncle, c'est Bob.)

complaisantes que l'on est susceptible de produire quand on est perché au sommet du système de classes britannique.

Lorsque Balfour a écrit cette lettre, je parie qu'il avait en tête quelques petites choses qui avaient à vrai dire beaucoup d'importance : comment arrêter le massacre apparemment interminable des tranchées de la Première Guerre mondiale ; comment persuader d'autres pays de s'engager dans le combat contre le Kaiser ; comment sauver l'Empire britannique. L'heure n'était pas à la distance philosophique. Il était temps que le Foreign Office avance une proposition, et la lettre de Balfour devait être la première expression officielle d'une idée qui était dans l'air depuis déjà un moment, le milieu du XIXe siècle.

Le sionisme était un projet visant à créer en Palestine une patrie pour les Juifs, à donner une terre sans peuple à un peuple sans terre. Non que Balfour eût toujours fait preuve d'une sympathie exemplaire envers le peuple juif et ses problèmes : en 1905, alors Premier ministre, il s'était montré plutôt hostile aux vagues d'immigrants juifs que poussaient vers la Grande-Bretagne les pogroms russes, allant jusqu'à parler d'une « invasion ». Mais en 1917, chef de la diplomatique britannique, il avait des raisons stratégiques de jouer la carte sioniste.

Créer un État sioniste en Palestine, sous protection britannique, voilà une solution qui doterait l'empire d'une ressource fort utile tout en sécurisant la route de l'Inde. Balfour et son Cabinet faisaient aussi le calcul qu'en épousant le sionisme, ils s'attireraient la sympathie du puissant lobby juif au Congrès américain, et encourageraient les États-Unis à s'engager plus sérieusement dans la guerre.

Ainsi, selon ses mots : « Le gouvernement de Sa Majesté envisage favorablement l'établissement en Palestine d'un foyer national pour le peuple juif et emploiera tous ses efforts pour faciliter la réalisation de ce but... »

Ouah... Une seconde.

Interrompons juste un instant le vieux Balfour au milieu de sa phrase pour nous intéresser dans un premier temps à ceci : la notion qui lui vaut d'être vénéré en Israël, qui explique pourquoi Bibi Netanyahou a caressé sa table de travail. La déclaration a peut-être encouragé, ou peut-être pas, les Américains à soutenir la guerre contre l'Allemagne, mais elle a assurément ouvert la voie à la création d'Israël.

Voilà que le ministre des Affaires étrangères de la plus grande puissance du monde de l'époque, l'Empire britannique, se déclarait en faveur du sionisme et s'engageait même à le faire advenir. Mon instinct m'a toujours dicté que cet acte – la création de l'État d'Israël – était une grande et noble chose.

Au moment où Balfour a griffonné sa déclaration, les Juifs de Russie et d'Europe avaient déjà terriblement souffert. Et après les horreurs des années 1930 et 1940, la question était – et demeure – absolument irréfutable. Le droit inaliénable d'Israël d'exister et d'offrir un refuge au peuple juif me tient autant à cœur que presque n'importe quelle grande proposition politique de l'histoire.

Pourquoi ? Peut-être pour une part parce que j'ai des origines juives. (J'ai pris la précaution, avant d'entrer au Foreign Office, de situer mes ancêtres aux quatre coins du monde : en Turquie, en France, Allemagne, Russie, Suisse, et même en Irlande selon mon frère Leo.) Quand j'avais environ cinq ans, Rachel, Leo et moi avons été emmenés faire connaissance avec notre arrière-grand-père, alors âgé de près de 90 ans, dans son jardin de l'Institute for Advanced Study à Princeton.

Il m'a donné des pièces en chocolat et m'a dit qu'il y avait un loup au fond du jardin. Il s'appelait Elias Avery Lowe et il était paléographe. Il était né à Moscou dans les années 1880, fils d'un négociant en soie nommé Loew (*sic*), et sa femme avait eu pour nom de jeune fille Ragoler – une famille, me dit-on, qui compte plusieurs éminents rabbins.

Pourquoi vivait-il là-bas ? Eh bien, il travaillait à Princeton parce qu'il comptait parmi les plus grands experts internationaux de l'écriture latine des moines du Moyen Âge et il avait rédigé une anthologie des principaux manuscrits, le *Codices Latini Antiquiores*. Mais la raison première de sa présence en Amérique était que sa famille avait fui les épouvantables persécutions des Juifs de la Russie tsariste.

Il vivait là-bas parce que l'antisémitisme est un virus, une spore qui rôde sous les planchers de la société européenne depuis plus de mille ans, et passe par des phases successives de prolifération et de recul. Il ressort aujourd'hui des fissures pour se répandre comme une peste dans les rues de nombreuses capitales – notamment Londres, je suis triste d'avoir à le dire. Mon arrière-grand-père en savait quelque chose. Mon soutien à Israël était donc peut-être en partie viscéral, mais également politique.

Très tôt dans ma jeunesse j'ai vu ce pays comme une sorte de miracle dans le désert, un îlot de démocratie au milieu des monarchies et des autocraties arabes. Par l'inventivité et le dynamisme dont il faisait preuve – dans une région peu connue pour posséder ces deux vertus –, Israël était la preuve vivante de mon préjugé : les sociétés les plus libres sont les sociétés les plus heureuses, et aussi les plus riches.

Cet enthousiasme ingénu a résisté à un séjour de travail au sein d'un kibboutz quand j'avais environ dix-neuf ans. C'était un endroit qui s'appelait

Kfar Hanassi, en Galilée, et je dois reconnaître avoir trouvé l'expérience assez… rude. Ma sœur Rachel, de son côté, semblait connaître un grand succès auprès des jeunes hommes du kibboutz, qui l'emmenaient à cheval pour des excursions romantiques autour du lac de Tibériade.

On m'a affecté sans pitié à la plonge. Je passais des heures entières debout dans une pièce saturée de vapeur, à m'efforcer désespérément d'essuyer des reliefs dégoûtants de yaourt et de falafel sur des assiettes que j'enfournais ensuite entre les mâchoires béantes d'un lave-vaisselle rotatif, tandis que les responsables me reprochaient mon attitude nonchalante. Et quand je n'étais pas à la vaisselle, je me faisais enguirlander parce que je cueillais trop lentement les pommes du verger – à 4 heures du matin, pour l'amour du Ciel –, comme si à moi seul je freinais la productivité de tout le kibboutz.

J'ai quitté cet endroit avec une admiration renforcée pour la ténacité et l'énergie impitoyable des Israéliens. Beaucoup de scepticisme, aussi, à l'égard de toute forme de socialisme. Aussi idéalistes qu'aient pu être les fondateurs du mouvement, je n'ai pas l'impression que les kibboutz étaient des modèles d'efficacité. Au cours des décennies suivantes, je n'ai guère été surpris de voir ces structures gentiment se transformer en entreprises privées.

C'est le capitalisme qui a prospéré en Israël, pas le collectivisme. C'est la culture dynamique du risque individuel et de la récompense qui a permis à ce pays minuscule, aride, aux ressources naturelles pour ainsi dire inexistantes, de se classer aujourd'hui parmi les pays les mieux dotés en nombre de milliardaires rapporté à la population.

Bien entendu, ce succès est si fabuleux que le contraste avec les Palestiniens – les Arabes palestiniens musulmans – n'en est que plus douloureux. Les choses n'ont pas fonctionné pour eux, c'est peu de le dire, comme les Britanniques – Balfour y compris – l'avaient envisagé ou espéré. Dans la vision de Balfour, les nouveaux réfugiés juifs partageraient leur patrie avec la population déjà présente sur place ; c'est sans doute, en tout cas, ce qu'il entend dans la seconde moitié de sa célèbre phrase. Car après avoir offert aux Juifs du monde entier cette solution miraculeuse, après avoir apposé le sceau britannique à la cause sioniste, il tente de faire marche arrière.

Après avoir entrepris de tout mettre en œuvre pour faire naître un foyer pour le peuple juif en Palestine, Balfour se racle la gorge et introduit la plus colossale des clauses de sauvegarde…

Hmm, dit-il… « étant bien entendu qu'il ne sera jamais rien fait qui puisse porter atteinte aux droits civils et religieux des communautés non juives existant en Palestine ou aux droits et au statut politique dont jouissent les Juifs dans tout autre pays ».

Aucun observateur du Proche-Orient aujourd'hui ne pourrait prétendre que cette condition a été respectée. Pour les Palestiniens, la création de l'État d'Israël a été une tragédie qui a valu à des millions de personnes d'être dépossédées, ou contraintes à l'exil, ou forcées de s'installer dans des camps de réfugiés. Ils appellent cet événement la Nakba, la « catastrophe ».

Fervent défenseur d'Israël que je suis, je comprends aussi – comment faire autrement ? – le chagrin persistant des Palestiniens, leur sentiment de déplacement, leur consternation incessante à voir toujours plus de colonies israéliennes empiéter sur ce qu'ils considèrent être leur terre. Au fil des années je me suis rendu plusieurs fois en Cisjordanie, et j'ai vu les files de Palestiniens attendant de pouvoir emprunter des tourniquets israéliens qui puaient la pisse pour passer d'une partie à l'autre de leur terre.

Je me suis assis à Hébron et à Ramallah pour écouter Mahmoud Abbas et d'autres leaders palestiniens, eux comme moi sachant bien que leurs exigences étaient irréalisables. Sur les collines de Judée et de Samarie, j'ai vu les prolongements tentaculaires des colonies israéliennes illégales, dont le développement inexorable rend tout État palestinien éventuel de moins en moins viable.

Dans la violence actuelle des événements de Gaza, je ne peux que ressentir l'énorme somme de chagrin qui afflige les deux parties : la douleur des Israéliens qui ont perdu des proches, dont certains sont encore aujourd'hui otages, et la souffrance et la colère des habitants de Gaza dont la plupart, ne pouvant se rendre compte que c'est le Hamas qui leur a apporté cette tragédie, en font reproche à Israël.

C'est la raison pour laquelle j'ai continué de psalmodier la ligne de conduite des Affaires étrangères britanniques : il faut trouver une solution à deux États, un pour les Israéliens et un pour les Palestiniens. J'ai même écrit cela dans le *Telegraph* en 2017, la veille de la visite de Netanyahou. La déclaration Balfour, ai-je dit, n'a été qu'en partie concrétisée. Il est temps de rendre justice à la seconde moitié de sa phrase[1] et d'honorer notre engagement envers les Palestiniens.

Mes propos ont été bien accueillis à Ramallah, mais sept ans plus tard nous devons avoir l'honnêteté de reconnaître que la perspective d'une concrétisation symétrique des deux parties de la promesse de Balfour paraît plus éloignée que jamais. Il n'existe pas de perspective réaliste de solution à deux États, si par État on entend État palestinien à part entière, doté de sa propre armée, de sa propre politique étrangère et de ses propres mesures de sécurité. Cela n'arrivera tout simplement pas, après ce que le Hamas a fait.

En 2004 je suis allé en Israël dans le cadre d'un voyage parlementaire, à une période où Tel-Aviv et Jérusalem étaient accablées par une recrudescence d'attentats-suicides. On nous a montré la construction d'une section du mur érigé pour tenir les terroristes à l'écart et assurer la sécurité des Israéliens. Ce mur, nous a-t-on expliqué, était ultra-sensible – ses capteurs détectaient n'importe quel intrus.

Je me suis approché pour voir cela de plus près.

« Ne le touchez pas, a dit le guide.

– Quoi ? Comme ça ? » ai-je répondu, et j'ai flanqué une claque sur le mur avec mon carnet de notes. Aussitôt une alarme a retenti et une jeep a déboulé dont on ne sait où, pleine de soldats israéliens très mécontents.

Pourquoi ai-je fait cela ? me suis-je demandé une fois la panique retombée. Parce que j'avais été choqué, tout à coup, par l'idée de ce mur illégal qui empêchait les agriculteurs palestiniens d'aller d'une partie de leur oliveraie à l'autre. Et quelque chose me tapait sur le système et j'avais envie d'emmerder le monde. Aujourd'hui, bien sûr, je le regrette.

J'avais tort. Quand on n'est pas israélien, il est difficile de comprendre l'impression que les gens ont dans ce pays d'être en permanence assiégés, de vivre dans un espace minuscule cerné par des voisins hostiles. Et si des civils juifs tout à fait innocents sont tués par des bombes dans des bus ou des supermarchés, ou torturés et tués dans les jardins de leurs kibboutz, eh bien, naturellement ils ont le droit, sinon le devoir, de bâtir un mur.

La tragédie des Palestiniens est qu'ils n'ont jamais conclu aucun des accords mis sur la table, même quand les conditions étaient bien plus favorables qu'aujourd'hui. Comme l'a dit un jour Abba Eban* : « Les Palestiniens ne ratent jamais une occasion de passer à côté d'une bonne occasion. » Même si le gouvernement israélien se laissait persuader d'accepter, on ne voit pas comment une telle entité pourrait aujourd'hui avoir un sens sur le plan géographique, puisque toute la région est perforée comme un emmental par cent cinquante colonies israéliennes.

J'ai fait remarquer cela à Netanyahou, comme il est toujours de mise pour le chef de la diplomatie britannique. Il m'a répondu, de façon un peu sophiste, qu'il existe des petites enclaves belges aux Pays-Bas, un fait – j'ai honte de le dire – que j'ignorais, mais qui ne change pas grand-chose au problème.

* Diplomate israélien, ministre des Affaires étrangères (1915-2002).

La Belgique et les Pays-Bas sont des États qui fonctionnent, viables. Il serait difficile d'en dire autant de la Palestine sur la carte actuelle de la région.

Certains évoquent désormais par désespoir l'idée d'une solution « à un État » : un État binational du genre que Balfour envisageait sans doute, intégrant Israël, la Cisjordanie et Gaza. Là encore, en aucun cas les Israéliens ne le permettront. Pas si cela doit signifier, comme la logique le dicterait, que ce nouvel État d'Israël binational contienne un nombre presque équivalent de Juifs et d'Arabes musulmans.

La raison d'être d'Israël est qu'il s'agit d'un pays où les Juifs ne pourront jamais être persécutés, car il est différent de tous les autres endroits du monde en ce que les Juifs y sont majoritaires. Or le risque d'une solution à un seul État, c'est que les Juifs y redeviendraient une minorité, sur leur propre terre.

Peut-être trouverons-nous un jour un compromis à deux États, mais plutôt fédéral, où les Palestiniens auront leur propre territoire avec certains mais en aucun cas *tous* les attributs d'un État, et assurément pas l'usage de forces armées. Même dans ce cas, des déplacements de colonies seront nécessaires.

Mais pour arriver à ce résultat, tous les Palestiniens, y compris le Hamas, devront renoncer à la violence et reconnaître le droit fondamental d'Israël à exister. Tant que le Hamas promet de détruire Israël et d'assassiner la race juive, les Israéliens auront parfaitement raison de se protéger.

Voilà pourquoi les accords d'Abraham – le processus de réconciliation entre Israël et le monde arabe engagé en 2020 sous la présidence de Donald Trump – sont si importants. Les Saoudiens n'ont pas encore signé, et c'est bien sûr précisément pour les mettre dans l'impossibilité politique de signer que l'Iran a déclenché les attaques du Hamas.

Cela viendra un jour, je crois, car un acteur du changement comme MBS peut y arriver. Si le royaume d'Arabie saoudite reconnaît officiellement l'État d'Israël – avec le reste du monde arabe –, nous aurons une chance de transformer toute la géographie économique de la région.

Des projets arabo-israéliens d'énergie verte, de désalinisation et de nouvelles infrastructures de transport telles que des lignes de train à grande vitesse pourraient voir – verront – le jour. Ces jeunes Palestiniens qui souffrent aujourd'hui de la misère et de privations auront la possibilité d'avoir un endroit où ils se sentiront chez eux. Et aussi de trouver un emploi.

Pendant notre conversation, le Premier ministre israélien s'est excusé pour aller aux toilettes. On sait peu que le ministre des Affaires étrangères, contrairement à l'occupant de Downing Street, dispose de spacieuses installations privées – une annexe secrète où il y a une douche, du cirage pour les chaussures, une penderie, des cartes, un peu comme dans un cercle huppé de gentlemen londoniens.

En ces lieux d'aisances, Bibi s'est un moment rafraîchi, et c'est peut-être une coïncidence, mais on m'a informé plus tard, à l'occasion d'une ronde ordinaire de détection de mouchards, qu'un dispositif d'écoute avait été retrouvé dans la cuvette des W.-C.

Il y a une raison de penser que les accords d'Abraham finiront par aboutir en dépit de ce que le Hamas a fait : Israël et ses voisins arabes sunnites forment ensemble une communauté d'intérêts fondamentale de plus en plus large.

Ils sont tous confrontés au défi de l'Iran, une théocratie chiite qui a désormais (en partie à cause d'erreurs de l'Occident) des relais en position dominante dans toute la région : au Liban, au Yémen, en Irak et en Syrie.

Les Iraniens dirigent leur empire comme leurs fondés de pouvoir du Hamas dirigent Gaza : sans aucun scrupule ou respect de la vie humaine. Comme je devais le découvrir dans mon rôle de ministre des Affaires étrangères, ils n'hésitent pas un seul instant à emprisonner une femme complètement innocente et à l'utiliser comme un pion.

Chapitre 28

LIBÉRER NAZANIN

Et comment la mesquinerie de la politique britannique a contribué à prolonger sa détention

Une jeune mère arrive à l'aéroport Imam Khomeini de Téhéran avec sa fille âgée d'un peu moins de deux ans. Nous sommes en avril 2016. Elle est venue avec Gabriella rendre visite aux grands-parents de la petite pour Norouz, la fête traditionnelle du nouvel an*, et elles s'apprêtent à rentrer chez elles.

La jeune femme de 37 ans porte un foulard blanc, comme l'exige la loi islamique. Les haut-parleurs braillent des annonces. Elle pousse son chariot lourdement chargé vers le contrôle des passeports, ignorant qu'elle est déjà secrètement filmée par des agents de l'État iranien.

À cet instant précis, quelqu'un lui barre le chemin. Où allez-vous ? lui demande un homme. Il prend son passeport en se présentant comme un membre du bureau du procureur de la République.

« À Londres, répond-elle.

– L'enfant voyage avec vous ?

– Oui.

– Votre nom ? demande l'homme.

– Zaghari », ce qui, en farsi, sonne davantage comme Zoggery que comme le Zagââri que l'on a tant entendu depuis dans la bouche de si nombreux journalistes et responsables politiques occidentaux.

Désormais, la femme a peur. On peut voir ses yeux s'écarquiller d'effroi. L'homme lui demande de retirer son sac à dos du chariot à bagages, de laisser le reste de ses affaires et de le suivre.

Ainsi ont commencé pour Nazanin Zaghari-Ratcliffe six années d'enfer, durant lesquelles elle a été détenue dans une des plus célèbres prisons du monde sans savoir quand elle serait libérée. Il lui est arrivé d'être si malade et déprimée qu'elle a dû faire une grève de la faim pour obtenir les médicaments dont elle avait besoin.

* Le nouvel an persan se fête entre le 20 et le 22 mars.

Elle perdait l'espoir de revoir sa famille un jour et les autorités iraniennes n'ont jamais expliqué ce qu'elle avait fait pour mériter pareil traitement. Forcément. Elle était innocente et n'avait commis aucun délit.

Nazanin n'était qu'un pion dans la politique intérieure du régime iranien où s'affrontaient radicaux et modérés. Elle n'était qu'une pièce sur l'échiquier international, une victime de la méfiance et de la paranoïa qui dominaient depuis si longtemps les relations entre les gouvernements britannique et iranien. Et je ne suis pas loin d'être convaincu que pendant une grande partie de sa détention – qui aurait pu être plus courte de plusieurs années –, elle a subi les conséquences de querelles absurdes au sein du gouvernement de Theresa May.

En l'arrêtant à l'aéroport et en l'incarcérant, les Iraniens ont agi avec cynisme et cruauté. Leur conduite était à la fois immorale et illégale.

La politique britannique était devenue par ailleurs si fébrile en 2016 – et j'étais devenu un personnage si controversé – que j'ai réussi, allez savoir comment, à faire une gaffe qui a permis à mes détracteurs de me reprocher son maintien en détention, au lieu de l'imputer aux Iraniens.

Le calvaire de Nazanin était déjà devenu une cause célèbre avant ma nomination au poste de ministre des Affaires étrangères en ce mois de juillet. Les Iraniens ont un long passé de prise d'otages – remontant à celle du personnel de l'ambassade des États-Unis en 1979 – et ils se sont spécialisés ces dernières années dans l'enlèvement de binationaux qu'ils accusent d'être des espions, et pour la libération desquels ils réclament aux gouvernements occidentaux une rançon sous forme d'argent ou de concessions. Barack Obama avait récemment fait sortir un groupe d'Irano-Américains en envoyant à Téhéran un avion bourré d'argent. Le gouvernement britannique n'aimant pas verser de rançons, les conseils que le Foreign Office donnait aux familles éplorées des personnes enlevées étaient toujours les mêmes:

Ne faites pas de vagues, leur disions-nous. N'ébruitez pas l'affaire, ne provoquez pas de tempête diplomatique. Cela ne ferait qu'encourager les Iraniens et retarder la libération de vos proches. Faites-nous confiance, renchérissaient les petites mains du ministère d'un air sibyllin; et dans l'ensemble, leurs efforts étaient couronnés de succès.

Nous avions une équipe consulaire d'une compétence et d'une habileté remarquables et malgré le comportement monstrueux des Iraniens, nous avions déjà – non sans mal – obtenu un nombre non négligeable de libérations.

Cependant, avant même ma nomination au FCO, il était apparu clairement que ces résultats ne suffisaient pas à rassurer la famille de Nazanin. Richard

Ratcliffe, son mari, n'était pas homme à se laisser abuser par de belles paroles. Il voulait le retour de sa femme le plus vite possible et était convaincu que la seule méthode valable était de mettre la pression sur le gouvernement britannique, ce qu'il s'est employé à faire avec une grande efficacité.

Il a amplifié l'affaire de son épouse détenue pour englober tous les problèmes en suspens entre la Grande-Bretagne et l'Iran. Comment aurais-je pu lui donner tort ? Dans certains cas, on ne peut résoudre un problème qu'en l'élargissant.

C'est ainsi que le 1er novembre 2017, quand je me suis présenté devant le Foreign Affairs Select Commitee*, j'avais déjà lu pas mal de choses sur Nazanin et n'ignorais rien de la campagne publique qui réclamait bruyamment que le gouvernement de Sa Majesté prenne les choses en main et la fasse sortir de là. Je ne pouvais que lui accorder mon appui. Je savais que Nazanin n'avait rien à se reprocher.

Quand la députée Ann Clwyd m'a suggéré de chercher à voir Nazanin dans la prison d'Evin où elle était détenue, j'ai répondu que je ne demandais pas mieux (nous avons essayé ; les Iraniens ont refusé). J'ai fait remarquer que j'avais régulièrement évoqué son cas avec mon homologue, le ministre iranien des Affaires étrangères, Javad Zarif.

C'est à ce moment-là que j'ai dérapé[1]. Tenant à insister sur l'innocence de Nazanin, j'ai dit : « Pour ce qui est des activités de Nazanin Zaghari-Ratcliffe, elle enseignait simplement le journalisme, si j'ai bien compris, rien de plus. » J'aurais mieux fait de me taire.

Il était exact que Nazanin était alors employée par la Thomson Reuters Foundation et qu'elle avait précédemment travaillé pour le BBC World Service Trust, et il est exact que ces deux organisations jouent un rôle dans la formation de journalistes. Mais ce que j'avais oublié, c'est que cette activité – si utile et si naturelle à nos yeux – est séditieuse aux yeux des Iraniens.

Si, pour vous et moi, former les journalistes constitue une tâche indispensable à une société libre, dans l'imagination malsaine du Corps des gardiens de la révolution islamique, les brutes qui avaient arrêté Nazanin, pareil enseignement équivalait à une tentative de renversement de l'État iranien.

Il était donc essentiel que la défense de Nazanin rappelle qu'elle n'était en Iran que pour des vacances, ce qui était le cas. Elle était venue fêter Norouz avec sa famille et présenter Gabriella, âgée de vingt-deux mois, à ses grands-parents.

* Commission parlementaire chargée d'examiner les dépenses, l'administration et la politique du ministère des Affaires étrangères et du Commonwealth.

Je n'avais pas pris les choses par le bon bout et je m'étais mal exprimé. J'ai encore rappelé que nous condamnions fermement sa détention, puis la discussion est passée à d'autres sujets, concernant d'autres pays. Il peut être utile de noter que je n'étais pas seul à me présenter devant cette commission.

J'étais accompagné de deux des fonctionnaires les plus haut placés et les plus expérimentés du Foreign Office. Il y avait la remarquable Karen Pierce, première femme à la tête de l'ambassade du Royaume-Uni à Washington, qui était ma directrice politique. Toujours très élégante, Karen a des goûts vestimentaires qui frôlent parfois l'excentricité et il lui arrive de ressembler à un emballage de Quality Street. (Ne vous offusquez pas, je le lui ai déjà dit en face.)

L'esprit sans cesse à l'affût, elle ne laisse rien passer, et surtout pas les gaffes du ministre des Affaires étrangères. J'étais également flanqué de Sir Simon McDonald, un homme soucieux du moindre détail, qui occupait le poste éminent de sous-secrétaire permanent du Foreign Office.

Aucun d'eux ne m'a interrompu, aucun ne m'a corrigé, ainsi qu'ils en avaient le droit et le devoir. Aucun n'a relevé mon faux pas, et aucun membre de la commission non plus. En repartant, nous étions d'avis que cette réunion avait été très insipide, un match nul. Et les fonctionnaires du FCO préféraient largement que mes apparitions en public soient insipides.

En fait, plus personne n'a évoqué cette affaire pendant quatre ou cinq jours jusqu'à ce que des nouvelles apparemment épouvantables nous parviennent de Téhéran.

En réaction à la bruyante campagne britannique en faveur de sa libération, le régime faisait déjà preuve de cruauté à l'égard de Nazanin, jouant au chat et à la souris avec elle. Il menaçait de présenter de nouvelles accusations, sans en préciser la teneur, et l'avait terrifiée en lui annonçant – avant que je vienne témoigner le 1er novembre devant la commission – qu'elle risquait seize ans de prison en plus des cinq années encourues pour espionnage.

C'est ainsi que lorsqu'elle a été conduite une nouvelle fois devant le tribunal, le 5 novembre, elle a appris, atterrée, que mes propos avaient « jeté un jour nouveau » sur ses activités et prouvé qu'elle n'était évidemment pas là en « vacances ».

Cette nouvelle a été communiquée à sa famille, puis à ses employeurs de Londres, et Thomson Reuters a décidé de révéler l'information[2] et de me montrer du doigt. Monique Villa, directrice générale de la Thomson Reuters Foundation, a fait état d'une « corrélation directe » entre mes remarques et la comparution de Nazanin ; et – boum ! – les médias britanniques tenaient un sujet qui avait tout l'air de confirmer les a priori d'une grande partie de leur public.

Ma gaffe, a déclaré le *Guardian*, avait eu pour conséquence de doubler la peine de prison de Nazanin; la BBC a renchéri. C'était à cause de moi, et de mon incompétence, que cette jeune femme était condamnée à croupir dans la sordide prison d'Evin, à Téhéran. Pour mes adversaires, c'était du pain bénit.

Nous vous avions bien dit que c'était un gaffeur, ont-ils rappelé. Nous vous avions bien dit que c'était un bouffon fini, un éléphant dans un magasin de porcelaine, fondamentalement inapte à diriger la diplomatie du Royaume-Uni.

C'était un sujet porteur, comme on dit, et il n'est pas passé inaperçu. Pendant les journées qui ont suivi, si vous aviez demandé au quidam lambda à qui ou à quoi incombait la responsabilité morale de l'incarcération de Nazanin, que croyez-vous qu'il aurait répondu ?

Au gouvernement iranien ? À la justice iranienne ? Au Corps iranien des gardiens de la révolution islamique – et à sa force Al-Qods ? Non. Voilà ce qu'il vous aurait répondu : À Boris Johnson, évidemment.

En général, je dors bien – du sommeil du juste. À peine la tête posée sur l'oreiller, je sombre. Mais j'ai connu alors une de mes rares périodes d'insomnie, l'angoisse me tenant éveillé, tandis que je ne cessais de me reprocher ma stupidité.

Pourquoi avais-je parlé à tort et à travers en répondant à Ann Clwyd ? N'aurais-je pas pu la boucler ? Une femme innocente était en prison, on l'empêchait de voir sa fille et tout le monde était convaincu que c'était ma faute. C'était horrible.

Ma situation s'est un peu améliorée quelques jours plus tard, grâce à un soutien pour le moins inattendu. Le président du tribunal révolutionnaire de Téhéran, un certain Moussa Ghazanfarabadi, a déclaré que la version présentée par les médias occidentaux était inexacte. Il n'y avait pas de nouveau procès, pas de nouveau jugement, et mes propos n'avaient rien changé au sort de Nazanin.

Selon *Kayhan*, un quotidien prorégime (je ne crois pas qu'ils aient beaucoup de journaux qui ne soient pas prorégime), « le président du tribunal révolutionnaire a fermement démenti les informations selon lesquelles Zaghari pourrait être rejugée et sa peine de détention prolongée à la suite de la gaffe à son sujet du ministère des Affaires étrangères, Boris Johnson. [Le président] a déclaré : "Les médias occidentaux diffusent des informations inexactes." Il a affirmé qu'aucune nouvelle accusation n'a été portée contre elle et que par conséquent, les informations faisant état d'une prolongation de sa peine de détention sont erronées. »

Personne n'écoutait vraiment. C'était une de ces affaires à laquelle tout le monde croit sans se poser de questions, trop affriolantes pour qu'on les rectifie : Johnson, la Bête du Brexit, avait merdé grave. Le 12 novembre, Jeremy Corbyn, le chef de l'opposition, a réclamé que je sois viré[3] pour incompétence et pour mon attitude « aux relents colonialistes ».

« Il est temps qu'il parte », a-t-il déclaré à l'*Observer*. Par chance, l'Iran était l'un des nombreux dossiers dans lesquels les critiques de Corbyn n'avaient guère de poids. Cet archigauchiste d'Islington North était un des rares députés prêts à s'exprimer en faveur des mollahs et il avait touché 20 000 livres pour quatre apparitions sur la chaîne de propagande iranienne, Press TV.

En réalité, en demandant mon renvoi, Corbyn a sans doute contribué à consolider un poste qui aurait pu devenir franchement précaire. Cependant, l'accusation portée contre moi était tenace : j'aurais imprudemment mis en péril la liberté de Nazanin, sinon sa vie.

Elle était devenue, avec plus de force que jamais, mon problème personnel et il fallait que je fasse quelque chose, n'importe quoi, pour la sortir de là. Avions-nous quelque chose à offrir aux Iraniens ?

Oui, et, dès le début de l'affaire, Richard Ratcliffe avait habilement mis le doigt sur la solution. Le tapage autour de Nazanin était désormais tel que les Iraniens y ont vu une excellente occasion de régler un vieux compte avec le gouvernement britannique, une revendication remontant à plus de quarante ans. Richard Ratcliffe insistait sur ce point et je commençais à lui donner raison.

Les Iraniens surnomment la Grande-Bretagne « le vieux renard » et nous attribuent une ruse et des dons de manipulation peu communs. Le Royaume-Uni avait joué un rôle dans la déposition du leader iranien Mohammad Mossadegh en 1953 et dans son remplacement par le shah. Et puis, en 1979, quand le shah a été déposé à son tour, nous avions réalisé un tour de passe-passe témoignant, comme pourrait le dire Blackadder*, de toute la roublardise d'un renard qui occuperait la chaire de ruse à l'université d'Oxford.

Peut-être vous rappelez-vous vaguement qu'en 1914, à la veille de la Première Guerre mondiale, Churchill, alors premier lord de l'Amirauté, avait escamoté sans pitié deux cuirassés qui avaient été fabriqués pour la

* Personnage de la série télévisée *La Vipère noire*.

Turquie dans les chantiers navals britanniques et que les Turcs avaient déjà payés au prix fort. C'est plus ou moins ce qui était arrivé aux Iraniens.

Avant sa chute, le shah avait commandé à la Grande-Bretagne 1 500 chars Chieftain et 450 véhicules blindés, pour l'aider, cela ne fait aucun doute, à écraser la rébellion. Lorsqu'il s'était réfugié à Paris en laissant son pays aux mains des révolutionnaires, les Iraniens avaient déjà versé aux Britanniques[4] l'équivalent de quelque 400 millions de livres en valeur actuelle et, le régime de l'ayatollah Khomeini ayant immédiatement été sanctionné par l'Occident, nous avions empoché l'argent alors que nous n'avions satisfait qu'une partie de la commande.

Nous avions sans scrupule vendu le reste des chars à d'autres. Certains s'étaient retrouvés en Jordanie, et une partie des véhicules blindés avaient fini par être cédés – vous l'aurez deviné – à l'Irak de Saddam Hussein.

Pendant plus de quarante ans, l'argent iranien était resté bloqué sur un compte en séquestre. Différents organismes et commissions internationaux avaient estimé au fil des ans que cet argent appartenait à l'Iran, et nous avions officiellement reconnu cette dette. Mais nous avions toujours prétendu être impuissants : l'Iran était soumis à des sanctions imposées par l'ensemble de l'UE et, en vertu de la politique étrangère et de sécurité commune, nous devions jouer le jeu.

Une minute, me suis-je dit alors, et le Brexit ? Ne pouvions-nous pas agir maintenant en toute liberté ? Je suis allé voir Philip Hammond, chancelier de l'Échiquier, dont le soutien me serait nécessaire pour débloquer le compte où était déposé l'argent des chars. Il a fait preuve d'une étonnante compréhension.

Au moment de l'arrestation de Nazanin, il était ministre des Affaires étrangères et était à présent aussi impatient que moi d'obtenir sa libération, ainsi que celle des autres binationaux irano-britanniques. Le problème était d'ordre logistique : comment transférer cet argent ?

Les banques étaient terrifiées. Pour transférer 400 millions de livres du Royaume-Uni en Iran, il fallait opérer un virement bancaire par le biais d'un établissement financier occidental ayant pignon sur rue; or tous redoutaient l'impitoyable extraterritorialité du régime de sanctions américain.

Si un tribunal américain estimait que cette transaction violait les sanctions contre l'Iran et si elle affectait le moindre élément du vaste réseau des services financiers américains, alors, *pfuit*, les banquiers concernés pourraient être extradés à Alcatraz. L'impossibilité de contourner cet obstacle était affligeante et offrait une excellente illustration de la réalité persistante de la domination financière américaine. Mais c'était comme ça.

Nous étions coincés, comme la malheureuse Nazanin – si malade à présent, m'avait-on dit, qu'elle perdait ses cheveux. Les médecins étaient très inquiets.

Jusqu'au matin où le coup de génie d'un membre du Foreign Office nous a apporté la solution. Je ne vous dirai pas exactement de quoi il s'agissait, mais sachez qu'elle impliquait la Caisse d'épargne de la Poste. Un accord semblait soudain possible.

J'ai téléphoné à Javad Zarif, le ministre iranien des Affaires étrangères, avec qui j'étais en bons termes. Il a tout de suite compris où je voulais en venir.

Il ne pouvait pas être question de verser une rançon. Les deux affaires n'étaient pas liées. Mais elles pouvaient être réglées, dirions-nous, en parallèle. Il m'a invité à Téhéran.

Début décembre, j'ai posé le pied pour la première fois de ma vie dans la capitale iranienne. C'était un lieu étrange, très ancien et de toute beauté, entouré de montagnes enneigées que le soleil couchant teintait de rose, et qui semblait, en un sens, coupé du monde moderne.

La ville était remplie d'hommes en veste de cuir noir, suivis par le sillage de fumée bleue qui s'échappait de leurs motos, et de femmes voilées. La neige souillée qui recouvrait les rues et les uniformes verts mal coupés du Corps des gardiens de la révolution islamique rappelaient l'Europe de l'Est des années 1980.

Je suis allé voir le président Rohani dans son palais aux murs habillés de miroirs, et nous avons pris place sur de petites chaises l'un en face de l'autre, comme pour une interview télévisée. C'était un homme souriant, à la voix douce, qui avait apparemment gardé de bons souvenirs de ses années d'études à l'université de Glasgow. Nous avons échangé les doléances habituelles.

Il a déploré les sanctions occidentales. J'ai maintenu que l'Iran devait renoncer à toutes ses tentatives pour se doter de l'arme nucléaire, et nous en apporter la preuve. Puis nous avons évoqué, dans le style nébuleux de la diplomatie, les deux sujets qui faisaient obstacle à l'amélioration de nos relations.

C'était une grave erreur, ai-je déclaré, que son régime détienne Nazanin et d'autres binationaux, et nous espérions leur libération rapide. Il m'a répondu que c'était l'affaire des tribunaux. La femme que j'avais mentionnée était iranienne et le droit iranien ne reconnaissait pas la double nationalité. Il n'ignorait cependant pas qu'elle était mère d'un jeune enfant et souhaitait me faire savoir que le gouvernement iranien était clément, que le peuple iranien était clément, même si – a-t-il ajouté, souriant derrière ses lunettes scintillantes – les sanctions occidentales étaient très cruelles.

Il y avait dans ce pays des gens qui n'avaient pas assez de pain, a-t-il ajouté. J'ai compris le message et me suis engouffré dans la brèche.

Eh bien, lui ai-je dit, j'avais été informé d'une question particulière que nous pourrions régler au profit financier du peuple iranien, bien qu'il ne puisse évidemment pas y avoir le moindre lien entre les deux affaires. Et j'ai évoqué l'argent des chars.

Oui, a-t-il acquiescé, hochant la tête et souriant, il ne pouvait évidemment y avoir le moindre lien, mais peut-être les problèmes consulaires pourraient-ils être résolus. Je suis reparti aux anges. J'étais certain que Rohani était sincère et que nous étions arrivés à un accord.

J'ai rencontré la famille de Nazanin à l'ambassade, son frère et ses parents, ainsi que sa fille Gabriella. Ils ont tous été charmants et si reconnaissants de mes efforts que j'en ai été bouleversé. Bien sûr, la présence de la petite fille m'a profondément ému.

Je leur ai juré, je me suis juré, de faire tout ce qui était en mon pouvoir pour obtenir la libération de sa mère. Sans leur faire trop de promesses, je leur ai dit que le processus était engagé, et j'étais convaincu que c'était le cas.

J'avais l'impression que mon voyage s'était si bien passé que j'ai fêté ça en jouant au tennis avec notre ambassadeur, Nick Hopton, malgré la couche de glace qui recouvrait la moitié du court de l'ambassade. Nick avait fait du bon boulot et nous étions persuadés l'un comme l'autre que la solution était proche. Puis, un peu comme au cours de cette partie de tennis, les choses se sont mises à patiner.

À mon retour, on aurait pu croire que tout le système de Whitehall s'était réveillé en sursaut pour découvrir que j'étais sur le point de résoudre, d'une manière à laquelle personne ne s'attendait, un problème diplomatique chronique que nous avions, pour être franc, trouvé avantageux de ne pas régler. Le Trésor y restait favorable, le ministère l'était visiblement, lui aussi.

Mais Downing Street exigeait que tous les départements concernés approuvent l'accord. Il était indispensable que Gavin Williamson, le ministre de la Défense, acquiesce, et il s'y refusait.

« Allons, Gavin, lui ai-je dit en prenant le petit-déjeuner avec lui, il faut en finir avec cette affaire.

– Non. Il est hors de question d'envoyer de l'argent au Hezbollah pour qu'il achète des armes qui serviront à tuer nos hommes. »

Je ne savais pas très bien à quel théâtre d'opérations il faisait allusion, mais je n'ai pas insisté, préférant changer d'approche.

« Gavin, ce n'est pas notre argent, ai-je insisté. Nous ne pouvons pas l'utiliser pour construire des écoles et des hôpitaux. C'est de l'argent iranien. »

Autant siffler dans un violon. Je me suis toujours bien entendu avec Gavin, qui est un excellent spécialiste de la politique et du pouvoir, et je comprenais très bien ce qui se passait.

Pendant que Nazanin croupissait en prison et que beaucoup de gens me le reprochaient, certains se délectaient de mon tourment moral, notamment, me semble-t-il, au 10 Downing Street.

J'ai eu beau vitupérer et gesticuler, l'ordinateur de Whitehall a dit non pendant tout le reste de mes fonctions au Foreign Office.

La pauvre petite Gabriella m'envoyait des relances déchirantes, des cartes de Noël et des messages me suppliant d'aider sa mère. Mais je savais que j'étais coincé, et que par conséquent Nazanin était coincée aussi, à cause d'une de ces minables épreuves de force qui font partie de la politique britannique. Il a fallu que je devienne Premier ministre et que j'attende plusieurs années pour disposer de l'autorité exécutive nécessaire pour mettre fin à l'obstruction, ce que nous avons fini par faire, avec le concours des ministres des Affaires étrangères, Dom Raab et Liz Truss. Nazanin a été libérée le 16 mars 2022 et l'argent des chars a été restitué à l'Iran. À cette date, elle était restée incarcérée, par intermittence, pendant près de six ans.

Au tout dernier moment, la Maison Blanche a encore essayé de nous empêcher de rembourser l'argent des chars, ce qui était franchement gonflé quand on pense aux milliards que les Américains avaient versé pour faire libérer leurs propres otages.

Aurions-nous pu obtenir un résultat plus rapide et plus diplomatique, sans régler la dette des IMS* ? C'est très possible. Nous l'avions fait pour tant d'autres. Mais comme je l'avais déclaré à la Commission des affaires étrangères lors de cette regrettable séance de novembre 2017, dans ce genre d'affaires, le problème est la publicité qui les entoure.

Plus il y a de battage, plus les Iraniens font monter le prix. Et j'ai bien peur qu'après que j'ai été montré du doigt par Monique Villa de Thomson Reuters et que le vacarme médiatique a pris une ampleur critique, le prix de Nazanin ait augmenté, si bien que le règlement de cette affaire a demandé des années et exigé une démarche exceptionnelle de la part du Royaume-Uni. Mais il va de soi – et je ne mâcherai pas mes mots – que si Downing Street m'avait laissé finaliser l'accord conclu avec Rohani en 2017, Nazanin

* *International Military Services* : services militaires internationaux. Une société privée, filiale du ministère de la Défense britannique, à laquelle les Iraniens avaient versé l'argent de l'achat des chars.

aurait pu être libérée bien des années plus tôt, et sa famille et elle se seraient vu épargner bien des tourments.

Quant aux motifs de Downing Street, ma foi, qui peut en juger ? Je vous laisse vous poser la question.

Aurions-nous remboursé cette dette si Nazanin n'avait pas été injustement arrêtée à Téhéran ? Franchement, j'en doute.

Nous l'avons fait – je l'ai fait – avec une grande réticence. J'exècre l'idéologie du gouvernement révolutionnaire d'Iran, l'oppression que subissent les femmes, les nombreuses exécutions publiques et je suis convaincu que cela changera un jour. Il faudra du temps et, comme toujours, le changement devra venir de l'intérieur.

Nous ne pouvons pas faire une croix sur ce grand et antique pays de 80 millions d'habitants, où tant de jeunes aspirent à la liberté personnelle et politique, mais refusent d'être contraints de choisir entre leur amour de la liberté et leur amour de l'Iran.

Ces derniers temps, on a pu observer des changements qui seront peut-être, ou peut-être pas, porteurs d'espoir : des immenses manifestations contre le port obligatoire du voile au rapprochement avec l'Arabie saoudite en passant par l'adhésion iranienne aux BRICS*, etc.

Quelle voie suivra ce pays ? Je l'ignore, mais nous devons être patients en même temps que lucides sur les menaces qu'il incarne.

En janvier 2020, quand Donald Trump a ordonné la liquidation de Qassem Soleimani, commandant de la force Al-Qods du Corps des gardiens de la révolution islamique, je ne l'ai pas pleuré. C'étaient cet homme et son organisation qui avaient incarcéré Nazanin sans aucune raison. Je serais surpris qu'il n'ait pas fait bien pire.

Nous devons à tout prix empêcher les mollahs d'acquérir l'arme nucléaire, et il n'est pas inutile de coopérer avec Téhéran pour bien lui faire comprendre qu'une telle démarche serait une catastrophe pour l'Iran, et pour le monde.

Quand on négocie avec l'Iran, on est conscient de négocier avec une autocratie, un pays où le pouvoir n'est pas vraiment entre les mains du peuple mais a été impitoyablement confisqué par une élite, comme en témoignent

* Groupement de pays créé en 2009 rassemblant initialement sous l'acronyme BRIC le Brésil, la Russie, l'Inde et la Chine, devenu BRICS à la suite de l'ajout de l'Afrique du Sud en 2011, puis BRICS+ en 2024 avec l'adhésion de l'Égypte, des Émirats arabes unis, de l'Éthiopie et de l'Iran.

son mépris sournois de la vérité, ses manœuvres d'intimidation, son refus éhonté d'appliquer les règles les plus fondamentales de la morale.

S'il existe à l'heure actuelle un régime capable d'égaler le cynisme des Iraniens, c'est celui de leurs alliés de la Russie de Poutine.

Chapitre 29

POUTINE L'EMPOISONNEUR

Et comment nous avons contre-attaqué

On ne sait pas exactement comment Dawn Sturgess a réagi au cadeau que lui a fait son compagnon, Charlie Rowley, le 30 juin 2018, chez lui, à Amesbury, dans le Wiltshire. A-t-elle été amusée ? Émue ? Peut-être n'a-t-elle accordé aucune importance au fait que Charlie, qui était sans emploi, l'ait trouvé dans un bac de recyclage de Salisbury, à une dizaine de kilomètres de chez lui.

Pas plus qu'au fait que le tube de plastique ait été presque vide. N'est-ce pas l'intention qui compte ? C'était un flacon de parfum Nina Ricci, dont l'embout ressemblait à celui d'un siphon d'eau gazeuse.

Dawn s'est immédiatement vaporisé quelques gouttes de ce liquide gras sur les poignets puis s'est frotté les mains. Quelques instants plus tard, cette femme de 44 ans, mère de trois enfants, était inconsciente, mortellement atteinte. Elle est décédée quelques jours plus tard.

Les chercheurs des laboratoires de la défense britannique à Porton Down ont pu établir que le produit contenu dans ce flacon n'était pas du parfum français. C'était du novitchok, un mot qui, en argot russe, désigne un nouveau venu, le gamin qui vient d'emménager dans le quartier. On lui avait donné ce nom parce qu'au moment où les laboratoires de l'ex-Union soviétique ont mis au point ce type de poison, il dépassait, par la gravité de ses effets, tout ce que les scientifiques connaissaient déjà.

Le novitchok pouvait être utilisé sous forme liquide, solide ou en poudre, et était fatal même à dose infinitésimale. Il était si puissant que les équipements de protection de l'OTAN eux-mêmes ne pouvaient rien contre lui. Les agents soviétiques étaient capables de le préparer à partir de composés précurseurs, ou d'ingrédients eux-mêmes difficilement décelables.

Dawn et son ami Charlie (qui, lui, est tombé gravement malade) étaient les dernières victimes en date d'une opération audacieuse du président Vladimir Poutine, qui répondait à un double objectif. Les autorités du Kremlin voulaient liquider un homme qu'elles considéraient comme un traître. Et, chose plus importante peut-être, elles voulaient affirmer, par l'atrocité de leurs méthodes, le mépris de l'État russe pour le droit international et – j'en ai bien peur – pour la Grande-Bretagne.

L'utilisation du novitchok sur le territoire britannique équivalait à une attaque à l'arme chimique, dans la mesure où Poutine ne se souciait pas du tout des victimes. Il savait parfaitement qu'en balançant un machin comme du novitchok dans une ville du Wiltshire, on risquait de causer la mort ou de graves préjudices à des gens ordinaires, qui n'avaient rien à se reprocher. Et c'est ce qui s'est passé.

L'attentat proprement dit avait eu lieu quelques mois plus tôt, le 4 mars 2018, quand on avait repéré Sergueï et Ioulia Skripal assis sur un banc, en plein centre de Salisbury. Des témoins ont affirmé qu'ils avaient l'air figés, comme sous opioïdes. Sergueï Skripal, un sexagénaire corpulent, avait les mains en l'air et semblait hausser les épaules tandis que son regard vitreux était rivé sur l'immeuble d'en face. Sa fille Ioulia était affalée contre lui, ses yeux révulsés ne laissant apparaître que le blanc. Ils avaient tous deux de l'écume à la bouche.

Dès que la nouvelle est arrivée au ministère, mes collaborateurs ont su qui s'en était pris à Sergueï et pourquoi. Skripal était un homme courageux, un de nos agents doubles au sein du service de renseignement militaire russe (le GRU) qui s'était fait prendre la main dans le sac, au moment où il nous transmettait des informations à l'aide de la célèbre fausse pierre du parc Gorki*. Il avait bénéficié d'un échange d'espions en 2010 et s'était installé discrètement à Salisbury. Il était à présent à l'article de la mort et Ioulia – ainsi qu'un policier présent sur les lieux – était gravement atteinte.

Au cours des jours qui ont suivi, les Russes ont tout fait pour attiser l'indignation britannique. Le plus révoltant n'était pas la tentative d'assassinat et le mépris froid pour des vies innocentes, mais la jubilation cynique et sarcastique qui transparaissait derrière les « dénégations » des autorités russes. Elles n'ont guère pris la peine de dissimuler ce qu'elles avaient fait. Les deux tueurs russes au visage carré apparaissaient distinctement sur de multiples images de vidéosurveillance, visitant Salisbury non pas une fois mais deux, dans les journées qui avaient précédé l'empoisonnement.

Après plusieurs mois de travail, l'expertise médico-légale a livré des résultats accablants. Alors que tout prouvait qu'ils n'avaient pas hésité à étaler le

* Les services secrets britanniques avaient équipé une fausse pierre d'un système électronique grâce auquel leurs agents doubles russes pouvaient télécharger des informations à partir d'ordinateurs de poche.

novitchok contenu dans le flacon de parfum sur la porte d'entrée de Sergueï, les Russes ont eu le culot de présenter les deux malfrats à Moscou et de les faire passer à la télé. En septembre, les deux tueurs se sont livrés à un duo d'humour pince-sans-rire à la Derek & Clive*, tandis qu'une présentatrice leur lançait des questions déconcertantes de banalité.

« Pourquoi êtes-vous allés à Salisbury ? a demandé la journaliste de Russia Today.

– Ben, en fait, a répondu le premier d'un air impassible, on avait envie de voir la célèbre cathédrale[1] dont la flèche mesure 123 mètres de haut et qui possède une des plus anciennes horloges encore en fonctionnement du monde.

– Et pourquoi y êtes-vous allés deux fois ?

– La première fois, il neigeait un peu », ont répondu les Russes.

Cette neige fondue était désagréable et ils avaient eu envie de revenir un jour où il y aurait moins de gadoue. (On imagine les téléspectateurs russes s'esclaffer à l'idée que quelques flocons britanniques puissent suffire à décourager une paire d'agents du GRU.)

N'était-il pas un peu bizarre que deux hommes partent en vacances ensemble ? a interrogé la présentatrice. Étaient-ils homosexuels ?

Non, ils n'étaient pas homosexuels, et d'ailleurs il était impossible qu'ils aient eu un flacon de parfum sur eux comme on l'avait prétendu : seuls des hommes efféminés auraient fait ça.

« Alors, quel est votre métier ? »

Pour faire court, ont-ils répondu, ils étaient dans le fitness. Ils étaient nutritionnistes sportifs.

Nutritionnistes sportifs – mais bien sûr. Avec du novitchok.

Tout ce numéro était destiné à être d'une absurdité comique – un gigantesque doigt d'honneur au système de la justice pénale britannique. Je voyais déjà Poutine en pleurer de rire, et je suppose que les téléspectateurs russes – un grand nombre d'entre eux – ont bien rigolé, eux aussi.

C'était un affront à la Grande-Bretagne, à un moment où nous étions sans doute particulièrement sensibles aux outrages internationaux. Cela faisait presque deux ans que le Royaume-Uni avait voté sa sortie de l'UE, mais nous étions encore prisonniers d'un labyrinthe de difficultés politiques dont nous cherchions désespérément l'issue. Nous avions renoncé au confort et au soutien de la participation à l'UE – en échange de quoi ?

Peut-être Poutine avait-il utilisé des armes chimiques à Salisbury parce qu'il pensait que nous n'avions plus de copains – que nous étions devenus

* Duo comique des années 1970.

le genre de gosse qui se fait piquer l'argent de son goûter par la petite brute de la cour de récré.

Oui : on accusait déjà le Brexit et, évidemment, ça m'exaspérait. En effet, toutes sortes d'autres raisons avaient pu pousser Poutine à s'en prendre à la Grande-Bretagne. Nous étions ses accusateurs les plus agressifs, et de loin, notamment à propos de ses opérations militaires en Syrie. Mais je n'ignorais pas l'importance qu'aurait notre réaction à l'empoisonnement de Salisbury.

Nous devions avoir l'air forts. Épousseter nos vêtements, remonter nos lunettes sur notre nez et infliger une bonne leçon à la petite brute.

Nous avons aussitôt annoncé la plus importante expulsion de diplomates russes[2] depuis les temps lointains de la guerre froide : 23 espions ont reçu l'ordre de faire leurs bagages. Cette éviction s'est accompagnée d'un ensemble de mesures un peu moins terrifiantes, dont un boycott ministériel et royal de la Coupe du monde de football qui devait avoir lieu à Moscou. De toute évidence, cela ne suffisait pas. Nous devions prouver que nous n'étions pas seuls, et que le monde était avec nous. Il fallait que d'autres montrent qu'ils rejoignaient, par principe, notre condamnation de la barbarie du Kremlin. Nous avons décidé de prendre un risque et de lancer une campagne du Foreign Office, pour persuader tous les amis que nous avions dans le monde entier de soutenir ostensiblement la Grande-Bretagne et l'État de droit.

La seule façon dont ils pouvaient nous témoigner leur appui, ai-je décidé, était d'accepter d'encourir eux-mêmes la fureur de Poutine en expulsant un espion russe de leurs propres capitales.

Voyons, avons-nous dit à nos plus proches alliés. Nous ne pouvons pas laisser les Russes pulvériser impunément du novitchok à la ronde. Aidez-nous à prendre position contre les armes chimiques. Expulsez un agent secret au nom de la justice.

Flanquez-leur un bon coup et montrez-leur que vous ne vous en fichez pas. C'était beaucoup demander : persuader les autres pays de renoncer au capital qu'ils avaient accumulé auprès de Poutine. La campagne a été lente à démarrer. Ils hésitaient. Étions-nous certains de cette histoire de novitchok ? Où étaient les preuves ? Les jours passant, j'ai commencé à redouter un échec. De quoi aurait alors l'air la Global Britain, insultée par les Russes, lâchée par ses alliés ?

Quelle autre mesure pouvions-nous prendre ? Comme il est d'usage en cas de grave rupture diplomatique, j'ai convoqué Alexandre Iakovenko, l'ambassadeur de Russie, pour lui administrer un savon. Il a gravi l'escalier de gauche sous le regard de Britannia Bellatrix. Il a voulu me faire un cadeau, un ouvrage sur les merveilles de Saint-Pétersbourg, destiné, m'a-t-il dit, à Marina. Nous ne mangions pas de ce pain-là.

Sans préambule et sans café, nous nous sommes assis et je lui ai donné lecture de notre démarche diplomatique. Sans vouloir me vanter, ç'a été une sacrée volée de bois vert. Iakovenko, un type plutôt corpulent, pâle, a eu la décence d'avoir l'air ému par la volée d'épithètes qui se sont abattues sur lui. Ce n'était pas du simple blabla diplomatique. J'étais sincère. Je détestais ce qu'ils avaient fait. Je détestais leur immonde mélange de mensonge et d'insouciance. Mais je ne pouvais pas non plus m'empêcher d'être atterré que nous en soyons arrivés là : deux des cinq membres permanents du Conseil de sécurité des Nations unies, deux grandes puissances qui avaient aidé à vaincre les nazis, réduits à ce genre de querelles pitoyables et sordides.

Comme nombre de mes prédécesseurs au Foreign Office, je regrettais que notre relation ne soit pas différente. Je me demandais où les choses avaient dérapé, et comment nous avions gâché les espoirs qui avaient été au plus haut à la fin de la guerre froide. Qui avait perdu la Russie ? Et comment ?

Ma russophilie ne datait pas d'hier. Ma fascination pour ce pays était née à la lecture de Dostoïevski – une prétention d'enfant – et avait germé grâce à l'excellent cours de russe Penguin de J. L. I. Fennell, matière que j'avais présentée à l'examen du O-level, avant d'être généreusement fertilisé quand j'avais seize ans par un voyage scolaire à Moscou, à Leningrad (nom que portait alors la ville) et dans les États baltes, où nous passions une partie de la nuit à descendre de la vodka en beuglant le « Chant des bateliers de la Volga » et « Kalinka », jusqu'à ce que les voisins tapent contre le mur de notre chambre d'hôtel.

Comme tous les meilleurs souvenirs, ces images et ces sons russes de ma jeunesse – ces goûts également, dont celui de cette étrange mais délicieuse glace communiste nommée *morozhenoe* – ont été hormonalement gravés dans ma mémoire par mes efforts infructueux pour séduire une fille de Swindon qui était du voyage. J'adorais la Russie, car j'adorais la langue russe, la culture, la littérature, la peinture, les paysages russes, si bien que dix ans plus tard, quand le mur de Berlin est tombé et que le communisme a implosé, j'ai simplement supposé que la Russie – cette grande civilisation si manifestement européenne – rejoindrait d'ici peu le cercle des démocraties et que soixante-dix années de séparation marxiste-léniniste prendraient fin. Je crois que nous avons été nombreux à penser, ou à espérer, la même chose.

C'est pourquoi, lorsque le président américain sortant, Bill Clinton, a prononcé en l'an 2000 un discours visionnaire, affirmant qu'il ne voyait pas pourquoi la Russie n'adhérerait pas à l'UE ou même à l'OTAN (provoquant ainsi l'indignation des *Little Europeans** dans les médias britanniques : ce n'était pas à lui de faire cette proposition, ont-ils désapprouvé), j'ai publié dans le *Spectator* un éditorial dans lequel j'affirmais haut et fort mon approbation. Saint-Pétersbourg n'était-elle pas une ville européenne ? Tchekhov n'était-il pas un auteur européen ? C'étaient des jours enchanteurs, grisants, où l'avenir restait à écrire, et où l'on pouvait vraiment croire que la Russie nous rejoindrait. À la fin des années 1990 et au début des années 2000, je me suis rendu plusieurs fois à l'École d'études politiques fondée à Moscou par Lena Nemirovskaïa, un ermitage situé dans une clairière de bouleaux à l'extérieur de la capitale, où nous discutions tard dans la nuit avec de jeunes politiciens et journalistes russes.

Il était tellement plus facile d'être russophile en ce temps-là – car la Russie, en tant que puissance, semblait tellement diminuée. Le sentiment effrayant d'une menace nucléaire s'était dissipé. Le monde avait assisté à l'effondrement chaotique de l'Union soviétique et avait vu Boris Eltsine bourré au point de ne pas pouvoir descendre d'avion à l'aéroport de Shannon.

Quant à son successeur, le fringant petit homme aux oreilles pointues, ancien agent du KGB, qui s'appelait Vladimir Poutine, arrivé au pouvoir en 1999, le Royaume-Uni s'est d'abord fourvoyé à son sujet ; et pendant des années, nous avons continué obstinément de nous bercer de cette illusion. Certes, nous nous étions opposés sur le Kosovo, mais les Blairistes, avec un remarquable narcissisme, voyaient en Poutine une sorte de Blair russe, un réformateur, un « modernisateur ».

Nous avions l'impression d'être sortis vainqueurs de tous les grands débats intellectuels et stratégiques ; il ne nous restait plus qu'à faire des affaires ensemble. Et surtout, nous ne demandions évidemment qu'à continuer de nous shooter aux vastes réserves russes d'hydrocarbures. BP et les autres compagnies pétrolières se bousculaient en Russie, pompant copieusement sous le permafrost, tandis que les oligarques russes – approuvés ou non par le Kremlin – pompaient copieusement dans les bars à vins de Kensington.

En 2003, Poutine est venu en visite d'État au Royaume-Uni, la première et dernière fois qu'un tel honneur lui a été accordé. Je n'étais encore qu'un

* Les « Petits Européens », expression désignant les partisans d'une « petite » Europe, par opposition aux *Globalists*, partisans d'un Royaume-Uni ouvert sur le monde.

modeste député, mais j'ai été, allez savoir pourquoi, invité au dîner donné au Guildhall*. Poutine s'est présenté dans une tenue de soirée d'un style bien personnel, avec un nœud papillon flasque couleur ivoire, qui n'était pas assorti à sa chemise et semblait trop gros pour sa tête. Alors que nous approuvions en chœur tout ce qu'il disait et lui portions des toasts avec cinq vodkas différentes (une rouge, une verte, une jaune), un seul mot résumait l'attitude du public londonien : condescendance.

Ce « bon vieux Vlad » : tel était le message de la finance, de l'industrie et de la politique britanniques. Bravo de n'être pas communiste, continue de faire couler le pétrole et le gaz – et si la puissance soviétique s'est effondrée, eh bien, tant pis. Comme l'avait relevé la reine elle-même la veille au soir dans son discours, nous nous opposions sur quelques détails – des sujets insignifiants comme la guerre en Irak (où Poutine a fini par être plus près d'avoir raison que nous) – mais tu sais quoi, mon vieux Vlad, raisonnions-nous, on se fiche pas mal aujourd'hui de ce que tu peux penser.

L'année suivante, nous avons procédé à un élargissement spectaculaire de l'OTAN. La Pologne, la Hongrie et la République tchèque l'avaient déjà rejointe en 1999. Et voilà que sept autres membres de l'ancien pacte de Varsovie ont estimé, très raisonnablement, que leur avenir était du côté des démocraties occidentales : la Bulgarie, l'Estonie, la Lettonie, la Lituanie, la Roumanie, la Slovaquie, la Slovénie. L'Occident absorbait désormais légitimement certains des territoires de l'ex-Union soviétique – l'« étranger proche** » de la Russie –, et c'était inévitable.

L'Empire russe avait été créé par la force et, comme les Britanniques l'avaient découvert depuis très longtemps, on ne peut pas faire indéfiniment usage de la force pour assurer la cohésion d'un empire. Si les gens veulent être libres, s'ils aspirent à une autre destinée, il faut les laisser partir.

Les Russes n'ont rien à craindre de leurs voisins de l'OTAN, et ont au contraire tout à gagner à entretenir de bonnes relations avec eux. Mais de manière tragique, ils sont purement et simplement incapables de voir les choses sous cet angle. Poutine s'est senti humilié, et a eu une réaction toxique.

Alexandre Litvinenko était un ancien agent du GRU russe, qui avait été employé par Boris Berezovsky, un oligarque installé à Londres, qui était

* Bâtiment datant du XVe siècle, situé au centre de Londres, utilisé pendant des siècles comme hôtel de ville. Il sert désormais de lieu de réception et de cérémonie dans la grande salle de style médiéval qui porte le même nom (Guildhall).

** Expression politique russe qui fait référence aux États souverains postsoviétiques, après la dissolution de l'URSS en 1991.

à présent ennemi de Poutine. Litvinenko s'est mis à faire toutes sortes de révélations compromettantes sur le régime de Poutine – un peu tirées par les cheveux sans doute pour certaines d'entre elles. Il accusait ainsi Poutine d'être pédophile en s'appuyant sur une vidéo où l'on voit le président russe se pencher pour embrasser un garçonnet de cinq ans – un petit athlète – sur le ventre. C'est un peu bizarre, je vous l'accorde, mais il faut tenir compte des différences de culture, et je n'ai pas connaissance d'autre preuve des allégations de Litvinenko.

Quoi qu'il en soit, quelque chose chez Litvinenko a indisposé Poutine et, dans une démarche qui préfigurait l'attentat contre Skripal, il l'a fait empoisonner – exécuter avec une sauvagerie extravagante en versant du polonium-210, un isotope nucléaire rare, dans la théière d'un hôtel londonien. Litvinenko est mort de façon atroce, sous les yeux des téléspectateurs, se décomposant littéralement à l'hôpital, son corps consumé par le mal des rayons. La réaction officielle des autorités britanniques a été, je ne peux que l'avouer, plutôt tiède.

Nous avons expulsé quatre diplomates russes, mais c'est à peu près tout. Nous savions très bien qui avait fait le coup (comme pour Skripal), mais nous avons eu beau réclamer à Moscou l'extradition des deux tueurs, Poutine nous a, dans les faits, ri au nez. Il a même décerné à l'un d'eux une médaille, et cet homme est aujourd'hui député à la Douma. Quand le ministre des Affaires étrangères, David Miliband, s'est adressé aux Communes, il s'est accroché à la bouée de sauvetage à demi dégonflée de la vieille politique blairiste : la Russie était un partenaire important et nous ne pouvions pas faire une croix sur cette relation. Et nous avons poursuivi dans la même veine, même quand la coalition tory est arrivée au pouvoir.

En 2012, Poutine est venu aux Jeux olympiques de Londres et a assisté à la compétition de judo en compagnie de David Cameron. Je n'avais pas été invité, mais j'ai suggéré aux médias que le président russe devrait se montrer à la hauteur de sa réputation de gros dur, se mettre torse nu et livrer lui-même un combat de judo. « Voilà ce que veut le public, ai-je dit, les olympiades des politiciens ! »

Et Litvinenko, dans tout ça ? À peu près oublié, j'en ai peur. Et voilà qu'en 2014 Poutine a profité de la torpeur occidentale pour envahir l'Ukraine. Notre réaction collective a été, cette fois, apathique.

C'était un moment absolument critique – la première fois que la Russie réagissait aux humiliations de la fin de la guerre froide et modifiait par la force les frontières de l'Europe. Qu'allions-nous faire ? Comment allions-nous soutenir l'Ukraine ? N'avions-nous pas pompeusement déclaré en 2008 au sommet de l'OTAN à Bucarest que la Géorgie et l'Ukraine rejoindraient l'Alliance nord-atlantique ?

À présent, les armées de Poutine étaient entrées en Ukraine et amputaient le pays en s'emparant de parties du Donbass et de la Crimée. Le démembrement d'une nation européenne souveraine et indépendante se déroulait sous nos yeux. Et qu'avons-nous fait ? Nous avons invoqué les mânes de Neville Chamberlain.

Nous avons bricolé quelques sanctions tout à fait insuffisantes, et c'est tout. Nous avons oublié toutes les promesses que l'OTAN avait faites en 2008. Les États-Unis et le Royaume-Uni ont fort commodément passé sous silence le mémorandum de Budapest de 1994 par lequel nous nous étions solennellement engagés à nous porter au secours de l'Ukraine en cas d'agression.

Les Ukrainiens avaient été autrefois à la tête d'un des plus grands arsenaux mondiaux d'armes nucléaires, et quand ils avaient renoncé à cet armement, nous avions accepté, en même temps que les États-Unis et la Russie, d'« assurer » leur sécurité. Qu'était devenu ce serment ? Nous l'avions mentalement déchiré et mis à la poubelle. Ai-je parlé de Chamberlain ? Nous étions encore plus mous que Chamberlain – qui avait au moins honoré la promesse britannique de se porter au secours de la Pologne.

C'était comme si le Royaume-Uni avait décrété que l'Ukraine était un « pays lointain [...] dont nous ne savions rien », pour reprendre l'expression funeste de Chamberlain et, pire encore, nous avons incongrûment sous-traité la gestion de la politique ukrainienne aux Français et aux Allemands.

On célébrait en ce mois de juin 2014 le soixante-dixième anniversaire du débarquement de Normandie. En marge des commémorations, Poutine a rencontré le Français François Hollande, l'Allemande Angela Merkel et l'Ukrainien Petro Porochenko. À l'initiative de la France et de l'Allemagne, ces quatre pays ont mis en place le « processus de Normandie », un forum dirigé par la France et l'Allemagne et chargé de faire face aux conséquences de l'invasion de Poutine. En tant que démarche diplomatique, c'était une abomination morale.

Les Français et les Allemands prétendaient jouer les conseillers conjugaux en aidant les Ukrainiens et les Russes à se rabibocher tout en ignorant la réalité, à savoir qu'il s'agissait d'une invasion odieuse, d'une opération qui avait permis à Poutine de s'approprier une fraction non négligeable du territoire ukrainien. Des milliers d'Ukrainiens se battaient et mouraient déjà pour leur pays, tandis que l'axe franco-allemand se comportait comme si les torts étaient partagés entre les deux pays : bonnet blanc et blanc bonnet, comme disait ma mère quand ses enfants se chamaillaient.

Où était l'Amérique, où était la Grande-Bretagne au moment où cet infâme arrangement de Normandie a été élaboré ?

Quand je suis devenu ministre des Affaires étrangères, deux ans plus tard, la situation était sombre. La guerre s'éternisait dans le Donbass et la tactique de Poutine consistait à affaiblir et à déstabiliser inlassablement l'Ukraine en retournant le couteau dans le flanc est du pays. L'Ukraine ne pourrait jamais se sentir en sécurité, elle ne serait jamais libre de rejoindre l'UE, par exemple, tant que ses frontières orientales ne seraient pas stables. Le processus de Normandie n'aboutissait à rien. Et c'était exactement ce que voulait Poutine.

Il était impossible d'organiser des élections dans une zone de guerre, et tout aussi impossible de mettre fin à la guerre sans une solution politique quelconque impliquant des élections. Or Poutine était bien décidé à faire en sorte que tout nouveau règlement constitutionnel lui permette de contrôler l'ensemble du pays, grâce à sa mainmise sur les villes de Lougansk et Donetsk à l'est.

En septembre 2016, quelques mois seulement après être arrivé au Foreign Office, je suis allé à Kiev pour la première fois. Nous essayions de nous faire pardonner nos ratages et en 2015 la Grande-Bretagne avait envoyé plusieurs dizaines de soldats participer à la « formation » des Ukrainiens dans le cadre de ce qu'on a appelé l'opération Orbital. Nous avons revendiqué la formation de plusieurs milliers d'Ukrainiens. Au moins, à la différence des Français et des Allemands, nous choisissions notre camp. Mais je savais pertinemment que notre contribution était plus symbolique que concrète.

Ce voyage en Ukraine a eu pour moi une importance inestimable, car j'ai pu voir les monuments à la mémoire des milliers de morts depuis 2014 et parler à d'anciens combattants du conflit du Donbass. J'ai compris l'amour inconditionnel des Ukrainiens pour leur pays et la détermination avec laquelle ils étaient disposés à se battre pour sa survie. J'y suis retourné en tant que ministre des Affaires étrangères et ce voyage a confirmé l'opinion que je m'étais faite : Poutine serait fou d'envahir l'Ukraine.

Plus tard, juste avant Noël 2017, je me suis rendu à Moscou, une visite longtemps repoussée. Je suis parti presque convaincu qu'il n'en sortirait rien de bon, mais je trouvais curieux que, de tous les pays du P5 (les cinq membres permanents du Conseil de sécurité des Nations unies), le Royaume-Uni soit le seul à ne pas entretenir de dialogue constant avec la

Russie. Pas de « relation porteuse », comme on dit en jargon diplomatique. Cette démarche a été largement inutile.

Sergueï Lavrov est un homme à demi arménien de haute taille, au teint basané et au regard amusé, qui fume à la chaîne. C'est le ministre des Affaires étrangères russe qui est resté en fonction le plus longtemps depuis l'époque des tsars, et on voit en lui le Gromyko *de nos jours*•: la personnification lassante de la politique étrangère russe dans toute sa complexité, ses dérobades et ses mensonges.

« Je ne suis pas Sir Gay*, a dit Sergueï en me serrant la main. Sir Gay, c'est la spécialité du Foreign Office. »

Après quelques échanges de banalités, nous avons partagé un déjeuner torride au sens propre : il m'a fait prendre place devant un feu de bois si vif que la sueur ruisselait sur mon visage – comme s'il était le grand élève chargé de la discipline dans une école privée victorienne, en train de torturer une tapette. Cette entrevue n'a eu aucun résultat. Nous ne sommes parvenus à aucune amorce d'accord sur la Syrie ou l'Ukraine et quand j'ai mentionné Litvinenko, il s'est signé et a esquissé un sourire narquois.

« Les Juifs ont tué Jésus, a-t-il dit. Ce n'est pas une raison pour que nous refusions d'entretenir des relations avec l'État d'Israël. »

Ce qui revenait, au moins, à avouer leur responsabilité dans l'assassinat de Litvinenko.

Force était de constater que la Russie n'était plus la même que vingt ans auparavant. L'ancienne puissance vaincue de la guerre froide avait retrouvé son assurance, elle avait retrouvé son agressivité. Elle était disposée à agir avec une violence extrême, à envoyer ses propres troupes régulières ou ses substituts du groupe Wagner avec un aplomb que nous ne pouvions politiquement plus nous permettre, nous, les Britanniques.

Nous avions été chassés d'Irak, nous nous étions retirés du Helmand. Il n'était pas question d'envoyer des troupes régulières sur le terrain en Syrie, encore moins en Ukraine. Et Lavrov, assis en face de moi, me regardait avec la légère insolence de celui qui est parfaitement conscient du contraste.

S'agissant de la Russie, les faucons du Foreign Office – des hommes comme Laurie Bristow** – avaient indéniablement raison, tandis que les Français et les Allemands avaient tort. Les Ukrainiens pouvaient nous donner des

* Jeu de mots sur Sergueï et gay.

** Ambassadeur britannique en Russie de 2016 à 2020.

leçons de courage, et nous devions tenir tête aux Russes. Quelques mois plus tard seulement, en mars 2018, Poutine a manifesté son mépris pour nos relations en organisant l'attentat de Salisbury.

Cette fois, je savais que nous devions faire mieux qu'au lendemain de l'affaire Litvinenko. Comme nous n'avons pas convaincu nos amis d'accepter des sanctions, nous avions besoin d'un autre geste de solidarité. Nous avions besoin de ces expulsions massives de Russes. Dans un premier temps, cela n'a pas été facile.

Les Russes se sont lancés dans un déferlement de désinformation. Ils ont exigé que nous leur envoyions les échantillons de novitchok de Porton Down pour qu'ils procèdent à leurs propres analyses. C'était ridicule, mais Jeremy Corbyn, le chef de file travailliste, a jugé bon (non sans mesquinerie) d'appuyer la requête de Moscou. Et pendant quelques jours, on a vraiment pu croire que certains étaient prêts à remettre en cause nos affirmations, ainsi que l'analyse de Porton Down. « Il nous faut des faits, a déclaré un politicien allemand, nous ne pouvons pas nous contenter des allégations britanniques. »

Nous avons multiplié les coups de fil et mis en place au dernier étage du Foreign Office une grande cellule de crise dirigée avec compétence par Philip Barton. Le 18 mars, deux semaines après les empoisonnements, nous avons fait une avancée capitale. Le ministre polonais des Affaires étrangères est venu dans ma circonscription d'Uxbridge pour visiter le célèbre bunker de la bataille d'Angleterre où les pilotes polonais avaient fait montre de tant de bravoure et obtenu de si grands succès. Une fois de plus, la Grande-Bretagne et la Pologne se tenaient côte à côte, lorsque Jacek Czaputowicz a annoncé que la Pologne accéderait à notre demande et expulserait quatre espions russes. Le vent a commencé à tourner en notre faveur. Nous avons téléphoné de plus belle, avec en définitive des résultats remarquables.

Au total, 29 pays ont expulsé 153 Russes en signe de solidarité avec la Grande-Bretagne. Voici les chiffres : Albanie 2, Allemagne 4, Australie 2, Belgique 1, Canada 4, Croatie 1, Danemark 2, Espagne 2, Estonie 1, États-Unis 60, Finlande 1, France 4, Géorgie 1, Hongrie 1, Irlande 1, Italie 2, Lettonie 1, Lituanie 3, Macédoine du Nord 1, Moldavie 3, Monténégro 1, Norvège 1, OTAN 7, Pays-Bas 2, Pologne 4, République tchèque 3, Roumanie 1, Royaume-Uni 23, Suède 1, Ukraine 13.

Quel plaisir d'arriver, matin après matin, pour découvrir que le chœur mondial de désapprobation contre la Russie se faisait de plus en plus bruyant. Rappelez-vous que tous ces pays pouvaient s'attendre à des représailles russes – et qu'ils ont presque tous subi des expulsions symétriques, au minimum, de leurs diplomates.

Vous remarquerez également que malgré sa prétendue sympathie pour Poutine, l'administration de Donald Trump nous a ménagé une grande – et heureuse – surprise. L'expulsion de 60 Russes des États-Unis dépassait nos rêves les plus fous. C'était la plus grande expulsion de masse de l'histoire diplomatique. On n'avait jamais rien vu de comparable, même du temps de la guerre froide – et, oui, j'étais très fier du Foreign Office et de nos équipes.

Vous aurez, j'en suis sûr, relevé quelques lacunes dans cette liste, en Europe, dans le Golfe et d'autres régions du monde. Inutile de nous appesantir sur elles pour le moment; mais je constatais déjà le curieux envoûtement qu'exerçaient Poutine et la Russie sur les électeurs indécis de la planète.

À un moment, vers la fin de la guerre froide, nous étions tout prêts à qualifier dédaigneusement la Russie de Haute-Volta avec des fusées. Or nous étions désormais obligés de revenir sur ce jugement. Oui c'était une cleptocratie, certes son économie était à peu près équivalente à celle de l'Espagne et indéniablement la qualité de vie et l'espérance de vie de bien des Russes restaient déplorables.

Mais nous nous étions mépris sur Poutine et à maints égards nous l'avions sous-estimé. Nous avions sous-estimé l'attrait qu'il exerçait sur l'opinion publique russe, sa capacité d'incarner l'idée de la force russe, avec toutes ses rodomontades, torse nu, son machisme de pêcheur au harpon. Nous avions également sous-estimé l'attrait qu'il exerçait dans le monde entier sur un certain nombre de personnes, une séduction étrange et déplorable que le Royaume-Uni a dû affronter, et remettre en cause une fois de plus, quand Poutine a lancé sa deuxième agression contre l'Ukraine.

On ne peut que regretter que l'attaque de Poutine contre l'Ukraine, atteinte flagrante aux principes de l'ONU, ait été approuvée officiellement par la Chine, à chacune de ses étapes, et nous devons nous interroger sur les raisons de cette approbation.

Pourquoi la Chine soutient-elle une tentative revancharde et impérialiste de modification des frontières par la force ? Quelles en sont les conséquences pour Taïwan et le reste de la mer de Chine méridionale ?

Nos relations avec Pékin semblent avoir considérablement évolué depuis ma première visite en Chine pour y chercher le drapeau olympique. On ne peut que le regretter.

Chapitre 30

PATINE SUR L'ÈRE DORÉE

La montée en puissance de la Chine et comment y faire face

Cela paraît incroyable, mais il y a seulement quelques années que la Grande-Bretagne et la Chine sont passées par cette romance haletante – ô si brève – que l'on a appelée l'Ère dorée. Vous en souvenez-vous ? Moi, oui.

Il s'agit de cette période radieuse où le gouvernement conservateur a décidé que notre amitié avec la Chine devait être « sans limites » (© Xi Jinping et Poutine) et qu'aucun domaine n'était à exclure de nos relations commerciales. Allez, les Chinois, avons-nous dit, aidez-nous à construire nos réacteurs nucléaires. Nous vous paierons au prix fort !

Allez, Huawei, avons-nous dit à l'immense entreprise de télécommunications, montrez-nous comment fonctionne cette 5G et si vous ne pouvez pas nous donner d'explications, jalonnez donc nos rues et nos campagnes de vos séduisants petits émetteurs, et qu'importent les conséquences pour notre sécurité nationale. C'est l'Ère dorée !

Le point d'orgue de cette idylle a été, je présume, la visite d'État de Xi à Londres[1] à l'automne 2015 – après que Dave et George avaient enfin acquis leur majorité législative conservatrice. Nous avons adhéré au projet grandiose des « nouvelles routes de la soie » de Xi visant à recréer les anciennes routes commerciales de l'époque où l'Empire du Milieu était le centre du monde. Il existe aujourd'hui, apparemment, une voie ferroviaire longue de 12 000 kilomètres reliant une ville qui s'appelle Yiwu à Londres. Eh oui : à Victoria Station vous pouvez prendre un billet de train pour le fin fond de la Chine.

Nous nous sommes prosternés de façon si abjecte devant Xi, pour l'organisation de cette visite, que nous sommes allés jusqu'à laisser son agent de sécurité personnel éconduire tous les écuyers royaux, échapper à l'équipe de protection de la reine et grimper, sans y avoir été invité, dans le Carrosse d'Or d'État – du jamais vu depuis deux cent soixante ans que ce véhicule est en service. Sa Majesté la reine, il vous plaira de l'apprendre, a réagi avec la plus grande détermination. « Veuillez sortir », a-t-elle ordonné, ou quelque chose de ce goût-là – en tout cas le sbire a été éjecté. Symboliquement, pourrait-on dire, c'était un prélude au sort qui attendait la relation dorée entre nos pays.

Devait arriver ce moment, en effet, où nous avons tout à coup pris conscience que l'État chinois s'était infiltré dans des endroits vraiment importants – dans les joyaux de nos infrastructures nationales les plus sensibles –, et où l'extase insouciante a pris fin.

* * *

Mes premières impressions enthousiasmées de la Chine datent de 2008, lors du voyage que j'ai effectué à Pékin pour recevoir le drapeau olympique en ma qualité de maire de la prochaine ville hôte des Jeux. Le lendemain de la cérémonie de passage de témoin, nous étions d'humeur allègre et sommes allés voir la Grande Muraille : immense, couverte de brume, beaucoup plus massive et plus dingue encore que sur les photos – d'antiques rubans de pierres parfaitement maçonnées ondulant jusqu'à l'horizon sur les collines boisées. Je suis descendu de l'une des tours de garde par un long toboggan en acier du genre que les intégristes des règlements de sécurité interdiraient sans doute au Royaume-Uni (et que j'ai néanmoins décidé de copier pour Londres, voir chapitre 12). Je me suis fait faire des costumes sur mesure au Pearl Market, épaulé par mon frère Max – il parle couramment le chinois – pour négocier les prix.

J'ai commencé à m'exercer aux idéogrammes avec l'aide d'un manuel. Je suis arrivé à écrire l'Empire du Milieu, ou *Zhongguo* : 中国. Tout le monde peut y arriver.

Je me débrouillais aussi avec le mot chinois pour *femme* : 女.

Et comment écrire *querelle* en chinois ? Vous avez deviné – deux femmes : 奻.

Le mot chinois pour *bien* ? Une femme et un enfant : 好. Pas étonnant qu'ils connaissent une telle explosion démographique, hé, hé.

Le mot chinois pour *mère* : une femme et un cheval : 妈 – sans doute un commentaire sur le travail que cela implique, ha, ha, ha.

J'ai bien aimé me creuser les méninges pour tenter d'apprendre cette langue, sans jamais aller aussi loin toutefois que ma fille Cassia. J'ai mangé un œuf de cent ans, et mon estomac n'en a pas souffert. J'ai admiré des peintures chinoises du VIIIe siècle bien supérieures à tout ce que pouvait produire l'Europe à la même période.

Je suis devenu sinophile, et pas un instant durant cette période n'ai-je été effrayé ou intimidé par la Chine. Même la fois où, alors que je rédigeais un article en fin de soirée dans ma chambre d'hôtel de Pékin, j'ai vu apparaître sur l'écran de mon laptop ce message (que je n'avais jamais vu auparavant et n'ai jamais revu depuis): « D'autres personnes utilisent actuellement cet ordinateur. »

Bon, ai-je pensé, si la police secrète chinoise veut lire mon papier pour le *Telegraph* en avant-première, la belle affaire ! Peut-être me faudrait-il sécuriser davantage mes appareils électroniques à l'avenir (et c'est ce que j'ai fait), mais cela n'enlevait rien au potentiel de la relation.

Les Chinois n'avaient pas que de l'appétit pour mes colonnes dans le *Telegraph* et leurs secrets de composition; ils voulaient nos Jaguar, nos Land Rover, notre whisky, nos trench-coats en gabardine Burberry – 1,3 milliard de Chinois et beaucoup de pluie, c'était en puissance beaucoup de trench-coats vendus.

L'une des choses dont je me vantais avec le plus de fierté, en tant que maire de Londres, était que nous avions davantage d'étudiants chinois chez nous (environ 120 000) que n'importe quelle autre ville du monde – excepté en Chine, bien sûr, qui a tout plein d'étudiants chinois. Alors, quand j'y suis retourné en 2013[2] dans le cadre d'une campagne postolympique de la mairie pour vendre Londres aux Chinois, je n'ai vu aucune raison de me restreindre.

Nous avons eu droit à un accueil très enthousiaste, peut-être parce que les médias d'État chinois avaient largement couvert les Jeux olympiques de Londres, et mon indice de notoriété était élevé. À Shanghai, j'ai pédalé sur un vélo Brompton. À Hong Kong, colonie britannique il n'y avait encore pas si longtemps, j'ai essayé de fourguer notre Routemaster hybride nouvelle génération. Je leur en ai même envoyé un à admirer.

Hong Kong était une ville à part – restituée à la Chine depuis 1997, elle conservait (plus ou moins) ses propres institutions démocratiques et juridiques. Comme le proclamait la formule de Pékin: un pays, deux systèmes ! Ce dont les habitants de ce territoire avaient besoin, ai-je annoncé depuis la plateforme du Routemaster, c'était de bus à impériale géants à la fois diesel et électriques: un bus, deux systèmes !

J'ai peut-être échoué à leur refiler le bus, un peu trop volumineux pour certaines rues de Hong Kong, mais sur le volet de l'immobilier londonien les acheteurs chinois étaient carrément omnivores. À l'occasion de banquets à douze plats – la totale, avec neige carbonique, orchestre live et les meilleurs vins connus de l'humanité – nous avons conclu des marchés pour des sites qui étaient en jachère depuis des années, sinon des décennies.

Mon vieux copain, le chancelier de l'Échiquier George Osborne, se trouvait se balader en Chine au même moment, et nous avons convenu de faire équipe. Avec une certaine dose de querelles de potaches pour capter l'attention des médias (notamment, si ma mémoire est bonne, une ridicule bagarre sans conséquence dans un ascenseur). Mais nous avons bien aimé ce duo, et au cours d'un dîner à Hong Kong nous sommes tombés d'accord que nous partagions la même attitude globalement favorable à la Chine. Londres devait être la principale place des transactions en yuan, et le Royaume-Uni devait être le partenaire commercial naturel de la Chine.

À mon retour au City Hall, Eddie Lister et moi avons constaté que nous avions une longue liste d'investissements chinois à faire avancer, de Vauxhall à Tower Hill en passant par Greenwich. Un programme prodigieux promettait de bâtir un nouveau quartier commerçant sur les docks Albert et Victoria – mais nous n'avons jamais réussi à le faire décoller.

Le projet qui me captivait le plus était une proposition très inattendue de nos partenaires chinois de rebâtir l'ancien Crystal Palace. Au début je n'arrivais pas à croire qu'ils fussent sérieux.

Vous avez sans doute déjà vu des photographies du Crystal Palace, cette espèce de serre supergéante, jadis plus grande merveille de la Grande-Bretagne victorienne. Deux fois plus vaste que la cathédrale St Paul, l'édifice a d'abord été érigé dans Hyde Park comme joyau de la *Great Exhibition* de 1851, lorsque le monde entier est venu ouvrir des yeux ébaubis devant la Grande-Bretagne, cœur du plus grand empire global de tous les temps – et atelier du monde.

Puis la gigantesque structure de fer forgé et ses 60 000 panneaux de verre ont été démontés pour être réassemblés à Sydenham Hill, dans le sud de Londres, où le Crystal Palace a continué d'étinceler jusqu'à ce qu'un incendie d'origine quelque peu mystérieuse le ravage en 1936.

Et voilà que, appuyé par la Bank of China, un promoteur de Shanghai proposait de rebâtir ce « palais » pour lui faire accueillir un immense centre dédié aux industries créatives. Il comporterait des ateliers d'artistes, des bureaux, des espaces d'exposition, il serait unique en son genre en Grande-Bretagne. En Europe ! J'en étais ahuri d'excitation. Et perplexe en même temps. Je voyais bien ce qu'il pourrait apporter aux jeunes de Londres. Je voyais bien l'avantage qu'il présenterait pour l'économie créative londonienne. Mais qu'y gagnerait le promoteur soutenu par l'État chinois ? Où était pour lui le retour sur investissement ?

Nous travaillions sur le projet depuis près d'un an, réunissant petit à petit les autorisations et les soutiens nécessaires, quand j'ai compris ce qui se mijotait vraiment. Ouvrez un livre d'histoire, a suggéré quelqu'un.

En 1860, les forces armées britanniques, victorieuses sur les troupes impériales chinoises, ont gagné de façon décisive la seconde guerre de l'opium. Londres a imposé à la Chine de modifier sa législation en matière de drogues – la contraignant, sous la menace des armes, à ouvrir ses marchés à l'opium cultivé dans l'Inde impériale britannique. Avec pour conséquence que d'innombrables Chinois ont été condamnés à la déchéance de l'esprit que provoque la toxicomanie.

Puis les troupes britanniques ont couronné cet épisode honteux en détruisant le Palais d'été[3] des empereurs Qing. Un événement dont le Britannique moyen n'a aujourd'hui sans doute pas connaissance, mais qu'aucun Chinois n'ignore.

Les fondations de ce palais sont encore visibles à Pékin, comme celles du Crystal Palace à Londres, avec cette différence que les ruines chinoises sont régulièrement visitées par de jeunes Chinois bouillonnant de colère devant l'attitude passée des Britanniques. Aussi, le projet qui nous était proposé était en réalité une subtile vengeance voilée.

Ils rebâtiraient un palais, mais pas à Pékin, pas en Chine. Ils l'érigeraient au cœur de la capitale de l'ancien oppresseur et ils le rempliraient d'œuvres d'art – comme les innombrables chefs-d'œuvre pillés dans le Palais d'été par le 8e comte d'Elgin et ses troupes.

Ce serait un symbole puissant, éclatant, de la nouvelle Chine. Du renversement complet, aussi, de la position de la Grande-Bretagne. Le nouveau Crystal Palace chinois montrerait que c'était désormais le tour de la Chine de s'étendre à l'étranger, mais dans un esprit de création, pas de destruction.

Quand j'ai enfin pigé, je n'étais pas moins enthousiasmé par le procédé. Hélas, c'est un de ces projets pour lesquels j'ai manqué tout simplement de temps. J'avais en tout cas l'impression d'avoir saisi quelque chose d'important : les sentiments des Chinois envers la Grande-Bretagne et notre passé impérial, et l'ambition phénoménale de la Chine de Xi Jinping.

* * *

En 2016, lorsque je suis devenu ministre des Affaires étrangères dans le gouvernement de Theresa May, le Royaume-Uni était moins conciliant envers la Chine. L'Ère dorée était associée à Osborne, et George et la nouvelle Première ministre ne semblaient pas énormément s'apprécier.

De fait, Osborne est allé jusqu'à déclarer à un journal qu'il ne serait satisfait que lorsque Theresa serait « découpée en morceaux, dans un sac dans [son] congélateur » (une remarque qui a provoqué les inévitables réactions scandalisées et écœurées), tandis que de son côté Theresa faisait définitivement tomber le couperet sur l'Ère dorée.

Pour commencer nous avons examiné le programme nucléaire – l'un des principaux aboutissements de la visite d'État de Xi. Il a été décidé, après mûre réflexion, de sortir les Chinois de la nouvelle centrale géante de Hinkley Point dans le Somerset, et pour finir de la totalité de notre programme nucléaire civil, même si cette décision devait être douloureuse et coûteuse sur le plan diplomatique.

Je participais à beaucoup de ces discussions et, bien que très sinophile, j'adhérais à la logique de ce que nous essayions de faire. La Chine n'était pas notre ennemie. Nous ne voulions pas nous déclarer hostiles à Pékin. Mais nous devions regarder la réalité en face : la Chine était un pays communiste, avec un parti unique au pouvoir et nulle grande tradition de liberté dans les domaines de la politique, de la culture et des médias.

Il devenait de plus en plus clair, à nos yeux comme à ceux des Américains, que la Chine se présentait comme un concurrent stratégique à long terme, et qu'il n'était donc pas judicieux de la laisser s'enraciner dans un domaine aussi sensible (et risqué) que celui de l'industrie nucléaire britannique. La technologie chinoise était excellente. La finance chinoise était très obligeante. Mais nous devions nous débrouiller seuls. Petit à petit, péniblement, nous avons commencé à détricoter les contrats.

Philip Hammond, le chancelier de l'Échiquier, défendait l'idée d'une approche équilibrée et soulignait souvent, à juste titre, que nous faisions tout de même des affaires colossales avec la Chine : nos échanges commerciaux pesaient à l'époque autour de 50 milliards de livres par an, et s'étaient développés beaucoup plus vite que nos échanges, par exemple, avec l'Inde. Il aurait été insensé, nous rappelait « Spreadsheet Phil* », le surnom de Hammond, de nous couper des marchés chinois, ou de couper les Chinois des nôtres.

J'étais d'accord. Mais il me semblait que certains de mes compagnons conservateurs, des deux côtés de l'Atlantique, devenaient un peu hystériques.

« C'est la Chine ! La Chine ! La Chine ! » clamait Steve Bannon, le stratège de Trump, quand nous sommes allés le voir pour la première fois à New York et que je l'ai interrogé sur nos défis tactiques à long terme.

Mike Pence, le vice-président de Trump, pestait contre la diplomatie du piège de la dette que pratiquait la Chine en prêtant des milliards à des pays

* Phil Excel.

vulnérables ou pauvres pour bâtir des infrastructures estampillées « nouvelles routes de la soie » – certaines d'entre elles de simples *éléphants blancs*, parfaitement superflues –, et en se comportant ensuite en créancier impitoyable qui imposait l'obéissance politique à ses débiteurs. Si cette analyse était en partie exagérée, elle avait aussi une part de vérité.

Nous entendions de l'anxiété dans les voix des Sri Lankais quand ils évoquaient leurs dettes envers la Chine pour le nouveau port de Hambantota. De l'inquiétude chez les Kenyans au sujet des emprunts qu'ils contractaient pour la ligne de train de Nairobi à Mombasa. Où que j'aille, de la Corne de l'Afrique au Pakistan ou en Amérique latine, je découvrais des ports, des voies ferrées, des routes, des aéroports construits par la Chine – avec bien sûr en parallèle d'énormes investissements chinois dans les matières premières. Et partout la supplication était la même. Pourquoi nous abandonnez-vous aux Chinois ? Où sont les investissements du Royaume-Uni ?

J'étais de plus en plus contrarié de constater que nous – l'Occident – étions en train de sortir du jeu. C'était bien joli de nous plaindre des nouvelles routes de la soie et de sonner l'alarme contre l'influence croissante de la Chine. Mais franchement, où était notre contre-proposition pour le monde ?

Quand les Chinois ont commencé à bâtir d'immenses bases d'acier et de béton sur des récifs et des atolls de la mer de Chine méridionale, tout le monde a râlé. Nous avons protesté que ces îlots se trouvaient dans les eaux internationales et que la Chine – au sens strict – n'avait aucun droit de s'en faire une flotte de porte-avions immobiles. Mais en dehors de ces protestations, quelle action avons-nous entreprise ? J'ai découvert qu'un récif portait le nom de Johnson. Il se trouve dans les eaux internationales.

Allons-y, les amis, ai-je dit au Foreign Office : colonisons ce territoire. Si les Chinois revendiquent les îles Spratleys et les îles Paracels, je revendique le récif de Johnson.

Construisons une base !

J'essayais de faire valoir ceci : se contenter de gémir sur la prolifération des infrastructures soutenues par la Chine à travers le monde, c'est inutile.

Nous devons avancer de meilleures offres, ai-je dit – et c'est une idée que je devais reprendre par la suite en tant que Premier ministre, avec Joe Biden, et que nous avons finalement appelée « Build Back Better World* ».

Les Chinois ont eu un impact hors du commun et mènent un nombre d'affaires considérable, précisément parce qu'ils ne posent pas de questions ; et, leur régime n'étant pas démocratique, ils tendent à favoriser la stabilité

* Reconstruire le monde en mieux.

plutôt que les droits humains ou l'État de droit. Cela se voit en Corée du Nord, par exemple, où la Chine s'oppose en principe aux fredaines nucléaires de cette dictature barjo, mais dans les faits donne aussi au régime les moyens de s'assumer.

Lorsque Donald Trump a tenté de tout remettre à plat avec Kim Jong-un, nous avons loyalement joué le jeu. J'ai prononcé un discours sur la non-prolifération nucléaire et exhorté Pyongyang à arrêter de mal se comporter. Nous avons renforcé nos sanctions et tenté de mettre un terme aux transferts de pétrole d'un navire à l'autre. Nous avons envoyé des vaisseaux dans les mers de la région, pour nous montrer solidaires du Japon dont les îles étaient survolées par des missiles nord-coréens aux noms absurdes tels que Nodong* – révélation inconsciente peut-être des angoisses de castration de cette dictature.

Nous avons même fermé notre ambassade, l'une des dernières encore en place à Pyongyang. Rien n'y a fait. Et même si Donald s'amusait beaucoup à surnommer Kim « le petit homme-fusée », puis à affirmer qu'il allait conclure avec lui un accord, un accord génial, l'accord le plus génial de tous les temps, il était assez clair que tout cela ne nous menait nulle part.

La Corée du Nord était une tragédie, un pays si mal gouverné que sa population crevait de faim par moments, ou mangeait de l'herbe. Mais son secteur commercial était contrôlé à 90 % par la Chine. Et les Chinois ne voyaient pas de mal à ce que les Nord-Coréens continuent de vivre dans la servitude. Ils préféraient avoir une frontière commune avec une secte communiste qu'avec une démocratie libérale dynamique, orientée vers l'Occident – comme la Corée du Sud –, susceptible de donner des idées à sa propre population.

Ce qui compte pour la Chine c'est son autonomie stratégique, la liberté de mener ses affaires, quitte à maintenir ses voisins figés dans la tyrannie.

* * *

Ouah, ai-je fait. Stop ! Je veux descendre. Nous crapahutions à travers la jungle birmane dans un convoi de minivans, quand sur ma droite, dans une trouée du feuillage, j'ai de nouveau aperçu un village dévasté. J'avais peine à en croire mes yeux.

* En anglais : Pas de zob.

Pourquoi nous montrait-on ceci ? Nous nous trouvions dans l'État de Rakhine, qui s'étend sur la côte ouest de la Birmanie au sud du Bangladesh, et les militaires birmans nous offraient l'exercice de relations publiques le plus bizarre et le plus autodestructeur que j'aie jamais vu.

Nous étions en février 2018 et le monde entier s'indignait des événements en cours dans cette province. Depuis le mois d'août de l'année précédente, la minorité rohingya, essentiellement musulmane, y était victime d'une nouvelle flambée de persécutions de la part de la forte majorité bouddhiste du pays.

Plus de 600 000 Rohingyas avaient été chassés de leurs foyers, et avant même d'atterrir en Birmanie j'avais entendu des témoignages irréfutables à propos de gens massacrés par milliers, de viols de masse, de villageois jetés vivants dans les brasiers de leurs maisons incendiées. J'arrivais tout juste de la ville côtière de Cox's Bazar, au Bangladesh, où environ un million de Rohingyas vivaient entassés dans un vaste camp de huttes, trop terrifiés pour repasser la frontière de la Birmanie même si les soldats birmans les avaient autorisés à revenir.

Ce pogrom de 2017-2018 était le dernier en date dans un chapelet de persécutions qui duraient depuis des décennies sinon des siècles. Les Rohingyas de l'État de Rakhine (ou Arakan) sont sans doute les gens les plus maltraités au monde : méprisés, battus, tués, privés du droit de vote et expulsés à répétition de Birmanie – tout cela parce qu'ils sont musulmans et non bouddhistes, et parce qu'ils ont un physique plus proche de celui des Bengalis que des Birmans typiques.

À notre arrivée à Sittwe, la capitale de l'État de Rakhine, les militaires birmans – visage fermé et regard inexpressif – nous ont offert la possibilité d'inspecter toute la zone. Ils nous ont emmenés dans un antique hélicoptère soviétique, le M17 « Hip », pour que nous voyions tout de nos propres yeux.

La Birmanie, ou Myanmar, est un pays magnifique, et vus du ciel les bouddhas et les temples dorés luisant au milieu de la végétation émeraude sont admirables. Mais quand nous sommes arrivés dans la zone des villages rohingyas, nous en avons eu le souffle coupé. C'était épouvantable.

Kilomètre après kilomètre, nous avons découvert des sites où toutes les habitations humaines avaient été incendiées, puis rasées : de longues traces entrecroisées de chenilles de bulldozers indiquaient les emplacements des communautés liquidées. Nous avions un bel effectif de journalistes dans ce vieil hélico russe, et tous contemplaient avec stupéfaction le spectacle à travers les hublots ouverts. Reeta Chakrabarti, de la BBC, était tellement sidérée que son iPhone, alors qu'elle essayait de filmer la scène, lui a échappé pour tomber dans la jungle sous l'appareil.

À présent nous retournions en direction de Sittwe par un chemin de terre. Je leur ai demandé de s'arrêter pour me permettre de voir les dégâts de près. À mon étonnement ils ont accepté.

Je me suis avancé dans le village dévasté, au milieu des cendres des habitations. Ces gens étaient-ils réellement des terroristes ? Était-il impératif de détruire tout ce qu'ils possédaient, au motif que quelqu'un, quelque part, était un membre présumé d'un groupe terroriste qui se faisait appeler l'Armée du salut des Rohingyas de l'Arakan ? Était-il vraiment raisonnable de brûler et de faire disparaître le village entier, parce que quelqu'un, quelque part, avait paraît-il agressé un garde à la frontière ?

Mes accompagnateurs haussaient les épaules. Dans les restes carbonisés d'une maison, j'ai trouvé les vestiges calcinés d'une bicyclette d'enfant et je l'ai soulevée pour la montrer aux caméras. Plus loin j'ai récupéré un mug cassé dont la faïence était décorée d'un cœur rose. Je l'ai gardé longtemps sur ma table de travail à Thame en me demandant quel amour ce cœur avait pu symboliser, quel cadre familial heureux les soldats birmans avaient ravagé en le brisant.

Cette attaque était infecte, une insulte au ciel. Il s'agissait d'une violente tentative d'éradication d'un peuple – un génocide, selon toute norme, toute définition. Mais pourquoi nous montrait-on cette vilénie ?

Pourquoi les militaires birmans s'accusaient-ils de façon si flagrante ?

Je crois que la réponse est assez simple. Ils voulaient discréditer une certaine personne aux yeux des Occidentaux, car c'était elle – pas moi – leur véritable ennemie politique.

Cette personne, c'était la dirigeante élue de la Birmanie (ou du Myanmar), considérée depuis bien des années par la plupart des commentateurs occidentaux comme une sainte des temps modernes.

J'avais rencontré plusieurs fois Aung San Suu Kyi (c'était mon second voyage ici en tant que ministre des Affaires étrangères) et nous avions aussi parlé des heures au téléphone. Il ne suffit pas de dire que j'étais charmé. Je pensais qu'elle possédait tout simplement une grâce, une intelligence, un charisme et un courage immenses.

Elle se battait depuis des décennies pour la cause de la démocratie birmane. Elle avait déjà passé quinze années en résidence surveillée. Après que son parti avait remporté haut la main les élections de 2015, elle avait été nommée à une écrasante majorité conseillère spéciale de l'État (chef du gouvernement *de facto*). Cependant il était clair que son autorité était fortement limitée.

Elle était contrainte de partager le pouvoir avec la Tatmadaw, l'armée aux généraux voyous héritiers politiques de Ne Win, l'ancien dictateur militaire de la Birmanie. Et partout dans le monde, la réputation d'Aung San Suu Kyi, comme celle de son pays, était salie par les massacres du Rakhine.

Il m'incombait d'essayer de lui faire comprendre la réalité de sa situation, afin qu'elle agisse avec toute l'autorité morale que lui conférait son prix Nobel de la paix.

Comme mes conseillers l'avaient observé, nous avions beaucoup en commun. Nous étions diplômés d'Oxford et nous avions tous deux plaisir à réciter de la poésie. Un soir, à la résidence de Carlton Gardens*, nous avons organisé un dîner magnifique en son honneur, arrosé par des vins sensationnels (un fait méconnu : alors que le gouvernement français a tragiquement vendu les siens, le gouvernement britannique possède une cave gigantesque, la meilleure d'Europe, dont les casiers souterrains à perte de vue font penser à la scène des archives à la fin des *Aventuriers de l'arche perdue*).

Nous avions fait venir un joueur de cornemuse qui a exécuté un tour de table. Daw Suu, comme il m'avait été conseillé de l'appeler, a semble-t-il beaucoup apprécié, puis nous avons récité des vers du poème *Mandalay*, de Kipling, dans lequel un soldat anglais songe avec mélancolie à la Birmanie.

La cheffe du gouvernement du Myanmar a commencé, de sa voix douce et grave à l'accent moitié birman, moitié oxfordien :

« Près de la vieille pagode de Moulmein, les yeux posés avec détachement sur la mer, est assise une jeune fille birmane, et je sais qu'elle pense à moi... »

Je lui ai renvoyé la balle :

« Quand le vent souffle dans les palmiers, que les cloches du temple disent, Reviens donc, soldat anglais, reviens donc à Mandalay... »

Et ainsi de suite.

J'ai par la suite eu de vilains ennuis à cause de ce poème. Lors d'une visite de la grande pagode Shwedagon de Yangon (Rangoun), Channel 4 m'a filmé[4] citant distraitement le vers sur les cloches du temple – on venait de me demander de faire sonner une cloche géante avec une sorte de rondin.

Horreur ! se sont écriés le *Guardian* et d'autres journaux : ce dur de la feuille de Johnson récite un poème colonialiste politiquement incorrect – dans un temple ! C'était tout à fait injuste. Ce qu'ils ignoraient, et que je ne pouvais dire pour ma défense, c'était qu'il s'agissait aussi de l'un des

* Résidence ministérielle officielle, généralement utilisée par le ministre des Affaires étrangères.

poèmes préférés de la dirigeante démocratiquement élue de la Birmanie. Et que le Foreign Office avait été enchanté par nos récitals de poésie.

Nous construisions ensemble une « relation porteuse » qui me permettrait de faire passer des « messages difficiles » (n'oubliez pas les messages difficiles, monsieur le ministre, me murmuraient-ils à l'oreille quand j'entrais en réunion).

Tout ce que je pouvais dire sur Rakhine, cependant, elle ne semblait pas l'entendre. Nous avons dîné une autre fois à Naypyidaw, la nouvelle capitale du pays, où Daw Suu nous a reçus dans sa résidence.

Une fois encore, sa compagnie a été captivante. Nous avons parlé des célèbres éléphants blancs de Naypyidaw, de tristes animaux albinos (ils sont roses en réalité) que nous avions vus le matin même, les pattes horriblement entravées par des chaînes. Depuis des siècles ils appartenaient à la couronne birmane et, contrairement aux autres éléphants, ils n'étaient pas autorisés à travailler – d'où cette expression, *éléphant blanc*, pour désigner une chose volumineuse et coûteuse, sans véritable utilité.

La Chine construisait-elle beaucoup d'éléphants blancs ? me suis-je demandé à voix haute. Ne serait-il pas judicieux d'encourager la Grande-Bretagne à investir ?

Nous avons parlé d'autres créatures propres à la Birmanie, les dauphins roses de l'Irrawaddy, ainsi que des bâtiments coloniaux, splendides mais délabrés, du vieux Rangoun. Que pouvions-nous faire pour qu'ils retrouvent leur lustre d'antan ? Peut-être organiser un concert caritatif avec des groupes britanniques ? Showaddywaddy sur l'Irrawaddy ?

Nous nous sommes relayés pour déclamer l'« Ulysse » de Tennyson – cet éternel favori des politiciens en difficulté. À vrai dire nous avons parlé d'à peu près tout sauf de la chose qui importait vraiment, ce brutal nettoyage ethnique qui dégoûtait le monde entier, consternait les admirateurs de Daw Suu et lui faisait perdre peu à peu son aura. J'avais beau essayer, je ne parvins pas à lui faire convenir de l'horreur de ces événements. Pourquoi ?

Si elle a beaucoup de sagesse et d'humanité, Aung San Suu Kyi est aussi, cela m'a frappé, une nationaliste birmane comme son père l'a été autrefois. Et il se peut qu'elle ne compatisse pas au sort des Rohingyas comme nous le faisons, ou en tout cas qu'elle accorde davantage d'importance à la menace du terrorisme et du séparatisme. Il se peut qu'elle sache que le peuple birman nourrit, je le crains, d'assez graves préjugés contre les Rohingyas, mais qu'il ne lui semble pas possible de se démarquer trop nettement de l'opinion publique.

Plus important, ce n'était pas elle – même à ce moment-là – qui dirigeait réellement le pays. Pas comme il aurait fallu. Elle ne s'était pas rendue dans le Rakhine pour voir les crimes commis par la Tatmadaw. Elle n'avait pas vu ce que nous avions vu. On pourrait dire qu'elle se voilait la face, mais la réalité des choses c'est que c'était l'armée – et non Daw Suu – qui était responsable des massacres. Par son impitoyable brutalité la Tatmadaw consolidait sa position, comme tous les régimes qui ont besoin d'une menace extérieure, et discréditait du même coup la célèbre opposante aux yeux de l'Occident.

Trois ans plus tard, après avoir profondément affaibli la position d'Aung San Suu Kyi dans la communauté internationale, les militaires birmans ont une fois de plus tordu le cou à la démocratie. Ils ont arrêté Daw Suu, qui était alors âgée de 75 ans, et l'ont de nouveau emprisonnée, dans des conditions bien pires qu'auparavant.

Au moment où j'écris ces mots, cette femme intrépide se trouve dans une petite cellule aux murs dépouillés – mais garde apparemment le moral. La Birmanie a régressé. La Tatmadaw tient sans conteste les rênes du pays. Et qui soutient la Tatmadaw ?

Ceux-là mêmes qui construisent un énième projet géant des « nouvelles routes de la soie » : 430 kilomètres de bitume de la frontière chinoise jusqu'à la ville de Mandalay, puis de là une liaison avec le port de Kyaukpyu sur la côte de l'État de Rakhine. Il s'agit des Chinois, bien sûr, qui ont besoin d'une nouvelle voie de circulation commode pour transporter du pétrole et d'autres matières premières depuis le golfe du Bengale jusqu'à l'Empire du Milieu. En définitive ils veulent la stabilité que leurs clients de la junte militaire sont en mesure de garantir, et ils ne sont pas terriblement enthousiasmés par la perspective d'avoir une démocratie à leur porte.

Ni où que ce soit dans le monde, à dire vrai. Ils ne demandent pas aux États africains de se conformer aux conventions sur les droits humains, aux règles environnementales, ou d'avoir un bon bilan en matière de défense des droits des communautés LGBTQI.

Ils veulent juste être respectés, établir des relations de dépendance en leur faveur en tant que prêteurs et clients, et étendre leur influence partout dans le monde, y compris dans les scrutins et les élections des organismes internationaux, depuis les Nations unies jusqu'à l'Union internationale des télécommunications.

Partout où j'ai pu aller, j'ai perçu l'influence de la Chine et les besoins de 1,3 milliard de personnes qui ne se contentent pas d'engloutir des matières premières mais dévorent – *mangent* littéralement – certaines des créatures les plus rares de la Terre.

* * *

J'ai déjà expliqué qu'il m'a fallu un certain temps pour voir enfin la lumière sur la question du changement climatique. Néanmoins il y a un aspect du travail de mon père dans le domaine de l'environnement que j'ai toujours soutenu avec ferveur, c'est la campagne qu'il a longtemps menée sur de multiples fronts pour empêcher que les animaux et les plantes du monde, et leurs habitats, ne soient anéantis.

En survolant l'Afrique de nuit, j'ai vu la lueur couleur de lave de la destruction causée par l'humanité : les incessants feux de brousse illuminant ce continent jadis si sombre, du Cap jusqu'au Sahara. J'ai lu avec effroi comment des espèces disparaissaient, comment le seul poids de l'humanité bousculait et écrasait la faune sauvage jusqu'à son anéantissement.

Depuis 1970 – même pas la durée de ma propre vie –, nous, les humains, avons éradiqué 70 % de la population mondiale des animaux sauvages, et 300 espèces de mammifères sont dévorées jusqu'à l'extinction.

Ces chiffres me mettaient en rage et j'ai décidé que Global Britain™ devait lancer une nouvelle campagne, en plus de celle engagée pour que chaque fille ait droit à douze années d'éducation de qualité. Nous allions faire campagne pour que cesse le commerce des espèces vivantes menacées. Zac Goldsmith a produit un travail remarquable, de même que Ben Gascoigne, et nous avons préparé un grand sommet international pour le second semestre 2018.

Les fonctionnaires du Foreign Office se sont aperçus que, partout où j'allais, je m'enquérais du sort des espèces sauvages – une question qui n'avait pas été jusqu'alors une priorité de la diplomatie britannique – et faisais passer des « messages difficiles » sur le destin des animaux.

Trop souvent, hélas, nous observions que certaines espèces étaient chassées jusqu'à l'extinction à cause d'une superstition asiatique sans le moindre fondement – prévalente en général parmi les personnes d'ascendance chinoise – selon laquelle les griffes, les dents, la peau et le pancréas posséderaient des propriétés thérapeutiques.

Je suis devenu obsédé par les pangolins (ou fourmiliers écailleux), dont les écailles sont réduites en poudre pour la médecine traditionnelle chinoise. Regardez ces magnifiques petites bêtes, ces drôles d'artichauts ambulants, capables de se rouler en une sorte de boule blindée. Saviez-vous que ce sont les seuls animaux au monde dont la langue part du pelvis ? Pourquoi diable les pangolins devraient-ils disparaître pour permettre à des hommes d'âge mûr d'espérer avoir une érection ?

Pulvériser et avaler des écailles de pangolin ne changera rien à votre vie amoureuse. Ne favorisera pas votre lactation. Ne guérira pas votre cancer.

Vous aurez juste contribué à faire disparaître une espèce de plus en plus rare. Et puis il y a les rhinocéros et les tigres…

J'étais déjà assez remonté contre le comportement de la Chine envers le royaume animal bien avant d'entendre parler des grottes de chauves-souris de Wuhan, ou du rôle éventuel du pangolin dans la transmission du Covid. Et à ce moment-là… Eh bien, poursuivez votre lecture.

J'espère ne pas paraître sinophobe en racontant tout ceci, parce que je ne le suis pas. Loin de là.

Je crois que nous ne devons pas dépendre de la Chine pour nos infrastructures nationales critiques, ou permettre à ce pays d'acheter de l'influence intellectuelle dans certains endroits comme Cambridge. Il nous faut accepter que l'Ère dorée a perdu une grande partie de son lustre.

Les Chinois se livrent de façon systématique à l'espionnage industriel et au vol de secrets commerciaux. Ils oppriment les Ouïghours et le Tibet. Ils serrent la vis à Hong Kong. Nous devons nous sentir libres de leur faire remarquer tout cela, ne serait-ce que parce que si nous pensons certaines choses mais ne les disons pas, ils nous trouveront tous pitoyables. Mais nous aurions complètement tort, et nous serions fous, de tourner le dos à la Chine et de nous lancer dans une nouvelle guerre froide, de renoncer au commerce, aux échanges avec ce pays – et à la nécessité fondamentale de comprendre un cinquième de la population humaine, avec tout le génie qu'il possède. Nous devons apprendre à aimer ce qu'il y a à aimer en Chine – et il y a beaucoup à aimer – et à faire face avec fermeté à ce qu'elle peut nous inspirer de craintes.

Je continue de penser que ces craintes sont peut-être exagérées. Il est de bon ton à notre époque d'affirmer que le monde est au bord d'une crise violente, peut-être même la Troisième Guerre mondiale. Il y a quelques années nous craignions un « choc des civilisations » entre l'Islam et l'Occident. Désormais nous redoutons un vaste conflit de conceptions idéologiques – les démocraties contre les autocraties, comme les partisans d'Athènes contre les partisans de Sparte. D'un côté nous plaçons l'Occident guidé par les Américains, de l'autre les Nord-Coréens, les Iraniens, les Russes, les Chinois. Bon, il est toujours juste de s'inquiéter des conflits susceptibles de survenir, ainsi que des manifestations infiniment variées de la folie humaine. Lisez quelques articles de presse des années 1930, vous y trouverez des tas de gens qui se sont terriblement trompés sur Hitler et ont sous-estimé les risques de guerre.

Tout ce que je peux dire, c'est que je ne pense pas qu'un tel conflit soit le moins du monde inévitable, *a fortiori* souhaitable. La Chine et les États-Unis sont-ils vraiment destinés à se faire la guerre ?

J'ai passé un moment très agréable, il y a peu, à rouler à vélo dans Bentonville, dans l'Arkansas, qui est la ville du siège de Walmart. Avec un chiffre d'affaires de 600 milliards de dollars et 2,1 millions d'employés, cette chaîne de supermarchés est la plus grande entreprise du monde.

Oui, vous avez bien lu. Cette chaîne américaine de grande distribution emploie davantage de personnel que l'armée chinoise (1,9 million), davantage aussi que le NHS en Grande-Bretagne (1,7 million). Elle propose 400 millions de produits différents et se développe désormais en Afrique, en Inde et en Asie.

Quel est le secret de son succès ? En un mot : la Chine.

Environ 80 % des produits manufacturés vendus chez Walmart – les produits autres que les aliments et les boissons – proviennent au moins pour une part de Chine. Prenez un aspirateur Walmart, un vélo Walmart ou un ordinateur portable Walmart : il y a de bonnes chances pour qu'ils soient chinois à plus de 92 %.

Bon, qu'est-ce que cela nous dit ? Cela nous dit que le monde est très différent de celui des gouvernements autarciques des années 1930, et qu'une puissante symbiose économique est déjà à l'œuvre entre les États-Unis et la Chine. Le succès de Walmart est formidable pour les États-Unis, car il aide les familles américaines à se procurer les articles dont elles ont besoin. Le succès de Walmart est formidable pour la Chine, car il crée des emplois et nourrit des familles chinoises.

Tenter de désimbriquer ces économies l'une de l'autre, séparer ces jumeaux siamois, ce ne serait pas juste quasi impossible, cela entraînerait une colossale destruction de valeur qui appauvrirait les gens de tous côtés. Je ne pense tout simplement pas que cela risque de se produire.

D'ailleurs, je ne crois pas non plus que la Chine soit même destinée à remplacer l'Amérique comme puissance hégémonique mondiale, avec le risque de conflit associé que l'on appelle parfois « piège de Thucydide ». Lorsque l'on passe beaucoup de temps à survoler l'Amérique comme je le fais à l'heure actuelle, on est frappé par une chose assez remarquable.

Les États-Unis sont un pays immense, magnifique, tempéré, très largement cultivable et habitable, et cependant, en comparaison de l'Europe et de l'Asie (en tout cas de l'Inde et de la Chine), il est très peu peuplé. La population chinoise est plus âgée, plus pauvre et beaucoup plus dense – avec quatre fois plus d'habitants au kilomètre carré. La Chine et l'Inde sont des territoires anciens qui depuis des millénaires abritent de vastes populations.

Aux États-Unis, le PIB par habitant est déjà très élevé, et dans presque chacun des États on trouve un pôle technologique, ou une grande université, ou un centre d'innovation branché et dynamique. C'est l'Amérique qui donne l'impression d'être dans l'enfance économique, car elle semble offrir de l'espace aux idées pour se développer. Il est exact que la part de la Chine dans le PIB mondial a grandi, mais aux dépens de nous autres, les lambins de l'Europe, pas aux dépens des États-Unis.

Aussi, avec les bons dirigeants – et la volonté de défendre les valeurs de liberté et de démocratie –, je pense que l'hégémonie américaine pourrait durer encore le restant de ma vie, et peut-être de celle de mes enfants.

Je me trompe peut-être. Les choses pourraient mal tourner, très rapidement, et la guerre en Ukraine constitue de toute évidence un risque majeur. L'invasion russe paraît symboliser la fracture mondiale actuelle, en ce qu'il s'agit d'une guerre entre la démocratie et la cleptocratie, entre la tyrannie et la liberté. Si nous échouons à protéger les Ukrainiens, je crains le pire pour la suite.

* * *

Après deux années en tant que ministre des Affaires étrangères j'avais une idée pour la paix et la prospérité du monde, un remède polyvalent pour à peu près tous les maux. Nous devions nous mettre au travail pour corriger l'une des plus grandes injustices au monde : l'écart d'alphabétisation entre les garçons et les filles. Qu'est-ce qui nous empêche d'avancer ? Le politiquement correct, bien sûr.

Chapitre 31

APPRENEZ À LIRE AUX FILLES

Plus d'égalité des chances entre sexes, plus d'égalité des chances dans le monde

Le claquement sourd des énormes pales du rotor de l'hélicoptère nigérian se répercutait sur le paysage broussailleux et appauvri de l'État de Borno en août 2017. Nous nous étions enfoncés au nord-est du Nigeria, dans l'angle supérieur droit de cette vaste contrée, aux confins de pays comme le Tchad et le Niger, un univers de lacs asséchés où le sol est si aride que rien ne peut s'y enraciner profondément. Rien, sauf l'extrémisme islamique.

Nous survolions ce qui était récemment encore une zone de guerre et, ne pouvant être tout à fait sûrs que les terroristes avaient décampé, nous fouillions le terrain du regard avec appréhension. Une brume épaisse nous obligeait à voler bien plus bas que le pilote ne l'aurait souhaité.

Nous étions à portée de tir d'un AK-47 et constituions une cible idéale. La scène d'*Apocalypse Now* où dans l'hélicoptère les GI décident de s'asseoir sur leurs casques tournait en boucle dans ma tête – choix masculin typique entre cerveau et couilles.

En contrebas, près des fermes en parpaings, au milieu des maigres pieds de maïs épars, je distinguais des chèvres, beaucoup de chèvres. On m'a expliqué qu'elles venaient pour la fête de l'Aïd el-Kébir, un événement très important dans cette région du Nigeria.

Même si vous étiez pauvre comme Job, vous étiez censé abattre une chèvre en signe de piété, et dans quelques jours l'intégralité de ces chèvres seraient massacrées. Ouais, me suis-je dit en observant ces pauvres bêtes dans la brume, malgré les risques que nous courions, leur espérance de vie dans cette région était nettement plus courte que la nôtre.

D'ailleurs, nous étions bien plus en sécurité et plus confortablement installés que la plupart des êtres humains au-dessus desquels nous passions, et dont certains bravaient chaque jour la mort.

Cela faisait plus de trois ans que des militants islamistes avaient enlevé 276 élèves d'un lycée public de Chibok, juste au sud de l'endroit où nous nous trouvions. Elles avaient entre 16 et 18 ans et malgré l'insécurité elles étaient retournées en classe en avril de cette année-là pour passer leurs examens de physique. Elles avaient cherché à s'enfuir, certaines en sautant des camions dans lesquels on les avait fait monter, et quelques-unes avaient recouvré la liberté.

Dans l'ensemble, cet épisode avait été un cafouillage monumental, principalement du fait du chef du gouvernement nigérian, Goodluck Jonathan. La Royal Air Force britannique avait repéré quelques filles. Un avion américain en avait apparemment localisé d'autres. Mais le gouvernement nigérian avait décliné toutes les propositions d'aide et, au moment où je survolais ce territoire, plus de deux cents filles restaient introuvables. À l'heure où j'écris, plus d'une centaine de jeunes filles de Chibok[1] n'ont toujours pas été libérées.

Elles avaient été enlevées parce qu'elles étaient chrétiennes, mais surtout parce que leur volonté de s'instruire s'opposait à la version déformée de l'islam que défendaient leurs ravisseurs. Ceux-ci portaient le nom de Boko Haram, de *boko* qui signifie « livre » en langue haoussa, et *haram* qui veut dire « interdit » ou « sacrilège ».

Au départ, ce nom délibérément absurde cherchait à tourner en ridicule le programme débile et nihiliste des ravisseurs. Mais ces brutes en avaient fait leur *nom de guerre*♦, et pour bien faire comprendre aux filles que *boko* était *haram*, ils jugeaient bon, au nom de la religion, de les enlever, de les violer, de les mutiler, de les tuer ou, pour les plus chanceuses d'entre elles, d'en faire des esclaves ou des gardiennes de chèvres quelque part au milieu de ces étendues arides.

Ou, comme l'avait déclaré Abubakar Shekau, le chef détraqué de Boko Haram : « Je les vendrai au marché aux bestiaux, par Allah. »

Je sais que, pour vous comme pour moi, Boko Haram a tout d'une bande de tarés, de vestiges choquants d'un âge révolu. En fait, dire que leurs idées sont moyenâgeuses est faire insulte à la tolérance et à l'égalitarisme relatifs du Moyen Âge. Mais alors que j'apprenais mon métier de ministre des Affaires étrangères, j'ai commencé à penser que leurs préjugés fondamentaux de genre n'avaient en réalité rien d'exceptionnel, et que cette opposition désastreuse envers l'instruction des femmes était l'obstacle le plus redoutable aux progrès du genre humain.

Un de mes premiers voyages m'a conduit au Pakistan, un pays auquel la British Official Development Assistance (ODA)* accorde traditionnellement

* Service du Foreign Office qui se consacre au développement économique et à différentes aides pour les pays en développement.

une aide d'un montant de plusieurs centaines de millions de livres par an. Le Royaume-Uni entretient des liens historiques profonds et étroits avec le Pakistan. Mais cette région de l'Asie du Sud est aussi, malheureusement, une des plus vastes pépinières du terrorisme et une des plus importantes exportatrices d'extrémistes islamiques, tant vers le Royaume-Uni que vers l'Inde et ailleurs.

C'était, ne l'oubliez pas, le pays qui avait inexplicablement offert un point de chute à Oussama Ben Laden – dans une grande villa située dans la vieille cité de garnison d'Abbottabad – des années après les attentats meurtriers du 11 Septembre à New York.

Des représentants britanniques à Lahore m'avaient affirmé que nous faisions beaucoup pour l'éducation des jeunes – parmi lesquels 6 millions de filles, avaient-ils précisé – et j'avais trouvé ça très encourageant. Me rendre à l'école Kinnaird et voir les filles en uniforme bleu évoquer avec assurance leurs projets d'études universitaires au Royaume-Uni avait été une expérience enthousiasmante. Mais était-ce suffisant ? Pouvions-nous vraiment espérer faire bouger les lignes, même avec tout l'argent du contribuable britannique que nous y injections ?

Les chiffres étaient atterrants. Le Pakistan comptait près de 231 millions d'habitants et l'illettrisme féminin était alors d'environ 60 %. Des écoles comme Kinnaird faisaient l'effet de points lumineux isolés au milieu de l'obscurité ambiante de l'ignorance et des préjugés. Et j'ai découvert que la situation était encore pire dans d'autres régions du monde.

Je me suis rendu en Somalie, où les terroristes d'al-Chabab, une sorte d'Al-Qaïda transplanté dans la Corne de l'Afrique, s'évertuent à maintenir le pays dans un état de pauvreté et de désordre permanent, tout en exportant le terrorisme vers le Kenya et d'autres régions d'Afrique de l'Est. Comment la Somalie pourra-t-elle échapper un jour à ce cycle macho et dément de violence et de châtiment claniques, alors que les hommes qui gouvernent le pays jugent apparemment raisonnable, ou tolérable, que 26 % seulement des Somaliennes sachent lire[2] ?

Nous avons traversé Mogadiscio, où des gens se baladaient avec des kalachnikovs aussi naturellement que les Londoniens avec des parapluies. Après avoir franchi les nids-de-poule et les contrôles de sécurité, nous sommes arrivés devant un petit bâtiment blanc qui était, en fait, le palais présidentiel.

J'ai eu un long entretien avec le président Farmajo, un ancien employé des services de transports en commun de New York, un homme affable à la voix douce. Il s'intéressait beaucoup, évidemment, à tout ce que nous pouvions faire pour mettre al-Chabab au pas. Il voulait que nous l'aidions à mettre fin à cette guerre civile épouvantable, et je l'approuvais. Mais je n'étais pas optimiste.

En définitive, des groupes comme al-Chabab ne peuvent prospérer que dans une culture qui autorise leur sexisme et leur sectarisme cinglés. Le président Farmajo est un type sympa, et je suis sûr qu'il faisait de son mieux. Son nom est un *nom de guerre** pseudo-italien, vestige de l'ère où la Somalie était une colonie de Mussolini. Farmajo vient de *formaggio*, « fromage » en italien, et signifie qu'il est un gros fromage, autrement dit un gros bonnet.

Ma question était la suivante : quelles mesures prenaient les gros bonnets de Somalie pour faire évoluer la culture et les attitudes de leurs concitoyens et concitoyennes ?

Toute l'aide financière étrangère ne servira à rien si les classes gouvernantes de Somalie autorisent – comme elles le font – la mutilation traditionnelle des petites filles, qui subissent une clitoridectomie à la naissance. Tous les manuels scolaires, toutes les subventions de l'ODA au profit de l'enseignement ne vaudront pas un clou si les hommes, et ce sont (presque) toujours les hommes, jugent admissible de maintenir les trois quarts de la population féminine dans une écrasante servitude d'ignorance.

Dans tous les pays arriérés, tous les pays ravagés par la guerre civile, la famine, le terrorisme, la destruction des habitats, la mortalité infantile ou n'importe quel autre fléau, je découvrais le même phénomène sous-jacent. Le niveau de littératie des hommes était médiocre, mais celui des femmes était pire, parfois bien pire.

Prenez le Niger, qui fait face à une insurrection islamiste. L'illettrisme féminin y est de 70 %. C'est la même chose au Burkina Faso, au Tchad – à travers l'ensemble du Sahel, ce grand incubateur d'instabilité qui est responsable d'une si large part de la crise des migrants dans l'espace méditerranéen et le reste de l'Europe. Premier ministre britannique des Affaires étrangères à me rendre au Liberia, j'ai découvert un pays où 76 % des femmes ne savent pas lire.

L'exaspération me gagnait, à cause de cette injustice bien sûr, mais plus encore de notre cécité opiniâtre à cette réalité flagrante : le rôle prééminent de la lecture et de l'écriture dans le développement économique et politique.

Il n'est pas difficile d'apprendre à lire à un enfant. Il faut un peu de patience, mais vers quatre ans, son cerveau est déjà une immense banque de données d'une réceptivité apparemment infinie, capable de répéter et de comprendre rapidement les lettres, les sons et les mots.

Une fille illettrée sera un jour une jeune mère illettrée, ce qui réduira considérablement les chances que ses propres enfants échappent à ce piège. Si les petites filles n'apprennent pas à lire, c'est toute une société qui restera prisonnière du cycle de la misère et du sous-développement.

Apprenez-lui à lire et, bingo ! tout change. Apprenez-lui à lire et elle aura de bien meilleures chances de réussir sur le plan économique.

Apprenez-lui à lire et elle aura suffisamment confiance en elle pour contrôler sa fertilité ; en effet, la corrélation entre littératie féminine et modération de la croissance démographique est aujourd'hui irréfutable.

Apprenez-lui à lire, donc, et vous réduirez la lutte pour l'emploi des jeunes qui galèrent pour trouver du travail ; vous améliorerez les perspectives d'avenir de toute la population ; vous supprimerez de nombreuses causes sous-jacentes de la criminalité, de la guerre et du terrorisme, sans parler de la discrimination religieuse.

Apprenez-lui à lire et, qui sait, peut-être inciterez-vous ses fils à rejeter le machisme et le sexisme grossiers, lesquels, en vérité, ne devraient pas avoir droit de cité dans l'islam, et peut-être affaiblirez-vous l'emprise des islamistes.

Et parce qu'il est si facile de lire, et qu'apprendre à lire est relativement bon marché, la transformation peut être très rapide. Regardez ce qui se passe dans le monde et vous verrez des lieux où la littératie a connu une soudaine accélération – l'État indien du Kerala, par exemple, ou certaines régions du Proche- et du Moyen-Orient. Tout est une question d'attitude et de leadership, ce qui signifie, encore et toujours, que cela tient largement à ce que les hommes sont prêts à tolérer.

À force de réfléchir à ce problème, j'ai commencé à me dire que tout notre programme d'aide au développement – un budget de 14 milliards de livres par an, soit 0,7 % du PIB – marchait sur la tête. Nous dépensions des quantités faramineuses d'argent et d'efforts intellectuels et émotionnels pour nous attaquer aux innombrables symptômes du désastre, des maladies infantiles au terrorisme. Or nous pouvions prendre une initiative moins chère et plus efficace : nous attaquer à ce qui était dans tant de cas la racine du problème et exiger que chaque fille où que ce soit dans le monde bénéficie de la même éducation que chaque garçon ; au moins douze ans d'enseignement de qualité.

Je m'étais radicalisé sur ce point – le terme n'est pas trop fort – à la suite de ma rencontre avec Malala Yousafzai. Peter Rosengard, un de mes amis, m'avait convaincu de l'inviter à la mairie, et je ne l'ai pas regretté. Certaines personnes semblent nimbées d'un éclat mystique tout à fait singulier, une sorte de sainteté moderne. C'est l'impression que m'a donnée Malala quand elle est entrée dans mon bureau à Londres en 2014. Elle était si douce et si charmante, elle défendait ses convictions avant tant de résolution et manifestait un tel optimisme pour l'avenir de l'humanité qu'on avait peine à se rappeler ce qu'elle avait enduré.

Deux années auparavant, en octobre 2012, alors qu'elle était dans son bus scolaire dans la région de Swat, au Pakistan, un taliban armé était monté dans le véhicule et avait crié : « Laquelle d'entre vous est Malala ? Répondez ou je vous abats toutes. »

Malala a été identifiée. L'homme lui avait alors tiré dessus et la balle avait pénétré juste à côté de son œil gauche, s'enfonçant de quarante-cinq centimètres, traversant son cou pour venir se loger dans son épaule. Elle avait 15 ans.

Quel crime avait-elle commis ? Pourquoi tant de colère et tant de hargne ?

Elle s'était élevée contre la décision des talibans pakistanais de fermer les écoles de filles dans le Swat. Elle avait eu l'audace de revendiquer le droit à l'éducation, même si elle était une fille ; et pour cette simple raison, parce qu'elle avait prétendu avoir le droit de s'instruire, ces odieux crétins avaient décidé – officiellement – qu'il fallait la tuer ; et ils ont bien failli arriver à leurs fins. Elle doit sa survie à un miracle de la médecine moderne, et, pour une large part, des services hospitaliers de Birmingham.

En écoutant son histoire dans mon bureau à la mairie, j'ai trouvé hallucinant que des hommes adultes puissent avoir un tel comportement. Cependant, tout ce que je voyais depuis que j'étais devenu ministre des Affaires étrangères contribuait à me convaincre que les agissements des talibans, comme la cruauté de Boko Haram, n'étaient qu'une manifestation extrême du syndrome qui empêchait le monde d'avancer.

Je suis allé en Afghanistan, cet autre grand vivier du terrorisme où Ben Laden avait établi ses camps. J'ai observé les efforts que nous consentions pour faire briller le flambeau de la littératie au milieu des ténèbres. Certains représentants dynamiques du DFID m'ont invité à une représentation de *Macbeth* en dari, avec des comédiens des deux sexes (et j'ai eu l'impression que le public afghan réagissait vivement aux thèmes de la trahison et du sang).

J'ai été présenté à des joueuses afghanes de football et de cricket, et nous nous sommes entraînés avec des battes et des balles sur un minuscule lopin de verdure entouré de nids de mitrailleuses dans l'enceinte de l'ambassade. Ce que nos représentants réussissaient à entreprendre dans des conditions aussi éprouvantes m'a empli d'admiration. Mais faisaient-ils vraiment plus que soulever quelques kilos d'éboulis d'oppression des montagnes environnantes ?

Kaboul, la capitale, était déjà devenue si dangereuse que ces centaines de fonctionnaires ne pouvaient pour ainsi dire plus sortir de l'enceinte fortifiée de l'ambassade. Ils étaient comme des lions en cage. Le fonctionnement de l'ambassade nous coûtait plus de 300 millions de livres – c'était le plus onéreux de nos postes à l'étranger – et à l'extérieur de Kaboul la situation ne faisait qu'empirer.

Les talibans continuaient de progresser – les mêmes types, idéologiquement parlant, que les talibans pakistanais qui avaient tiré sur Malala. Ils voulaient fermer toutes les écoles de filles du pays. À chacune de mes rencontres avec ce pauvre Ashraf Ghani, le président afghan, j'avais pour instruction de le rassurer.

Nous avions établi une présence à long terme, devais-je lui dire, et n'avions pas l'intention de nous retirer ; et chaque fois que je lui répétais ce message, j'espérais que nous pourrions tenir parole.

À l'époque, je pensais sincèrement que nous y parviendrions. J'étais loin de prévoir le retrait américain intégral et soudain réalisé sous Joe Biden, et l'effondrement qui a suivi.

Aujourd'hui, la scolarisation des Afghanes a de quoi vous tirer des larmes : preuve, s'il en fallait, que les gains de la civilisation peuvent se perdre et que l'histoire peut réellement faire marche arrière, entraînant le retour des ténèbres.

Nous avons appris qu'il y a des limites à notre capacité à obliger les Afghans à instruire leurs filles. On ne peut pas les bombarder ni les inonder de pots-de-vin. On ne peut pas les submerger d'ordinateurs portables et d'enseignants financés par le Royaume-Uni, même si le pays était assez sûr pour que des professeurs britanniques y exercent leur métier.

J'ai commencé à me dire qu'une chose était peut-être à notre portée : leur faire comprendre qu'ils sont dans ce domaine essentiel les artisans de leur propre malheur et qu'ils ont la solution entre les mains, littéralement : prendre un livre, le mettre sous le nez de leurs filles et régler ainsi le problème.

Je me suis lancé dans une croisade en faveur de l'éducation des filles. En 2017, j'ai organisé un grand événement à l'Assemblée générale des Nations unies à New York auquel – sur le conseil de mes collaborateurs – j'avais invité Emma Watson, la vedette de *Harry Potter*, qui avait manifesté un certain intérêt pour la question. J'ignore pourquoi elle a refusé. Mais elle s'en est prise ensuite à J. K. Rowling elle-même sur la question grotesque de savoir si les femmes peuvent avoir un pénis. Je me suis donc senti en bonne compagnie.

Quels qu'aient pu être les efforts des politiciens pour stimuler l'intérêt des jeunes femmes pour la lecture, ils ont été largement éclipsés par ce qu'a accompli J. K. Rowling.

J'ai poursuivi ma campagne au sommet du Commonwealth qui s'est tenu à Londres l'année suivante et nous avons obtenu que l'intégralité des 52 pays s'unisse autour de l'ambition d'assurer à toutes les filles douze années d'enseignement de qualité (bien que certains pays des Caraïbes aient objecté, fort raisonnablement, que le vrai problème était souvent les résultats médiocres des garçons). Nous avons organisé une soirée[3] en présence du prince Harry et de Meghan Markle, que le sujet a semblé passionner. J'ai prononcé un discours inaugural sur le même thème au Conseil des droits humains des Nations unies à Genève et il a obtenu un accueil enthousiaste.

Notre opération a pris de l'ampleur. Nous avions des brochures, des tracts, des autocollants. J'ai nommé un envoyé spécial chargé de l'éducation féminine. J'avais le sentiment que c'était une campagne valable, la bonne campagne, et je l'intégrais à tous les problèmes que nous abordions.

J'ai passé des heures en réunions sur les problèmes insolubles du Yémen. Qu'est-ce qui, concrètement, empêchait ce pays d'avancer ? Étaient-ce les bombes de la coalition menée par l'Arabie saoudite ? Étaient-ce les rebelles houthis soutenus par l'Iran ?

Ou était-ce la tragédie chronique qui faisait que les femmes yéménites avaient 30 % de chances de moins de savoir lire que les hommes de ce pays ? Lors du sommet du Commonwealth, une femme de mon équipe m'a demandé pourquoi j'étais tellement remonté à ce sujet.

« Pourquoi est-ce que ça vous préoccupe à ce point ? » m'a-t-elle demandé, comme si elle cherchait sincèrement à percer à jour mes motivations.

J'ai réfléchi et cherché à répondre à cette question pour moi, d'abord. Je suppose que la première réponse est que cette disparité est cruelle, stupide et constitue un gâchis de potentiel humain. J'ai grandi avec une sœur qui n'est pas beaucoup plus jeune que moi.

Nous jouions tout le temps ensemble et nous sommes restés remarquablement proches. Si tant est que j'aie éprouvé le moindre désir de réussir dans la vie, c'est parce que, quand j'étais petit, je me réveillais tous les matins, conscient que Rachel était sur mes talons.

Pour tout vous dire, quand j'avais cinq ans et elle quatre, il y avait quelques mots qu'elle lisait plus vite que moi – du moins c'est ce qu'elle prétend que racontait ma grand-mère. (Et elle pouvait même grimper plus haut que moi sur certains arbres, affirme-t-elle aujourd'hui).

Ce que je veux dire, c'est que très tôt dans la vie j'ai su d'instinct que le talent et le potentiel sont répartis équitablement entre les sexes, comme partout ailleurs (voir ce que j'ai dit plus haut sur le nivellement par le haut), et qu'en n'encourageant pas l'éducation féminine, l'humanité se prive, m'a-t-il semblé, d'un atout considérable, car cette éducation est de toute évidence le couteau suisse qui nous aidera à venir à bout de tant de difficultés.

Je suis devenu d'autant plus fanatique que j'ai commencé à soupçonner qu'on ne faisait pas franchement bon accueil à mes idées et qu'elles n'étaient peut-être pas très en vogue dans les milieux des experts en développement.

Ou plus exactement que ces gens-là n'appréciaient pas la place prépondérante que j'accordais à ce sujet. Ils considéraient l'illettrisme féminin comme un des nombreux maux auxquels ils cherchaient à remédier, et qui, en fin de compte, découlaient tous de la pauvreté.

Je ne suis pas de cet avis et je rejoins sur ce point l'ancien Premier ministre britannique, Tony Blair. La solution aux problèmes du développement mondial est l'éducation, l'éducation, l'éducation – dans cet ordre.

Comment peut-on apprendre à lire aux filles alors que toutes les écoles sont fermées pour cause de guerre civile ? me demanderez-vous. Je vous répondrai : Apprenez-leur à lire et vous diminuerez considérablement les risques de guerre civile.

L'illettrisme se différencie d'un grand nombre des autres fléaux mondiaux, car il est relativement facile d'y remédier. Inutile de dépenser des milliards, de lancer une intervention militaire ou d'envoyer des milliers d'employés des services d'aide au développement se balader dans de luxueuses Land Cruiser Toyota blanches climatisées et financées avec l'argent du contribuable.

Il suffit que les hommes en costume – les hommes en chair et en os qui transpirent dans leurs costumes et sont à la tête des gouvernements de ces pays – reconnaissent qu'ils déshonorent leurs propres populations en laissant perdurer cette ignorance.

Je suis sûr que vous vous demandez pourquoi, si l'éducation féminine est une telle panacée, cette campagne n'est pas plus connue. Pourquoi n'en parle-t-on pas tout le temps à la télé ? Où sont les sempiternelles publicités pleine page du *Guardian* ?

Je pense que, dans ma campagne, ce qui n'a pas plu au lobby de l'aide au développement a été la suggestion implicite qu'en réalité la responsabilité de la situation incombait aux pays eux-mêmes.

Les libéraux occidentaux se plaisent à croire que le problème est toujours la « pauvreté » et que la pauvreté du monde en développement est toujours et partout due à l'Occident – ou à un héritage du colonialisme. Nous sommes toujours fautifs parce que nous menons des guerres par procuration, que nous n'allégeons pas la dette des pays pauvres ou que nous imposons des systèmes injustes de subventions agricoles (comme la PAC de l'UE, bien qu'elle ne soit pas souvent mentionnée) ; et avant tout et surtout, nous sommes fautifs parce que nous ne voulons ou ne pouvons jamais dépenser assez en aide au développement.

J'ai bien peur d'avoir observé suffisamment de nos dépenses d'ODA pour être devenu cynique. Certes, une partie de ce financement est efficace et permet de réaliser de bonnes choses. Malheureusement, cela revient le plus souvent, pour reprendre la formule immortelle de Peter Bauer, économiste spécialiste du développement, à « transférer l'argent des pauvres des pays riches aux riches des pays pauvres ».

En maniant l'outil planétaire de la honte – l'électrochoc du ridicule administré à chaque rencontre internationale –, il serait tellement préférable, moins coûteux et moralement supérieur de convaincre les hommes de ce pays de cesser de condamner les femmes de leurs pays à grandir dans l'illettrisme.

S'ils voulaient le faire, s'ils s'en souciaient vraiment, ils pourraient y parvenir étonnamment vite. Le monde a accompli des progrès surprenants depuis la fin de la dernière guerre, où 44 % de l'humanité étaient illettrés. Nous approchons aujourd'hui de la barre des 10 %.

La vraie tragédie est que de nombreux pays sont terriblement à la traîne et que certains régressent même. Mais si nous réglons ce problème, nous nivellerons le monde par le haut.

On ne peut que regretter que l'industrie de l'aide au développement n'apprécie pas la critique implicite de la campagne en faveur de la littératie : l'idée que le problème pourrait venir de l'attitude des pays concernés eux-mêmes. Ces gens-là craignent de se faire accuser d'islamophobie parce que Boko Haram et les talibans se rejoignent dans la conviction que leur religion leur interdit d'apprendre à lire à leurs filles, et que les portes du paradis s'ouvriront devant eux s'ils les maintiennent dans l'ignorance.

Ils craignent qu'une campagne mondiale pour la littératie féminine n'ait des relents de paternalisme ou de néocolonialisme. Moi, je leur dis d'aller se faire voir avec cette excuse pitoyable.

Trop de gouvernements (à domination masculine) se rendent activement complices de l'illettrisme féminin ou y sont indifférents ; et toute l'industrie de l'aide au développement, du haut en bas de l'échelle, est trop attachée au politiquement correct pour le leur dire.

Je regrette que cette campagne n'ait pas rencontré davantage de succès. Avec une année supplémentaire au Foreign Office, je pense que j'aurais pu faire plus de raffut, dont j'ai pris, il est vrai, conscience assez tard.

Un des problèmes était qu'il s'agissait de ma campagne, et que notre Première ministre n'était pas toujours emballée par ce que je faisais.

CINQUIÈME PARTIE

Une période critique

Chapitre 32

LA VOIE DE LA SERVITUDE

Theresa May et le mauvais type de Brexit

Après dix-huit mois au Foreign Office, j'étais en train de dériver dans l'allée des snipers*, le territoire occupé par tous les ministres qui ne jouissent pas de l'affection inconditionnelle du Premier ministre. J'étais ministre des Affaires étrangères du Royaume-Uni parce que j'avais contribué à mettre le Brexit au monde ; ma tâche était donc de rassurer les 17,4 millions d'électeurs du Leave sur l'application – en intégralité – du résultat du référendum de 2016.

Voyons les choses en face : je n'exerçais pas cette grande fonction étatique en raison de l'affection particulière que me vouait Theresa May, ni grâce à mes chefs-d'œuvre de diplomatie à la Kissinger.

Les mois passant, tous les ministres sont théoriquement susceptibles de valser au remaniement suivant, du moins devraient-ils l'être ; et mes chances de rester en poste commençaient à m'inspirer une certaine appréhension – très réaliste. Si elle décidait de me virer, elle disposait déjà d'un excellent argument : mes gaffes.

Il y avait mes lapsus et mes erreurs, comme le jour où j'avais dit que l'Iran et l'Arabie saoudite menaient des « guerres par procuration » au Moyen-Orient. C'était parfaitement vrai (voir plus haut à propos des gaffes), mais cela pouvait suggérer une forme d'équivalence – à laquelle nous ne croyions pas du tout – entre ces deux pays, ce qui a été jugé préjudiciable à notre amitié profonde et stratégique avec l'Arabie saoudite. Cette bourde-là a eu pas mal de retombées[1].

S'y ajoutait une réalité incontournable : Theresa et moi étions très différents et n'avions pas toujours le même sens de l'humour. Un jour, nous avons donné un grand déjeuner officiel pour le président colombien Santos. Nous avions beaucoup fait pour l'aider à combattre les guérilleros des

* Allusion au nom donné à la grand-rue de Sarajevo pendant le siège de la ville entre 1992 et 1996 en raison du grand nombre de snipers qui la prenaient pour cible.

FARC et les sujets de conversation ne manquaient pas lorsque nous avons pris place dans la salle à colonnes à l'étage du 10 Downing Street, sous le portrait Chandos de Shakespeare. Mais Theresa n'a presque rien dit, et j'ai dû assurer l'essentiel de la conversation.

Le président Santos décrivait les merveilles de la jungle de son pays, et plus précisément les nombreuses espèces d'amphibiens qu'on y trouve.

« Nous avons quarante grenouilles ! s'est-il vanté.

– C'est tout ? ai-je répliqué. Quand j'étais maire de Londres, nous en avions quatre cent mille*, en fait, il y avait plus de grenouilles à Londres que dans toute la ville de Bordeaux. »

Ces propos ont été accueillis par un silence pesant, Santos a eu l'air perplexe. Puis il a compris et ri – du bout des lèvres.

Theresa contemplait son assiette.

Mais le problème le plus grave était que je n'étais pas convaincu de notre convergence de vues sur la mission et l'objectif fondamentaux du gouvernement. S'agissant du Brexit, c'était bien simple, je n'arrivais pas à la cerner.

Je n'éprouvais aucune antipathie pour Theresa, pas la moindre. C'était une femme remarquablement intelligente et réfléchie, animée par une puissante éthique du service public. Son pharisaïsme de maîtresse d'école m'enchantait et j'adorais la voir lever les yeux au ciel quand je tenais des propos scandaleux. Vous allez trouver ça bizarre, mais je faisais une vraie fixation sur ses narines – longues et pointues, elles ressemblaient à des têtards noirs, comme dans une caricature de Gerald Scarfe ; en plus, elle avait l'habitude de froncer le nez, comme pour mieux les montrer.

Que signifiait cette grimace ? Du dégoût ? Ou de la réflexion, tout simplement ? Que pensait-elle ?

Ses conseillers la présentaient comme une ministre de l'Intérieur à la bottez-leur-le-cul, foutez-les-en-taule, virez-les-d'ici, et pourtant elle donnait l'impression sur les questions du respect de la loi et de l'ordre d'être bien plus à gauche que moi (même si je ne suis aucunement partisan du fouet et de la potence). Comme le lecteur se le rappellera peut-être, nous nous étions opposés sur la question des contrôles d'identité et des fouilles au corps sur la voie publique et sur l'utilisation des canons à eau[2]. Un mardi matin, nous étions tous assis autour de la table quand elle nous a

* Jeu de mots sur *frog*, « grenouille », surnom traditionnellement donné aux Français.

annoncé, avec une voix de fille de pasteur enrouée, que Penny Mordaunt* avait quelque chose de très important à nous dire.

Penny s'est lancée dans un long laïus sur la reconnaissance du genre et sur les problèmes rencontrés par les transsexuels britanniques pour changer de sexe. Certains détails m'ont échappé, mais j'ai eu l'impression d'un machin plutôt éprouvant ; à un moment, Penny a déclaré : « C'est la question la plus importante de notre époque. »

Je n'étais pas toujours d'accord avec Phil Hammond**, mais il se trouve qu'à cet instant nos regards se sont croisés et j'ai remarqué que – comme moi – il faisait un gros effort pour réprimer son amusement. Comprenez-moi bien : j'étais conscient que ce sujet présentait une très haute importance pour certains (sûrement pas aussi nombreux que ça, si ?) et qu'il convenait de le traiter avec tact et sensibilité.

Mais de là à prétendre que c'était « la question la plus importante de notre époque » ? Sérieusement ?

Et Theresa accueillait avec moult hochements de tête enthousiastes ce qui était une présentation organisée et approuvée par Downing Street. Alors, était-elle de droite, ou était-elle woke ?

Quant à l'Europe, dans quelle mesure – pour emprunter le langage de l'exposé de Penny – notre Première ministre avait-elle opéré sa transition ? Était-elle encore une Remainer déguisée en Brexiter, ou avait-elle chirurgicalement changé d'opinion ?

Était-elle une sorte de travesti – et pourrait-elle effectuer la transition inverse ? Je commençais à m'inquiéter.

Pour moi, il était essentiel que nous réalisions le bon type de Brexit, celui qui nous permettrait de redevenir un pays entièrement indépendant. En tant que ministre des Affaires étrangères, je devais faire face toutes les semaines aux coûts diplomatiques de notre décision. Mes homologues étrangers me retenaient par la manche à la fin de nos réunions pour me dire combien ils regrettaient notre choix, et combien nous leur manquerions dans les cénacles européens.

Bien sûr, cela me faisait de la peine que les anglophiles d'autres pays m'avouent que le Brexit les avait blessés et déçus. Mais à aucun moment leurs propos ne m'ont inspiré repentir ou regret.

Rien de tout cela ne changeait quoi que ce soit à nos arguments. Mais il était d'autant plus indispensable de ne pas rater notre coup. À quoi bon

* Ministre des Femmes et des Égalités.

** Chancelier de l'Échiquier.

endurer toute la souffrance psychique du Brexit si c'était pour n'en tirer aucun avantage ? Et je sentais bien, à entendre les marmonnements qui circulaient à Whitehall, que le Brexit était en danger.

Peut-être pourrions-nous rester dans l'union douanière, a suggéré quelqu'un. Vraiment ? ai-je répondu.

J'ai aussitôt vu la faille. Si vous restez dans une union douanière, vos marchandises peuvent circuler librement sans se voir imposer de taxes ou de droits de douane. Mais en l'absence de contrôles frontaliers – et telle était la teneur de cette proposition –, une pression naturelle veillera à ce que les marchandises se conforment aux mêmes normes. En d'autres termes, rester dans l'union douanière revenait dans les faits à rester dans le marché unique : à respecter les règles de l'UE sans pouvoir les façonner.

Nous devrions obéir à des règles, nous serions des satellites, une colonie ; un État esclave. En tout état de cause, si nous restions dans l'union douanière, nous n'exercerions aucun contrôle sur nos propres taxes, droits de douane et quotas.

Nous ne pourrions pas conclure d'accords de libre-échange, ce qui allait à l'encontre de toutes les promesses faites pendant la campagne du référendum. La perspective de rester dans l'union douanière était donc exclue pour deux raisons majeures : restriction de la divergence réglementaire et interdiction de toute politique commerciale indépendante.

Dans le cercle des nations libres et indépendantes, nous aurions l'air aussi ridicules qu'un jeune de 18 ans qui arriverait à l'université encore vêtu de son uniforme scolaire, obligé de continuer de respecter les règles, le régime alimentaire et l'emploi du temps de son ancienne école alors que tous les autres étudiants étaient libres de faire ce qu'ils voulaient !

Il s'agirait d'un Brexit bidon, d'une arnaque pour nos électeurs. Je perdais patience. Il était temps de prendre les choses en main, temps de donner un petit coup de volant.

Alors que Theresa conservait en public une attitude sibylline, je continuais de dire à tous ceux que je rencontrais que nous nous apprêtions bien à quitter l'union douanière et le marché unique, ainsi que tous les éléments de la juridiction légale communautaire. Nous reprenions bien le contrôle, affirmais-je. Oui, oui, cela ne faisait aucun doute... J'attendais que Downing Street me contredise.

Les mois passaient. Mes propos désinvoltes n'étaient pas contestés, ni confirmés, d'ailleurs. Puis le mardi 15 novembre 2016, alors que j'étais en fonction depuis environ cinq mois, un journal de Prague m'a interviewé.

C'étaient de bons journalistes et l'imprécision de nos plans ne leur avait pas échappé. Sortions-nous de l'union douanière ? Quel modèle de Brexit allions-nous appliquer ?

Affirmer que nous restions dans l'union douanière n'était qu'un tas d'*hovadina*, ai-je dit. En fait, je ne sais plus quel mot j'ai utilisé – probablement *bollocks** – quoi qu'il en soit, il a été traduit par *hovadina* et diffusé sous cette forme. Mon directeur de cabinet, Nick Wareham, a été alerté presque sur-le-champ : ce *hovadina/bollocks* passait mal à Whitehall.

« Un peu plus de souplesse sur l'union douanière, monsieur le ministre », m'a conseillé Nick quelques heures plus tard, alors que nous préparions une soirée diplomatique.

Ah bon ? ai-je demandé, curieux. C'est alors que j'ai appris que je m'étais fait rembarrer et que la porte-parole officielle de la Première ministre avait formellement désavoué mes propos. La décision de notre départ ou de notre maintien dans l'union douanière n'était pas encore prise, avait déclaré Katie Perrior.

J'étais indigné. Hé, ai-je dit, c'est quoi, ça ? Je n'appréciais pas de me faire remonter les bretelles par Katie Perrior, qui avait accompli un travail admirable à la mairie ; en plus, elle avait tort. Cette décision avait bel et bien été prise par le référendum du 23 juin 2016, le plus grand exercice de démocratie auquel notre pays se soit jamais livré. J'ai téléphoné à Downing Street pour émettre une objection, et plus tard, lors d'une réunion du Cabinet, Theresa a évoqué la question avec moi.

« Boris, a-t-elle dit comme si j'étais un enfant surpris à espionner la conversation des adultes à un dîner, j'ai cru comprendre que l'union douanière vous intéresse. » En effet, ai-je répondu, et je lui ai prouvé par a + b pourquoi le maintien dans l'union douanière était incompatible avec toute version sensée du Brexit.

Elle a froncé le nez d'un air dubitatif et l'affaire est restée en suspens. J'ai trouvé un solide allié en la personne de Nick Timothy, son chef de cabinet à la barbe de Raspoutine, qui avait fait campagne pour le Leave et comprenait parfaitement les problèmes. Allons, ai-je dit, nous ne pouvons pas continuer de tergiverser comme ça.

Il ne suffisait pas que Theresa s'obstine à dire que « Brexit veut dire Brexit ». Il fallait qu'elle explique ce qu'ELLE entendait par Brexit, faute de quoi l'autre camp, l'Union européenne, ne nous prendrait pas au sérieux dans les négociations.

* Conneries.

Ne vous en faites pas, m'a rassuré Nick. Elle s'apprêtait à faire un grand discours, dans lequel elle exposerait tout.

Super ! ai-je répondu. Permettez-moi d'apporter ma contribution personnelle à ce texte. Je me suis assis et j'ai dicté un projet tonitruant.

Nick et sa corédactrice de discours, Chris Wilkins, ont accueilli mes efforts avec une grande courtoisie et, bien qu'il ne me semble pas qu'une seule de mes phrases ait trouvé place dans la version définitive, j'ai été enchanté du résultat parce que l'orientation générale était la mienne, et que mes arguments avaient manifestement été entendus.

Quand Theresa a achevé son discours à Lancaster House*[3] le 17 janvier 2017 (avec le slogan Global Britain affiché sur son pupitre), on a pu voir tous les diplomates de l'UE tapoter sur leurs téléphones et se précipiter hors de la salle.

Ce qu'elle avait dit était clair et cohérent. Nous allions sortir du marché unique; nous rejetterions tout alignement réglementaire, nous ne respecterions pas les décisions de la Cour européenne de justice, nous ne payerions plus de droit d'accès au marché de l'UE, nous exercerions un contrôle absolu sur nos frontières, nous conclurions des accords de libre-échange dans le monde entier, nous sortirions de l'union douanière.

Phil Hammond était un peu vert, mais moi, je trépignais de joie. Ça y était ! Nous avions un plan, une feuille de route pour le Brexit.

Certains ont ronchonné, bien sûr, et crié à la victoire des cinglés de johnsoniens – les plus durs des Brexit durs. Mais Lancaster House était et reste la seule manière cohérente de respecter le mandat démocratique de 2016; et trois ans plus tard, les conditions exposées dans ce discours ont été à peu de chose près celles de notre sortie.

J'ai éprouvé un immense soulagement. J'avais l'impression d'avoir remporté une bataille majeure et accompli une grande partie de ce que j'étais censé faire. C'était un projet que je pouvais vendre à l'intérieur du pays et à l'étranger, et à moi-même. Puis tout a dérapé.

Un matin d'avril 2017, nous sommes arrivés au Conseil des ministres pour découvrir qu'il se tramait quelque chose. Nous étions enfermés dans la salle du Conseil, regroupés autour d'un téléviseur installé à l'entrée de la pièce – près des portes doublées de feutre bleu donnant sur le bureau de

* Palais de style néoclassique géré par le Bureau des Affaires étrangères et du Commonwealth, dont la munificence fait aussi un lieu idéal pour des scènes de films ou de séries, comme *The Crown*.

la Première ministre – pour suivre un discours que Theresa donnait dans la rue. À ma grande surprise, et contrairement à tout ce qu'elle avait affirmé en public, elle a annoncé la tenue d'élections législatives.

Bouche bée, nous avions tous les yeux rivés sur l'écran quand elle a surgi parmi nous, en raison du différé de l'émission, tel un Être suprême non seulement omnipotent mais omniprésent.

« Bravo ! avons-nous tous crié. Excellente démarche, madame la Première ministre ! Manœuvre géniale ! » Ce genre de trucs.

Nous comprenions très bien le but de l'opération. Theresa profitait encore de la très modeste majorité de David Cameron de 2015 et elle était alors au plus haut dans les sondages – avec près de 21 points d'avance. Si elle pouvait conserver une partie de cet avantage lors d'élections, elle disposerait d'un mandat personnel qui lui permettrait de réaliser le Brexit qu'elle voudrait, que cela plaise ou non à cette plaie de ministre des Affaires étrangères.

Et que deviendrait Boris Johnson ? Que deviendrait la vision du Brexit présentée à Lancaster House lorsqu'elle aurait fini d'écraser Jeremy Corbyn comme un crapaud sous la herse* ? Bonne question, mais je n'aurais pas donné cher de nos chances.

* Référence ici au poème de Kipling « Pagett, M.P. », dans lequel l'écrivain ironise sur la visite d'un député anglais aux Indes.

Chapitre 33

ÉCHEC À CHEQUERS

La bérézina électorale et comment j'ai finalement été conduit à démissionner

Le problème était qu'en l'espace de trois ans, c'était la troisième fois que la population britannique était appelée aux urnes : d'abord l'élection de 2015, puis le référendum de 2016 sur l'UE, et maintenant ce scrutin.

« Quoi ? s'est écriée une dénommée Brenda de Bristol à la BBC. Encore ?! »

Nous aurions pu nous en sortir s'il avait été possible d'organiser les élections en ce même jour d'avril – faire sortir les gens immédiatement pour qu'ils aillent voter sur-le-champ. Mais les choses ne se passent pas comme ça. Les élections sont destinées à mettre vos propositions à l'épreuve. Et nous nous sommes cassé la figure.

Tous les sondages indiquaient que Theresa était plus populaire que la marque « tory » et on s'accordait à la trouver « forte » et « stable » – deux adjectifs qui parlaient manifestement aux *focus groups*. Nous avons donc recouvert le bus de campagne tory de son nom et de son portrait, accompagnés des mots « forte » et « stable ». Et tout aurait pu marcher si dès le premier jour elle s'était employée à houspiller les Travaillistes avec force, stabilité, résolution et stoïcisme.

Au lieu de quoi, elle a commencé par éviter les débats télévisés avant d'accomplir en pleine campagne une volte-face spectaculaire sur la protection sociale. Je ne sais pas pour quelle raison nous avions décidé d'annoncer dans notre programme électoral que les Britanniques agés pourraient devoir renoncer à leur logement pour financer le coût de leur prise en charge. Nous avions par ailleurs l'intention de relever le plafond de 72 000 livres sur les coûts de la protection sociale, de sorte que si votre patrimoine dépassait 100 000 livres, même s'il s'agissait d'un seul bien immobilier, vous risquiez de devoir tout prendre en charge personnellement.

Les choses étaient claires : des gens risquaient de perdre leur maison pour payer les soins indispensables à mamie qui devenait gaga. On pouvait prendre les choses par n'importe quel bout, ça restait une merde absolue, et Downing Street était si désespéré que c'est moi qu'on a missionné pour expliquer tout ça à la télé le dimanche matin. Je ne crois pas m'en être très bien tiré. J'estimais pourtant que nous essayions de faire peu ou prou ce qu'il fallait en cherchant au moins à nous attaquer au problème de la protection sociale. Et j'étais bien décidé, si j'en avais l'occasion, à régler les choses moi-même.

Dans l'ensemble, j'ai joué dans cette campagne un rôle relativement quelconque et discret, exception faite de deux apparitions bizarres à des débats télévisés où j'ai donné l'impression de vouloir me colleter avec des députés travaillistes : me bouffant le nez avec Ian Lavery[1] et pratiquant le pincement du nerf vulcain sur Andrew Gwynne. Très gamin. Je crois que j'en avais marre.

On m'a finalement fait venir pour le meeting de Theresa May à la veille du scrutin, où j'ai fait de mon mieux pour galvaniser les troupes avant son dernier discours.

Je dois avouer qu'en tant que spectateur, j'ai trouvé son intervention plutôt effrayante. Elle se tenait au-dessus de moi sur l'estrade, agitant ses bras pâles vers le ciel comme une prêtresse tirée d'un roman de Rider Haggard.

« Donnez-moi le mandaaaat, psalmodiait-elle. Donnez-moi le pouvoiiiir ! »

C'est ça, me suis-je dit. Donnez-lui le pouvoir de faire quoi ? De faire foirer le Brexit ? De piquer leur logement aux gens ?

Au terme de cette campagne, rien ne permettait de penser que nous surfions sur une vague d'enthousiasme qui vous aurait donné le mandat de faire quoi que ce soit. Et cette impression s'est confirmée. À l'instar de beaucoup de mes collègues, cette soirée électorale à Uxbridge m'a passablement gonflé. Ma majorité avait été divisée par deux, inutilement. Comme je l'ai déclaré à mes troupes, nous étions encore en vie mais, à l'image du comte d'Uxbridge lui-même, nous avions perdu une jambe dans la bataille.

Par un chef-d'œuvre d'incompétence électorale presque surhumaine, nous avions réussi à brader notre avance électorale, à perdre la majorité conservatrice au Parlement. Nous n'avons pas seulement raté un but sans gardien, nous avons fait de Jeremy Corbyn le jumeau de Diego Maradona.

Vers 4 ou 5 heures du matin, j'ai reçu un message de Phil Hammond, le chancelier de l'Échiquier, personnalité franchement rébarbative mais dotée d'un remarquable esprit politique. Nous avons discuté pendant que je rentrais en voiture d'Uxbridge pour aller dormir à Carlton Gardens.

Il trouvait toute cette affaire regrettable, mais estimait que Theresa May était fichue. Il aurait bien fallu qu'elle parte tôt ou tard, alors autant que ce soit tout de suite. Ce qu'il proposait (je ne pense pas qu'il me démentirait) était une association Hammond-Johnson qui me conduirait à prendre les commandes de Downing Street tandis qu'il continuerait d'être mon copilote économique.

J'y ai réfléchi quelques instants, alors que l'aube poignait, et j'ai refusé. Peut-être était-ce pur égoïsme. J'aurais dû accepter cette responsabilité ce matin-là et faire cause commune avec Phil pour annoncer aux vieux grincheux que l'heure du départ de Theresa avait sonné. J'ai hésité en partie parce que je craignais qu'une telle démarche ne paraisse rancunière et fébrile.

Les médias me disaient déjà « à la manœuvre » et même si ce n'était pas vrai, je savais parfaitement que si Phil et moi tentions un coup d'État au petit-déjeuner contre Theresa, je serais illico la cible de la colère générale. Et je continuais de croire – par naïveté peut-être – à la lettre ce que Theresa avait dit à Lancaster House.

Elle avait fini par trouver la bonne formule pour le Brexit. Je pensais qu'en tant que Remainer – travestie ou non –, elle occupait une position morale solide pour réaliser ce projet et préserver la cohésion de notre parti, même si elle avait fait foirer les élections et atomisé sa propre autorité.

Ma foi, j'ai bien peur de m'être trompé du tout au tout dans ce deuxième calcul. Ce fiasco électoral avait privé Theresa de tout ressort – et aussi, semble-t-il, de toute trace de foi dans le Brexit.

Un des plus grands prodiges de Chequers est son chef, Graham, et un de ses plus grands chefs-d'œuvre est le sablé Chequers, breveté.

Ces sablés sont sensationnels : de grands médaillons pâles de sucre, de beurre et de farine, un pur délice oscillant entre onctuosité et croustillant. Certains étaient nature, d'autres garnis de pépites de chocolat, et Dieu sait que j'en avais grand besoin après une nouvelle séance de trois heures avec mes collègues du Cabinet à chercher à définir notre position sur le Brexit.

Nous avons passé au moins deux journées dans cette demeure élisabéthaine classée, où la malheureuse Lady Marie Grey avait été internée par les émissaires d'Élisabeth Ière dans une minuscule chambre à l'étage et avait sombré dans la folie au point de gribouiller sur les murs un charabia bizarre en latin, qui s'y trouve toujours.

Si ce galimatias était incompréhensible, il était bien plus sensé que le plan que Theresa a présenté à Chequers, lequel consistait en substance à quitter l'Union européenne tout en restant dirigé par l'UE. Elle avait perdu courage. Elle avait perdu ses deux principaux conseillers, Nick Timothy et Fi Hill, sacrifiés pour apaiser les députés tories (ça ne marche jamais) et elle avait perdu le fil.

Depuis le discours de Lancaster House en janvier 2017, j'avais en toute confiance vendu le scénario suivant : nous quittions l'union douanière et le marché unique et serions complètement libres d'agir à notre guise. J'avais sillonné le monde à fond de train – car je semblais avoir perdu toute utilité pour Theresa à Londres – et chaque fois qu'on me demandait comment se passait le Brexit, j'avais été en mesure d'en faire un exposé très clair en couleurs primaires, claires et vives.

Bien sûr, avais-je dit à nos alliés européens, nous continuerions de défendre leur sécurité, mais hors de la grande architecture européenne, comme un arc-boutant. Ce mot a été, je ne sais comment, traduit lors d'une réunion du Conseil européen par « seau boutant* », mais le sens général était clair.

Lorsque le printemps et l'été 2018 sont arrivés, cette clarté s'était ternie, et nous dérivions à nouveau vers le marché unique, l'union douanière et la vassalité. Pourquoi Theresa ne s'en était-elle pas tenue à sa formule gagnante ? Pourquoi n'était-elle pas allée de l'avant avec les promesses de Lancaster House ? Dieu seul le sait. Peut-être a-t-elle eu peur, après les élections, de ne pas pouvoir faire accepter un Brexit dur à une Chambre des communes largement favorable au Remain.

Ou peut-être n'avait-elle jamais eu l'intention de faire adopter un vrai Brexit et n'avait-elle organisé ces élections que pour qu'ELLE concentre le pouvoir entre ses mains et qu'ELLE puisse obliger les partisans récalcitrants du Leave – des gens comme moi – à accepter un BRINO, un Brexit qui n'en a que le nom. Qui sait, et qu'importe ? Quelles qu'aient été ses motivations, c'était bien un BRINO que nous nous apprêtions à obtenir et aucune quantité de sablés Chequers ne le rendrait plus digeste.

En 2018, il était évident que David Davis, le prétendu ministre du Brexit, n'était plus vraiment responsable des négociations – confiées désormais à un ancien fonctionnaire du ministère de l'Intérieur, Olly Robbins, en qui Theresa May avait manifestement toute confiance.

* En anglais, *flying bucket* (*bucket* signifie « seau ») au lieu de *flying buttress* (« arc-boutant »).

Robbins était parfait : d'une infinie patience avec la Première ministre, remarquablement intelligent et connaissant bien son sujet. Son problème était les négociations à Bruxelles où on ne cessait de lui demander d'expliquer la position du Royaume-Uni et où il était dans l'impossibilité de le faire car, deux ans après le vote, le Cabinet britannique incurablement divisé était toujours incapable de se mettre d'accord.

Lors de la deuxième session de nos journées en déplacement à Chequers, nous avons enfin su comment Theresa voyait notre négociation sur la « relation future » avec l'UE. Toutes ses propositions étaient épouvantables. Je ne cessais de poser à Olly et à Theresa une question toute simple : pourrions-nous prendre des mesures différentes de celles de l'UE ? Dans le cas contraire, pourquoi en sortions-nous ?

J'ai repris l'exemple de mon passage à la mairie où j'avais été impuissant à faire le nécessaire pour éviter la mort de femmes cyclistes. Pourrions-nous exiger que les vitres des énormes poids lourds qui circulaient dans Londres soient adaptées aux cyclistes ?

« Non.

– OK, ai-je dit, cherchant d'autres exemples. Pourrons-nous modifier les réglementations sur les services financiers, ou sur le génie génétique, l'IA, Internet ou le partage de données ?

– Non.

– Pourrons-nous interdire la soupe d'ailerons de requin ou l'exportation d'animaux vivants ?

– Non.

– Pourrons-nous réduire la TVA sur les tampons périodiques ?

– Non.

– Pourrons-nous réduire les droits de douane sur ce qui ne pousse pas dans notre pays, comme les oranges ?

– Non.

– Et les bananes ?

– Non.

– Les olives ?

– Non.

– L'huile d'olive ?

– Non.

– Pourrons-nous diverger un tant soit peu de l'UE ?

– Pas vraiment.

– Aurons-nous notre mot à dire dans la conception de toute cette législation ?

– Non. Aucun.
– Alors, à quoi bon partir ? demandais-je, et Hammond retroussait sa lèvre et répondait :
– Eh bien, tu as voté pour.
– Pfff, répliquais-je, je n'ai pas voté pour ça. »
C'était n'importe quoi. La question de la frontière de l'Irlande du Nord avait été montée en épingle et transformée en arme pour nous maintenir dans le rayon tracteur de la législation de l'UE. Les discussions se sont achevées par un dîner, et en fin de soirée – plus par politesse que pour tout autre motif –, j'ai levé mon verre à notre santé à tous, parce que je trouvais que nous avions été louablement sympas et sérieux de chercher au moins à débattre de tout ça.
Le lendemain, j'étais censé rédiger un article commun avec Philip Hammond pour saluer l'accord de Chequers. On nous a envoyé le texte vers midi. Je l'ai lu et la moutarde m'est montée au nez. Il n'était pas question que j'appose mon nom sur cette foutaise.
Tous les journaux avaient prédit que je serais obligé de démissionner à cause de Chequers, et à mon grand regret j'allais leur donner raison. J'adorais, j'adorais vraiment, être ministre des Affaires étrangères, mais en vérité je n'avais qu'un devoir : celui de veiller à ce que le gouvernement exécute le Brexit. Sur ce point, c'était un échec. Il était temps de partir.
J'ai parlé à David Davis, qui était mécontent, lui aussi. Nous nous sommes entendus pour harmoniser nos démissions. Il a démissionné tard ce soir-là. Je l'ai suivi le lendemain.

Ma traversée du désert a duré un an. J'ai écrit une masse d'articles pour le *Telegraph*, critiquant vertement la démarche de Chequers, et pour le reste j'ai vécu plus ou moins comme un plouc à Thame à côté de la piscine, à faire des barbecues avec Carrie, à traîner en short, à boire de la bière et à tirer sur des bouteilles de champagne avec mes fusils à air comprimé. Une période heureuse et productive.
J'ai également compris que mes tergiversations politiques n'avaient plus d'excuse. De toute évidence, Theresa n'allait pas réaliser le Brexit, en tout cas sous une forme reconnaissable. Sa solution était si humiliante pour le Royaume-Uni que même le plus ardent Remainer ne pouvait pas la soutenir. Tôt ou tard, comme l'avait annoncé Phil Hammond, elle devrait s'en aller, et ce jour-là je n'aurais pas le choix : je devrais me lancer dans ma deuxième tentative pour exercer la fonction suprême.

Cette fois, me suis-je dit en louchant dans le viseur de ma fidèle carabine .177 (achetée chez Elderkin's dans le Lincolnshire avec mon vieil ami John Hayes), je ne raterai pas mon coup.

Lentement, j'ai pressé la détente et *bam* : la bouteille de champagne a volé en éclats.

Tout cela pour vous expliquer comment j'ai fait mon retour à Downing Street, le 13 décembre 2019, afin d'accomplir la mission la plus importante d'une génération ; et si vous avez des yeux pour lire, je vais vous raconter maintenant comment nous nous sommes efforcés de tenir les serments que j'avais faits, ce que nous avons réalisé et quels projets j'ai été contraint de laisser inachevés.

SIXIÈME PARTIE

Un grand projet pour la Grande-Bretagne

Chapitre 34

LA RÉVOLUTION DES INFRASTRUCTURES

Nouveaux logements, nouvelles routes, nouvelles voies ferrées, nouvelles centrales électriques, nouveau haut débit

Le lundi 16 décembre 2019, un Parlement nouveau a envahi Westminster : le peuple britannique y avait envoyé des députés tories de villes, grandes ou petites, où jadis les militants conservateurs osaient à peine mettre les pieds. Des rues où la simple vision d'une cocarde bleue aurait provoqué un lynchage ou au moins un jet nourri d'œufs s'étaient converties et leurs habitants étaient allés voter massivement pour le parti de Disraeli et Thatcher. Ou en l'occurrence, me suis-je plu à imaginer, pour une subtile combinaison des deux.

Au bout de presque dix ans de pouvoir, le temps et la lassitude n'avaient pas érodé notre pourcentage de voix ; il était au contraire au plus haut depuis quarante ans et nous comptions 109 nouveaux députés tories. Ceux-ci étaient originaires de vieux bassins houillers aussi bien que des villes du Surrey dont les habitants venaient travailler à Londres, du pays de Galles urbain comme de Wakefield, Workington, du Wash ou d'ailleurs. Cet après-midi-là, nous avons convoqué cette cohorte historique de nouveaux venus à Westminster Hall pour une séance photo.

Il faisait froid dans ce grand temple de la démocratie datant du XIIe siècle, où Charles Ier avait été jugé, où Henry VIII avait joué au tennis, et où l'humidité alluviale de la Tamise remontait par les dalles. En contemplant nos troupes, j'étais fou de joie – comme un chef révolutionnaire.

Nous avions changé de politique, brisé le moule en opérant un réalignement qui voyait 54 sièges passer directement des Travaillistes aux Conservateurs.

Pendant que les nouveaux députés prenaient place sur les degrés de pierre grise, je les ai brièvement harangués et leur ai rappelé l'importance de ce qu'ils avaient accompli. Le Parti tory formait désormais une immense coalition de gens de tous les milieux et de toutes les régions de Grande-Bretagne, d'Ashford dans le Kent à Ashfield dans le Nottinghamshire, d'Abingdon à Aberdeen, ai-je allitéré, de Billericay à Bassetlaw, à Bury, à Bolton, à Blyth Valley – nous avions une dizaine de nouveaux sièges anciennement travaillistes qui commençaient par B –, à Blackpool et... Bolsover !

Eh oui, Bolsover, dont le siège avait été occupé précédemment par Dennis Skinner, l'ancienne « Bête de Bolsover » (pour reprendre l'expression de Frank Johnson), qui m'avait déstabilisé un jour en intervenant grossièrement alors que je m'apprêtais à ouvrir la bouche et faire mes débuts de jeune porte-parole de l'opposition sur je ne sais quel sujet.

« Espèce de merdeux », avait dit Skinner juste assez bas pour que le speaker ne l'entende pas. Et voilà que l'impensable avait eu lieu. Bolsover avait viré au bleu et c'était le tour de Skinner d'être jeté, avec un gargouillis gémissant d'incrédulité, dans les oubliettes de l'histoire. Bolsover avait un nouveau député, un jeune Tory travailleur et dévoué qui s'appelait Mark Fletcher. En regardant leurs visages radieux, j'ai pris conscience que plusieurs n'étaient pas seulement ravis d'être là, mais étonnés. Certains étaient si novices en politique nationale que c'est à peine s'ils étaient déjà venus à Londres, sans parler de la Chambre des communes.

Certains n'étaient que de bons Tories à l'esprit civique qui avaient complaisamment permis à leur section locale d'inscrire leur nom sur les bulletins de vote – parce qu'il faut bien que quelqu'un s'y colle – et avaient été emportés par la déferlante bleue. Certains n'avaient même pas trente ans. Ils exultaient et plébiscitaient mes blagues (« Nous avons transformé Redcar en Bluecar* ! »), et en levant les yeux vers le groupe, j'ai été bouleversé par le message qui m'était communiqué à travers eux – à moi et à tous ceux qui jouaient un rôle dans le gouvernement de notre pays.

« Allez-y ! » disaient les électeurs. Vous vouliez une majorité suffisante ? Vous l'avez, alors maintenant réalisez le Brexit et mettez en œuvre votre projet destiné à rassembler la Grande-Bretagne et à la niveler par le haut. Comme je l'avais déclaré au pays depuis l'estrade de Downing Street le vendredi matin qui avait suivi l'élection, je pensais savoir dans quel esprit le peuple nous avait accordé ses voix.

C'était un raz-de-marée, mais un raz-de-marée élastique. Il était conditionnel. Nous devions tenir parole ou ils reprendraient leur soutien d'un coup sec, comme s'ils tiraient sur la ficelle d'un yo-yo.

Je savais depuis mon passage à la mairie que le premier mandat peut filer en un rien de temps et qu'il peut être extrêmement difficile d'accomplir

* Allusion à l'épisode 3 de la saison 6 de la série *Entourage* dont le titre *One Car, Two Car, Red Car, Blue Car* (« Une auto, deux autos, auto rouge, auto bleue ») s'inspire lui-même d'un livre pour enfants destiné à leur apprendre à reconnaître les couleurs.

quelque chose. Aussi ai-je parcouru le pays à toute allure dès les premières semaines, comme pour prouver notre détermination inflexible à concrétiser notre programme. Avec la ministre de l'Intérieur, Priti Patel, je me suis rendu dans des centres de formation de la police où nous avons félicité les recrues – certaines si jeunes que leurs uniformes noirs flambant neufs semblaient flotter sur leur ossature maigrichonne – de faire partie des 20 000 nouveaux policiers chargés de combattre la criminalité.

Je suis allé dans des écoles pour présenter le budget de 14 milliards de livres sterling que nous injections dans l'éducation[1], avec un salaire de départ minimum de 30 000 livres pour les enseignants. J'ai sillonné le pays de long en large, en casque de chantier et en veste fluo, me penchant avec admiration sur les trous boueux d'où surgiraient bientôt des services d'admissions, d'urgences ou de pédiatrie, dans le cadre de notre engagement à construire quarante hôpitaux supplémentaires, dont un à Uxbridge.

C'était grisant; c'était bien. Je n'avais jamais été un grand fan de l'« austérité » en tant que slogan, et nous devions prouver notre attachement inconditionnel aux services publics, NHS en tête.

Mais aucun Tory ne considère les dépenses publiques comme une fin en soi. Celles-ci doivent s'inscrire dans un plan de croissance, de nivellement du pays par le haut. La population nous avait accordé un mandat unique, qui ne se présente qu'une fois par génération. Si nous travaillions dur, si nous tenions nos promesses comme je savais que nous le ferions, il était probable que nous serions réélus. Autrement dit, il s'agissait en toute logique du préambule d'un projet de dix ans. Nous étions chargés de résoudre le plus grave problème de notre pays, lequel n'était cependant pas nos relations avec l'Union européenne, aussi compliquées qu'elles aient pu être.

Ce problème était, voire est toujours, l'immense écart de productivité entre les différentes régions de notre pays. Si nous pouvions parvenir à la même uniformité économique, grosso modo, que d'autres pays occidentaux, l'économie du Royaume-Uni deviendrait alors la plus puissante d'Europe. Et il n'y avait qu'un moyen d'y arriver : obtenir que le secteur privé investisse dans ces villes laissées-pour-compte.

L'État ne peut pas et ne doit pas chercher à copier le secteur privé. Il ne faut pas demander au gouvernement de posséder ou de diriger des entreprises. Nous en avons fait l'essai après-guerre avec des résultats catastrophiques. Mais l'État peut créer les conditions de la croissance : utiliser les milliards d'investissement du secteur public pour attirer les milliers de milliards du marché.

J'ai eu la chance d'avoir un chancelier de l'Échiquier, Sajid Javid, qui approuvait pleinement ce programme.

Javid était le fils d'un chauffeur de bus musulman des quartiers modestes de Bristol et, après avoir travaillé dans la banque, il s'était fait élire au siège conservateur, acquis d'avance, de Bromsgrove. Son crâne rasé le faisait ressembler, disait-il, à un personnage de télé en pâte à modeler appelé Morph, et il était délicieusement dénué de tout manque de confiance en lui.

Il se surnommait lui-même « le Saj ». Et en l'écoutant, on apprenait avec stupéfaction combien de progrès la race humaine devait apparemment au Saj, de la privatisation de la Poste britannique jusque – l'auriez-vous cru ? – les poêles antiadhésives. Un soir, au début de mon mandat, Carrie et moi avons dîné à Chequers avec lui et sa femme Laura.

Le Saj est arrivé avec des cigares et deux bouteilles de tignanello et nous sommes restés au jardin jusqu'à une heure tardive à débattre du programme de nivellement par le haut tandis que, dans le ciel, les cerfs-volants rouges laissaient place aux chouettes et aux chauves-souris.

Si nous voulions transformer le pays, il fallait réparer son squelette. Nous devions moderniser le réseau de transports.

Député des Midlands, Saj ne pouvait que reconnaître qu'il était honteux que les grandes villes du nord et des Midlands ne bénéficient pas des réseaux de trains de banlieue qui existent à Londres et dans le Sud-Est depuis cent cinquante ans et transportent rapidement les gens entre leur lieu de travail et leur domicile. Et il était doublement honteux qu'aucune ligne ferroviaire importante n'ait été construite au nord de Birmingham depuis l'époque victorienne. Le pays s'attaquait enfin ce problème.

Je comprenais la méfiance de l'opinion publique à l'égard du projet HS2*, cet immense réseau de trains à grande vitesse en forme de Y reliant Londres à Birmingham puis aux villes du Nord-Ouest et du Nord-Est. Ce projet avait été préparé à la va-vite par Andrew Adonis dans les derniers jours de fonction de Gordon Brown au poste de Premier ministre avant d'être repris avec enthousiasme par George Osborne, peut-être parce qu'il était député d'une banlieue du Grand Manchester.

Ces trains électriques devaient être d'une rapidité prodigieuse (360 kilomètres-heure – bien plus rapides que la plus rapide des Ferrari), et circuler sur plusieurs centaines de kilomètres de nouvelles voies. Et tout le long de ce trajet,

* *High Speed 2* (Grande Vitesse 2) : il s'agit de la deuxième ligne à grande vitesse de Grande-Bretagne, la première étant la ligne transmanche.

comme vous pouvez vous y attendre dans un pays aussi densément peuplé et aussi têtu que la Grande-Bretagne, il y avait des hordes de contestataires.

Les gens étaient particulièrement remontés dans ma circonscription d'Uxbridge et South Ruislip. Le HS2 devait traverser tout le nord-ouest de Londres comme une balle de .44 Magnum et, bien qu'en tant que maire j'aie pu obtenir qu'une grande partie de ce trajet se fasse dans un tunnel, la plaie de sortie se trouvait tout de même dans mon secteur. Mes électeurs étaient furieux des perturbations qu'entraînerait ce projet : mouvements de camions transportant les déblais, bruit, circulation. Les prix de l'immobilier en pâtiraient, les vibrations seraient effroyables et les affaissements de terrain fissureraient les murs.

Ce supertrain passerait à travers les sites touristiques locaux et les détruirait, il franchirait, sur d'énormes pilotis de béton, un lac très fréquenté par les clubs de voile de leurs gosses. Aussi bien comme maire que comme député d'Uxbridge, j'avais d'excellentes raisons électorales de m'opposer énergiquement à ce projet. Tous mes voisins tories étaient contre (« Mort au HS2 », chuchotait Nick Hurd, de Ruislip, en se passant le doigt sur la gorge). Cela n'avait rien d'étonnant. Le train devait filer à grand fracas à travers leurs territoires sans s'arrêter, de sorte que leurs électeurs en auraient tous les désagréments sans en tirer le moindre avantage.

J'aurais pu aller à la pêche aux voix, renforcer ma position à Uxbridge et descendre le HS2 en flammes. Je ne l'ai jamais fait ; en réalité, j'ai toujours cherché à expliquer à mes électeurs que ce qui serait sans doute un inconvénient temporaire pour certains d'entre nous serait en définitive avantageux pour tous.

Que ce pays – lieu de naissance du chemin de fer – n'ait pas de réseau à grande vitesse me rendait fou. Le Japon, la France, l'Allemagne, l'Italie, la Corée ont tous des trains à grande vitesse depuis des dizaines d'années. Le Maroc possède un réseau à grande vitesse plus important que le nôtre. Le Danemark aussi. Et la Belgique. Et les Pays-Bas.

Quant aux imbéciles qui prétendent que la Grande-Bretagne est « trop petite » pour avoir besoin de trains à grande vitesse, je tiens à leur rappeler que le Danemark, la Belgique et les Pays-Bas ne sont pas de vastes pays et que la Hollande est encore plus densément peuplée que nous. Pour moi, c'était le symbole même de notre inertie nationale : notre réticence chronique à nous lancer dans de grandes entreprises audacieuses susceptibles d'accroître notre productivité et de permettre à notre potentiel de s'exprimer.

Cela fait près de seize ans que les discussions à propos du HS2 ont commencé, aux environs de 2008. Combien de kilomètres de voies à grande vitesse la Chine a-t-elle construits depuis cette date ? Quarante mille kilomètres de voies complètes, avec un train Pékin-Shanghai dont la rapidité est presque effrayante. Assis un jour dans la cabine avant, les yeux fixés sur le compteur de vitesse qui dépassait les 400 kilomètres-heure, j'avais l'impression d'être sanglé dans la pointe d'un missile balistique intercontinental. Et combien de kilomètres de voies à grande vitesse avons-nous construits ici, au Royaume-Uni, durant la même période ?

Réponse : zéro. Pas un seul.

C'est lamentable. Il ne s'agit pas d'une question de prestige national ni du refus de nous laisser distancer par nos concurrents. Il s'agit d'équité et de perspectives au Royaume-Uni.

Essayez de prendre un train de Liverpool ou Manchester pour traverser la chaîne des Pennines jusqu'à Sheffield ou Leeds. C'est une épreuve d'un tracas incommensurable d'où vous sortez les os brisés, les fesses meurtries. Pourquoi n'y a-t-il toujours pas de service de métro dans les West Midlands ? Et l'on s'étonne qu'il y ait un écart de productivité ! À Londres et dans le Sud-Est, les gens qui font quotidiennement la navette utilisent des systèmes de transports en commun, compulsant des documents sur leurs ordinateurs ou travaillant sur leurs téléphones.

Dans le reste du pays, ils sont penchés sur leur volant, attendant que la circulation se fluidifie. Niveler par le haut, c'est accorder à ces gens – et à leur temps – la même valeur qu'aux habitants du Sud-Est.

J'ai compris que le Northern Powerhouse Rail (NPR) – qui relie les villes du Nord, d'est en ouest à travers les Pennines – n'a aucun sens si l'on ne met pas en œuvre le HS2 ; en effet, une grande partie de la nouvelle ligne programmée pour le NPR autour de Manchester coïncide en fait avec la branche nord de la ligne du HS2 telle qu'elle est prévue.

Sans le HS2, il était impossible d'alléger la pression sur les autres lignes Nord-Sud, sur les côtes est et ouest ; s'y ajoutaient, bien sûr, les avantages environnementaux. Une nouvelle ligne à grande vitesse libérerait des capacités de fret ferroviaire et permettrait le retrait de milliers de poids lourds qui, sans elle, parcourraient à grand fracas la M1 dans les deux sens, à supposer, bien sûr, que la circulation le permette. Elle lancerait un sérieux défi aux voyages aériens et réduirait ainsi les émissions de gaz à effet de serre.

Il fallait le faire. Je savais que les *focus groups* seraient contre, parce que les infrastructures sont toujours une des dernières priorités des électeurs. Figurez-vous que dans les universités de Pékin, il y a des cours où l'histoire des revirements et des changements du projet HS2 est donnée en exemple des défauts des régimes démocratiques.

Je savais aussi que le Trésor continuerait d'essayer de faire capoter ce projet – comme il a essayé d'empêcher au fil des ans d'autres grands projets (la M25 ! Crossrail !). Certains de mes conseillers y étaient hostiles, mais lors de ce dîner de juillet 2019, le Saj et moi étions comme les deux doigts de la main. Nous avons calculé que le coût du crédit était encore si bas que nous pourrions nous permettre de tout avoir : le beurre et l'argent du beurre.

Nous pourrions respecter les engagements de notre programme électoral ET mener une vaste révolution des transports. Juste avant Noël, Saj m'a envoyé le projet[2], un résumé de vingt pages. Nous pourrions réaliser le réseau de métro pour Leeds, ainsi qu'un chemin de fer léger dans les West Midlands. Nous pourrions réaliser le HS2 et le NPR ; nous pourrions lancer la construction de 4 000 bus superécologiques de fabrication britannique ; et entre de nombreuses autres choses, nous pourrions aménager plusieurs centaines de kilomètres de nouvelles pistes cyclables.

À mes yeux, le HS2 et le Northern Powerhouse Railway étaient un élément clé de notre mission, celle d'unir et de niveler notre pays par le haut. Avec mon vieil ami et collaborateur, Peter Hendy (alors responsable de Network Rail, aujourd'hui ministre), nous avons étudié des plans pour prolonger le HS2 – rapidement – jusqu'en Écosse, et pendant longtemps j'ai été obsédé par l'idée de construire une liaison fixe vers l'Irlande du Nord.

Le Saj a eu l'intelligence de ne pas approuver ce projet. Les difficultés étaient considérables – la mer était trop agitée pour permettre la construction d'un pont, semble-t-il, et l'existence d'une tranchée sous-marine très longue et profonde appelée la fosse de Beaufort obligerait à creuser un tunnel d'une longueur démesurée pour la contourner ou à lui donner une double pente à quarante-cinq degrés.

Mais regarde, ai-je dit au Saj, ce que font les Norvégiens ou les Japonais. Les Norvégiens avaient entrepris la construction de plusieurs centaines de kilomètres de tunnel le long de leur côte ouest, de fjord en fjord. Ne pouvions-nous pas en faire autant ? Les Américains avaient parcouru 1,5 million de kilomètres pour aller sur la Lune et en revenir. Cinquante kilomètres de mer seulement séparaient deux parties du Royaume-Uni. Étions-nous vraiment incapables d'établir une liaison en dur entre les deux ?

Peter Hendy et moi avons demandé à Doug Oakervee, le brillant ingénieur et chef de projet, d'étudier la question très en détail et, avec la collaboration de Gordon Masterton, un autre ancien président de l'Institute of Civil Engineers, et il nous a finalement présenté un rapport. Le projet était ambitieux, c'est le moins qu'on puisse dire. La construction d'un pont imposait la plus longue travée suspendue qu'on ait jamais vue : quatre kilomètres pour traverser la fosse de Beaufort, et avec les tempêtes habituelles en mer d'Irlande, les haut-le-cœur étaient assurés. En réalité, si les vents se mettaient à souffler en rafales, le pont risquait d'osciller avec une telle violence que les véhicules seraient projetés dans la mer.

Creuser un tunnel obligeait à descendre d'environ 400 mètres de profondeur pour éviter la fosse, sans parler du danger causé par les millions de tonnes de munitions de guerre qui y avaient été jetés. Personne n'avait jamais essayé de creuser une route ou un tunnel ferroviaire de 400 mètres de profondeur. Le record mondial d'un tunnel est actuellement détenu par le Japon et il est de 250 mètres. Le tunnel prévu coûterait environ 209 milliards de livres[3]. Le pont coûterait 325 milliards.

Un long silence a accueilli la fin de l'exposé de Doug, et il m'a regardé en fronçant les sourcils. Je sais m'avouer vaincu. Ce projet était manifestement insensé, en tout cas en l'état actuel de la technologie. Un jour, quand nous aurons des véhicules entièrement automatisés et que l'équipement de forage aura fait des progrès, nous le réaliserons. Pour le moment, nous avions plus qu'assez de pain sur la planche, car j'étais convaincu que l'analyse de rentabilité de tous nos autres projets était en béton. Nous savions, cependant, que l'infrastructure à elle seule n'est jamais suffisante.

Le monde regorge d'autoroutes inutiles et de ponts qui ne mènent nulle part – grands chantiers de politiciens mégalomanes aujourd'hui oubliés. Routes, chemins de fer, ponts, bus, vélos : ils ne suffisent pas en soi à attirer les investissements d'entreprises.

Un atout nettement plus important est la qualité de la main-d'œuvre, ses compétences et sa motivation. Saj et moi nous sommes donc attelés à un projet de développement des compétences, en faisant d'abord passer à 90 % le pourcentage d'enfants de onze ans dotés de solides acquis en lecture, en écriture et en calcul – fondement indispensable d'une augmentation de la productivité nationale. Puis en finançant généreusement l'amélioration du réseau d'établissements de formation continue. Et enfin, dans l'objectif de faire tomber les barrières entre la formation continue et l'enseignement supérieur, en encourageant les gens à apprendre toute leur vie.

Nous avons cherché à nous attaquer à toutes les causes du déficit de productivité britannique. Nous avions besoin d'un leadership local plus efficace pour soutenir l'investissement et pour mettre en lumière ce qui faisait, de la ville ou de la région en question, *the place to be*. J'ai réfléchi à un programme de décentralisation fiscale qui accorderait plus d'autonomie aux autorités locales, ce que j'avais autrefois supplié le gouvernement de m'accorder à la mairie de Londres.

Nous devions collaborer avec les autorités locales pour aboutir à une meilleure offre de logements et à un système d'urbanisme largement supérieur. Quelles que soient la qualité des systèmes de transport ou la base des compétences, la productivité n'augmentera pas si les gens n'ont pas les moyens d'habiter à proximité de leur lieu de travail. Le prix des logements au Royaume-Uni devenait alors dissuasif. Et l'apathie qui nous avait gagnés, nous Conservateurs, le parti de Thatcher et Macmillan, était honteuse. Le pourcentage de jeunes propriétaires de leur logement était désormais plus faible qu'en France et en Allemagne; et tout cela parce que notre parti était sous la coupe des Nimbies*.

À l'échelle nationale, nous étions loin de créer suffisamment de logements. Nous avons donc commencé à travailler sur un grand projet de loi d'urbanisme pour redonner aux jeunes la possibilité d'accéder à la propriété.

J'étais sensible à l'érosion des chances qui s'était produite en une seule génération, à la différence entre ce qui m'avait semblé abordable dans les années 1980 et ce qui semblait abordable aujourd'hui à mes enfants.

Si nous ne remédiions pas à cette situation, franchement, nous pouvions aussi bien cesser de nous appeler Conservateurs. C'est ainsi que Robert Jenrick, le ministre du Logement, s'est lancé dans cette entreprise avec un projet radical de construction de logements sur les friches industrielles, où on en a tant besoin. Il estimait que dans ces lieux sinistrés où il ne se passe rien – surtout en ville –, il fallait faire montre d'une audace exceptionnelle en faveur du développement. Le marché a bien réagi à notre initiative.

Je suis fier de pouvoir dire qu'au cours de notre première année de fonction, en 2019-2020, nous avons entrepris au Royaume-Uni la construction de plus de logements que durant n'importe quelle année depuis 1987, date à laquelle Mme Thatcher était au pouvoir.

C'est la réponse qui s'impose: construire sur les friches industrielles. Les possibilités de croissance se trouvent à Londres même (pensez à Barking Riverside et à tous ces secteurs que nous n'avons pas encore développés), et dans toutes les villes à l'extérieur de Londres, car dans certaines d'entre elles la population a décliné au cours du XXe siècle.

* Acronyme de l'expression anglaise *Not in my backyard*, « Pas dans mon jardin », qui désigne tous ceux qui s'opposent à l'implantation d'infrastructures nouvelles dans leur environnement pour ne pas subir les nuisances qu'elles pourraient engendrer, sans être forcément contre le fait qu'elles se produisent ailleurs.

Il y a de l'espace, et en construisant des logements de qualité, on encourage les familles à revenir dans ces villes – et on nivelle par le haut. Voilà comment combler le fossé de productivité et de richesse entre les villes britanniques secondaires et la capitale.

Voilà comment on ajoute au minimum 100 milliards de livres par an au PIB du Royaume-Uni et comment on répartit plus largement les chances. Je ne peux que déplorer que ce projet de loi d'urbanisme ait fini aux orties par mon successeur, Rishi Sunak, en même temps que tant d'autres choses, et que les projets actuels des Travaillistes n'aient strictement aucun sens. Nous y reviendrons.

En améliorant les infrastructures de transport et en révisant le système d'urbanisme, nous permettrions la construction d'un nombre encore plus important de logements. Mais comment assurer l'alimentation en énergie de tous ces logements et de tous ces réseaux ferroviaires ?

Nous risquions des baisses de tension, voire des coupures de courant. Le Royaume-Uni était la patrie de l'énergie nucléaire puisque nous avions ouvert en 1956 le premier réacteur nucléaire civil du monde à Calder Hall, en Cumbrie, et pourtant nous avions laissé notre industrie nucléaire décliner. En même temps, nous avions procédé à une fermeture rigoureuse, presque trop, de nos centrales électriques au charbon dans le cadre de la réduction de nos émissions de gaz à effet de serre.

En 1990, le charbon assurait près de 70 % de l'électricité britannique; quand je suis devenu Premier ministre, ce chiffre était tombé à moins de 2 %[4]. Nous dépendions donc considérablement du gaz dont nous étions obligés d'importer une grande partie; et nos réserves, comme le confirmeraient les événements à venir, n'étaient jamais sûres à 100 %.

Il y avait cependant une technologie dans laquelle nous étions très compétents : l'éolien offshore. À un moment, nous produisions grâce à nos éoliennes en mer plus d'énergie que tout autre pays au monde, ce qui m'a conduit à affirmer, non sans forfanterie, que nous étions l'Arabie saoudite du vent.

En réalité, l'énergie éolienne m'avait d'abord laissé sceptique. À l'époque où Piers Corbyn était le météorologiste de City Hall, il m'était même arrivé de me moquer de cette technologie. Vous vous souvenez peut-être que j'avais affirmé qu'elle ne serait même pas capable de « rider la peau d'une assiette de riz au lait ».

J'avais tort. Grâce au système appelé « contrats de différence », le gouvernement avait incité le secteur privé à investir des sommes colossales dans des éoliennes offshore, dont un grand nombre en mer du Nord; et certains jours, les énergies renouvelables en tout genre couvraient nettement plus de 50 % de nos besoins en énergie. Je suis devenu un passionné, un adorateur des dieux du vent.

Comme je l'ai dit à Kwasi Kwarteng*, j'allais changer mon nom en Boreas Johnson, en l'honneur de la divinité antique du vent du nord. Quand je regardais la carte des eaux du Royaume-Uni, le potentiel me semblait infini.

Après tout, il y a de cela seulement six mille ans, toute la région située entre la Grande-Bretagne et les Pays-Bas était une terre habitable, le Doggerland.

Pendant des milliers d'années, la population du Doggerland avait parcouru ces prairies marécageuses, s'acharnant à vivre de chasse, de pêche et de gibier d'eau et, j'en mettrais ma main au feu, en s'envoyant en l'air dans la nature ou regardant les autres le faire, tuant le temps dans la grande tradition britannique.

Jusqu'à ce qu'une catastrophe se produise. Loin au nord, au large de la côte occidentale de la Norvège, un glissement de terrain sous-marin nommé le Storegga a provoqué un tsunami. Cette énorme vague a déferlé vers le sud et submergé le Doggerland et sa civilisation, dont les vestiges continuent d'être repêchés par les chalutiers qui sillonnent la mer du Nord.

Nous avions l'intention de recommencer à moissonner ces terres en plantant des éoliennes de 260 mètres de haut dans les hauts-fonds et en produisant ainsi une masse d'énergie verte et propre. Nous avons fait des projets pour boiser la mer du Nord d'éoliennes ; et au cours des trois années suivantes, je n'ai pu que m'en féliciter.

Compétences, transports, logements, énergie… Restait une ressource qui nous paraissait à présent indispensable et dont, pourtant, j'aurais eu du mal à imaginer l'existence quand j'étais enfant.

J'ai pris conscience de l'appétit vorace du public pour un Internet haut débit de qualité lors d'un discours d'après dîner que j'ai fait dans le Lincolnshire devant un public d'agriculteurs rassemblés sous un chapiteau dégoulinant de pluie. Ce devait être à peu près au moment où je faisais campagne pour devenir chef de parti.

Ils m'écoutaient, polis mais amorphes, égrener tout ce que j'avais l'intention de faire ; presque après coup, j'ai mentionné la rapidité des connexions Internet. À ce moment-là, j'ai été accueilli par de bruyantes acclamations

* Ministre des Entreprises, de l'Energie et de la Croissance propre de 2019 à début 2021.

d'approbation. Ils se sont mis à taper sur les tréteaux de leurs poings calleux ; et moi, j'ai pris conscience de l'indifférence brutale avec laquelle nous laissions certaines régions à la traîne.

Comment pouvions-nous demander à ces gens de travailler dans l'agro-industrie sans connexion haut débit correcte ? Celle-ci était indispensable à l'économie rurale. Indispensable pour attirer des investissements dans le type de paysages urbains en déclin que nous avions un jour parcouru, Dave Cameron et moi, dans sa limousine. L'Internet haut débit Gigabit était indispensable au nivellement par le haut et j'ai découvert avec consternation que seuls 7 % des foyers britanniques y étaient connectés.

En Espagne, ce chiffre avoisinait les 90 %. On en revenait toujours à la même question : qu'est-ce qui ne tournait pas rond chez nous ? La Grande-Bretagne s'enorgueillissait d'avoir été la patrie d'un des grands pionniers d'Internet ; nous étions largement en tête des pays d'Europe s'agissant du volume d'achats en ligne, et voilà que notre technologie nous laissait en plan. L'Espagne s'y était mise, alors que nous nous contentions d'une culture du on verra ça *a la mañana*. Oliver Dowden, le ministre de la Culture, a été chargé d'organiser le déploiement.

Il blêmissait quand je le croisais. « Où en sommes-nous du haut débit, Olive ?

– Ça vient, ça vient, monsieur le Premier ministre, répondait ce chic type. On en est à 20 % ! »

Effectivement, nous avons commencé à faire des progrès. La partie délicate du gigabit était toujours le dernier kilomètre, à savoir faire entrer dans les foyers eux-mêmes les filaments de fibre optique qui s'enfonçaient dans le moindre lambris comme des vermicelles de verre. Nous devions encourager les conseils municipaux à régler les questions de droits de passage – l'autorisation de percer les trous – et aider les entreprises d'installation de la fibre optique à engager du personnel en nombre suffisant.

Nous avons mis en place un groupe de travail, Oliver et moi, et peu après Openreach de British Telecom et d'autres sociétés ont recruté les épisseurs indispensables – ceux qui savent connecter le principal câble de fibre optique au domicile. Comme beaucoup d'entre eux étaient apparemment des femmes, nous les avons appelées les « *splice girls** » et perceurs et épisseurs se sont bientôt enorgueillis de pouvoir apporter un Internet aussi rapide que la lumière jusqu'aux habitations rurales les plus reculées.

* Littéralement les « filles de l'épissage », jeu de mots sur les « Spice Girls », le groupe féminin de pop music.

BT Openreach a même réussi à faire passer un câble au-dessus d'une colline escarpée pour le faire redescendre jusqu'à la ferme de mon père à Exmoor, un exploit si périlleux que la camionnette de BT s'est renversée dans l'Exe (ce n'est pas difficile, mon grand-père l'avait fait deux fois en rentrant du pub). Franchement, ça valait la peine. Maintenant, mon père peut regarder près de 58 films à la fois et s'adresser à la nation, ce qu'il fait régulièrement, comme sont en mesure de le faire tous les cultivateurs des collines d'Exmoor.

Ce qui est pour le moins extraordinaire si l'on songe que pendant la majeure partie de mon enfance nous n'avons eu ni télé, ni chauffage central, ni réseau électrique.

Pour moi, le nivellement par le haut était une mission morale, mais aussi un moyen de faire redémarrer l'économie après des années de croissance atone. Saj et moi étions convenus que nous disposions de la marge nécessaire pour investir et estimions aussi qu'augmenter la croissance et le développement entraînerait automatiquement une augmentation des revenus du gouvernement.

S'y ajoutait le dernier élément de notre plan destiné à attirer le secteur privé : un cadre fiscal et réglementaire ad hoc. La charge fiscale était beaucoup trop élevée, pour les particuliers comme pour les entreprises, et cela tenait en partie à nos dépenses excessives pour des choses qui n'en valaient pas la peine.

Nous devions réduire les sommes que nous dépensions pour tout ce qui n'était pas essentiel à la mission centrale du gouvernement, et j'étais certain, après mon expérience à la mairie de Londres, que nous pourrions le faire.

À quoi sert le budget du gouvernement, qui s'élève désormais à près de mille milliards de livres ? En grande majorité à payer les salaires de gens qui font des choses que des politiciens ont décidé à un moment ou à un autre qu'elles sont ou étaient importantes.

Tout ministre hérite de son prédécesseur des dizaines de projets et de priorités, et d'innombrables activités gouvernementales se poursuivent donc, même si elles ne sont plus nécessaires ou pertinentes. Dans un des tout premiers ministères que j'ai occupés, j'ai demandé à l'ensemble de mes collaborateurs de vérifier leurs lignes budgétaires[5] et de les réduire d'au moins 5 %. « Il est temps d'abattre les vaches sacrées », leur avais-je dit.

À Londres, Eddie Lister et moi avions supprimé[6] quarante autorités administratives indépendantes et diminué de 20 % notre part d'impôts locaux. J'avais vendu des dizaines de bâtiments appartenant aux transports londoniens et rationalisé le patrimoine immobilier de la police et des pompiers. Nous avions considérablement élagué les frais de gestion.

J'étais convaincu que nous pourrions en faire autant à grande échelle et profiter de ces économies pour réduire les impôts ou renforcer nos grands investissements. Ce n'était pas facile, mais j'aimais mon travail. Nous avions le mandat populaire, l'élan et un grand projet; ou plus exactement deux: le nivellement par le haut et Global Britain. Et j'étais certain de pouvoir expliquer tous les mystères de l'un comme de l'autre.

Imaginez à présent que vous entriez dans mon bureau à la mi-janvier 2020, un mois après ma victoire électorale, pour m'annoncer qu'une catastrophe massive s'apprête à s'abattre sur le monde et à faire capoter mon gouvernement. Vous me demandez de deviner de quoi il s'agit.

J'essaie désespérément de trouver une réponse. Je suis incapable d'imaginer ce que vous avez en tête.

« Tout va bien, dis-je.

– Allons, insistez-vous, il doit bien y avoir quelque chose qui vous tracasse. »

Je continue de me creuser la cervelle mais, rien à faire, je sèche.

« Nous avons une majorité de 80 sièges, dis-je, le peuple nous a donné un mandat confortable, le nivellement par le haut fait des progrès, la situation me paraît excellente sur tous les plans. Nous passons nos week-ends à Chequers, Carrie attend un enfant. Que demander de plus ?

– D'accord, acquiescez-vous. Je vais vous donner cinq causes possibles de catastrophe. Numéro un: un Brexit sans accord.

– Allons donc ! dis-je avec désinvolture. Nous obtiendrons un accord, ça va de soi. Nous sortons officiellement de l'UE à la fin du mois, grâce à l'accord de retrait prêt à l'emploi, et vous pouvez être sûr et certain que nous obtiendrons un accord de libre-échange de type canadien à la fin de l'année, une fois la période de transition terminée. Voyez le sommet africain qui vient de se tenir à Greenwich. Que d'assurance et que d'idées ! Tous les leaders africains importants étaient là. Le monde ne demande qu'à faire davantage d'affaires et de commerce avec le Royaume-Uni. Ne vous en faites pas, Global Britain fera un tabac.

– D'accord, acquiescez-vous. Risque numéro 2: Trump. Imaginez que le président américain fasse un truc cinglé.

– N'importe quoi. Il a été super au sommet de l'OTAN à Watford en décembre, même s'il appelle Macron « P'tit Emmanuel, quarante kilos de nerfs ». Et il faut bien dire qu'il nous en a mis plein la vue en liquidant Qassem Soleimani, le commandant de la force Al-Qods des Gardiens de la révolution islamique. Ce type nous cassait les pieds depuis des années, et

Trump l'a zigouillé avec un drone. Il n'en est resté que sa chevalière. Certains ont commencé par paniquer mais maintenant tout le monde s'accorde à dire que Trump a fait ce qu'il fallait. Le monde a besoin d'États-Unis puissants et un président Trump fort continue de nous surprendre, en bien.

– Ce n'est pas faux, admettez-vous. Risque numéro 3 : Poutine. Vous ne redoutez pas un affrontement quelconque avec la Russie ?

– C'est une blague ? On s'est vus, Vladimir Poutine et moi, il y a quelques jours à Berlin. On a eu un entretien tout à fait cordial. Je lui ai expliqué qu'il nous est impossible de réchauffer nos relations tant qu'il se permettra d'empoisonner des gens sur le sol britannique et il nous a servi le genre de réponse bateau dont le Kremlin a le secret. Oui, je vous accorde que Poutine est dangereux et qu'il est capable de toutes sortes de vacheries, mais je ne pense pas qu'il fasse capoter ce gouvernement et qu'il nous empêche d'aller jusqu'au bout de notre mandat.

– Compris. Risque numéro 4 : la reine ou la famille royale. Quelque chose pourrait-il déraper de ce côté-là ?

– Eh bien, la reine n'est plus toute jeune, c'est sûr, mais chaque fois que je la vois, je la trouve en pleine forme. On peut sans doute regretter que le prince Harry et Meghan soient partis en Californie. Il y a eu un épisode ridicule l'autre jour, quand ils ont voulu que j'essaie de convaincre Harry de rester. Genre conversation d'homme à homme. Complètement sans espoir, mais en fait ça n'a aucune importance. Qu'est-ce que ça peut faire qu'ils partent en Californie ?

– Entendu, alors soyons clairs et limpides. Vous ne voyez absolument aucun nuage à l'horizon. Vous n'entrevoyez aucune crise politique ou géopolitique qui pourrait mettre votre monde sens dessus dessous ?

– Non, ai-je répondu. Qu'avez-vous en tête ?

– Le risque numéro 5 : une sorte d'étrange grippe de la chauve-souris en provenance de Chine.

– Ah oui ? Ce machin dont Matt Hancock* n'arrête pas de nous rebattre les oreilles ? Vous êtes sérieux ? »

* Ministre de la Santé et de la Protection sociale.

Chapitre 35

CAUCHEMAR ZOONOTIQUE

La lente évolution mentale du maire des Dents de la mer

Le type de la BBC avait entrepris le compte à rebours sur ses doigts. J'étais à un bureau de la Terracotta Room, au premier étage du 10 Downing Street, et je m'apprêtais à parler en direct à la nation. Mon message était indéniablement un des plus désespérés qu'on ait adressés au peuple britannique.

Depuis ce bâtiment, des Premiers ministres avaient annoncé toutes sortes d'humiliations nationales, de Suez à la dévaluation de la livre. Prisonniers de circonstances qui les dépassaient, ils avaient été nombreux à jeter à leur auditoire un regard suppliant.

Mais jamais dans l'histoire, je crois, un Premier ministre n'avait été contraint de prendre des mesures aussi viscéralement contraires à son instinct, à toute sa philosophie de la vie, et pourtant, au moment où je me préparais à bredouiller ces mots insensés, je savais que, sans l'ombre d'un doute, j'avais raison de les prononcer.

De l'index, l'homme de la BBC a fait le geste de fendre l'air.

« C'est à vous », a-t-il dit.

J'ai croisé les mains et me suis incliné au-dessus du bureau en formica marron, essayant de donner à mon visage une expression à la fois pressante et rassurante, mais qui évoquait sans doute plutôt un poisson sorti de l'eau. Parlant un peu trop vite, j'ai résumé la récente progression de la pandémie de Covid. Puis je suis arrivé à l'instant crucial.

« À partir de ce soir, je dois donner au peuple britannique une instruction simple. Vous devez rester chez vous[1]. »

Vous devez rester chez vous, ai-je développé, jusqu'à ce que nous décidions que vous pouvez sortir. Avec des détails insoutenables – et qui allaient devenir de plus en plus singuliers au fur et à mesure de la crise –, j'ai dressé la liste des exceptions. Vous devez rester chez vous sauf pour faire des courses de première nécessité ; vous devez rester chez vous sauf pour faire de l'exercice, seul ou avec un membre de votre foyer ; vous devez rester chez vous sauf en cas d'urgence médicale ou pour signaler un crime. Dans tous les autres cas de figure, vous êtes bouclés, privés de sortie, emprisonnés.

C'était comme si j'avais transformé tout le pays en pensionnat victorien – et que j'étais un proviseur fou qui avait décidé de consigner tous les élèves dans leur dortoir jusqu'à nouvel ordre. Je savais que c'était une catastrophe : pour l'économie de notre pays, pour les rêves de millions de gens ; et comme j'étais conscient que l'effet de ces restrictions toucherait plus durement les laissés-pour-compte – les circonscriptions qui avaient eu l'audace de se rendre aux urnes et de voter tory pour la première fois, en 2019 –, je pressentais vaguement que cette affaire ferait capoter tout notre programme de nivellement par le haut, ferait capoter le gouvernement.

J'en étais pourtant arrivé au point où je ne voyais plus d'autre solution. Si un Conservateur est un Libéral qui a été agressé*, j'étais un libertarien qui avait été agressé par le Covid. Au cours des dernières semaines, j'avais fait un voyage mental épuisant, m'arc-boutant comme dans une partie perdante de tir à la corde ; allant de vague scepticisme au léger malaise, puis à la franche angoisse et enfin au moment où l'on sait qu'il est temps de briser la vitre pour tirer la sonnette d'alarme.

Quand Matt avait exprimé ses inquiétudes à propos du nouveau virus chinois – alors que nous traversions les salles de vote, le 7 janvier 2020 – j'avais plus ou moins enregistré ce qu'il disait ; j'avais en effet vu ou entendu quelque chose à ce sujet aux infos. Mais si vous m'aviez dit que, quelques semaines plus tard seulement, je condamnerais toute la population à être incarcérée et demanderais à la police de coller une amende à tous ceux qui mettraient illégalement le nez dehors, je vous aurais traité de cinglé.

Le problème n'était pas que j'ignorais tout des maladies zoonotiques, c'était plutôt que je croyais tout savoir sur elles, ainsi que sur le risque d'une réaction politique excessive. Jeune adolescent, j'avais discuté du saut d'espèce des virus avec mon père qui faisait alors des recherches pour un roman prémonitoire à propos d'une épidémie qui se transmettait des singes verts aux humains.

Je crois me rappeler que j'ai ri comme une baleine quand il m'avait expliqué la mascarade de l'épidémie de grippe porcine américaine de

* Citation tronquée d'Adam Smith qui disait qu'un Conservateur est un Libéral qui a été agressé par la réalité.

1976. Une recrue de l'armée à Fort Dix, dans le New Jersey, s'était plainte d'être faible et fatiguée, et quand le jeune homme avait succombé à un nouveau variant de la grippe porcine – une grippe transmise aux humains par les porcs –, la Maison Blanche avait paniqué. Le président Gerald Ford avait ordonné une campagne de vaccination massive et obligatoire de toute la population américaine qui avait coûté la vie à plusieurs Américains âgés et avait été, a-t-on affirmé plus tard (peut-être à tort), plus néfaste pour la santé publique que la grippe porcine elle-même.

Des années plus tard, alors que j'étais éditorialiste au *Daily Telegraph*, j'avais fulminé contre la sous-secrétaire d'État à la Santé, Edwina Currie, qui avait tenu des propos malheureux sur la présence de salmonelle dans les œufs britanniques[2], poussant la population à se passer d'œufs au point que des éleveurs de volaille avaient fait faillite et que 4 millions de poules avaient été abattues.

Inutilement. Je doute que les avertissements d'Eggwina* aient évité un seul cas de salmonellose humaine due aux œufs. Mais ce n'était qu'un cas bénin d'incompétence en comparaison de la mauvaise gestion gouvernementale de la maladie de la vache folle en 1996. J'avais pu en observer personnellement le coût humain car, en 1997, alors que je briguais un siège parlementaire pour la première fois, j'avais cherché à obtenir les voix d'éleveurs gallois encore sous le choc de ce fiasco. Ils étaient furieux. À juste titre.

Des chercheurs qui travaillaient pour ce qui était alors le ministère de l'Agriculture, de la Pêche et de l'Alimentation avaient établi l'existence d'un faible risque théorique que la viande de bétail infecté par l'encéphalopathie spongiforme bovine (en langage journalistique, la maladie de la vache folle) puisse provoquer une maladie analogue chez les êtres humains. Il semblait possible, disaient-ils, que certains « prions » issus du cerveau, de la moelle épinière et d'autres tissus de vaches folles puissent passer dans le cerveau des mangeurs de bœuf, déclenchant une maladie dégénérative atroce appelée variante de la maladie de Creutzfeld-Jacob.

On disait ses symptômes terrifiants. La première manifestation était des trous de mémoire, qui vous empêchaient par exemple de retrouver le nom des invités à une soirée. Les malades en phase terminale regardaient dans le vide, ne tenaient plus debout et finissaient par mourir avec tellement de trous dans

* Jeu de mots sur Edwina et *egg*, « œuf ». Surnom donné à Edwina Currie à la suite de cette controverse.

le cerveau qu'on aurait dit un morceau d'emmental. Certains scientifiques prédisaient des millions de morts. Un professeur réputé avait affirmé que la vague de mortalité serait si importante qu'on serait obligé de construire de nouveaux centres de soins palliatifs à tous les coins de rue.

Les médias en avaient fait leurs choux gras, en suggérant entre autres que les pratiques agricoles singulièrement sordides de la Grande-Bretagne étaient en cause. La maladie de la vache folle elle-même passait pour une sorte de châtiment cosmique de notre habitude contre nature de donner à manger au bétail des aliments fabriqués à partir de carcasses de moutons eux-mêmes atteints de la tremblante – la maladie du mouton fou – qui affecte aussi le cerveau et le système nerveux.

La population britannique a été, on peut l'imaginer, épouvantée et le « Roast Beef of Old England* » a littéralement disparu des menus du pays au point qu'à leur tour, des éleveurs de bétail ont fait faillite. Ensuite, le gouvernement a beaucoup aggravé les choses. Il aurait dû s'en tenir aux données scientifiques au lieu de céder à l'hystérie. L'avis des chercheurs était qu'il existait peut-être un lien théorique entre la consommation de bœuf et le risque de contracter une maladie cérébrale affreuse, mais que la probabilité statistique était vraiment très faible.

Malheureusement, les annonces maladroites du gouvernement conservateur avaient semé la débandade dans le troupeau humain. La Grande-Bretagne rurale était profondément ébranlée. Les éleveurs devaient montrer que leur bœuf était « sans danger ». Mais comment ?

Le gouvernement Major s'est alors livré à une véritable hécatombe[3], abattant et incinérant l'intégralité des bovins de toutes les exploitations où l'on avait repéré un cas d'ESB, ainsi que toutes les vaches de plus de trente mois. Au total, 4,4 millions de bêtes ont perdu la vie prématurément, d'innocentes vaches laitières brouteuses de marguerites et des taureaux primés, qui représentaient tous un investissement sentimental, financier et professionnel des éleveurs. Nuit après nuit, de grands panaches de fumée noire chargée de suif s'élevaient de ces bûchers.

Ces mesures ont-elles eu l'effet désiré ? Ce gigantesque bovicide a-t-il rassuré la population ? Évidemment non. Bien au contraire. Ces interventions semblaient confirmer ce que niait officiellement le gouvernement : le bœuf britannique présentait un risque et tous les pays producteurs de bœuf concurrents de la Grande-Bretagne ont interdit en toute hâte les

* « Le roast beef de la vieille Angleterre », chanson patriotique anglaise remontant au XVIIIe siècle.

importations britanniques. Les Français ont maintenu leur prohibition illégalement jusqu'en 2002 – plusieurs années après que la Commission de l'UE avait officiellement levé l'embargo. L'interdiction américaine n'a été levée que sous Donald Trump. Toute cette affaire avait été un désastre; les dépenses avaient été colossales. Et pour quel résultat?

On a pu confirmer l'exactitude de l'évaluation gouvernementale initiale: il existait peut-être un risque théorique de transmission de bovin à humain, mais il était extrêmement faible. Une poignée de cas du variant de la maladie de Creutzfeld-Jacob ont été observés, et bien que chacun de ces cas ait évidemment été tragique, le lien avec le bœuf n'était pas toujours flagrant et on ne pouvait en aucun cas parler d'épidémie.

Aucun centre de soins palliatifs supplémentaire n'a été construit pour cela et les services hospitaliers n'ont pas été débordés. Toute cette affaire s'est pour l'essentiel résumée à une fausse alerte et l'action du gouvernement – d'abord la panique, puis l'abattage – allait se révéler bien plus dommageable que la maladie zoonotique elle-même.

En 1997, au moment où je me suis adressé aux fermiers gallois, j'affrontais la colère de gens dont le gagne-pain avait été presque anéanti: pas parce que leur bétail était malade, ni parce que leur bœuf était dangereux, mais à cause d'une réaction gouvernementale démente et excessive à une panique sanitaire.

Voilà pourquoi, le jour où Matt Hancock a commencé à parler d'un nouveau coronavirus possiblement transmis par des chauves-souris et du risque qu'il balaye le pays, j'ai éprouvé, ce qui n'a rien d'étonnant, une impression de déjà-vu. Je croyais même m'y connaître en coronavirus.

Je n'avais pas oublié l'épidémie de SRAS de 2002-2003, un coronavirus que l'on pensait transmis par des chauves-souris et qui avait provoqué une telle consternation en Asie que tout le monde là-bas avait pris l'habitude de porter un masque (une habitude conservée depuis). Mais en définitive, on a déploré moins de 1 000 morts et aucun, si ma mémoire est bonne, au Royaume-Uni. J'avais été aux premières loges en 2008 lorsque la grippe aviaire avait semé l'effroi et, en tant que maire de Londres, j'avais été sommé par mes adversaires de vacciner les habitants de la ville avant de découvrir que les stocks de Tamiflu de City Hall, étant fabriqués à base d'œufs, étaient malheureusement périmés.

Nous avions donc attendu, terrifiés, que la population sans défense soit ravagée par la grippe aviaire; laquelle avait dûment fait son apparition, avant de disparaître sans avoir fait beaucoup plus de dégâts que n'importe quelle autre épidémie de grippe.

Puis il y avait eu la pandémie de grippe porcine de 2009 – vous vous en souvenez ? Bien que ma fille Cassia ait passé quelques jours au lit, il serait difficile de parler de catastrophe nationale. Il y a eu le MERS*, il y a eu Ebola ; et même si ces maladies ont été très douloureuses dans certaines régions du monde, elles avaient, semble-t-il, épuisé en quelque sorte leur virulence lorsqu'elles avaient fini par s'échouer sur nos rivages.

Après avoir passé plus de trente ans à écrire sur ces nouvelles maladies zoonotiques ou à y faire face, j'avais l'impression d'être capable de distinguer mon SRAS de mon Ebola, si je puis dire, et j'en avais tiré deux conclusions : d'abord, que ces nouvelles épidémies zoonotiques tendaient à s'évaporer d'elles-mêmes – au Royaume-Uni en tout cas – en faisant beaucoup moins de ravages qu'on ne l'avait prédit initialement ; ensuite, que les plus grands risques de dégâts venaient des tentatives des responsables politiques d'endiguer la maladie.

En fait, une vingtaine d'années s'étaient écoulées depuis que j'avais signé un éditorial annonçant que mon héros politique était le maire des *Dents de la mer*, qui, s'efforçant de protéger l'économie de l'île d'Amity, se refusait à fermer les plages, alors même que ses électeurs se faisaient dévorer par un poisson géant. Le maire n'était pas un personnage très séduisant. C'était un fumeur à la chaîne, un type sordide qui portait des vestes tape-à-l'œil.

Et tout s'accordait à lui donner monstrueusement tort. Le requin continuait de manger ses électeurs, l'un après l'autre : dans l'ordre, la fille nue, le garçon sur le matelas pneumatique, le vieux pêcheur, l'homme dans le lagon, Quint, et ainsi de suite. Mais si vous faites abstraction des exigences dramatiques et que vous vous penchez sur les statistiques objectives, rigoureuses, vous verrez que le maire avait raison.

En réalité, il était hautement improbable que, dans les eaux frisquettes de la Nouvelle-Angleterre, un *Carcharodon carcharias*, ou grand requin blanc, attrape et dévore autant d'êtres humains. Rien de tel n'est jamais arrivé dans la réalité. On était donc en droit d'affirmer que le maire avait été raisonnable, au vu des données qu'on lui avait communiquées, de penser que le problème se réglerait de lui-même.

J'essaierai dans les pages suivantes d'expliquer comment et pourquoi le déclic a fini par se faire et comment nos intuitions premières à propos du Covid, non seulement les miennes mais celles de tout le gouvernement, ont été balayées par les faits. Toute cette affaire a été atroce et je sais

* Syndrome respiratoire du Moyen-Orient.

que pour des millions de gens de ce pays, et du monde entier, ce sujet reste terriblement douloureux. C'est pourquoi j'exposerai le calendrier de notre prise de conscience collective très en détail en suivant la chronologie des faits.

Chapitre 36

COMMENT LA CRISE A COMMENCÉ

Les quatre étapes de la panique

1. *Un vague scepticisme*

Matt m'ayant confié ses inquiétudes, il m'a semblé qu'il avait la situation en main et je lui ai demandé de me tenir informé. Le mercredi 22 janvier, la Chine avait enregistré 571 cas de maladie et 17 morts, et le lendemain les autorités chinoises ont imposé un « confinement » à Wuhan et dans d'autres villes. Une mesure inédite que les observateurs internationaux ont d'abord jugée exagérée et d'esprit totalitaire.

Un nouvel organe de Whitehall – le *Scientific Advisory Group for Emergencies**, ou SAGE – s'est réuni pour étudier l'affaire, mais je ne crois pas que ses conclusions m'aient jamais été communiquées. Le jeudi 23 mai, Matt a présidé une réunion interservices du comité Cobra de Whitehall – un nom tiré de la *Cabinet Office Briefing Room A*, la salle qui convient le mieux au partage rapide d'informations confidentielles entre services.

Qu'une réunion du comité Cobra soit dirigée par un ministre plutôt que par le Premier ministre n'avait rien d'insolite. Toutes sortes d'affaires gouvernementales sont abordées dans ce cadre. Une réunion présidée par le Premier ministre est un peu différente et signale au public que telle ou telle question est devenue la priorité numéro un du gouvernement. Or en janvier 2020, personne ne prétendait qu'il s'agissait de notre priorité numéro un.

Ce nuage n'était pas plus grand qu'une main d'homme et, à ce stade, aucun de mes interlocuteurs n'imaginait qu'il se transformerait en typhon. Quand Matt a fait une déclaration à la Chambre[1] le lundi 27 janvier, annonçant que tous ceux qui revenaient de Wuhan, la source de l'épidémie, seraient mis en quarantaine, les journaux ont à peine tiqué.

* Groupe scientifique de conseil sur les situations d'urgence.

La plupart préféraient se délecter d'informations sur le prince Andrew et d'allégations sur son amitié avec Jeffrey Epstein, un millionnaire décédé qui avait, semblait-il, fait du trafic sexuel de mineures. Le jeudi 30 janvier, l'Organisation mondiale de la santé a déclaré que le nouveau coronavirus était une USPPI, une urgence de santé publique de portée internationale.

L'OMS ne parlait même pas de pandémie ; c'était à peine un coup d'avertisseur. Le vendredi 31 janvier, le sujet était au programme du Cabinet pour notre journée de déplacement au Centre national du verre de Sunderland.

Nous nous étions rendus dans la ville du Brexit[2], là où 61 % des voix en faveur de la sortie de l'UE en juin 2016 avaient laissé les commentateurs sans voix, et annoncé la révolution. Nous étions venus parler du nivellement par le haut, de tout ce que nous avions l'intention de faire au-delà du Brexit qui entrait légalement en vigueur ce jour-là, pour réaliser les promesses faites à la population.

Le Covid, qui allait compromettre si gravement tous ces projets, n'a été évoqué que brièvement, tout à la fin. Hancock était, comme toujours, très confiant. Il y avait de fortes chances pour que les Chinois réussissent à en éviter la propagation et, même dans le cas contraire, nous avions un plan. La mortalité, a-t-il remarqué, n'était que de 2 %.

S'il s'était agi d'un film, c'est à cet instant, au son de quelques accords sourds de John Williams, que l'ombre du monstre aurait surgi pour la première fois dans l'angle de l'écran. Si nous avions eu la moindre idée de la contagiosité du Covid, nous aurions compris que nous avions sous les yeux un désastre potentiel.

Un taux de mortalité de 2 % paraît faible, mais un petit pourcentage d'un très grand nombre n'en représente pas moins un très grand nombre. Personne à cette date ne l'a fait remarquer et la place du Covid dans notre programme politique national était si insignifiante qu'on ne m'a même pas interrogé à ce sujet lors des séances de Questions hebdomadaires au Premier ministre (QPM), pas plus fin janvier que début février.

Lorsque le SAGE s'est réuni à nouveau le mardi 4 février, ses membres ont eu une première discussion sur les mesures à prendre pour endiguer le virus dans l'éventualité où il arriverait jusqu'à nous. Ils ont estimé qu'il serait inefficace de limiter les rassemblements ou de fermer les transports en commun. Ce qui révèle peut-être la distance conceptuelle qui séparait encore nos meilleurs scientifiques des décisions que nous devrions bientôt prendre.

Ne croyez pas que les autorités britanniques restaient inactives – loin de là. Planification et préparation allaient bon train. Le mercredi 5 février, une réunion du comité Cobra présidée par Matt a approuvé la rédaction d'un projet de loi accordant au gouvernement les pouvoirs nécessaires pour faire face à une pandémie : des mesures terribles mais vitales comme l'accélération de la délivrance de certificats de décès et les moyens de faire face à d'importants volumes de cadavres. Nous devions présenter ce projet au consentement royal à la mi-mars.

Le jeudi 6 février, le Cabinet s'est réuni et s'est brièvement penché sur l'épidémie, qui se manifestait à présent à petite échelle dans le monde entier, 25 pays faisant état de cas. Le Covid avait infecté 28 000 personnes en Chine et près de 600 Chinois en étaient morts, parmi lesquels Li Wenliang, un des premiers médecins à avoir alerté[3] sur cette nouvelle forme de pneumonie.

2. *Un léger malaise*

Le vendredi 14 février, nous dénombrions 9 cas au Royaume-Uni et les chiffres chinois commençaient à exploser pour de bon : 14 840 cas en un seul jour dans la province de Hubei (où se trouve Wuhan). Un Conseil des ministres avait lieu ce jour-là, avec un nouveau Cabinet, car un remaniement étonnamment sanglant et difficile avait eu lieu la veille. Saj avait démissionné[4] à la suite d'une querelle insignifiante impliquant ses conseillers spéciaux, une affaire montée, je le crains, par des gens qui étaient loin d'avoir mes intérêts à cœur.

Je l'ai remplacé par Rishi, le candidat qui s'imposait. Mais j'ai regretté le départ de Saj. Il avait partagé ma vision.

Ce jour-là, j'ai averti mes collaborateurs que la situation allait s'aggraver. Nous avons été rejoints par deux chercheurs, apparemment tout aussi intelligents, dégarnis et longilignes l'un que l'autre. Ils allaient accéder plus tard à une immense notoriété nationale.

Il s'agissait de Chris Whitty, mon contemporain à Oxford – où nous ne nous étions pas croisés –, désormais professeur de santé publique et médecin-chef du gouvernement, et de Sir Patrick Vallance, principal conseiller scientifique du gouvernement. À l'image de Chris, c'était un homme de haute taille, ectomorphe et grave, et un éminent praticien universitaire. Ayant travaillé autrefois dans l'industrie pharmaceutique, il était remarquablement au fait de la production de nouveaux médicaments et de nouveaux vaccins.

Ces deux hommes ont rendu un service inestimable à leur pays. Ils ont contribué à expliquer la pandémie sous une forme intelligible à tous. Ils ont manifesté beaucoup de tact, sur une très longue période, éduquant aux réalités médicales une bande de politiciens tories attachés aux libertés individuelles. Ils n'ont pas cherché à diriger le gouvernement. Ils ont fait ce que font tous les bons médecins. Ils nous ont informés de la réalité des faits et nous ont expliqué quels types d'actions pouvaient, globalement, conduire à quels types de résultats.

Il a toujours été clair qu'il nous incombait – ce qui signifiait le plus souvent qu'il m'incombait à moi – de faire les choix, de les défendre et d'en assumer les conséquences. En effet, les compromis étaient d'une telle complexité morale, politique, sociale et économique que seul un responsable politique démocratiquement élu pouvait réellement en décider.

Ce jour-là, nous avons écouté Chris et Patrick comme une classe à qui on annonce la projection d'un documentaire animalier en fin de matinée : c'était fascinant mais, en un sens, ce n'était pas notre préoccupation immédiate. Chris nous a annoncé que si cette maladie se transformait en pandémie dans notre pays, 50 % de la population serait infectée, mais que selon toute apparence c'était une affection bénigne dont on se remettait facilement.

Personne à ce moment-là n'a mentionné les 2 % de décès – ni les conséquences que pouvait avoir l'infection de 50 % de la population. En effet, jour après jour, jusqu'à la toute fin du mois de février, nous avons continué de penser que le problème serait certainement plus grave pour d'autres pays que pour nous. Si bien que, lorsque j'ai téléphoné au président chinois Xi le 18 février, c'était en partie pour lui présenter nos condoléances pour ce qu'avait subi la Chine. À l'époque, nous les aidions en leur envoyant des stocks d'EPI (équipements de protection individuelle) et de respirateurs artificiels. Un paradoxe si l'on songe que, quelques semaines plus tard, nous dépendrions aussi massivement des livraisons chinoises.

Xi nous a remerciés pour ce que nous faisions. J'ai cherché à le pousser sur le sujet des origines de la maladie. Que se passait-il, lui ai-je demandé, dans ce qu'on appelait les marchés humides, où toutes sortes d'animaux sauvages, dont certaines espèces rares, étaient abattus pour la consommation humaine – souillant ces lieux de sang et d'autres sécrétions.

Vous apprendrez sans surprise que Xi a refusé d'aborder le rôle de la Chine dans le déclenchement de maladies zoonotiques. Quant au rôle éventuel du laboratoire de Wuhan, personne ne l'avait encore évoqué.

Deux jours plus tard, je me suis entretenu avec Donald Trump, qui s'intéressait moins aux risques du Covid qu'à l'embarras des Chinois. C'était un « *wuflu** » m'a-t-il dit, c'est-à-dire une grippe de Wuhan. La Chine devait assumer ses responsabilités, a-t-il ajouté.

Franchement, je lui donnais raison et j'observais avec intérêt les précautions avec lesquelles les milieux scientifiques britanniques, y compris nos propres conseillers, abordaient l'étiologie de la maladie. Je suppose qu'un certain nombre de projets universitaires de qualité sont en partie financés par la Chine et sans doute les chercheurs britanniques tenaient-ils à se démarquer de la sinophobie d'une partie des propos tenus.

Ils ne voulaient certainement pas donner l'impression d'approuver Trump. Quant à l'Organisation mondiale de la santé, sa dépendance à l'égard de Pékin était, semble-t-il, si étroite qu'il a fallu attendre encore presque un mois – le 11 mars 2020 – avant que Tedros Ghebreyesus déclare que le Covid était une pandémie.

Le même genre d'attitude flegmatique a prévalu, telle était du moins mon impression, parmi les responsables britanniques de la santé publique jusqu'à la fin février. Le mercredi 26 février, Public Health England a déclaré que rien ne permettait de penser[5] que le virus circulait dans la population anglaise et qu'il n'y avait « aucun changement de risque » pour le public.

Nous possédions, m'a-t-on affirmé, un excellent système de dépistage et de traçage des contacts. Et pourtant, à la fin du mois, comme la grenouille dans une casserole, j'ai fini par sentir la température monter autour de moi.

De toute évidence, des gens infectés arrivaient dans notre pays de l'étranger – des amateurs de ski revenant des vacances d'hiver. Pourtant, affirmaient les scientifiques avec insistance et unanimité, il était inutile de fermer les frontières.

L'économie britannique, vaste et ouverte, était axée sur le libre-échange. Nous dépendions du monde extérieur en matière d'alimentation, de fournitures médicales et j'en passe. La fermeture de nos frontières provoquerait, selon eux, une perturbation colossale sans nous accorder plus de quelques jours de répit. Le virus trouverait le moyen de passer.

Tout au long de la pandémie, les scientifiques ont changé d'avis à plusieurs reprises sur une multitude de sujets : l'interdiction des rassemblements, l'efficacité des masques, les dates du confinement, le risque de transmission asymptomatique, l'opportunité ou non de fermer les

* De *flu*, « grippe » en anglais.

établissements scolaires, les symptômes du Covid et bien d'autres questions primordiales.

C'était inévitable. Notre connaissance du virus évoluait constamment. En revanche, ils n'ont pas varié sur l'inutilité de fermer nos frontières (j'ignore s'ils avaient raison ou non, mais j'ai tendance à penser que oui).

Bien, me disais-je, si nous ne pouvions pas l'empêcher de s'introduire chez nous, quel est notre plan ? Comment allions-nous arrêter la maladie ?

3. *Une inquiétude croissante*

À la fin février, cela faisait plusieurs jours que j'étais conscient que je devais prendre politiquement les choses en main et me mettre à présider les réunions du comité Cobra. Je l'ai annoncé à mes collaborateurs. C'est alors que le vendredi 28, le moment que j'avais redouté mais que j'avais fini par croire inévitable est arrivé : le premier mort britannique, un passager âgé qui se trouvait à bord du paquebot *Diamond Princess*, à Yokohama, au Japon.

Le lendemain, le 29 février (c'était une année bissextile), je me suis installé avec Chris Whitty à la table du Cabinet au plateau en feutre vert pour discuter de ce qui nous attendait probablement. Assis de biais en face de moi, près de la porte du jardin, il m'a fait bénéficier brièvement de ses vastes connaissances des pandémies. Une des leçons à tirer de l'histoire, m'a dit Chris, est que les gens s'attendent à des actions de la part du gouvernement. Ils veulent qu'il prenne des mesures pour empêcher la transmission de maladies contagieuses mortelles. Même s'ils sont convaincus d'être capables à titre personnel de prendre leurs responsabilités et de limiter la transmission, ils n'accorderont pas la même confiance à autrui.

Ils veulent des règles et ils veulent que le gouvernement les fasse appliquer. Il m'a expliqué que, pour empêcher ou ralentir la transmission du Covid, nous devrions nous efforcer de limiter les contacts humains. Il n'a pas prononcé le mot de confinement – son utilisation ne se répandrait que dix jours plus tard –, mais il envisageait clairement de demander aux gens de rester à distance les uns des autres, d'une manière ou d'une autre.

Alors que j'essayais d'assimiler cette perspective atroce, il a poursuivi en précisant qu'on ne pouvait adopter de telles mesures qu'avec la plus grande prudence. Elles entraîneraient en effet des dégâts économiques considérables et présenteraient d'autres graves inconvénients sociaux et même médicaux – en privant les enfants d'éducation, en privant les personnes âgées de la compagnie dont elles avaient grand besoin.

Le risque était que la population perde patience et devienne moins coopérative. Aussi la définition du calendrier était-elle cruciale. Ces mesures ne devaient pas être imposées prématurément. D'un autre côté, il ne fallait pas attendre trop longtemps.

Il tenait à me faire comprendre que dans ce genre de crises il n'existe pas de bonne solution. À toutes les étapes, le gouvernement devrait choisir – JE devrais choisir – le moindre de deux maux gigantesques mais différents. Voilà pourquoi les décisions devaient être politiques.

De ce que me disait Chris, j'ai compris que la solution risquait fort de devenir épouvantable, mais que ce n'était pas pour tout de suite. J'ai réalisé une vidéo, qui est passée au journal télévisé, dans laquelle j'essayais de résumer les conseils qu'on m'avait donnés. Nous étions désormais entièrement concentrés sur le Covid, ai-je annoncé ; c'était notre priorité absolue. Mais pour le moment, le meilleur conseil que je pouvais donner à la population était de se laver les mains régulièrement à l'eau chaude et au savon pendant vingt secondes… et d'attendre de nouvelles instructions.

Ce même soir, j'ai trouvé dans ma boîte aux lettres un document du Civil Contingencies Secretariat* sur lequel je me suis jeté, impatient d'avoir des faits. L'autrice avait fait de son mieux pour tracer un tableau des jours qui nous attendaient, mais évidemment – même si elle n'y était pour rien – il était d'un flou exaspérant. Il n'exposait pas clairement ce que nous pourrions faire pour limiter les contacts sociaux, ni comment empêcher les gens de se rassembler. Cela n'avait rien de surprenant, car il s'agissait de concepts inédits. Personne à l'époque n'avait jamais rien tenté de ce genre.

Ce document n'indiquait pas non plus clairement la gravité probable de la maladie. Elle se rapprocherait peut-être d'une mauvaise épidémie de grippe saisonnière, disait l'autrice, ou serait « peut-être plus bénigne ». Dans le pire des cas, affirmait le document, sans arguments pour étayer ce chiffre, il fallait s'attendre à 520 000 morts.

Quoi ? ai-je pensé. J'ai regardé par la fenêtre les canards de St James's Park. Les crocus pointaient leur nez. Les jonquilles n'allaient pas tarder à sortir de terre. Au moment même où le printemps arrivait, tout donnait à penser que nous étions au seuil d'un enfer sans précédent.

* Département exécutif du bureau du Cabinet chargé de la planification d'urgence. Il a été supprimé en juillet 2022.

Qu'affrontions-nous au juste ? Une maladie proche de la grippe hivernale annuelle à laquelle le NHS est parfaitement habitué et qui fait toujours quelques dizaines de milliers de morts ?

Ou était-ce un Moloch qui s'apprêtait à dévorer un demi-million de Britanniques ? Aucun membre de mon équipe ne semblait le savoir.

J'avais cru comprendre que nous avions un plan en cas de pandémie. On m'avait affirmé que nous possédions un système d'excellence internationale pour tester et tracer les gens atteints de la maladie. Je savais que nous avions accordé une rallonge financière de 34 milliards de livres[6] au NHS, de sorte qu'il devait disposer de stocks suffisants. Mais je ne pouvais que constater que l'inquiétude de la population grandissait ; il fallait donc que je montre que j'avais la situation en main et que j'agissais.

Le lendemain, je me suis rendu au siège de Public Health England, à Colindale. C'était l'organisme théoriquement chargé d'endiguer la transmission du Covid. Trois jours plus tôt, ses responsables avaient affirmé que le virus ne circulait pas dans le Royaume-Uni et que le risque pour la population restait faible. Je les ai remerciés pour ce qu'ils faisaient, et j'ai tourné pour le journal télévisé une nouvelle vidéo dans laquelle je chantais les louanges du système de tests. En réalité, ma visite à Colindale m'avait un peu décontenancé.

Peut-être n'avais-je pas parlé aux bons interlocuteurs en faisant le tour des bureaux, mais je n'avais pas eu l'impression qu'ils disposaient d'informations solides sur la maladie et sur sa traçabilité. Je me suis rendu ensuite au Royal Free Hospital dans le nord de Londres, où l'on soignait une poignée de patients qui avaient contracté le Covid à l'étranger.

Après m'être abondamment lavé et désinfecté les mains, j'ai serré la main à plusieurs membres du personnel. Certains me l'ont reproché plus tard, et je regrette après coup de l'avoir fait, ou du moins d'en avoir parlé. À ce moment-là, j'essayais encore de trouver un juste équilibre.

Je voulais que les gens soient prudents, qu'ils se lavent les mains, mais je n'avais pas l'impression que nous en étions au point qu'il faille décourager tout contact physique. Se serrer la main est un geste humain ancestral de bonne volonté. On échange une poignée de main pour sceller un accord. Il me semblait que dire aux Britanniques qu'il était temps de renoncer à ce geste marquerait un tournant – l'aveu que le virus commençait à peser sur notre comportement – et je n'étais pas sûr que nous en soyons déjà là.

Le lundi 2 mars, quand j'ai présidé la réunion du comité Cobra, on dénombrait 40 cas au Royaume-Uni – uniquement des gens qui avaient attrapé le virus à l'étranger. Chris a répété qu'il fallait éviter d'imposer des mesures trop tôt, et au cours des journées suivantes, alors que le nombre de cas s'élevait doucement, l'avis scientifique est resté le même : il n'était pas nécessaire d'imposer des restrictions telles que l'interdiction des rassemblements ou la fermeture des écoles.

Le dimanche 8 mars, j'ai regardé les informations télévisées italiennes et j'ai été bouleversé. Je connaissais le système de santé italien et j'en avais bénéficié plusieurs fois. Un jour, Theo, deux ans, le fils que j'avais eu avec Marina, était entré par mégarde dans une piscine du côté le plus profond alors que nous faisions tous la grasse matinée ; je crois bien qu'il ne m'est jamais rien arrivé de plus effrayant.

Je me rappelle l'extraordinaire rapidité avec laquelle le *pronto soccorso* était arrivé jusqu'à notre ferme reculée d'Ombrie, le mugissement de la sirène qui montait de la vallée, pendant que notre petit garçon était allongé, bleu et apparemment sans vie ; et l'énergie avec laquelle une dizaine de jeunes urgentistes étaient intervenus, couvrant son corps d'électrodes, et l'avaient remis sur pied.

Je trouvais le système de santé italien fantastique, ce qui rendait le spectacle des scènes de Lombardie encore plus insupportable : des gens à l'agonie sur des civières dans des couloirs et des parkings. Il se passait quelque chose de grave.

Ce machin-là était de toute évidence bien plus méchant que nous ne l'avions imaginé et si cela pouvait arriver en Italie, pourquoi pas chez nous ?

C'est à partir de ce moment – j'en suis presque sûr – que nous avons commencé à ne plus nous concentrer uniquement sur le Covid mais sur l'impact du Covid sur le NHS. Et si le nombre de malades devenait si important que notre système de soins était débordé ? Et si des scènes comme celles que j'avais vues en Italie se déroulaient chez nous, avec des gens que nous ne pourrions pas soigner – pas seulement des cas de coronavirus, mais des infarctus, des AVC et tous les milliers de problèmes naturels qui peuvent affecter le corps humain ?

Cela nous obligerait à trahir le serment fondamental de l'État britannique à son peuple – à savoir que le NHS serait toujours là pour lui, gratuit au point d'utilisation. Ce serait une catastrophe morale et politique totale.

Cet après-midi-là, nous avons tenu notre troisième conférence de presse, Chris, Patrick et moi. Nous avions à présent 4 morts du Covid au Royaume-Uni et, même s'il s'agissait de personnes âgées présentant des comorbidités, j'ai averti nos compatriotes. Il devenait nécessaire de freiner la transmission du coronavirus en limitant les contacts humains. Le lundi

9 mars, j'ai consulté des données encore plus inquiétantes en provenance d'Italie, qui semblaient suggérer que le taux de mortalité n'était pas de 2 %, mais de 8 %.

Mon Dieu, me suis-je dit, la population britannique est au moins aussi âgée que les Italiens. À supposer que 50 % de la population soit infectée au Royaume-Uni, une mortalité de 8 % se traduirait par des millions de décès. Le lendemain, le mardi 10 mars, on a annoncé que Nadine Dorries était la première députée à avoir contracté le Covid, et pourtant nous sous-estimions toujours la rapidité de sa diffusion au Royaume-Uni. Matt a répété au Cabinet ce qu'il disait depuis le début, qu'en l'absence de symptômes il était tout à fait improbable qu'on puisse souffrir du Covid.

C'était faux, et cette idée a été l'une des plus grandes erreurs collectives de notre compréhension précoce de la maladie. À ce stade, il y avait sans doute beaucoup plus de gens qui non seulement étaient atteints d'une forme asymptomatique du coronavirus, mais le transmettaient de façon asymptomatique, si bien que sa circulation générale au Royaume-Uni était bien plus importante que nous ne l'imaginions.

Nous étions encore ignorants de cette réalité essentielle. J'ai conclu le Conseil des ministres en déclarant que nous aurions à prendre des mesures supplémentaires, par exemple interdire les rassemblements et fermer les établissements scolaires, mais que le moment n'était pas encore venu.

4. Sonner l'alarme

Le jeudi 12 mars, nous ne pouvions plus ignorer que les chiffres continueraient de monter et que je devrais parler franchement à la population. Nous avons donné une nouvelle conférence de presse et j'ai annoncé aux Britanniques que les décès seraient nombreux et que « bien des familles perdr[aient] des êtres chers prématurément ».

À quand remontait la dernière fois qu'un Premier ministre britannique avait tenu des propos ne fût-ce qu'à moitié aussi alarmants ? À cette date encore, le SAGE était d'avis qu'il était préférable de différer les restrictions de contact et que fermer les écoles ferait plus de mal que de bien. Nous avions préparé un ensemble de quatre mesures immédiatement applicables – de l'auto-isolement de ceux qui présentaient des symptômes à la protection des personnes âgées et des personnes à risque –, mais le SAGE semblait continuer de penser que certaines pourraient être repoussées de plusieurs semaines.

À cette date, Chris, Patrick et les scientifiques du SAGE avançaient deux arguments majeurs en faveur de cette temporisation. On peut les présenter comme le risque de « rebond » et celui de « lassitude comportementale ».

Ainsi que Patrick l'avait expliqué au comité Cobra, si nous décidions d'imiter la Chine et d'imposer des mesures immédiates et rigoureuses, nous risquions que le virus réapparaisse de plus belle à un moment où le NHS serait soumis à une plus forte pression, à savoir durant l'automne et l'hiver. Ce rebond serait d'autant plus fort que, tout en protégeant peut-être la population des risques d'infection, des mesures initiales sévères l'auraient également empêchée de développer une certaine immunité.

Il a aussi expliqué que les populations peuvent souffrir de lassitude comportementale si certaines mesures étaient imposées trop tôt. Quand on va trop vite, a affirmé Patrick lors de cette conférence de presse, « l'efficacité s'estompe et les gens en ont assez ; et pour finir, on ne peut plus recommencer encore et encore ».

Il semblait même suggérer qu'il pourrait être souhaitable de laisser une certaine proportion de la population contracter le virus pour parvenir à ce qu'il appelait une immunité collective, ce que certains journalistes ont interprété à tort comme une stratégie de laisser-faire. Je ne crois pas que Patrick ait eu quoi que ce soit de ce genre à l'esprit.

La stratégie consistait à contenir le virus et à préserver le NHS ; une certaine dose d'immunité collective serait un effet secondaire bienvenu, sans être un objectif. Il n'était pas question de laisser le Covid se déplacer à bride abattue. Il était trop contagieux, trop puissant, et trop mortel pour certaines catégories de personnes.

Mais il me semble que Patrick avait également raison à propos du rebond, ainsi que les événements le prouveraient plus tard dans l'année.

Le lendemain, le vendredi 13 mars, le SAGE a analysé les chiffres et toutes les illusions se sont évanouies. Les données montraient que les cas étaient bien plus nombreux que nous ne l'avions cru. Nous n'avions pas quatre semaines de retard par rapport à l'Italie sur la courbe de la pandémie, mais plutôt deux, au maximum. Martin m'a appelé ce soir-là pour me dire qu'il fallait que je rentre de Chequers le lendemain à la première heure. Nous étions dos au mur, m'a-t-il annoncé.

Chris, Patrick et Ben Warner – un mathématicien talentueux qui travaillait pour Downing Street – m'ont montré les graphiques de la dernière réunion du SAGE. Nous n'avions pas le choix. Il fallait confiner.

Si la courbe conservait sa trajectoire actuelle, ont-ils affirmé, notre système hospitalier serait débordé, il faudrait incinérer les morts dans la rue et une foule donnerait l'assaut aux grilles de Downing Street et nous expulserait du bâtiment.

À partir de ce jour et jusqu'au 23 mars, l'État britannique s'est engagé dans un programme de plus en plus soutenu qui l'a conduit à priver le peuple de ses libertés ancestrales et sacro-saintes. Le lundi 16 mars, j'ai demandé aux gens de rester chez eux pendant deux semaines si un seul membre de leur foyer présentait des symptômes de Covid, tout en détaillant les mesures de protection à prendre pour les personnes âgées et ou à risque.

J'ai demandé aux Britanniques de renoncer à tous les voyages qui n'étaient pas indispensables, d'éviter les pubs, les discothèques, les restaurants. Un très, très grand nombre de gens appliquaient déjà spontanément ces mesures. Cela faisait désormais plus d'une semaine que j'étais monté sur l'estrade de Downing Street pour lancer des mises en garde plutôt lugubres à propos du Covid.

Bien des gens, évidemment, se sont indignés de l'érosion de nos libertés. Mon père a pris la parole sur les ondes pour dire : « Je continuerai d'aller au pub si j'en ai besoin. »

C'est ainsi qu'au Conseil des ministres du mardi 17 mars, nous avons décidé la fermeture des écoles (le SAGE, avec un très léger retard, a approuvé cette mesure le lendemain) et le 20 mars, par arrêté, nous avons fermé à la fois les établissements scolaires et les hôtels.

Le samedi 21, nous avons pris acte du respect insuffisant de ces dispositions par la population et j'en ai parlé en conférence de presse. Le lundi 23, nous avons imposé un confinement total.

Était-ce opportun ? Était-ce nécessaire ? J'y reviendrai un peu plus longuement par la suite. Mais voilà ce que je peux vous dire ici : j'étais le Premier ministre d'un pays où le nombre de décès quotidiens dus au Covid durant la période cruciale dont je viens de parler – du 11 au 23 mars 2020 – augmentait au rythme suivant : 6, 10, 15, 22, 27, 41, 38, 53, 50, 79, 71, 99, 102. C'est une courbe exponentielle, présentant un temps de doublement d'environ quatre jours. On m'avait expliqué que le confinement était le seul moyen d'arrêter cette terrible progression. Je n'avais pas le choix.

En fait, les chiffres ont continué de doubler au même rythme. Le nombre de décès quotidiens a poursuivi sa hausse : 120, 157, 214 et, le 27 mars, le Covid a emporté 231 personnes alors qu'au début du mois on était en dessous de 10.

Ce jour-là, Chris Whitty m'a entraîné à l'écart après une réunion. Il avait remarqué que je toussais et crachotais un peu, et que j'avais le visage un peu rouge. Il m'a conseillé de faire un test de dépistage du virus. Je savais qu'à cette date il n'était pas facile de se procurer des tests. Je n'avais pas envie d'en gaspiller un pour moi alors qu'il pouvait servir à une personne âgée ou à risque.

« Vous êtes sûr ? lui ai-je demandé.

– Tout à fait », a-t-il répondu.

Plus tard dans l'après-midi, on m'a invité à venir dans la salle du Conseil des ministres où un homme m'a rejoint, vêtu d'une sorte de combinaison de protection nucléaire (j'ai appris plus tard que c'était le Dr Nick Price), et m'a enfoncé un écouvillon dans la gorge.

Quelques heures plus tard, Chris m'a appelé sur mon portable pour m'annoncer que le résultat était positif.

Flûte alors, ai-je pensé. C'était embêtant. Cela risquait de me ralentir. Mais, comme je m'étais obstiné à le dire à tout le monde, c'était généralement une maladie bénigne.

D'un autre côté, je n'avais pas oublié l'histoire athénienne. « Périclès est mort de la peste », avais-je rappelé plus tôt à Michael Grove, et j'avais eu l'impression de voir ses lunettes scintiller à ces mots.

Chapitre 37

SERVICE DE SOINS INTENSIFS

Ou comment les infirmiers du NHS m'ont sauvé la vie

Oh, la vache ! C'était violent. Sacrément violent. Et bien pire que je ne l'avais imaginé. Ce samedi 4 avril 2020, j'étais allongé sur des draps rêches, froissés, couverts de miettes.

Je ne pouvais pas lire. À peine penser. La musique m'agaçait. Tout ce que je voulais, c'était qu'une heure s'écoule pour que j'aie officiellement le droit d'avaler deux nouveaux comprimés de paracétamol qui apaiseraient, au moins temporairement, les élancements dans mon crâne.

Les rideaux étaient fermés, mais je savais que dehors le soleil brillait. Que de doux zéphyrs agitaient les fleurs du jardin de Downing Street. Que des canetons étaient en train d'éclore dans les grandes jardinières de plomb du XVIIe siècle et que notre adorable chiot, Dilyn… Oh, mon Dieu ! Dilyn s'en prendrait sûrement aux canetons. J'ai gémi. Ou bien il se noierait dans le point d'eau, en réalité un cratère laissé par une bombe allemande. Que pouvait bien faire Dilyn ?

J'aurais dû me lever et descendre les – quoi ? – cent marches en colimaçon menant de l'appartement au jardin pour empêcher Dilyn de persécuter les bébés canards, mais cette perspective suffisait à m'épuiser. Un peu plus tard, Carrie est revenue avec les antalgiques et, même si je lui en ai été éperdument reconnaissant, je trouvais ça ridicule. C'est moi qui aurais dû m'occuper d'elle, et non l'inverse. Non seulement elle était, elle aussi, atteinte du Covid, mais elle était enceinte de plus de huit mois de notre premier enfant.

Oufff, ai-je soufflé, et j'ai cherché à prendre une profonde inspiration par le nez.

Non, de pire, il n'est rien, disait Gerard Manley Hopkins*, mais il est vrai qu'il n'avait pas été lessivé par le Covid en cherchant à faire traverser

* Prêtre jésuite et poète (1844-1889). Ce vers (*No worst, there is none*) est tiré d'un sonnet dans lequel Gerard Manley Hopkins fait référence à sa dépression en 1885 alors qu'il vivait à Dublin.

une pandémie à un pays du G7. C'était bien le problème, et la raison pour laquelle, me semble-t-il, j'étais aussi mal en point. Ce n'était pas seulement la souffrance physique ; c'était le sentiment de culpabilité, l'embarras politique que m'inspirait cette situation.

Il fallait que je rebondisse, *boing*, comme une balle en caoutchouc et que je retombe sur mes pieds. Il fallait que je sois d'attaque, que je sois à la tête du pays, que je règle les problèmes d'équipements de protection individuelle et de maisons de retraite, que j'accélère la recherche d'un traitement.

Dès que j'avais été testé positif[1], le 27 mars, je m'étais mis à l'isolement dans l'appartement du n° 11. Carrie s'était enfermée loin de moi – elle n'avait pas encore été testée positive – dans le logement du n° 10, qui attendait l'arrivée du nouveau chancelier de l'Échiquier, Rishi Sunak, et de sa famille et où des rangées de lits de camp avaient été installées parce qu'on pensait (à juste titre) que bientôt on y travaillerait vingt-quatre heures sur vingt-quatre.

J'avais continué de faire mon travail aussi bien que je pouvais. Je n'avais pas le choix. Notre pays affrontait la pire pandémie depuis un siècle et toutes les décisions à prendre remontaient jusqu'au sommet. Je ne pouvais absolument pas m'arrêter.

J'ai commencé par présenter un bulletin vidéo que j'espérais plutôt enjoué. Comme je ne pouvais avoir personne près de moi, je l'ai enregistré moi-même, sur mon téléphone.

« Bonjour tout le monde, ai-je dit, je voudrais simplement vous informer que, comme tant d'autres, j'ai été testé positif au Covid et que – comme tant d'autres – je travaille maintenant depuis chez moi ; mais soyez assurés, ai-je poursuivi, que je continue de diriger l'effort national contre la maladie – et que je vous remercie tous sincèrement[2] pour ce que vous faites. Ensemble, ai-je poursuivi en adoptant les accents déterminés de mes récentes conférences de presse, nous y arriverons. »

J'avais l'air optimiste, rubicond, comme empourpré par un bon déjeuner. J'étais peut-être légèrement essoufflé, mais il fallait tendre l'oreille pour s'en rendre compte.

Pendant les jours qui ont suivi, tout en attendant que la maladie reflue, je suis resté penché sur mon ordinateur dans mon bureau, étudiant obstinément les chiffres et cherchant à diriger la réaction du Royaume-Uni.

Le lendemain, le nombre de morts avait encore augmenté et atteint le chiffre effarant de 463. Il doublait toujours. Quand les mesures que nous avions prises commenceraient-elles à produire leur effet ? Quand la courbe se mettrait-elle à redescendre ?

Les informations m'affectaient profondément, affaiblissant ma détermination, affaiblissant peut-être ma résistance. Peut-être, m'interrogeais-je sombrement, devais-je y voir une sorte de jugement cosmique prononcé contre moi et contre toute ma vision du monde, laquelle reposait sur la conviction présomptueuse que notre pays était capable de tout surmonter.

Je maudissais le jour où j'avais jugé bon de faire l'éloge du maire des *Dents de la mer*, même si l'argument central restait, statistiquement, pertinent. Le mercredi 1er avril, le nombre quotidien de morts avait fait un nouveau bond pour atteindre 826, et quand je suis sorti applaudir le NHS, les travailleurs sociaux et tous ceux qui s'occupaient des malades, des observateurs ont remarqué que j'avais l'air plutôt vaseux.

Le lendemain, le Dr Nick Price est venu nous voir tous les deux – moi parce que j'étais vraiment patraque, et Carrie parce qu'elle était enceinte. Il lui a suffi d'un coup d'œil pour estimer que je devais me faire hospitaliser, par précaution.

Non, non, ai-je protesté. Je savais parfaitement que les hôpitaux étaient sous tension. C'était ridicule. J'étais convaincu d'être sur la voie de la guérison.

Le surlendemain, le vendredi 3, j'aurais dû aller mieux si la maladie avait suivi son cours habituel. J'avais encore de la fièvre. J'ai donc préparé un nouveau message vidéo désinvolte. « Léger contretemps, ai-je annoncé. J'ai encore le Covid, mais sachez que la lutte continue. » Cette fois, je ne portais pas de cravate, mon visage était couleur mayonnaise et j'étais affalé dans un fauteuil.

L'effet général n'était pas très éloigné de celui du personnage de Paul Whitehouse, Rowley Birkin QC, qui conclut toujours ses incompréhensibles monologues de boîte de nuit par cette réplique culte : « J'étais très, très soûl », à la différence près qu'en l'occurrence je n'étais pas soûl.

Mais quand le week-end est arrivé, quelques pas suffisaient à m'épuiser et j'avais même du mal à descendre jusqu'au bureau du chancelier, lequel avait été bouclé et réservé à mon usage. Je commençais à m'inquiéter. Quand devrais-je demander davantage d'assistance ?

J'étais bien décidé à ne pas aller à l'hôpital. J'avais de bonnes bases d'anthropologie. Je connaissais mon J. G. Frazer*[3]. La tribu n'apprécie

* Anthropologue écossais (1854-1941) qui a établi, le premier, un inventaire des mythes et des rites du monde entier.

pas, c'est le moins qu'on puisse dire, que le chef soit fragile ou malade. La tribu veut que le chef soit fort. Il n'y a pas grand-chose de plus préjudiciable politiquement que le spectacle d'une infirmité physique. Rappelez-vous l'ancien président américain Jimmy Carter, qui a eu un malaise un jour en faisant du jogging, vêtu d'un short de course qui ne dissimulait pas grand-chose. Rappelez-vous George H. W. Bush, interrompant un banquet d'État à Tokyo pour vomir sur les genoux du Premier ministre japonais.

Il est difficile de se remettre d'incidents pareils, et peut-être n'est-il pas surprenant que ces deux présidents n'aient accompli qu'un mandat.

Le vendredi et le samedi, je me suis efforcé de suivre cette ligne de conduite, de m'obliger à guérir alors qu'en vérité à ce moment-là je passais le plus clair de mon temps couché à l'étage. Le dimanche 5 avril, on dénombrait plus de 1 000 décès quotidiens dans le pays. J'étais encore complètement à plat, tel que vous m'avez trouvé au début de ce chapitre. J'alternais entre conscience et inconscience, attendant ma dose de paracétamol, quand Carrie est entrée tel un ange de bonté. « Allons, m'a-t-elle dit, il faut que tu manges quelque chose. »

Je lui ai répondu que la cuisine était bien trop loin.

Alors elle m'a apporté une pomme et du fromage. J'ai regardé le morceau de fromage avec une telle apathie que j'ai compris – ayant été toute ma vie un amateur passionné de fromage – que ça n'allait pas du tout.

Carrie a appelé le Dr Nick Price et lui a exposé la situation, puis elle m'a passé le téléphone. Ce n'était rien, ai-je dit, mais le médecin m'a coupé la parole. Il a insisté pour que je me fasse admettre sur-le-champ à l'hôpital St Thomas. Non, non, me suis-je rebellé. Il y avait sûrement des gens en plus piteux état que moi, des gens qui avaient vraiment besoin de ce lit.

Ça va aller, ai-je insisté.

Il n'était pas d'accord. « Il faut vous faire hospitaliser, a-t-il persévéré. Votre santé s'aggrave depuis trop longtemps et vous en êtes à un stade où l'évolution peut aller dans un sens comme dans l'autre. Dans votre état, il y a des gens qui s'en remettent, a-t-il ajouté, mais il y en a aussi un grand nombre qui vont soudain beaucoup plus mal. Il faut que vous alliez à l'hôpital pour que nous puissions vous administrer de l'oxygène si vous en avez besoin. »

Peu après, Carrie et moi sommes sortis, titubants, par la porte arrière du n° 10, aussi discrètement que possible. Nous sommes montés dans un gros véhicule aux vitres fumées et, quelques minutes plus tard, nous avions traversé le fleuve et étions poussés sur des fauteuils roulants – les médecins l'avaient exigé – dans les entrailles de St Thomas.

Dès que j'ai été à l'étage avec un masque à oxygène, je me suis senti mieux, mais je me faisais du souci pour Carrie. À cette date, nous ne savions pas si le Covid pouvait être dangereux pour un enfant à naître. Les médecins étaient pourtant confiants. Ses symptômes étaient nettement plus bénins que les miens et elle n'a pas tardé à regagner Downing Street.

Le saturomètre qu'on m'avait mis au doigt montrait que mon taux d'oxygène remontait tout doucement et j'ai commencé à me sentir somnolent. Mais avant de sombrer, il y avait une chose à régler.

J'ai téléphoné à Dominic Raab : « Monsieur le premier secrétaire d'État.

– Monsieur le Premier ministre.

– Vous vous rappelez que je vous ai dit que vous pourriez avoir à me remplacer.

– Oui, monsieur le Premier ministre.

– Eh bien, le moment est venu.

– Pas de problème, monsieur le Premier ministre. Bon rétablissement. »

Il ne semblait pas le moins du monde ébranlé, et en réalité il allait accomplir un remarquable boulot.

Le lendemain matin, requinqué par des doses massives d'oxygène, je me sentais peut-être un peu mieux, et plus coupable que jamais à l'idée d'occuper un lit du NHS. Par la fenêtre, j'ai regardé le palais de Westminster, sur l'autre rive du fleuve. Cette vue m'a rappelé quelque chose et je me suis rendu compte que j'étais dans le même service – peut-être dans la même chambre – que celui où mon beau-père, Nick Wahl, était mort en 1996. J'étais resté à son chevet jusqu'au bout.

Je connaissais très bien cette vue et n'avais aucune envie de rester là une seconde de plus que nécessaire. Malheureusement, dans l'après-midi, mon état a cessé de s'améliorer. Mon taux d'oxygène continuait de baisser, et en début de soirée j'ai pris conscience de la présence d'une équipe de médecins en blouse et en masque sur le seuil de ma chambre. C'étaient des pneumologues, des cardiologues, des virologues spécialistes des zoonoses, certains des plus grands experts dans leur domaine. Leur avis général, m'ont-ils dit, était qu'il fallait me transférer en soins intensifs.

Vraiment ? ai-je demandé.

Pure mesure de précaution, ont-ils repris. Mon taux d'oxygène était plus que médiocre, et ils voulaient disposer du meilleur équipement possible pour me retaper.

Au cours des journées et des semaines suivantes, Internet s'est beaucoup agité à propos de la gravité exacte de mon état. Certains prétendaient que je simulais, d'autres que j'étais bien malade mais n'avais absolument pas besoin d'être hospitalisé, et encore moins d'occuper un lit en soins intensifs.

Tout ce que je peux dire, c'est que j'étais très mal fichu – tous ceux qui ont eu un Covid grave connaissent cette sensation : celle d'un épuisement avec un essoufflement rauque. Je sais aussi qu'à un moment mon taux d'oxygène n'était que de 72 %, et qu'au-dessous de 70 % l'organisme commence vraiment à en baver ; les médecins se préparaient, ce soir-là, à l'éventualité de m'intuber. Autrement dit, ils risquaient de devoir percer ma trachée et y enfoncer un tube pour alimenter de force mes poumons en oxygène.

Est-ce nécessaire ? ai-je demandé alors qu'ils s'apprêtaient à me descendre en fauteuil roulant.

Oui, oui, m'ont-ils répondu en faisant comme si c'était une procédure courante. Ce qu'ils se sont bien gardés de me dire, c'est que les patients intubés – à cette époque de la pandémie – avaient environ 50 % de chances de s'en sortir.

Avant que nous n'ayons eu le temps d'en discuter plus à fond, j'étais au SSI, le service de soins intensifs.

Il régnait une atmosphère inquiétante, avec une lumière tamisée jaune verdâtre. Pendant qu'on me poussait vers le fond de la salle, j'ai aperçu mes compagnons d'infortune. On se serait cru dans un de ces films de science-fiction, où une fournée de passagers cryogénisés est transportée dans l'espace. Certains avaient déjà été intubés, d'après ce que je voyais, et seuls les sifflements et les bips des appareils rompaient le silence.

Nous étions une bonne dizaine, uniquement, m'a-t-il semblé, des hommes d'âge mûr. Certains étaient noirs, d'autres asiatiques, et tous, comme moi, étaient au moins légèrement en surpoids.

Puis on m'a transféré du brancard à roulettes pour m'installer sur le lit du SSI – conçu comme une sorte de fauteuil de dentiste, de sorte que mon dos était relevé d'environ quarante-cinq degrés. J'ai été présenté aux deux infirmiers chargés cette nuit-là d'alimenter mes poumons en oxygène.

Il y avait Jenny, d'Invercargill en Nouvelle-Zélande, et Luis, de Porto, au Portugal. Ils étaient masqués, ce qui dissimulait en partie leur expression, mais je leur ai trouvé un air un peu inquiet. Ce n'était sans doute pas très surprenant. Toutes opinions politiques confondues, personne n'a envie d'être l'infirmier de service quand le moniteur de constantes vitales de votre Premier ministre se met à émettre un *biiiip* monocorde et à afficher un tracé plat.

Luis a tripoté le saturomètre, pour vérifier que le taux était vraiment aussi bas qu'il semblait. Puis il m'a expliqué comment m'allonger – légèrement sur le côté – et a glissé quelques coussins sous moi pour que je sois pile dans la bonne position.

Je me suis concentré, très fort, sur ma respiration. Carrie avait déjà averti ma famille que j'étais en soins intensifs. Elle a expliqué la situation à mes enfants et j'ai pu leur parler, ainsi qu'à Marina.

Pleine de ressources, ma fille Lara avait mis la main sur quelques albums de Tintin – je crois que c'était *Au pays de l'or noir*, toujours génial et tout à fait pertinent pour la politique du Golfe ; mais au bout d'un moment même Tintin a été au-dessus de mes forces. Je me suis mis à somnoler, mais je ne voulais pas dormir ; en partie de peur de ne pas me réveiller, en partie parce que je craignais qu'ils ne me fassent subir une trachéotomie sans me prévenir.

Jenny m'a alors tendu un iPad rempli de films, et j'ai regardé un long-métrage de vengeance plutôt éprouvant, *The Revenant*, dans lequel Leonardo DiCaprio, trappeur canadien du XVIIIe siècle, est vilainement mutilé par un ours, plongé dans des cours d'eau glacés, jeté à bas de falaises – mais survit.

Tout au fond de mes poumons, une lutte allégorique s'est déroulée cette nuit-là. De minuscules créatures malfaisantes causaient des ravages aux muqueuses de mes voies respiratoires. Je les visualisais parfaitement : d'affreuses sphères violettes ou vertes, hérissées de balais de chiottes de protéines à l'envers. Elles s'enfonçaient dans les tissus mous, utilisant mes cellules, d'après ce que j'avais compris, pour se reproduire. Mais cette nuit-là, l'ours n'était pas le Covid.

L'ours, c'était moi.

Mon organisme, m'a-t-on expliqué plus tard, n'avait encore jamais rencontré le Covid et mon système immunitaire a été si horrifié par cette forme de vie étrangère qu'il s'est littéralement déchaîné.

J'ai été victime de ce qu'on a appelé un « choc cytokinique », qui conduit le système immunitaire à tirer à tout-va, *pif ! paf* ! sans discrimination, contre amis ou ennemis, si bien que l'organisme s'attaque lui-même. C'est ce syndrome – le choc cytokinique – qui a fait beaucoup de mal aux patients en ces débuts de la pandémie, avant la découverte de l'efficacité des stéroïdes.

Quoi qu'il en soit, la nuit n'a pas été de tout repos. Mais au point du jour, la crise était passée. Luis et Jenny avaient été sur le front plus ou moins constamment, me déplaçant de quelques centimètres, vérifiant le saturomètre, m'inclinant pour que l'oxygène puisse se diriger là où il fallait.

Mes constantes étaient à présent meilleures, pas franchement olympiques mais meilleures. J'étais surpris d'être aussi faible, physiquement à plat comme si j'avais été victime d'un accident de voiture. J'arrivais à peine à bouger et les médecins ont exigé que je passe encore deux jours en SSI.

On a tourné mon lit pour que je puisse regarder par la fenêtre, et j'ai constaté qu'elle donnait sur un chantier. En y réfléchissant, j'ai été fier d'y avoir participé. Une partie de ce grand et vénérable hôpital était en effet en train d'être reconstruit grâce à des investissements du Golfe, que mon infatigable maire adjoint, Eddie Lister, avait contribué à obtenir. J'ai contemplé ce trou creusé dans le sol, où l'on avait semble-t-il découvert des assises de brique d'anciens fours victoriens. Il s'en était fallu d'un cheveu, me suis-je dit, qu'on creuse un trou pour moi. Pourquoi avais-je été aussi malade ?

Je pense que la génétique joue un rôle dans la sévérité avec laquelle certains peuvent être touchés par un nouveau virus. Mon embonpoint – une caractéristique que je partage avec tant de Britanniques – n'avait pas aidé. De surcroît, j'avais probablement été exposé à une très forte charge virale : autrement dit, j'avais assisté à de nombreuses réunions en présence de gens qui étaient peut-être atteints du Covid sans en présenter les symptômes, et comme j'avais contracté cette maladie tout au début, avant que nous ne la connaissions bien et que nous n'ayons compris son mode de transmission, il n'est pas impossible que le virus m'ait touché en rafales successives.

S'y ajoute que j'étais épuisé émotionnellement, ébranlé par le spectacle de la maladie qui s'abattait sur nous, vague après vague, et par la conscience de mon impuissance.

Dans mon état de faiblesse, je ne m'étais pas rendu compte que le monde entier suivait avec fascination l'état de santé du Premier ministre britannique. Je ne les ai jamais vus, mais il y avait dans les couloirs de l'hôpital des représentants de l'industrie pharmaceutique américaine envoyés par Donald Trump pour me ranimer à l'aide de médicaments qui n'étaient pas autorisés ni approuvés au Royaume-Uni.

Il paraît que des fidèles priaient pour mon rétablissement et, même si cela peut paraître bizarre, je leur suis sincèrement reconnaissant de leurs intercessions. Je suppose que certains, bien sûr, priaient au contraire pour que cette maladie les débarrasse de moi – politiquement en tout cas.

Mais une chose est sûre : à l'instant où mon admission en soins intensifs a été annoncée – quand on a pu penser que je risquais vraiment de mourir –, ma cote de popularité a atteint des sommets[4] et éclipsé celle de tous les autres Premiers ministres de l'histoire.

Chapitre 38

DES RUES SILENCIEUSES

Le Covid a été effroyable – le confinement aussi

Avril est le plus cruel des mois, a écrit T. S. Eliot*, et il avait certainement raison s'agissant du mois d'avril 2020. Je suis sorti de l'hôpital le lundi de Pâques et suis parti en voiture avec Carrie – survolés par un hélicoptère de la BBC – pour aller passer deux semaines de convalescence à Chequers.

Le privilège de la fonction de Premier ministre est de servir son pays. Chequers est la cerise sur le gâteau.

Cette demeure élisabéthaine, entourée de champs et de bois peuplés de cerfs, se détache sur les Chilterns. Les membres du personnel sont en uniforme et sont uniformément merveilleux – certains étant traditionnellement issus de la RAF – et l'aménagement intérieur a été confié à Rodney Melville, un homme doté d'un œil exceptionnel pour les vases chinois et les kilims turcs. De toutes les pièces, celle que je préférais était la Longue Galerie. De la taille d'un terrain de cricket, elle parcourt la partie nord de la maison à l'étage supérieur et est percée de tant de bow-windows à meneaux qu'elle reçoit la lumière toute la journée. C'est là que les administrateurs de Chequers conservent certains des plus grands trésors – des pistolets de Napoléon à la bague qui ornait le doigt de la reine Élisabeth Ière à sa mort.

Ce bijou s'ouvre sur une miniature de sa mère, Anne Boleyn, et la reine l'aimait tant qu'on a retiré cette bague de son doigt et qu'on l'a emportée au galop jusqu'en Écosse pour prouver à Jacques Ier qu'Élisabeth était bien morte. Cet objet à lui seul vaut environ 20 millions de livres et il a été vaguement question de le vendre quand j'étais Premier ministre. Je m'y suis fermement opposé.

C'est là que, les premiers jours, j'ai passé le plus clair de mon temps, avachi dans un fauteuil recouvert de chintz devant un feu, parcourant,

* « La Terre vaine », in *Poésie* [1947], trad. Pierre Leyris, édition bilingue, Paris, Seuil, 1969, p. 57.

quand je ne dormais pas, le contenu de ma mallette rouge*. J'étais entouré d'un merveilleux cadre printanier et distinguais vaguement au-dehors les jacinthes des bois dans la forêt, au-dessus de la maison. Au-delà s'étendaient d'anciens pâturages où mes yeux affaiblis par le Covid discernaient à peine les agneaux. Par-delà ce domaine de plus de mille hectares se trouvait un pays qui souffrait le martyre. Le jour où je suis sorti de l'hôpital[1], le virus avait fait 737 morts et les chiffres quotidiens ne cessaient d'augmenter. Nous allions atteindre les 10 000 victimes et la pente de la courbe semblait plus forte au Royaume-Uni qu'en France, en Espagne ou en Italie.

Qu'aurions-nous pu faire, me demandais-je en consultant désespérément le « tableau de bord » quotidien, les affreuses statistiques de nos souffrances. Confiner plus tôt ?

Comme l'ont montré, je l'espère, les précédents chapitres, pareille mesure aurait été absurde. Elle se serait en effet opposée aux conseils qu'on me donnait. Confiner plus tôt que nous ne l'avions fait nous aurait conduits à mener une vaste expérience sociale sans précédent, telle qu'on n'en avait jamais réalisé de mémoire d'homme et anticipant l'avis des scientifiques.

Au fil du mois d'avril, les coûts de notre action sont devenus plus manifestes. J'avais averti à deux reprises le Cabinet en mars 2020 de la configuration probable des événements : j'avais expliqué que les dégâts ne seraient pas seulement dus au Covid, mais aux efforts du gouvernement pour combattre la maladie. Les ministres m'avaient approuvé énergiquement, le plus véhément étant, me semble-t-il, Jacob Rees-Mogg. Les événements m'avaient à présent donné raison.

S'agissant du volet thérapie, le confinement a été dévastateur. Dans nos discussions préliminaires sur ce type d'intervention – dire aux gens de rester à distance les uns des autres –, nous nous attendions à avoir du mal à les convaincre de respecter ces règles. Nous avions pensé, Chris, Patrick et moi, que si un Premier ministre tory se montrait à la télévision pour dire aux Britanniques de ne pas aller au pub, puis de ne même pas mettre le nez dehors, leur esprit de contradiction et leur attachement viscéral aux libertés individuelles les encourageraient à faire un doigt d'honneur au gouvernement.

En fait, le confinement a été facilement accepté et mon message demandant aux gens de rester chez eux a même été écouté si scrupuleusement par les

* Boîte traditionnelle en pin recouverte de cuir rouge et doublée de satin noir, utilisée par les ministres du gouvernement et le chef de l'État. Elle sert à transporter les documents officiels.

travailleurs que le Royaume-Uni a connu la plus forte baisse de production depuis le Grand Hiver de 1709.

Les trains étaient vides. Les centres-villes étaient silencieux. Les rues étaient livrées aux chats, que nous avions accusés d'abord, sans doute à tort, d'être des vecteurs de la maladie. En ce terrible mois d'avril, les ventes de voitures neuves ont chuté de 97 % – ce qui n'a rien d'étonnant puisque j'avais dû fermer les points de vente des concessionnaires. Le respect des règles a été si absolu qu'on a abouti à la mise à l'arrêt de certains secteurs comme le bâtiment, qui auraient théoriquement dû rester en activité et le sont en effet restés dans d'autres pays comme la France et l'Allemagne.

L'absence de circulation dans les rues et de voyageurs dans les trains aurait pu en faire le moment idéal pour accélérer le lancement de nos chantiers d'infrastructures : utiliser les protocoles anti-Covid pour construire des rocades, moderniser les voies ferrées, percer les lambris de la nation pour faire passer les câbles de fibre optique. Malheureusement, nous avons laissé passer cette chance ; au contraire, Crossrail a été retardé, le HS2 interrompu, et en voyant exploser le coût général de tous ces chantiers j'ai éprouvé la même sensation que si la marée du virus avait emporté l'immense château de sable à créneaux de mes projets.

Ma frustration était insoutenable. J'étais impatient de pouvoir revenir à mon bureau, de reprendre les choses en main. Mais mon corps en avait décidé autrement. Le deuxième ou troisième jour, j'avais essayé de nager dans la piscine de Chequers (don d'un ancien ambassadeur américain, après que le président Richard Nixon eut rendu visite à Edward Heath pour découvrir avec horreur que le Premier ministre britannique était censé survivre sans piscine).

Ce luxe avait tellement indisposé Margaret Thatcher qu'elle avait coupé le chauffage, mais lorsque j'y venais, la température de l'eau était le plus souvent agréable. Ce jour-là, je l'ai trouvée glaciale. J'ai beau être bon nageur, j'ai eu du mal faire une seule longueur et j'ai dû me hisser hors de l'eau en m'agrippant au bord. Je suis resté allongé là, suffoquant comme une orque échouée.

Monter l'escalier était un effort, gravir la colline une impossibilité. Je marchais donc sur le plat, Dilyn me tirant comme un husky jusqu'au jour où j'ai constaté, épouvanté, qu'il semblait avoir soudain succombé, lui aussi. Au bout de quelques centaines de mètres, il se laissait tomber, tout mou, langue pendante. Je n'avais jamais rien vu de tel, mais Patrick Vallance m'a confié plus tard qu'il était arrivé la même chose à son chien.

On aurait cru une chronique médiévale de peste si terrible que les chiens eux-mêmes étaient frappés. Dans cette atmosphère sinistre, il n'est pas étonnant que la nation ait eu envie de s'accrocher à la moindre nouvelle ne fût-ce qu'un peu exaltante. Pendant que je me morfondais, la respiration sifflante, l'énergie de certains m'a fait honte.

Il y a eu Captain Tom Moore, un centenaire, ancien de l'armée britannique qui a décidé de collecter des fonds pour le NHS en parcourant sa pelouse de long en large avec son déambulateur. Il assouvissait ainsi la soif de héros du pays et a rassemblé si rapidement des sommes si importantes que, malheureusement, sa famille n'a pas été très scrupuleuse quant à la manière de dépenser cette météorite d'or inattendue.

Il y a eu la reine de 93 ans qui a prononcé un merveilleux discours à la nation en soulignant l'importance de préserver le NHS et nous a rappelé l'étonnante capacité de la monarchie à toucher le cœur de la population; il y a eu aussi le NHS, les soignants, tous ceux qui devaient travailler tout simplement, se mettant jour après jour dans la ligne de tir du virus.

Chaque jeudi soir, toute la population – ou une bonne partie d'entre nous – manifestait sa reconnaissance aux travailleurs médicaux et sociaux en se massant sur les seuils des maisons pour applaudir et frapper sur des casseroles. Carrie et moi sortions aussi sur les marches de Chequers et j'applaudissais avec une profonde émotion parce que mes poumons me disaient que je venais de subir une sacrée épreuve, et si Jenny et Luis n'avaient pas manipulé mes tuyaux d'oxygène toute la nuit avec autant de compétence et d'expérience, j'aurais très bien pu en claquer.

Vers la fin du mois, aux environs du 20 avril 2020, nous avons pressenti que nous avions franchi la crête de la vague. Nous avions dépassé les 1 000 morts par jour et désormais les chiffres – aussi bien des décès que des hospitalisations – étaient à la baisse. Ils restaient effroyables – 800, 700, 600 – mais la trajectoire était indéniable. Tout donnait à penser que notre grand effort national portait enfin ses fruits.

Tous ces sacrifices, tout cet isolement commençaient à priver le virus de cibles; nous préservions le NHS et sauvions des vies. À ce moment-là, j'étais convaincu de la corrélation entre les interventions non pharmaceutiques – le confinement et autres limitations des contacts humains – et le tracé de la courbe épidémique.

Je pensais que nous avions infléchi cette parabole par la puissance de notre volonté collective, comme Uri Geller avec une cuiller.

Ce n'est que bien plus tard que j'ai observé les courbes mondiales de la pandémie, la double bosse qui semblait monter et baisser quelles qu'aient été les mesures prises par les différents gouvernements. Il y avait toujours deux vagues, que ce soit en Chine où le confinement avait été impitoyablement appliqué, ou en Suède qui avait adopté l'approche du libre consentement.

Rétrospectivement, je me demande si le vieux roi Knut n'avait pas eu raison tout du long quand il avait installé son trône sur la berge de la Tamise et invité ses courtisans à l'observer tandis qu'il ordonnait vainement à la marée de se retirer. Peut-être y a-t-il des limites à la capacité d'action humaine ; peut-être l'intervention gouvernementale n'est-elle pas plus en mesure de repousser les vagues d'une maladie extrêmement contagieuse qu'il n'est possible de repousser la marée de la Tamise.

Je ne dis pas que les confinements n'ont eu aucun résultat ; je suis sûr qu'ils ont eu une certaine efficacité. Mais ont-ils joué un rôle absolument décisif pour repousser la maladie, pour faire refluer cette vague ? Tout ce que je peux dire, c'est que j'en suis moins sûr aujourd'hui qu'à l'époque – où je croyais alors que tout dépendait de nous et que le gouvernement était responsable de la hausse comme de la baisse.

Telle était indéniablement l'idée que se faisaient nos adversaires politiques, ce qui explique que j'aie été – comme tous les Premiers ministres – aussi avide de n'importe quelle bribe de succès pour racheter mon sentiment de culpabilité de rescapé et réfuter l'idée que nous nous transformions en une sorte d'« île de la peste », plus affectée par le Covid qu'aucun autre lieu au monde.

Ce n'était pas vrai, cela a toujours été un mensonge. Mais certains médias donnaient l'impression que c'était la réalité, d'où la fierté disproportionnée que m'inspiraient la moindre bonne nouvelle et ce qui se passait bien.

Le Covid a été un cauchemar, c'est certain, mais il nous a indéniablement rapprochés. Nous avons mobilisé des centaines de milliers de bénévoles – des gens qui ont accompli des gestes de pure bonté comme apporter des colis de nourriture aux personnes âgées ou à risque. Nous avons réussi tant bien que mal à protéger les sans-abri et ceux qui dormaient dans la rue, dont j'avais craint qu'ils ne soient les plus vulnérables à la maladie.

Grâce à l'excellent travail de nos services pénitentiaires, nous n'avons pas vu le Covid se déchaîner dans nos prisons – ce que j'avais cru inévitable pendant un moment. Oui, nous avons déboursé de grosses sommes pour l'aide au maintien de l'emploi – la facture totale du soutien gouvernemental[2] tournerait en définitive autour de 310 à 410 milliards de livres ; mais Rishi Sunak et son équipe ont mérité des éloges pour la rapidité et la résolution avec lesquelles ils ont mis ce système en place.

Même si nous avons péché par excès de générosité – versant 80 % des salaires jusqu'à un plafond de 2 500 livres par mois –, nous avons sauvé des milliers et des milliers d'entreprises de la destruction. Grâce à un immense effort, nous avons construit des hôpitaux à partir de rien, les célèbres Nightingale, de vastes hôpitaux de campagne avec des lits à oxygène, dans des lieux comme le Centre ExCel ; et le NHS a été loin d'être débordé, comme le prouve le fait que ces hôpitaux improvisés n'ont jamais été réellement utilisés, ou en tout cas pas dans la fonction prévue, laquelle était d'absorber l'excédent de patients du Covid qui ne trouvaient pas de place ailleurs.

Les industriels britanniques avaient réagi héroïquement à mon « Défi des respirateurs » et avaient bricolé toutes sortes de dispositifs pour faire face à nos craintes des premières semaines lorsque nous redoutions une grave pénurie nationale de machines permettant d'insuffler de l'oxygène dans les poumons des malades. Des appareils ont ainsi été produits par des usines d'aspirateurs et par des constructeurs de Formule 1. Et, malgré cet effort colossal, j'ai été heureux qu'en définitive, nous n'ayons pas à nous en servir, car aucune de ces machines n'avait été correctement testée et approuvée, et certaines, j'en ai peur, auraient peut-être été fatales aux malades.

Je ne veux pas dire que nous avons eu tort de construire les hôpitaux Nightingale et de bricoler des respirateurs. En vérité, ce virus était nouveau, et mortel, et nous ignorions comment la pandémie évoluerait.

Les chercheurs britanniques ont été les premiers à présenter un traitement réellement efficace de la maladie en montrant que la dexaméthasone, un stéroïde, pouvait couper court à la terrible réaction immunitaire du choc cytokinique. C'était arrivé trop tard pour moi, mais cette lueur d'espoir laissait pressentir qu'un jour la cavalerie surgirait au-dessus de la colline dans une sonnerie de trompettes et qu'une fois de plus la médecine se porterait au secours de l'espèce humaine. Mais quand ?

Pendant que je lisais et que je réfléchissais, je n'ignorais rien du danger que nous courions. La maladie refluait indéniablement, grâce au confinement, parce qu'il faisait plus chaud, ou parce que les pandémies suivent une courbe naturelle – ou par l'association de ces trois facteurs.

Mais chacun savait qu'elle risquait de réapparaître et que ce n'était qu'une rémission. S'il y avait des leçons à tirer de l'épidémie de grippe espagnole de 1918, c'est que la deuxième vague serait plus dangereuse que la première. Cette maladie ne touchait pas seulement les personnes âgées et à risque, comme le prétendaient certains ; j'en avais fait personnellement l'expérience, et j'ai lu ce qui était arrivé à ce pauvre Derek Draper, le mari de la présentatrice de télé Kate Garraway. C'était affreux, et j'ai eu peine à le croire.

Lorsque j'avais fait la connaissance de Derek, on l'appelait « Dolly » Draper ; c'était un disciple de Peter Mandelson et un membre d'un groupe de jeunes arrivistes du New Labour* que Frank Johnson avait intelligemment rassemblés autour du *Spectator* après l'arrivée au pouvoir de Blair en 1997. Le Derek que je connaissais était un homme intelligent, plein d'assurance, sans scrupule et, surtout, il était jeune. Et voilà qu'il était plongé dans le coma, sous respirateur artificiel, ses organes affreusement endommagés par cette guerre civile entre le virus et son système immunitaire. Puis, après près de quatre ans pendant lesquels il ne s'était jamais vraiment rétabli, Derek est mort. Si cela pouvait arriver à Dolly Draper et à moi, cela pouvait arriver à n'importe qui. Et ce qui m'inquiétait le plus, c'était que je ne voyais pas comment y remédier.

Le 25 avril, je me suis senti suffisamment d'attaque pour organiser une discussion de stratégie générale à Chequers. Mon équipe est venue me voir et j'ai exposé mes craintes.

Quelle est la porte de sortie, à long terme ? ai-je demandé. Comment se débarrasser de ce machin ?

J'ai été très étonné d'entendre Patrick Vallance me répondre, visiblement confiant : « Oh, nous trouverons un vaccin. »

Chris en paraissait moins sûr et je partageais son scepticisme. Malgré d'immenses efforts mondiaux, nous n'avions toujours pas de vaccin contre le SRAS. Ni contre le MERS. Et encore moins contre le sida.

Pourquoi le Tout-Puissant déciderait-il de dispenser sa grâce à l'espèce humaine en lui offrant un vaccin contre le SARS-CoV-2 ? Patrick parlait-il sérieusement, ou cherchait-il à se rassurer ? J'avais l'impression que, dans cette crise, l'optimisme se vendait au rabais.

J'ai discuté avec Matt Hancock, le ministre de la Santé, sur les dispositions à prendre pour nous préparer à une deuxième vague. Et les tests ? nous demandions-nous. Dans les premières semaines de la pandémie, les kits avaient été rares et difficiles à se procurer et notre industrie du diagnostic n'était pas à la hauteur.

Et si on pouvait tester chaque jour un nombre considérable de gens ? Pour moi, les tests massifs présentaient deux avantages. Primo, ils pourraient contribuer à endiguer la maladie en repérant les cas précocement et en imposant l'isolement des personnes touchées. Secundo, les tests pourraient permettre aux gens de mener une vie plus ou moins normale : aller travailler,

* Nouveaux Travaillistes : dénomination donnée aux gouvernements de Tony Blair et Gordon Brown entre le milieu des années 1990 et le début des années 2000.

par exemple, ou aller au cinéma, lorsqu'ils auraient été testés négatifs. Mais pour approcher de ce résultat et disposer d'un système de tests répandu qui permettrait de lever la quarantaine, il fallait mettre sur pied une vaste et nouvelle industrie et le faire aussi rapidement que nous avions créé des usines de Spitfire pendant la Seconde Guerre mondiale.

Le 27 avril, je n'étais pas tout à fait rétabli. J'étais loin d'être au mieux de ma forme. Mais je ne me voyais pas rester à Chequers. Je voulais reprendre la barre de Downing Street. Nous nous étions engagés à fournir 100 000 tests avant la fin du mois de mai.

Nous devions nous préparer pour la deuxième vague et faire face aux dégâts de la première. L'effort exigé serait redoutable. L'expérience politique m'avait appris ceci : aussi remarquable que soit la fonction publique, aussi fantastique que puisse être le NHS, quand il s'agit de réaliser un grand projet, rien ne peut remplacer l'élan et la direction quotidiens imprimés par le sommet.

En toute franchise, quand nous nous étions confinés, nous avions eu si peur du nombre de morts que nous avions à peine pris le temps de réfléchir aux conséquences sociales et économiques de cette mesure. Ce n'était qu'à présent, alors que le virus commençait à refluer, que les dégâts nous apparaissaient clairement.

Le confinement n'avait pas posé trop de problèmes à certains – les classes moyennes aisées, protégées par le système de chômage partiel, qui pouvaient regarder Netflix, faire des cakes à la banane et siroter du rosé au jardin. En revanche, il avait été une catastrophe intégrale pour des millions d'enfants d'âge scolaire – et ils étaient 8 millions cette année-là. Ils avaient perdu une longue période de scolarité, des semaines et des semaines irrécupérables, et les inconvénients avaient été plus graves pour ceux qui avaient le plus besoin de l'école et pouvaient le moins se faire aider chez eux.

C'était l'inverse même du nivellement par le haut, et il fallait que nous reprenions les choses en main. J'avais au moins une idée que j'étais décidé à mettre en place, mais il fallait que je sois là.

Deux jours plus tard, Carrie a donné naissance à Wilfred, et cet avril cruel a pris fin, engendrant, pour citer T. S. Eliot, des lilas qui jaillissent de la terre morte.

Chapitre 39

LA FERMETURE DES ÉCOLES

Une catastrophe et une nouvelle possibilité de nivellement par le haut

Permettez-moi de vous ramener à vos années d'école et à un de ces instants d'absence – nous en avons tous eu – où vous aviez mystérieusement perdu le fil de ce que disait le professeur. Peut-être étiez-vous en train de regarder par la fenêtre et une mouche était-elle entrée dans votre bouche ; à moins que vous n'ayez eu l'esprit absorbé par la jolie fille assise deux rangées devant, et qui n'avait même pas conscience de votre existence.

Pendant un quart d'heure crucial, vous aviez eu la tête ailleurs ; au moment précis où tous vos camarades apprenaient le théorème de Pythagore ou les causes de la guerre d'Indépendance américaine, votre cerveau était déconnecté, avec pour conséquence que, pendant le reste du trimestre, vous avez été plus ou moins dans le brouillard sur un sujet que tous les autres comprenaient.

Ça vous rappelle quelque chose ?

Imaginez maintenant que vous ayez été absent ce jour-là, ou même toute la semaine, parce que vous vous faisiez opérer de l'appendicite pendant que tous les autres bûchaient les pourcentages. Il n'est pas exclu que vous ayez eu une lacune définitive dans votre bagage scolaire et que, par la suite, vous soyez passé maître dans l'art de détourner la conversation pour que personne ne s'en rende compte.

Oui ? Imaginez à présent que vous n'ayez pas manqué quelques heures ou quelques jours mais des semaines, voire des mois, à l'âge le plus perméable, celui où le cerveau est capable de mémoriser et de répéter les détails les plus incroyables, cette période où vous êtes en mesure de retenir non seulement ce que votre professeur a dit, mais comment il était assis et les blagues qu'il vous racontait pendant les cours ; et que, pendant toute cette période de formation, vous n'ayez pas pu voir votre professeur, pas pu vous mesurer à vos camarades, et qu'il y ait eu ainsi de grandes sources pétillantes et rafraîchissantes de connaissances que vous n'avez jamais été autorisé à boire, parce que le gouvernement avait décidé de fermer votre établissement.

Le Covid s'est abattu sur le Royaume-Uni comme un missile à têtes multiples. La pandémie a frappé les personnes âgées et les infirmes. Elle a pilonné l'économie. Elle a ébréché la résilience mentale naturelle de la population. Elle a lancé un raid aérien contre le système éducatif et, de tous les désastres que nous avons provoqués en confinant le pays, c'est celui que j'ai ressenti le plus vivement.

Nous avons réussi à préserver notre système de santé, mais 8 millions d'enfants scolarisés à plein temps en ont payé le prix. Le plus affreux a été que ceux qui ont le plus perdu étaient les plus désavantagés, ceux dont les origines familiales rendaient un soutien éducatif à plein temps encore plus indispensable.

Au début du mois de juin 2020 – à la fin du premier confinement –, nous avons commencé à faire revenir les enfants dans les établissements[1] et je me suis rendu dans une école du Kent pour discuter avec les enseignants des effets de la fermeture des structures scolaires ; rappelez-vous que celles-ci avaient déjà été fermées pour une durée sans précédent dans toute notre histoire. Nous ne les avions même pas fermés pendant la Seconde Guerre mondiale, et maintenant, alors que nous les avions rouverts, c'était comme si nous avions retiré un bandage et révélé la peau blafarde et la plaie mal cicatrisée qu'il recouvrait.

J'ai essayé de motiver les élèves, installés dans la classe avec systématiquement une place vide entre eux pour empêcher la circulation de la maladie.

« Alors, c'est super de retrouver l'école, hein ? » Ils ont approuvé bruyamment. Pendant que nous longions les couloirs remplis d'affiches jaunes encourageant les élèves à respecter les gestes barrières, la directrice m'a confié que si beaucoup d'entre eux avaient fait preuve d'une grande résilience, d'autres au contraire avaient été profondément marqués. Leurs amis leur avaient manqué. Leur retard s'était aggravé, a-t-elle dit.

À ce moment-là déjà, certaines données révélaient l'impact social inégal du confinement. Lors de la première fermeture scolaire, de mars à juin, le temps d'étude moyen n'avait plus été que d'une ou deux heures par jour, au lieu d'un minimum de cinq. Dans la hâte et la panique, certains établissements s'étaient montrés plus efficaces que d'autres pour assurer un enseignement en ligne et, bien que nous ayons fourni près de 1,4 million d'ordinateurs portables, il restait probable que les familles les plus aisées s'en sortiraient mieux que les autres.

Si les enfants qui souffraient le plus pouvaient bénéficier d'un ordinateur fourni par l'administration, ils n'avaient pas forcément de bureau, ni de table de cuisine, ni même de coin tranquille pour s'en servir. Lors du deuxième confinement, plus tard dans l'année, nous avons exigé au moins cinq heures d'enseignement en ligne pour tous les élèves. Cette mesure était évidemment presque impossible à imposer, et les écarts d'apprentissage n'ont cessé de se creuser.

L'effet général a été catastrophique, l'inverse même du nivellement par le haut, le contraire absolu de tout ce que le gouvernement était censé faire. J'étais consterné. Comment nous en sortir ?

Eh bien – la première chose était de faire revenir les enfants en classe après le premier confinement. Le ministre de l'Éducation, Gavin Williamson, et moi-même avons remué ciel et terre pour y parvenir. À cette date, presque tous les parents et la plupart des enseignants souhaitaient que les enfants retournent à l'école ; nous nous sommes tout de même heurtés à quelques objections de la part de la gauche des syndicats d'enseignants qui évoquait des problèmes de sécurité. Un grief que Keir Starmer, le nouveau chef du Labour, a repris imprudemment.

J'ai pu le remettre à sa place aux Communes. Il se levait et soulignait, à juste titre, que le confinement avait frappé le plus cruellement les plus pauvres, compromettant gravement leurs chances scolaires. Il a raison, disais-je.

Nous étions d'accord pour affirmer que le meilleur endroit où pouvaient être les enfants était l'école. Alors pourquoi ne s'opposait-il pas à ses mentors des syndicats d'enseignants pour dire ce que le pays voulait entendre de sa bouche : que les écoles étaient sûres ?

À ce moment-là, Starmer prenait une expression entre perplexité et irritation, comme un bœuf à qui on enfoncerait inopinément un thermomètre dans le rectum, et je l'étrillais encore et encore : Il ne le dira pas, Mister Speaker, il ne peut pas le dire. Il a un grand bœuf sur la langue*, etc.

Je crois ne pas avoir lâché l'affaire pendant plusieurs semaines d'affilée. Starmer n'a pas su défendre les parents, les enfants ni le bon sens (au mépris des preuves scientifiques qui révélaient, elles aussi, que les écoles étaient sûres), et son erreur a émoussé son attaque contre le gouvernement – au cours de ce qui aurait pu être une période franchement instable.

En réalité, notre adversaire le plus redoutable n'a pas été le nouveau leader travailliste mais un footballeur appelé Marcus Rashford. Ce jeune attaquant de Manchester United manifestait sur le terrain des dons surnaturels et il nous a battus à plate couture sur la question des repas scolaires gratuits. Élevé dans la pauvreté par une mère célibataire, il avait lui-même bénéficié de repas scolaires gratuits ; appuyé par une excellente campagne de

* Eschyle, *Agamemnon*, trad. Leconte de Lisle.

communication, il a réclamé que tous les enfants éligibles soient nourris gratuitement par l'État, même pendant les vacances d'été.

Quoi ? a demandé le Trésor. Des repas scolaires gratuits pendant les vacances ? Il n'y a pas de repas scolaires pendant les vacances, a dit le Trésor ; c'est pour ça qu'on les appelle des repas scolaires. Tout est dans le nom.

Le problème était que la pandémie avait estompé la différence entre temps scolaire et vacances, et certains se sont empressés de reprocher au gouvernement d'être radin et cruel, de retirer la nourriture de la bouche des enfants alors que les finances des ménages avaient été durement éprouvées par le Covid.

La campagne de Rashford a commencé à ébranler des députés tories et leurs bureaux ont été couverts de slogans furieux. À la fin de cette année troublée, Rashford nous a contraints à céder et à assurer des repas scolaires gratuits pendant les vacances, non pas une fois, mais deux. 2-0 pour Rashford.

Enhardi par son succès, il a essayé, avec ses sympathisants, de nous obliger à aller plus loin et à assurer des repas gratuits à un nombre croissant d'enfants britanniques pourtant bien nourris (et souvent grassouillets par rapport aux normes européennes et mondiales), jusqu'à ce que je dise basta.

Le gouvernement travailliste avait décidé en 1946 que les parents se verraient facturer 6 pence pour les repas scolaires, à l'exception de la très faible minorité de familles alors classées comme indigentes. Je ne voyais aucune raison de modifier la règle fondamentale voulant que, globalement, ce soit aux parents et non à l'État de nourrir les enfants. Mais s'agissant de l'enseignement lui-même, c'était une autre affaire.

Dans ce pays, il était admis depuis 1870, sinon plus tôt, que l'accès à l'éducation est un droit universel[2] pour tous les enfants. Or le Covid avait ouvert une profonde brèche dans ce principe d'universalité. Certains enfants avaient, pendant le confinement, eu droit à un enseignement de qualité à la maison, contrairement à un grand nombre d'autres.

Je dois ici tirer mon chapeau aux millions de parents et d'enseignants qui ont fait face aux conséquences des mesures que nous avions prises pour les écoles, qui ont fait la lecture à leurs enfants ou ont donné des cours en ligne avec persévérance. Ils ont fait partie – comme je l'ai dit et répété durant ces terribles mois – des héros de la pandémie, à l'image du NHS et des services sociaux.

Je n'étais pas ignorant en matière d'enseignement à domicile, car j'en avais moi-même bénéficié quand j'avais à peu près sept ans. Lorsque mes parents sont rentrés des États-Unis, nous avions d'abord habité dans le Somerset puis chez mes grands-parents maternels à Londres. Je ne sais pas vraiment pourquoi nous n'avions pas trouvé d'école, si bien que ma mère s'était chargée de notre instruction, à Rachel et moi, pendant environ neuf mois.

Nous avions des cahiers d'exercices et avons appris toutes sortes de choses utiles – nouer nos lacets et le nom des gaz inertes de l'air, que je connais encore aujourd'hui. Nous avons eu de la chance. Ma mère, qui était artiste peintre, travaillait principalement à la maison. Elle avait le temps et l'énergie nécessaires pour mettre un programme scolaire sur pied.

De toute évidence, dans la Grande-Bretagne de 2020, des millions d'enfants ont vécu une expérience très différente et leurs parents ont eu l'impression que le système éducatif les laissait brutalement en plan. Il nous fallait une stratégie pour leur porter secours, et cela faisait un moment que j'avais une petite idée sur la manière de procéder.

L'éducation, c'est-à-dire l'outil permettant à un enfant d'exprimer son potentiel créatif, est l'élément majeur du nivellement par le haut. Je suis un blairiste déclaré, dans la mesure où je suis convaincu que l'éducation, l'éducation et l'éducation sont la première, la deuxième et la troisième priorités du gouvernement. Dès que nous sommes arrivés au pouvoir en 2019, j'ai pris quelques mesures fondamentales pour montrer que nous étions du côté des enseignants. Ayant brièvement essayé d'en être un moi-même, je savais combien ce métier est difficile et quelle dose de compétences et de préparation il faut pour faire comprendre et retenir quelque chose à un enfant.

Nous avions aussitôt augmenté le financement des établissements scolaires et avions fait passer le salaire annuel de départ de tous les enseignants du pays à 30 000 livres. Nous avons injecté un paquet d'argent – près de 200 millions de livres – dans la formation continue, et plus particulièrement dans l'amélioration des bâtiments. J'ai décidé dans l'ensemble d'accorder un répit au monde de l'éducation après les révolutions des dernières décennies.

La création des académies* était une excellente initiative – due en grande partie à Andrew Adonis – et j'ai entièrement approuvé les réformes de

* Établissements scolaires privés sous contrat, créés pour améliorer les écoles qui obtenaient de trop mauvais résultats. Certains des coûts de fonctionnement étaient couverts par une subvention gouvernementale, le reste étant assuré par des « sponsors », particuliers ou organismes privés.

Michael Grove : la modification des examens et des programmes. Mais il était temps de laisser tout cela reposer et de donner aux enseignants la possibilité d'en assurer le fonctionnement.

Je voulais inverser le courant et aborder les problèmes de l'éducation non pas du point de vue des enseignants ni même des parents, mais de celui des enfants. J'ai repensé à ma propre enfance et à la première fois où un enseignant avait manifesté un intérêt, même épisodique, pour mes résultats scolaires.

C'était à l'école primaire de Princess Road – cet établissement un peu brutal près du canal, avec sa cour de récréation où on s'écorchait les genoux. J'adorais cet endroit. J'adorais la nourriture. (« Sers copieusement ce petit, disaient les dames de la cantine. Il finit toujours son assiette », et elles me filaient une plâtrée de foie verdâtre grumeleux et de purée de pommes de terre qui aurait laissé Rashford pantois.) J'adorais le travail en classe, qui n'était pas très compliqué. Nous fabriquions des uniformes de l'armée romaine avec des rouleaux de PQ et des mosaïques avec des pâtes, et nous avions un instituteur génial et tout à fait relax. Il s'asseyait, les pieds sur la table, pour lire le *Daily Telegraph* et organisait nos activités avec une efficacité dénuée de toute pesanteur. Il avait une barbe brune et je crois qu'il s'appelait M. Fox.

Un après-midi, alors que nous nous apprêtions tous à rentrer chez nous, il m'a tapé sur l'épaule et m'a invité à le suivre. Nous sommes descendus au sous-sol où se trouvaient une petite piscine et une bibliothèque de livres dûment approuvés.

« Tiens, m'a dit M. Fox en m'en tendant une dizaine, dont quelques volumes du *Monde de Narnia* de C. S. Lewis. Prends-les, tu pourras les lire pendant les vacances. »

Aujourd'hui encore, je ne sais pas pourquoi il a fait ça. Pensait-il que ce gosse aux végétations hypertrophiées avait grand besoin d'un coup de pouce, ou percevait-il en moi une quelconque promesse ?

Quelqu'un manifestait un intérêt particulier pour mon développement, ce qui m'a inspiré orgueil et assurance. J'ai évidemment lu ces livres, et bien d'autres. Si nous pouvions reproduire ça dans l'intégralité du système, me suis-je demandé bien des années plus tard : accorder à chaque élève la possibilité de bénéficier de ce genre d'implication personnelle qui peut faire toute la différence… Et si nous pouvions tendre à chaque enfant le même genre de perche ?

Au début des années 2000, certains de mes enfants avaient fréquenté une école primaire d'Islington, et j'avais remarqué qu'il s'y livrait une sorte de course scolaire aux armements. L'après-midi et le soir, leurs copains rentraient chez eux et, au lieu de s'avachir devant la télé – comme les miens –, ils suivaient des cours particuliers. Ils bénéficiaient d'un soutien en maths, en anglais, ou dans d'autres matières.

Ce n'étaient pas toujours les parents les plus riches qui engageaient des professeurs particuliers ; c'étaient souvent les parents ambitieux appartenant à des minorités ethniques, et les résultats étaient pour le moins impressionnants. Comme on l'a abondamment établi, les écoles londoniennes ont enregistré des progrès phénoménaux, dépassant les résultats des établissements des Home Counties. Cela tient peut-être à des initiatives publiques comme le London Challenge, que j'avais encouragé quand j'étais maire ; mais c'était aussi le fruit de l'énergie d'immigrés londoniens ambitieux et du recours fréquent aux cours particuliers. Bien sûr, je me suis posé des questions sur les enfants – comme les nôtres – qui ne suivaient pas de cours particuliers, ou dont les parents ne pouvaient pas en assumer le coût.

L'éducation commençait à ressembler à une compétition d'haltérophilie des années 1970, avec un bloc soviétique sous anabolisants. Était-ce équitable ?

J'ai repéré deux groupes à qui un soutien scolaire pourrait être utile : ceux qui étaient très à la traîne et devaient rattraper leur retard, et ceux qui étaient peut-être particulièrement doués – mais dont les talents n'avaient jamais été révélés car, comme le dit le poète* cité plus haut, sous leurs yeux le Savoir ne déroula jamais sa glorieuse page si riche des dépouilles du temps. La misère glacée étouffa leur bien noble rage, et gela de leur âme le génial courant.

Il était temps, me disais-je, de déchaîner cette noble rage et de dégeler ce génial courant. Le Covid nous avait donné la chance de mettre mes idées en pratique et de niveler par le haut en recourant à des professeurs particuliers.

Moyennant un effort considérable, et non sans quelque résistance du Trésor, nous avons lancé un programme national de soutien scolaire. Je ne prétendrai pas que ç'a été facile, et dans un premier temps, je ne suis pas certain que l'État ait obtenu un vrai retour sur investissement de quelques-unes des entreprises de soutien scolaire. Il est très difficile au Royaume-Uni de faire quoi que ce soit rapidement et à grande échelle.

Certains intervenants, en tout cas au début, étaient peut-être plus compétents que d'autres. Mais je tenais absolument à ce que nous ne dédaignions

* Thomas Gray.

pas ceux qui avaient passé leurs diplômes en un autre temps, des professeurs à la Mr. Chips*, d'un certain âge, qui savaient beaucoup de choses et avaient énormément à donner.

Nous avons poursuivi avec ténacité, non seulement parce que c'était une priorité du Premier ministre (ce qui était le cas), mais parce que le soutien scolaire était l'un des très rares domaines dont la recherche scientifique avait prouvé l'utilité et qui était appuyé par tous les pédagogues de renom. Sans doute pour l'excellente raison qu'ils avaient eux-mêmes bénéficié de cours particuliers.

Pendant les années où j'ai été Premier ministre, quelque 3 millions d'élèves ont eu accès à ce programme, et même si j'estime que nous aurions dû en faire plus – j'ai été obligé de batailler encore avec le Trésor l'année suivante quand j'ai voulu élargir ce projet –, il a constitué un élément capital de notre tentative pour réparer les dégâts que le Covid avait infligés à l'éducation.

Les Travaillistes n'ont jamais beaucoup apprécié cette initiative, parce que les socialistes sont (irrationnellement) hostiles à la plupart des formes de soutien financier de l'État à l'enseignement privé et à la discrimination positive en matière d'éducation. Mais ils n'ont jamais eu le cran de s'opposer à notre programme de soutien scolaire, principalement, je suppose, parce qu'ils emploient, eux aussi, des professeurs particuliers pour leurs enfants.

Il est temps d'aller plus loin et de mobiliser le programme de soutien scolaire pour nous attaquer au problème le plus grave de tous, à la racine même de la faiblesse relative de la productivité au Royaume-Uni. Il est absolument criminel (et on peut même y voir un facteur majeur de la criminalité ultérieure) que nous laissions un nombre aussi important d'enfants quitter l'école primaire à 11 ans sans savoir lire ou écrire correctement, et sans maîtriser les bases des mathématiques.

À l'heure où j'écris, un bon quart de ces enfants n'a toujours pas le niveau requis, un niveau qui, soyons francs, n'est pas très exigeant. Imaginez les bénéfices à long terme si nous pouvions passer de 76 % à 90 %. Pensez aux efforts et aux dépenses que nous pourrions éviter en n'ayant pas à assurer ultérieurement un enseignement de rattrapage, à un âge où il est bien plus difficile de modeler les jeunes esprits.

Au fil des ans, nous avons beaucoup fait pour tenter de niveler l'éducation par le haut. Gavin Williamson**, par exemple, a obtenu que des établissements payants, comme Eton, ouvrent des écoles satellites, et nous avons

* Personnage principal du film *Goodbye, Mr. Chips*, de 1939.

** Alors ministre de l'Éducation.

lancé un vaste programme d'intégration de la formation continue et de l'enseignement supérieur en finançant des adultes pour qu'ils acquièrent des qualifications professionnelles qu'ils pourraient valider ensuite dans le cadre d'un diplôme universitaire.

Je suis un fervent soutien de nos universités, qui sont les meilleures du monde rapportées au nombre d'habitants et représentent un des grands atouts économiques du pays. En tant que porte-parole de l'opposition chargé de l'enseignement supérieur, j'avais prononcé bien des discours sur le rôle des universités dans le nivellement par le haut en expliquant que nous devions en élargir l'accès et faire entrer Jude l'Obscur à Christminister*. Mais j'avais aussi fini par reconnaître qu'à l'âge d'entrée à l'université, il est vraisemblablement trop tard, et que lorsqu'on cherche à élargir l'accès, à faire entrer des enfants de milieux défavorisés dans les universités du Russell Group**, on est contraint de corriger des inégalités qui se sont manifestées bien plus tôt dans leur vie.

En faisant la tournée de certains de nos meilleurs établissements de formation permanente, j'ai été surpris de constater qu'ils étaient nombreux à assurer des cours de remise à niveau en mathématiques, et que certains des professeurs en avaient assez de devoir en faire autant en orthographe, en grammaire et en littérature anglaise.

« Il faut que je vous dise, a explosé en ma présence un étudiant en ingénierie, je ne supporte pas *Macbeth*. »

Pourquoi le font-ils ? Parce que le gouvernement l'exige et parce que les chefs d'entreprise du Royaume-Uni se disent régulièrement consternés par l'illettrisme et la nullité en mathématiques des produits du système éducatif britannique.

Imaginez l'avantage – pour tous – si nous pouvions régler ces problèmes, non pas vers 16-18 ans, mais à 9-11 ans. Demandez-vous pourquoi l'économie britannique se shoote depuis si longtemps à l'immigration. C'est en partie parce que les employeurs de notre pays craignent que les talents locaux n'aient pas le niveau en maths et en lecture dont ils ont besoin.

Voilà pourquoi il faut développer le soutien scolaire. Réglons le problème suffisamment tôt. Repérons les enfants qui prennent du retard, et ceux qui

* Jude l'Obscur est le personnage principal du roman éponyme de Thomas Hardy qui, dans sa jeunesse, étudie seul le latin et le grec alors qu'il est orphelin, dans l'espoir d'entrer à l'université (fictive) de Christminister.

** Réseau créé en 1994 regroupant vingt-quatre des plus grandes universités du Royaume-Uni, axées sur la recherche scientifique.

sont dotés d'un potentiel trop peu reconnu (je parie que bien souvent ce sont les mêmes) et mobilisez le soutien scolaire pour niveler par le haut. Ça marche. Ça donne de l'assurance à ceux qui en manquent.

Nous devrions aussi reconnaître que, quel que soit le mérite de notre intervention pour contrôler la diffusion du virus – je dois vous avouer que je n'en suis toujours pas entièrement convaincu –, nous avons sous-estimé les dégâts sur les jeunes esprits de la fermeture des établissements scolaires pendant des semaines d'affilée et devons éviter à tout prix de recourir à nouveau à une telle mesure.

SEPTIÈME PARTIE

Le début de la riposte

Chapitre 40

BUILD BACK BETTER

De la difficulté de faire bouger les lignes

Vers la fin du mois de juin 2020 nous osions enfin envisager de rouvrir nos portes. Pas seulement les magasins : les cafés, les restaurants, les salles de bingo, les galeries d'art, les salons de coiffure. Les Britanniques pointaient lentement le nez hors de leurs antres d'hibernation, replets de l'alcool et des glucides du confinement.

L'analyse des dégâts économiques[1] de la période me rendait très anxieux et m'irritait. Nous avions encaissé la plus importante chute de la livre sterling depuis plusieurs décennies, 20 % de la production nationale avaient été perdus et le poids de la dette publique par rapport au PIB dépassait les 100 % pour la première fois depuis des dizaines d'années.

À propos des réouvertures du 4 juillet, j'ai parlé en public de « jour de l'indépendance* » pour essayer d'égayer l'atmosphère, mais le Covid avait déjà tué près de 50 000 personnes en quelques semaines, bien plus que notre pays n'en avait perdu durant toute la première année de la Seconde Guerre mondiale – et le nombre des victimes continuait de grimper.

Quand j'ai rassemblé des économistes dans la salle du Conseil (en visioconférence sur Zoom, pour la plupart d'entre eux), ils m'ont livré des prévisions épouvantables. Nous vivons un tournant, ont-ils dit, un basculement économique majeur. Depuis la crise de 2008 le Royaume-Uni abritait de nombreuses entreprises zombies remplies d'employés improductifs, et l'heure des comptes sonnait à présent. De plus en plus les gens préféraient faire leurs courses en ligne et télétravailler, et ils n'avaient pas l'intention d'y mettre un terme.

Toutes ces boutiques fermées, toutes ces rues des centres-villes désertes, abandonnées aux virevoltants poussés par le vent – eh bien, il allait falloir que je m'y habitue. Ces emplois ne reviendraient pas.

* En clin d'œil au « jour de l'Indépendance » des États-Unis, fête nationale célébrée le 4 juillet.

Sur la fenêtre Zoom, l'un des économistes a précisé que 4 millions de personnes supplémentaires se retrouveraient sans doute sans emploi d'ici à la fin de l'année. Mon sang s'est glacé. Cela signifierait un taux de chômage global de proportions thatchériennes, dans les faits une énorme fraction de la population active s'entendrait dire qu'elle était de trop par rapport aux besoins de l'économie du pays, qu'elle n'avait rien à lui apporter.

Et par la faute de qui ? Ce qui est affreux avec cette catastrophe du Covid, c'est qu'elle semble avoir été entièrement provoquée par l'homme, dans tous ses aspects. Il paraît désormais éminemment probable[2] que le virus mutant soit né d'une expérience bâclée dans un laboratoire chinois.

Comme les sorcières de *Macbeth* – un œil de chauve-souris ici, un orteil de grenouille là –, des scientifiques ont joué à coudre ensemble des morceaux de virus et… oh zut, la petite bestiole frétillante s'est échappée du tube à essai. Après quoi elle n'a pas tardé à se reproduire dans le monde entier. Et nous nous sommes battus contre cette maladie d'origine humaine avec un éventail toujours plus large de restrictions proprement moyenâgeuses par leur violence et leurs conséquences.

En confinant, nous avons montré que notre société n'avait guère progressé depuis les débuts de l'Angleterre moderne, lorsque Shakespeare et ses collègues se voyaient régulièrement contraints par la justice de fermer le théâtre du Globe, et lorsque étaient imposées des règles sur les contacts entre les personnes – pas plus de six participants à un enterrement, par exemple – préfigurant étrangement certaines des mesures ésotériques que nous avons pu inventer semaine après semaine en salle du Conseil.

Vous souvenez-vous de la « règle des six personnes » pendant le Covid ? À tenter de gérer jusqu'aux plus petits aspects des comportements humains, nous nous sommes emmêlé les pinceaux, et nous avons embrouillé la population de façon affligeante. S'il était acceptable de se réunir à plusieurs dans les jardins, était-il aussi possible de rentrer dans la maison pour aller aux toilettes ?

Et comment réagir quand on croisait quelqu'un dans le couloir ? Nous avions interdit aux pubs de servir de la nourriture, mais qu'entendait-on par nourriture ? Un *Scotch egg* ? Un sachet d'amuse-gueule de porc frit ?

C'était mon équipe de Downing Street qui, à l'encontre de tout ce qu'avait jamais pu me dicter mon instinct, avait promulgué ces restrictions bizarres, dignes d'un livre du Lévitique, sur les contacts entre les gens. Et puisque le coupable était le gouvernement britannique, puisque c'était nous et personne d'autre qui avions cramé au napalm notre propre économie comme un moine bouddhiste suicidaire, il ne me paraissait pas possible d'affirmer avec un haussement d'épaules que nous n'avions qu'à laisser les forces du marché assurer son redressement.

Si nous n'agissions pas, me disait-on, les queues des chômeurs s'allongeraient jusqu'à serpenter autour des immeubles – à supposer bien sûr que les règles du moment autorisent les gens à faire la queue – et les dégâts seraient majeurs dans les régions du pays où la maladie avait été la plus difficile à éradiquer. Au cours de l'été, nous avions pu constater que le nord-ouest de l'Angleterre, en particulier Manchester et certaines zones des Midlands (de l'Ouest comme de l'Est) souffraient particulièrement. On y trouvait d'importantes minorités ethniques dont les membres vivaient souvent en familles multigénérationnelles ou « foyers multiples » selon la terminologie administrative.

Dans certains de ces endroits le maudit virus était si difficile à déloger que les gens sortaient à peine du confinement. Cela me donnait envie de pleurer, car il s'agissait précisément des circonscriptions qui s'étaient tournées vers nous, les Conservateurs, pour nous donner la grande victoire électorale de 2019, quelques mois plus tôt.

Ces régions avaient entendu mon message d'espoir pour la Grande-Bretagne de l'après-Brexit, et avaient décidé de tenter leur chance avec nous. Les familles avaient retrouvé de la confiance et de l'ambition. Elles en avaient assez des Travaillistes, de leur incessant clientélisme et de leur hostilité crasse envers l'accession à la propriété (une hostilité que ne partageaient naturellement pas les chefs du parti, qui se révélaient presque toujours vivre dans des habitations chic et chères à Camden ou à Islington).

Ces Britanniques ne voulaient pas entendre dire que leurs quartiers étaient irrémédiablement fichus ou désavantagés. Ils voulaient entendre parler d'opportunités, et de services publics qui permettraient de créer davantage de logements de bonne qualité, à prix abordable, et de meilleurs emplois dans le secteur privé. Juste après les élections de 2019, *The Economist* avait publié un excellent papier tentant de décrypter le phénomène de cette nouvelle classe moyenne périurbaine et banlieusarde en devenir, qui faisait son apparition dans le Nord et dans les Midlands.

Au sujet de ces familles, le magazine parlait, non sans une certaine condescendance, de « foyers Barratt », en référence aux sympathiques maisons de brique associées au promoteur immobilier Barratt – les pavillons dont J. K. Rowling offre une satire affectueuse dans la série Harry Potter, au sens où c'est dans l'une d'elles que l'on pourrait trouver les proches du sorcier adolescent, lecteurs de tabloïds et fiers de leur existence terre à terre.

Les Dursley vivent dans une impasse baptisée Privet Drive, et si leur maisonnette de brique n'est pas immense (Potter ne vit-il pas sous l'escalier ?), elle n'en est pas moins tout à eux. Mon instinct me murmurait que *The Economist* ne se trompait pas : sa description correspondait à ce que je voyais à travers le pays. Je savais que ces « foyers Barratt » constituaient – ou devaient constituer – notre peuple, mon peuple, et que si nous réussissions à nous accrocher à eux en continuant de les aider à réaliser leurs rêves – celui de l'accession à la propriété par-dessus tout –, nous ferions de cette coalition de 2019 une force politique irrésistible et achèverions la réorganisation politique engagée. Voilà ce que j'entendais quand je parlais de nivellement par le haut : étendre les possibilités d'avenir à travers tout le pays. Et mon slogan de campagne avait eu le mérite, semblait-il, d'aller dans le sens de ce qui était en train de se produire.

Mais à présent, à cause de ce maudit virus, je découvrais avec horreur que toute la mécanique semblait s'inverser, et que nous faisions marche arrière. Si ces économistes avaient raison (certes c'était un énorme « si », je le savais bien), ces régions risquaient de subir à nouveau un chômage élevé, une génération de plus verrait ses espoirs anéantis et... aaaargh ! Par les vitres blindées des fenêtres de mon appartement de Downing Street, je contemplais les allées de St James's Park presque désertes, où pendant des mois les gens avaient à peine osé s'asseoir à deux sur un banc de crainte d'être séparés par la police.

Je repensais à la dernière fois où j'avais essuyé une grande crise économique. C'était quand l'économie mondiale s'était effondrée lors du krach bancaire de 2008, la pire récession depuis cinquante ans, avait-il été dit. Je me souvenais que Londres avait en réalité puissamment résisté à ce krach et qu'en dépit de nos craintes nous n'avions pas observé de sérieuse hausse du chômage. La relative robustesse de l'économie londonienne s'était expliquée en partie par le fait que l'activité avait été portée par de gigantesques projets de construction soutenus par l'État, pourvoyeurs d'emploi.

Il y avait eu le Crossrail, les sites des Jeux olympiques, le centre commercial géant Westfield à Shepherd's Bush – chantiers qui avaient nécessité des quantités colossales d'acier, de béton, d'architectes, de géomètres, de chefs de projet et d'avocats. Ainsi, même si les grues s'étaient immobilisées temporairement au-dessus de la City, les bétonnières avaient pu continuer de tourner à travers tout le Grand Londres, et il y avait eu assez d'investissements pour alimenter encore et encore la machine.

La conclusion que j'en tirais était claire. Nous devions exploiter cette période terrifiante à notre avantage – essayer de résoudre les problèmes pérennes de l'économie du Royaume-Uni, par-dessus tout celui de notre faible productivité – en nous lançant à fond dans des investissements tous azimuts : le HS2, les hôpitaux, le haut débit et ainsi de suite. De sorte que les milliards de l'État inciteraient les milliers de milliards du marché à choisir le Royaume-Uni et à créer des emplois pour l'avenir à travers tout notre pays.

Nous n'allions pas freiner notre programme de développement à cause du Covid. Au contraire nous allions appuyer sur l'accélérateur. Créer du nivellement par le haut en visant haut, très haut. Il me démangeait de plus en plus d'expliquer tout cela aux Britanniques, d'essayer de leur montrer la voie à suivre.

Le 30 juin 2020, je me suis rendu à Dudley[3] pour prononcer un discours dans un lycée professionnel. Cette idée n'enthousiasmait pas follement l'ensemble de mon équipe. N'était-il pas un peu tôt pour une telle démonstration d'optimisme ? demandaient certains. Les Britanniques sortaient à peine le museau de leurs tanières, les yeux brillants d'appréhension.

Les sondages révélaient[4] que 49 % des gens se sentaient désormais « anxieux » ou « très anxieux ». Ne risquais-je pas de leur taper sur le système, soulignaient plusieurs collaborateurs, si je commençais à m'extasier sur nos superbes perspectives d'avenir économique alors que nous savions tous que le Covid nous attendait au coin du bois, hérissé de ses méchants spicules tout prêts à nous rentrer dans le lard une seconde fois ?

J'y ai réfléchi. Rien n'est plus irritant, c'est vrai, que l'optimisme jusqu'au-boutiste. D'un autre côté, dans certaines périodes très sombres et incertaines, les gens ont absolument besoin de perspectives, d'une voie à suivre, quelle qu'elle soit, et c'est le boulot des politiques de proposer cela. Il ne sert à rien, dans la vie comme en politique, de laisser les gens se décourager, devenir fatalistes ou sombrer dans l'apathie. Quand j'étais maire de Londres, il nous est de temps en temps arrivé d'être accablés par un drame quelconque, un sondage épouvantable pour notre camp ou bien un scandale impliquant un adjoint. Je sentais alors certaines personnes se vider de leurs forces.

Dans ces moments-là j'arpentais les couloirs en criant : « La pompe à moral est arrivée ! La pompe à moral est arrivée ! » – l'idée étant que je trimballais à la main quelque pompe à remonter le moral invisible et brevetée, et que je proposais d'en introduire la buse dans quelque orifice approprié pour regonfler à bloc tous ceux qui avaient le moral en berne. Personne ne s'est jamais porté volontaire, bien entendu, pour se soumettre à cette opération fantasque. Et je ne suis pas certain d'avoir toujours réussi à redonner du peps aux démoralisés.

Mais parfois le leadership, c'est joindre les actes à la parole. Vous devez montrer que vous ne ployez pas devant les événements. Et c'était donc dans cet esprit de « pompe à remonter le moral » que je me rendais à Dudley.

J'avais encore le teint jaunâtre des suites de ma maladie. Et mes cheveux faisaient encore plus épouvantail que d'ordinaire, essentiellement parce que les règles du Covid rendaient plus ardue la rencontre avec un coiffeur.

Mon public ce jour-là était un petit groupe d'élèves de ce lycée professionnel, apprentis électriciens, maçons et plombiers en salopette bleue répartis à travers la salle avec la distanciation physique appropriée, une demi-douzaine en tout qui sont restés assis sans piper mot pendant que je discourais.

Je ne suis pas sûr que ma pompe à moral ait fonctionné à plein régime avec eux ». Mais en étudiant aujourd'hui mon discours – vous saviez que j'allais dire cela – je me surprends à hocher la tête avec enthousiasme. J'ai parlé de toutes les choses que nous faisions pour unir le pays et niveler par le haut : le programme ferroviaire à 96 milliards de livres ; la réfection de routes essentielles négligées depuis des décennies, comme l'A1 ou l'A303 ; le déploiement du haut débit ; les multiples écoles, hôpitaux, établissements d'enseignement technique que nous construisions ou rénovions ; les sept ports francs à faible fiscalité que nous inaugurions, faisant ici usage des libertés que le Brexit nous avait redonnées.

Nous ne nous satisferions pas, ai-je dit, de l'ancien rythme de construction mollasson de l'avant-Covid. Je promettais que le chancelier de l'Échiquier, Rishi Sunak, et moi allions aiguillonner l'arrière-train léthargique des grands projets du gouvernement du Royaume-Uni pour les faire aller de l'avant. Nous avions un nom pour cet élan nouveau : Project Speed.

Pourquoi, ai-je demandé aux jeunes apprentis ébahis, les procédures des commandes publiques étaient-elles 50 % plus longues au Royaume-Uni qu'en Allemagne ? Pourquoi les coûts en capital de notre pays étaient-ils 10 à 20 % plus élevés que dans le reste de l'Europe ?

Pourquoi mettions-nous tant de temps à construire des logements, même par rapport à d'autres économies fortement réglementées ? En 2018 nous avions construit 2,25 logements pour 1 000 habitants, quand les chiffres étaient de 3,6 en Allemagne, 3,8 aux Pays-Bas et 6,8 en France.

À ce moment-là j'ai surpris leurs regards et me suis rendu compte que je donnais peut-être l'impression de critiquer – le Ciel m'en garde – la productivité des maçons et des électriciens britanniques. J'ai louvoyé. Ce n'était pas leur faute, ai-je ajouté. Cela n'avait rien à voir avec leur application à la tâche. Ils étaient entravés par la folie du système de planification britannique qui tenait à recenser le moindre triton crêté et la moindre chauve-souris avant de délivrer un permis ; ils étaient entravés par les fortes résistances Nimby* des administrations locales, ainsi que par l'agrégation des parcelles foncières par les promoteurs. Nous n'allions plus accepter cela.

J'ai conclu par une péroraison dans laquelle je saluais la force d'âme et la détermination avec lesquelles la nation s'était rassemblée dans la lutte contre le Covid ; l'esprit qui avait permis la construction des hôpitaux Nightingale en un temps record ; l'esprit qui avait produit tous ces nouveaux respirateurs artificiels brevetés ; l'esprit de Captain Tom arpentant inlassablement son jardin.

Nous allions prendre cet esprit, le distiller, le mettre en flacon et l'avaler comme la potion magique d'Astérix afin de résoudre non seulement les problèmes posés par le Covid, mais les problèmes immanents et structurels de l'économie britannique.

Nous allions reconstruire plus vite, plus vert et mieux – c'est ainsi que devait naître le slogan *Build Back Better*, « Reconstruire en mieux », qui serait imprimé sur des tee-shirts par les Tories pendant les deux années suivantes, et que Joe Biden emprunterait (à raison).

Je me suis enfin tu, presque essoufflé par mes efforts, et heureusement quelqu'un a donné aux pauvres apprentis le signal de m'accorder de maigres applaudissements.

Nonobstant ses défauts, ce discours a donné un cadre à une grande partie de notre programme économique post-Covid. Au cours des mois suivants j'ai travaillé à un calendrier, et à la fin de l'année j'avais entrelacé le développement des infrastructures et la révolution industrielle verte. Ainsi, nous utiliserions les nouvelles technologies vertes pour (a) prendre les changements climatiques à bras-le-corps, (b) faire du Royaume-Uni le leader de secteurs stratégiques clés de l'économie du XXIe siècle – véhicules électriques, énergie propre, etc. – afin de créer des centaines de milliers d'emplois de qualité.

Dans ce discours de Dudley j'avais commencé à tout réunir : le plan Jet Zero pour faire naître une aviation verte ; le plan pour obtenir de l'hydrogène vert et de l'hydrogène bleu (à partir d'énergies renouvelables et à partir d'énergies fossiles avec captage du carbone) ; le développement de l'énergie nucléaire avec des petits réacteurs modulaires, etc. En tant que vision pour le pays il m'enthousiasmait tout à fait, et je ne comprenais pas comment quiconque pouvait raisonnablement être en désaccord avec mes objectifs.

* Voir note de bas de page du chapitre 34, p. 405.

Mais, comme mon équipe l'avait prédit, il ne devait être qu'à moitié salué par les médias.

Pour les journaux de gauche et la BBC, il n'allait pas assez loin. J'avais eu beau parler de mesures économiques dignes d'un New Deal et du plus grand programme de création d'infrastructures depuis l'époque victorienne, ils affirmaient que mon discours n'était pas assez rooseveltien dans ses ambitions. Bon, de la part de la gauche les critiques étaient sans doute inévitables.

Le Trésor me posait un défi plus sérieux. Après avoir dépensé des centaines de milliards pour les différents dispositifs (excessivement généreux) de soutien aux entreprises et aux particuliers pendant le Covid, il affichait une certaine résistance à mes propositions. Je présume que certains lecteurs se demandent peut-être encore pourquoi je me montrais si prodigue et si interventionniste alors que j'étais censé être un thatchérien de droite.

Ces propositions étaient-elles vraiment dignes d'un Tory, pourriez-vous vous demander. Étaient-elles réellement CONSERVATRICES ? Je réponds : bien sûr que oui.

Quoi que l'on puisse dire de la vision du conservatisme de Margaret Thatcher, la Première ministre comprenait que l'État doit prendre les rênes en matière d'infrastructures. D'accord, vous pouvez objecter que le tunnel sous la Manche et le quartier d'affaires de Canary Wharf sont des exemples d'investissements colossaux du secteur *privé*. Mais aucun de ces deux projets n'aurait été réalisable sans l'engagement déterminé du gouvernement, qui est intervenu pour renflouer le tunnel sous la Manche et qui a créé le réseau de métro Docklands Light Railway et d'autres infrastructures pour rendre Canary Wharf viable.

Quant aux services publics privatisés, ils se sont vu accorder des droits extraordinaires par Margaret Thatcher, notamment celui de perturber la circulation en creusant sans cesse des tranchées dans les rues pour y fourrer leurs tuyaux et leurs câbles.

À mes yeux, notre programme de nivellement par le haut était un prolongement de ce programme thatchérien : un mariage tory entre un gouvernement militant pro-entreprises et un secteur privé confiant en l'avenir. Comme je le disais dans mes discours depuis vingt ans, les deux choses allaient ensemble : nous avions besoin de l'État pour construire des biens publics et créer les conditions – le socle, la plateforme, le terreau, choisissez votre image préférée – nécessaires à l'épanouissement des entreprises, et nous avions besoin de capitalistes en quête de profits pour faire croître l'économie et engendrer le rendement fiscal qui permet d'investir dans d'excellents services publics.

C'est un cercle vertueux. Cela m'ennuyait que les jeunes générations ne semblent pas comprendre cette circularité, ce besoin absolu de capitalisme, et il me semblait que leur incompréhension s'expliquait pour une grande part par le fait que, contrairement à ma génération, ils n'avaient pas eux-mêmes accès au capital et qu'il leur était beaucoup plus difficile d'obtenir un logement, d'accéder à la propriété.

C'était la raison pour laquelle la construction de logements et l'aide au secteur du bâtiment avaient toujours été une composante essentielle de mon programme et de ceux de tous les gouvernements conservateurs performants, de Macmillan à Thatcher. Le coût du logement, les difficultés auxquelles étaient confrontés les jeunes pour obtenir un prêt ou trouver un acompte… Voilà les priorités qu'un gouvernement tory devait mettre en avant, et voilà pourquoi nous devions construire, construire, construire.

Notre projet de loi d'urbanisme avait été chaleureusement accueilli par le secteur de l'immobilier. Maintenant nous devions aller de l'avant.

J'étais en désaccord avec le Trésor sur l'ampleur de l'ambition nécessaire au vu de la position dans laquelle se trouvait notre pays, et j'étais aussi en désaccord sur notre marge d'intervention dans le domaine fiscal. En fait, j'estimais que si nous parvenions à encourager une nouvelle culture de la confiance et de l'investissement, nous aurions non seulement plus de croissance – laquelle était pour ainsi dire inexistante depuis une décennie, sinon davantage –, mais aussi plus de recettes fiscales, et nous serions par conséquent à même de réduire concrètement les taux d'imposition.

Au cours des mois suivants j'ai été conforté dans mon opinion par des conversations régulières avec John Redwood, le député de Wokingham, un ami de longue date. Il est de bon ton, chez les Tories de l'aile gauche, de lever les yeux au ciel quand ils évoquent Redwood. Certains le surnommaient autrefois « le Vulcain », comme s'il était un cerveau venu d'une autre planète. Ils reconnaissent son brio intellectuel (il a été *Prize Fellow** à l'All Souls College à Oxford), mais soutiennent qu'il est en quelque sorte dépourvu de bon sens.

Ils se trompent complètement. Avant que je sois élu maire en 2008, il passait souvent me voir à mon bureau du Parlement, dans le bâtiment Norman Shaw Nord, et nous discutions d'économie.

* Très grand honneur réservé aux meilleurs étudiants. Deux sont élus par an sur 150 candidats ou plus. Les Prize Fellows se voient payer leurs études, ont un logement privé et d'autres avantages, et font partie pendant sept ans du corps de direction du collège.

Vous pouvez me croire : il avait parfaitement prévu le krach financier, avec une acuité exceptionnelle.

La reine, on le sait, a demandé un jour : « Pourquoi personne n'a-t-il rien vu venir ? » Elle avait raison : tout le monde ou presque était passé à côté, sauf mon ami John. Donc je le prenais au sérieux et j'étais intuitivement d'accord avec lui, aussi bien sur le Brexit que sur la raison pour laquelle le Trésor se fourvoyait au sujet de la Grande-Bretagne.

Mail après mail, il me prévenait qu'on essayait de me coincer et de revenir à l'austérité – ces mêmes politiques que les électeurs avaient rejetées en 2016. Nous avions pourtant de la marge de manœuvre, jugeait John. Nous avions l'espace qu'il fallait pour baisser les impôts et libérer l'énergie des créateurs de richesse. J'ai donc fait part de ses observations à Rishi, à qui j'attribuais encore, à ce stade, l'instinct d'un partisan de la baisse des impôts à la Nigel Lawson. Bon, entonnais-je, quand allons-nous nous y mettre ?

Après tout, disais-je, il y avait des tas de dépenses publiques dans lesquelles nous pouvions aussi trancher. Le confinement avait mis en lumière un fait assez stupéfiant dans l'administration : des services entiers de Whitehall pouvaient semblait-il parfaitement fonctionner alors que les bureaux étaient vides. Avions-nous besoin de tout ce personnel ?

À de multiples reprises j'ai rappelé à mon cabinet la leçon que j'avais apprise à la mairie au contact d'Eddie Lister, ex-chef du conseil de Wandsworth et grand réducteur d'impôts, qui était mon adjoint. Pendant nos huit années aux commandes nous avions construit massivement – bien plus que nos prédécesseurs travaillistes –, nous avions développé des quantités colossales d'infrastructures. Mais nous avions aussi mis à la porte des milliers et des milliers d'employés de la fonction publique qui s'étaient alors tous tournés vers des emplois plus productifs dans le secteur privé.

Nous avions vendu des dizaines et des dizaines de bâtiments de la régie des transports de Londres et nous avions éliminé environ 40 autorités administratives indépendantes. Et vlan ! Nous avions massivement réduit nos effectifs dans la capitale tout entière (et réduit de 20 % notre part d'impôts locaux).

« Allons ! ai-je exhorté au moins deux fois les ministres réunis autour de moi. Il est temps d'envoyer les vaches sacrées à l'abattoir. »

La seconde fois, Rishi est venu me parler après la réunion.

« Cette expression que tu utilises tout le temps, "envoyer les vaches sacrées à l'abattoir"... a-t-il dit d'un ton embarrassé.

– Oui, ai-je répondu avec enthousiasme. Je veux un abattoir intégral, un charnier, un bovicide total ! Sinon nous n'y arriverons pas.

– Oui, je sais, a-t-il dit. Mais rappelle-toi juste que tout le monde ne choisirait pas forcément ces mots-là. »

Je l'ai regardé bouche bée, puis ça a fait tilt. Il me parlait en tant qu'hindou convaincu et pratiquant, pour qui les vaches sont des bêtes sacrées, et l'idée de les envoyer à l'abattoir tout à fait odieuse.

Je ne suis pas certain d'avoir depuis lors entièrement purgé cette métaphore de mes discours, car elle doit dater au moins de la Britannia romaine. Mais vous savez quoi ? Rishi m'a inspiré le plus grand respect pour avoir défendu sa religion et avoir eu le courage de m'en parler.

C'était l'époque, bien sûr, où j'éprouvais de l'estime pour mon chancelier de l'Échiquier, où j'avais confiance en lui et où j'appréciais beaucoup sa compagnie et celle de sa femme Akshata. Si vous m'aviez collé une arme sur la tempe à ce moment-là en me demandant qui je voulais pour prendre ma succession et poursuivre notre travail de nivellement par le haut – longtemps après notre nouvelle victoire en 2024 –, j'aurais sans doute répondu : Rishi Sunak.

Pour le moment, néanmoins, je voulais juste qu'il réduise les effectifs des administrations de Whitehall comme nous l'avions fait pour celles de Londres autrefois, qu'il tranche dans les dépenses publiques sans queue ni tête, qu'il baisse enfin les impôts. Il dégageait un tel charme et semblait si sérieux que j'ai eu la nette impression qu'il allait le faire, quoique peut-être pas tout de suite.

Nous avons fini par mettre au point un plan pour raboter la bureaucratie de 66 000 employés. Je regrette que nous ne soyons pas allés plus vite.

Chapitre 41

LUTTER CONTRE LA VAGUE

La sinistre fatalité du second confinement

Les yeux fixés sur le rivage, je donnais des coups de plus en plus vigoureux sur la pagaie en plastique. Il était bientôt 17 heures. Le vent fraîchissait et la houle commençait à se creuser. Je me trouvais dans le Kyle of Lochalsh, sur la côte nord-ouest de l'Écosse. C'était à la mi-août 2020.

À présent le doute n'était plus permis : le petit cottage chaulé sur le rivage rapetissait, la côte s'éloignait, la situation s'aggravait de minute en minute.

À la fin du mois de juillet, Carrie et moi avions éprouvé un besoin désespéré de quitter l'appartement de Downing Street, où nous résidions désormais en compagnie d'un bébé – le charmant Wilfred. Si j'avais déjà bien repris des forces depuis mon Covid, j'avais envie d'une vraie coupure, ne serait-ce que pendant quelques jours. Partir, mais où ?

Nos premières vacances, pour le nouvel an, nous les avions passées sur l'île caribéenne de Moustique, un terrain de jeux pour super riches, et si nous nous y étions beaucoup amusés les médias m'en avaient tellement fait baver pour ce choix de destination que j'avais rebaptisé l'île, *Mistake**.

Nous avions besoin d'un endroit simple mais charmant, par-dessus tout situé en Grande-Bretagne. J'avais de merveilleux souvenirs d'enfance de l'île de Skye où j'avais nagé, fait du kayak et pêché des moules. Malgré le scepticisme de Carrie, en cherchant sur Internet j'ai trouvé ce qui semblait être le rêve absolu : un petit cottage isolé, perché sur une falaise herbeuse face à la mer.

J'ouvrais des yeux émerveillés devant mon ordinateur. Même le nom du coin était sympathique : Applecross. Ah, me remémorais-je parfois durant les difficiles semaines qui ont précédé notre départ : Applecross. Un endroit tranquille où nous reposer et regarder la mer. Je pourrai dessiner un peu. Ce sera super, affirmais-je à Carrie. Presque aussitôt après notre arrivée là-bas, une polémique a éclaté à Londres au sujet du système de notation des élèves

* « Erreur. »

aux O-level et A-level, lorsqu'ils avaient été empêchés par les restrictions du Covid de passer leurs examens.

Plutôt que faire confiance aux évaluations des enseignants – qui, estimions-nous, se montreraient trop généreux envers les élèves –, nous avions utilisé un algorithme rigide pour distribuer les notes, fondé sur les résultats passés des écoles. De nombreux gamins avaient de toute évidence pâti d'un traitement injuste et, pour les parents épuisés par le confinement, c'était la goutte d'eau de trop.

Ils s'épanchaient dans les médias, tremblants de rage, exigeant la tête de Gavin Williamson, notre ministre de l'Éducation (qui sur ce coup était à peu près innocent). Des voix commençaient à demander où j'étais passé et pourquoi je ne revenais pas à Londres.

Comme les réseaux mobiles ne couvraient pas le cottage, j'essayais d'arranger la situation accroupi à côté du téléphone fixe sous l'escalier. Cette crise des examens s'aggravant, les médias sont parvenus à nous retrouver, ont publié des photos d'Applecross, et nous avons finalement dû décamper et regagner Londres.

Bien sûr il était frustrant, après tous ces mois de labeur, de voir nos principales vacances de l'année rabotées à trois journées et demie, mais pour une raison au moins notre départ ne m'accablait en fait pas tant que ça. Il y a un petit phénomène qui se produit en Écosse au mois d'août que personne ne mentionne jamais ou que la nature efface apparemment de nos mémoires : je veux parler des moucherons.

Sur l'ordinateur, les photos publicitaires d'Applecross ne m'avaient pas montré que ses landes marécageuses engendrent d'immenses nuages gris d'insectes. Ils tapent sur les fenêtres au crépuscule – certains grands comme des faucheux –, et lorsque vous mettez le pied dehors vous découvrez qu'il n'y a pas un centimètre de chair qu'ils ne soient pas capables d'attaquer.

Un soir nous avons essayé de nous installer dans une tente plantée au bord de la falaise, en allumant un feu à côté. Ce n'était pas mieux : les bestioles fondaient toujours sur nous à pleines brassées. Puis les médias ont pris un malin plaisir à souligner que la tente et le feu empiétaient sur la terre d'un agriculteur qui, cela se comprend, objectait à cette intrusion.

Voilà pourquoi j'étais à bord de ce kayak gonflable Argos : je tentais de fuir ces satanés moucherons. Mais je me retrouvais confronté à un problème plus préoccupant. Alors que je pagayais de toutes mes forces dans l'eau de mer, je faisais fausse route. Le vent et les vagues m'entraînaient vers le courant rapide du chenal entre l'Écosse et l'île de Skye, et de là vers l'Atlantique où les abysses obscurs de l'océan m'attendaient pour m'engloutir.

Nos petites vacances d'été semblaient parties pour se conclure par un drame. J'avais beau pousser sur la pagaie à m'en rompre les tendons, je n'arrivais à rien. Ce kayak gonflable bleu de la marque Argos était conçu pour deux personnes, mais Carrie, après s'être brièvement exposée à mon expertise en matière de nautisme, avait préféré rester sur le rivage.

Résultat, le poids de mon corps enfonçait l'arrière de l'embarcation dans l'eau, tandis que sa proue redressée prenait le vent comme une voile – et je n'avais pas tardé à filer dans la mauvaise direction, m'éloignant du rivage et de sa sécurité, m'éloignant des policiers affectés à ma protection que j'avais aperçus pour la dernière fois, quelques minutes plus tôt, sous la forme de silhouettes fines comme des allumettes qui agitaient les bras avec dépit en me voyant prendre la tangente.

Ma respiration était entrecoupée et je me demandais ce qui allait se passer. Allais-je enfin réussir à renvoyer mon embarcation vers la côte, ou la nature se montrerait-elle trop puissante ? Les événements des vingt ou trente prochaines minutes allaient constituer une excellente leçon sur la folie humaine et un avertissement – si seulement j'avais pu le reconnaître – sur le combat que j'aurais à mener cet automne-là contre les inéluctables vagues de l'épidémie.

Comme avec ce kayak en plastique, il y a eu des moments où nous pensions que nous maîtrisions la situation, que nous étions à même de vaincre les éléments et d'orienter l'affaire dans la bonne direction. Comme avec le kayak, nous avons eu presque raison. Mais en fait nous nous trompions.

Quand nous avons levé le confinement en juillet, nous savions déjà que le Covid reviendrait à l'automne quand le temps rafraîchirait et que les gens se réuniraient de nouveau en intérieur. Et c'est ce qui est arrivé. Le samedi 5 septembre 2020, nous avons eu 2 576 nouveaux cas, le total journalier le plus élevé depuis avril. Cette fois, cependant, j'avais le sentiment que nous avions quelques éléments en notre faveur. Nous avions déterminé que les stéroïdes étaient efficaces pour faire cesser une violente réaction immunitaire (comme celle dont j'avais souffert). Nous avions appris à éviter d'intuber les malades sauf en cas d'absolue nécessité.

Nous savions à présent beaucoup, beaucoup mieux tracer le virus. Au début de la pandémie les capacités de diagnostic du Royaume-Uni avaient été très faibles, et nos premiers efforts en matière de tests et de recherches des contacts avaient terriblement souffert de la comparaison avec ce qui se faisait en Allemagne. À présent, nous avions rattrapé notre retard – et même mieux que cela. Les labos gouvernementaux de Porton Down avaient approuvé plusieurs tests rapides antigéniques du genre que la plupart des vétérans de la pandémie ne connaissent que trop bien (vous avez sans doute à la maison une étagère remplie de boîtes de tiges à vous fourrer dans le nez ou la gorge), et ces tests étaient maintenant tellement répandus, et leurs résultats obtenus si vite, que mes réunions matinales d'analyse du « tableau de bord » devenaient de plus en plus précises quant au suivi de la propagation de la maladie.

Nous avions des endroits dont elle n'était jamais vraiment partie, mais il y avait aussi des zones du pays où le Covid était tout à fait en recul, où sinon avait à peu près disparu. Dans toute la pointe sud-ouest de l'Angleterre ou dans le Lincolnshire, par exemple, le « R_0 », ou taux de reproduction du virus, était proche de zéro. (Souvenez-vous : si le R_0 est supérieur à un, la maladie gagne du terrain ; s'il est inférieur à un, elle régresse.)

Tout le monde voyait bien que le Covid se propageait dans certains coins – les Midlands de l'Ouest, Manchester, Leicester, etc., mais nous observions aussi que le phénomène était asymétrique. En conséquence, naturellement, les gens commençaient à s'opposer à l'idée d'une solution générale applicable à tout le pays.

Pourquoi fallait-il fermer les pubs dans les campagnes du Devon et des Cornouailles, entendait-on, dans l'espoir d'arrêter la propagation du Covid à des centaines de kilomètres de là dans les maisons mitoyennes du quartier d'Old Trafford* ? Il me semblait qu'à première vue ces objections étaient fondées – et c'est ainsi qu'est née une idée néfaste mais, selon toutes les apparences, raisonnable : nous pouvions diviser le pays en zones d'infection, ou niveaux, en fonction de l'état d'avancement de la pandémie dans chaque région.

Dans les zones de niveau 1 – où l'alerte était considérée comme « moyenne » – les pubs et les restaurants restaient ouverts jusqu'à 22 heures, mais la « règle des six personnes » s'appliquait, ce qui signifiait que vous ne pouviez pas vous réunir avec plus de cinq autres personnes, en intérieur comme en extérieur. Dans les zones de niveau 2, c'est-à-dire d'alerte élevée, les restrictions étaient plus sévères, de sorte qu'il vous était interdit de vous réunir à l'intérieur, même avec moins de cinq personnes.

Au niveau 3, les zones d'alerte très élevées, tout rassemblement était interdit, à l'intérieur comme à l'extérieur, sauf dans les jardins publics où les gens pouvaient se réunir à six maximum.

* Le stade de Manchester United, le club de football.

Avez-vous bien tout compris ? Ou je recommence ?

Ces règles, nous en avions long comme le bras. Quand je consulte aujourd'hui la liste des restrictions imposées, j'ai du mal à croire l'effronterie, l'audace du gouvernement dans sa tentative de microgérer l'humanité. Nous avons dit aux Britanniques qu'ils étaient autorisés à se réunir dans les jardins d'un monument historique du National Trust (à six maximum), mais pas à une foire ou à une fête foraine.

Nous leur avons dit que leurs enfants pouvaient être gardés à l'intérieur des crèches dans les zones de niveau 1, mais pas dans celles de niveau 2, où les bambins devaient rester dehors. Nous leur avons dit qu'ils pouvaient prendre un verre au pub en niveau 2, mais pas en niveau 3, où l'alcool n'était autorisé que s'il accompagnait un repas ou était servi en chambre. Je repense à ces longues conversations autour de la table tendue de feutre vert de la salle du Conseil, jusque très tard dans la soirée, où de jeunes et talentueux hauts fonctionnaires, comme Henry Cook, inventaient des rouages toujours plus compliqués pour moduler le comportement humain. Cela me donne envie de hurler.

C'était complètement dingue en réalité. Du niveau des interdictions bizarres du Lévitique concernant les animaux à quatre pattes dont la consommation est autorisée, ou l'interdiction de se tailler les favoris. À vrai dire c'était plus dingue encore que le Lévitique car, contrairement à Yahvé ou Moïse, nous modifiions les règles sans arrêt. De fait, la raison d'être même du système des niveaux était de pouvoir changer constamment les règles.

Le groupe de travail sur le Covid-19 dirigé par James Bowler (un fonctionnaire charmant et éminemment capable) se réunissait dans la pièce qui lui avait été dévolue au bureau du Cabinet, nuit après nuit, s'imaginant d'une façon ou d'une autre avoir le pouvoir magique d'orchestrer la vie de la nation – Slough en niveau 2 ! Windsor en niveau 1 ! – sans aucune considération pour la réalité de la vie des gens, et encore moins pour le virus.

Comment moi, Boris Johnson, ai-je pu autoriser ces codes de comportement super compliqués ? Comment avons-nous pu seulement imaginer que le système des niveaux fût une option réaliste ?

La réponse tient pour une part à notre espoir de voir tout cela fonctionner. Nous pensions en quelque sorte pouvoir jouer au jeu de la taupe. Si le Covid montrait le bout de son nez dans un endroit, *clac*, une tape sur le museau avec des restrictions plus sévères jusqu'à ce que le R_0 redescende, et à ce moment-là seulement nous assouplissions les règles.

Nous imaginions que cela pourrait durer ainsi pendant des mois, un véritable ballet d'ouverture et de fermeture de zones à travers tout le

Royaume-Uni – comme une pendule à coucou ou une anémone de mer s'ouvrent et se ferment –, jusqu'à ce que nous ayons passé la seconde vague sans avoir subi l'horreur d'un confinement national complet, avec toutes les écoles fermées et une économie repartie en vrille.

La complexité des règles était une conséquence de nos tentatives pour différencier les niveaux et appliquer des degrés de pression variables et judicieux sur le virus (c'était en tout cas ce que nous nous racontions gentiment). La vraie question, je suppose, est de savoir pourquoi la population était si demandeuse de ces règles, et pourquoi elle acceptait si bien de voir ses activités quotidiennes réglées avec un degré de détail rabbinique.

La réponse, c'est que pendant bien des mois les règles ont été en partie raisonnables, puisqu'il était manifestement vrai que nous pouvions, de manière générale, limiter la transmission en limitant les contacts entre les gens. Mais par leur complexité baroque, ces règles constituaient aussi une sorte de religion; des rituels minutieux auxquels il fallait juste obéir, comme dans le Lévitique, avec l'espoir d'être sauvé parce que la science tardait à nous secourir.

Les gens avaient peur. Ils voulaient croire en quelque chose, avoir des instructions officielles à suivre pour enrayer la propagation de la maladie, des règles auxquelles obéir collectivement. Comme les enfants d'Israël dans le désert, nous nous sommes tournés vers des systèmes de comportement ultra-réglementés dans le cadre de notre riposte face à l'horreur et au mystère de cette infection qui se transmettait de manière invisible.

Bien sûr nous savions tous que chacune de ces règles ou recommandations, prise indépendamment, pouvait paraître étrange. Mais peu importe. Il s'agissait d'adhérer collectivement et publiquement à ces nouvelles Tables de la Loi, car nous n'avions rien d'autre face à la colère du Tout-Puissant.

Nous, au gouvernement, nous étions bien entendu consternés par notre impuissance scientifique, et nous voulions aussi croire en ces règles. Elles étaient ce que nous avions de mieux à offrir, car nous n'avions encore aucun remède. Pendant tout l'été j'avais espéré nous voir trouver une autre issue au-delà des interventions non pharmaceutiques (règles du confinement, distanciation sociale, etc.).

Je commençais à envisager la possibilité de tests généralisés[1] à une échelle susceptible de rendre le confinement inutile. C'est Dido Harding, une responsable du NHS accro au travail, qui a dirigé le développement de nos capacités de diagnostic. Le Labour adorait lui taper dessus (car elle avait commis le crime d'épouser un député tory) et les choses ont été difficiles au début pour elle. Mais les chiffres se sont mis peu à peu à grimper.

Au 16 octobre 2020, elle testait 300 000 personnes par jour – davantage qu'aucun autre pays européen.

Puis elle a atteint le demi-million, et enfin le million de tests quotidiens. En liaison avec Matt Hancock, ministre de la Santé et grand optimiste par nature, nous avons conçu un énorme programme de « tests libérateurs ».

Nous l'avons d'abord essayé à Liverpool avec l'aide du maire, Steve Rotheram. Les premiers résultats ont semblé prometteurs. L'idée était de faire un test le matin et s'il se révélait négatif vous étiez libre de vous rendre au boulot normalement. Si tous vos collègues en faisaient autant, dans les faits votre lieu de travail serait exempt de Covid. Ainsi, peut-être – peut-être –, l'économie britannique parviendrait-elle grâce à ces tests à sortir de cette période problématique et pourrions-nous retrouver un semblant de normalité dans nos vies.

Alors que les ombres s'allongeaient et que l'automne faisait son apparition, j'ai commencé à songer avec beaucoup d'inquiétude à Noël. En tant qu'ancien maire de Londres, je savais à quel point il était important, crucial même, pour les secteurs du commerce de détail, de l'hôtellerie et du divertissement, d'avoir de bons mois de novembre et décembre. Pour certaines entreprises, la période de Noël constitue une part considérable de leurs bénéfices annuels. Aussi je voulais espérer : serions-nous capables, en associant le système des niveaux et les tests, d'offrir au pays un Noël à peu près normal ?

Hmm, peut-être, si nous avions eu de la chance. Mais Mère Nature était trop rapide pour nous, trop fertile en inventions.

Le problème du système des niveaux était son injustice intrinsèque : le processus de segmentation du pays en différentes zones impliquait de prendre beaucoup de décisions géographiques arbitraires. Une administration locale pouvait être catégorisée en niveau 3, et sa voisine en niveau 2, de sorte que de nombreuses règles différentes étaient susceptibles de s'appliquer aux pubs d'une même région rurale, alors que le R_0 y était uniformément bas.

Des parlementaires nous ont reproché d'imposer à leurs circonscriptions des confinements injustes. Telle est la paranoïa inhérente aux politiciens que certains – m'a-t-on raconté – ont même commencé à croire que les whips les punissaient pour quelque mauvaise action hypothétique. Les ressentiments se multipliaient. Les gens avaient l'impression qu'en imposant des mesures plus sévères à leurs quartiers qu'à d'autres, nous émettions des critiques sur leur hygiène personnelle, leur sens de la discipline, leur moralité même. Ils en arrivaient à avoir le sentiment d'être jugés négativement par rapport à leurs voisins de l'autre côté de la frontière du Covid.

Ayant toute ma vie durant étudié la politique et la société britanniques, je reconnaissais là une émotion très puissante, et je pensais que les gens pourraient peut-être être galvanisés à l'idée de se montrer à la hauteur de leurs voisins en éradiquant le Covid sur leur territoire. Eh bien, je me trompais. Cette idée de saine compétition ne les motivait pas. Ils étaient juste indignés et s'emportaient, de façon bien compréhensible, sur le coût social et économique des restrictions.

Certains maires, Andy Burnham à Manchester par exemple, exigeaient des compensations financières pour les souffrances endurées par les entreprises de leur commune. Aussitôt que nous avons convenu avec lui d'un certain forfait, d'autres villes se sont mises sur les rangs avec les mêmes exigences, pour des montants équivalents ou supérieurs. Eddie Lister a fait un boulot remarquable dans la conduite de ces négociations – personne ne lui arrive à la cheville pour ce genre de mission –, mais cela a eu pour résultat de compliquer le système des niveaux.

Il ne s'agissait pas d'ouvrir et de fermer une zone, puis une autre, comme un jeu d'orgue. Le processus était laborieux, donc lent. Et malgré les efforts intenses et coûteux que nous produisions pour taper sur le museau du virus, la maladie a recommencé à se répandre à peu près partout dans le pays. À la fin du mois d'octobre le R_0 grimpait même dans le Devon et en Cornouailles.

« R_0 R_0 R_0 R_0, disais-je en réunion le matin. Je vois le R_0 très fort dans le Sud-Ouest ! » Et si vous vous demandez pourquoi nous proférions parfois ces phrases absurdes, ineptes, gratuites, pour essayer d'être drôles, eh bien, c'est ce que font en général les Britanniques quand la situation est désespérément sombre.

Dans le courant du mois d'octobre, j'ai senti que nous nous dirigions vers un nouveau confinement total du pays : la seule question était de savoir quand. Pendant plusieurs jours nous avons débattu de l'idée d'un « coupe-circuit » consistant à confiner férocement pendant une quinzaine de jours, pour faire retomber le R_0 en dessous de 1, puis à relâcher les vannes. Certains scientifiques avaient changé leur fusil d'épaule depuis le premier confinement de mars, et affirmaient désormais qu'il valait mieux « taper fort et taper tôt ». C'était la logique du coupe-circuit. J'avais des doutes.

J'avais le sentiment que les avertissements qui m'avaient été donnés au sujet des confinements restaient valables – à savoir que si l'on confinait au mauvais moment, on risquait de devoir répéter l'opération bien des fois. Et dans le chaos général qui s'ensuivait, on perdait le soutien et l'adhésion de la population. En dépit de tout, j'espérais que les tests en masse nous sauveraient, ou que le système des niveaux donnerait des résultats, de sorte que nous puissions éviter un reconfinement. Mais arrivé le 28 octobre, nous étions au bout du rouleau.

James Bowler est venu m'informer que côté niveaux nous étions dans le caniveau : la maladie se propageait désormais très vite dans tout le pays, même à Liverpool où le système des tests libérateurs n'avait pas suffi à arrêter le virus.

Une fois de plus je devais choisir entre deux options effroyables. Je pouvais envoyer un méchant coup en pleine mâchoire à l'économie britannique, pile au moment où elle commençait à se remettre sur pied – avec des dégâts sans nom pour la vie des gens –, ou bien je pouvais malgré tout continuer de placer un espoir dans le système des niveaux (et il y a des gens qui croient encore qu'il aurait pu fonctionner, avec un peu plus de temps), et risquer de perdre des milliers et des milliers de vies humaines.

C'était une situation atroce, et j'étais très esseulé. Bon nombre de mes alliés politiques naturels étaient devenus à ce stade activement hostiles au confinement et mon gouvernement était de plus en plus divisé et sceptique.

Il n'y avait personne d'autre pour prendre la décision. Mais il était clair à mes yeux – et je le pense toujours aujourd'hui – que mon devoir le plus fondamental de Premier ministre était de protéger l'existence des citoyens britanniques et que, quels que fussent les nombreux maux du Covid, sauver des vies passait avant tout.

Comme l'a dit Cicéron, *salus populi suprema lex esto*. Le 5 novembre nous avons donc instauré un nouveau confinement en maintenant toutefois les écoles et les universités ouvertes. Cela a été épouvantable, mais à la fin du mois les résultats semblaient être là. Matt Hancock rapportait que le R_0 chutait partout à travers le pays.

Le 2 décembre nous sommes sortis du confinement à temps, espérais-je, pour Noël. Et là : catastrophe.

Depuis plusieurs jours nous avions remarqué un foyer de contaminations autour de Dartford[2], dans le Kent, où la propagation du virus semblait anormalement rapide. Puis, au milieu du mois, le labo nous a annoncé cette nouvelle terrible : il ne s'agissait pas d'un problème ponctuel à mettre sur le compte des discothèques très animées du Kent. Nous étions confrontés à un nouveau variant, 30 à 40 % plus contagieux que la souche d'origine, et c'était un désastre pour l'humanité tout entière.

On l'appelait le variant Delta. Dans d'autres pays il portait le nom de variant anglais ou du Kent, mais franchement, vu par où il avait assailli nos contrées, je crois qu'on aurait pu tout aussi bien l'appeler variant belge ou hollandais.

Le variant Delta était parti pour tuer des millions de gens à travers le monde ; et dans presque tous les pays, pas seulement en Grande-Bretagne, il a grandement intensifié la seconde vague. Le 18 décembre il était déjà évident que nous étions vaincus et que mes rêves étaient anéantis.

Londres allait entrer en confinement total – nous parlions de « niveau 4 » – pendant ce qui aurait dû être la période la plus joyeuse de l'année. J'avais dit aux Britanniques que nous remuerions ciel et terre pour leur offrir un vrai Noël, et voilà que je les en privais.

Des mois plus tôt, en mai, j'avais annoncé pour la première fois – vainement, s'avérait-il – que nous « inversions la tendance ». De mois en mois j'avais remercié et félicité la population britannique en lui assurant qu'elle mettait en déroute les armées de la maladie grâce à sa patience et à sa tolérance héroïques, et qu'elle retrouverait bientôt toutes les choses de la vie qu'elle aimait.

Et voilà que, tout libertarien et amoureux de la liberté que je me prévalais d'être, j'étais le premier Premier ministre de l'histoire à annuler Noël. Certaines personnes m'ont confié, avec une ironie amère, qu'elles étaient très heureuses de cette décision, car elle leur évitait d'avoir à se réunir avec leurs beaux-parents ou d'autres membres de leur famille.

Je n'éprouvais pas du tout ce sentiment. J'étais en proie à une émotion profonde, qui me surprenait moi-même. Je crois que je savais inconsciemment que c'était le dernier Noël de ma mère et nous avions prévu de le passer avec elle dans l'appartement de Downing Street. Elle avait eu une méchante frayeur de santé au tout début de la pandémie – rien à voir avec le Covid – et je l'avais à peine vue au cours de l'année. Et comme pour n'importe quelle famille du pays, cet éloignement était difficile.

Je me rends compte maintenant qu'il a sans doute toujours été irréaliste de penser que nous pourrions rouvrir pour Noël. Presque partout ailleurs, une grosse seconde vague a déferlé – et à l'instar de la pandémie de la grippe espagnole de 1918-1919, elle a été encore plus forte et meurtrière que la première.

J'aurais dû retenir la leçon apprise sur mon kayak au mois d'août : la nature est parfois incoercible.

Constatant que le vent forcissait et m'éloignait toujours plus du rivage, je me trouvais dans l'obligation de choisir entre deux solutions aussi mauvaises l'une que l'autre. Soit je pouvais me laisser emporter vers la mer et me noyer – ou au minimum déclencher une ridicule opération de sauvetage des garde-côtes –, soit je pouvais ranger la pagaie, abandonner le kayak et regagner la côte à la nage, tant que celle-ci restait assez proche pour tenter le coup.

C'est cette option, dois-je reconnaître, que j'ai choisie. J'avais un gilet de sauvetage. L'eau n'était pas trop froide. Je n'étais qu'à six cents mètres environ du rivage, et tandis que je m'en rapprochais, un des policiers – un costaud, adepte de kitesurf, qui s'appelait Mike – s'est héroïquement déshabillé pour nager à ma rencontre, quoique je souhaite souligner qu'à aucun moment je n'ai eu besoin de son assistance.

Quant au kayak, il a tout de suite complètement échappé à ma vue. Je suppose qu'il a continué de dériver comme la *Mary Celeste*, et qui sait où il a pu aller, peut-être bien au-delà des côtes tempétueuses des Hébrides pour s'échouer comme une énigme au bord de quelque fjord de Norvège. Il appartenait à vrai dire à Ollie, l'un des membres de l'équipe d'accueil du 10, Downing Street, qui ne s'était jamais plaint de cette perte alors qu'il a fallu un moment pour lui trouver un remplaçant.

C'est une preuve de la remarquable discrétion des policiers affectés à ma protection que l'histoire de mon humiliation aquatique n'a jamais transpiré. Peut-être aurais-je dû persévérer. Peut-être aurais-je pu continuer de pagayer pendant cinq heures dans l'obscurité, jusqu'à toucher terre à Skye.

Peut-être, de même, aurions-nous pu nous fier au système des niveaux et éviter ainsi un second confinement. Hmm, peut-être.

Parfois cependant il faut respecter la puissance du monde naturel. Et sauver les meubles. À l'approche de ce Noël sombre, atomisé, la crise du Covid offrait par ailleurs une maigre consolation : elle était tellement grave, et les dégâts qu'elle faisait subir à l'économie tellement énormes, qu'elle éclipsait presque l'anxiété générale suscitée par le Brexit.

Il n'en restait pas moins que nous avions officiellement quitté l'Union européenne le 31 janvier 2020. Nous avions fait aboutir le Brexit. Mais au bout d'un an de négociations, nous n'avions toujours pas défini notre nouvelle relation commerciale avec le continent européen. Nous ne disposions toujours pas de l'accord de libre-échange complet que j'avais promis, et la situation était très tendue.

À la fin du mois, le 31 décembre, la période de transition prendrait fin, le couperet de la guillotine tomberait et le Royaume-Uni serait complètement détaché de l'Union européenne avec laquelle il commercerait alors selon les termes de l'Organisation mondiale du commerce comme n'importe quel autre pays. Une issue qui était encore parfois nommée « Brexit sans accord », comme s'il s'agissait de l'apocalypse.

À un moment, des voix s'étaient emballées sur les conséquences horrifiques de cette issue : le coût potentiel pour les entreprises, la confiance en berne, les obstacles à la liberté de mouvement des personnes et des biens.

Bon, tous ces avertissements avaient toujours été exagérés, et les fantasmes des perturbations causées par le Brexit étaient désormais balayés par le cauchemar bien réel du Covid. Mais je considérais pour ma part que, loin de nous affaiblir à la table des négociations, la pandémie renforçait au contraire notre position.

La seule façon d'obtenir un bon accord était d'être prêt à se passer d'accord, or le Covid avait montré que nous étions capables d'endurer d'immenses perturbations logistiques, et d'y survivre. Il était temps d'employer la manière forte.

Ainsi, fin 2020, nous étions engagés dans un combat à la vie à la mort avec le Covid, et dans une négociation brutale avec l'Union européenne. Hélas, au moment où j'avais besoin que tout le monde se serre les coudes et garde son sang-froid, nous avons eu une crise de crêpage de chignon – c'est l'expression qui convient, je crois – et j'ai dû me séparer de deux de mes conseillers de longue date.

Chapitre 42

DILYN FLAIRE UNE TAUPE

Enfin un peu de ménage à Downing Street

C'était ce que l'un de mes prédécesseurs aurait appelé « une petite difficulté locale* ». Et quelle qu'ait été la cause de la dispute, elle paraît à présent terriblement ridicule. Considérez donc la situation à laquelle nous étions confrontés. Le Covid faisait rage partout autour de nous, des Britanniques continuaient de mourir en grand nombre – parfois dans des circonstances effrayantes et dans la solitude.

Nous étions par ailleurs face à un risque bien réel, celui de nous retrouver plombés par des droits de douane, des quotas et d'autres obstacles aux échanges commerciaux avec l'Union européenne. Mais le soir du vendredi 13 novembre, j'ai été obligé de demander à deux de mes plus proches collaborateurs, Dom Cummings et Lee Cain, de quitter sur-le-champ et définitivement nos bureaux.

J'avais fini par comprendre qu'ils conspiraient avec application, l'un et l'autre, à me couper l'herbe sous le pied et à affaiblir le gouvernement. Et qu'ils faisaient cela, je n'en avais désormais plus le moindre doute, depuis un an environ.

Presque aussitôt après notre installation à Downing Street, j'avais pris conscience d'un phénomène étrange qui avait pris peu à peu de l'ampleur. D'étranges infos paraissaient dans la presse, des bribes de rapports ou des potins dont il semblait éminemment probable, même s'ils étaient erronés ou à moitié vrais, qu'ils provenaient d'un membre de l'équipe en place dans la maison. Cela avait commencé par des petites remarques narquoises au sujet de Carrie, puis le champ des critiques s'était graduellement élargi.

* Phrase attribuée à Harold Macmillan, Premier ministre (conservateur) de janvier 1957 à octobre 1963, qu'il aurait prononcée en réaction la démission de son chancelier de l'Echiquier alors qu'il se trouvait lui-même à l'aéroport le 7 janvier 1958, en partance pour un voyage dans les pays du Commonwealth.

Au mois de mars nous avions eu droit à une attaque apparemment bien informée contre les mœurs et les habitudes de Dilyn le chien, un cabot agaçant, à n'en pas douter, pour qui n'aime pas les chiens. Il était coupable de faire de temps en temps irruption dans la salle du Conseil pour gambader autour de la table ou renifler mes conseillers principaux, notamment Cummings.

Peut-être, je vous l'accorde, jappait-il un peu dans le jardin. Mais c'est un chien tout ce qu'il y a de gentil – jamais il ne m'a mordu – et loyal jusqu'au trognon (peut-être est-ce là son vrai crime), et il ne méritait sûrement pas le portrait à charge officieux auquel il a eu droit un matin dans le *Times*, et qui a été ensuite bruyamment monté en épingle par l'émission de radio *Today* de la BBC, par Sky News et d'autres.

Je devais alors découvrir avec stupéfaction que Cummings, mon principal conseiller, et Cain, notre porte-parole auprès des médias, avaient eu la veille un rendez-vous avec l'équipe éditoriale du *Times*.

Hmm, me suis-je dit, c'est louche.

Ce matin-là j'ai donc posé directement la question à Cummings, devant tout le staff de mon bureau, quand il s'est assis à sa table.

« Dom, ai-je demandé, je suppose que ce n'est pas toi qui es à l'origine de ce truc sur Dilyn dans le *Times* d'aujourd'hui ? »

Un silence pesant est tombé sur la pièce. Cummings serrait les mâchoires.

« Non », a-t-il enfin répondu d'une voix forte et claire.

Curieux, ai-je pensé, sans doute une coïncidence. Et parce que bien entendu je le croyais, et parce que nous avions un milliard de choses plus importantes à faire, et enfin parce que tout cela était tellement puéril, j'ai laissé filer.

À l'été 2020 ces fuites dans la presse étaient devenues de plus en plus audacieuses, et je constatais que je faisais à mon tour, çà et là, l'objet de petites attaques anonymes. Un week-end, les pages du *Sunday Times* ont bruissé de murmures de coulisses au sujet de ma prétendue étourderie et de l'habitude que j'avais de piquer un petit roupillon l'après-midi sur le canapé du bureau (c'est exact, j'ai fait cela pendant quelques semaines après mon Covid, mais nombre d'hommes et de femmes formidables pratiquent la sieste). Et lorsque j'ai lu ensuite que le pilotage effectif du gouvernement était laissé à d'autres, notamment Rishi Sunak – ce qui n'était pas vrai –, j'ai commencé à nourrir certains soupçons sur les sources possibles de ces fadaises.

Mes soupçons ont été pour ainsi dire confirmés le 25 août, lorsqu'un plaisant baronnet, amateur de chasse à courre, répondant au nom de Sir Humphry Wakefield, a déclaré à quelqu'un qui lui rendait visite à son domicile, le château de Chillingham dans le Northumberland, que j'étais trop claqué pour assumer mes responsabilités et que je démissionnerais dans les six mois.

« Quand on remet un cheval blessé au travail, il ne récupère jamais », aurait dit Sir Humph à son visiteur, qui a ensuite rapporté ses observations au magazine *Tatler*. Je ne fais aucun reproche au baronnet, car c'est un homme bon et aimable, et il ne faisait certainement que répéter ce qu'il croyait s'être entendu dire de source sûre par son gendre – mon conseiller, Dom Cummings.

Une fois encore j'ai poussé Cummings dans ses retranchements à ce sujet. Et une fois encore, en le voyant nier avec vigueur, j'aurais dû me rendre compte que ses protestations étaient mensongères. Nous savons tous que lorsqu'une personne occupe un poste important, quel qu'il soit, il y a toujours des gens de son entourage susceptibles de la poignarder dans le dos s'ils en ont seulement l'occasion. Mais je n'avais jamais rien vu de pareil, et certainement pas quand j'étais à la mairie.

Environ un an après avoir quitté Downing Street, Cummings a expliqué lors d'une interview à la BBC qu'il avait commencé à conspirer avec d'autres, sans doute Lee Cain, pour se débarrasser de moi, à partir de janvier 2020, soit quelques semaines seulement après que nous avions remporté une victoire record aux élections. Non mais c'est quoi ce délire ?

On pourrait penser que la chose honorable à faire aurait été de démissionner s'il avait de tels sentiments négatifs à mon égard.

À quoi bon agir ainsi ? Quel intérêt d'essayer de débiner sournoisement le gouvernement que vous êtes censé servir ?

S'agissait-il de quelque rancune ancienne, ou imaginaire, remontant à l'époque où j'avais été rédacteur en chef du *Spectator* et où Cummings s'était occupé pendant une courte période de notre site web ?

Qui sait ? Je crains que nous ne risquions ici, comme l'a dit Coleridge à propos de Iago, la chasse aux raisons de la malveillance sans raison*. Quelle que soit l'origine de ce ressentiment envers moi, ou envers Dilyn, avec le recul je crois que j'ai peut-être aggravé les choses par mon attitude lors de l'affaire Barnard Castle.

Au début du mois de mai, alors que le monde entier était confiné à cause du Covid, Cummings, sa femme et leur enfant avaient été aperçus s'offrant

* Il s'agit d'une remarque sur le personnage de Iago (« *the motive-hunting of motiveless malignity* »), notée dans l'édition personnelle de l'*Othello* de Shakespeare du poète et critique Samuel Taylor Coleridge (1772-1834).

une petite excursion, selon toutes les apparences, dans un site naturel proche de la ville de Barnard Castle dans le comté de Durham. Quiconque les avait repérés là-bas ne souhaitait pas du bien à Cummings, car cette histoire avait déclenché une importante enquête du *Guardian*, le journal l'accusant d'avoir enfreint les règles du confinement.

L'affaire a éclaté un samedi soir dans l'*Observer*. J'ai appelé Dom et il a accepté de venir me voir le lendemain pour s'expliquer. Nous nous sommes installés dans l'appartement de Downing Street avec Lee et un autre conseiller nommé Dougie Smith, et Dom nous a raconté ce qui lui était arrivé.

Son histoire était si bizarre et si compliquée que j'ai jugé qu'elle devait être vraie. Il avait eu un méchant Covid, et pendant son rétablissement il s'était aperçu – j'avais connu cela aussi – qu'il avait des troubles de la vision. Comme il devait regagner Londres en voiture depuis le comté de Durham le lendemain, et craignait que ses yeux ne lui jouent des tours sur l'autoroute, il avait décidé de les mettre à l'épreuve, et voilà pourquoi il avait effectué ce trajet aller-retour de cinquante kilomètres jusqu'à Barnard Castle.

Au site naturel en question, Dom et sa femme Mary se trouvaient simplement être sortis de la voiture, parce que leur enfant avait besoin de faire une pause, au moment où ce fichu redresseur de torts, lecteur du *Guardian*, les avait hélas aperçus.

Je sais, je sais : cela ne paraît pas très convaincant, raconté ainsi, mais sur le moment je l'ai vraiment cru. J'ai cru la partie sur le besoin de mettre sa vision à l'épreuve, car je savais qu'il était un père et un mari dévoué, et j'imaginais sans peine qu'il n'ait pas voulu mettre sa famille en danger. Et donc, après avoir d'abord été perplexe, je me suis indigné en son nom. À vrai dire, j'ai même eu un fougueux différend au téléphone avec mon vieil ami et collègue, Will Walden, de la mairie.

« Tu dois le virer, tu dois absolument le virer, a crié Will.

– N'importe quoi ! ai-je répliqué. Ce truc est un coup monté. Un paquet de journaleux de gauche qui veulent se venger pour le Brexit. »

Et donc, le dimanche après-midi, lors de la conférence de presse habituelle sur le Covid, j'ai fait un rempart de mon corps devant Cummings et encaissé une méchante volée de plombs des médias, un peu comme Kevin Costner protégeant Whitney Houston dans *Bodyguard*.

Les actions de Cummings, ai-je dit, étaient raisonnables et responsables, et par-dessus tout conformes à la loi. Si je pensais que ces belles affirmations régleraient la question, je me gourais.

Les parlementaires flippaient : leurs électeurs étaient furieux. Pourquoi devaient-ils obéir aux règles du confinement, exigeaient-ils de savoir, si les chefs de Downing Street s'offraient des excursions, semblait-il, pour admirer la campagne ? L'affaire devenait de plus en plus nuisible.

Et puis flûte, ai-je décidé. Ils n'ont qu'à entendre ça de la bouche de Cummings lui-même. J'étais tellement convaincu de son innocence, et j'avais tellement envie de tordre le cou à cette histoire, que nous avons organisé le lendemain un point presse dans le jardin de Downing Street pour qu'il s'explique. J'ai peur que ce rendez-vous n'ait pas été un franc succès.

Je ne dirais pas que Dom a été le moins du monde pris au dépourvu ou déstabilisé. Il s'en est tenu à son récit. Mais il a eu un comportement si agressif qu'il n'est pas parvenu à s'attirer beaucoup de sympathie, et plus la conférence de presse avançait, plus ses arguments semblaient tirés par les cheveux.

Nous sommes sortis de l'impasse. De justesse. Un parlementaire tory écossais a démissionné de son poste, mais les enquêteurs de la police de Durham ont conclu que Cummings n'avait enfreint aucune loi, confirmant mon opinion personnelle sur ce qui s'était vraiment passé. Peu à peu l'histoire a été oubliée.

Mais c'était moche pour le gouvernement. Nous avons pris notre premier méchant coup dans les sondages. Et cela n'a pas dû être drôle pour Dom.

Aussi je suppose, quand j'y repense, qu'il ne m'a pas remercié d'avoir héroïquement essayé de le défendre comme je l'ai fait. Il m'a reproché ce point presse pour l'avoir poussé devant les micros et, comme il a vu les choses, devenir l'objet de la colère et des moqueries de la population britannique.

Avec le recul, je pense aujourd'hui que l'affaire que les médias ont appelée le « Partygate » – les allégations de violation des règles sanitaires de la part de responsables du gouvernement, que Dom et Lee Caine devaient orchestrer beaucoup plus tard – a constitué une sorte de revanche pour les mauvais traitements qu'il jugeait avoir subis au moment de l'histoire de Barnard Castle.

Cummings avait assurément appris une chose : n'importe quelle question touchant à la violation des règles du Covid par des membres de Downing Street pouvait être politiquement toxique.

Dom et Lee étaient pour moi d'une certaine manière de grands collègues et amis. Nous avions remporté un succès extraordinaire avec la campagne du Leave, dans laquelle Dom avait joué un rôle essentiel, et il avait de bonnes idées dans le domaine de science et au sujet de beaucoup d'autres choses. J'étais un peu triste de les voir partir, mais au point où nous étions j'avais des certitudes irréfutables quant à ce qu'ils avaient fait.

J'avais découvert bien longtemps après les faits, par un chemin détourné, que Cummings m'avait menti sans vergogne au sujet des attaques contre Dilyn. Le coupable, c'était LUI. C'était lui l'auteur des fuites calomnieuses sur le jack russell de Downing Street. Peut-être parce que Dilyn et son flair canin pour la vérité le rendaient un peu nerveux.

Peut-être avait-il surpris Dilyn en train de l'observer de ses yeux marron si expressifs, et compris que le toutou connaissait ses vilains secrets. Comment savoir ?

Mais je crains d'avoir été trop longtemps confiant et trop optimiste quant à mon pouvoir de séduction. Leur comportement à tous les deux est devenu de plus en plus bizarre. D'abord, il était clair que c'était Lee et Dom qui étaient à l'origine des briefs du « mouchard bavard », comme il avait été écrit dans la presse au sujet de fuites publiées le 30 octobre, lorsqu'ils ont décidé pour des raisons qui leur appartiennent de faire connaître les détails du confinement de novembre avant que je puisse moi-même les annoncer.

Puis le 9 novembre il m'a été révélé – par un autre ministre – qu'ils étaient également derrière une note aussi curieuse que malveillante contre Kate Bingham, la pilote de notre groupe de travail sur les vaccins, qui faisait un travail essentiel et remarquable.

Faire fuiter l'organisation du confinement. Lâcher des infos contre notre task force Vaccins. Cela devenait insensé. J'avais l'impression d'être un membre de l'équipage du *Nostromo*, le vaisseau spatial d'*Alien*, quand celui-ci découvre que leur collègue Ash est en réalité un robot meurtrier qui a sa propre mission.

Il fallait qu'ils s'en aillent. Le 13 novembre, Dom et Lee ont quitté Downing Street en emportant l'un et l'autre des cartons de documents, de mails, etc., qui leur permettraient de mettre au point leurs futures attaques.

Mais à partir de ce moment, et pendant plus d'un an, j'ai eu le sentiment d'être libéré d'un poids immense. Et pour le gouvernement dans son ensemble l'horizon a commencé à se dégager de façon spectaculaire.

HUITIÈME PARTIE

2021 : la reprise grâce au vaccin

Chapitre 43

SI J'AVAIS UN MARTEAU

Comment nous avons conclu cet ultime accord avec l'UE

Pendant la première heure de cette soirée avec Ursula von der Leyen, j'ai vraiment pensé que tout irait bien. Nous étions perchés au treizième étage du Berlaymont, le bâtiment en forme d'étoile du siège de la Commission européenne à Bruxelles. Je levais des yeux de suppliant vers sa présidente depuis le canapé où elle nous avait fait asseoir, David Frost, alias Frosty, notre négociateur en chef, et moi-même.

Assise sur une chaise à dos droit, elle nous regardait d'un air radieux. Elle était blonde, parfaitement coiffée, *soignée**, et elle avait ce sourire charmant de dents bien blanches. De tous mes homologues de l'UE, Ursula était la plus pragmatique, et avec sept enfants, je ne sais combien de chevaux et un long passage aux commandes du ministère de la Défense allemand, elle avait la réputation de savoir obtenir des résultats.

Mais bon sang, pensais-je, là, c'est quand même le moment de faire des compromis. Allez, Ursula, disais-je, ce n'est quand même pas si difficile. Nos citoyens en dépendent. Le monde compte sur nous.

Nous étions le 7 décembre 2020 et nous risquions d'être confrontés d'ici quelques courtes semaines à la calamité d'un « Brexit dur ». Oui, nous étions techniquement sortis de l'Union européenne depuis onze mois, mais nous étions encore dans ce que nous appelions la « période de transition ». Nous étions une sorte de membre de l'UE sans droit de vote : déjà dehors, mais toujours sous la coupe de l'empire juridique de Bruxelles. Le 31 décembre, tout cela serait terminé.

À moins que nous ne trouvions un accord, à moins que nous ne parvenions à nous entendre sur les termes de notre relation pour l'avenir, l'Union européenne et le Royaume-Uni deviendraient de complets étrangers sur le plan économique. À minuit, une palissade de droits de douane se dresserait tout autour de l'Union européenne comme un rempart de pieux acérés. En théorie, tous les produits britanniques pourraient être examinés et désossés à la frontière, tous les voyageurs soumis à des fouilles corporelles approfondies, et tout cela aurait des conséquences désastreuses – du moins certaines voix le prophétisaient-elles depuis des années.

Nos chaînes logistiques seraient paralysées. Les avions préféreraient tomber du ciel plutôt que désobéir aux directives de l'UE. Les files d'attente des camions de marchandises s'étireraient de Douvres jusqu'à Londres, de Calais jusqu'à Paris, et leurs chauffeurs exaspérés seraient contraints de dormir pendant des semaines dans leur cabine.

Encore trébuchante après le Covid, l'économie mondiale se prendrait une gamelle. Nous devons empêcher cela, disais-je à Ursula qui était accompagnée par sa principale conseillère pour le Brexit, Stéphanie Riso, une jeune Française très intelligente. Nous avions négocié suffisamment longtemps, leur rappelais-je aussi, sans compter que le Royaume-Uni et l'Union européenne n'avaient pas réellement quoi que ce soit à négocier. Après quarante-cinq ans de participation à l'Union, nous, Britanniques, sommes en parfaite adéquation avec les moindres détails de la législation de Bruxelles. Nous sommes pareils, vous et nous !

Finissons le travail.

Vous savez quoi ? Elle semblait être de mon avis, et pendant quelques minutes exaltantes j'ai pensé que ce dîner serait décisif, un vrai moment de finesse politique et d'espoir.

Puis j'ai entendu du remue-ménage à l'extérieur de la salle, des voix derrière la porte. Un instant après, un assistant à l'air paniqué est entré et a apporté un mot à la présidente de la Commission européenne.

Ursula a grimacé, tendu le bout de papier à Steph Riso, puis elle s'est levée en rallumant son sourire éclatant.

« Je crois que maintenant nous devons passer au dîner, a-t-elle dit. M. Barnier est arrivé. »

C'est là, bien sûr, que l'affaire a résolument pris un mauvais tournant. Comme nous l'avons découvert plus tard, Michel Barnier, le négociateur en chef de l'UE, était dans le couloir depuis un moment, de plus en plus nerveux. Il pensait que nous le snobions délibérément. Il craignait qu'Ursula ne le trahisse, ne conclue un accord de complaisance avec le terrible Johnson. C'en était trop pour lui.

Comme Frosty l'a appris par la suite, le mot qu'il avait fait porter à Ursula von der Leyen était un ultimatum : « Si vous ne me laissez pas vous rejoindre tout de suite, je démissionne ! »

Et voilà qu'il faisait son entrée : haute stature, cheveux blancs, ruban rouge de la Légion d'honneur à la boutonnière de son complet gris perle parfaitement ajusté, et joues rouges de fébrilité. L'ancien ministre des Affaires étrangères de la France s'est invité dans la conversation, et cela a eu pour conséquence, comme des officiels britanniques l'ont remarqué par la suite, de faire de notre dîner un enfer.

Ursula s'était montrée conciliante et amusante, et du fait qu'elle avait étudié à la London School of Economics l'anglophilie lui était une seconde nature. De plus, nous avions tous deux fréquenté le même établissement, l'École européenne d'Uccle. Même si nous avions été en désaccord sur le Brexit, nous voulions maintenant l'un et l'autre faire avancer les choses et reconstruire aussi vite que possible.

Barnier était tout le contraire : ombrageux, cartésien, méfiant. Nous nous sommes installés autour de la table dans la salle à manger de la présidente, qui nous offrait une jolie vue sur Bruxelles la nuit, et quand j'ai aperçu Barnier fusiller Ursula du regard, il m'est venu à l'esprit qu'il ne voulait peut-être pas parvenir à un accord du tout.

C'est une tradition des négociateurs français, qui remonte à 1963 et à De Gaulle, de juger que la Grande-Bretagne peut bien *ficher le camp*•. Et si Barnier pensait aux intérêts de Barnier ainsi qu'aux intérêts de la France, comme il le faisait sans aucun doute, eh bien il ne serait peut-être pas contre une petite fâcherie pour punir *les Britanniques*•. Les Français, après tout, nous avaient tapé dessus à l'entrée dans l'Union, et j'avais l'impression que Barnier semblait déterminé à faire en sorte que nous prenions des coups à la sortie.

Avec tout juste trois semaines de répit jusqu'au Jugement dernier, nous n'étions pas, à première vue, en position de force pour négocier. L'une des nombreuses regrettables erreurs du gouvernement de Theresa May était que le Royaume-Uni s'était engagé en 2016 dans la procédure du Brexit en acquiesçant au calendrier défini par Bruxelles. C'est-à-dire que nous étions convenus de définir en premier lieu les termes de notre retrait et, dans un second temps seulement, de décider des termes de notre future relation.

Grâce à cette gaffe élémentaire, nous avions déjà été contraints d'abattre la plupart de nos bonnes cartes. Nous avions accepté de défendre les intérêts des 3 millions de citoyens de l'Union européenne résidant au Royaume-Uni (5 millions, en réalité, s'avérerait-il), alors que l'Union européenne ne nous avait rendu la pareille qu'à contrecœur – et souvent de façon imparfaite – pour les citoyens britanniques résidant dans l'UE.

Nous avions accepté le nouveau protocole sur l'Irlande du Nord, meilleur que la première mouture qui constituait une capitulation, mais loin d'être optimal. Et nous avions déjà accepté de payer des dizaines de milliards de livres de pension alimentaire, c'est-à-dire verser de l'argent à de futurs budgets européens envers lesquels, prétendait Bruxelles, nous avions des obligations, de sorte que les contribuables britanniques allaient raquer (en quantités décroissantes) pour l'UE pendant une pleine décennie.

Nous avions accepté tout cela le couteau sous la gorge parce que nous devions désespérément parvenir à un accord pour sortir de l'Union – et à présent, à vingt et un jours seulement de la date butoir, il nous fallait parachever l'accord de libre-échange polyvalent, à la canadienne, dont j'avais si souvent vanté les mérites.

L'affaire aurait dû être facile sur le plan technique, dans la mesure où nos économies et nos systèmes juridiques étaient parfaitement en phase. Mais Barnier était résolu à ne pas nous faciliter les choses. Il y avait deux grandes pierres d'achoppement. La première, et de loin la plus importante sur le plan constitutionnel, tenait à la dynamique même de la relation.

Il nous fallait décider des termes de la relation commerciale. J'étais formel sur le fait que le Brexit devait être absolu, c'est-à-dire que le Royaume-Uni serait à l'avenir capable de légiférer comme il l'entendait, de choisir lui-même ses droits de douane, de piloter ses propres subventions, de décider de ses propres règles d'approvisionnement – dans un total esprit d'indépendance – tout en conservant librement et sans entrave l'accès au marché de l'Union européenne.

« *Mais non*, a dit Barnier, plissant les traits plaisants de son visage en une moue de désapprobation. *Ça c'est du cake, quoi**. »

Le *cake*, ou *cakeisme* était une formule des négociateurs de l'UE servant à qualifier ce qu'ils jugeaient être l'incorrigible désir, impossible à concrétiser, du Premier ministre britannique d'obtenir tout ce qu'il voulait – ou, comme disent les Français, *avoir le beurre et l'argent du beurre**.

Selon Barnier, nous pouvions avoir une chose ou l'autre. Nous pouvions avoir la liberté de nous éloigner de l'Union européenne OU un accès sans tarifs douaniers, pas les deux.

Des mois durant, la Commission avait insisté pour créer un « mécanisme de concurrence équitable », des règles garanties par le nouvel Accord de commerce et de coopération qui donneraient à Bruxelles – pour l'éternité – le droit de nous punir en nous imposant de manière unilatérale des droits de douane ou d'autres mesures compensatoires, si jamais nous osions accorder une subvention qui ne lui plaisait pas, ou si nous osions nous écarter des règles édictées par l'UE.

Je trouvais cela scandaleux. En outre, c'était en contradiction complète avec certains accords que l'Union européenne avait déjà offerts à des pays tiers, notamment le Canada. Les Canadiens avaient obtenu un accès à peu près libre de toute entrave aux marchés de l'UE, et personne ne disait qu'ils devaient se soumettre à ses règles ou consulter Bruxelles au sujet des aides d'État.

Écoutez, ai-je dit à Michel au début du dîner, cet accord est censé être un partenariat, n'est-ce pas ?

« *Bien sûr**, a répondu Barnier qui préférait parler français dans la mesure du possible.

– C'est une relation entre égaux souverains, n'est-ce pas ?

– *Bien sûr**.

– Eh bien, en ce cas, ai-je rétorqué, *what is sauce for the goose is sauce for the gander**... »

Là il y a eu une petite pause dans la conversation, le temps de trouver un équivalent français à ce proverbe.

J'ai repris le cours de la discussion. Par conséquent, si l'UE pouvait punir la Grande-Bretagne quand elle s'écartait des acquis existants – le corpus des lois de l'UE –, il en découlait que la Grande-Bretagne avait par symétrie le droit de punir l'UE.

Je voulais dire que si Bruxelles instaurait une règle qui ne nous plaisait pas, ou si Bruxelles autorisait une aide d'État que nous jugions injuste, nous serions alors en mesure d'infliger des droits de douane punitifs sur les marchandises de la totalité de l'UE.

Vous conviendrez, je pense, que c'était une proposition raisonnable et logique. Mais un lourd silence est tombé autour de la table et les hauts fonctionnaires de la Commission ont tous baissé le nez sur leur assiette. C'était comme s'ils n'arrivaient pas à assimiler ce que je disais, en partie parce que c'était au-delà de leur expérience des choses, en partie aussi parce qu'en vérité Barnier ne souhaitait pas ni n'escomptait une relation d'égaux souverains.

Le respect mutuel, ou le droit de chacun à imposer des punitions à l'autre en cas d'infraction aux règles, ce n'était pas son truc. Il voulait que le Royaume-Uni – comme la Suisse – soit en dehors de l'UE mais prisonnier du champ de gravitation de Bruxelles. Aussi, avant même le plat principal nous étions dans l'impasse, et comme Barnier j'ai joué sur l'assiette avec mes noix de Saint-Jacques, car nous avions du poisson au menu au sens propre et au sens figuré.

La pêche était le second grand domaine de désaccord, l'autre pierre d'achoppement, et Ursula avait donc décidé, avec beaucoup d'ironie, que

* Littéralement : Si la sauce va pour l'oie, elle ira pour le jars. Ce qui vaut pour l'un vaut pour l'autre.

nous nous régalerions tous ensemble de noix de Saint-Jacques et de lotte – comme pour nous rappeler les exigences voraces de l'UE. L'appétit de poisson de l'Union européenne était, nous le savions tous les deux, sa plus grande vulnérabilité.

C'est l'un des grands avantages stratégiques des îles Britanniques que de disposer de certaines des zones de pêche les plus riches de la planète, et pour nous autres Brexiters, c'était l'une des sources de joie supplémentaires de notre grand projet que de savoir que nous reprendrions le contrôle de nos eaux territoriales et de nos poissons.

Nous comptions bien annuler la trahison dont s'était rendu coupable notre pays en 1972. Dans son désir débridé de se faire admettre dans la CEE et d'acheter le soutien des Français – et de faire oublier la rebuffade de De Gaulle en 1963 –, le gouvernement d'Edward Heath avait commencé par trahir les exportateurs de produits agricoles du Commonwealth. Avec pour conséquence que des fermiers australiens s'étaient suicidés, désespérés de perdre leur accès aux marchés du Royaume-Uni.

Ensuite, dans la dernière ligne droite des négociations, il avait aussi trahi la pêche britannique. Il avait accepté le système des quotas de la CEE, et au fil des années et des jugements de la Cour de justice de l'Union européenne, les chalutiers battant pavillon européen avaient élargi et encore élargi leurs droits à piller les eaux britanniques. Sous la bannière de Bruxelles, de gigantesques usines à poisson flottantes capturaient avec avidité notre cabillaud et notre églefin dans leurs filets, aspiraient la limande et la sole sur le fond de la mer, et des bateaux venus de Bretagne et de Normandie embarquaient tous les homards et les crabes qu'ils pouvaient trouver.

Malheureusement, les pêcheurs britanniques se retrouvaient dans l'incapacité de rivaliser avec les méganavires pêchant suivant les quotas britanniques, immatriculés en Grande-Bretagne mais qui appartenaient en réalité à des étrangers et fonctionnaient avec des équipages étrangers. Dans les ports britanniques et les communautés de pêcheurs de nos côtes régnait un profond et brûlant sentiment d'injustice.

Les pêcheurs se sentaient abandonnés par le gouvernement du Royaume-Uni, comme si leurs intérêts ne comptaient pour rien. Aussi longtemps que nous avons fait partie de l'UE, hélas, ils ont eu raison.

Je me rappelle le froncement incrédule de la lèvre supérieure de Philip Hammond, en 2016, quand nous nous sommes opposés au sujet de ces poissons. Ils ne pesaient, a-t-il précisé en ricanant, qu'environ 0,01 % dans le PIB du Royaume-Uni. Ce genre d'attitude, cette tendance à balayer d'un revers de main une industrie qui compte tant dans notre culture et dans notre histoire, m'a toujours fait enrager. Et puis c'était aussi une erreur politique.

La campagne du référendum de 2016 a connu un moment extraordinaire lorsque Kate Hoey, Nigel Farage et d'autres ont décidé de mettre en lumière la situation critique des pêcheurs écossais en faisant remonter une flottille de bateaux sur la Tamise jusqu'à Westminster. Avec une délicieuse absence de bon sens, la campagne Remain a envoyé pour se moquer d'eux une contre-flottille de navires de plaisance, dont un bateau sur lequel se trouvaient Sir Bob Geldof, la pop star, et (inévitablement) ma sœur Rachel.

Le spectacle d'un rocker multimillionnaire qui narguait[1] et tournait en ridicule ces pêcheurs – qui leur brandissait le V de la victoire au nez en criant « Cassez-vous ! » (sans parler de Rachel qui rigolait gaiement à côté de lui) – a été un coup de pouce presque aussi important pour la campagne du Leave, quand j'y repense, que Barack Obama promettant à la Grande-Bretagne, si jamais elle choisissait le Brexit, d'être renvoyée en queue de peloton.

Maintenant que nous avions gagné, faisant aboutir le Brexit, nous devions récupérer nos poissons. En de multiples occasions pendant la campagne pour le Leave et pendant les élections, je m'étais rendu dans un marché aux poissons de Grimsby ou de Peterhead. Vêtu d'une blouse blanche et coiffé d'un chapeau blanc, j'avais saisi à deux mains quelque monstre visqueux et glacé des profondeurs pour présenter ses grosses lèvres béantes aux caméras. Et j'avais promis que nous retrouverions la maîtrise de notre poisson. Il nous fallait un contrôle juridique total sur les eaux territoriales britanniques, mais Emmanuel Macron, le président français, était déterminé à nous en priver : ses communautés de pêcheurs traînaient leurs filets dans les eaux du Royaume-Uni depuis le Moyen Âge et il avait besoin de leurs voix.

Il voulait trouver un moyen de nous contraindre à nous conformer aux exigences françaises, même après que nous aurions recouvré la pleine possession de nos eaux territoriales. Alors il avait inventé le même genre de mécanisme que celui par lequel les Européens espéraient nous forcer à nous aligner sur le marché unique : une punition – comme les droits de douane que l'UE voulait nous imposer si nous nous écartions de ses règles.

Il voulait avoir le droit, garanti par un traité, d'imposer des tarifs douaniers – sur tout et n'importe quoi – si le Royaume-Uni n'acceptait pas qu'à l'avenir les chalutiers français conservent leurs quotas de poisson britannique. Il fallait intégrer cela au traité de commerce et de coopération, disait-il à Ursula. L'UE devait avoir un outil pour punir vite et bien le Royaume-Uni si nous refusions de donner à la France ce qu'elle voulait.

La présidente de la Commission était ouverte à cette idée. Elle appelait le dispositif en question « le marteau ».

« Il me faut le marteau », disait-elle.

Je répondais que c'était absurde : jamais le Royaume-Uni n'accepterait un traité qui mettrait les constructeurs automobiles britanniques ou les services financiers britanniques à la merci de punitions subites et arbitraires – à cause d'un désaccord avec la France sur le poisson !

Si elle ne renonçait pas à sa clause du marteau, affirmais-je, nous n'aurions pas du tout d'accord. « *Kein Hammer, kein Hummer* », disais-je, ce qui était ma façon de dire en allemand : pas de marteau, pas de homard non plus.

Et donc le dîner s'est terminé sur un blocage complet. Nous sommes retournés d'humeur sombre à la résidence de l'ambassadeur du Royaume-Uni, rue Ducale, où nous avons tenté de calmer nos nerfs avec des chips et de la bière. Sir Tim Barrow, notre ambassadeur auprès de l'Union européenne à l'époque, est de nature un homme optimiste, mais je voyais bien qu'il était inquiet.

Nos positions étaient incompatibles. Au fil des jours suivants, j'ai remarqué que le personnel de Downing Street commençait à paniquer méchamment à l'idée d'une sortie sans accord. Ça, et la résurgence du Covid avec le nouveau variant du Kent, c'était trop.

Des aides de confiance passaient la tête par la porte de mon bureau, et entraient furtivement pour me parler. « Il faut parvenir à un accord », m'a asséné James Slack, porte-parole du gouvernement. Allegra Stratton, qui était à ce moment-là une autre conseillère essentielle, semblait préoccupée par mon attitude. « Nous devons accepter un compromis, monsieur le Premier ministre, disait-elle. Soyez cet homme d'État. »

La date fatidique approchant, les voix du monde de l'entreprise invitées à l'émission *Today* devenaient de plus en plus catastrophistes. Nous avons placé la Royal Navy en état d'alerte – quatre patrouilleurs – pour garder les eaux britanniques contre une incursion de la flotte française. Si bien entendu je prenais les conseils de James et d'Allegra au sérieux, je ne voyais cependant pas comment nous pouvions céder.

À Bruxelles, Frosty, Oliver Lewis et les autres négociateurs commençaient à déprimer sévère. La ville était confinée à cause du Covid. Ils n'avaient pas vu leurs familles depuis des semaines. Ils contemplaient avec envie une photographie qu'ils avaient épinglée au mur : un avion de la RAF arborant l'Union Jack qui, je leur en avais fait la promesse, les ramènerait chez eux pour Noël.

Ci-dessus : le 10 décembre 2019, la victoire au bulldozer pour le Brexit grâce à un plan en quatre mots : faire aboutir le Brexit.

À droite : un baiser de Lucky le chien.

Ci-dessous : Tonnerre de Haddock ! Je suis bouche bée (le poisson aussi) le 9 décembre 2019 devant le miracle retrouvé des richesses marines à nouveau sous contrôle du Royaume-Uni.

À la rencontre d'électeurs conservateurs dans un pub en juin 2019.

Un transport de joie qui manque de dignité, certes, mais le résultat des sondages à la sortie des urnes le 12 décembre 2019 nous a mis en extase, Carrie et moi.

Selon la Constitution du Royaume-Uni, je demande à Sa Majesté la reine l'autorisation de former un gouvernement, le 24 juillet 2019.

À gauche : saut en hauteur et énergie multipliée par trois au Sommet sur l'investissement en Afrique, à North Greenwich, le 20 janvier 2020.

Ci-dessous : avec les 109 nouveaux députés le 16 décembre 2019, certains venant de circonscriptions qui n'avaient jamais été conservatrices en cent ans.

Retour du passeport bleu britannique. Le jour même de l'entrée en vigueur du Brexit, de retour du cabinet régional de Sunderland, le 31 janvier 2020.

ʼauche : avec le Taoiseach
ndais, Leo Varadkar, et le
ːmier ministre italien, Mario
aghi, au Conseil européen en
obre 2019.

lroite : vu la tête de Jean-
ude Juncker, alors président
la Commission européenne,
lois être en train de lui
aser les orteils…

dessous : je vous l'avais bien
que l'accord de retrait était
ːt à l'emploi ! Je le présente
compagnie de David Frost,
négociateur hors pair, le 24
vier 2020.

Discours à la nation, le 23 mars 2020, pour demander aux gens de rester chez eux.

Conférence de presse sur le Covid, le 30 avril 2020. Avec un mot d'ordre : Rester chez soi, c'est préserver le NHS, préserver le NHS, c'est sauver des vies.

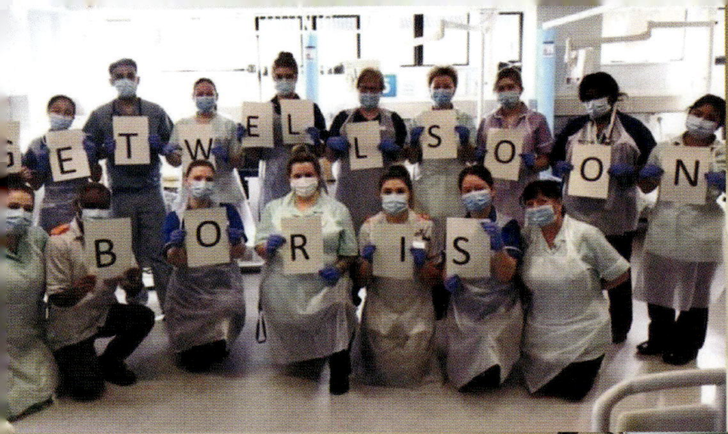

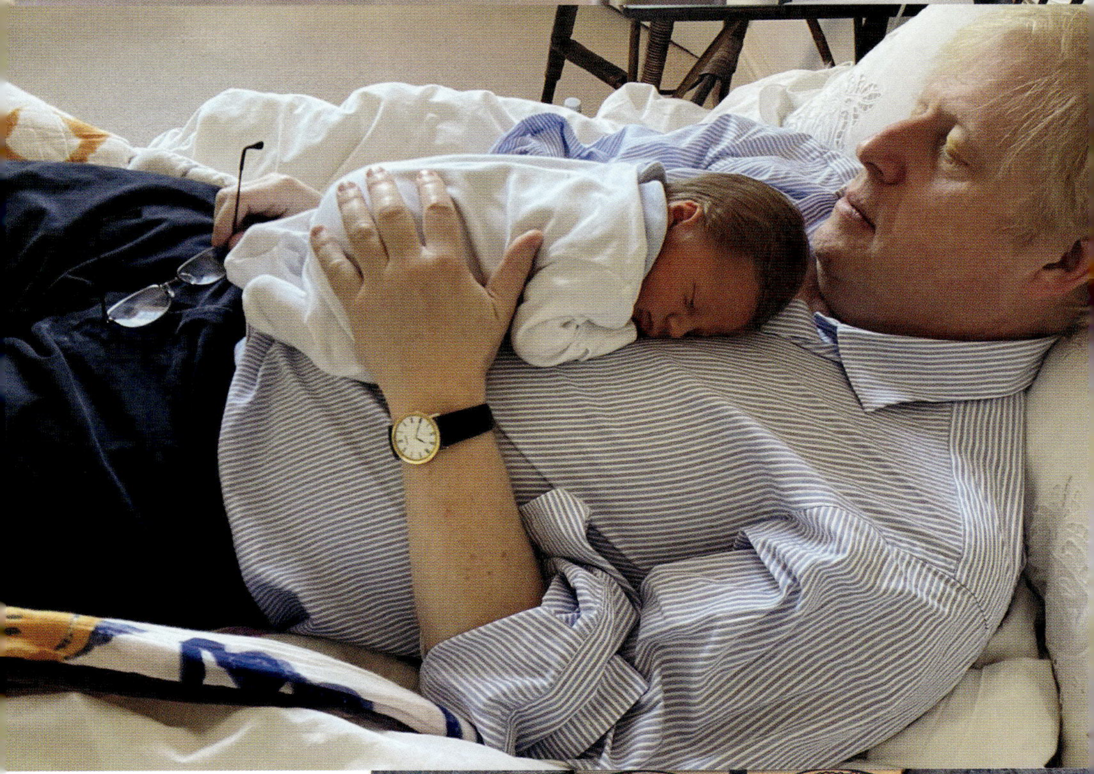

ı *haut à gauche* : message de
on rétablissement de la part
ı personnel du NHS, le 8 avril
)20. Quand il a semblé que je
ourrais vraiment passer l'arme à
ıuche, ma popularité a grimpé
ı flèche.

ı *haut à droite et au-dessus* : en
›nvalescence à Chequers après
ıa sortie de l'hôpital. Et avec
ıon fils Wilf, tout juste né, avril
)20.

droite : applaudissements avec
arrie devant le 10 Downing
ɪreet pour tous les aidants le
4 mai 2020.

Visite le 5 août 2019 au Pilgrim Hospital à Boston, dans le Lincolnshire.

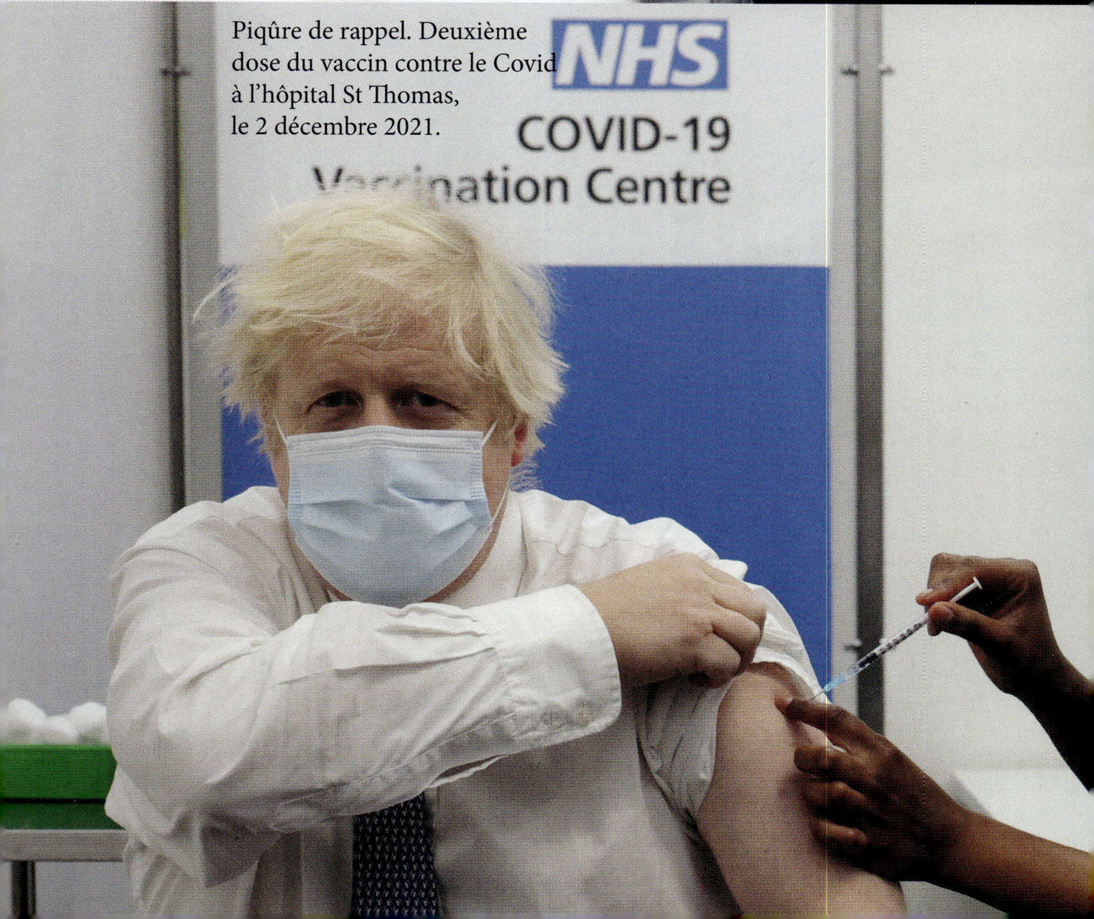

Piqûre de rappel. Deuxième dose du vaccin contre le Covid à l'hôpital St Thomas, le 2 décembre 2021.

À gauche : c'est dans la boîte (rouge) ! Ma petite Romy et Dilyn le chien.

Ci-dessus : visite le 11 février 2020 du chantier HS2 avec le chancelier de l'Échiquier, Sajid Javid, et le maire des West Midlands, Andy Street, sur le site de la gare Curzon de Birmingham.

Ci-dessous : on continue de gagner en remportant l'ancien siège de Peter Mandelson à Hartlepool, presque deux ans après mon accession au poste de Premier ministre. En compagnie de la nouvelle députée, Jill Mortimer, le 3 mai 2021.

À la plage avec Angela Merkel à Carbis Bay, le 11 juin 2021.

Avec le grand naturaliste David Attenborough, au Science Museum de Glasgow, le 4 février 2020, lors de l'ouverture de la COP26.

change de coups de coude à la mode Covid avec Joe Biden à son arrivée au sommet du 7 en Cornouailles, à Carbis Bay, le 10 juin 2021, sous l'œil amusé de Carrie et Jill Biden. *-dessous* : visite d'Emmanuel Macron à Downing Street le 18 juin 2020.

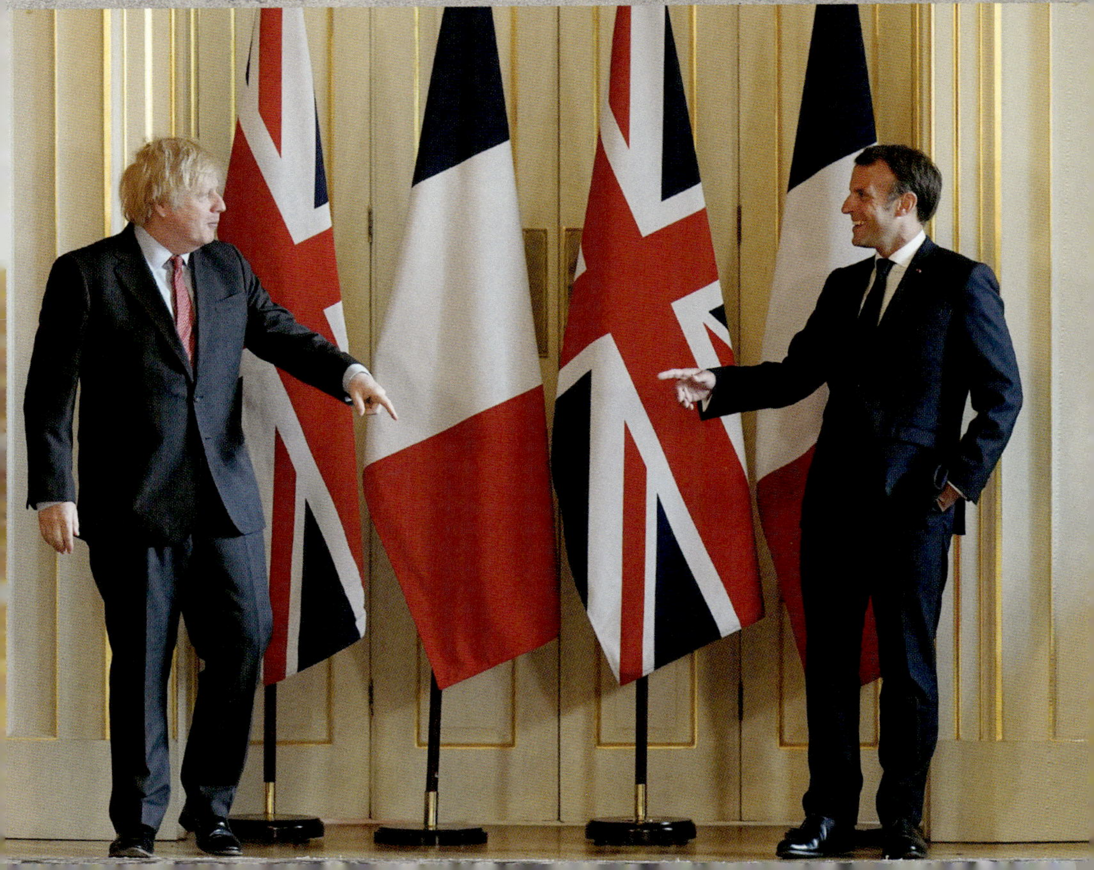

Entraînement de troupes ukrainiennes dans le Yorkshire.

Avec Volodymyr Zelensky à Kiev, le 9 avril 2022, lors de son premier bain de foule depuis l'attaque russe.

Au Trump National Golf Club, à Sterling en Virginie, le 25 mai 2023, avec son propriétaire.

Top Gun à Coningsby, une base de la RAF, juste après avoir piloté un Typhon, le 14 juillet 2022.

Avec Poutine lors de la conférence de Berlin sur la Libye, le 19 janvier 2020.

Promenade dans les Alpes bavaroises avec Olaf Scholz le 26 juin 2022, lors du sommet du G7 à Krün. Après des débuts hésitants, le chancelier allemand a renversé la situation pour soutenir militairement l'Ukraine de manière très active.

G-MAOL

dessus, à gauche : Chequers, nous voilà ! Descente d'hélicoptère pour Wilf et Dilyn le chien.

dessous, de gauche à droite : Noël au 10 Downing Street avec Carrie. Les joies du camping à :quers en famille dans les bois entourant la propriété, là où Winston Churchill s'entraînait avec pistolet-mitrailleur Thompson. La grande évasion avec Carrie sur ma moto, à Chequers.

dessus : à Chequers avec Carrie, Wilf et Romy. Et les deux enfants sur le seuil du 10 Downing :et en juillet 2022.

dessous : notre mariage le 30 mai 2021. Wilf et Romy dans l'appartement de Downing Street.

Dans le hall du 10 Downing Street, le 7 juillet 2022, après ma démission de mon poste de Premier ministre, essayant de consoler Ann Sindall, mon assistante au *Spectator* et à la mairie. Autour de moi, Sarah Dines, Simone Finn, James Duddridge, Jacob Rees-Mogg, Alister Jack, Nadine Dorries et Carrie.

Sur le départ.

À présent ils étaient confrontés à la perspective bien réelle de passer Noël avec Ursula, pour discuter âprement de poissons pélagiques et démersaux. Si elle laissait parfois paraître des signes d'épuisement, l'équipe britannique était néanmoins aussi implacable que moi. Après tout ce que nous avions fait, tout ce boulot pénible des trois dernières années, nous ne pouvions pas accepter moins que le contrôle économique et juridique complet de notre pays.

Je n'étais pas seulement serein quant à nos perspectives d'avenir. J'avais aussi une confiance absolue – et peut-être, avec le recul, excessive – en notre capacité à obtenir gain de cause.

Oui, je voyais bien que Barnier était coriace et que Macron voulait se servir du Brexit pour nous punir par une défaite. Mais mon intuition me disait – cela se sentait au comportement d'Ursula – que l'UE voulait un accord.

Il était toujours fondamentalement vrai, comme nous l'avions souligné si souvent pendant la campagne du référendum de 2016, que l'UE avait un gros excédent commercial avec nous. En fait, le Royaume-Uni achète (ou achetait) davantage de voitures allemandes que n'importe quel autre pays européen, et je devinais qu'après le cauchemar et tous les bouleversements du Covid, les négociateurs de l'UE n'avaient plus envie de se prendre la tête avec le Brexit. À n'en pas douter, nous partagions tous le sentiment, des deux côtés de la table des négociations, que le Covid avait été tellement horrible que le Brexit paraissait en comparaison assez insignifiant. Et cela me procurait une sorte de zénitude.

Par-dessus tout, j'avais une arme nouvelle et surpuissante pour nos discussions : un texte législatif qui, s'il n'était pas encore entré en vigueur sous forme de loi, devait transformer du tout au tout la position du Royaume-Uni pour négocier.

Quand j'ai pris mes fonctions de Premier ministre, je n'avais pas de majorité, pas de temps devant moi et pas de mandat électoral de la population, avec pour conséquence que j'entrais nu dans la salle de conférences. À la fin de l'année 2020, en revanche, non seulement j'avais une majorité puissante au Parlement, mais je tirais parti de cette majorité, comme les électeurs l'avaient assurément souhaité, pour équiper le Royaume-Uni du redoutable capital de négociation dont nous avions besoin.

Vous vous souvenez du combat constitutionnel central des quatre dernières années évoqué dans les pages précédentes : produire une version du Brexit qui rendrait au pays toute son indépendance. Vous vous souvenez que l'establishment du Remain, en collaboration avec Bruxelles, avait inventé une ruse ingénieuse pour contrecarrer ce projet.

Leur astuce consistait à affirmer que, pour éviter une « frontière dure » entre l'Irlande du Nord et la république d'Irlande, l'Irlande du Nord devait en réalité demeurer dans le marché unique européen, une manœuvre qui par ricochet mettait la totalité du Royaume-Uni sous pression pour rester dans le marché unique – comme si c'était la queue qui remuait le chien –, parce que sinon nous devrions accepter des barrières aux échanges commerciaux entre la Grande-Bretagne et l'Irlande du Nord.

Le problème du protocole sur l'Irlande du Nord – même dans la version améliorée que j'ai finalement signée –, c'était qu'il laissait beaucoup trop de contrôle à la Commission européenne sur la question de savoir s'il fallait ou non établir des barrières commerciales à l'intérieur du Royaume-Uni. Il donnait à la Commission le pouvoir de créer une frontière *de facto* là où il n'y avait d'ordinaire aucune frontière. C'était un texte très astucieux, en ce qu'il semblait dire deux choses en même temps.

D'un côté je me consolais avec l'idée que, selon son article 6, l'Irlande du Nord faisait « partie intégrante » du marché intérieur du Royaume-Uni ; d'un autre côté il donnait à la Commission le pouvoir d'examiner les marchandises qui entraient en Irlande du Nord (au prétexte qu'elles « risquaient » d'être ensuite introduites en république d'Irlande).

J'avais été mis en garde, je le reconnais. Geoffrey Cox, le procureur général de Sa Majesté*, a fait irruption dans mon bureau ce mercredi fatidique de décembre 2019, au moment où je m'apprêtais à partir à Bruxelles pour conclure l'accord.

« Monsieur le Premier ministre, a-t-il déclaré de sa belle voix grave, en brandissant un index façon Horace Rumpole**, il est de mon devoir solennel de vous informer que, selon ces dispositions, l'Irlande du Nord fera partie de l'union douanière du Royaume-Uni, mais sera un territoire douanier de l'Union européenne ! »

En d'autres termes, sous la peinture et l'enduit se cachait la dure réalité de la puissance de l'UE.

Comment ai-je pu signer ce document ? Ai-je été aveugle ? Au contraire. Je savais que Geoffrey avait raison, en principe.

J'ai accepté l'accord parce qu'il s'était considérablement amélioré, en ce sens que nous – l'ensemble du Royaume-Uni – sortions de manière convenable de l'UE ; je l'ai accepté parce que nous manquions de temps, et nous manquions aussi de parlementaires tories puisque Theresa avait

* Pour l'Angleterre et le pays de Galles.

** Avocat de la série télévisée britannique *Rumpole of the Bailey*.

torpillé notre majorité ; et je l'ai accepté parce que je ne croyais pas que la Commission européenne serait assez stupide et chicanière pour bloquer les échanges commerciaux À L'INTÉRIEUR du Royaume-Uni.

J'ai aussi signé parce que je faisais le calcul que, si je parvenais à un accord, j'avais de bonnes chances d'imposer et de gagner une élection générale et d'obtenir une majorité confortable. Et si l'UE continuait de créer des difficultés, nous serions au bout du compte à même de nous appuyer sur la force du droit primaire du Royaume-Uni pour régler le problème parce que nous serions DEHORS, nous serions un pays libre, souverain et indépendant, et il ne tiendrait qu'à nous de décider de ce qui se passait à l'intérieur de nos propres frontières.

Au fil de l'année 2020 il est apparu clairement, hélas, que l'Union européenne était déterminée à se montrer déraisonnable et à profiter des pouvoirs que lui conférait le protocole, sans considération aucune pour les objectifs concrets de l'accord. « Pas un kilo de beurre ne passera par l'Irlande du Nord », a déclaré un négociateur de l'Union européenne – et celle-ci avait le pouvoir de le bloquer.

Le bacon ne passait plus non plus. Idem pour les *Cornish pasties*. Et les biscuits de Marks & Spencer. C'était de la pure méchanceté, c'était un comportement de brute, et c'était aussi complètement superflu. L'UE n'avait pas besoin de ces contrôles. Il n'y avait aucune différence entre le bacon anglais et le bacon irlandais.

Il s'agissait d'une question de pouvoir, de montrer qui était le patron, et de rappeler à la Grande-Bretagne le coût d'un Brexit sans accord. L'UE ne voulait pas que notre pays oublie que, selon les termes de l'accord de retrait existant, elle avait le droit d'exercer un contrôle économique croissant sur une partie du territoire du Royaume-Uni si nous divergions. C'était un autre levier de pression, comme les clauses de concurrence équitable, comme le « marteau » des zones de pêche, dont le but était de nous maintenir dans le droit chemin, et à notre place.

Eh bien, ai-je pensé, nous ne pouvons pas accepter cela. Et c'est ainsi qu'est né le projet de loi « UK Internal Market », ou UKIM[2], que nous avons présenté à la Chambre des communes le 7 septembre 2020. C'était, et cela reste, un texte législatif essentiel[3].

Sous la férule de Theresa May nous avions décidé, assez bêtement, que nombre des pouvoirs et responsabilités de l'UE seraient remis aussitôt après le Brexit aux administrations décentralisées d'Écosse, du pays de Galles et d'Irlande du Nord sans voir que cela risquait de provoquer des fractures dans le marché intérieur du Royaume-Uni. Tout à coup, nous étions confrontés au risque que ces administrations n'en fassent qu'à leur tête sur les normes alimentaires, les normes de sécurité des jouets ou tout autre sujet, et que nous nous retrouvions dans la situation absurde où des marchandises pourraient être mises en vente en Angleterre mais interdites au pays de Galles et vice versa. Déjà, le gouvernement travailliste gallois essayait de définir ses propres règles, me disait-on, sur la vente des « matières grasses tartinables ». Mais lâchez-moi, ai-je fait.

Vous voulez dire que les Gallois pourraient commencer à interdire certains types de matières grasses tartinables anglaises ? En ce cas, il nous fallait un projet de loi pour veiller à ce que toutes les matières grasses dont la loi autorisait le tartinage sur le pain anglais puissent également être tartinées dans toutes les autres parties du Royaume-Uni.

L'UKIM faisait exactement ce dont nous avions besoin. Avec une splendide limpidité, il affirmait la logique – auparavant implicite du fait de l'adhésion à l'UE – selon laquelle le Royaume-Uni était une entité économique indivisible. Et il redonnait au gouvernement du Royaume-Uni des pouvoirs que l'UE avait accaparés sur les aides d'État et les financements régionaux.

Rarement ai-je été plus convaincu qu'une mesure législative était aussi nécessaire, aussi équilibrée et aussi juste, et ma conviction n'a fait que croître à mesure que mes adversaires s'affolaient. De hauts fonctionnaires ont démissionné. Ainsi que l'avocat général pour l'Écosse, Lord Keen, un homme tout à fait plaisant. Cinq anciens Premiers ministres du Royaume-Uni m'ont dépeint en renégat. Le *Financial Times* a pété les plombs et Amal Clooney, épouse du George de la pub pour le café, a décidé qu'elle ne pouvait plus continuer d'assurer son rôle comme ambassadrice du gouvernement britannique pour la liberté de la presse. Pourquoi ?

Parce que le projet de loi UKIM mettait l'Union européenne échec et mat. Selon ses clauses 40 à 45, il donnait à tout ministre de la Couronne le pouvoir de veiller à ce que les marchandises circulent librement de Grande-Bretagne vers l'Irlande du Nord, et vice versa – et en surpassant de cette façon très concrètement le protocole sur l'Irlande du Nord, j'enfreignais paraît-il le droit international.

Je trouvais toute cette agitation ridicule, et je l'ai dit. Nous ne voulions pas violer le droit international. Si l'UE, par contre, devait abuser du protocole sur l'Irlande du Nord pour créer une frontière parasite À L'INTÉRIEUR de notre propre pays, nous devions avoir les moyens de répliquer. Nous devions montrer à l'UE que nous étions capables de l'empêcher de contrôler cette frontière d'une façon déraisonnable ou offensante pour tous ceux qui chérissaient l'union entre la Grande-Bretagne et l'Irlande du Nord.

En d'autres termes, nos actions étaient extrêmement modestes, raisonnables, et conformes à ce que n'importe quel pays qui se respecte ferait. Nous affirmions simplement la primauté du droit du Royaume-Uni à l'intérieur du Royaume-Uni.

Soyons sérieux : imaginez-vous la France, ou les États-Unis, ou n'importe quel autre pays, petit ou grand, permettre à une juridiction étrangère de gérer les échanges commerciaux entre différentes régions de son propre territoire ? Bien sûr que non.

Cette hystérie était une manifestation de plus de la croyance profonde, enracinée, et tout à fait défaitiste, de l'establishment progressiste selon laquelle la Grande-Bretagne était en quelque sorte particulièrement incompétente pour gérer ses affaires. J'adorais ce projet de loi UKIM, qui bénéficiait aussi d'un puissant soutien d'une large partie de la communauté des affaires – même de la Confederation of British Industry –, du fait des garanties de sécurité qu'il apportait.

Notre nouvelle procureure générale, Suella Braverman, s'est montrée extrêmement ferme dans la défense de sa légalité. Le texte a été adopté sans difficulté par la Chambre des communes, et l'Union européenne a pu constater que nous avions désormais un marteau de notre côté.

Voilà, en conclusion, comment nous sommes parvenus à un accord[4]. Pour finir, nous avons les uns et les autres déposé les armes. L'UE a tiré un trait sur ses clauses ridicules de concurrence équitable, de telle sorte que nous avons pu avoir un accès libre et sans entrave aux marchés de l'Union européenne ET le droit absolu de nous écarter des règles de l'UE de quelque façon que nous puissions le souhaiter.

L'UE a aussi lâché son marteau sur les zones de pêche, et il a été établi qu'à la mi-2025 chaque sprat et chaque maquereau des eaux territoriales britanniques serait un poisson de Sa Majesté, avec un passeport bleu marine du Royaume-Uni pour l'éternité.

En échange, nous avons renoncé aux clauses dites dérogatoires du projet de loi UKIM, de sorte que nous n'affirmions plus notre droit à passer outre aux dispositions du protocole. Je restais méfiant sur ce coup, parce que je ne faisais pas confiance à la Commission européenne, et je craignais qu'elle ne continue de créer des difficultés à notre bacon et à nos saucisses (et j'avais raison).

Mais il semblait absolument valoir le coup, à ce moment-là, pendant ces fêtes de Noël gâchées par le Covid, de parvenir à un accord et de nous libérer. Le 17 décembre, le projet de loi UKIM a été enfin adopté, et la veille de Noël nous avons conclu l'accord.

J'ai salué Frosty au Parlement en le surnommant le Great Frost, le plus grand que nous ayons eu depuis le Great Frost de 1709*, et lui et Oliver Lewis et quelques autres ont été accueillis comme des héros.

En quelques semaines nos nouvelles libertés ont prouvé leur utilité, car le Brexit nous a aidés à lutter contre le Covid d'une manière que, je crois, personne n'avait imaginée.

* Jeu de mots sur le patronyme de David Frost (*frost* signifie « gel » ou « givre ») et sur le « Great Frost », appelé en français le Grand Hiver de 1709.

Chapitre 44

LE MIRACLE DE LA VACCINATION

Kate Bingham et la task force de l'espoir

La Grande-Bretagne a cela d'unique parmi les démocraties occidentales que la santé y est totalement politisée, parfois de façon délétère.

Le NHS étant entièrement financé par l'État et contrôlé par l'État, il est aussi vrai aujourd'hui qu'en 1948 – l'année où Nye Bevan* aurait dit-on fait cette remarque – que le bruit d'un bassin de lit qui tombe par terre à l'hôpital de Tredegar** se répercute jusqu'au palais de Westminster. Malgré tous nos efforts pour nous mettre à l'abri des reproches – efforts produits aussi par les dirigeants du NHS et d'autres pontes non élus et brillamment évasifs –, c'est nous, les politiciens, qui sommes tenus pour responsables. Et c'est bien normal.

Nous portons le chapeau, à défaut de porter le bassin de lit, lorsque quelque chose va de travers. C'est nous qui sommes exposés à la colère de l'opinion. Ce qui signifie qu'il est toujours un peu risqué, pour n'importe quel Premier ministre, d'effectuer une visite dans un hôpital.

Dès que vous franchissez les portes à tambour, vous sentez votre pouls s'accélérer et vos yeux scrutent les couloirs de tous côtés, guettant l'embuscade. Le personnel est formidable, les infirmières merveilleuses, le matériel dernier cri, les patients en général des modèles d'endurance et de bonne humeur.

Mais disons-le : il y a de bonnes chances pour que quelqu'un vous accoste pour vous dire en direct devant les médias vos quatre vérités, et vous inflige une de ces humiliations rituelles qui font toujours tant de bien à l'âme. Face aux souffrances que cette personne exprime, vous n'avez d'autre solution que de hocher la tête en silence devant son index qui s'agite sous votre nez, tandis que votre embarras profond est amoureusement enregistré par les caméras avant d'être rediffusé en boucle dans les journaux télévisés jusqu'à ce que la joie des directeurs de programme se soit épuisée.

* Aneurin « Nye » Bevan (1897-1960), politicien travailliste, ministre de la Santé du gouvernement Attlee de 1945 à 1951.

** Commune du pays de Galles.

Tous les membres de notre gouvernement tory avaient de bonnes raisons, en outre, d'éprouver de l'appréhension au matin du 8 décembre 2020, aux alentours du petit-déjeuner, lorsque j'ai effectué une visite au Guy's Hospital dans le borough de Southwark. Si nous avions commis des erreurs dans la lutte contre le Covid, elles m'étaient toutes imputables, puisque c'était moi qui avais eu autorité sur chaque décision prise.

S'il y avait eu des morts et des souffrances inutiles, j'en étais responsable. Cette visite avait donc quelque chose de remarquable : personne ne jurait entre ses dents sur mon passage ou ne m'apostrophait avec aigreur depuis la cafétéria. Personne ne me regardait même simplement de travers. Peut-être était-ce parce que tout le monde savait, les médias en parlaient assez, que notre pays entrait ce jour-là dans l'histoire.

Avec la distanciation physique qui convenait, les manches de ma chemise remontées, ma cravate coincée entre deux boutons, j'ai regardé Lyn Wheeler[1], 81 ans, recevoir une dose de vaccin contre le Covid. Elle n'était pas la première au monde à faire cela : ce titre revenait à un patient de 91 ans, vacciné à 6 h 31 ce matin-là dans un hôpital de Coventry. Mais elle était parmi les tout premiers.

Cette assistante scolaire croyante et pratiquante recevait un vaccin qui était à la fois efficace et approuvé. « Je fais cela pour la Grande-Bretagne », a-t-elle dit.

J'étais très excité et quand je l'ai dit à la caméra mon masque a glissé sur mon nez comme en prélude à notre liberté bientôt retrouvée.

J'étais aussi stupéfait. À ma connaissance, la mise au point d'un vaccin commercialisable demandait normalement dix à quinze ans, et même dans les meilleures conditions il y avait des risques qu'il ne fonctionne pas vraiment.

Jamais je n'aurais cru qu'il soit même possible d'obtenir un vaccin en cinq ans, encore moins en une seule année.

Un jour du mois d'avril, j'étais à Chequers en train de lire, peu de temps après être sorti de l'hôpital, quand j'ai appris par un membre de mon bureau privé qu'une équipe de chercheurs d'Oxford avait fait un pas de géant. Apparemment ils étaient capables d'utiliser un adénovirus de chimpanzé pour imiter le virus du Covid, de telle sorte que, si l'organisme humain était exposé à ce microbe par un vaccin, il développait des anticorps contre le Covid.

Cela semblait très prometteur, et aussi très théorique. C'était un peu comme être le lieutenant-colonel George Armstrong Custer à la bataille de Little Bighorn, alors que les flèches des Indiens sifflent autour de votre chapeau, apprenant que la cavalerie a été aperçue dans le Wyoming et arrivera – peut-être – d'ici quelques jours. Tout espoir vaut mieux que pas d'espoir, mais cela n'équivaut pas à une délivrance.

À mon retour au bureau à la fin du mois, j'ai trouvé certains de mes collaborateurs, mon conseiller santé Will Warr notamment, pleins d'enthousiasme pour le projet d'Oxford. Mais ils étaient aussi inquiets. Alors que nous avions engagé 65 millions de livres pour soutenir la création du vaccin, le brevet appartenait à Oxford. Et maintenant que les scientifiques, sous la direction de la vaccinologue Sarah Gilbert, avaient fait cette immense découverte, ils avaient besoin d'un partenaire commercial pour en faire un produit.

Ils étaient sur le point de conclure un accord avec Merck, le géant pharmaceutique. Formidable, sauf que Merck était une entreprise américaine. C'était un souci.

Il ne s'agissait pas de nationalisme, de chauvinisme ou d'un quelconque désir politique d'avoir l'Union Jack estampillé sur une découverte scientifique britannique. Nous estimions juste de manière intraitable et très concrète qu'en ces temps désespérés n'importe quel gouvernement – dont le nôtre – devait faire tout ce qu'il fallait pour garantir à sa population un approvisionnement en vaccins, s'ils arrivaient et quand ils seraient disponibles. Je savais que les États-Unis n'hésiteraient pas à utiliser tous les outils juridiques imaginables – leur loi sur l'approvisionnement de la Défense, par exemple – pour mettre sous séquestre la production de vaccins de fabrication américaine afin de s'assurer qu'ils soient consacrés à sauver les vies des Américains.

Il était de toute évidence essentiel de faire capoter l'accord envisagé par Oxford avec Merck et de lui trouver un partenaire britannique. Encouragé par Will Warr et Patrick Vallance, j'ai écrit au chancelier de l'université d'Oxford, Chris Patten, et à son adjointe, Louise Richardson.

Mon courrier leur rappelait avec délicatesse les données importantes de la situation : le gouvernement du Royaume-Uni apportait depuis longtemps son soutien aux recherches menées à Oxford dans le domaine des vaccins, et nous préférions grandement qu'ils choisissent un autre partenaire. Ils ont compris le message.

Peu de temps après, AstraZeneca et son PDG, Pascal Soriot, étaient sur les rangs. Un contrat a été signé et le vaccin Oxford AstraZeneca est né. Bien qu'AstraZeneca soit une entreprise en partie suédoise, elle descend en ligne directe de la branche pharmaceutique du groupe Imperial Chemical Industries (ICI), et son siège se trouve à Cambridge. Si nous faisions bien les choses, aucun gouvernement étranger ne pourrait exproprier cette production.

Cette étape – sécuriser l'approvisionnement en doses de vaccin avant même que celui-ci n'existe – était cruciale. C'est on ne peut plus attristant, mais l'aventure du Covid, jusqu'alors, m'avait montré que lorsque les dirigeants nationaux s'affolent, la coopération internationale passe au second plan. Au diable la fraternité humaine ! Première priorité : les besoins désespérés et tonitruants de votre électorat.

Quand la tempête s'est abattue sur nous en 2020, nous avons tous pris brutalement conscience de l'importance vitale des équipements de protection individuelle (EPI), et nous sommes passés par une période de panique peu glorieuse pour nous assurer un approvisionnement en blouses, masques et gants, fabriqués pour l'essentiel en Chine. Un chargement de gants est resté coincé des jours entiers sur le tarmac d'un aéroport turc pendant que nous nous disputions avec un autre gouvernement sur sa destination finale.

Ces pénuries d'EPI m'effrayaient tant, et j'étais tellement horrifié à l'idée de demander aux professionnels de santé et de l'aide sociale de faire leur travail sans protection au milieu des exhalaisons du Covid, que j'ai décidé que je ne pouvais pas laisser cette question aux seules équipes du NHS chargées des approvisionnements, aussi admirables celles-ci fussent-elles par ailleurs. Nous avions besoin d'un cador, d'un homme ou d'une femme qui avait du génie pour obtenir des résultats, et j'ai donc aussitôt pensé à Lord (Paul) Deighton qui avait magistralement dirigé le comité d'organisation des Jeux olympiques de 2012.

Il a fallu un petit moment pour qu'il parvienne à régler tous les problèmes, mais avec Paul on sentait d'emblée qu'il avait un plan et qu'il saurait renverser la situation. Bientôt, il a conclu un si grand nombre d'accords, et mis en branle une chaîne logistique nationale si prodigieuse, qu nous avons été capables de produire des milliards d'articles. À dire vrai, nous avons encore une montagne de stocks. Mais nous avons souffert pendant ces premières semaines, ces premiers mois de notre impréparation, et nous avons été à la merci de certains « fournisseurs » opportunistes parce que nous n'avions pas su anticiper l'ampleur des besoins.

Pour les vaccins nous n'avions pas ce genre d'excuse. Nous pouvions déterminer précisément les besoins qui seraient les nôtres et nous avions besoin de quelqu'un, un tsar ou une tsarine, qui pourrait organiser par anticipation pour les vaccins ce que Paul Deighton se démenait à obtenir tardivement pour les équipements de protection.

Grâce à Patrick Vallance, nous avions déjà un comité d'experts chargé d'évaluer les vaccins expérimentaux en cours de développement et de réfléchir aux différentes options qui se présentaient pour le Royaume-Uni. En discutant ensemble de ces problèmes, il nous est apparu que nous avions besoin d'une approche plus agressive et dynamique, un individu ou un groupe d'individus qui serait actif sur le terrain pour influencer, négocier et discuter avec Big Pharma.

Nous avions besoin de quelqu'un qui pourrait passer les commandes sans délai au nom de la population britannique, en préparation du jour où le miracle se produirait et où nous aurions effectivement un vaccin viable. Nous avions besoin de quelqu'un qui fasse pour les vaccins ce que Beaverbrook avait fait pour les Spitfire*. Qui ?

J'envisageais de confier cette tâche à Deighton, mais l'idée ne l'emballait pas. Il était déjà archi pris et ce n'était pas son domaine d'expertise. J'ai parcouru la liste de Patrick des grands noms de la science et des experts qu'il avait déjà rassemblés autour de lui.

Elle était là. Avec nous depuis le début. Et je la connaissais depuis un paquet d'années.

Naturellement, il arrive que les gouvernements commettent des erreurs dans les périodes d'urgence nationale. Et parfois aussi les oppositions. C'est l'une des plus grandes gaffes de Keir Starmer[2] d'avoir décidé en 2020 avec le Parti travailliste – pour essayer de m'atteindre – d'attaquer Kate Bingham et la task force Vaccins constituée autour d'elle.

Ils ont ricané quand je l'ai nommée, et au fil des mois suivants se sont montrés de plus en plus mordants envers Kate. Ils ont prétendu qu'elle avait décroché ce poste pour l'unique raison que nous étions potes.

Sur une partie de cette affirmation ils avaient raison. Oui, il est vrai que j'ai fait sa connaissance quand j'avais autour de dix-huit ans, parce qu'elle appartenait à un groupe de brillantes et énergiques *Paulinas* (anciennes élèves de l'école privée pour filles St Paul's à Hammersmith) qui ont fait leurs études à Oxford au milieu des années 1980, terrorisant et brisant les cœurs de leurs homologues masculins, et donnant raison à leur directrice, Dame Heather Brigstocke, qui, le cigare au coin des lèvres, leur affirmait qu'elles étaient aussi douées, sinon meilleures, que n'importe quel homme qu'elles croisaient sur leur route.

* Max Aitken, baron Beaverbrook (1879-1964), politicien et homme d'affaires qui, ministre de Churchill pendant la Seconde Guerre mondiale dirigea la production des avions et notamment du chasseur Spitfire.

Il est exact que j'ai connu le frère cadet de Kate à Balliol College, et que pendant mes études j'ai même prononcé un discours en l'honneur de leur père, l'extraordinaire juristeTom Bingham (Master of the Rolls, lord juge en chef, etc.) à l'occasion de son élection en tant que professeur invité du College.

Oui, elle a épousé un ancien copain d'école à moi, Jesse Norman, et oui, nous étions amis depuis fort longtemps, quoique pas particulièrement proches, et oh, oui, oups, j'ai oublié de mentionner qu'elle est aussi allée à l'école avec ma sœur, l'omniprésente Rachel.

Certains liront ces lignes avec indignation, considérant qu'elles confirment que, pour faire son chemin de nos jours, l'important n'est pas ce que vous avez dans la tête, mais quelles têtes vous connaissez, et que toute cette affaire est par conséquent un coup monté de l'establishment, et *passez-moi le sac à vomi**.

À toutes ces critiques je répondrais que c'est précisément parce que je la connaissais, et depuis si longtemps, que je savais qu'elle était immensément qualifiée pour le poste. Kate Bingham est une force de la nature. Je peux moi-même avoir une personnalité assez affirmée quand il le faut, si je suis sûr de mes infos. Mais vous avez intérêt à vous cramponner, croyez-moi, quand vous êtes en face de Kate Bingham.

La première fois que je l'ai rencontrée, en 1984, j'essayais de me faire élire à quelque fonction de l'Oxford Union Society.

« Toi ! m'a-t-elle dit. Pourquoi tu te présentes contre mon copain Neil Sherlock ? Comment oses-tu ? »

Eh ben, ai-je répondu, on est en démocratie et tout l'intérêt de notre société de débat, justement, c'est que tous ses membres peuvent se présenter aux élections.

« Ha, a raillé Kate. Tu vas perdre. »

Je me suis sauvé, abattu, et j'ai dûment perdu l'élection contre son ami.

Quelques années plus tard, nous avons passé des vacances ensemble en Écosse avec un groupe de copains. Un matin, tous encore à moitié endormis, nous nous demandions ce que nous allions faire après le petit-déjeuner. J'avais lu dans le journal qu'une fusée devait être lancée sur la lande ; comme j'adore ce genre de chose, j'ai essayé de persuader les autres de m'accompagner pour assister à ce grand moment des annales par ailleurs peu reluisantes de l'aérospatiale britannique.

J'avais obtenu un vague soutien mollasson caractéristique de notre apathie de jeunes gens quand, à mon plus grand désarroi, Kate a lancé une

* Traduiction littérale en français de *Pass me the barf bag* pour dire « c'est à vomir ».

contre-proposition. « Allons, tout le monde, a-t-elle lancé comme un personnage d'Enid Blyton. Qu'importe cette vieille barbe de fusée, allons à la plage et faisons griller des saucisses ! »

J'ai aussitôt compris que c'était un jeu à somme nulle. C'était Kate ou moi, la plage ou la fusée.

Il ne pouvait y avoir qu'un seul gagnant, et pendant une heure environ nous nous sommes affrontés comme des mastodontes, tête contre tête. Une fois de plus, j'ai été vaincu.

Pour finir je suis parti seul en voiture à la recherche de la fusée. Sans succès. Je crois que le lancement a été annulé – pour ne pas changer. Pendant ce temps-là Kate a mené un groupe d'une vingtaine de personnes de tous âges jusqu'à une magnifique plage écossaise pluvieuse, trouvé du bois flotté pour faire un feu, et fait bientôt griller gentiment des saucisses et des maquereaux tout frais pêchés, et chauffer une bouilloire pour le thé, tout cela suivi par une partie de rounders*. J'ai dû convenir qu'elle avait eu la proposition gagnante.

Là où je veux en venir, c'est que sur le papier les références de Kate étaient parfaites, car elle avait bâti sa carrière et sa réputation en investissant dans de nouveaux médicaments. Et il ne fait aucun doute que le processus de sa nomination – comme un litige ridicule l'a révélé – a aussi été parfaitement régulier. Mais tout cela était d'une importance secondaire.

Je savais, par mon expérience personnelle directe et franchement inestimable – comme avec Paul Deighton – que Kate avait toutes les qualités requises pour ce travail.

« Il faut que ce soit Kate Bingham, ai-je dit à Matt Hancock. Promis. J'en suis certain. »

Le 6 mai 2020, j'ai expliqué à Kate la tâche qu'elle avait devant elle et lui ai donné trois objectifs : obtenir les vaccins dont nous avions besoin pour protéger la population britannique et sauver des vies ; diffuser les vaccins à l'international et contribuer aux approvisionnements mondiaux ; faire en sorte que le Royaume-Uni soit mieux préparé à l'avenir.

Elle a rempli ces trois missions, et elle a remporté un succès héroïque pour la première. Elle a produit une quantité prodigieuse de médicaments pour sauver des vies et nous a aidés – enfin – à inverser la tendance dans la lutte contre le Covid.

Plusieurs facteurs expliquent pourquoi Kate et la Grande-Bretagne ont fini par prendre l'avantage sur d'autres pays.

* Sport collectif britannique qui ressemble au base-ball.

Kate s'est lancée tôt. Elle connaissait tous les acteurs du secteur des biosciences. Elle a conclu des accords aussi rapidement que possible et – avec mon approbation explicite – a été très généreuse dans ses mises. Disons qu'elle s'est comportée comme un milliardaire un peu éméché à l'hippodrome. Elle n'a pas parié sur un seul cheval ou sur son préféré. Elle a investi pour des montants variables sur environ quatorze canassons, et pour finir elle a obtenu six vaccins différents pour un total de 350 millions de doses, bien plus que la totalité de la population du Royaume-Uni n'en aurait besoin.

Elle a conclu des marchés en béton, conformes à la législation britannique, et quand c'était nécessaire a payé un surcoût pour obtenir des livraisons en 2020 plutôt qu'en 2021. Elle a acheté de grandes quantités de vaccins à adénovirus, ou à virus entier, tels ceux d'Oxford AstraZeneca et de Johnson & Johnson. Et chez Pfizer et Moderna elle a acheté les droits d'un nouveau type de vaccin enthousiasmant appelé vaccin à acide ribonucléique messager, ou ARNm, qui persuade ingénieusement le corps humain de créer des anticorps contre le Covid sans utiliser le virus du Covid lui-même.

Elle a assurément dépensé de l'argent public, et Dieu merci avec la plus grande détermination, car dépenses ont été tout à fait insignifiantes par rapport aux coûts de la maladie. Au cours de l'été, les essais se multipliant et les résultats se révélant de plus en plus probants, il est apparu que la mise au point d'un vaccin efficace était non seulement possible mais probable d'ici à l'automne !

Était-ce la note d'un clairon au loin ? Était-ce une cavalcade de sabots que j'entendais ? Pile au moment où j'osais rêver que c'était bel et bien la cavalerie qui apparaissait au sommet de la colline, pile au moment où il semblait, waouh, que les paris de Kate allaient bel et bien rapporter et même spectaculairement, pile au moment où elle devait être saluée comme la superwoman qu'elle était, la gauche a décidé de repasser à l'attaque contre elle.

Deux week-ends successifs, des articles bien rosses sont parus dans les journaux du dimanche, les 1er et 8 novembre 2020, dont certaines infos provenaient, hélas, comme je le sais maintenant, de ma propre cinquième colonne à Downing Street quelques jours seulement avant que je ne demande à ces traîtres de débarrasser le plancher.

La première salve a abondé en sous-entendus sur les liens de Kate avec le monde des affaires, semblant impliquer qu'elle tirait peut-être un profit personnel de son travail sur les vaccins – une suggestion absurde, ne serait-ce que parce qu'elle dirigeait la task force à titre bénévole. La seconde salve s'est tournée vers les 670 000 livres qu'elle avait déboursées pour des consultants en relations publiques : là encore une parodie de journalisme, puisque Kate cherchait en réalité à jauger les sentiments de la population britannique au sujet des vaccins – une considération essentielle vu les défis que nous allions devoir relever pendant le déploiement de la future campagne de vaccination. À vrai dire il aurait été difficile, à ce stade, d'envisager une meilleure façon de dépenser de l'argent public.

La BBC s'est jointe à la curée avec une émission qui posait la question de savoir si Kate Bingham était un exemple de la corruption nouvelle de la vie publique (une émission qui a ensuite été retirée des plateformes de podcast).

Quant aux Travaillistes, ils n'ont tout simplement pas pu y résister. Ils ont mis la gomme sur Kate Bingham et ses prétendues dépenses excessives, d'abord par la voix de Jon Ashworth, leur porte-parole pour la Santé, puis de Rachel Reeves, chancelière du duché de Lancaster du Cabinet fantôme, puis de Keir Starmer lui-même.

Je trouvais que c'était lamentable de leur part et qu'ils commettaient une énorme erreur. Il n'a pas fallu longtemps pour qu'ils soient ridiculisés. Le lendemain même, Pfizer a fait bondir les cœurs du monde entier en annonçant que son vaccin était efficace à 95 % dans les essais.

En moins d'un mois les anti-Bingham, tous autant qu'ils étaient, sont passés pour des charlots absolus.

Le 2 décembre la Grande-Bretagne a été le premier pays[3] du monde à approuver un vaccin efficace, celui de Pfizer BioNTech, et quelques jours plus tard nous avons été la première nation à entamer une campagne de vaccination. C'est à cet événement que j'ai assisté au Guy's Hospital à Southwark. À la fin du mois, nous étions le premier pays du monde à approuver l'utilisation du vaccin Oxford AstraZeneca, lequel, contrairement au Pfizer qui nécessitait d'être conservé à très basse température, pouvait être stocké à température ambiante.

Le déploiement de la vaccination s'est poursuivi à un rythme toujours plus soutenu. Parce que Kate avait constitué des stocks et parce que les approbations officielles tombaient plus vite que n'importe où dans le monde.

Dans une large mesure, ce livre est le récit d'un combat pour l'indépendance législative. J'ai essayé d'expliquer ce que j'estime être les graves défauts de l'approche précédente du Brexit sous le gouvernement de Theresa May. Il est vrai que son « deal » nous permettait de rester plus « proches » de l'Union européenne, mais il impliquait aussi une certaine subordination à Bruxelles.

En restant de fait dans le marché unique de l'UE, nous sortions de l'UE mais nous étions dirigés par l'UE. Selon les termes de l'accord de Theresa, nous demeurions des membres en règle des institutions du marché unique européen, telles que l'Agence européenne des médicaments.

Avec l'accord que j'ai obtenu, nous en sommes sortis. Nous avons repris le contrôle. Il en a découlé que sur la question de l'approbation des vaccins nous n'avions plus à suivre le rythme du reste de l'Union européenne. Nous avions notre propre agence, la Medicines and Healthcare Products Regulatory Agency (MHRA) et toute autonomie pour faire nos propres choix.

Grâce à la directrice de la MHRA, June Raine, nous avons agi exactement comme cela. Travaillant main dans la main avec Kate et la task force Vaccins, elle a décidé de prendre les devants et d'aller au « oui » aussi vite que possible. Je dois souligner qu'elle n'a jamais subi la moindre pression politique en ce sens, ni de ma part ni d'aucun autre membre du gouvernement. À vrai dire je n'avais aucune idée de ce qu'elle faisait, et à ce jour je n'en ai jamais discuté avec elle. Elle avait simplement décidé que, si nous devions réaliser le Brexit, autant profiter des libertés qu'il nous apportait.

La MHRA s'est donc comportée avec les labos pharmaceutiques comme un contrôleur aérien, pas comme un policier. Elle s'est investie auprès d'eux pour comprendre leurs vaccins et évaluer leurs essais en temps réel, et elle a ainsi été en mesure d'accumuler des données sur les vaccins Pfizer et Astra – qui étaient tous deux très sûrs – plus rapidement qu'aucune autre institution. Avec pour résultat que nous avons approuvé ces produits des semaines et des semaines avant quiconque.

C'était important. Avec plus d'un millier de personnes qui décédaient lors de certaines de nos plus mauvaises journées, même quand le déploiement des vaccins a démarré – 1 342 morts le 19 janvier 2021, pire jour de la pandémie –, la rapidité de notre campagne, durant ces quelques semaines, comptait plus que tout dans la vie de notre nation.

Cela a signifié, pour le dire tout net, que nous avons été en mesure d'immuniser d'immenses quantités de personnes âgées et de patients vulnérables qui, si elles avaient vécu dans un pays de l'UE, ou dans la Grande-Bretagne d'avant le Brexit, auraient forcément été contraintes d'attendre l'autorisation de l'Agence européenne des médicaments, et auraient par conséquent pu mourir du Covid.

Bientôt, un graffiti est apparu sur un mur de Portobello Road, dans l'ouest de Londres : « Le Brexit sauve des vies », disait-il. Pas le genre de déclaration que l'on aurait attendue au cœur de ce borough royal de Kensington et Chelsea qui avait largement voté Remain. Et je sais que certains d'entre vous trouveront quand même cette affirmation assez difficile à avaler. Mais c'est la vérité, aussi désagréable puisse-t-elle sembler à certains.

Pour vous en convaincre, regardez la réaction de nos amis et partenaires sur le continent. Il n'a pas fallu longtemps pour que la réussite du déploiement des vaccins au Royaume-Uni ne commence à les rendre zinzins, d'abord d'agacement, puis de rage.

Chapitre 45

EN AVANT LA VACCINATION !

Comment la réussite du Royaume-Uni a inspiré de la jalousie outre-Manche

Les plus haut gradés du pays sont entrés dans mon bureau de Downing Street, partageant des centaines d'années d'expérience opérationnelle collective, de l'Afghanistan au Zimbabwe. Il était environ 18 heures, un soir de la toute fin du mois de mars 2021, et après plusieurs jours de délibération ils s'étaient accordés sur un verdict.

Ils avaient assisté à des sièges, des fusillades, des prises d'otages et, comme Othello, évité d'un cheveu l'imminente mort sur la brèche meurtrière. Leur attitude disait clairement, cependant, que ce coup-là ne m'inspire rien de bon, sergent... C'était au lieutenant-général Doug Chalmers, chef d'état-major adjoint des armées, chargé de la stratégie et des opérations, de parler en leur nom à tous.

« Eh bien, monsieur le Premier ministre... » Il s'est raclé la gorge. « C'est certainement faisable. »

Il m'a expliqué comment nous pourrions procéder. Nous enverrions une équipe à Amsterdam par un vol commercial, pendant qu'une autre équipe profiterait du couvert de la nuit pour traverser la Manche à bord de canots pneumatiques et remonter les canaux. Rendez-vous à la cible. Les hommes s'introduiraient dans les lieux, s'empareraient des marchandises-otages, puis procéderaient à leur exfiltration avec un semi-remorque à bord duquel ils gagneraient un port de la Manche.

« Mais je dois vous mettre en garde, monsieur le Premier ministre » – ils me regardaient tous d'un air éloquent – « qu'il ne nous sera pas possible de procéder sans être repérés. » Chalmers a souligné que la Belgique et les Pays-Bas avaient instauré des confinements, et que les autorités de ces pays suivraient peut-être nos déplacements.

J'ai réfléchi à cette possibilité. Ce n'était pas une objection insurmontable, semblait-il. OK, ai-je dit, nos mouvements seront détectés, et alors ?

« Eh bien, monsieur le Premier ministre, a-t-il répondu, si nous sommes repérés nous devrons expliquer pourquoi nous envahissons, dans les faits, le territoire d'un allié de longue date de l'OTAN. »

Bien sûr je savais qu'il avait raison, et j'étais secrètement d'accord avec ce qu'ils pensaient tous mais ne voulaient pas dire à voix haute : ce projet était parfaitement cinglé.

Je vous supplie de pardonner mon désespoir. C'était pour la meilleure des causes possibles. J'avais commandé une analyse pour savoir s'il serait techniquement faisable de lancer un raid aquatique sur un entrepôt basé à Leyde, aux Pays-Bas, afin d'y prendre quelque chose qui nous appartenait légalement et dont le Royaume-Uni avait impérieusement besoin.

Nous avions les gens qu'il fallait pour réussir : des unités spéciales que nous avions mises en place au début de l'année 2020 dès qu'il avait été clair qu'une compétition s'engageait à l'échelle de la planète pour obtenir des EPI et des respirateurs artificiels. Nous savions où se trouvait la cible : je la voyais sur Google Earth et elle n'avait pas l'air bien difficile à cambrioler pour qui savait s'y prendre.

Il s'agissait de l'usine où l'UE avait stocké 5 millions de doses du vaccin AstraZeneca : un chargement que l'entreprise essayait en vain d'exporter vers le Royaume-Uni. Tant que des citoyens de mon pays mouraient du Covid et encore en grand nombre, dois-je hélas dire, j'estimais que mon devoir absolu était de récupérer ces doses dont le Royaume-Uni était le propriétaire, et de les utiliser pour sauver des vies au Royaume-Uni.

J'étais assez en colère pour envisager cette opération clandestine, car après deux mois de vaines négociations j'étais arrivé à la conclusion que l'UE nous traitait avec malveillance et rancune. Pas parce que nous avions fait quelque chose de mal – ce n'était pas le cas, loin de là –, mais parce que nous vaccinions notre population beaucoup plus vite qu'elle. Et l'électorat européen s'en était depuis longtemps aperçu.

Permettez-moi de rappeler que le Royaume-Uni avait été pionnier dans la mise au point du vaccin Oxford AstraZeneca, avec le soutien de son gouvernement. La raison pour laquelle ces 5 millions de doses se trouvaient à l'usine Halix des Pays-Bas[1], c'était que l'entreprise Halix faisait partie de longue date de la chaîne d'approvisionnement d'AstraZeneca, et cette usine avait même été cofinancée à hauteur de 21 millions de livres par les autorités britanniques.

L'UE avait kidnappé nos vaccins, mais ce n'était même pas cela le scandale. Ce n'était pas pour cette raison que je googlais la carte de Leyde et vitupérais à voix haute contre mon ordinateur, obligeant Martin à faire irruption dans mon bureau, alarmé, pour voir si j'allais bien. Ce qui me mettait en rage au point de casser mon crayon à papier et d'envoyer valdinguer du pied la corbeille, c'était que l'Union européenne jouait la carte de l'obstruction. Elle voulait nous priver de ces 5 millions de doses alors qu'elle ne semblait pas vraiment envisager elle-même d'utiliser le produit d'AstraZeneca.

En tant que vaccin, l'Astra présentait plusieurs avantages. Il était efficace dès la première dose – presque aussi bon que le Pfizer – pour repousser le Covid. Contrairement au Pfizer, qui exigeait une conservation à température ultra-basse, il pouvait être transporté à température ambiante et stocké dans un frigo normal. Nous en avions lancé la fabrication depuis des mois au Royaume-Uni – la mise en flacon se faisait au pays de Galles, dans une usine du fabricant Wockhardt à Wrexham – avec l'espoir de le voir rapidement approuvé par la MHRA.

Quand j'étais allé visiter les installations de Wockhardt en novembre, j'avais été enthousiasmé d'apprendre que les propriétaires de l'usine étaient une famille indienne dont la devise était « Work Hard* ». Ils avaient transformé cela en « Wockhardt » pour donner à leur compagnie un nom à consonance plus ou moins teutonique et pharmaceutique.

À Wrexham, ils avaient travaillé si dur que le temps d'obtenir l'approbation pour le vaccin Astra, à la fin du mois de décembre 2020, nous avions déjà des millions de doses prêtes à prendre la route, et nous pouvions compter sur des approvisionnements soutenus jusqu'au printemps. Donc notre déploiement avait l'avantage de démarrer tôt, les stocks étaient là, et bientôt tout fonctionnait comme sur des roulettes.

Nous avons couvert la population britannique selon un schéma très organisé. La commission paritaire mise en place pour l'opération a défini une hiérarchie des priorités et une séquence de déploiement, pour que nous commencions par protéger immédiatement les personnes les plus susceptibles de mourir – les plus de 90 ans, puis les plus de 80 ans, et ainsi de suite, de sorte que petit à petit, jour après jour, nous réduisions le nombre de personnes à risque sans protection.

Les gens affluaient en masse, remontant leurs manches, ouvrant leurs chemises, courageusement et fièrement déterminés à se protéger eux-mêmes et à protéger leurs concitoyens. Les Britanniques ne semblent pas avoir grand-peur des aiguilles – Jules César lui-même a relevé notre amour des tatouages – et bientôt les seringues ont piqué, piqué, piqué d'un bout à l'autre du pays, à la cadence d'une gigantesque machine à coudre.

Fin janvier 2021 nous avions vacciné environ 10 % de la population du Royaume-Uni, et un écart notable s'était creusé entre notre pays et le reste de l'Europe qui n'en était encore qu'à environ 2 %. Le rythme

* Travailler dur.

de la vaccination continentale n'a pas été franchement boosté quand, le 29 janvier, Emmanuel Macron a annoncé qu'à son avis le vaccin britannique AstraZeneca était « quasi inefficace pour les plus de 65 ans »[2].

Je ne sais d'où il avait tiré cette idée, mais elle était tout simplement fausse, comme l'a d'ailleurs confirmé l'Agence européenne des médicaments. À l'instar du Pfizer, l'Astra était efficace à environ 80 % pour la première dose, et deux doses vous conféraient un degré de protection très élevé. J'étais sidéré par la déclaration de Macron.

Pourquoi dézinguait-il la confiance en notre vaccin, quand la confiance en la vaccination était si précieuse et essentielle dans tous nos pays ? En parallèle, et de manière complètement impromptue, la Commission européenne a entamé une sorte de guerre juridique contre AstraZeneca en affirmant que le laboratoire n'honorait pas ses engagements contractuels avec l'UE.

Pourquoi, demandait Bruxelles, donnez-vous la priorité aux Angliches ? Pourquoi leur accordez-vous tant de doses ?

Eh bien, a répondu Pascal Soriot, le patron d'AstraZeneca, c'est très simple. Kate Bingham a signé avec nous un contrat en béton qui stipule que nous devons livrer au Royaume-Uni les 100 premiers millions de doses.

Soriot avait tout à fait raison de dire cela. Après un moment de confusion initiale, les pays de l'UE avaient décidé de se procurer des vaccins tous ensemble dans le cadre d'un programme piloté par la Commission. Ursula von der Leyen – sans qu'elle-même ait commis d'erreur – et son équipe n'étaient pas parvenues à conclure le même genre d'accord que Kate Bingham et n'avaient pas réussi à faire aboutir leurs négociations aussi vite.

Les hauts fonctionnaires de l'UE passaient trop de temps à discutailler au sujet de la responsabilité des producteurs. Les contrats qu'ils ont finalement signés ne semblaient pas avoir été aussi solides que ceux de Kate. Et ne nous voilons pas la face : elle a dépensé presque autant pour un pays de 67 millions d'habitants que ne l'a fait toute l'UE. Je savais donc que les plaintes des responsables de l'UE étaient absurdes et que c'était pour des raisons politiques, en réalité, qu'ils étaient si anxieux.

Leur problème, c'était qu'après avoir été lents à la détente pour approuver les deux vaccins – ils avaient environ un mois de retard sur nous pour chacun –, leur campagne de vaccination était également freinée par l'hésitation de leurs populations. Je ne sais pas à quoi cela tenait (je crois avoir entendu dire qu'en général les Français préfèrent les suppositoires, d'où l'attitude de Macron), mais quelles que soient les causes de ces retards, la frustration des gouvernements de l'UE était bien entendu aggravée par le succès de la Grande-Bretagne post-Brexit.

Ils ont par conséquent annoncé que tant qu'AstraZeneca ne leur donnerait pas davantage de doses – un vaccin qu'ils dénigraient eux-mêmes en le disant « quasi inefficace » pour les personnes qui en avaient besoin –, ils empêcheraient l'entreprise d'envoyer sa production en Grande-Bretagne. Leur objectif n'était pas d'utiliser eux-mêmes le vaccin, clairement pas, puisqu'ils ne cessaient de le critiquer.

Leur objectif était de nous empêcher de l'utiliser et de poursuivre notre campagne de vaccination. Le 30 janvier, ayant déjà annoncé leur blocus de l'exportation des vaccins Astra vers le Royaume-Uni, ils sont allés encore plus loin. La Commission avait relevé une faille dans la muraille d'enceinte de l'UE. Selon les termes du protocole sur l'Irlande du Nord, il n'existait – bien sûr – aucun obstacle aux échanges commerciaux entre l'Irlande du Nord et la république d'Irlande. C'était essentiel, nous en convenions tous, pour que les communautés des deux côtés de la frontière puissent continuer de circuler et commercer librement sans que le Brexit crée de nouveaux blocages.

Attentif aux sensibilités de l'Irlande du Nord, le gouvernement du Royaume-Uni avait clairement fait savoir que JAMAIS il n'imposerait de contrôles en Irlande du Nord. Le soir du 30 janvier, par conséquent, la stupeur a été complète quand la Commission a invoqué l'article 16 du protocole – une clause d'urgence conçue pour les situations de catastrophe ou de trouble à l'ordre public – dans le but d'imposer la création d'une barrière en Irlande du Nord. Elle comptait rendre obligatoires des contrôles à la frontière afin d'empêcher AstraZeneca d'utiliser la faille de l'Irlande du Nord pour nous envoyer nos vaccins.

En d'autres termes, les responsables de l'Union européenne bafouaient sans vergogne le processus de paix anglo-irlandais et remettaient en cause le caractère sacré d'une île d'Irlande sans frontière – à propos duquel ils avaient eux-mêmes entonné tant et tant de sermons casse-bonbons – pour essayer d'empêcher les personnes âgées et vulnérables de Grande-Bretagne d'obtenir ces vaccins susceptibles de leur sauver la vie. Non pas parce qu'ils désiraient vraiment garder ces doses de Halix pour eux-mêmes (je ne sais pas bien s'ils ont fini ou pas par en utiliser alors qu'elles étaient très demandées), mais parce qu'ils voulaient faire quelque chose, quitte à se montrer lamentables, pour mettre des bâtons dans les roues de la campagne de vaccination britannique. Pourquoi ont-ils agi ainsi ?

Ils ont fait cela parce qu'ils (et en particulier, je crois, Macron) ne pouvaient pas supporter de voir les médias du continent donner l'impression que le Royaume-Uni s'en sortait mieux qu'eux, non pas malgré le Brexit mais grâce au Brexit.

Il n'a fallu que quelques heures, après que la Commission a annoncé cette mesure odieuse – interdire à un médicament de traverser la frontière d'Irlande du Nord pendant une pandémie abominable – pour qu'ils se rendent compte qu'ils avaient dépassé les bornes. La réaction en Irlande, tant chez les unionistes que chez les nationalistes, a été incendiaire, et les capitales de l'UE ont fait savoir à Bruxelles qu'Ursula était allée trop loin.

Lorsque je l'ai appelée au téléphone pour exprimer ma réprobation, elle s'est montrée très embarrassée, et j'ai compris qu'elle avait agi sous les ordres des principaux États membres.

« Pourquoi nous empêchez-vous d'utiliser nos propres vaccins ? ai-je demandé. Ce n'est pas notre faute si la population britannique est très demandeuse du vaccin et si notre campagne avance si vite.

– Oui, a-t-elle répondu, mais vous ne devez pas dire que c'est grâce au Brexit.

– Pourquoi pas ? ai-je objecté. Tout le monde peut se rendre compte que le Brexit est au moins utile. Pourquoi ne pourrais-je pas dire cela ? »

Nous connaissions tous les deux la réponse à cette question. Parce que depuis cinq ans les dirigeants du continent, principalement Macron, répétaient que le Brexit était un désastre, qu'il était fondé sur des mensonges, que j'étais moi-même un menteur, que les Britanniques devaient être punis d'avoir repris leur liberté, et qu'il fallait montrer clairement, encore et encore, à ces insolents qu'ils se portaient beaucoup moins bien en dehors de l'UE que s'ils y étaient restés. Et que s'était-il passé ensuite ?

Presque aussitôt après avoir quitté l'UE, nous étions en mesure d'agir un petit peu différemment dans le domaine de la régulation des médicaments, de faire un pas de côté qui, dans ce contexte particulier, avait permis d'améliorer considérablement les perspectives de survie d'un nombre significatif de personnes en Grande-Bretagne. La population allemande en avait tellement marre de sa campagne de vaccination invraisemblablement lente que le quotidien *Bild* avait titré en une : « Chers Britanniques, NOUS VOUS ENVIONS[3] ».

Voilà pourquoi Macron, Merkel et compagnie flippaient. C'était la politique de la discorde. Le problème, ce n'était pas les doses de Halix. Le problème c'était l'idée – si déplaisante pour l'UE – que nous soyons en capacité de réussir le Brexit.

Le lendemain j'ai parlé avec Macron dans l'espoir de trouver une issue et de calmer tout le monde. Si je ne pouvais pas invoquer la *force majeure*, je ne voulais pas non plus d'une querelle publique sur les vaccins, car je tenais à éviter d'ébranler la confiance de la population. Je supposais que l'UE serait embarrassée par sa tentative honteuse pour imposer une frontière en Irlande du Nord et donc d'humeur à trouver un compromis. Mais Macron est resté évasif.

L'UE pouvait bien lever l'interdiction de franchissement de la frontière irlandaise, néanmoins elle utilisait d'autres lois pour empêcher les vaccins de quitter les Pays-Bas. Macron n'était pas coopératif. Au cours de la conversation, j'ai eu la sensation étrange qu'il avait sous les yeux le calendrier de notre campagne de vaccination.

Le président français semblait savoir exactement combien de doses nous avions, et combien nous en escomptions, autant pour le Pfizer que pour l'Astra. Alors, j'ai fini par laisser tomber.

Nous avions assez de stock pour tenir deux mois. Nous pouvions vacciner toutes les personnes qui en avaient le plus besoin. Nous n'avions d'autre solution que de nous retrousser les manches.

À la mi-février, Angela Merkel a jeté le doute à son tour sur l'Astra en disant que ce vaccin n'était pas recommandé pour les personnes de sa classe d'âge (au-dessus de 65 ans). J'ai serré les dents sans répliquer parce que je ne voulais pas attirer l'attention sur sa sottise.

Les Britanniques ignoraient joyeusement tous ces problèmes et se vaccinaient les uns les autres à tour de bras. Dose après dose, dans les centres de loisirs, dans les mairies, dans les gymnases scolaires et chez les médecins généralistes, la population du Royaume-Uni marchait vers la libération. Je me rendais au pays de Galles, en Irlande du Nord, en Écosse, et je distribuais des coups de coude à tout-va comme dans la Danse des canards (c'était devenu la forme de salutation adaptée au temps du Covid).

Je sentais l'humeur du pays commencer à s'améliorer, la glorieuse sérotonine de l'effort collectif – et cette fierté à l'idée qu'après tout ce que nous avions enduré, nous remontions plutôt bien la pente. Je n'avais pas perçu un tel rayonnement d'énergie positive à l'échelon national depuis les Jeux olympiques et paralympiques près de dix ans plus tôt.

Le 18 février 2021, je suis allé visiter un vaste centre de vaccination installé à Cwmbran, au pays de Galles, où l'on injectait 1 400 doses par jour, et je me suis pris à entonner une version adaptée aux circonstances de paroles du superbe groupe gallois Goldie Lookin Chain :

I've been all around the world, from LA to Japan
*but I've never found a place for vaccines like Cwmbran**

* J'ai été partout dans le monde, de L.A. au Japon, mais jamais j'ai vu mieux, niveau vaccins, qu'à Cwmbran. Dans la chanson (drôle) d'origine, ce sont les parkings de Cwmbran qui sont salués.

À la fin du mois de février nous avions vacciné 30 % de la population du Royaume-Uni. L'UE en était à 8 %. Fin mars nous étions à 45 %, contre 10 % pour l'UE.

Je savais que si nous parvenions à tenir ce rythme, nous aurions bâti une telle immunité dans notre population que nous pourrions être l'un des premiers grands pays à sortir en toute sécurité des confinements, et c'était une raison supplémentaire à mon exaspération face au comportement de l'Union européenne.

Bien entendu, je suis content que nous n'ayons pas saisi le stock de Halix à Leyde par une action violente, même s'il nous appartenait. Les pays de l'UE sont nos amis et cette opération n'aurait guère amélioré nos relations. Mais j'enrageais tout de même – à vrai dire j'enrage toujours – de constater qu'ils étaient prêts à laisser des Britanniques mourir plutôt que de reconnaître que le Brexit présentait peut-être certains avantages. Leur conduite était cynique, honteuse et dangereuse pour la santé humaine. J'ai dit cela à Angela Merkel, qui m'a paru le comprendre. Elle a ensuite eu la décence de se faire injecter elle-même une dose de l'Astra.

Mais ils ne nous ont jamais rendu ces doses de Halix et finalement nous avons dû faire sans. Grâce à Emily Lawson et à l'équipe de la campagne de vaccination – soutenues par notre brillant ministre des vaccins, Nadhim Zahawi –, nous avons à peu près compensé cette perte.

Nous avons décidé d'allonger le délai entre la première et la seconde dose de façon à avoir un maximum de gens protégés à 80 %, plutôt qu'un plus petit nombre de vaccinés avec une protection encore meilleure. Cet expédient a indiscutablement sauvé des vies. Nous avons aussi trouvé des solutions habiles pour tirer davantage de doses de nos flacons, cinq au lieu de quatre, et pour supprimer l'espace mort de nos seringues.

L'UE continuait de nous criticailler – et essayait de dissimuler sa perfidie en accusant le Royaume-Uni de refuser égoïstement d'« exporter » ses vaccins. Une absurdité totale. Contrairement à l'UE, nous n'avons jamais cherché à briser les chaînes d'approvisionnement. Et certaines usines britanniques fabriquaient des produits, tels que des lipides, indispensables au déploiement des vaccins à travers l'Europe.

Nous n'aurions jamais imaginé imposer un blocus là-dessus. Quant aux exportations : nous exportions plus qu'aucun autre pays. Contrairement à l'UE ou à n'importe qui d'autre, nous avions trouvé un accord avec AstraZeneca pour que le vaccin d'Oxford soit vendu à prix coûtant dans le monde entier[4]. Contrairement aux affirmations absurdes de la Commission, nous avons de fait contribué à distribuer plus de 2 milliards de doses de l'Astra dans plus de 170 pays, sauvant ainsi quelque 6 millions de vies.

Au mois de mai il était clair qu'au Royaume-Uni, au moins, notre succès dépassait tous mes espoirs et nous étions sur une trajectoire qui devait nous permettre de lever les restrictions à l'été. Le 6 mai nous avons tenu des élections locales, ainsi qu'une élection législative partielle pour le siège de la circonscription de Hartlepool dont le député travailliste avait été accusé de harcèlement sexuel.

Isaac Levido* m'avait dit au début de la pandémie que les électeurs tendaient à faire preuve de maturité au sujet de la gestion du Covid. Ils étaient prêts à se montrer indulgents si nous commettions des erreurs dans les premiers temps, à condition que nous les libérions de la pandémie.

« Ce n'est pas l'entrée qui compte, disait-il. C'est la sortie. »

Et cela se confirmait. Il y a des limites dans un pays amoureux de la liberté à ce que peut faire le gouvernement pour contenir la propagation d'une maladie fortement contagieuse. Nous, les Britanniques, sommes plutôt âgés, selon les normes mondiales nous sommes très gras, et nous habitons l'un des pays les plus densément peuplés d'Europe. Les électeurs comprenaient que tout n'était pas la faute du gouvernement dans la propagation du Covid.

Mais du côté de la vaccination, là, eh bien, c'était une mission qu'il incombait aux autorités de remplir. De fait, la vaccination était une de ces choses qui ne pouvaient vraiment être pilotées et mises en œuvre que par le gouvernement, et à cette aune les Britanniques estimaient que leur gouvernement s'était acquitté de sa tâche très honorablement. La semaine des élections, la situation se présentait déjà bien pour nous dans les sondages – ils nous donnaient une jolie avance sur le Parti travailliste de Keir Starmer – lorsque le sort a décidé de nous souffler une autre plaisante rafale dans les voiles.

Pour je ne sais quelle raison, la flotte de pêche française de la Manche a choisi cette semaine précise pour envahir les eaux des îles Anglo-Normandes, en protestation contre ce qu'elle considérait être les injustices de l'accord du Brexit. Ces îles étant sous la protection du Royaume-Uni, j'ai envoyé là-bas deux gros patrouilleurs armés de canons et de mitrailleuses. Les Français ont décanillé.

* Stratège politique australien engagé par l'auteur pour travailler sur la communication sur le Covid. Il a travaillé ensuite avec Rishi Sunak sur la stratégie du Parti conservateur pour les élections législatives de 2024.

Un tuyau pour mes successeurs : si vous voulez obtenir de bons résultats aux élections de mi-mandat, essayez de remporter une victoire navale sur les Français la veille du scrutin. Je n'en croyais pas ma chance.

Après onze années de gouvernement tory, nous n'avons pas cédé un pouce de terrain à l'opposition. Au contraire, nous avons une fois de plus défié les pronostics et gagné 235 sièges supplémentaires à travers le pays, prenant le contrôle de 13 conseils. Cerise sur le gâteau, nous avons remporté l'élection partielle de Hartlepool, avec un basculement de 16 % des votes du Labour vers les Tories.

Je m'étais rendu dans le Durham pour la campagne, et je peux vous dire que ce n'est pas seulement la vaccination qui a valu sa victoire à Jill Mortimer. C'est le nivellement par le haut qu'elle a défendu dans son programme, c'est tout le travail accompli par les Conservateurs dans le nord-est de l'Angleterre, en particulier le maire de la vallée de la Tees, Ben Houchen, pour apporter des emplois et de la croissance dans une région négligée par nos adversaires politiques pendant des décennies.

Les Travaillistes tenaient Hartlepool depuis l'année de ma naissance (1964). En fait le siège avait été détenu par le gourou de Tony Blair, Peter Mandelson, aujourd'hui Lord Mandelson de Foy and Hartlepool. Nous avions remporté le siège de Blair en 2019. Voilà que nous avions à présent aussi celui de Mandelson.

Pour la première fois depuis plus d'un an, je prenais vraiment du plaisir à mon boulot. Ma santé s'était presque complètement rétablie. Mes ennemis de l'intérieur s'étaient depuis longtemps volatilisés. Mes ennemis extérieurs, semblait-il, étaient plongés dans la confusion et en déroute.

Chapitre 46

SURVIVRE DANS LA FOSSE AUX OURS

Quelques tuyaux pour répondre aux Questions au Premier ministre

Lorsque j'étais maire et que tout allait bien, certaines personnes évoquaient parfois la perspective de me voir un jour prochain au poste de Premier ministre. Naturellement j'étais flatté, mais comme le dit Clint Eastwood dans l'un de ses films, un homme doit connaître ses limites. Et il y avait un aspect de ce boulot qui paraissait très intimidant.

J'avais, depuis de longues années, occupé toutes sortes de postes de pouvoir, j'avais plutôt bien réussi en tant que rédacteur en chef, en tant que maire de Londres, et j'avais servi dans un grand ministère de l'État. J'étais un administrateur bien plus expérimenté que Tony Blair par exemple, avant qu'il devienne Premier ministre. J'avais davantage vu le monde que, disons, Margaret Thatcher à son entrée à Downing Street.

Mais il y avait une chose que je n'avais jamais confessée à quiconque et qui m'effrayait. Ces QPM, vraiment, ne m'emballaient pas du tout. Je veux parler des Questions au Premier ministre, le supplice hebdomadaire qui consiste, pour l'occupant de Downing Street, à prendre place devant la boîte des dépêches* afin de répondre à toutes les questions que n'importe lequel des 650 députés peut avoir envie de poser, sur n'importe quel sujet de son choix.

Cette séance a lieu le mercredi et n'est censée durer qu'une trentaine de minutes, à partir de midi. Mais ces dernières années les speakers ont laissé les choses traîner jusqu'à quarante-cinq minutes, et même une heure entière. Depuis 1961 qu'elles sont un exercice régulier, les QPM sont devenues le terrain de véritables joutes verbales et attirent l'attention de publics du monde entier, car il n'existe rien d'équivalent, à vrai dire, dans aucun autre système politique.

Dans aucune autre démocratie occidentale, à part peut-être l'Irlande, les chefs de gouvernement ne sont soumis à ce catéchisme implacable.

* Coffre en bois ouvragé posé sur le bureau central de la Chambre des communes, devant lequel le Premier ministre se tient debout comme à une tribune.

Quand un Premier ministre est acculé, le spectacle peut se révéler éprouvant.

Cela ne se voit pas tant que ça à la télévision, mais la Chambre des communes est un endroit assez compact. Quand vous vous levez pour prendre position devant cette boîte des dépêches couverte d'ornements en laiton (que contient-elle ? un minibar ? du cirage et un chiffon ? à vrai dire je ne l'ai jamais su), vous l'agrippez à deux mains pour dissimuler le fait que vous tremblez. Parce que les mauvais jours, vous avez l'impression de vous tenir devant une meute de supporters de foot ivres et enragés.

Le premier banc de l'opposition n'est qu'à trois mètres devant vous. Vous entendez chaque ricanement, et quand les députés manifestent leur indignation collective, ce qui arrive très souvent, leurs visages expriment ce qui ressemble bien à de la haine et leurs cris sont si bruyants – « Quelle honte ! », « Démission ! » – que vous n'êtes plus capable de réfléchir.

Quand les choses vont mal, vous avez l'impression d'être un de ces ours édentés du Southwark de l'époque élisabéthaine*, et de donner de pathétiques coups de patte à la meute de molosses qui plantent leurs crocs dans votre chair. Pendant ces cinquante minutes vous êtes seul, avec rien d'autre qu'un mince dossier de notes de synthèse pour vous aider, et il est bien difficile de les consulter au rythme où les débats avancent aux Communes.

Si vous mettez plus d'une seconde à trouver une info, un cri extasié s'élève dans la Chambre : « C'est écrit là ! C'est écrit là ! » – parce qu'en théorie vous êtes censé avoir tout dans la tête. Vous devez montrer que vous maîtrisez chaque détail, que vous avez un plan pour régler tous les problèmes, et par-dessus tout que vous comprenez la colère et la douleur de ces millions de gens dont notre système parlementaire concentre sur vous le souffle brûlant comme celui d'un sèche-cheveux à travers la Chambre des communes.

À mes débuts dans la carrière parlementaire, jeune député de l'arrière-ban, j'observais avec étonnement Tony Blair noyé dans le vacarme en provenance de nos parlementaires. Comment y parvient-il ? me demandais-je. Comment sait-il tant de choses sur tout ?

Comment faisait-il pour avoir l'air si sûr de lui et recadrer ses adversaires avec une telle adresse ? J'avais moi-même beaucoup pratiqué l'art du débat lorsque j'étais étudiant et j'étais parfois capable d'envoyer du lourd à mes interlocuteurs. Mais pendant toute une heure ?

* Le quartier de Shakespeare, mal famé à l'époque, avec ses théâtres, sa prostitution et ses fosses aux ours, qui étaient confrontés à des chiens.

J'avais la terreur de cette seconde de silence, tout à coup, juste après que la question a été posée, quand il faut se lever pour répondre : parce que, comme beaucoup de gens je présume, j'ai un léger défaut dans mes processus de réflexion et d'élocution. Au moment où j'ouvre la bouche je m'aperçois que c'est la pagaille, comme si trop de bagages avaient été chargés sur le tapis roulant.

Les mots se coincent dans ma gorge. J'ai dans la tête tellement de choses à dire que je marque une pause, puis je bégaie et je bafouille. Ce n'était pas si grave quand j'étais à la mairie parce que, même si j'avais les questions au maire une fois par mois, c'était un rallye Paris-Dakar en comparaison de la folle course des QPM. La séance durait trois heures, et à aucun moment il n'y avait cette pression à faire montre instantanément d'une parfaite aisance d'élocution. Et si à la Chambre je me pétrifiais ? Et si j'étais tout bonnement incapable de me souvenir de ma réponse ? Et si je restais planté là, à bredouiller « ah, heu », pendant qu'ils jacassaient tous avec ravissement ?

J'étais si inquiet de me rendre ridicule que je me suis sérieusement demandé si je voulais ce poste. Aussi, j'écris ce chapitre pour tous les aspirants Premiers ministres – en guise d'encouragement.

Oui, les QPM peuvent parfois être brutales. Mais c'est aussi un hommage à notre démocratie que de faire subir à ses dirigeants cette éreintante séance hebdomadaire de coups de griffes. Je veux dire, songez aux impôts que nous prélevons, songez à la rigueur et à la maladresse avec lesquelles nous essayons d'ordonner la vie des Britanniques. Il est assez compréhensible que le chef du gouvernement soit obligé de prouver qu'il a au moins une petite idée de ce que fait l'État, et qu'il est apte à défendre ses actions.

Permettez-moi de vous rassurer sur un point, aspirants Premiers ministres : de vous être soumis à l'épreuve des QPM vous vous sentirez plus purs et plus nobles. Vous tiendrez le coup et vous vous améliorerez avec le temps.

Sur les trois ans et quelque que j'ai passés à Downing Street, j'ai consacré proportionnellement plus de temps à la boîte des dépêches, pour rendre des comptes au Parlement, que tous les Premiers ministres des dernières décennies, Thatcher comprise. Ma performance devant le Parlement n'a jamais été brillantissime, mais je suis parvenu à boxer dans la catégorie poids moyens de manière relativement solide, et j'ai eu quelques moments de gloire.

Alors voici mes dix meilleurs conseils pour survivre dans la fosse aux ours. D'abord cela aide d'…

1. *Avoir de la chance avec vos adversaires*

J'en ai eu. Au début. Quand je suis devenu Premier ministre, le chef de l'opposition était le député d'Islington North, Jeremy Corbyn, un trublion et vétéran de la gauche londonienne. Il avait fichu une belle frousse à Theresa May aux élections de 2017, réussissant presque à nous priver de notre majorité.

En son temps, Jeremy avait su être un excellent orateur, spécialisé dans une certaine forme de fureur blême contre les injustices du capitalisme. Au Parti travailliste, son aura lui valait encore un culte de la base. Pour des raisons qui lui sont personnelles, il avait décidé qu'il apporterait une nouvelle ferveur super démocratique aux QPM en ne posant pas des questions de son cru, mais en lisant littéralement à voix haute une question posée par un citoyen britannique.

« J'ai ici une lettre de Jenny, qui vit à Carlisle », commençait-il, et il nous relayait l'expérience épouvantable que l'administration britannique avait fait subir à Jenny. La Chambre écoutait cela en silence parce que tous les députés respectent naturellement l'électorat. Néanmoins, au bout d'un moment la méthode s'est essoufflée. Dans la mesure où je m'inclinais comme il se devait devant le malheur de Jenny, je pouvais répondre à la question en termes raisonnables – en évoquant les quarante hôpitaux que nous étions en train de construire, les 60 000 infirmières que nous recrutions, les 20 000 policiers, et ainsi de suite. Et la température retombait.

Jeremy n'a pas été aidé par le fait que sur les grandes questions du moment – le Brexit, le blocus parlementaire au sujet de sa réalisation –, il était un peu confus. Il disait vouloir un autre référendum sur l'appartenance à l'Union européenne, mais il refusait de préciser dans quel sens il voterait, et au bout de quelques mois il s'est trouvé dans la position ridicule, en tant que chef de l'opposition, de refuser l'élection générale que j'exigeais.

Je n'ai jamais sérieusement été sous pression à cause de Jeremy. Néanmoins, attention à…

2. *Ne pas vous reposer sur vos lauriers*

Au printemps 2020, Corbyn était sorti du jeu et je savais que Starmer serait plus coriace. Avec sa tête carrée et son éducation supérieure oxfordienne, Sir Keir – ancien patron du service des poursuites pénales de la Couronne – était *a priori* un sérieux client.

Une de ses relations au barreau m'avait dit que Starmer était un peu « ennuyeux et buté » mais j'ai pu voir avec quelle ardeur et quel acharnement morose il grattait les choses pour me causer des problèmes. Et c'est ce qu'il a fait au début.

Lors de l'une de ses premières interventions, Keir m'a posé une série de questions simples sur les poursuites pour viol. Pourquoi si peu de violeurs étaient-ils jugés, sans parler d'être condamnés ? Pourquoi le système judiciaire abandonnait-il tant de femmes victimes de ces crimes ? Quelles mesures prendrais-je ?

Il se trouvait que c'était un sujet que je connaissais bien et auquel j'accordais beaucoup d'importance depuis l'époque où j'avais été maire. Avec mon ancien adjoint à la mairie, le député Kit Malthouse, et la ministre de l'Intérieur, Priti Patel, nous avions lancé une vaste opération transversale pour établir une meilleure coordination entre la police et les procureurs et aussi accélérer les procédures des tribunaux afin de régler ce problème.

Nous investissions beaucoup d'argent dans les professionnels en matière de viol et de violence domestique, pour aider les femmes à avoir le courage de témoigner et de tenir bon jusqu'à ce que leurs agresseurs soient punis. C'était une cause que je défendais avec passion, et j'avais une histoire valable à raconter, ou en tout cas une justification raisonnable de notre position.

Ce jour-là, j'ai été incapable de m'exprimer. J'ai parlé pour ne rien dire, pontifié, et c'est Starmer qui s'en est le mieux sorti. J'ai eu droit à des commentaires assez peu élogieux, et j'ai hélas plongé dans une humeur un peu noire. Pourquoi n'avais-je pas eu toutes mes réponses sur le bout de la langue ? J'ai décidé qu'il me fallait...

3. Lire et relire les dossiers

... et apprendre les données de fonds du gouvernement. Car la vérité, c'est que le Premier ministre doit prévaloir aux QPM.

C'est vous qui menez le programme du gouvernement. C'est vous qui avez l'initiative et décidez des politiques à mettre en œuvre. Vous disposez aussi d'un grand nombre de fonctionnaires formidables qui ne demandent qu'à se rendre utiles.

Comme tous les Premiers ministres depuis Tony Blair, je bénéficiais des conseils de Nicholas Howard, le responsable de l'équipe des fonctionnaires qui rassemblait amoureusement toutes les munitions dont j'avais besoin pour les QPM. Si vous avez déjà suivi les séances à la télévision, vous savez de qui je parle : le petit lutin gallois presque chauve assis dans le box des officiels – derrière et à gauche du speaker – qui suit les échanges entre les deux côtés de la Chambre avec toute l'intensité d'un arbitre de Wimbledon.

Il incombait à Nicholas et à ses collaborateurs de préparer le gros dossier rouge mis à la disposition du Premier ministre, contenant un trésor d'arguments en faveur du gouvernement et de remarques pour éreinter l'opposition. Vous vous demandez peut-être comment des fonctionnaires de la Couronne, censés être impartiaux, peuvent vous mettre ainsi au fait des choses. La réponse est simple : c'est leur travail. Ils sont là pour vous aider à expliquer le gouvernement, l'action du gouvernement, de la meilleure façon possible. Et bien sûr, cela signifie aussi qu'ils vous aident à répliquer aux attaques de l'opposition.

J'ignorais totalement quelles étaient les orientations politiques de Nicholas – et cela n'avait pas d'importance. Si je me débrouillais bien à la boîte des dépêches, c'était que son équipe et lui s'étaient bien débrouillés. Voilà l'essentiel. Nicholas avait aussi la responsabilité de veiller à ce que je ne dise rien qui puisse tromper la Chambre, et que toutes les erreurs commises par mégarde soient promptement corrigées. J'ai appris à lui faire confiance et à respecter son jugement. De fait, si vous voulez gagner aux QPM vous devez…

4. *Être soutenu par une super équipe*

C'était mon cas. En plus d'être aidé par ces fonctionnaires épatants, j'avais autour de moi des as de la politique qui me coachaient, me bichonnaient, me murmuraient à l'oreille ce que je devais savoir sur tous les sujets.

J'ai lu quelque part que certains Premiers ministres passaient l'essentiel de leur mardi à se préparer pour les QPM du mercredi. Franchement je n'y crois pas, parce que nous n'avons tout simplement pas le temps pour cela. Je commençais à rassembler mes idées vers 17 heures le mardi, lorsque pendant trois quarts d'heure environ je m'asseyais pour discuter autour d'une table avec mon conseiller principal pour les QPM, Declan Lyons, un garçon barbu, toujours de bonne humeur, qui avait un flair extraordinaire – je crois qu'il vient d'une famille d'éleveurs de chevaux irlandais – pour les sujets que le Labour était susceptible d'aborder dans ses attaques.

« Alors voilà, monsieur le Premier ministre, m'annonçait parfois Declan (que nous surnommions Dekkers, voire Double Dekkers*, en référence

* Jeu de mots avec *double decker*, le nom du bus à impériale britannique.

à sa stature), faisant irruption dans mon bureau avec une liasse de notes imprimées. Je crois qu'il va en faire trois sur x et trois sur y » – et six ou sept fois sur dix, il avait complètement raison. C'était bizarre.

Je me demandais parfois s'il avait quelque canal de communication secret avec le Parti travailliste qui lui permettait d'échanger des informations et de devancer ainsi les questions de Keir. En tout cas, je pouvais me mettre au lit en ruminant plus ou moins les coups de poing que nous échangerions.

Mais je laissais en général l'essentiel du boulot pour le mercredi matin, moment où il est essentiel d'…

5. *Avoir une routine de jour de match*

Pendant un temps, à l'adolescence, j'ai joué assez sérieusement au rugby et avant chaque match important je cirais mes bottines Elmer Cotton, je mettais la bouilloire à chauffer pour remodeler mon protège-dents et je méditais sur le combat à venir. Je recommande de faire un peu la même chose avant les QPM.

Je me réveillais avant l'aube, je lisais le dossier et je prenais des notes, sur des feuilles A4 blanches, sur les questions politiques de la semaine. Quels étaient les événements importants du moment ? Sur quels points étions-nous vulnérables, et comment retourner la situation ? À 7 h 15 j'étais au parc pour courir avec Dilyn et faire des mouvements de gymnastique.

Vous avez besoin de cette dopamine. Il faut avoir fait de l'exercice en début de journée. Ensuite, je retournais à Downing Street, pour 8 h 45 ou 9 heures, et après la première réunion générale de la journée il était temps de faire une séance d'échauffement. À ce stade, Declan avait déjà déterminé quelle serait la question majeure à la Chambre.

Je ne sais pas comment il s'y prenait – en consultant Twitter ou en écoutant les porte-parole des Travaillistes dans les médias. Mais il savait, voilà tout. Il était en outre impitoyable et formulait son attaque de la façon la plus caustique et la plus blessante. Parfois, pour être franc, il frôlait l'impertinence. Je renvoyais la balle par-dessus le filet avec autant d'élégance que possible, testant les répliques qui avaient pu me venir à l'esprit depuis la veille au soir.

C'est à ce moment-là – quand vous essayez pour de bon de répondre à une question – que vous commencez à voir vos véritables faiblesses. C'est là que vous demandez à votre équipe de fouiller l'armurerie pour trouver de meilleures munitions. Ces infos sont mauvaises, protestais-je parfois. Trouvez de meilleures infos !

Mais le temps filait, il était presque 10 heures. D'ici deux heures je devais être là-bas, à la Chambre, et par la double porte du bureau j'entendais des murmures de conversation dans la salle du Conseil. Une équipe élargie se rassemblait là pour la répétition. Car le moment était venu de...

6. *Verrouiller les réponses*

Parce que je ne saurais trop insister: ce n'est pas le moment de jouer la carte de l'impro pleine de panache.

Au moment de vous lever devant la boîte des dépêches, vous devez savoir presque mot pour mot ce que vous allez dire. Vous êtes le Premier ministre. L'opposition vous cuisine, en public, sur des questions qui comptent énormément pour vos électeurs. Vous devez avoir pour les Communes et pour l'électorat la courtoisie élémentaire de préparer vos réponses et de les mettre à l'épreuve, de les tester jusqu'à l'implosion. C'est ce qui va se produire maintenant.

Vous franchissez la double porte tapissée de feutre bleu donnant sur la salle du Conseil, où le siège du Premier ministre est par convention légèrement tourné vers la droite pour vous permettre de vous asseoir rapidement. Tout le monde est silencieux.

C'est une équipe nombreuse qui est réunie autour de vous. Vous avez vos consultants médias et vos fonctionnaires chargés des QPM, vous avez votre équipe politique de Downing Street, dont votre secrétaire politique, et vous avez au moins quatre collègues parlementaires.

Il y a un de vos secrétaires parlementaires privés, peut-être même les deux. Également le chef des whips, assis en bout de table. Et quelques députés expérimentés qui sont ici pour rendre compte de l'humeur du moment aux Communes, et vous dire ce qui pourra passer et ne pas passer dans vos propos.

Dans mon cas j'avais la chance d'être soutenu par Michael Gove et Oliver Dowden, deux drogués de la politique et accros au théâtre parlementaire.

« OK, les amis, dites-vous. Voilà comment ça va se passer aujourd'hui, je pense. » Et vous expliquez de quelle façon, selon vous, le chef de l'opposition va bâtir son attaque. S'ensuit une petite heure d'échanges assez tumultueux, vos interlocuteurs se relayant pour jouer à Starmer et décocher leurs flèches, puis vous contre-attaquez, eux avançant alors des contre-attaques de qualité supérieure ou plus efficaces. Et durant tout ce temps vous prenez note des meilleures répliques et idées qui vous sont proposées.

Puis, vers 10 h 55, vous remerciez l'équipe avec effusion, et pendant que tout le monde sort de la pièce vous attrapez des feuilles de papier blanc et les divisez en six blocs : une feuille par sujet, avec six options possibles d'attaque et de défense.

Vers 11 h 45, Jo, la responsable de l'emploi du temps de Downing Street, passe la tête par la porte. « Monsieur le Premier ministre, il est vraiment l'heure d'y aller », dit-elle.

À présent vous longez le couloir ocre de trente mètres menant à la porte, que quelqu'un ouvre juste au moment où vous parvenez au vestibule dallé noir et blanc, vous apercevez les caméras alignées dans la rue, et la grande cacophonie débute.

« Allez-vous démissionner ? » crie un des journalistes, micro à la main (ils ont commencé à brailler cette question dès que je suis devenu Premier ministre ou presque.) « Votre gouvernement est-il condamné ? » Et ainsi de suite.

Je vous conseille de sourire de toutes vos dents, de ne rien répondre et, en prenant soin de dissimuler vos notes, de monter prestement à l'arrière de la voiture qui s'élance aussitôt vers la grande grille noire à l'entrée de Downing Street. À partir de maintenant la seule chose vraiment importante est de…

7. Donner l'impression de maîtriser

Le bachotage, c'est terminé. Il est temps de respirer la confiance en soi. Devant tout le monde. Vous croiserez des protestataires enragés qui hurleront des injures contre la voiture, et parfois même se jetteront en travers de la chaussée.

Votre escorte de motards, comme toujours, sait régler ce pépin avec une habileté consommée. Vous entrez peu après dans la Chambre des communes par une petite porte latérale derrière le fauteuil du speaker, vous grimpez énergiquement l'escalier en chêne mal éclairé et saluez d'un air enjoué votre staff parlementaire.

Pendant les cinq minutes environ qu'il vous reste, vous faites une petite séance à blanc avec Declan, en répétant ce que vous espérez être vos bons mots du jour, et peut-être en titillant votre équipe avec deux ou trois boutades saugrenues, juste pour voir s'ils sont attentifs.

« Non, monsieur le Premier ministre, objectent-ils avec des grimaces effarées, vous ne pouvez pas dire ça ! »

Une minute avant le coup d'envoi, la nouvelle arrive des whips : les questions écossaises sont presque terminées. Il est temps de tirer une dernière fois sur votre nœud de cravate, et puis de longer le couloir vert jusqu'à ce qu'un whip vous retienne brièvement d'un geste dans le hall, derrière le fauteuil du speaker. Là, certains des chroniqueurs parlementaires assis dans la galerie supérieure vous aperçoivent déjà dans la pénombre.

Votre cœur bat à tout rompre, faites-moi confiance. Ayez l'air serein. Ne rôdez pas à travers le hall. Ne feuilletez pas nerveusement le dossier. Il est trop tard. Vous êtes en piste.

« *Hear* HEAR* ! » crie le whip en vous donnant une poussée dans le dos, et les fidèles (ainsi que les pas si fidèles) reprennent l'acclamation.

Pendant que vous marchez vers votre place sur le banc du gouvernement et vous asseyez au milieu de vos collègues, je vous recommande de profiter de la confusion générale et du vacarme pour vous assurer d'avoir le doigt sur la première page du dossier afin de ne pas oublier la première réponse.

Quelqu'un a été tiré au sort pour crier : « Question numéro un, monsieur le speaker ! » Cette question numéro un, qui n'est dans les faits jamais énoncée, consiste à demander au Premier ministre de citer la liste de ses engagements du jour. Le but est de vous permettre de livrer une réponse si générale que toute question à venir sera pertinente et admissible, ou « recevable ». La Chambre des communes adorant ces rituels, vous devez faire cela correctement. Mais la réponse est étonnamment facile à oublier. Alors votre équipe vous l'imprime chaque mercredi.

« Monsieur le speaker, déclarez-vous, ce matin j'ai eu des réunions avec mes collègues ministres et d'autres personnes. En plus de mes devoirs dans cette Chambre, j'aurai d'autres réunions de même nature plus tard dans la journée. »

Une fois que cette dernière béquille a sauté, vous êtes livré à vous-même. Dans le vacarme qui s'ensuit je vous conseille fortement d'…

8. Observer les règles de courtoisie de la maison

Ne vous mettez pas en colère, ou seulement pour exprimer une indignation vertueuse. Ne perdez pas votre sang-froid. Je vous encourage vivement à ne pas crier ou jurer en aparté – j'ai peur de l'avoir fait, trop souvent –, parce

* Une exclamation fréquemment entendue aux Communes, qui date du début du XVIe siècle, en signe d'approbation ou de soutien à un collègue, contraction de *hear them, hear them* (« écoutez-le/la, écoutez-le/la »).

que même si cela échappe aux caméras, et même si le speaker ne s'aperçoit de rien, le banc de l'opposition sentira que vous êtes stressé.

Vous pouvez vous permettre de changer de ton suivant la question qui vous est posée, ou la personne qui l'a posée. Vous pouvez paraître sincèrement intéressé et reconnaissant. Vous pouvez, sur le bon sujet, avoir l'air furieusement scandalisé.

De temps à autre, mais hors de question de jouer cette carte trop souvent, vous pouvez admettre votre totale ignorance sur un sujet, et proposer d'écrire au député concerné. Quand ce sont vos propres députés d'arrière-ban qui vous interrogent, souvenez-vous qu'il s'agit d'un moment crucial pour eux. Ils ont besoin du meilleur extrait vidéo possible pour leurs réseaux sociaux. Alors, mettez le paquet. Montrez que vous avez suivi leurs campagnes. Soulignez la chance qu'ont leurs élus d'avoir un tel capitaine pour leur circonscription. S'il vous est demandé d'y effectuer une visite, affirmez sans ambages que pour rien au monde vous ne manquerez cela.

Quand vient le tour du Parti national écossais et des Libéraux-Démocrates, rappelez-vous qu'environ 80 % des membres des Communes éprouvent envers ces députés une certaine hostilité, sinon du mépris. Par conséquent la meilleure solution, si possible, est de se moquer gentiment d'eux parce que leurs questions ne comptent pas tant que ça.

Seules six questions ont de l'importance lors des QPM, et elles proviennent toutes du chef de l'opposition. Quand vous vous levez pour répondre, vous devez vous rappeler que pour beaucoup de gens ces minutes qu'ils suivent à la télévision sont essentielles, car c'est maintenant que le Premier ministre est contraint d'apporter des explications à certains des plus grands problèmes auxquels ils sont confrontés dans leur vie : les retards de traitement de leurs cancers, les factures écrasantes de leur foyer, l'incapacité dans laquelle se trouvent leurs enfants d'acquérir un logement, etc.

Ne soyez pas désinvolte. Mais si vous montrez que vous comprenez, au minimum, et que vous avez de l'empathie, vous avez le droit de répliquer aussi fort que vous le souhaitez. Il faut rester bref, mais la réponse idéale se décompose en trois parties :

a) Bien que je compatisse aux souffrances de x, y ou z, le ou la très honorable x a tort.

b) En réalité nous faisons x, y, z et avons investi x milliards.

c) Aucune de ces solutions ne serait possible sous un gouvernement travailliste parce que (et là, vous espérez que vos bancs vont brailler leur assentiment pendant que vous citez au moins l'une des affirmations suivantes, toutes globalement crédibles) : les Travaillistes sont faibles dans le domaine de la Défense ; la création de richesses leur fait horreur ; ils détestent de manière générale la propriété privée tout en vivant eux-mêmes dans d'élégantes maisons à Islington ; ils se prosternent devant Bruxelles ; ils libéreraient les détenus bien trop vite ; ils feraient sauter les contrôles aux frontières et reviendraient à la libre circulation ; leurs rangs grouillent d'antisémites ; ils ont mis l'économie en faillite la dernière fois qu'ils étaient au pouvoir ; et, monsieur le speaker, souvenez-vous, avec le Labour le chômage est toujours, toujours plus élevé à la fin de son mandat que lorsqu'il arrive aux affaires ! S'ensuivent les hourras des Tories – du moins vous l'espérez.

Vous devez être bref, comme je disais, parce que sinon le speaker vous interrompra. Mais vous ne devez rien laisser passer et attaquer sans relâche parce que les QPM sont une opportunité, une chance pour vous de donner un cadre au débat et de...

9. Coincer votre adversaire

Les premiers mois contre Starmer ont été durs, depuis son élection à la tête du Labour au printemps jusqu'à la fin de l'année 2020. Avec le cauchemar du Covid, la partie était somme toute plus facile à jouer que d'ordinaire pour Keir.

La plupart des électeurs étaient d'accord avec les Travaillistes pour que le gouvernement impose des restrictions plus sévères alors que l'idée du confinement rendait les députés tories de plus en plus nerveux. J'avais du mal, par moments, à avoir mon propre parti de mon côté. Au bout d'un certain temps j'ai cependant fini par comprendre que l'image publique de Starmer – le juriste du nord de Londres – pouvait être retournée contre lui. Non content d'être un partisan geignard du Remain et un libérateur de violeurs, il était avocat.

Qu'est-ce qu'un avocat ? Quelqu'un qui est payé pour avoir une opinion, puis une autre ! Starmer était une girouette humaine, ai-je décidé, qui suivait le vent. Il avait annoncé qu'il était pour la république et qu'il voulait se débarrasser de la reine, mais il s'enveloppait à présent dans le drapeau du Royaume-Uni.

Il avait dit à tout le monde que Jeremy Corbyn ferait un grand Premier ministre, et voilà qu'il essayait de l'expulser de son parti.

Il avait maintes fois réclamé un nouveau référendum sur l'Union européenne, mais la simple évocation de cette question le plongeait désormais dans l'embarras.

Quant au Covid, là, il partait vraiment dans tous les sens. Les enfants pouvaient-ils retourner sans danger à l'école à l'été 2020 ? Quelle était l'opinion de son parti sur la task force Vaccins ?

Il disait d'abord une chose, puis son contraire. Il prenait d'abord une option, puis une autre. Aux yeux du public, sa façon de trouver à redire sur tout, sans proposer lui-même de programme concret, sentait un peu l'opportunisme.

Il était notre « Capitaine après coup », disais-je. Arrivé au printemps 2021, en outre, je m'étais fait une autre observation. Il y avait quelque chose d'assez placide dans sa façon d'aborder les QPM. Je veux dire qu'en dépit de son passé de procureur de la Couronne, il pouvait se montrer un peu lent à la détente. Il posait une question, j'y répondais, puis il reposait juste la même question. J'ai aussi commencé à l'appeler « le piquet humain » et « Sir Barbant-à-dormir-debout » – et je crois que cela l'a un peu crispé.

En 2021, alors que nous commencions à reprendre la tête dans les sondages et gagnions Hartlepool, on me dit qu'il aurait même envisagé de démissionner. Je ne sais pas très bien si je dois croire cela, et s'il m'avait posé la question je lui aurais certainement conseillé de ne pas se laisser abattre. En politique l'inconstance est reine.

Pour finir…

10. Les QPM ne font pas la pluie et le beau temps

Cette séance est un baromètre. Une façon de voir où vous en êtes de manière générale. Mais elle ne façonne pas, ne détermine pas le cours des événements politiques.

La plupart des gens conviennent que William Hague est un brillant orateur, le Michael Grove de son temps. Quand il était chef de l'opposition, de 1997 à 2001, il l'emportait régulièrement sur Blair aux QPM. Problème : très peu de gens remarquaient la chose et encore moins y attachaient de l'importance. Nous étions alors à un stade où la population s'était fait une certaine image de Blair, et une certaine image des Tories, et le déroulement des QPM n'y changeait pas grand-chose.

C'était Guignol, un jeu de castagne. Si Blair prenait un mauvais coup de temps en temps, la belle affaire – il se relevait toujours. En 2021, il me semblait que j'étais également engagé dans une mission à long terme, pour niveler par le haut, pour changer la Grande-Bretagne, et que j'étais plus ou moins inattaquable.

Bien sûr je me faisais des illusions. Néanmoins, il y a eu une longue période où les QPM sont devenues plus faciles, où les acclamations de mon camp semblaient sincères et ferventes, et où le pauvre Starmer paraissait chamboulé par mes attaques primaires. Ce n'était pas parce que je devenais meilleur à cet exercice des QPM. C'était juste que le gouvernement, dans l'ensemble, commençait à obtenir de bons résultats.

Chapitre 47

TRIOMPHE À CARBIS BAY

Un bon G7 – et la naissance secrète de l'accord Aukus

Les lecteurs d'Enid Blyton se rappellent que dans ses histoires de pension de jeunes filles, on voit souvent dans les premières pages les élèves converger vers Malory Towers, l'établissement pittoresque de la côte des Cornouailles si cher à leur cœur. Le soleil brille, le ciel est bleu, la mer couleur de myosotis et, oh chouette, ma parole, voilà qu'un nouveau trimestre commence !

Après l'oisiveté forcée des vacances, les jeunes filles jubilent de renouer leurs amitiés. Leur excitation est telle qu'elles se tapent dans le dos et s'apostrophent à grands cris par leurs prénoms.

C'était à peu près l'humeur des dirigeants des pays du G7 quand nous nous sommes réunis dans les Cornouailles du 11 au 13 juin 2021. Après dix-huit mois de confinements et de visioconférences Zoom, nous étions juste transportés de joie de nous voir en chair et en os, et une atmosphère de franche camaraderie postpandémie n'a pas tardé à régner sur notre petit coin de Grande-Bretagne.

Nous avons peut-être respecté la distanciation sociale pour la photo de famille, mais nous nous sentions tous suffisamment immunisés pour faire nos réunions sans masque et nous serrer la main. À vrai dire, nous nous sommes bien pelotés.

En toile de fond de ce gazouillethon diplomatique de trois jours, les Cornouailles nous ont fait un accueil splendide. Le Carbis Bay Hotel s'est montré plus qu'à la hauteur. Pendant que nous festoyions sur la plage couleur biscuit – avec des tonnes de bonnes choses –, je me suis rappelé un personnage féminin de Blyton qui insiste toujours sur le fait que la nourriture a meilleur goût en extérieur.

C'est dans cette scène d'ouverture déterminante, comme tous les mordus de Blyton le savent, que les caractères des écolières principales sont rapidement mais puissamment esquissés. Il y a toujours une fille à la langue bien pendue, connue pour son sens de l'humour assez cinglant, qui s'appelle quelque chose comme Alicia.

C'était le rôle d'Angela Merkel, chancelière de l'Allemagne, qui est en fait beaucoup plus rigolote que les gens ne l'imaginent et excellente pour décocher des flèches à la fatuité. Et puis il y a généralement une Française en échange scolaire, qui est plutôt menue, délicate et inquiète d'attraper des taches de rousseur sur le nez. Pas difficile de deviner que ce rôle était tenu par Emmanuel Macron, président de la France.

Les histoires d'écolières d'Enid Blyton comportent souvent une paire de jumelles très compétitives, et à Carbis Bay nous avions la délicieuse rivalité des eurochefs : Ursula von der Leyen, présidente de la Commission européenne, qui se bagarrait pour la première place avec Charles Michel, président du Conseil européen.

Leurs équipes se chamaillaient héroïquement pour savoir qui devait avoir la meilleure chaise aux réunions, qui devait être le plus près du centre de la photo de famille. Je ne me souviens sincèrement pas de la bonne réponse, et tout le monde s'est retrouvé dans la joie devant l'objectif.

Il y a toujours une fille sportive qui insiste pour nager dans les vagues fortifiantes de l'Atlantique : Justin Trudeau, Premier ministre du Canada, était partant pour un plongeon de bonne heure le matin. Mais l'écolière qui fait à chaque histoire le plus sensation est en général la Nouvelle, dont le père est si riche et si puissant qu'elle arrive à la pension dans une voiture plus grosse et plus luxueuse que celles de toutes ses futures camarades.

Ses bagages portent son monogramme et elle possède une raquette de tennis de chez Harrods, ainsi qu'une gigantesque boîte à provisions. Elle est si riche, à vrai dire, qu'on est un peu mal à l'aise de voir les autres filles rivaliser toute honte bue pour lui faire de la lèche. Dans le rôle de la nouvelle fille super friquée de l'école, nous avions bien sûr Joe Biden, président des États-Unis, dont le cortège de véhicules noirs était tellement long – avec pour pièce maîtresse la Cadillac « Beast » du grand homme lui-même, pesant dix tonnes et aux vitres blindées de douze centimètres d'épaisseur – qu'il engorgeait presque les petites routes des Cornouailles. Cela doit être merveilleux d'être président des États-Unis, quoiqu'un peu épuisant en même temps, parce que, où que vous alliez, quel que soit le sommet auquel vous participez, en général vous êtes au centre de l'attention.

Aux rencontres comme celles du G7, on a l'occasion de voir les puissances de seconde catégorie de la planète s'appliquer à rendre hommage au chef avec des contorsions simiesques, à montrer pour ainsi dire leurs derrières comme des babouins. À Carbis Bay la compétition a été particulièrement vive, car c'était le premier voyage en dehors des États-Unis du nouveau président. Pendant les six premiers mois de son mandat il était resté confiné chez lui – comme chacun d'entre nous – et à présent nous étions tous dévorés par la curiosité. Avait-il l'air aussi âgé que ses détracteurs le disaient parfois ?

Son staff nous a annoncé qu'il ne monterait pas à bord de notre vaste porte-avions – que nous avions fièrement mis au mouillage dans la baie –, car cette visite supposait trop de marches à monter, et nous nous sommes demandé ce que cela racontait de sa forme physique. Et qu'en était-il de son acuité mentale ?

Et s'il s'endormait pendant les réunions ? Bon, tout ce que je peux dire, c'est que dès l'instant où Joe et Jill Biden sont sortis de leur gigavoiture, ils ont été le charme personnifié. Le président portait ses lunettes de soleil d'aviateur et un grand sourire attachant, aux dents d'une blancheur éblouissante. Et il connaissait nos noms !

« Je vois que Boris et moi avons tous les deux épousé des femmes que nous ne méritons pas », a-t-il dit quand je lui ai présenté Carrie. Elle lui a apparemment beaucoup plu. « Pourquoi on n'irait pas à la plage ensemble, vous et moi », lui a-t-il dit un peu plus tard, et il m'a désigné – Jill Biden levait les yeux au ciel – « en le laissant, lui, ici ? »

Les Biden avaient apporté des cadeaux : un petit vélo pour Wilfred et un vélo customisé pour moi – décoré de l'Union Jack et de la bannière étoilée, ainsi que de fac-similés en argent de nos deux signatures. L'objet était à vrai dire si précieux que pour pouvoir le garder, en accord avec nos lois britanniques très convenables, j'ai été obligé de l'acheter pour un montant considérable au Royaume-Uni.

Carrie, de son côté, a eu droit à des vêtements et à plein d'accessoires sympas de la part de Jill Biden. Et que croyez-vous que nous leur avons offert en échange ? À Downing Street, personne n'avait la moindre idée de cadeau pour le président. Peut-être un portrait ? Avions-nous connaissance d'un personnage britannique qu'il soit susceptible d'admirer ? Mais Biden rappelait souvent avec fierté que ses origines étaient irlandaises, pas britanniques. Hmm…

Puis quelqu'un a mentionné un certain Frederick Douglass, leader abolitionniste du XIXe siècle américain, mais qui apparemment avait fait un voyage en Écosse. Pouvions-nous trouver une image de lui ? Je ne sais pas très bien quels efforts nous avons produits en ce sens, mais nous n'avons pas réussi à trouver de photographie ou de portrait du bonhomme de notre côté, et au bout du compte je crains que nous ne nous soyons contentés d'imprimer la photo de sa page Wikipédia.

Les Biden avaient dépensé de milliers de dollars pour nous. Je doute que nous ayons investi un seul penny pour eux. C'était fabuleusement mesquin de notre part, même si je suppose que cela nous vaudra l'approbation du contribuable britannique. Sur le moment je m'en suis beaucoup voulu, car ces marques d'attention peuvent prendre une étrange importance, et pour ce qui était de payer leurs tributs à Biden je savais que les autres chefs d'État ne feraient pas les choses à moitié.

Oui, voilà Emmanuel Macron qui s'avance, obséquieux, avec une caisse de vin tape-à-l'œil, cadeau du peuple français au président américain.

« Nommé en l'honneur de Lafayette », a-t-il précisé en me montrant l'étiquette et en nous rappelant que Lafayette est ce général révolutionnaire français qui s'est battu aux côtés de George Washington contre, *bien sûr**, les Britanniques !

J'ai serré les dents. Cela peut paraître un peu immature, toute cette rivalité entre nous pour gagner l'affection de Biden, mais les enjeux étaient de taille. Quelle tendance devait l'emporter à la Maison Blanche de Biden : son soutien affirmé à l'UE, ou sa fidélité instinctive à la relation spéciale des États-Unis avec la Grande-Bretagne ?

Il était bien connu que j'avais été en excellents termes avec Donald Trump, mais les médias s'étaient convaincus d'une façon ou d'une autre que la Maison Blanche de Biden serait différente – plus distante, plus sceptique vis-à-vis du Brexit. Lui qui était irlando-américain, disaient-ils, il préférerait sûrement l'Union européenne à l'Irlande du Nord.

Eh bien, le moment de vérité était arrivé. Il était tout à fait essentiel que Joe Biden et moi fassions cause commune et, plus spécifiquement, il fallait que je conclue un certain accord.

Je devais profiter de ce sommet de Carbis Bay pour le persuader d'accepter, en secret, une proposition géostratégique brillante, ambitieuse, dont le seul inconvénient – triste mais inévitable – était qu'elle mettrait les Français dans tous leurs états. Dans un monde idéal, nous aurions conclu cette affaire ailleurs, à un moment où nous n'avions pas Macron et des centaines de diplomates français dans les pattes. Mais nous n'avions pas le choix.

Carbis Bay était notre première occasion de nous rencontrer, le président américain et moi, et l'opération devait se faire tout de suite. Le sommet du G7 comptait beaucoup, car les dirigeants des économies occidentales avaient enfin la possibilité de se réunir, de se ressaisir ensemble, d'examiner le paysage dévasté de l'après-Covid et discuter de la marche à suivre pour l'avenir.

Dans cette optique j'avais choisi de convier des invités supplémentaires, des dirigeants de grandes démocraties industrialisées qui ne faisaient pas partie du G7 : le président Moon Jae-in de Corée du Sud ; le président Cyril Ramaphosa d'Afrique du Sud ; le Premier ministre Scott Morrison d'Australie ; et le Premier ministre Narendra Modi d'Inde (qui a été contraint de se joindre à nous via Zoom, car le fléau du Covid faisait encore rage dans son pays). Les onze délégations – plus les présidents de l'UE – se sont retrouvées dans ce charmant hôtel de bord de mer dont certaines parties avaient dû être plus ou moins reconstruites pour satisfaire aux exigences des services de sécurité du président américain. Et bientôt tous les hôtels des Cornouailles ont été pleins à craquer, au point que certains aides de camp ont dû aller jusqu'au pays de Galles pour se loger.

Je sais que des lecteurs seront sceptiques quant à l'intérêt de ces sommets – et si vous regardez les photos prises à Carbis Bay, sous notre éclatant soleil, vous pourriez penser que tout cela n'a servi qu'à un ramassis de politiciens de prendre du bon temps aux frais du contribuable. Voyant les barbecues de bois flotté crépiter sous les grilles de homards des Cornouailles tout juste pêchés, vous auriez pu dire que cette rencontre ne servait qu'à brasser de l'air. Je répondrais que ce jugement n'est pas seulement sévère, il est aussi erroné.

Le monde venait d'être mis sens dessus dessous. Le Covid nous avait percutés comme un trente-huit tonnes – et selon bien des critères les plus pauvres de la planète avaient été les plus durement touchés. Nous devions montrer que nous, les grandes démocraties du monde, avions les réponses qu'il fallait, que nous avions un plan adapté pour reconstruire, et en mieux – Build Back Better.

La première leçon de la pandémie du Covid crevait les yeux. Pourquoi étions-nous en mesure de nous rencontrer ? Pourquoi cette scène de retrouvailles ?

Pourquoi Joe Biden, 78 ans, se sentait-il assez confiant pour participer à un événement qui, il y a peu encore, aurait pu être qualifié de superpropagateur ? Parce que nous avions tous été vaccinés, et parce que la caractéristique la plus intéressante des vaccins efficaces était qu'ils étaient des produits – tenez-vous bien – des démocraties occidentales industrialisées avancées.

Qui parmi nous avait utilisé les vaccins chinois en poil de singe de Sinovac et Sinopharm ? Qui avait reçu une dose de Sputnik, la potion russe ? Exactement.

Il y avait une différence entre les vaccins produits par les démocraties capitalistes occidentales et les vaccins produits par les autocraties, à savoir que nos vaccins à nous fonctionnaient bel et bien. Ils étaient les fruits de multinationales pharmaceutiques géantes et de collaborations scientifiques internationales.

Aussi la première conclusion à tirer de la pandémie était évidente, en tout cas à mes yeux. Nous avions besoin de plus de capitalisme, et de plus de démocratie, pas moins de ces deux choses, et nous avions besoin de davantage de coopération technologique entre les démocraties capitalistes. Regardez Pfizer : un assemblage turco-germano-américain. Regardez AstraZeneca : une entreprise suédo-britannique, avec un PDG français, qui effectuait ses essais au Brésil et fabriquait beaucoup de ses doses (dont la mienne) en Inde.

Il me semble que les vaccins illustrent un argument irréfutable et crucial dans le grand débat de notre époque. Ils soulignent que les démocraties capitalistes occidentales – dans lesquelles les entreprises doivent rendre des comptes aux consommateurs et aux actionnaires – sont bien plus susceptibles de produire des innovations qui profitent à l'humanité que les entreprises sous les ordres des cadres du parti et du Politburo.

Nous, les dirigeants de ces démocraties, avions été envoyés à Carbis Bay pour témoigner, avec les vaccins qui coulaient dans nos veines, de cette vérité : la liberté intellectuelle, la liberté commerciale et la liberté politique sont au bout du compte cruciales pour répondre aux besoins de l'humanité. Tout l'esprit de ce sommet consistait donc à renforcer et à développer plus encore cette coopération.

Le premier jour, Joe Biden et moi nous sommes réunis – et toutes mes craintes se sont envolées. Il résistait aux pressions de l'Union européenne et de certains de ses propres conseillers, je crois, et il refusait clairement d'intervenir dans la querelle sur l'Irlande du Nord.

« Jamais je n'imaginerais, a-t-il dit, expliquer à un ami et un allié comment diriger son pays. »

Puis il m'a complètement désarmé en me racontant que les racines de sa famille ne se trouvaient en réalité pas du tout en Irlande, car les Biden étaient une vieille famille de marins du Kent (ce qui paraît plausible, car la terminaison *den* est courante dans le Kent).

Je suppose qu'il exprimait peut-être une version légèrement différente des choses lorsqu'il se trouvait à Dublin. Mais qu'importe ! Il était partant sur à peu près tout pour faire avancer la relation.

Nous nous sommes entendus sur une nouvelle Charte atlantique. Elle définissait un cadre de coopération approfondie entre les États-Unis et le Royaume-Uni pour de nombreuses technologies importantes, sur le changement climatique et en matière de développement. Elle soulignait aussi l'engagement des États-Unis dans la sécurité de l'Europe : une prise de position qui n'était pas anodine de la part de Biden, quand on songe à ce qui devait arriver à l'Ukraine l'année suivante.

Nous avons assez longuement discuté d'une proposition – dont l'origine se trouvait à Downing Street mais que la Maison Blanche avait reprise – d'alternative occidentale, démocratique et de libre-échange à la politique des nouvelles routes de la soie de la Chine. Le Covid n'avait pas seulement frappé les plus pauvres très durement : nombre des pays concernés grognaient sous le poids de leurs dettes envers Pékin.

Ce qu'il leur fallait, c'était de l'investissement occidental, piloté par le marché. Pour qu'ils aient un espoir de verdir leurs économies, pour qu'ils réussissent effectivement à se développer et à lutter contre le changement climatique, ils avaient besoin de beaucoup plus d'argent qu'aucun gouvernement ne pouvait en offrir seul. Ils avaient besoin des institutions financières internationales (la Banque mondiale, le Fonds monétaire international, les banques de développement) pour libérer les milliers de milliards du marché.

Cela valait mieux, indiscutablement, que d'abandonner le terrain aux usuriers chinois. Il nous fallait un plan pour concrétiser cette idée, pour nous assurer de diffuser les technologies vertes à travers le monde entier avec l'aide de la finance occidentale. Nous avons d'abord appelé notre idée « Clean Green Initiative », mais l'entourage de Biden a préféré « Build Back Better World ». Moi, les deux formules me convenaient. Cette idée devait en tout cas être à la base d'une grande partie du travail que nous effectuerions au sommet de la COP26 de Glasgow six mois plus tard. Et une autre idée a vu aussi le jour à Carbis Bay, une autre proposition concrète pour élargir et approfondir notre sécurité collective par le partage des technologies.

La seule différence avec les autres projets du G7, c'est que celui-ci n'a pas été mentionné dans le communiqué et que presque personne n'en a eu connaissance sur le moment.

Nous l'appelions l'Aukus[1]. Dans un premier temps, il avait simplement porté sur un programme pratique pour équiper l'Australie de sous-marins adéquats. En quelques mois, cependant, il s'était transformé en un nouveau pacte de défense complet, couvrant trois continents et réunissant trois pays qui se faisaient si profondément confiance qu'ils étaient prêts à partager leurs secrets les plus précieux, non seulement en matière de propulsion nucléaire mais aussi pour nombre de technologies de défense clés du XXIe siècle.

En arrivant à Carbis Bay, le Premier ministre australien, Scott Morrison, était en proie à un dilemme et avait besoin de l'aide du Royaume-Uni. Selon un accord conclu par son prédécesseur, Malcolm Turnbull, l'Australie avait passé commande auprès de la France pour s'équiper en sous-marins de nouvelle génération. Comme il arrive toujours avec ce genre de contrats, l'affaire prenait plus de temps que prévu, et se révélait aussi plus coûteuse que les Australiens ne l'avaient espéré. Mais il y avait un autre problème, plus fondamental. Sans entrer dans les détails, disons que les moteurs diesel français étaient trop bruyants.

Les sous-marins seraient détectables, et vu que la technologie chinoise ne cessait de progresser, les Australiens craignaient d'acheter des navires déjà obsolètes. Leurs amiraux étaient donc assez anxieux et avaient engagé la conversation en privé avec nos amiraux.

Et les unités de propulsion nucléaire de Rolls-Royce ? demandaient-ils. Serait-il possible d'envisager une collaboration ? La Grande-Bretagne aurait bientôt besoin, elle aussi, d'un nouveau sous-marin. Si le contrat avec la France passait à la corbeille, la Grande-Bretagne et l'Australie pouvaient-elles s'entendre pour construire ensemble une nouvelle génération de sous-marins ?

Eh bien, certainement, a répondu Tony Radakin, notre First Sea Lord – le commandant général de la Royal Navy – qui a montré une grande créativité pour faire avancer le projet. Mais ce genre de décision, c'est de la politique au plus haut niveau.

Radakin et mon conseiller à la sécurité nationale, Sir Stephen Lovegrove, sont donc venus me voir pour que nous discutions des complexités du dossier. Les moteurs à propulsion nucléaire de nos sous-marins sont effectivement fabriqués par Rolls-Royce, et nous avons une très grande expertise dans notre pays pour la mise au point de ces machines.

Mais il est aussi exact que nous avons cette technologie sous licence américaine – car, vous vous en souviendrez, dans un acte de générosité typique du Royaume-Uni, nous avons été le premier pays au monde à réaliser la fission de l'atome, puis, en pleine Seconde Guerre mondiale, nous avons confié nos secrets nucléaires aux États-Unis, dans le cadre de l'opération Tube Alloys, pour leur permettre de fabriquer la bombe A. Et depuis lors nous sommes toujours restés en position de partenaire junior.

Ces secrets touchant à la propulsion nucléaire, strictement parlant, il ne nous appartenait pas de les partager. Comme ils étaient détenus conjointement par le Royaume-Uni et les États-Unis, nous avions besoin de l'approbation de Washington pour engager un partenariat avec l'Australie. Nous pensions que les Américains seraient susceptibles d'accepter mais qu'ils se montreraient aussi méfiants.

La relation nucléaire anglo-américaine est unique en son genre. Nous nous faisons confiance. Nous avons des systèmes et des protocoles établis pour empêcher la prolifération et le vol des technologies que nous avons en commun. Les Américains seraient-ils disposés à élargir le partenariat pour y faire entrer nos amis australiens ? Pendant des semaines nous avons travaillé d'arrache-pied sur le projet. Les premiers signaux étaient encourageants. Jake Sullivan, le conseiller à la sécurité nationale américain, semblait aimer cette idée, mais tout dépendait de Biden.

Lorsque Scott Morrison m'a expliqué en quoi consistait le projet Aukus (un acronyme pour *Au*stralie, *UK* et *US*), il était clair qu'il soulevait un gros problème : il signifiait que l'Australie devrait commencer par dénoncer le contrat de livraison de sous-marins, hautement lucratif pour les Français, qu'elle avait signé avec eux, et prendre position pour l'anglosphère.

Nous nous rendions tous bien compte que la pilule serait terriblement dure à avaler pour l'Élysée. En apprenant la nouvelle, Emmanuel Macron allait sans doute *jeter ses jouets dehors de la poussette*♦ et *manger le tapis*♦*. Donc la grande question était : Biden serait-il prêt à collaborer sur un projet, aussi bénéfique puisse-t-il être au bout du compte pour les États-Unis et le monde entier, qui supposait de commencer par gravement taper sur le système des Français ?

Je devrais dire ici qu'à ce stade, personnellement, je n'avais pas la moindre inhibition. J'adore la France et les Français. Ma très chère grand-mère paternelle, que nous appelions Grannybutter, était française, et je m'efforce de lire dix pages de roman en français chaque jour. J'avais aussi de l'amitié (et j'en ai toujours) pour Emmanuel Macron, et depuis deux pleines années j'avais essayé de m'insinuer dans les bonnes grâces du jeune dirigeant français pour que nous bâtissions un nouveau partenariat anglo-français post-Brexit. Je dois vous dire les choses telles qu'elles sont : j'avais été à peu près systématiquement éconduit.

Vous vous rappelez peut-être comment, dans un précédent chapitre, j'ai raconté que l'un de mes premiers déplacements en tant que Premier ministre s'est fait à Paris, pour rencontrer Macron, et que j'ai essayé de l'intéresser à toutes sortes de partenariats anglo-français – sans succès. Macron souriait de façon énigmatique, mais il était clair que la Grande-Bretagne de l'après-Brexit, et en particulier son dirigeant, étaient *dans le frigo*♦**.

* *Sic* et *sic*. Deux traductions libres de Boris Johnson des expressions anglaises *throw one's toys out of the pram* (« faire le bébé ») et *chew the carpet* (« piquer une crise »).

** *Sic*. En anglais *in the cold* (« laissés en plan »).

Un an plus tard, j'ai réessayé. Il est venu à Londres après le premier confinement, en juin 2020, et nous avons tenté une nouvelle remise à plat. Nous avons commémoré le célèbre appel du 18 juin 1940 du général de Gaulle à l'adresse de la France libre. Nous avons organisé un défilé aérien et une garde d'honneur avec les Horse Guards – qui a juste été un peu gâchée par une crise de nerfs de Dilyn dans le jardin de Downing Street.

« *Iz zat your deurg* ?* » a demandé Macron avec incrédulité. Je lui ai proposé d'avoir l'honneur de tenir Dilyn dans ses bras, mais curieusement il a refusé. Une fois de plus, lors de cette rencontre, j'avais plein d'idées pour renforcer notre coopération technologique. Et le numérique ? Et le transport supersonique – si nous mettions au point un nouveau Concorde anglo-français pour le XXIe siècle ?

Tout de même, il était absurde que deux des plus grandes économies du monde, distantes d'un peu plus de trente kilomètres l'une de l'autre, ne soient reliées que par une seule voie ferrée. N'était-il pas temps, ai-je dit (j'improvisais un peu), d'envisager une nouvelle liaison routière transmanche ?

« *Non*[♦] », a répondu Macron, assez brusquement ai-je trouvé, comme s'il était épouvanté à l'idée de voir des hordes de Britanniques voraces débouler dans son pays relativement sous-peuplé – un peu comme les habitants des villages de l'Oxfordshire protestant contre l'idée d'un pont sur la Tamise depuis Reading.

Le temps passant, il est devenu évident que si Macron était lui-même tout à fait plaisant, et si nous étions souvent du même avis sur des questions importantes, il ne plaisantait pas quand il disait que la Grande-Bretagne du Brexit devait être punie. Et je crains par conséquent d'en être arrivé à le soupçonner d'être proprement casse-pieds sur certains sujets.

Prenez ce que nous appelons au Royaume-Uni les « petits bateaux », cet interminable défilé de canots pneumatiques et autres embarcations pas franchement en état de prendre la mer qui traversent la Manche vers la Grande-Bretagne depuis les côtes françaises, qui font risquer leur vie à des dizaines de milliers de migrants chaque année – et qui exaspèrent la population de notre pays. Les Français refusent de nous laisser patrouiller sur les plages de Calais – elles ne sont plus britanniques depuis longtemps.

Ils insistent pour faire ce travail eux-mêmes, et nous leur donnons donc des centaines de millions de livres par an pour surveiller les plages et juguler

* « C'est votre chien ? » L'orthographe choisie (au lieu de *Is that your dog?*) rend compte de l'accent comiquement français que Boris Johnson entend dans la bouche de son interlocuteur.

cette immigration. Voyant les bateaux continuer d'affluer mois après mois, j'ai commencé hélas à me poser des questions. Les Français faisaient-ils tout leur possible ? L'Élysée montrait-il clairement que cette question était une priorité absolue ?

À mes yeux, il semblait au moins envisageable que Macron exploite le problème à son avantage en permettant discrètement aux migrants de franchir la Manche en nombre suffisant pour rendre la population britannique dingue et saboter l'une des grandes réalités du Brexit: le fait que nous avions repris le contrôle de nos frontières. Au cours des derniers mois, en outre, nous avions eu droit à son comportement franchement dangereux de rétention égoïste sur le vaccin AstraZeneca, avec le kidnapping des 5 millions de doses appartenant au Royaume-Uni.

À présent nous avions une nouvelle dispute avec la Commission, une de plus, au sujet de l'Irlande du Nord. J'avais semble-t-il été trop confiant envers l'UE lors des négociations ultimes de décembre 2020 en éliminant notre arme toute-puissante, les clauses dérogatoires du projet de loi UKIM permettant au gouvernement du Royaume-Uni d'insister sur son droit à commercer à sa guise *à l'intérieur de ses propres frontières.*

J'étais parti du principe que la Commission agirait avec modération et raison dans la mise en application de l'accord. Elle me donnait tort. L'UE bloquait la circulation de marchandises courantes – le bacon, les saucisses, les plantes en pot, les paquets de sablés – entre la Grande-Bretagne et l'Irlande du Nord.

C'était insensé. Les saucisses fabriquées en Angleterre, au pays de Galles ou en Écosse ne sont pas seulement produites selon les normes les plus strictes. Elles sont aussi – à coup sûr elles l'étaient en 2021 – en parfaite conformité avec toute la réglementation de l'UE. Alors pourquoi Bruxelles insistait autant pour mettre des contrôles en place à l'entrée en Irlande du Nord ? Cela rendait dingues les unionistes de l'Ulster. Et j'étais moi-même assez fâché. Aussi, le deuxième jour du sommet de Carbis Bay j'ai poliment abordé la question lors de ma réunion bilatérale avec Macron.

Il a froncé les sourcils, perplexe. « Mais l'Irlande du Nord est un pays étranger, a-t-il dit. Il est raisonnable d'avoir des contrôles en place. »

Là, comme vous pouvez l'imaginer, j'ai failli péter les plombs. Le truc, avec l'Irlande du Nord, ai-je fait remarquer, ce qu'il ne s'agit PAS d'un pays étranger. C'est une partie du Royaume-Uni.

Que penseriez-vous, ai-je demandé, si une puissance étrangère disait aux Français qu'ils n'ont plus le droit de transporter de saucisses de Toulon à

Paris, ou de Strasbourg à Paris ? Sur le moment je n'ai pas réussi à savoir s'il était réellement confus ou s'il me faisait marcher. Après le sommet j'ai parlé de Macron avec Sa Majesté la reine. Elle avait rencontré tous les dirigeants et leurs conjoints lors d'un splendide dîner organisé le premier soir à l'Eden Project*.

Elle a observé qu'il semblait y avoir une différence d'âge intéressante entre M. et Mme Macron.

« Oui, ai-je dit, il a épousé son enseignante.

– Eh bien, a dit la reine. Elle ne lui a pas enseigné beaucoup d'histoire. »

Avec le recul je pense qu'il savait, bien sûr. Il connaissait les sensibilités de l'Irlande du Nord, tout comme il ne pouvait pas ignorer qu'il était pénible de voir des gens faire fi de la loi et traverser la Manche à bord de canots pneumatiques.

Je raconte tout cela pour montrer comment, après avoir essayé longtemps, avec beaucoup de détermination, de jeter des ponts (même au sens propre) entre nos pays, je désespérais plus ou moins de Macron, puisque même si nous nous entendions bien à titre personnel, et même si sur certaines questions nous étions tout à fait d'accord, il y avait aussi toute une série de sujets sur lesquels il n'hésitait pas, s'il en avait l'occasion, à balancer son bottillon à talon biseauté au postérieur de la Grande-Bretagne post-Brexit.

Ce qui explique, j'espère, pourquoi je n'éprouvais pas le plus petit scrupule à faire avancer le projet Aukus. Et je n'ai pas non plus ressenti d'obligation morale, quelles qu'aient été ses plaintes ultérieures, à prévenir Macron de ce qui se préparait. J'aurais d'ailleurs été tout à fait dans l'erreur. Ce contrat de sous-marins n'était pas celui du Royaume-Uni, mais de l'Australie. Si Macron avait entendu parler de l'Aukus à Carbis Bay, il aurait piqué une crise et activé tous les leviers dont il disposait – à Washington, Canberra et Londres – pour faire capoter le projet.

Quant à Morrison, tant qu'il n'avait pas l'approbation de Biden sur l'Aukus, il ne pouvait absolument pas prévenir Macron, car il aurait risqué de se retrouver le bec dans l'eau.

Ma tâche la plus importante à Carbis Bay était donc d'organiser une réunion discrète – juste Biden, Morrison et moi – sans que les Français nous tombent dessus. Le soir du deuxième jour, juste avant la démonstration de la patrouille aérienne des Red Arrows, c'est ce que nous avons pu faire.

* Un complexe environnemental futuriste, qui se trouve à une cinquantaine de kilomètres de Carbis Bay.

Nous nous sommes installés tous les trois dans les petits fauteuils d'un clapier en contreplaqué assez étouffant, tourné vers la mer, qui avait été construit spécialement pour ce genre de réunion. Mon rôle était un peu celui d'un marieur. J'ai expliqué le problème des sous-marins dont l'Australie avait besoin et comment la Grande-Bretagne était prête à lui apporter son aide. Joe, qui avait été bien briefé, a tout de suite réagi positivement. Le projet était bon pour nos trois pays.

Nous réfléchissions tous aux défis que posait la zone Indo-Pacifique et au moyen de travailler ensemble avec davantage d'efficacité. L'Aukus n'a pas vocation à être directement antichinois. Il n'est pas là pour être anti-quiconque. Il s'agit de renforcer l'Occident. Il s'agit de bien plus que de fabriquer ensemble des nouveaux sous-marins : il s'agit de collaboration dans les domaines des supersoniques, de l'IA, des technologies quantiques – et franchement c'est le genre de projet dans lequel les Français devraient être impliqués. Un jour peut-être s'y associeront-ils.

Comme nous l'avions envisagé, tout le monde est devenu zinzin à Paris, en septembre, quand nous avons annoncé l'accord. On m'a accusé de n'être qu'un opportuniste sans vergogne, et d'autres compliments de cet acabit que j'ai trouvés excessifs, ce que j'ai par la suite appelé le chorus minus des gugusses anti-Aukus.

La plupart des gens ont très favorablement accueilli le nouveau pacte Aukus. Comme Keir Starmer me l'a confié pendant que nous attendions la déclaration dans le hall central des Communes : « C'est très bon, de bout en bout. Je ne vois rien à y redire. »

Je ne suis pas certain que tous ses députés partageaient cette opinion, mais il avait raison. Ce soir-là, à Carbis Bay, nous sommes restés assez tard à boire un verre en regardant la mer – Scott Morrison, Cyril Ramaphosa, Angela Merkel, Charles Michel, leurs conjoints, et d'autres. J'étais d'assez bonne humeur.

Je sais que certains d'entre vous ne verront dans cette affirmation qu'un biais de confirmation, après l'énorme tension politique et émotionnelle qu'avait suscitée la concrétisation d'un Brexit en bonne et due forme, mais il me semblait évident que ni la campagne de vaccination ni l'Aukus n'auraient pu aboutir sans le Brexit. En tout cas pas comme nous les avions faits.

D'accord, je cherchais sans doute des raisons de me conforter dans mon opinion, tout comme les anti-Brexit sont sans cesse à la recherche de preuves du contraire. Sur ces questions-là au moins, j'étais sûr de moi. J'étais fier du sommet et je trouvais que l'équipe en charge des opérations à Downing Street – Shelley Williams-Walker et compagnie – avait fait un travail formidable. J'étais également fier d'avoir amené ces dirigeants de grands pays à Carbis Bay, où mon arrière-grand-père Stanley Williams avait passé sa retraite et composé le nom de la gare avec des coquillages qu'il avait ramassés sur la plage.

On pourrait dire que c'était là sa modeste contribution à l'infrastructure des transports dans les Cornouailles, et j'étais fier que le gouvernement en fasse davantage sur ce plan qu'aucune autre génération depuis la reine Victoria. Nous étions déterminés à moderniser les voies ferrées et les routes de la région, l'A303 et l'A38 en particulier, et nous y développions le haut débit.

Nous nivelions par le haut. Un mois plus tôt seulement, notre programme avait contribué à nous valoir une victoire assez massive en Cornouailles aux élections locales, et devant le soleil qui se couchait sur la baie nous avons levé nos verres, comme les immortels de l'Olympe, aux idéaux de la démocratie et de la coopération technologique renforcée.

Oh, oh, ai-je pensé en vidant mon verre de rouge, drôlement bon ce vin.

J'ai regardé l'étiquette. C'était le Lafayette de Macron, que Biden avait eu la gentillesse d'offrir à la collectivité. Ancêtres irlandais ou pas, le président des États-Unis ne buvait jamais d'alcool.

J'ai trouvé le sommet épatant. Les photos étaient super. Les Cornouailles si charmantes qu'on se demandait comment quiconque pourrait passer ses vacances ailleurs. Toutefois le remarquable électorat britannique ne se laisse pas si facilement enchanter.

Sommets, bombances et accolades entre grands de ce monde ne valent en général de la part des Britanniques pas beaucoup de points à leurs dirigeants. Quelques jours après, le 17 juin, j'ai eu la contrariété de perdre l'élection partielle pour la circonscription de Chesham et Amersham qu'avait entraîné le décès de Cheryl Gillan, une très regrettée ex-whip de mon parti.

C'était un vote de protestation pur et simple à tendance Nimby. Ces électeurs détestaient déjà le HS2, qui progressait à présent sous la forme, il faut le reconnaître, d'une immense balafre de chantiers de construction à travers le pays, et ils détestaient l'idée – rabâchée avec persévérance par les Libéraux-Démocrates – que notre nouveau projet de loi d'urbanisme puisse entraîner l'apparition de nouvelles maisons carrées en brique à travers tout le Buckinghamshire.

Tout cela m'exaspérait. Les gens ne se rendaient-ils donc pas compte que l'un des principaux avantages du nivellement par le haut, c'était qu'il faisait concrètement baisser la demande de logements dans le Sud-Est rural ? En autorisant un redéveloppement à grande échelle des friches industrielles, nous aiderions les familles à trouver de nouveaux logements dans les villes de toutes tailles de plus en plus prospères de l'ensemble du Royaume-Uni, et nous ne serions pas obligés de mordre dans les campagnes.

C'était pour cette raison que le HS2 et la révolution des infrastructures étaient si importants. Et que la loi d'urbanisme de Rob Jenrick était bonne. Allons, disais-je à mes députés d'arrière-ban, nous n'arriverons à rien si nous ne sommes pas le parti des aspirations et de l'accession à la propriété.

Nous ne serons pas élus, et nous ne mériterons pas de l'être, si nous pensons ne pouvoir compter que sur une minorité de plus en plus réduite d'électeurs Nimby d'un certain âge. Nous pouvons protéger les campagnes mais nous devons apporter de l'espoir.

Perdre Chesham et Amersham a été une surprise et une source d'irritation. Nous avons quelque peu modifié le projet de loi, pour montrer que nous avions « entendu », mais nous avons conservé sa pièce maîtresse et persévéré (je crains que le renoncement aux engagements ne soit venu après, sous Rishi). Et nous avons continué de construire, construire et construire encore des nouveaux logements.

Malgré le Covid, nous ajoutions environ un quart de million de logements par an au pays (248 000 en 2019-2020, puis jusqu'à 235 000 en 2022-2023) – c'était le rythme de construction de nouveaux logements le plus rapide sur plus de deux décennies, et j'étais persuadé qu'avec le nivellement par le haut nous ferions encore mieux.

Eddie Lister et moi avions une longue expérience pour ce qui était de faire aboutir ces projets. Nous savions que si les logements avaient bonne allure et se trouvaient aux bons endroits, les populations locales – y compris les membres tories des conseils municipaux – les apprécieraient, et même les adoreraient. Surtout leurs gamins.

Cet été-là s'est produit un événement qui a largement éclipsé le sommet de Carbis Bay, ou une quelconque élection partielle, et qui a contribué à expliquer l'entrain remarquable du gouvernement et le sentiment que nous avions tous d'aller de l'avant. Le 19 juillet nous avons célébré le Freedom Day*.

À cette date, nous avions effectué plus de 68 millions de vaccinations, et environ 60 % de la population adulte du pays avait désormais une certaine

* Le jour de la liberté.

mesure de protection. Dans le cas des groupes les plus vulnérables – les plus de 70 ans par exemple – les taux de vaccination atteignaient presque 100 %. Oui, les gens attrapaient encore le Covid, mais pas un Covid fatal. Le taux de létalité s'était effondré.

Nous avions créé un immense champ de force pharmacologique autour de la population, et il était temps de rouvrir le pays.

J'ai annoncé que nous levions toutes les restrictions Covid : adieu la règle des six personnes, les masques obligatoires, les couvre-feux et autres interdictions sur les contacts entre les gens. Nous avons rendu la liberté au peuple de Grande-Bretagne environ huit à dix mois plus tôt que la plupart des autres gouvernements européens.

Keir Starmer, au nom du Labour, a qualifié la décision d'« imprudente », et j'ai naturellement été très critiqué par les médias de gauche. Si nous les avions écoutés, nous aurions maintenu les restrictions des mois et des mois de plus que nécessaire, avec tous les dégâts sociaux et économiques que cela supposait.

Nous avons célébré le Freedom Day plus tôt que d'autres non parce que nous étions imprudents, mais parce que nous avions vacciné notre population avec la plus grande efficacité.

Ce qui signifiait que les gens pouvaient retourner au travail, au pub, au restaurant, de façon normale. Ce qui signifiait aussi que notre rétablissement économique était plus rapide que celui de la plupart de nos points de comparaison – plus rapide à vrai dire que dans aucun autre pays du G7. Pardonnez-moi si je donne l'impression de ressasser cela, mais c'était en partie au moins grâce au Brexit que nous obtenions ces résultats.

Mes adversaires s'étaient trompés au sujet du Freedom Day – la suite des événements le confirmait –, et parmi eux il y avait la Première ministre d'Écosse, Nicola Sturgeon. La sainte cheffe du Parti national écossais avait adopté une stratégie très efficace, presque tout au long de la pandémie, consistant à afficher une aversion au risque légèrement supérieure à celle du gouvernement de Londres.

Sachant qu'une majorité de la population britannique penchait en faveur de la prudence, Nicola s'en tirait de manière générale assez bien. Elle utilisait les libertés de l'Écosse décentralisée pour maintenir les écoles fermées, obliger les gens à garder leurs masques et prolonger les confinements un peu plus longtemps que nous ne le faisions en Angleterre et au pays de Galles.

Nous nous efforcions de toutes les façons possibles de l'impliquer dans les différentes commissions Covid et de la convaincre d'harmoniser nos mesures, mais cela ne suffisait jamais tout à fait. Si nous décidions, après des débats éprouvants, qu'il était temps que les gens reprennent le travail, elle apparaissait aussitôt à la télévision, lèvres pincées et sourcils froncés, pour déclarer que l'Écosse n'y était pas prête. Et certains Écossais ne semblaient que trop contents de passer un peu plus de temps à la maison aux frais de la collectivité.

La stratégie de Nicola consistait à se démarquer gratuitement. C'était très contrariant parce que d'une part cela créait de la confusion dans l'esprit de la population britannique, d'autre part cela me faisait passer pour le méchant Tory anglais face à l'éternelle et sacrément rétive princesse aux pieds agiles.

Au bout du compte, ses mesures appliquées à l'Écosse ont sans doute été inutiles. À l'issue de la pandémie, il n'y a pas de différence notable dans les taux de mortalité d'ensemble de l'Angleterre et de l'Écosse. Si elle espérait que la pandémie promouvrait d'une manière ou d'une autre l'idée d'une scission entre nos nations, eh bien, cet espoir a été anéanti.

Le Covid a démontré l'immense et immanente force du Royaume-Uni. Ce sont des hélicoptères de l'armée britannique qui ont transporté des patients des îles reculées de l'Écosse. C'est l'énorme puissance de feu du Trésor qui a permis de financer le programme de chômage technique partiel dans l'ensemble du pays. Depuis les tests et le traçage du Covid jusqu'à la campagne de vaccination, nous avons exécuté un gigantesque projet d'ampleur nationale dans lequel les quatre nations du Royaume-Uni ont été toutes ensemble vigoureusement, profondément, impliquées.

Jamais, à l'exception des périodes des guerres, cette union politique et économique ne s'était révélée aussi précieuse. Quand je suis devenu Premier ministre en 2019, mes adversaires n'avaient de cesse d'insinuer que le Brexit était sur le point de faire voler le pays en éclats et que les Écossais feraient savoir sous peu aux Anglais que la partie était terminée. Semaine après semaine au Parlement, on me réclamait de proposer un nouveau référendum sur l'indépendance de l'Écosse.

Chaque fois, je soulignais que nous avions fait ce référendum tout récemment, en 2014, mais la pression était forte. En tant qu'amoureux et admirateur de l'Écosse, et unioniste passionné, cette idée me faisait horreur.

Aussi je suis heureux de pouvoir dire qu'à la fin de mon mandat à Downing Street cette campagne était à peu près oubliée, et je crois que le Covid nous a, à vrai dire, aidés à régler la question pour une génération au moins. Quant à Nicola, son auréole s'est ternie quand il s'est avéré que son mari et elle avaient à répondre à quelques questions sur la manière dont les fonds du Parti national écossais étaient dépensés.

Le chien nationaliste écossais a aboyé pendant la pandémie, mais pour finir la grande caravane du Royaume-Uni n'en a pas moins poursuivi sa route – sauf le camping-car luxueux à 110 000 livres sterling, bien sûr, saisi sans cérémonie par la police écossaise et envoyé à la fourrière.

Le Parti national écossais a dûment implosé et l'Union est saine et sauve. Pour la pression qu'il a su maintenir sur les nationalistes, il faut grandement remercier Alister Jack, notre très efficace ministre de l'Écosse, qui a longtemps occupé ce poste.

Chapitre 48

KABOUL, L'EFFONDREMENT

Comme un air de Saïgon

Après Carbis Bay et la réussite globale de la présidence du G7, nous étions tous tellement euphoriques que nous n'avons pas remarqué le signe annonciateur d'une catastrophe imminente. Ce présage tenait dans une anecdote que Biden nous avait relatée à propos de l'Afghanistan. En fait, il l'avait racontée deux fois alors que je me trouvais à portée de voix, redite que j'avais mise sur le compte de l'âge. Il ne m'est pas venu à l'esprit, hélas, qu'il essayait simplement de nous faire passer un message.

Du temps où Biden était vice-président, il avait effectué une mission d'information. Pour quelque raison, il avait quitté Kaboul en hélicoptère pour se rendre dans une région montagneuse isolée. C'était en décembre 2009 et le blizzard était tel que l'hélicoptère avait eu du mal à se poser. La tribu locale était bien sûr ravie d'accueillir cet hôte de marque. Cherchant un moyen de lui réserver l'accueil qu'il méritait, ils repérèrent quelques silhouettes au loin, de l'autre côté de la vallée, minuscules, mais qui se détachaient opportunément sur la neige.

Sortant leurs djezaïls de deux mètres de long, ils annoncèrent qu'ils allaient faire feu sur ces ombres grêles en signe de respect, un peu comme une garde d'honneur tirerait une salve.

Non, non ! s'écria Joe, consterné.

Et pourquoi donc ? s'étonnèrent les membres de la tribu, comme si un jeune présomptueux était venu sur leurs landes pour leur défendre de chasser la grouse.

On ne peut pas tirer sur les gens comme ça, dit le vice-président américain.

Mais ce sont nos ennemis, répondirent les Afghans.

La conclusion que Biden avait tiré de cette expérience était que l'Afghanistan était fondamentalement ingouvernable, qu'il ne s'agissait pas d'un véritable pays, mais d'un ensemble de tribus guerroyant les unes contre les autres, et que les États-Unis perdaient leur temps, leur sang et leur argent à s'efforcer d'y maintenir l'ordre. Cette histoire, il l'a racontée deux fois, et pourtant nous n'avons pas percuté.

C'est pourquoi l'ensemble des responsables britanniques de la défense, de la politique étrangère et de la sécurité ont été extrêmement surpris, en juillet 2021, un mois après le sommet du G7, par le caractère soudain et définitif de la confirmation faite par Biden[1] qu'après vingt ans de présence, les États-Unis se retiraient d'Afghanistan pour de bon: sans conditions ni réserve, que les talibans remplissent leur part du marché ou non. Au moment même où il faisait cette déclaration, nous ne pensions pas qu'il puisse être tout à fait sérieux.

Cela faisait douze ans que Biden avait rencontré ces montagnards à la gâchette facile; douze ans qu'il avait eu cette révélation, qui n'en était pas vraiment une, de l'ingouvernabilité de l'Afghanistan. Obama s'était engagé à se retirer. Trump s'était engagé à se retirer. Mais les États-Unis étaient toujours là, parce que la position de l'armée américaine était fondamentalement restée la même. Le point de vue des militaires – comme le nôtre – était que l'Afghanistan ne serait jamais un modèle de démocratie jeffersonienne, mais que si l'on voulait éviter un effondrement total et le retour des talibans, il était judicieux de maintenir *a minima* une modeste présence américaine. Nous étions d'accord avec cette analyse[2], tout comme, semblait-il, Tony Blinken, le secrétaire d'État américain. Si bien que nous n'étions pas psychologiquement préparés à l'idée que, cette fois-ci, Biden pensait ce qu'il disait, qu'il était littéralement sur le point de retirer jusqu'au dernier soldat américain.

Des années auparavant, je m'étais rendu en Afghanistan en tant que ministre des Affaires étrangères. J'avais visité la caserne Sherpur, l'un des endroits les plus tristes et effrayants qu'il m'a été donné de voir. Sur un mur d'enceinte délabré, un panneau branlant rappelait qu'il s'agissait du « cimetière britannique ». On franchit un portail en bois usé par les intempéries pour se retrouver dans un jardin de tombes, récit sépulcral de la démesure impériale britannique et une leçon de ce qui était destiné à se répéter – si seulement j'avais choisi de le voir à l'époque. Les Britanniques ont envahi l'Afghanistan à quatre reprises au cours des deux cents dernières années. Dans ce jardin du souvenir reposent les dépouilles de certains de ceux qui ont perdu la vie lors du premier grand massacre, en 1842.

En regardant leurs stèles par cette froide matinée de novembre 2016, la prose immortelle de George MacDonald Fraser m'est revenue en mémoire: le récit qu'il fait de la retraite de Kaboul dans le tout premier tome des *Archives Flashman* était resté gravé dans mon esprit de garçon de 11 ans.

Je me suis souvenu de sa description du vieux catastrophiste victorien, William Elphinstone, ses pieds pâles et maigres encore dans ses chaussons lorsqu'il ordonne la retraite, faisant encore pitoyablement confiance à ses homologues afghans, croyant encore que ses alliés parmi les tribus afghanes tiendraient parole et protégeraient son armée en fuite alors qu'elle tentait de regagner l'Inde à travers les étendues enneigées de la passe de Khyber.

J'ai ressassé le destin tragique de ces 4 500 soldats, britanniques et cipayes, et des 12 000 civils qui les accompagnaient. Je songeais aux neiges qui se teintaient de rouge au fur et à mesure de leur massacre, et au seul homme qui avait survécu pour raconter l'histoire (si l'on exclut le personnage fictif de Flashman).

Malgré cette expérience, nous, Britanniques, y étions retournés en 1872, puis en 1919, et après chaque incursion nous avions été chassés de façon plus ou moins ignominieuse. J'ai regardé les stèles les plus récentes, des plaques de marbre érigées depuis peu en l'honneur des soldats britanniques qui avaient donné leur vie depuis 2001, lorsque Bush et Blair – avec mon soutien – avaient lancé la « guerre contre le terrorisme ».

Il y avait eu 457 morts en tout. Certains abattus par des snipers. D'autres avaient marché sur des mines. D'autres encore se trouvaient dans de fragiles Land Rover qui avaient été réduites en miettes, bien trop facilement, par des engins explosifs improvisés.

On leur avait dit que leur cause était noble et juste. Et c'était le cas, dans la mesure où le gouvernement taliban était un incubateur à terroristes. Les islamistes avaient donné un foyer et un quartier général à Oussama Ben Laden, le cerveau des massacres du 11 Septembre, et il était légitime que nous allions sur place pour le débusquer.

Depuis, les troupes britanniques avaient participé à de nombreux projets, périlleux mais précieux, comme transporter des turbines jusqu'au barrage de Kajaki dans la province du Helmand, pour essayer d'apporter l'électricité à certaines des populations parmi les plus pauvres de la planète, ou assurer l'éducation de centaines de milliers, voire de millions, de petites filles et de jeunes femmes qui autrement n'y auraient pas eu accès.

À la fin, ces missions sont devenues trop dangereuses. Trop de cercueils drapés de l'Union Jack ont été rapatriés pour défiler en cortège devant les foules silencieuses et éplorées de Wootton Bassett*. Beaucoup trop de

* La petite ville de Wootton Bassett, proche de la base de la Royal Air Force de Lyneham, est devenue le symbole du rapatriement des corps des soldats britanniques tués en Afghanistan.

jeunes hommes et de jeunes femmes ont souffert de blessures qui ont bouleversé leur vie.

En octobre 2014, le gouvernement de coalition dirigé par les Conservateurs a décidé de retirer nos troupes de la province du Helmand, la partie méridionale du pays que les Américains nous avaient attribuée. Deux ans après ce retrait, je me tenais devant ces tombes et j'étais conscient de la réalité de ce qui se passait dans tout le pays.

Le temps était couvert, et le vent soufflait sur Kaboul depuis le cirque de montagnes grises. Je savais que les talibans étaient là, quelque part, et qu'ils se rapprochaient lentement. La situation dans la capitale était désormais si précaire, même en 2016, que nos diplomates et nos travailleurs humanitaires osaient rarement s'aventurer hors de leur camp fortifié (ou *cantonnement*, comme leurs prédécesseurs l'auraient appelé) ; et pourtant, on m'avait demandé, à maintes reprises, en tant que ministre des Affaires étrangères et Premier ministre, d'adresser le même message au gouvernement afghan.

Je n'avais ainsi eu de cesse d'assurer Ashraf Ghani, le président de la République afghane, que nous resterions à ses côtés. Ancien professeur à New York, Ghani est un homme légèrement nerveux, à la voix aiguë, et ses yeux bruns me scrutaient avec intensité quand je répétais mon couplet.

« Nous sommes ici sur le long terme », disais-je, sous le regard approbateur des représentants du Foreign Office. Vous pouvez compter sur les Britanniques. »

Alors que Ghani se répandait en remerciements, je ne doutais pas de mes promesses. J'y croyais encore en cet été 2021, après l'annonce soudaine de Biden. En dépit de deux cents ans d'expérience directe et en dépit de nombreuses preuves du contraire, les militaires britanniques étaient convaincus que, cette fois-ci, nous en avions fait assez pour que l'Afghanistan évolue dans le bon sens.

Nous savions ce que signifiait un retrait forcé de Kaboul. Nous en avions connu trois. Nous étions les détenteurs du record mondial. Nous n'allions pas procéder à une quatrième évacuation, pas cette fois-ci. Au cours de ces vingt dernières années, les États-Unis avaient dépensé plus de 2 000 milliards de dollars en Afghanistan, dont une bonne part pour former et équiper l'armée afghane afin qu'elle protège le gouvernement démocratique de Kaboul et repousse les islamistes.

Les dépenses britanniques ne représentaient qu'une infime partie – à peine plus de 1 % – de ce que le Pentagone avait déboursé ; mais cela faisait tout de même plus de 22 milliards de livres, une jolie somme selon nos critères[3].

J'avais vu certains de nos efforts. Je m'étais rendu à Sandhurst-in-the-Sand*, comme on la surnommait avec optimisme, l'académie militaire pilotée par le Royaume-Uni, et j'avais été impressionné par la bravoure, quand on savait les représailles qui les menaçaient, des recrues afghanes.

J'avais rejoint en hélicoptère une base britannique, bien au sud de Kaboul. J'avais accompagné le transport de mitrailleuses géantes et rencontré quelques-uns de ces redoutables agents britanniques si bruns de peau et à la barbe si fournie qu'ils pouvaient passer pour des autochtones. Sur cette base, nous avions aidé à former un détachement spécial de commandos afghans, en plus des milliers de soldats, de policiers et d'agents de renseignement afghans entraînés au Royaume-Uni.

J'étais persuadé de la pérennité de notre contribution. Même si nous nous trouvions près des ruines d'un camp construit jadis par Alexandre le Grand (ce qui aurait peut-être dû me rappeler le caractère transitoire de la présence des forces d'invasion occidentales), je croyais le général et chef d'état-major Nick Carter, lorsqu'il soutenait fermement, même après l'annonce de Biden, que l'armée afghane tiendrait bon et se battrait.

À compter du 18 juillet, nous nous sommes réunis à plusieurs reprises au sein du Conseil national de sécurité – un groupe de ministres et responsables de la défense et de la sécurité – afin d'examiner les implications de la décision de Biden. Nous nous inquiétions du sort de Kaboul et des 300 millions de livres que nous coûtait annuellement notre ambassade, mais l'opinion majoritaire était que, après deux décennies d'efforts et de sacrifices, l'héritage des pays occidentaux perdurerait. Que les recrues afghanes que nous avions formées sauraient se battre.

Eh bien, nous nous trompions. Je ne reproche rien à Nick le CDS**. Il aura été un bon et sage conseiller. Mais il avait tellement essayé de changer ce pays, il s'était tellement investi auprès de l'armée afghane qu'il ne pouvait sans doute pas croire que tout s'écroulerait si vite.

On peut attribuer la responsabilité de cette débâcle à l'administration Trump, dans la mesure où c'est elle qui, en 2020, a signé l'accord de Doha, lequel fixait les conditions du retrait des États-Unis et de l'OTAN. Mais Trump soutiendrait, je suppose, que ces conditions n'avaient pas été remplies. Les États-Unis avaient honoré leur part du contrat en mettant fin à leur campagne de bombardement aérien contre les talibans, par exemple.

* Sandhurst-sur-le-Sable, allusion à la ville anglaise de Sandhurst où se trouve l'académie royale militaire qui forme les futurs officiers.

** Chief of the Defence Staff, chef d'État-Major des armées.

Les talibans, de leur côté, n'avaient certainement pas tenu leurs engagements. Ils n'ont fait aucun effort pour négocier, aucun effort pour trouver une solution de paix. Ils n'ont eu de cesse d'attaquer le gouvernement Ghani et ses soldats.

Aussi, lorsqu'en juillet 2021 Biden a confirmé qu'il retirait ses troupes quelle que soit la situation, les conditions étaient réunies pour un désastre. Il avait imposé la date limite du 11 septembre pour un retrait total, et il en a résulté ce que nous aurions dû prédire, à savoir une totale perte de confiance.

La déclaration de Biden aura eu raison du peu de foi que les Afghans avaient encore dans les États-Unis et les pays occidentaux. Et il est brusquement apparu que, sans le soutien militaire et logistique américain, il devenait impossible que nous, Britanniques, restions à Kaboul, et que plus aucun pays de l'OTAN n'y serait en sécurité, pas même les Turcs qui s'étaient montrés très zélés et loyaux.

Les Afghans voyaient bien qu'ils étaient laissés à la merci des talibans, et ils n'aimaient pas la tournure que prenaient les événements. Les troupes gouvernementales qui se rendaient étaient fusillées, au mépris des lois de la guerre. Comme en 1842, et depuis des temps immémoriaux, de terribles sanctions étaient infligées aux Afghans qui continuaient de se battre et de se ranger du côté de ceux que les talibans considéraient comme des envahisseurs.

Le 15 août, Kaboul est tombée et Ashraf Ghani s'est empressé de chercher une sortie de secours. Il a embarqué dans un jet privé à destination du Golfe, avec à peine un mot d'adieu. Après avoir été lâchement abandonné par l'Occident et sachant que le sort réservé aux dirigeants fantoches est d'être abattus et traînés dans les rues de Kaboul par un pick-up, on ne peut pas vraiment le lui reprocher.

Un vent de panique a soufflé sur les capitales occidentales. Biden avait avancé la date du retrait total à la fin du mois d'août, et il était clair que nous faisions face à une implosion comparable à la chute de Saïgon. Pour ne rien arranger, de nombreuses personnes clés étaient en congés, comme d'habitude au mois d'août. Après nos vacances écossaises tronquées où nous avions servi de festin aux moucherons l'année précédente, Carrie et moi étions à Chequers, mais ce pauvre vieux Dom Raab, le ministre des Affaires étrangères, était parti en Crète pour deux semaines avec sa famille.

En fait, Dom a rappliqué à son bureau assez rapidement, mais il n'y a rien qui réjouisse plus les médias que le spectacle d'un homme politique tiraillé entre son devoir envers le pays et son devoir envers sa femme et ses enfants.

Ils ont été très cruels. Lorsque l'émission *Today* l'a accusé d'avoir fait du paddle pendant la crise, il a rétorqué qu'il avait été en contact permanent avec moi et ses collaborateurs, et qu'il avait pu participer aux réunions du Cobra sur une ligne sécurisée (ce qui était une bonne défense), et que de toute façon il n'aurait pas pu faire de paddle, parce que l'eau était trop agitée ce jour-là, ou, comme il s'en est justifié par une formule qui restera gravée dans les mémoires, « la mer était fermée » (un argument peut-être moins convaincant).

Si le sentiment général était que nous étions pris de court, ou que notre réaction initiale était chaotique, je crains que cela n'ait été le cas, et cela reflétait la réalité de ce qui se passait à Kaboul. Bientôt les États-Unis, le Royaume-Uni et tous les alliés de l'OTAN étaient repoussés vers l'aéroport Hamid Karzai, où un gigantesque pont aérien était en cours.

Des milliers de personnes terrifiées se pressaient le long de la clôture d'enceinte de l'aéroport et arrivaient parfois à forcer le grillage jusqu'aux pistes d'atterrissage. C'étaient des gens qui nous avaient aidés au cours des deux décennies qu'avait duré notre mission : interprètes, guides, chauffeurs, personnel d'ambassade, baby-sitters, travailleurs humanitaires – tous ceux qui, de près ou de loin, étaient associés à l'effort occidental de gestion de l'Afghanistan, et pour qui cette association pouvait désormais signifier la mort.

On a assisté à des scènes déchirantes quand la foule a fait passer des bébés par-dessus la clôture pour les confier aux soldats américains, dans l'espoir éperdu, je suppose, qu'ils s'envoleraient à bord d'un avion-cargo-garderie, vers une vie meilleure. C'est le même faux espoir qui poussait les gens à s'accrocher pitoyablement au train d'atterrissage des C-130 avant de faire une chute mortelle au moment du décollage.

Le 26 août, un attentat-suicide tuait treize soldats américains et plus d'une centaine d'Afghans. Assisté d'une poignée de fonctionnaires du ministère de la Défense, notre ambassadeur, Laurie Bristow, a accompli un travail héroïque en restant à l'aéroport pour essayer de traiter quelques-unes des milliers de demandes d'asile au Royaume-Uni. Quant à l'ambassade, elle a bien sûr été mise à sac, et les talibans ont exhibé des photos de la reine et ce qui ressemblait à des peintures à l'huile provenant de pièces où j'avais séjourné.

Les apparences n'étaient pas trompeuses : il s'agissait bien d'une défaite morale, politique et stratégique totale du camp occidental. Nous endossions collectivement le costume du vieil Elphinstone, le catastrophiste victorien. Dans la foulée, il est apparu clairement que les talibans allaient renvoyer le pays à la préhistoire. Il n'a pas fallu longtemps pour que des femmes et des homosexuels soient à nouveau exécutés pour le seul crime d'avoir eu des relations sexuelles contrevenant au code barbare du nouveau gouvernement.

Bientôt, l'interdiction visant l'éducation des femmes s'appliqua de nouveau. Franchement, il y avait de quoi pleurer. Je suis sûr que beaucoup de familles britanniques pleurent aujourd'hui en pensant aux vies perdues de nos soldats, aux graves blessures qu'ils ont subies et à la façon dont nous avons été forcés de quitter le pays.

Et tout cela, pour quoi ? Qu'avions-nous accompli ? Il est difficile de réconforter ces familles, mais c'était mon rôle de le faire, et je répète ce que je leur ai dit à l'époque : je continue de croire que ces soldats sont tombés pour une juste cause, et que leur mort n'a pas été vaine.

La guerre en Afghanistan était différente de la guerre en Irak, en ce sens que nous devions vraiment débusquer les assassins du 11 Septembre et les empêcher de préparer d'autres carnages. Pendant les vingt années qu'aura duré la mission de l'OTAN, il est également vrai que des millions d'Afghans ont bénéficié de meilleures perspectives d'avenir, dont un grand nombre de filles qui ont reçu une éducation. Il y a eu de grandes réussites en Afghanistan, et les familles de ceux qui sont morts peuvent être légitimement fières de ce qu'ils ont fait.

Même si l'année 2021 a marqué le quatrième retrait britannique de Kaboul, cette opération a été, à sa manière, une prouesse logistique. Dans le cadre de l'opération Pitting, comme on l'a appelée, nous avons évacué par pont aérien 15 000 personnes et aidé 36 autres pays à protéger leurs ressortissants, le tout en une quinzaine de jours. Comme à Dunkerque en 1940, l'énergie et la bravoure des personnes impliquées dans l'évacuation ont marqué les esprits.

Le Royaume-Uni dispose de la plus grande capacité de transport lourd d'Europe, le spectacle de ces avions-cargos britanniques décollant de l'aéroport, jour après jour, nuit après nuit, a commencé à mettre du baume au cœur de la population, au point que le fiasco a pris des allures de réussite. J'ai fait de mon mieux pour remercier tous les participants à l'opération, des membres de la 16th Air Assault Brigade lorsqu'ils sont rentrés à Colchester aux plus haut gradés du quartier général à Northwood.

Je ne prétendrai pas que nous avons évacué tous ceux qui avaient besoin ou qui méritaient notre aide. Je suis sûr que des gens qui avaient pris de gros risques pour aider le Royaume-Uni ne sont pas partis, pas dans cette première vague.

Certains de ceux qui avaient été évacués semblaient d'ailleurs un peu déçus par la vie en Grande-Bretagne. Quelques mois plus tard, on m'a amené un groupe d'une dizaine d'Afghans à Downing Street.

Où êtes-vous basés ? leur ai-je demandé avec entrain.

Swansea, ont-ils répondu.

Formidable, et comment ça se passe à Swansea ?

Eh bien, a dit l'un d'entre eux, c'est difficile de mettre nos enfants dans la bonne école.

Et la délinquance, a dit un autre. Il y a beaucoup de délinquance.

Et les gangs de trafiquants de drogue, a renchéri un troisième. Il y a trop de gangs de trafiquants.

J'ai failli perdre patience et leur demander si Swansea était vraiment plus touchée par la criminalité et la drogue que ne l'était l'Afghanistan. Mais je me suis ravisé.

Le résultat global, sur le plan politique, est que personne n'a vraiment tenu le gouvernement britannique pour responsable de la chute de Kaboul – qui a été tout simplement précipitée par la décision des États-Unis de se retirer –, et dans l'ensemble on a porté à notre crédit l'audace et la rapidité de l'évacuation.

L'opinion générale était que nous avions fait de notre mieux au vu des circonstances ; l'opération Pitting a paradoxalement confirmé l'impression laissée par le déploiement du vaccin : celle, dans le meilleur des cas, d'un gouvernement très réactif, capable de parer à toutes les éventualités.

Le 18 septembre, j'ai procédé à un remaniement ministériel en promouvant des personnalités telles que Nadhim Zahawi, Simon Clarke, Kit Malthouse, Nadine Dorries, Michelle Donelan et d'autres. Ces nominations ont été plutôt bien accueillies, et le *Times* s'est même fendu d'un éditorial élogieux, disant que mes compétences de Premier ministre s'étoffaient (ce qui était un grand compliment venant de ce journal).

Je crains donc de m'être présenté à la conférence du parti avec une certaine assurance, voire avec la grosse tête. Nous étions en train de poursuivre tous nos projets pour l'égalité des chances et j'étais stimulé par mes discussions avec Andy Haldane, l'ancien gouverneur adjoint de la Banque d'Angleterre, qui nous avait rejoints en tant que conseiller sur le projet. Michael Gove, le ministre à l'Égalité des chances, commençait à trouver son rythme, et proposait des mesures complémentaires pour donner du pouvoir et des responsabilités aux dirigeants locaux. En effet, le nivellement par le haut est inconcevable sans défenseurs locaux, qui peuvent témoigner des réalisations de leur ville ou de leur commune.

Le message de la conférence était simple – un sermon magnifiquement illuminé par le triomphe vaccinal de la Grande-Bretagne. J'ai souligné (et ce n'était ni la première ni la dernière fois) que la raison pour laquelle les vaccins britanniques avaient fonctionné était qu'ils étaient fabriqués par des géants de l'industrie pharmaceutique occidentaux, enracinés dans des démocraties capitalistes de libre marché.

J'ai souligné le contraste avec Sinovac et Sinopharm, les vaccins chinois, et Sputnik, le vaccin russe. Vous aviez plus de chances d'obtenir de véritables avancées scientifiques, et des vaccins efficaces, de la part d'entreprises qui doivent rendre des comptes aux consommateurs et aux actionnaires, plutôt que de celles qui doivent répondre aux politburos et aux cadres du parti.

Mais, comme pour les vaccins, vous aviez besoin du gouvernement pour servir de guide, donner le rythme, créer les conditions nécessaires à l'épanouissement du capitalisme. C'est ainsi que nous entendions mettre en œuvre ce nivellement par le haut, en utilisant les milliards de nos budgets pour amorcer des milliards de milliards d'investissements internationaux. C'est ainsi que nous nous attaquerions au changement climatique, en créant des conditions de marché permettant au secteur privé de mettre en œuvre les technologies de réduction des émissions de CO_2.

C'était ma troisième conférence de parti en tant que leader, et de loin la plus réussie. Le *Sunday Times* (qui, lui non plus, ne fait pas vraiment partie de mon fan-club) a observé que je semblais dominer le paysage politique, présidant les débats tel un bouddha géant. Évidemment, un des lobes de mon cerveau m'informait que nombre de membres de mon parti souhaitaient sans doute mon départ. J'avais écarté certaines personnes nocives et n'avais pu en promouvoir beaucoup d'autres. En écrivant sur la vie politique pendant plus de trente ans, j'avais délibérément, ou par inadvertance, suscité beaucoup d'indignation et de colère. Et surtout, j'avais fait le Brexit, un projet auquel s'opposait à l'époque, rappelons-le, une nette majorité de députés conservateurs.

Je vois donc bien, avec le recul, que ma position était beaucoup plus fragile que je ne le pensais. Je supposais que nous tenions une formule gagnante, et un grand projet national de nivellement par le haut, et que dans l'ensemble les gens voudraient suivre ce programme.

J'avais tant confiance en la vie et en mon gouvernement qu'en septembre 2021 j'ai commis une erreur fiscale. Dans le programme de 2019, nous avions promis de régler le problème de l'aide sociale – de mettre fin aux coûts exorbitants de la prise en charge de la démence. Le plan était coûteux et nous devions également lever des fonds pour le NHS mis à mal par le Covid.

Rishi m'a persuadé qu'il n'y avait qu'un seul moyen d'y parvenir : nous devions augmenter les cotisations à la National Insurance* de 1,25 % – en violation d'une autre promesse programmatique, qui était de ne pas augmenter les impôts. Ça ne me plaisait pas, mais j'ai supposé qu'il avait raison.

Je pense aujourd'hui qu'il se trompait. Nous avions une marge de manœuvre budgétaire suffisante. Nous n'avions pas besoin d'augmenter les impôts. En fait, Rishi a annulé les augmentations des cotisations sociales lorsqu'il a pris la relève. Mais cela ne m'a pas facilité la tâche auprès des collègues.

J'étais certain que nous allions réduire globalement les impôts avant la fin de la législature, et de manière assez substantielle. Encore fallait-il tenir jusque-là.

* L'équivalent de la Sécurité sociale française.

Chapitre 49

SAUVER LA PLANÈTE

Où le Royaume-Uni organise un sommet de la COP réussi

UNE MINUTE, me suis-je dit alors que je retournais dans la salle de la délégation britannique, je connais ce visage. C'étaient les boucles blondes et les lèvres boudeuses de la superstar hollywoodienne numéro un.

Celui qui nous illuminait de sa présence en ce 2 novembre 2021, dans une ville de Glasgow à l'atmosphère sinistre et venteuse, n'était autre que Leonardo DiCaprio. Il était à dix mètres de moi, et s'avançait d'un pas décidé dans le couloir préfabriqué, ici même, dans le palais des congrès où les dirigeants du monde entier s'étaient réunis pour empêcher la planète de frire.

Il se rapprochait. Oui, il semblait avoir quelque affaire avec nous autres les sans-grade, à savoir la présidence britannique de la conférence des Nations unies sur le changement climatique, connue sous le nom de COP26. Que pouvait-il bien vouloir ?

La star de *Titanic* était peut-être là pour nous alerter sur l'iceberg droit devant : le cataclysme annoncé qui pourrait tous nous engloutir sous les flots. Ou peut-être était-ce l'inverse, et qu'il était en réalité pro-iceberg, à l'instar de Steven Spielberg, le réalisateur des *Dents de la mer*, qui militait à présent pour la protection des requins. Peut-être était-il là pour nous mettre en garde contre les horreurs d'un monde sans icebergs, dans lequel même les monstres comme celui qui avait coulé son navire avaient été dissous par le réchauffement des océans.

Peut-être était-il venu nous souhaiter bonne chance alors que nous essayions d'amener 197 nations cacophoniques et irresponsables à se mettre d'accord et à maintenir l'objectif de 1,5 °C : c'est-à-dire à tenir l'engagement pris six ans auparavant lors de la COP de Paris en 2015 de limiter l'augmentation de la température de la planète à 1,5 °C à défaut de pouvoir stopper le réchauffement climatique.

À mesure qu'il approchait, le vrai DiCaprio m'apparaissait plus grand et plus corpulent que l'idole de l'écran. Que… que… peut-on faire pour vous être utile ? avons-nous demandé à sa flopée de conseillers. L'un d'eux en est brièvement venu au fait : M. DiCaprio avait besoin de se rendre aux commodités. Ils avaient cru comprendre que c'était la suite présidentielle. Possédions-nous les installations nécessaires ?

Ce serait un honneur, avons-nous répondu et, sans plus attendre, la superstar est passée devant nous en quête des wawa.

Il a semblé y être retenu un certain temps et, dans l'intervalle, Dan Rosenfield, mon chef de cabinet, a eu une idée. La salle attenante, notre centre névralgique, était pleine de jeunes femmes débordées et brillantes. Elles avaient eu vent que DiCaprio était dans les parages et on ne les tenait plus. Présider les négociations de la COP, c'était un peu comme conduire une séance de thérapie de groupe géante dans laquelle 197 toxicomanes, engagés théoriquement à renoncer aux hydrocarbures, en restent en fait dépendants à fond, avec tous les mensonges, tricheries et promesses non tenues que cela implique. C'était une tâche épuisante.

Est-ce que M. DiCaprio pourrait venir saluer l'équipe ? Histoire de partager quelques photons de son rayonnement astral ? Je lui ai donc soumis la question, quand il a fini par émerger et qu'il repassait devant moi d'un pas pressé. Les fans de l'acteur savent qu'il sait aussi bien jouer les gentils que les méchants. Ce jour-là, je le crains, nous n'avons pas eu droit au jeune romantique au cœur généreux de *Titanic*. Il s'était mis dans la peau d'un autre personnage : brusque, cynique... Attendez ! Je connaissais ce rôle. C'était celui de Danny Archer, le Rhodésien blanc au caractère bien trempé, trafiquant d'armes et de pierres précieuses, dans le film à succès *Blood Diamond*, sorti en 2007, qui était tellement culte dans ma famille que nous en connaissions tous les dialogues par cœur.

Alors qu'il forçait l'allure, je me suis surpris à reprendre certaines de ses meilleures répliques avec un accent sud-africain à couper au couteau.

En entendant le Premier ministre britannique imitant DiCaprio incarnant un trafiquant d'armes sud-africain, la star a ralenti l'allure et m'a jaugé du regard.

« Je vous verrai plus tard, mon ami », a-t-il lancé, avant de s'éloigner d'un pas raide.

Ceci dit quelque chose de la marche du monde. Si j'avais demandé à Biden, Macron, Modi, Merkel ou n'importe lequel des 120 dirigeants présents à Glasgow, ils auraient bien sûr accepté sans hésiter. C'est ce que nous faisons, nous les politiciens, parce que nous sommes là aujourd'hui, disparus demain – de pauvres vers luisants en comparaison de la supernova DiCaprio.

Tant pis, ont dit Anouka, Tara, Sam, Dan et tous les autres membres de l'équipe de la présidence avant de recommencer à passer des coups de fil. Nous survivrions sans les encouragements de DiCaprio, même si nous avons décidé que nous le rebaptiserions Leonardo Di*Caca*prio après son long séjour dans les wawa de la présidence.

Peut-être qu'il n'en avait tout simplement pas envie, ou peut-être que son entourage ne voulait pas que la marque DiCaprio soit contaminée par la présidence britannique, alors qu'à ce moment précis, l'ouverture du sommet en novembre 2021, tout laissait présager que la COP ferait un flop et que le résultat oscillerait entre désastre et déception.

Le sommet sur le climat de Glasgow était la plus grande réunion officielle au monde depuis le début de la pandémie, et l'angoisse sanitaire était loin d'être dissipée. Certains pays, comme la Russie et la Chine, étaient encore confrontés à des flambées de Covid, et ni Poutine ni Xi n'étaient présents. Nous respections les gestes barrières. De nombreuses personnes portaient des masques, quoique de manière assez intermittente.

Nous recevions néanmoins 40 000 délégués, ce qui n'était rien, bien sûr, à côté des hordes d'écoguerriers enragés qui s'étaient rassemblés à l'extérieur. Le sommet de la COP26 de Glasgow était déjà assiégé par les manifestants pour le climat. Galvanisés par Greta Thunberg, leur Jeanne d'Arc adolescente au teint blafard, ils bouillaient de colère, fulminaient contre les bouffons en costume qui se trouvaient à l'intérieur. Ils maudissaient notre autosatisfaction, notre mollesse, notre bla-bla interminable, pour reprendre la formule si cinglante et, avouons-le, si juste de Greta.

Qu'avions-nous réellement FAIT, nous, les dirigeants du monde, depuis Paris en 2015 ? Nous avions dit au monde – j'y étais, en tant que maire de Londres – que nous allions obtenir un changement stupéfiant des habitudes. Que nous allions cesser de brûler des combustibles fossiles, et que nous allions le faire si brusquement que nous arriverions à ralentir le processus de réchauffement climatique.

Il suffisait de regarder autour de soi pour constater notre échec. Chaque année semblait plus chaude que la précédente. Les banquises fondaient. Les mammouths en cours de décongélation bâillaient dans la toundra. Les déserts gagnaient du terrain, les espèces disparaissaient et le clapotis des vagues menaçait les petites nations insulaires. Dans le même temps, l'humanité rejetait de plus en plus de CO_2 dans l'atmosphère, emmaillotant la planète dans un édredon de plus en plus épais.

On avait l'impression que les Chinois construisaient une nouvelle centrale à charbon pratiquement chaque semaine. Comment les freiner ? Comment dire aux pays en voie de développement qu'il leur était désormais interdit de brûler des combustibles fossiles quand l'essentiel du problème avait été causé par les émissions cumulées des pays les plus riches et les plus développés, notamment par nous, les Britanniques, premiers à nous industrialiser à grande échelle ?

C'était en fait ici, à Glasgow, que James Watt avait mis au point la première machine à vapeur au charbon; et maintenant, c'est un peu comme si nous avions à nous racheter, à expier des siècles de flatulences incontinentes chargées de CO_2. Nous avions besoin d'un carminatif mondial pour réduire ces pets épouvantables. Nous, Britanniques, devions dompter le génie du carbone que nous avions libéré.

Pendant la cérémonie d'ouverture, tous les orateurs ont fait assaut de jérémiades catastrophistes. Le temps était compté. Il était minuit moins une. Le mercure du grand thermomètre mondial allait atteindre le point d'ébullition et si nous n'agissions pas maintenant, ensemble, la planète et la Création tout entière allaient griller comme des saucisses.

Une petite seconde...

Vous alliez dire que vous n'y croyez toujours pas ? Que vous n'êtes pas encore tout à fait convaincu des vérités centrales du réchauffement climatique ?

Comme je l'ai dit un peu plus tôt, je comprends d'autant mieux votre état d'esprit que j'ai moi-même partagé vos doutes. J'aurais aimé que vous soyez là, pendant cette cérémonie d'ouverture, parce qu'un discours est vraiment sorti du lot.

Passez outre les courbettes, les tambours polynésiens, les vaticinations de poétesses africaines. Oubliez la grandiloquence des discours politiques, dont ma propre allocution dans laquelle je comparais les participants au sommet à un James Bond en smoking (un autre fils célèbre d'Écosse), essayant de désamorcer une bombe à retardement.

Un discours s'est emparé de la question et a su toucher les profondeurs de mon âme sceptique; et c'était celui d'un homme qui émoustillait nos collaboratrices bien plus que Leonardo DiCaprio. Cet homme était David Attenborough, le grand naturaliste de la BBC, âgé de quatre-vingt-quinze ans. Il n'a parlé que six minutes (bien moins longtemps que moi, je le crains), mais il a parlé d'or. Il a fait clignoter un nombre sur l'écran derrière lui : 414.

Concentrez-vous sur ce chiffre, a-t-il dit. Il s'agit de la concentration actuelle de CO_2 dans l'atmosphère, mesurée en parties par million (ppm). Ce n'est pas énorme, mais elle a augmenté de 50 % depuis que la vilaine

Grande-Bretagne a mangé la pomme de l'arbre de la connaissance pour entraîner le monde hors de son Éden préindustriel.

Ce nombre est significatif, a-t-il expliqué, car si l'on considère les dernières centaines de milliers d'années, il est clair que la concentration de CO_2 dans l'atmosphère a été le moteur d'un certain nombre d'événements, non seulement météorologiques mais aussi de l'histoire humaine. Jusqu'à il y a 10 000 ans, cette donnée avait fluctué dans tous les sens, de 180 ppm à 300 ppm environ.

Pour l'espèce humaine en cours d'évolution, cela avait été une période assez misérable, oscillant entre chaleur et froid extrêmes. L'humanité primitive a été constamment malmenée par ces changements climatiques, passant des sécheresses aux inondations, des feux de forêt aux périodes glaciaires. Difficile de s'établir, d'inventer la roue, la comptabilité en partie double, etc., lorsque chaque jour est un combat pour la survie. Puis, il y a environ 10 000 ans, tout a changé, a rappelé Attenborough. Les choses se sont calmées. Les concentrations atmosphériques de CO_2 se sont stabilisées aux alentours de 280 ppm. Il en a résulté une longue période d'accalmie climatique qui a permis l'essor spectaculaire de l'humanité moderne : des hivers supportables, des précipitations constantes, des récoltes prévisibles, etc.

Et maintenant, avec cette concentration de CO_2 qui grimpait de manière vertigineuse jusqu'à 414 (je pense qu'à l'heure où j'écris ces lignes, elle est d'environ 420) – bien plus haut qu'à n'importe quel moment de l'histoire ou même de la préhistoire de notre espèce –, cette précieuse stabilité climatique commençait à se défaire.

Attenborough a décrit l'observation personnelle qu'il avait faite de ces changements d'une manière qui paraissait naturelle et tout à fait crédible. J'ai alors pris conscience que, du haut de ses quatre-vingt-quinze ans, il avait vu défiler une part appréciable de l'histoire en mouvement.

À quand remonte notre histoire humaine ? Quarante siècles ? Attenborough avait passé près d'un siècle entier à parcourir le monde et à observer lui-même les changements. Il avait enregistré les données de ses propres yeux, et elles étaient là, dans sa tête. Et s'il disait que le climat changeait, il avait une certaine autorité en la matière, une crédibilité qui allait peut-être au-delà de la science et des statistiques. Mais ce qui m'a plus que tout enthousiasmé, et m'a fait claironner mon approbation à travers mon masque anti-Covid, c'était son refus absolu d'être négatif. Il ne nous a pas tancés pour nos échecs. Il ne s'est pas levé tel un Savonarole pour dénoncer la faiblesse et le court-termisme des politiciens, quoi qu'il ait pu en penser.

Nous avons les solutions, nous a-t-il dit. L'être humain n'était-il pas le mieux à même de résoudre les problèmes ? Nous allons corriger le changement climatique anthropique, a-t-il affirmé, et nous le ferons de notre vivant.

Je me suis redressé et j'ai applaudi des deux mains, car c'est exactement la façon dont je vois les choses. J'entrevois la possibilité – la probabilité – d'une catastrophe imminente. Mais je vois aussi une opportunité pour l'humanité de retourner ce problème à son avantage et, grâce à notre ingéniosité prométhéenne, d'en faire un stimulus puissant de la croissance mondiale : une forme nouvelle de croissance qui ne dégrade pas automatiquement la planète ; une croissance à même de libérer les futures générations de la menace.

Dès que je suis devenu Premier ministre, j'ai suivi une série de séminaires verts, d'abord sur les données scientifiques fondamentales, au cours desquels Patrick Vallance et d'autres m'ont exposé une version détaillée de la thèse d'Attenborough – l'affreuse anomalie ascendante des concentrations de CO_2 – puis toutes les solutions techniques permettant d'y remédier, allant du piégeage du carbone à l'avion « vert ».

Tout au long de 2020, l'année de l'épidémie, la pensée de la reprise économique ne m'a pas quitté – que nous appelions le « projet de rebond » – et je songeais que nous pourrions mettre à profit ce point d'inflexion pour passer aux nouvelles technologies vertes. J'ai essayé de convaincre Tesla de construire une vaste usine au Royaume-Uni, et j'ai sollicité une autre start-up, Rivian. J'ai exhorté Rolls-Royce à poursuivre la construction de petits réacteurs nucléaires modulaires ; je me suis rendu dans les Orcades pour m'intéresser à l'énergie éolienne et voir comment utiliser l'excédent d'électricité pour produire de l'hydrogène vert. À la fin de l'année, j'avais la tête pleine de projets en prévision d'une révolution industrielle verte.

Plus tard, on m'a dit que j'étais devenu trop messianique par rapport aux espoirs que je mettais dans ce programme, mais cela n'a pas pu surprendre mes amis conservateurs. J'en avais fait état à maintes reprises au cours de la campagne pour la direction du parti en 2019.

Si la Grande-Bretagne du XVIIIe siècle avait pu entraîner le monde à brûler des hydrocarbures, la Grande-Bretagne du XXIe siècle pouvait mener la prochaine révolution industrielle. Je voyais (et je vois) la révolution industrielle verte comme une belle machine propre à même d'entraîner le nivellement par le haut de la société.

Quand j'étais petit, j'avais une vieille et ravissante carte de la Grande-Bretagne sous la forme d'un puzzle, dont chaque pièce montrait de petites images des produits caractérisant tel ou tel comté : couverts en acier du Yorkshire, houblon et pommes du Kent, etc. Dans mon esprit, je commençais déjà à voir de quelle manière les retombées de ces incroyables technologies vertes se répartiraient sur le territoire : batteries dans les West Midlands, captage du carbone dans le Teesside, nucléaire de nouvelle génération dans le Somerset, fusion dans l'Oxfordshire, énergie éolienne au large des côtes, etc.

Bien sûr, tout cela semble ridiculement schématique, et je m'empresse de dire que je n'avais pas en tête un projet insensé de planification industrielle de type soviétique ou de ceux en vogue dans les années 1970. Mais j'étais certain que si nous devions opérer un changement aussi radical que celui-ci, en nous détournant de la combustion du carbone, le gouvernement devait prendre l'initiative et montrer aux entreprises la direction que prenait le pays afin que le marché puisse investir en toute confiance. C'est pourquoi le 17 décembre 2020, presque un an avant le sommet de la COP, j'ai publié une version condensée dans le *Financial Times* du « plan en dix points pour une relance verte »[1], comme je l'ai appelé.

Il était simple.

1) PRODUCTION D'ÉNERGIE RENOUVELABLE. Nous allions devenir l'Arabie saoudite de l'énergie éolienne, avec une capacité offshore suffisante pour alimenter tous les foyers britanniques à l'horizon 2030. Nous étions déjà l'un des premiers producteurs d'énergie éolienne en mer au monde, peut-être même le premier ou le deuxième. Mais nous disposions d'un potentiel énorme dans le Dogger Bank* et ailleurs. Sans oublier le solaire, dont le prix des panneaux avait fortement baissé.

2) HYDROGÈNE. Nous réaliserions de gros investissements dans l'hydrogène pour toutes sortes d'usages, y compris les transports et peut-être même le chauffage domestique. Angela Merkel investissait des sommes considérables dans les trains à hydrogène, et j'étais déterminé à ne pas perdre cette bataille.

3) NUCLÉAIRE. Nous encouragerions l'énergie nucléaire sous toutes ses formes, depuis les grands réacteurs comme Sizewell et Hinkley Point jusqu'aux PRM**, que Rolls-Royce se disait prêt à fabriquer en s'inspirant de leurs propulseurs de sous-marins. Nous avons également continué de parier sur la fusion. Dès que je suis devenu Premier ministre, avant même les élections de 2019, je me suis rendu dans les laboratoires de Culham, dans

* Grand banc de sable en mer du Nord, entre les côtes anglaise et danoise.

** PRM : Petit réacteur modulaire (SMR en anglais).

l'Oxfordshire, où l'on m'a dit que le secret de la fusion – la promesse d'une énergie nucléaire verte, propre et illimitée – serait maîtrisé d'ici une vingtaine d'années. C'est exactement ce qu'on m'avait dit une vingtaine d'années auparavant lorsque j'avais été élu député de la circonscription. Il n'empêche : si la fusion devait être maîtrisée, je voulais que cela se produise ici.

4) VÉHICULES ÉLECTRIQUES. Nous allions encourager non seulement les gigafactories pour la production de batteries au Royaume-Uni, mais aussi la construction de véhicules électriques. Je voyais bien qu'ils allaient se banaliser et bientôt supplanter les moteurs à combustion. L'industrie britannique allait-elle saisir cette opportunité ? Ou allions-nous nous contenter d'acheter des tonnes de véhicules électriques à la Chine ? Je voulais que nous nous lancions et que nous fabriquions les nôtres. C'est pourquoi j'ai décidé que nous devions nous fixer un calendrier ambitieux pour le passage de l'essence et du diesel à l'électrique – 2030 – avant même l'échéance envisagée par l'Union européenne. Je voulais que le Royaume-Uni bénéficie de la prime au premier entrant et, plus tard, j'ai chargé Dan Rosenfield de travailler en liaison avec les constructeurs automobiles. Je crains qu'on ait levé le pied sur la voiture électrique après 2022.

5) RÉSEAUX DE TRANSPORT VERTS. Nous allions transporter les gens dans des bus propres et écologiques fabriqués en Grande-Bretagne, et encourager massivement la pratique du vélo. De bons systèmes de transport en commun encouragent le nivellement par le haut en permettant aux gens d'avoir accès aux emplois dont ils ont besoin. À la régie des transports de Londres, nous avions l'habitude de dire qu'il y avait très peu de problèmes de transport qui ne pouvaient être résolus par un bus. J'avais défendu à Londres la mise en circulation de bus plus propres et construits en Grande-Bretagne. Il était temps de faire de même dans tout le pays. Nous avons promis 4 000 nouveaux bus verts fabriqués au Royaume-Uni.

6) JET ZERO. Il y a près d'un siècle, le duo britannique Alcock et Brown avait effectué le premier vol transatlantique en consommant une quantité prodigieuse de carburant fossile. Je me suis engagé à ce que le Royaume-Uni effectue le premier grand vol commercial Londres-New York en utilisant un carburant à zéro émission, et que nous ferions de même pour les navires, en utilisant éventuellement de l'ammoniac.

7) RÉDUIRE LES ÉMISSIONS DES BÂTIMENTS. Nous allions investir un milliard par an pour rendre les écoles et autres bâtiments publics plus écologiques, notamment leurs systèmes de chauffage. J'ai organisé un séminaire sur les pompes à chaleur, et plusieurs très grandes machines ont été apportées dans le bureau du Conseil. Un jour, lorsqu'ils seront fabriqués à grande échelle,

ces appareils fonctionnant sur le principe du transfert thermique seront réellement efficaces et abordables. Je sais que cette technologie a du mal à décoller dans ce pays, mais notre climat est-il si différent de ces autres pays européens où elle est si populaire, la France par exemple ?

8) CAPTAGE ET STOCKAGE DU CARBONE. Il s'agit du processus qui permet de séquestrer le CO_2 dans les fonds marins et dans d'autres endroits. Le CSC peut servir à assainir des industries telles que la sidérurgie ou à produire de l'hydrogène vert. Il consiste à extraire l'hydrogène des hydrocarbures, puis à enfouir le carbone. Il existe déjà un projet ambitieux conduit par British Petroleum dans le Teesside. Un jour, le CSC sera un des éléments majeurs de la solution.

9) NATURE. Nous allions reverdir l'ensemble du pays, avec 30 000 arbres supplémentaires plantés chaque année afin d'améliorer notre résilience climatique et d'accroître notre capacité générale d'absorption du CO_2. Et nous allions également réensauvager de vastes étendues (une mesure bien moins populaire auprès des agriculteurs) afin d'améliorer la biodiversité et de restaurer les habitats perdus. Nous sommes une grande nation d'amoureux des animaux, mais le pays d'Europe qui possède le moins d'espèces animales sauvages (prenez nos amphibiens, c'est tragique : 15 espèces au total au Royaume-Uni, contre 43 en France). Comme je l'ai dit dans mon discours à la conférence, il était temps de reconstruire plus vert, mieux, et de faire revenir les castors.

10) INNOVATION. Nous allions investir massivement dans les nouvelles technologies qui, selon moi, sont capables de résoudre le problème, et développer également de nouveaux instruments de finance écologique.

Tel était le plan, et il a été bien accueilli. Il a plu aux écolos. Il a plu aux médias et, à ma grande surprise, il a VRAIMENT plu au monde l'entreprise.

Je sais qu'il peut paraître simpliste, mais les gens ont besoin d'une déclaration d'intention nationale, d'une bannière derrière laquelle se ranger, d'un air qu'ils peuvent siffloter en marchant.

J'observe simplement que ceux qui m'ont succédé au poste de Premier ministre et qui ont tenté de s'éloigner de cet agenda vert, ou de mépriser l'objectif zéro émission, n'ont guère été récompensés dans les urnes, pour rester poli ; et quand on regarde les sondages, je n'ai pas l'impression que cette stratégie soit populaire.

Dans leur immense majorité, les Britanniques souhaitent réduire la pollution et protéger l'environnement. Si vous arrivez à leur expliquer clairement comment y parvenir tout en créant des emplois et de la croissance ET, au final, en réduisant leurs factures d'énergie, alors vous avez tout bon.

Je me suis donc rendu à cette COP en prêcheur évangéliste, tel un Moïse armé de mon décalogue vert. La différence fondamentale entre Greta Thunberg et moi était que je ne prêchais pas le feu de l'enfer et la damnation de l'humanité. J'avais largement assez d'arguments pour défendre le potentiel des technologies vertes.

Vous dites que vous ne pouvez pas le faire, ai-je dit aux délégués à la COP. Vous dites que vous êtes accros au charbon. Eh bien, combien de personnes ici présentes étaient de ce monde en 1970 ? C'est exact : beaucoup d'entre nous.

En 1970, j'avais six ans et je jouais sur mon ballon sauteur orange. Devinez quelle part de l'électricité britannique était produite par ses centrales au charbon ?

70 %. Et devinez quelle proportion de notre électricité provient du charbon aujourd'hui ?

Moins de 1 %. C'est dire la rapidité avec laquelle le changement peut s'opérer.

Il y a certains jours, ai-je poursuivi, où plus de la moitié de notre électricité domestique est produite par la seule énergie éolienne. C'est ainsi que le Royaume-Uni a réduit ses émissions de CO_2[2] de 45 % par rapport aux niveaux de 1990, tandis que, globalement, le niveau de vie des Britanniques n'a cessé d'augmenter.

Ce message était, je crois, convaincant, même si ce n'est pas à moi que revient le mérite d'avoir présenté ces arguments, mais à l'ensemble de l'équipe de la présidence, conduite par Alok Sharma, mon ancien ministre aux Affaires, à l'Énergie et à la Stratégie industrielle, et député de Reading, qui aura fait un travail remarquable.

Peu à peu, les négociations ont commencé à converger. À la fin de la COP26, après deux semaines de discussions, nous avions largement dépassé les attentes. J'avais assisté au sommet de Paris en 2015 et j'avais trouvé l'ensemble trop abstrait, trop perdu dans la physique du climat.

Il ne suffisait pas de s'engager à limiter la croissance des températures mondiales. Nous devions expliquer COMMENT nous allions le faire, d'une manière compréhensible par tous. Nous nous sommes colletés avec ce problème pendant des mois.

Comment incarner le succès ? ne cessais-je de demander à Alok et au directeur de la COP, mon ancien secrétaire particulier, Peter Hill. Il me fallait des idées simples, presque caricaturales.

Allegra Stratton, directrice de la communication de la COP, était également une journaliste de télévision aguerrie. Comme moi, elle était passionnée par l'ensemble de la campagne, mais elle comprenait aussi la nécessité d'exprimer nos résultats de manière concrète.

Elle a eu l'idée d'un mantra : « *Coal, Cars, Cash, Trees** ». Nous avons rempli ces quatre objectifs :

CHARBON

Nous avons persuadé 65 pays que le moment était venu d'abandonner la combustion du charbon. Il y a eu une déception de dernière minute lorsque les Chinois et les Indiens ont modifié le texte pour remplacer « suppression progressive » du charbon par « réduction progressive », mais cela ne m'a pas dérangé outre mesure.

Quelle que soit la signification de l'expression « réduction progressive », la direction suivie restait la même.

VOITURES

Trente-cinq pays se sont joints à nous et à l'UE pour s'engager à se débarrasser des moteurs à combustion interne à essence ou diesel d'ici à 2035 au plus tard. Là encore, vous pouvez dire que c'était aller trop vite en besogne. Mais certains pays européens, comme la Norvège, ont déjà pris beaucoup d'avance.

ARGENT

Nous avons trouvé plus d'argent pour aider les pays les plus vulnérables à s'adapter et à se protéger, et même si l'objectif fixé à Paris n'était pas atteint – un transfert de 100 milliards de dollars par an –, ce n'était pas une surprise, car il était irréaliste.

Nous avons obtenu de bien meilleurs résultats pour la mobilisation de fonds privés. Sous la direction de Mark Carney, ancien gouverneur de la Banque d'Angleterre, nous avons constitué le GFANZ, l'Alliance financière de Glasgow pour le net zéro. Même si M. Carney exagérait le montant des fonds du secteur privé engagés dans le financement du net zéro (130 milliards de dollars, a-t-il dit !), l'orientation, une fois encore, était la bonne.

L'innovation la plus importante de Glasgow a peut-être été l'idée du Partenariat pour une transition énergétique juste. Son objectif était d'aider des pays comme l'Afrique du Sud à se décarboner grâce à la politique d'investissement du gouvernement, qu'il s'agisse de fonds nationaux ou de

* Charbon, voitures, argent, arbres.

fonds provenant des institutions financières internationales, pour inciter le marché à investir à son tour.

J'avais été profondément impressionné par le succès du secteur de l'éolien britannique, fondé sur le partenariat entre le gouvernement et le secteur privé. Dans le cadre du système des « contrats de différence », le gouvernement fixe le prix d'exercice de l'énergie éolienne, c'est-à-dire le prix minimum auquel il achèterait l'énergie.

Cela a donné au marché de plus en plus de confiance pour investir. Les parcs éoliens se sont agrandis, les coûts de production ont baissé et le marché est devenu totalement autonome.

Telle était l'idée de base – utiliser des fonds gouvernementaux et des IFI (institutions financières internationales) pour stimuler l'investissement privé – dont Biden et moi avions discuté pour la première fois à Carbis Bay, et que nous avons finalement appelée Build Back Better World*.

Je suppose que nous avons envisagé cette initiative comme une alternative aux nouvelles routes de la soie, mais je ne vois aucune raison d'en exclure les Chinois. Si nous voulons réaliser cette transition de notre vivant – et nous le pouvons, comme Attenborough l'a suggéré – et doter les pays en voie de développement des technologies vertes appropriées, c'est la voie à suivre. Glasgow aura été un grand pas dans la bonne direction.

ARBRES

Dès ma nomination comme ministre des Affaires étrangères, j'avais souhaité que le monde se concentre davantage sur les habitats, la nature et la disparition des espèces. Où se retrouvent généralement ces créatures menacées d'extinction ? Dans les forêts. Le sommet de la COP de Glasgow s'est distingué par l'importance accordée à la nature. Une grande partie de ce travail a été menée par Zac Goldsmith, le ministre de l'Environnement. Au final, 130 pays ont signé la déclaration sur les forêts et l'utilisation des terres, par laquelle ils s'engagent à « stopper et inverser » la perte des forêts et des habitats boisés. Un engagement assorti d'un financement public et privé de 19,2 milliards de dollars pour la protection des arbres, dont une bonne partie allouée spécifiquement au bassin du Congo. Nous avons réussi à imposer l'idée que la lutte contre le changement climatique et la protection de la nature sont deux faces d'un même combat : on a besoin de cette vaste canopée pour absorber le carbone et aider à diminuer ses émissions ; et on doit diminuer ses émissions pour éviter les sécheresses et les incendies qui détruisent les forêts.

* Ou B3W.

Pour ce qui était du charbon, des voitures, de l'argent et des arbres, nous pouvions nous décerner un satisfecit, et surtout nous avions obtenu suffisamment de promesses de réduction des émissions pour être en mesure de dire, à la fin de la conférence de Glasgow, que l'objectif était encore atteignable. Si tout le monde tenait ses engagements – 90 % du monde étaient désormais engagés à atteindre la neutralité carbone contre 30 % au départ –, l'humanité avait une chance de s'en sortir. Si nous réalisions ce programme, nous pourrions peut-être, mais peut-être seulement, limiter le réchauffement de la planète à 1,5 °C d'ici à 2100.

Avec le recul, je pense que nous étions probablement condamnés à réussir, ou du moins à faire mieux qu'attendu à la conférence de Glasgow. Le monde voulait un accord, en partie parce que l'expérience du Covid avait été profondément démoralisante. Confrontées à une nouvelle peste, les nations avaient passé des mois à courir après les EPI et les vaccins dans une sorte de *sauve-qui-peut** et de chacun pour soi. Cela n'avait pas été glorieux. Et là, nous voulions tous nous serrer les coudes, et c'est ce que nous avons fait.

À la fin, Alok a pleuré d'épuisement, ce qui m'a légèrement affolé. Je craignais que ses larmes n'incitent les médias à conclure que le sommet avait été un échec, mais ce n'est pas ce qu'ils ont fait, loin de là. Si Alok a pleuré, c'est parce qu'il savait que nous aurions pu faire davantage, mais aussi parce qu'il savait que nous avions accompli des progrès tangibles. C'étaient des larmes de soulagement et de regret.

Après avoir passé quelques jours au sommet, je suis rentré à Londres, avec le sentiment que les choses se passaient plutôt bien. En réalité, j'avais atteint ce stade où l'on est sourd aux signaux d'avertissement.

Quelques jours avant le sommet de la COP à Glasgow, nous nous étions rendus au G20 à Rome, où certaines de mes décisions provoquaient des tensions avec nos amis de l'UE. Au Royaume-Uni, nous commencions à en avoir plus qu'assez de la façon dont Bruxelles mettait des bâtons dans les roues de l'Irlande du Nord en interrompant inutilement la circulation du bacon, des saucisses, des sablés, et de je ne sais quoi encore, alors que la plus grande part des échanges commerciaux de l'Irlande du Nord se fait avec le reste du Royaume-Uni. Nous continuions donc de travailler à l'élaboration d'un nouveau projet de loi – qui allait s'appeler loi sur le protocole d'Irlande du Nord – qui mettrait fin à ces absurdités et rappellerait une fois pour toutes que l'Irlande du Nord faisait partie de l'économie britannique.

Il s'agissait, il est vrai, d'une riposte au bazooka, qui constituait sans doute une violation de nos obligations internationales, mais j'estimais que nous devions nous préparer à un bras de fer avec l'UE et l'obliger à se montrer plus raisonnable et moins chicanière.

J'étais assis à ma place dans la salle du G20 à Rome lorsque j'ai remarqué Macron, Merkel et d'autres en plein conciliabule. Puis Merkel est venue se mettre derrière moi. Elle s'est penchée et m'a dit : « Vous devez renoncer à ce projet pour l'Irlande du Nord, ou bien il y aura une tragédie shakespearienne. »

Que voulait-elle dire par là ? Que savait-elle ? Je me pose la question. L'UE n'était pas la seule à voir d'un mauvais œil mon passage en force juridique. Les sentiments longtemps refoulés de beaucoup de députés conservateurs pro-UE étaient en train de faire surface.

Je me sentais en général tellement optimiste que j'ai fait quelque chose qu'aucun Premier ministre ne devrait jamais faire. J'ai partagé un dîner arrosé, le soir même, avec quelques journalistes. Pendant de nombreuses années, j'avais été éditorialiste (entre autres casquettes) pour le *Daily Telegraph*, et un de mes contemporains, l'affable Neil Darbyshire, m'avait invité il y a très longtemps à me joindre à une réunion d'anciens. J'avais accepté, car j'avais gardé plein de bons souvenirs de mon passage au *Telegraph*. J'avais hâte de renouer avec de vieux amis, et je pensais pouvoir caser ça dans mon emploi du temps.

J'ai donc débarqué au Garrick*, où j'ai fait un petit discours, bu quelques verres de vin et papoté avec mes anciens collègues, alors que j'aurais dû retourner à Downing Street pour préparer les QPM du lendemain et m'atteler au dossier Owen Paterson. Il s'agissait du député du North Shropshire, et ancien secrétaire d'État pour l'Irlande du Nord, qui s'était mis dans de sales draps. Selon Kathryn Stone, présidente de la commission d'éthique, il avait fait du lobbying au Parlement sans avoir déclaré les intérêts que le liaient à certaines entreprises.

J'ai honte de le dire mais, ce mardi soir, je n'avais pas bien lu le rapport de Kathryn Stone, ayant été en déplacement la semaine précédente, du G20 à Rome à la COP de Glasgow. Mais je savais que deux de mes alliés les plus proches – Mark Spencer, le chef des whips, et Jacob Rees-Mogg, le leader de la Chambre – l'avaient lu avec attention et avaient un avis très tranché sur le sujet.

Quoi qu'Owen ait fait, m'ont-ils dit, sa mise en accusation était profondément injuste. On ne lui avait guère donné la possibilité de se défendre,

* Club londonien réputé dont l'adhésion est soumise au vote de ses membres en place, fréquenté essentiellement pas des artistes, des comédiens et des gens de lettres.

et sa femme Rose avait été si dévastée par cette affaire qu'elle avait mis fin à ses jours dans les bois près de leur maison dans le Shropshire.

Rose était très aimée. Owen était populaire, en particulier au sein de l'aile droite et eurosceptique du parti. On me rapportait que les esprits étaient très échauffés. Nous ne pouvions pas nous contenter d'accepter les conclusions de Kathryn Stone, qui dans cette affaire avait été à la fois juge et partie. En plus de vivre un drame personnel, Owen était maintenant visé par une motion de censure qui pouvait le contraindre à la démission. C'était très cruel.

Mes collègues du Cabinet avaient donc trouvé un compromis. Ce mercredi matin, nous nous sommes assis à la table à manger en verre qui se trouvait dans mon bureau. L'heure des QPM approchait, et j'essayais de me faire une idée de la solution proposée. J'étais d'instinct porté à l'indulgence envers Owen. J'avais fait sa connaissance il y a plus de trente ans, à Prague, au moment où le communisme s'effondrait en Europe de l'Est. À l'époque il était tanneur, vendeur d'articles en cuir, et il exprimait déjà un euroscepticisme courageux et argumenté. Je le considérais comme un homme bon et bienveillant, et je pensais très improbable qu'il ait pu délibérément se rendre coupable d'une malversation financière quelconque. Ce sentiment avait été renforcé au cours de mon dîner au Garrick (je devrais peut-être souligner que des femmes y avaient assisté*) en parlant à Charles Moore, mon ami et ancien rédacteur en chef vénéré. Charles était un ami proche d'Owen, et il avait pris la plume pour le défendre bec et ongles.

Est-ce que je comptais défendre Owen Paterson ? m'avait-il demandé.

Et comment ! lui avais-je répondu avec désinvolture.

Sous l'emprise d'une légère gueule de bois, je découvrais que la tâche était plus difficile que je ne l'avais imaginé. Jacob et le chef des whips expliquaient que nous pourrions d'une certaine manière reconnaître l'imprudence d'Owen, tout en rejetant la sévérité des conclusions de Kathryn Stone. Concrètement, nous pourrions demander à un comité de députés transpartisan, constitué spécialement à cet effet, de réexaminer l'affaire et de lui accorder une véritable audition. Cette stratégie était fermement soutenue

* Même si les quelque 1 500 membres du Garrick avaient voté en 2010, à une courte majorité, pour l'admission des femmes au sein de leur club créé en 1831, de fait ce n'était pas vraiment le cas. Elles devaient être invitées par un des membres pour avoir le droit de pénétrer dans l'établissement. Un nouveau vote (60 % de voix favorables) en mai 2024 leur a donné le droit de devenir membres à part entière.

par certains de mes conseillers politiques, et pendant que tout le monde parlait, je feuilletais rapidement le rapport de Kathryn Stone.

Hum, ça ne sent pas bon, me suis-je dit, alors que certains mails d'Owen me sautaient aux yeux. Il avait bien intercédé en faveur de ces entreprises, et d'une manière assez appuyée. Mais il nous restait à peine quatre-vingt-dix minutes avant les QPM, et il était trop tard pour changer de tactique.

J'allais devoir tenter le coup à la Chambre. Ce qui n'a pas été facile.

J'ai essayé de distinguer le fond – sur lequel le gouvernement admettait qu'Owen devait au moins s'expliquer – et la procédure, que nous jugions irrégulière. J'ai essayé de susciter la compassion de la Chambre, habituellement prompte à s'émouvoir, pour la tragédie personnelle d'Owen, mais je voyais bien que ça ne prenait pas.

Cela marmonnait sur les bancs conservateurs et, plus tard, lors du vote, un bon nombre d'entre eux ont fait fi des consignes.

Pourtant, nous avons réussi. Nous avons invalidé le rapport visant Owen, et cette situation me mettait tellement mal à l'aise que je suis allé voir l'intéressé dans le hall pour le supplier de faire acte de contrition, de présenter ses excuses, car il ne s'agissait pas, je le répète, d'une disculpation.

Je crains qu'il n'ait pas écouté mon conseil. Il s'est cru blanchi et, bien sûr, c'est ainsi que cela a été perçu. C'était comme si j'avais utilisé ma majorité de 80 sièges de manière tyrannique pour écraser les conclusions de la commissaire indépendante à l'éthique, dans le but de protéger un collègue conservateur.

Alors que la soirée traînait en longueur, j'étais dans l'appartement avec Carrie en train de téléphoner à des collègues, me sentant de plus en plus mal. Après l'idéalisme déployé au sommet de la COP, cette affaire semblait affreuse, sordide. Le pire, c'est que le plan n'a même pas fonctionné – et n'aurait jamais pu fonctionner. Nous n'aurions jamais réussi à former un groupe parlementaire transpartisan pour réexaminer le cas d'Owen, parce qu'à ce stade la plupart des députés avaient lu certains détails du rapport, et la coopération entre partis sur cette affaire était inenvisageable.

Nous étions dos au mur, et il y avait un risque évident que toute cette affaire s'éternise et nous pende au cou comme un albatros putréfié*. J'ai donc décidé dans la nuit qu'il n'y avait pas d'autre solution. J'ai dû faire la chose la plus douloureuse qui soit : une volte-face. Et s'il y a bien une chose que les collègues détestent, c'est d'avoir à gravir une colline pour la redescendre.

* L'auteur fait allusion au poème de Coleridge, « La Complainte du vieux marin ».

Puisque le gouvernement ne pouvait pas donner effet à son amendement, et qu'il n'y avait aucune chance d'obtenir un accord transpartisan sur une nouvelle procédure, nous n'avions pas d'autre choix que céder et approuver le rapport original. Owen a été dûment remercié et a donné sa démission. Nous allions maintenant au-devant d'une élection partielle qui s'annonçait très mal en décembre, et l'ambiance générale était déjà très différente de ce qu'elle était au printemps.

L'économie mondiale était engluée dans un état de paralysie post-Covid ; les chaînes d'approvisionnement étaient bloquées, l'inflation se profilait à l'horizon ; les produits de base avaient déserté les rayons des supermarchés, et l'exaspération montait.

Le spectacle des bateaux qui traversaient la Manche, lourdement chargés d'immigrés clandestins, et l'apparente incapacité du gouvernement à y remédier, mettaient nos électeurs très en colère. Je pensais avoir une solution, une solution séduisante et audacieuse. Mais nous devions y travailler en secret, et cela prenait bien plus de temps que je ne le souhaitais. Je n'étais pas tout à fait conscient de la part de capital politique que j'avais déjà brûlé auprès de mes collègues parlementaires (voire auprès de l'électorat dans son ensemble), ni de la vitesse à laquelle je brûlais ce qu'il en restait.

Chapitre 50

OH MISÈRE, C'EST OMICRON !

Après la peur vient la colère

Quoi ?? ai-je demandé à mon équipe à Downing Street. Je n'arrivais pas à croire à notre malchance. Nous avions fait des miracles pour vacciner les Britanniques. Au prix d'un gigantesque effort collectif, nous avions administré deux doses de vaccin anti-Covid plus tôt que pratiquement n'importe quel autre pays, et certainement plus tôt que n'importe quel autre pays de taille comparable.

En août 2021, 75 % des adultes avaient un schéma vaccinal complet[1], ce qui nous avait permis d'alléger les restrictions et de relancer l'économie plus prestement que les autres pays du G7. Dans mon imagination, le vaccin coulait désormais dans nos veines comme une sorte de sérum divin. Nous avions érigé une immense digue immunitaire, un rempart assez haut et épais pour repousser la prochaine vague de Covid, car aucun variant – aucune mutation de la maladie – ne pouvait résister à deux injections. C'était sûr, non ?

Euh, eh bien, monsieur le Premier ministre, m'annonçaient mes collaborateurs, il semble que nous ayons de mauvaises nouvelles.

Un variant apparu en Afrique du Sud, baptisé B.1.1.529, se propageait à une vitesse fulgurante, et on pouvait apparemment le contracter même si on avait été vacciné.

Même avec deux injections ? ai-je demandé.

Ils m'ont regardé, affligés, et ont hoché la tête.

Il s'appelait Omicron, la quinzième lettre de l'alphabet grec signifiant « petit o ». *Nu* n'avait pas été retenu parce que cela sonnait comme *new* ; quant à *ksi*, l'OMS dépendant fortement de Pékin, elle n'avait pas trop envie de donner à ce nouveau variant un nom qui évoquait Xi Jinping, d'autant que les Chinois étaient déjà très susceptibles sur la question de leur responsabilité dans la diffusion planétaire du virus.

Il est arrivé ici, cet Omicron ? ai-je demandé. Au Royaume-Uni ?

Oui.

Le 27 novembre, deux cas avaient été identifiés, mais début décembre ils se comptaient par centaines. Je sentais que le système se préparait à un nouvel assaut contre les libertés individuelles. La task force Covid fourbissait les instruments juridiques et, une fois de plus, on allait me passer le grand trousseau de clefs et me demander d'enfermer la nation.

Le lundi 6 décembre, ils revinrent tous en file indienne, conduits pour une raison que j'ignore par Munira Mirza, qui dirigeait la Number 10 Policy Unit*. J'avais toujours considéré Munira comme une libertarienne convaincue, depuis qu'elle avait été mon adjointe à la mairie. C'était une amie et une alliée, et j'étais surpris de la voir à la tête d'une délégation pro-confinement.

Leur raisonnement était simple. C'était le même argument rebattu, celui qui s'était avéré irrésistible ces deux dernières années. Oui, nous avions dressé un mur contre la propagation du virus ; nous avions protégé des millions de personnes. Mais qu'en était-il des personnes non protégées ? Des immunodéprimés, des malades du cancer ? Qu'en était-il de tous ceux qui ne pouvaient ou ne voulaient pas être vaccinés ?

Pour Munira, un raz-de-marée était sur le point de déferler sur nos remparts. Un très grand nombre de personnes allaient attraper le virus, et même si le nouveau variant Omicron ne s'avérait fatal que dans un faible pourcentage de cas, nous connaissions tous le mantra : un faible pourcentage d'un très grand nombre reste un très grand nombre.

Je ne sais plus trop si j'ai grincé des dents, juré, ou si je me suis pris la tête dans les mains, mais c'est fort probable. L'idée que nous soyons obligés de tout recommencer – après tout ce que nous avions déjà enduré – me semblait tellement insensée, tellement injuste. On était à deux semaines de Noël et, peu à peu, je me retrouvais entraîné dans le même traquenard politique.

Chaque jour, le nombre des infections augmentait, et cela signifiait – si Omicron s'avérait aussi dangereux que les variants précédents – que chaque jour passé sans que je décide d'un nouveau confinement pèserait de manière exponentielle sur le nombre final de victimes. Environ 160 000 personnes étaient déjà mortes sous mon mandat. En fait, le taux de mortalité britannique n'avait jamais augmenté aussi vite[2] depuis la Seconde Guerre mondiale.

En outre, à ce stade, les scientifiques avaient abandonné toutes leurs hésitations antérieures concernant le confinement. Au début de la pandémie, vous vous en souviendrez, ils invitaient les gouvernements à ne rien précipiter car

* Cellule rattachée directement au Premier ministre et qui lui fournit des conseils politiques.

cela risquait de mettre la patience de la population à l'épreuve. Eh bien, tout cela était désormais de l'histoire ancienne. Mes conseillers scientifiques et médicaux avaient été échaudés par les insinuations (probablement injustes) selon lesquelles nous avions trop tergiversé la première fois. Leurs préconisations étaient maintenant catégoriques.

Si vous pensez avoir un problème, a déclaré Patrick Vallance, vous devriez sans doute frapper un peu plus fort et un peu plus tôt que la situation semble l'exiger. « Fort et vite », a-t-il insisté. Son point de vue, le point de vue scientifique, était donc que nous devions agir maintenant, et que nous ne pouvions pas nous tromper en le faisant.

Ah, vraiment, rien ne pouvait mal tourner ? me dis-je. Ce qui allait se passer si nous nous confinions maintenant était évident. Nous pouvions dire adieu à Noël une fois de plus avec les conséquences désastreuses que cela aurait pour l'hôtellerie et le commerce de détail. Nous ne pourrions probablement pas assurer la rentrée scolaire de janvier, grevant davantage, et de manière irrémédiable, les chances de ces enfants de réussir dans la vie. Ce qui nous mettait au désespoir, c'était d'être obligés une fois encore d'agir sur la base d'informations insuffisantes.

Nous savions Omicron contagieux, et que les gens allaient contracter le Covid, une nouvelle fois, en très grand nombre. Il y avait simplement une statistique que nous ignorions : celle du taux de létalité réelle (IFR). Nous ne savions pas combien de personnes la maladie allait tuer parmi celles qui la contracteraient. Nous avions évidemment la possibilité d'attendre pour le savoir, mais il serait alors peut-être trop tard, et le niveau d'infection serait tel qu'il nous condamnerait à un très grand nombre de décès.

De toutes les décisions qu'on est amené à prendre, celle-ci était épouvantable, et solitaire. Assis dans mon fauteuil de la salle du Conseil à ruminer la question, je me demandais si un jour nous serions capables d'utiliser un programme d'intelligence artificielle pour y intégrer l'ensemble des paramètres mathématiques impliqués dans cette bascule diabolique entre les dommages causés par une pandémie et ceux causés par le confinement. Et ainsi obtenir d'une manière ou d'une autre la bonne solution morale, médicale, économique et éducative.

Il suffit de poser la question en ces termes pour comprendre que cela n'arrivera jamais. Nous ne pourrons pas demander aux machines de prendre des décisions à notre place parce que ces décisions sont éminemment politiques. Elles reposent sur des dizaines de jugements de valeur et de priorités distincts, des jugements instinctifs qu'il est tout simplement impossible de coder dans une machine. Vous devez pouvoir les expliquer au public, convaincre les gens. Vous devez continuer de faire campagne et d'expliquer. Et même si la population s'était montrée, dans l'ensemble, miraculeusement compréhensive jusqu'à présent, je voyais bien qu'à l'automne 2021 l'humeur politique était en train de changer.

Certes, les gens avaient été impressionnés par le déploiement du vaccin, fiers des scientifiques britanniques et du NHS. Et ce soutien s'était traduit par la stabilité des sondages en notre faveur, ce qui était très honorable pour un gouvernement à mi-mandat et après onze ans de domination tory.

Mais aucune plante ne flétrit plus vite que les lauriers politiques, et l'état de grâce post vaccination s'était dissipé depuis longtemps. C'était le Covid, l'horreur du Covid, qui nous avait rapprochés, et comme la menace semblait s'éloigner, ce sentiment d'unité nationale s'est inévitablement fracturé et l'opinion a recommencé à exprimer, comme toujours, une insatisfaction chronique, naturelle et excusable.

Le 30 septembre, nous avions enfin supprimé l'indemnisation du chômage partiel temporaire, un dispositif extrêmement généreux par lequel le Trésor vous versait 80 % de votre salaire, jusqu'à 2 500 livres par mois, pour rester à la maison. Avec une population entièrement vaccinée, plus ou moins tout le monde (à l'exception des Travaillistes) voyait bien que c'était la bonne décision. Ce programme d'indemnisation – ou *Coronavirus Job Retention Scheme* – était juste, et le grand mérite de Rishi et de son équipe aura été d'avoir réussi à le mettre en œuvre aussi rapidement. Mais la mesure à elle seule avait déjà coûté environ 70 milliards de livres et, comme le savent tous les politiques, il est beaucoup plus facile de distribuer des allocations que de les supprimer.

À l'automne, un très grand nombre de personnes ont donc été sevrées brutalement de leur indemnisation, et alors qu'elles retournaient au travail en traînant des pieds et que l'économie sortait de son hibernation, la reprise de la demande a entraîné encore plus de problèmes, comparables au dégel soudain des canalisations à la sortie de l'hiver. Le monde voulait des choses tout de suite – essence, microprocesseurs ou légumes frais – et nos chaînes d'approvisionnement se sont immédiatement grippées.

Nous dépendions de vastes porte-conteneurs qui semblaient tous bloqués à l'autre bout du monde, et dont l'un d'eux avait spectaculairement bouché le canal de Suez. Nous avons connu une pénurie de carburant, les rayons des supermarchés étaient vides, et la nation a commencé à se demander avec exaspération : où sont passés les chauffeurs de camion ? Où sont les employés de supermarché ?

Les chefs d'entreprise affolés donnaient de la voix. C'était le Brexit ! braillaient-ils. Le Brexit et le Covid les avaient renvoyés chez eux, tous ces travailleurs d'Europe de l'Est, réputés pour leur sérieux et leur conscience professionnelle. Pas étonnant qu'on ne trouve plus personne pour ravitailler les pompes à essence ou travailler dans les supermarchés. Il s'est avéré – comme souvent – que le problème n'était pas vraiment dû au Brexit, ni à un quelconque exode de travailleurs vers l'UE.

Il semble d'ailleurs que nous ayons largement sous-estimé le nombre de ressortissants de l'UE vivant en Grande-Bretagne. Ils n'étaient pas 3 millions – le chiffre que faisaient circuler les deux camps lors du référendum de 2016 – mais plus de 5 millions. Ce problème de main-d'œuvre n'était donc pas vraiment dû à une pénurie de travailleurs immigrés, mais plutôt à la découverte, faite à la faveur du Covid et du régime d'indemnisation, que le télétravail était le plus souvent assez agréable, étant donné qu'il était facile de dissimuler son caleçon et sa bouteille de sauvignon pendant les réunions sur Zoom. Un très grand nombre de Britanniques, en particulier les hommes dans la cinquantaine, disparaissaient discrètement de la population active ; et cette défection a provoqué une telle panique à Whitehall que le ministère de l'Intérieur et le Comité consultatif sur l'immigration ont réagi de manière excessive, ce qui peut se comprendre, et ont ouvert les vannes en grand, en particulier pour le recrutement de travailleurs sociaux, si bien que nous allions faire face à un afflux record l'année suivante, en 2022.

Bien entendu, il était déjà trop tard. Avec une pénurie de biens et une pénurie de main-d'œuvre, le résultat était inévitable. L'événement politique le plus important de l'automne 2021 aura été la réapparition, pour la première fois depuis longtemps, d'une forte inflation.

Il était inutile d'expliquer qu'il s'agissait d'un phénomène mondial. La population constatait que ses factures avaient augmenté, cela rendait tout le monde grincheux.

Mais si les gens devenaient tendus et irascibles, c'est surtout parce qu'ils n'avaient plus peur. Tant qu'ils craignaient le Covid, effrayés de ce qu'il pouvait faire, à eux ou à leurs proches, ils nous encourageaient à continuer de faire le nécessaire, et ils étaient disposés, temporairement au moins, à pardonner nos erreurs. Le paradoxe, c'est que c'est la réussite même du gouvernement dans la mise à disposition du vaccin qui nous avait rendus vulnérables, parce que nous avions écarté cette angoisse écrasante et omniprésente qui avait incité la population, pendant si longtemps, à nous accorder le bénéfice du doute.

Comme l'a fait remarquer Chris Whitty, une des caractéristiques universelles de toute pandémie est qu'à la peur succède toujours la colère. Alors que l'été 2021 tirait à sa fin et qu'on entrait dans l'automne, il est devenu de plus en plus évident pour le public britannique que cet épisode terrible et franchement monotone du Covid se refermait enfin.

Même si nous avions été épargnés par les pénuries de carburant, l'inflation et autres désagréments, je pense que les frustrations refoulées des gens auraient brutalement fait surface, dès que l'angoisse aurait disparu. Ils en avaient assez. Assez d'avoir peur. Assez du rituel solennel des conférences de presse de Covid où l'on faisait défiler les courbes d'infection. Assez de me voir sur leurs écrans dire « hélas » ceci ou « hélas » cela. Et dans ce climat général d'irritation et de mauvaise humeur, les médias, comme de juste, se sont fait l'écho de l'état d'esprit du pays et sont devenus assez impitoyables.

Je me suis rendu compte que la vie politique devenait bien plus difficile. Il était plus compliqué de marquer des points, et les choses qui auraient dû se passer sans heurt ont déraillé. J'ai remarqué le problème pour la première fois aux alentours du 18 novembre, quelques jours après le fiasco Opats (comme on surnommait Owen Paterson pour je ne sais quelle raison), quand nous avons lancé le Plan ferroviaire intégré. Il s'agissait d'un programme très ambitieux, et d'un élément clé de notre politique d'égalité des chances sur lequel nous travaillions depuis des mois.

Ce plan prévoyait la construction de trois nouvelles lignes à grande vitesse. Nous confirmions enfin que la ligne HS2 irait jusqu'à Manchester ; un nouvel embranchement à grande vitesse allait relier Birmingham aux East Midlands en préparation d'un nouveau tronçon vers Leeds et le Nord-Est ; et nous commencions le Northern Powerhouse Rail, la liaison à grande vitesse qui relierait Liverpool à Manchester via Warrington et se continuerait à travers les Pennines. Nous étions également en train d'électrifier des centaines de kilomètres de rail, rendant les dessertes plus rapides, plus écologiques et plus fiables.

Essayer de doter enfin les Midlands et le nord du pays d'un service de trains de banlieue rapide et fiable du type de celui qui, pendant cent cinquante ans, avait fait partie de l'équation magique de Londres et du Sud-Est, c'était mettre en œuvre l'égalité des chances au sens premier. Il était invraisemblable, et indigne, qu'on mette aussi longtemps pour parcourir en train les cinquante kilomètres séparant Liverpool de Manchester. Quant à la ligne qui traversait les Pennines, c'était un tortillard lent et inconfortable, dont certains wagons étaient d'anciens autobus transformés.

Il était honteux que Leeds soit une des seules grandes villes d'Europe dépourvues de métro. Eh bien, nous allions remédier à tout cela. Relier Londres, les Midlands et les grandes villes du Nord avec des trains à grande vitesse. N'oubliez pas que ce sont 40 000 kilomètres de lignes à grande vitesse que les Chinois ont construits depuis 2008.

Comparez avec le Royaume-Uni, la patrie du rail, le pays où le premier train avait circulé. Rappelez-vous combien de kilomètres de voies ferrées à grande vitesse nous avons construits au cours de la même période... C'est ça : un zéro pointé.

Et nous allions faire bénéficier le Nord et les Midlands de l'effet d'agglomération et des gains de productivité permis par des liaisons de banlieue décentes. De mon point de vue, il s'agissait d'une bonne nouvelle incontestable, et j'ai passé une excellente journée dans les trains à parcourir le pays et à expliquer aux passagers que la durée de leurs trajets allait être réduite grâce à de nouveaux engins rutilants, fabriqués en Grande-Bretagne, circulant sur de nouveaux rails et bénéficiant d'une signalisation de pointe.

C'était un très gros projet : 96 milliards de livres sterling et un calendrier de travaux échelonné sur trente ans. Étendre les opportunités à tout le pays, c'était exactement la vision que j'avais proposée en briguant la direction du Parti conservateur en 2019. C'est ce que nous avions proposé dans notre programme électoral ; et pourtant, ce jour-là, c'était comme si les médias étaient aux abonnés absents.

Nous avions diffusé l'annonce si largement que les Travaillistes, pour une fois, s'étaient ressaisis, et s'étaient employés, avec un certain succès, à dénigrer ce qui aurait dû être un plan inattaquable. C'était la plus grande transformation des chemins de fer britanniques depuis l'époque victorienne, mais au lieu que nous soyons acclamés pour notre vision, je me suis rendu compte que le projet était boudé. Le verdict était qu'il n'allait pas assez loin, et je pense que les Travaillistes sont allés jusqu'à déclarer qu'il s'agissait d'une « trahison du Nord », ce qui était assez rageant quand on sait que les mêmes n'avaient pas levé le petit doigt pour résoudre le problème dans un territoire qu'ils avaient l'arrogance de considérer comme leur chasse gardée électorale pendant les treize années où ils avaient été au pouvoir (le projet de train à grande vitesse HS2 avait été glissé *in extremis* dans le programme de 2010 de Gordon Brown, pour accrocher le regard, mais sans l'assortir d'aucun plan ni budget ; les Travaillistes n'ont JAMAIS rien fait).

J'ai éprouvé l'indignation de celui qui est soudain persuadé de ne pas avoir droit à un traitement équitable. La semaine suivante, ce sentiment s'est intensifié.

Je me suis rendu sous une sorte de tente sur un chantier le long de la Tyne pour faire un discours devant la CBI, la Confédération de l'industrie britannique, le groupe de pression des plus grandes entreprises du pays. Nos relations avaient été un peu houleuses depuis le Brexit, auquel les dirigeants de l'organisation (mais pas tous ses membres, tant s'en faut) s'étaient farouchement opposés. Mais ce jour-là, je voulais construire des ponts, au propre comme au figuré. Je voulais remercier tout le monde du travail accompli pendant le Covid, et j'aimais bien le nouveau secrétaire général, un Nord-Irlandais du nom de Tony Danker.

*Hold me closer, Tony Danker**, pour détourner une chanson d'Elton John, tel était notre ordre du jour.

Sur le papier, le discours n'était pas mauvais. Il réunissait un grand nombre de thèmes clés de la stratégie du nivellement par le haut : formation, très haut débit, infrastructures, le plan en dix points pour une révolution industrielle verte. En fait, il était plutôt bien reçu et aurait pu être un grand succès si je n'y avais pas ajouté une longue digression sur Peppa Pig, un animal de dessin animé au profil de sèche-cheveux qui exerce une fascination hypnotique sur les jeunes enfants, y compris les miens.

L'impact culturel de Peppa est tel dans le monde entier qu'elle a, si vous vous rappelez, appris aux petits Américains de trois ans à mystifier leurs parents en prononçant le mot *tomato* à l'anglaise. Alors que j'utilisais l'histoire de Peppa pour illustrer la puissance de la créativité britannique, ou comment un gribouillis picassoïde représentant un cochon avec deux yeux sur le côté de la tête était devenu une industrie mondiale pesant six milliards de livres sterling, j'ai soudain perdu le fil.

J'ai baissé les yeux sur mon texte et je me suis rendu compte que les pages avaient été irrémédiablement mélangées. Elles n'étaient pas numérotées. J'ai regardé l'auditoire et j'ai essayé d'improviser. Peine perdue. Je ne pouvais pas digresser indéfiniment sur Peppa Pig, aussi fascinante soit-elle. J'ai été pris d'un rire nerveux et incontrôlable, et cette prise de parole a tourné au cauchemar. Je repérais soudain une page qui semblait coller au fil de mon argumentation et j'en lisais quelques passages. Mais le problème était qu'il y avait une quarantaine de feuillets imprimés en très gros caractères. Dès que j'arrivais au bas d'une page, je devais trouver la suivante.

Laquelle était la bonne ? Rien ne semblait avoir de sens. C'était comme si j'essayais de reconstituer un puzzle en direct, et chaque fois que je pensais

* Les paroles originales sont *Hold me closer, tiny dancer*. Soit « Serre-moi plus fort, petite danseuse ».

en avoir terminé avec le passage sur Peppa Pig, elle refaisait soudain surface, et je transpirais à grosses gouttes en répétant des inepties sans queue ni tête sur ce pénible goret.

C'était affreux, un naufrage, et au lieu de prendre cela à la légère et de continuer comme si de rien n'était, comme je l'aurais fait en temps normal, j'étais déstabilisé. Je n'arrêtais pas de balbutier « Pardonnez-moi, pardonnez-moi », alors que je m'enfonçais de plus en plus.

Les médias en ont conclu que j'étais en train de craquer. « Vous allez bien, monsieur le Premier ministre ? » C'est la première question qu'on m'a posée au journal télévisé après l'événement.

Un bon discours s'était donc transformé en psychodrame Peppa Pig, et une grande annonce concernant les chemins de fer avait fini en eau de boudin.

Je voyais bien ce qui se passait : on ne me faisait plus de cadeau. Avec une population moins effrayée par le Covid, il était moins risqué, voire carrément jouissif, de donner au gouvernement le coup de pied que nous avions évité pendant si longtemps. Ce qui était vrai pour le public et les médias l'était doublement, bien sûr, pour les députés conservateurs.

Beaucoup d'entre eux étaient devenus grincheux pendant leurs longues périodes d'absence de Westminster, bien plus grincheux que je ne le pensais. La population approuvait largement notre gestion du Covid, et elle souhaitait en général que nous soyons même encore plus sévères et plus stricts. Mais il y avait une minorité nombreuse et bruyante consternée par cette atteinte aux libertés et qui estimait que la suppression de la maladie devait relever du jugement et de la responsabilité de chacun.

Un point de vue que partageaient souvent les médias conservateurs, notamment parce que le confinement et l'effondrement des déplacements domicile-travail qu'il avait occasionnés avaient entraîné une chute vertigineuse des ventes de journaux. Je connaissais bien leur manière de fonctionner. J'avais assisté aux mêmes conférences de rédaction, où nous rivalisions d'indignation quand il s'agissait de dénoncer la moindre atteinte aux libertés séculaires des Britanniques, et voilà que je songeais, une fois encore, à ordonner à la population de rester confinée chez elle.

Que m'était-il arrivé ? Étais-je ivre de pouvoir ? Que nenni.

Je pensais simplement que mes amis avaient tort, et qu'en leur for intérieur ils savaient qu'ils avaient tort. Nous ne pouvions pas laisser le Covid se répandre et faire des dizaines de milliers de victimes supplémentaires.

Certains de leurs arguments me laissaient perplexe. La brigade anti-confinement se plaignait avec véhémence de la pression que le Covid faisait subir au NHS. Ils disaient qu'on renvoyait des malades du cancer chez eux, que les gens manquaient des rendez-vous essentiels pour le diabète ou des maladies cardio-vasculaires. Tout cela était vrai, mais le fait est qu'une vague massive de contaminations et d'hospitalisations serait encore pire. Elle impliquerait de supprimer les consultations pour le cancer dans tout le pays, de vider les services hospitaliers pour ne garder que les malades littéralement sur le point de mourir du Covid.

Ils ne présentaient pas un argument contre le confinement, ils plaidaient en sa faveur, et pourtant ils ne semblaient pas s'en rendre compte.

Ce que je n'avais pas réalisé, c'est que ce mouvement anticonfinement avait pris racine chez mes collègues au Parlement (si ce n'est dans le grand public), et le problème avec le Covid était que je n'avais pas le doigt sur le pouls des députés de l'arrière-ban. Pendant dix-huit mois, si ce n'est plus, je n'avais pas vraiment pu échanger avec mes députés face à face, comme j'aurais dû le faire pour plaider ma cause. Les rancœurs commençaient à s'envenimer, et pas seulement chez ceux qui avaient le sentiment d'avoir été négligés, ou qui étaient d'habitude mal disposés à mon égard.

Cent neuf nouveaux députés conservateurs avaient été élus en 2019, dont certains très jeunes et inexpérimentés. Et pendant la période cruciale de mon mandat de Premier ministre, ils avaient été contraints par mes décrets à rester chez eux devant leur ordinateur portable. Ils étaient anxieux ; ils lisaient Twitter. Ils étaient des proies faciles pour ceux qui voulaient semer la zizanie.

En un certain sens, leurs angoisses étaient absurdes : même à ce moment-là, malgré tout, nous étions toujours en tête dans les sondages, et Starmer ne mettait pas vraiment le feu à la baraque. Mais il arrive que la force même de votre position puisse jouer contre vous.

Les gens se disaient : Nous avons une majorité de 80 sièges et beaucoup de temps avant les prochaines élections. Quel mal y a-t-il à se rebeller ? Les idiots de Downing Street m'apprécieront enfin à ma juste valeur.

Par ailleurs beaucoup de gens avaient décidé depuis longtemps que les circonstances étaient en fait propices à ce que les Tories se livrent à leur régicide tribal traditionnel. L'opinion couramment admise – difficile à croire aujourd'hui – était qu'il était mathématiquement impossible pour les Travaillistes d'anéantir notre majorité dans la mesure où la bascule électorale nécessaire était trop importante, et qu'avec le coup de pouce supplémentaire du redécoupage des circonscriptions en notre faveur, les résultats de la prochaine élection ne faisaient aucun doute. Et donc, au lieu de se dire qu'ils devraient s'en tenir à une formule gagnante, les membres du

Parti tory au Parlement ont estimé qu'ils pouvaient aisément se passer de Johnson, ce bonimenteur horripilant, avec son obsession pour le Brexit, son égalité des chances, son net zéro carbone, et autres concepts relativement novateurs pour la pensée conservatrice. Et qu'ils avaient tout le temps d'installer un tout nouveau leader, quelqu'un qui les écouterait davantage, quelqu'un sous le régime duquel leur génie (le génie tory, s'entend) pourrait s'épanouir librement et qui leur accorderait les promotions et les places qu'ils méritaient.

C'est ainsi que cela fonctionne au sein du Parti conservateur, et c'est ainsi que cela a toujours fonctionné ; d'un point de vue darwinien, ce n'est peut-être pas une mauvaise chose que les dirigeants soient constamment sur la sellette.

Je suppose que j'étais de plus en plus conscient du danger et que, de temps à autre, j'ai pu me demander vaguement pourquoi certaines personnes semblaient interrompre leur conversation à mon approche. J'ai peut-être aperçu le monstre dans le rétroviseur, et oublié que les ennuis peuvent être plus proches qu'ils ne le paraissent. Mais franchement, je n'avais pas le temps d'y penser, croyez-moi, un Premier ministre n'a tout simplement pas le temps de se préoccuper de ce genre de trucs en raison de la quantité de travail qu'il doit abattre jour après jour.

Le 8 décembre 2021, il était clair que nous allions devoir prendre une décision au sujet d'Omicron. Au cours des jours précédents, je m'étais peu à peu forgé une opinion. À première vue, les données étaient inquiétantes. Ce jour-là, nous avions 568 cas, et le variant commençait à se répandre comme un feu de forêt. Mais au cours des deux années écoulées, j'avais passé des heures entières à étudier des courbes épidémiologiques et, partant d'un niveau modeste, mon expertise s'était accrue.

Chaque jour, depuis quelques semaines, nous surveillions les données en provenance d'Afrique du Sud, où Omicron était apparu. Sa courbe de progression était quasi verticale. Mais ce qui m'intéressait, bien sûr, c'était ce qui se passait ensuite. Combien de personnes infectées allaient à l'hôpital ? Combien mouraient ? Les données étaient si récentes qu'il était difficile de le savoir, mais je suis devenu obsédé par les graphiques de la province sud-africaine du Gauteng. Regardez, disais-je, les taux de contamination augmentent, et les hospitalisations sont en légère hausse, mais les décès, eux, restent stables ! En disant cela, je me faisais un devoir de reconnaître ce que mes conseillers savaient très bien : ma formation scientifique avait consisté à disséquer des yeux de vache et à dessiner des boutons-d'or pour l'épreuve de biologie du brevet. Allions-nous vraiment prendre une décision aussi vitale sur la base de mon interprétation profane des graphiques du Gauteng ?

Les professeurs ont avancé toutes sortes d'explications plausibles aux faibles taux de mortalité observés en Afrique du Sud, toutes sortes de raisons pour que ce schéma ne se répète pas à l'identique au Royaume-Uni. Mais le matin du 8 décembre, j'en avais assez. J'étais persuadé que la protection du vaccin serait suffisante. Comme nous, les Sud-Africains avaient été largement vaccinés avec l'AstraZeneca. S'ils s'en sortaient, il en irait de même pour nous.

Cet après-midi-là, nous avons eu un long Conseil des ministres, extrêmement controversé. J'ai présenté mes arguments en faveur de la confiance : ne pas reconfiner jusqu'à Noël et au-delà, et compter sur les vaccins. La plupart des collègues étaient sur la même ligne ou restaient évasifs. Mais j'ai été surpris par le niveau de désaccord, et par le fait que, même au sein de ce cabinet conservateur, certains étaient des partisans acharnés du confinement.

Je me souviens en particulier de Michael Gove. « Quand votre avion est en feu, vous devez le faire atterrir, a-t-il déclaré. Monsieur le Premier ministre, l'avion est en feu. »

Je l'ai écouté, lui et d'autres, avec beaucoup de respect. Avait-il raison ? Je n'en savais rien, mais en fin de compte, après presque deux ans passés à tenter de juguler la maladie, mon jugement me portait à croire qu'il avait tort. Nous avons rejeté la solution du confinement et opté pour ce que nous avons appelé le « plan B ». Ce plan, plus symbolique qu'autre chose, impliquait le port de masques de protection dans les lieux publics tels que les églises et les cinémas, assorti de quelques rappels comminatoires à la prudence délivrés par Chris Whitty.

Plutôt que d'enfermer les gens chez eux et de mettre l'économie à l'arrêt, j'ai décidé de compter sur les vaccins. Des données assez fiables montraient qu'une troisième dose – un *booster* – protégeait d'Omicron. Nous avons donc lancé une campagne intitulée Get Boosted Now, et avancé d'un mois la date à laquelle tous les adultes pourraient obtenir une injection de rappel, à savoir fin décembre 2021 au lieu de fin janvier 2022. Une fois de plus, le public et le NHS ont su relever le défi ; nous avons atteint notre objectif et j'étais bien plus heureux de vacciner que d'enfermer les gens.

Je suppose que votre opinion sur cette décision dépendra de l'endroit où vous vous positionnez dans le débat. Certains diront que j'ai fait un pari et que j'ai eu de la chance ; d'autres que j'aurais dû me ranger à l'avis des scientifiques et choisir la prudence.

Je pense qu'il était non seulement tout à fait légitime de résister au confinement pour Omicron, et aussi que cela était tout à fait justifié d'un point de vue médical et scientifique. Ce qui montre, à mon avis, pourquoi ces décisions ne peuvent être prises que par des politiciens démocratiquement élus.

Je n'ai pas vraiment eu l'occasion de rouler des mécaniques. J'ai peut-être bien fait les choses concernant Omicron, mais l'ennui, lorsqu'on est Premier ministre, c'est qu'il faut garder un œil sur chaque balle qui rebondit dans votre direction. Le jour même où j'apprenais l'existence d'Omicron, Jack Doyle, le grand boss de mon service de com, est venu me voir. J'étais en train de griffonner un discours pour une exposition sur les produits alimentaires britanniques qui avait alors lieu à Downing Street.

Désolé de vous déranger, monsieur le Premier ministre, m'a dit Jack. Vous avez une seconde ?

Bien sûr, ai-je répondu en continuant de prendre des notes, car mon discours était attendu dans les prochaines minutes.

Jack m'a expliqué que le *Daily Mirror* avait sorti un article sur une violation des règles de confinement à Downing Street pendant la pandémie. Le journal accusait le service de presse d'avoir organisé une fête le 18 décembre 2020, soit un an auparavant.

Pour Jack, l'article était un tissu d'inepties, car il était de coutume que les membres du service de presse boivent un verre de vin à leur bureau le vendredi soir.

Je l'ai regardé d'un air ahuri :

Alors, on n'a enfreint aucune règle ?

Non, monsieur le Premier ministre, a-t-il dit fermement, aucune règle n'a été enfreinte.

Très bien, ai-je conclu avant de reprendre ma rédaction.

Cela m'avait l'air d'être un ramassis de foutaises, probablement colportées en désespoir de cause par d'anciens conseillers aigris dont le lecteur aura peut-être gardé un vague souvenir. Et je n'y ai plus pensé. Aussi ai-je été très surpris lorsque le lendemain, lors des Questions au Premier ministre, les Travaillistes ont fait de cette affaire leur cheval de bataille.

L'autre jour, j'ai vu Ian Hislop, mon ancien contradicteur dans l'émission *Have I Got News for You*, interviewé à la télévision. Il parlait de ce qu'on avait appelé le scandale du Partygate, ou plutôt de sa reconstitution dramatisée produite par Channel 4.

Il était rouge de colère. Ses bajoues tremblotaient. C'était la première fois, disait-il, qu'il voyait réellement ce qui s'était passé : Boris Johnson dansant comme un ivrogne avec ses conseillers.

J'étais sidéré, car bien sûr, il ne s'était jamais rien passé de la sorte : l'ivresse, la danse, tout cela était faux et archifaux ; mais vous savez ce qu'on dit, un mensonge a déjà fait la moitié du tour du monde avant que la vérité ait enfilé ses bottes.

Voilà ce qui s'est réellement passé, tout ce que vous devez savoir sur cette affaire pitoyable et montée en épingle. Pendant les deux ans environ qu'a duré la lutte contre le Covid, il y a eu une quinzaine d'occasions pendant lesquelles des fonctionnaires ont brièvement levé le pied dans leur travail pour trinquer à l'occasion d'un pot de départ, ou pour organiser un quiz, ou fêter un anniversaire. Comme ça se fait dans n'importe quel bureau. Après quoi la plupart d'entre eux continuaient d'essayer de faire traverser au pays l'épreuve du Covid. À l'époque, nous pensions que ces événements respectaient les règles. Et je pense toujours que c'est le cas.

Je n'ai assisté qu'à un tout petit nombre d'entre eux, presque toujours pour y dire quelques mots de remerciement. J'y ai passé très peu de temps, mais j'en ai assez vu pour affirmer que le mot « fêtes » est très exagéré pour décrire ce qui s'y passait.

Ces événements n'étaient pas courants, mais ils n'étaient pas non plus considérés comme étranges ou inhabituels, et encore moins comme répréhensibles. Il faut garder à l'esprit que nous parlons des milliers de fonctionnaires de Whitehall qui se sont réunis dans des centaines de salles sur une période d'environ six cents jours, dans un pays où il est encore acceptable, sur son lieu de travail, de s'interrompre, très occasionnellement, pour boire un verre contenant une boisson alcoolisée quelconque.

Sans vouloir m'éterniser sur cette pénible affaire, je pense avoir commis plusieurs erreurs catastrophiques dans la gestion du dossier.

1. J'aurais dû être bien plus ferme dès le départ. J'ai essayé de désamorcer la colère du public par une série d'excuses pathétiques, alors que j'ignorais tout des événements pour lesquels je faisais amende honorable. Mes plates excuses n'ont fait qu'attiser la colère des gens en donnant l'impression que nous étions bien plus coupables que nous ne l'étions.

2. Je n'aurais pas dû autoriser une chasse aux sorcières ridicule et injuste menée par une femme* qui allait devenir, qui l'eût cru, cheffe de cabinet de Keir Starmer, et dont la collation des preuves a été supervisée par un avocat de la Couronne, sympathisant travailliste, qui a publiquement appelé sur Twitter à ce que je sois démis de mes fonctions. J'aurais simplement dû

* Susan Gray.

demander à toute personne ayant des preuves d'actes répréhensibles de s'adresser à la police.

3. J'aurais dû me rendre compte que mon vieil *amigo*, Cummings – toujours éclaboussé par le scandale de Barnard Castle – était derrière tout ça, et que Lee Cain et lui avaient une « stratégie médias » consistant à faire fuiter des infos grossièrement exagérées.

Qu'importe, ce qui est fait est fait.

Vous savez quoi, j'étais tellement convaincu de notre innocence qu'à aucun moment je n'ai pensé que cette affaire mettrait le gouvernement en péril. En fait, je pense que nous aurions pu et aurions dû bien mieux nous en dépêtrer si j'avais été moins naïf et moins confiant.

Bientôt nous allions devoir nous préoccuper de choses autrement plus importantes car, pour la première fois depuis la fin de la Seconde Guerre mondiale, nous étions sur le point d'assister à l'invasion brutale d'un pays européen souverain et indépendant.

NEUVIÈME PARTIE

La guerre en Europe

Chapitre 51

UNE INVASION INJUSTIFIÉE

Et les raisons de l'effroyable erreur de jugement de Poutine

L'iPhone s'est allumé peu après 4 heures du matin, le 24 février 2022, le flash sur l'écran silencieux a suffi à me tirer de mon sommeil. Dès que j'ai vu que c'était le standard de Downing Street, j'ai su exactement de quoi il retournait.

« Bonjour, monsieur le Premier ministre, a dit la standardiste d'un ton aussi enjoué que celui qu'elle aurait probablement employé pour annoncer l'arrivée d'un des quatre cavaliers de l'Apocalypse. J'ai la NSA en ligne. »

Alors que je me dirigeais en titubant vers la porte de la chambre, elle m'a mis en communication avec Sir Stephen Lovegrove, le conseiller à la sécurité nationale.

« Il l'a fait, j'en ai bien peur, a déclaré Stephen. Poutine est en train d'envahir l'Ukraine. »

J'ai réagi par quelques jurons anglo-saxons destinés à traduire mon dégoût pour l'envahisseur.

Les chars franchissaient la frontière au moment même où nous parlions. Des tirs et des bombardements étaient signalés dans plusieurs villes d'Ukraine. Bref, l'enfer se déchaînait – sans aucune espèce de raison valable – sur une démocratie européenne innocente et pacifique.

Moins de vingt minutes plus tard, j'étais en bas, à mon bureau dans l'appartement, en train de parler au président ukrainien Volodymyr Zelensky. Il a décrit une invasion totale. Ils viennent du nord, de l'est, du sud, a-t-il dit. Il y aurait eu des tirs à Kiev même.

Comme nous l'avons découvert plus tard, des agents dormants russes et des agents des Spetsnaz* se découvraient et semaient la terreur parmi les civils. Déjà, des assassins dépêchés par Poutine essayaient de trouver et de tuer Zelensky.

* Terme générique désignant différentes unités spéciales d'intervention créées à la fin de la guerre froide.

J'ai regardé à travers les carreaux blindés de ma fenêtre les arbres sombres et silencieux et le lac de St James's Park.

« Vous êtes en sécurité ? ai-je demandé à Volodymyr.

– Je suis en sécurité, je suis en sécurité. » Nous devons sanctionner Poutine immédiatement, m'a-t-il dit d'une voix pressante. Nous devons détacher la Russie du système financier mondial. Nous devons en particulier l'exclure du système de paiement Swift.

Je lui ai dit que je m'en occupais. Je savais que des gens essayaient déjà de rassembler les ministres des Finances du monde entier et d'imposer les sanctions les plus lourdes jamais conçues.

Cependant, nous connaissons tous les limites des sanctions contre un homme comme Poutine. Nous savons qu'elles peuvent être contournées, qu'elles s'affaiblissent avec le temps. Que faire d'autre, ai-je demandé à Volodymyr. Quelles armes pouvons-nous fournir ?

La réponse qu'il m'a faite coulait de source : n'importe quelle arme, franchement, était bonne à prendre, a-t-il dit, parce que la situation des forces ukrainiennes, confrontées à l'attaque éclair d'une superpuissance militaire, était désespérée.

Pour ce qui était de la capacité à propulser une violence extrême à l'étranger, les forces armées russes se rangeaient probablement en deuxième position derrière les États-Unis. Des dizaines de milliers de soldats ennemis se trouvaient déjà en Ukraine, et leur objectif était clair : s'emparer de Kiev, renverser le gouvernement élu, démettre (et de préférence liquider) Zelensky et installer un régime fantoche. Ils en prenaient le chemin – littéralement –, décidés à détruire l'Ukraine en tant que pays souverain et indépendant et en faire la satrapie d'un empire russe renaissant.

J'ai répété à Volodymyr ce que je lui avais dit, et ce que j'allais lui dire à maintes reprises au cours des mois et des années à venir : ils auraient, le peuple ukrainien et lui, le soutien total du gouvernement britannique, et nous ferions tout notre possible pour que son pays reste libre.

Alors que notre conversation touchait à sa fin – il avait beaucoup d'autres appels à passer aux dirigeants du monde entier –, je suis revenu sur le sujet de sa sécurité personnelle.

Lui et moi entretenions de bonnes relations. Nous avions tous deux été élus à la tête de nos pays respectifs en 2019, et nous nous étions rencontrés peu de temps après. Je l'appréciais et l'admirais. Nous étions, d'une certaine manière, des outsiders qui s'étaient fait connaître du grand public en participant à des émissions humoristiques à la télévision ; ses prestations, il faut le dire, ayant rencontré bien plus de succès que les miennes.

À ce moment charnière, je comprenais que la survie d'une Ukraine indépendante dépendait dans une large mesure de la survie de Zelensky, et tout portait à croire qu'il courait un danger imminent. Comme nous projetions déjà de transférer notre ambassade hors de Kiev, il n'était pas loin de 5 heures du matin, je me demandais si Zelensky ne devrait pas partir, lui aussi. Si on en arrivait là, il pourrait former un gouvernement en exil à Londres. Comme à son habitude, Volodymyr s'est montré poli. Il était reconnaissant de ma proposition et du soutien du gouvernement britannique, mais il n'avait pas l'intention de quitter la capitale ukrainienne.

Il n'avait pas besoin d'un chauffeur, comme il me le dirait plus tard, mais d'armes. Il avait besoin de toute l'aide que nous pouvions lui apporter : militaire, économique, politique. Je lui ai assuré une fois encore que nous ferions tout notre possible, et nous avons raccroché.

Face à sa bravoure, je me suis senti vaguement gêné de lui avoir proposé cette solution d'asile, d'avoir même laissé entendre qu'il voudrait peut-être prendre la fuite. C'était peut-être pardonnable au vu des conseils qu'on m'avait donnés au cours des dernières semaines : l'opinion dominante parmi les experts était que l'Ukraine serait écrasée en quelques jours. C'était l'avis des services de renseignement de la Défense à Washington et à Londres. C'était aussi, bien sûr, l'analyse fournie à Vladimir Poutine.

Au cours des quelques semaines qui avaient précédé, l'ombre d'une guerre imminente avait plané, de plus en plus menaçante, sur l'Europe, et j'avais rencontré nos meilleurs experts militaires, ainsi que les responsables des services de sécurité et de renseignement, tantôt à Downing Street, tantôt au ministère de la Défense. Nous avions discuté de l'attaque à venir, qui semblait à la fois inévitable et incroyable, et de ce que nous ferions pour soutenir les Ukrainiens.

Tout au long de ces discussions, nous partions du principe que nous n'aiderions plus un gouvernement ukrainien établi à Kiev. Que nous soutiendrions la résistance. Nous pensions que les forces ukrainiennes dispersées auraient pris le maquis pour essayer de rendre l'Ukraine ingouvernable par la puissance occupante en faisant sauter les lignes de ravitaillement russes, en tendant des embuscades et en exécutant d'une balle dans la nuque les chefaillons qui se prélassaient dans les bars.

Nous avons discuté de la manière dont nous pourrions approvisionner et renforcer les rebelles, mais les Russes, supposions-nous, auraient bientôt pris le contrôle de l'Ukraine. Notre profond pessimisme s'explique, je le crains, par le fait que nous avons été inconsciemment contaminés par l'arrogance de Poutine. Cette erreur d'appréciation fondamentale allait brouiller notre réflexion pendant des mois. Une crainte superstitieuse et injustifiée quant aux prouesses militaires russes, et une réticence imbécile à voir que non seulement Zelensky et les Ukrainiens étaient déterminés à résister, mais qu'ils possédaient aussi la volonté et la ferveur patriotique nécessaires pour battre les Russes.

Tout ce dont ils avaient besoin, comme Volodymyr me l'avait dit avec insistance ce premier matin, c'était du soutien, du matériel et des outils adéquats – et ils finiraient le travail.

Pendant ces jours de suspense de janvier et début février, alors que nous étions assis dans cette pièce sans fenêtre et ultra-sécurisée du ministère de la Défense, nous étions dans l'incapacité de voir les choses de cette manière. Nous pouvions voir les blindés russes qui se massaient à la frontière, jusqu'à atteindre 115 groupes tactiques de bataillon. Nous pouvions entendre les trépidations et le vrombissement de leurs chars qui rejoignaient leurs postes avancés. Nous pouvions voir le déploiement de leurs hôpitaux de campagne et de leurs réserves de sang. Nous pouvions voir les cartes, et la très courte distance qu'il y avait par autoroute de la frontière biélorusse jusqu'à Kiev. Aussi courageux les Ukrainiens fussent-ils, nous pensions que Zelensky n'aurait ni les hommes ni le *matériel** pour tenir. C'était l'opinion des militaires. Comment aurais-je pu les contredire ?

Je ne pouvais pas, et je ne l'ai pas fait. Mais, dès le début, l'idée que Poutine avait peut-être commis une erreur de jugement me tarabustait. Je m'étais déjà rendu en Ukraine, à deux reprises, et je m'étais intéressé de près à ce pays. J'avais séjourné à l'ambassade du Royaume-Uni, située sur une ancienne acropole surplombant le Dniepr. J'avais parlé à des Ukrainiens – avocats, politiciens, journalistes – et mangé le vrai poulet à la mode de Kiev : un plat très particulier servi avec son pilon (j'ai eu un haut-le-cœur en découvrant que le petit os gris qui servait de manche était passé au lave-vaisselle pour le client suivant). Rien à voir avec les trucs dégoulinants de beurre vendus chez Marks & Spencer.

Lors de mes joggings matinaux, je passais devant les magnifiques dômes dorés des églises locales, puis je rentrais en traversant un vaste mémorial consacré au sacrifice ukrainien pendant la Grande Guerre patriotique (pour les Ukrainiens et les Russes, de juin 1941 à mai 1945). L'esthétique de ce monument commémoratif est plus littéraliste que symbolique. D'immenses frises en bas-reliefs y décrivent des batailles réelles, avec des centaines de personnages grandeur nature ou plus grands, saisis pendant les combats : donnant des coups de baïonnette ou jetant de grenades, leurs membres et leurs torses disposés de manière à former ce que les historiens de l'art appelleraient une diagonale héroïque.

La violence de cette iconographie nous rappelle que lorsque Hitler a été vaincu en Union soviétique, il y avait peut-être 10 millions de soldats ukrainiens sous les drapeaux. Ils avaient joué un rôle décisif dans le conflit le plus sauvage et le plus important de toute la Seconde Guerre mondiale. Pour le dire sans ambages, ces Ukrainiens avaient tué beaucoup d'Allemands.

Bien sûr, ce mémorial de la Seconde Guerre mondiale était un legs de l'ère soviétique. Il avait été conçu pour renforcer l'idée d'un sacrifice commun et de l'unité fondamentale entre l'Ukraine et la Russie. Argument que Poutine essayait de défendre dans son essai décousu, publié à l'été 2021, dans lequel il exposait par avance l'idéologie de sa guerre.

L'Ukraine n'était pas vraiment un pays, affirmait-il. Elle était indissolublement liée à la mère patrie russe, et il étayait son propos avec toutes sortes d'âneries semi-mystiques sur la Rus' de Kiev et les origines ukrainiennes de la foi orthodoxe russe. Il traitait avec dédain la notion même d'identité ukrainienne; il dénigrait le sentiment national ukrainien. En 2022, j'en savais assez sur l'Ukraine pour soupçonner qu'il s'était gravement fourvoyé.

Les monuments commémoratifs en hommage aux soldats tombés en combattant les Russes depuis l'invasion du Donbass décidée en 2014 par Poutine font partie du programme obligé de toute visite officielle. Lors de mes deux séjours en tant que ministre des Affaires étrangères, j'ai longé le mur des Martyrs, qui compte environ 15 000 photos obsédantes en noir et blanc de jeunes hommes et jeunes femmes qui ont donné leur vie pour la liberté dans les sinistres tranchées boueuses du Donbass. Déjà à l'époque, ils mouraient, chaque jour.

Un midi, je me suis rendu dans un pub tenu par d'anciens combattants, dont certains avaient été blessés, en plein centre de Kiev. Leurs bras musclés étaient tatoués, les murs en bois étaient constellés de milliers de douilles en laiton. Il m'est venu à l'esprit que j'avais croisé leurs semblables près de vingt ans auparavant: ils me rappelaient un autre groupe de soldats slaves, les milices mangeuses de verre aux dents d'acier de l'ex-Yougoslavie. En fait, les Ukrainiens m'ont paru encore plus durs et plus ardents dans leur sentiment patriotique.

À un moment donné, je me trouvais aux côtés de notre ambassadrice de l'époque, Judith Gough, à regarder Kiev sous le soleil. La ville était animée, joyeuse, les devantures des boutiques regorgeaient de marques occidentales, les cafés étaient pleins de vie. Nous savions tous les deux que ce pays apparemment paisible et prospère était déjà en guerre contre Poutine… dans le Donbass. Nous savions que l'Ukraine était terriblement vulnérable en raison de son statut incertain.

Pour moi, il était clair qu'après trente ans d'indépendance, les Ukrainiens traçaient leur propre voie en tournant le dos à Moscou et en se dirigeant vers un modèle de société européenne occidentale, pluraliste et ouvert. Au Royaume-Uni, nous étions résolument dans leur camp. En tant que ministre des Affaires étrangères, j'avais mis en place une Conférence sur les réformes en Ukraine, pour les mettre sur les bons rails : s'attaquer à la corruption endémique (toujours préoccupante, j'ai le regret de le dire) et soutenir les éléments constitutifs d'une société libre, comme un pouvoir judiciaire indépendant.

Nous savions aussi que c'était précisément ce choix fait par l'Ukraine qui faisait enrager Poutine et l'effrayait en raison des idées qu'il pourrait donner au peuple russe lui-même. Si les Ukrainiens choisissaient la démocratie et la liberté, et qu'ils en faisaient une réussite, cela constituait une menace existentielle pour Poutine et un encouragement énorme à ses opposants intérieurs en difficulté.

Il voulait écraser cette Ukraine pro-occidentale et pro-européenne, et la ramener de force dans le giron de la mère Russie. Une lutte d'influence était donc engagée dont l'issue était loin d'être tranchée. Nous, à l'Ouest, invitions les Ukrainiens à nous rejoindre. Nous leur assurions qu'ils avaient leur place dans le concert des pays européens démocratiques. Mais depuis la fin de la guerre froide, nous n'avions manifestement pas réussi à leur donner la seule chose dont ils avaient besoin pour faire ce choix en confiance.

Nous avions refusé, malgré toutes nos promesses, de garantir leur sécurité. Quand, en 1994, les États-Unis et le Royaume-Uni s'étaient joints à la Russie et à l'Ukraine pour signer le tristement célèbre mémorandum de Budapest, selon les termes duquel les Ukrainiens renonçaient à leur important arsenal nucléaire datant de l'ère soviétique et le transféraient à l'Union européenne. Le jeune État ukrainien s'est ainsi mis à la merci permanente des Russes et de leur chantage nucléaire.

Le président Bill Clinton et le Premier ministre John Major leur avaient donc donné l'assurance solennelle, à Budapest, qu'en cas d'attaque contre l'Ukraine, les États-Unis et le Royaume-Uni leur viendraient en aide ; et les Russes, avec beaucoup d'ironie, leur avaient fait la même promesse. Nous savons tous ce qui s'est passé lorsque Poutine a envahi l'Ukraine en 2014. Il s'avère qu'il y a une différence entre des « assurances » et une garantie de sécurité totale de l'OTAN. Tant que l'Ukraine n'est pas membre de l'OTAN, le mémorandum de Budapest a la même valeur de torche-cul que le bout de papier jadis brandi par Neville Chamberlain. Alors que Judith Gough et moi contemplions Kiev, ses dômes scintillant au-dessus de l'imposant fleuve, nous savions que nous étions face à une énigme géante. De quel côté les Ukrainiens allaient-ils se tourner ? Nous étions en 2018, et l'Ukraine ressemblait déjà à un enfant au centre d'une épouvantable dispute sur sa garde, les Russes affirmant avec brutalité leurs droits dynastiques sur un pays qui souhaitait de plus en plus s'installer ailleurs.

Il ne s'agit pas d'un État mineur. C'est un vaste pays, le deuxième d'Europe par sa superficie, avec une population de 45 millions d'habitants, un secteur technologique et industriel très avancé, des minerais en abondance et une terre si riche et si noire qu'une grande partie des calories consommées dans le monde sont issues de ses produits agricoles. C'est le genre de pays qui produit des esprits libres et originaux : vainqueurs du concours de l'Eurovision, champions de boxe catégorie poids lourds en passant par un président dont l'accession au pouvoir n'a pas été entravée par sa décision en 2016 de passer à la télévision et de faire semblant de jouer du piano avec ses organes génitaux.

Laissez-moi essayer de résumer la différence entre les systèmes de gouvernement russe et ukrainien. En Russie, le pouvoir suprême est dans les mains d'un homme qui tire sur les journalistes, emprisonne et assassine ses opposants. Les élections y sont jouées d'avance. En Ukraine, le président est un homme qui, entre autres distinctions, a été la voix ukrainienne de l'ours Paddington au cinéma. Il gagne ses élections à la loyale. Je sais quel type de gouvernement a à ma préférence.

En regardant la ville, elle m'a semblé si belle et pourtant si fragile ; tellement vulnérable en l'absence d'un traité occidental sérieux. À l'époque, en 2018, je me souviens d'avoir posé à Judith Gough ce qui me semblait déjà être la question clé.

Supposons que Poutine décide d'envahir tout le pays. Est-ce qu'ils se battraient ?

Judith a marqué une pause avant de répondre. Elle connaissait vraiment l'Ukraine et était l'une des rares personnes au Foreign Office à parler à la fois russe et ukrainien.

Oh, ils se battront, a-t-elle dit. Ils se battront, c'est sûr.

Si bien qu'au moment où la crise couvait à la fin 2021 et début 2022, je pensais avoir au moins une petite idée de ce qu'était l'Ukraine. Je pensais que les Ukrainiens étaient passionnément patriotes et des combattants accomplis ; et que si Poutine croyait pouvoir entrer comme dans un moulin et s'emparer de Kiev, il se trompait lourdement.

À partir du nouvel an 2022, le volume des infos interceptées par les services de renseignement a augmenté. Je tiens à souligner qu'il s'agissait des renseignements émanant du Five Eyes*. C'était l'analyse de Washington et de Londres et, bien qu'extrêmement fondés, il était difficile de fournir des preuves à l'appui de ces renseignements sans en révéler l'origine.

D'autres partenaires, notamment les Français et les Allemands, étaient plus dubitatifs. Ils étaient liés par le « protocole de Minsk », la tentative de négociations, moralement indéfendable, qui avait été mise en place après la première invasion de l'Ukraine par Poutine en 2014. Dans le cadre de ce « processus », la guerre était traitée comme une sorte de crise conjugale entre la Russie et l'Ukraine, la France et l'Allemagne jouant les thérapeutes.

En réalité, c'était passer à côté de la nature du conflit. Poutine était l'agresseur, et il faisait juste mine de négocier jusqu'à ce qu'il décide de frapper à nouveau. De par ses paroles moralement équivoques entre la Russie et l'Ukraine, le « protocole de Minsk » était franchement obscène. Mais il en résultait que nos principaux alliés européens se trouvaient profondément engagés dans cette comédie, et qu'ils étaient beaucoup plus confiants à l'égard de Poutine qu'ils n'auraient dû.

Vers la fin du mois de janvier 2022, j'ai de nouveau parlé à Poutine. Je l'avais déjà appelé avant Noël pour lui dire que nous étions au courant de ses préparatifs de guerre et que toute attaque contre l'Ukraine serait insensée. Nous pensions que le moment était venu d'une dernière tentative. Ce fut une conversation particulière et ambiguë.

C'était un mercredi, et l'appel a été passé depuis mon bureau au Parlement, après les Questions au Premier ministre, si bien que les oreilles attentives du Kremlin ont dû capter les divagations des manifestants anti-Brexit en fond sonore. Poutine m'a paru détendu, utilisant – m'a expliqué l'interprète après coup – une forme d'adresse familière[1].

Était-ce du bluff ? Ou avait-il décidé d'attaquer, quoi que nous disions ?

Nous nous sommes retrouvés en terrain connu.

Non, il n'allait pas envahir, a-t-il dit (premier gros mensonge patent). Mais il devait penser à la sécurité de la Russie.

* Littéralement « Cinq Yeux ». Désigne l'alliance des services de renseignement d'Australie, du Canada, de la Nouvelle-Zélande, du Royaume-Uni et des États-Unis.

Il y avait un risque que l'OTAN déploie des armes stratégiques en Ukraine (deuxième gros mensonge)

J'étais exaspéré. Oui, il était vrai que l'OTAN s'était élargie depuis la fin de la guerre froide. La plupart des pays d'Europe centrale et orientale avaient rejoint l'organisation, ainsi que les États baltes, anciennes républiques soviétiques. C'était là, à mon avis, une transformation merveilleuse même si elle énervait sérieusement les Russes (ma compassion était limitée, pour rester poli).

Mais l'Ukraine ? Dans l'OTAN ? Maintenant ? À titre personnel, j'estimais l'idée bonne et raisonnable, mais il savait aussi bien que moi qu'il n'y avait pas l'ombre d'un début d'une chance que l'Ukraine rejoigne l'OTAN, ou au moins pas avant très longtemps. De nombreux pays membres y mettraient leur veto, au premier rang desquels la France et l'Allemagne, et de toute façon ce n'était pas le souhait exprimé par la population ukrainienne elle-même. (Du moins, pas à ce moment-là, mais tout cela a bien sûr changé depuis l'invasion.)

Quant aux missiles, c'était de la pure science-fiction. Personne ne proposait de déployer des missiles de l'OTAN sur le sol ukrainien. Mais Poutine ne cessait d'y revenir. Il faudrait très peu de temps, disait-il, pour qu'un missile lancé depuis l'Ukraine frappe Moscou. À un moment donné, il a fait une sorte de remarque facétieusement sinistre sur le risque d'une erreur de calcul, d'un échange nucléaire involontaire entre la Russie et l'OTAN. « Je ne voudrais pas vous faire du mal, Boris », a-t-il dit (une remarque que le Kremlin a démentie par la suite. Ne jamais croire ce que dit Moscou tant que cela n'a pas été officiellement démenti.)

J'ai dit que tout cela était complètement surréaliste, cette histoire de confrontation avec l'OTAN. J'ai répété ce dont je suis convaincu, à savoir que l'OTAN est fondamentalement une alliance pacifique, dont l'objectif est la protection mutuelle de ses membres.

Je crains que cela n'ait été qu'un dialogue de sourds.

Selon Poutine, la Russie avait été trompée et trahie depuis la fin de la guerre froide. Il a lourdement insisté sur le fait que les promesses occidentales de ne pas élargir l'OTAN n'auraient pas été tenues. Il prétendait savoir que l'Ukraine était sur le point d'intégrer l'organisation et de pointer des missiles de l'OTAN sur Moscou.

J'ai répondu qu'il appartenait aux pays libres et indépendants de décider quelles alliances ils nouaient ou à quels clubs ils appartenaient. Sur le principe, nous avions eu tort d'écarter l'adhésion de l'Ukraine, mais concrètement je ne pensais pas que cela arriverait de sitôt. Les craintes de Poutine étaient infondées, et il prenait le risque d'un désastre pour la Russie.

Nous avons croisé le fer pendant un certain temps, mais l'essentiel avait été dit. Nous avons terminé par quelques propos lénifiants sur toutes les erreurs commises par les deux parties depuis la fin de la guerre froide, et sur le fait qu'il était bien dommage que les relations se soient détériorées à ce point.

Certains de mes fonctionnaires ont été encouragés par le ton de Poutine, et ce qu'ils croyaient être son intérêt dans de futures discussions stratégiques. Franchement, après cet appel, je n'étais pas plus avancé. Allait-il vraiment envahir ? Ou cherchait-il à nous donner des sueurs froides ?

Quelques jours plus tard, le 1er février, j'étais dans un avion pour Kiev pour rencontrer Zelensky. Que pensait-il qu'il allait se passer ? Comment allait-il résister, et que pouvions-nous faire de plus pour l'aider ? Nous étions alors en pleine effervescence diplomatique, et le sentiment général était que, comme en 1914, nous étions sur les rails de la guerre.

Ce fut un déplacement assez étrange. On ne pouvait pas se douter, en regardant les rues animées de la capitale ukrainienne, que la population était sous la menace imminente de la plus violente invasion depuis qu'Hitler avait lancé la Wehrmacht sur le reste du monde. On ne pouvait pas non plus deviner, en observant le comportement de Zelensky, qu'il courait personnellement un si grand danger. De nous deux, en fait, c'était moi qui paraissais le plus inquiet.

Nous étions dans le palais Mariinsky dont les enduits bleus et blancs faisaient penser au glaçage d'un gâteau de mariage, et je lui ai fait part de ce que nous savions : mon étrange conversation avec Poutine, les renseignements d'origine électronique et humaine qui nous parvenaient de la frontière. Il m'a écouté avec attention mais de manière assez impénétrable.

Il voulait plus d'armes, et notamment des missiles antiaériens Stinger. Il voulait un gros paquet de sanctions préventives, ce à quoi les Allemands en particulier s'opposaient. Dans l'ensemble, j'ai trouvé son sang-froid remarquable. Alors que je retournais à l'aéroport de Boryspil avec Melinda Simmons, notre nouvelle ambassadrice, nous nous sommes efforcés d'analyser son comportement. Peut-être Zelensky pensait-il que Poutine bluffait ? Peut-être qu'en dépit de toutes les preuves que nous lui avions présentées, le président ukrainien ne croyait toujours pas que son pays était sur le point d'être envahi.

C'est seulement plus tard que nous avons eu la véritable explication de son calme : il ne pouvait pas se permettre de paniquer ou de tirer la sonnette d'alarme, car cela aurait été faire le jeu de Poutine. La monnaie ukrainienne, la hryvnia, s'effondrait déjà. L'économie était soumise à de très fortes pressions.

S'il annonçait que les troupes russes étaient sur le point de déferler du nord, il pourrait terrifier la population au point de la faire fuir et, dans le chaos qui s'ensuivrait, toute résistance pourrait s'effondrer. Pour que l'Ukraine ait la moindre chance de résister, Zelensky devait faire bonne figure le plus longtemps possible. Mais ce n'était pas évident et, quelques jours plus tard, j'ai convoqué un séminaire d'experts dans la salle du Conseil pour tenter de comprendre ce qui se passait.

C'était le 17 février, et même si nous ne le savions évidemment pas, il ne restait qu'une semaine avant la catastrophe.

À la fin, je leur ai demandé à tous de se mouiller. Est-ce que Poutine allait le faire ? Oui ou non ?

Il y avait là Mark Galeotti, le spécialiste de Poutine et de la Russie ; Lawrence Freedman, le célèbre historien militaire et penseur stratégique ; Rod Lyne, ancien ambassadeur du Royaume-Uni à Moscou, et Shashank Joshi, spécialiste des questions de défense pour le magazine l'*Economist*. Tous, sauf Joshi, ont déclaré que Poutine bluffait, qu'il essayait peut-être de déstabiliser l'Ukraine mais ne l'envahirait pas. Il s'est avéré que c'est Shashank qui avait raison, mais la remarque qui m'a vraiment donné à réfléchir, c'est Lawrence Freedman qui l'a faite. Il a dit que Poutine n'envahirait probablement pas l'Ukraine, mais que s'il le faisait, « ce serait un désastre, un désastre, pour Poutine ». Cela m'a semblé juste.

Le lendemain, 18 février, je m'envolais pour l'Allemagne afin d'assister à la conférence annuelle de Munich sur la sécurité, où se pressaient *think tankers*, analystes et généraux allemands allant et venant dans leur uniforme gris pâle. À ce moment-là, l'ambiance devenait surréaliste. Les membres du Five Eyes étaient tous convaincus que Poutine allait envahir le pays. D'autres avaient encore quelques doutes. Emmanuel Macron avait tenté une opération diplomatique de la dernière chance. Il était allé voir Poutine à Moscou, s'était assis face à lui, chacun à l'extrémité d'une table de marbre blanc d'une longueur démesurée – comme un couple hollywoodien en froid –, et pour l'essentiel, il n'a fait que gesticuler pour la galerie. Il semblait pourtant sincèrement penser qu'il arriverait à dissuader le président russe.

Ce jour-là, à Munich, alors qu'il ne restait que six jours avant la catastrophe, j'ai eu un long entretien bilatéral avec l'Allemand Olaf Scholz[2], au cours duquel j'ai expliqué qu'une invasion nous semblait désormais presque inévitable. Les Allemands n'étaient pas à la fête. Ils étaient devenus très dépendants du gaz russe après avoir imprudemment bazardé leur filière nucléaire et ils anticipaient déjà les perturbations économiques massives que la guerre entraînait.

À un moment donné, l'un des principaux collaborateurs d'Olaf nous a regardés et a déclaré avec peut-être un brin d'espoir: « Et si les Ukrainiens ne résistent pas ? Et s'ils s'effondrent rapidement ? »

Je voyais où il voulait en venir. Ne serait-il peut-être pas préférable pour le monde – même si c'était une tragédie pour l'Ukraine – que tout cela se termine vite ? Ne pourrions-nous pas sauver des milliers de vies, tout en nous épargnant des souffrances économiques insupportables ? Je comprenais son point de vue, mais j'y étais farouchement opposé. Ce qu'il proposait était écœurant: abandonner un pays européen souverain, laisser une tyrannie engloutir une démocratie. C'était condamnable sur le plan des principes. C'était aussi fallacieux en pratique, même sur la base d'un calcul utilitariste.

Loin de minimiser les perturbations mondiales, une victoire rapide de Poutine en Ukraine pourrait être le prélude à d'autres violences: en Géorgie, dans les pays baltes, dans toute la périphérie de l'ex-Union soviétique. Si l'Ukraine s'effondrait, ce serait un désastre général pour l'État de droit et l'intégrité des frontières dans le monde entier. Quelles seraient les implications pour tout autre pays menacé par un voisin expansionniste ? Qu'est-ce que cela signifierait pour Taïwan ?

J'ai prononcé à la conférence de Munich ce qui était, à l'aune de mes propres critères, un discours enflammé et tranchant[3], nous appelant tous à nous tenir aux côtés de l'Ukraine. J'ai annoncé plusieurs actions militaires, destinées à montrer à Poutine notre engagement dans la crise: renforcement de nos troupes en Estonie et en Pologne, nouvelles manœuvres navales en Norvège et dans le Grand Nord, patrouilles aériennes à Chypre et en Roumanie. Mobilisé un millier de soldats pour aller en Pologne, en prévision de la crise humanitaire majeure qui s'annonçait.

Ce que je n'ai pas fait et ne pouvais pas faire, c'était préparer les troupes britanniques à faire la guerre en Ukraine car, comme Poutine le savait très bien, nous n'avions pas de mandat pour cette option, que ce soit au Parlement, dans le pays, ni dans aucun autre pays de l'Union européenne.

Tout le problème – le désastre – résidait dans le fait que l'Ukraine n'était PAS membre de l'OTAN; nous ne devions aux pauvres Ukrainiens aucune garantie de sécurité au titre de l'article 5, et c'était précisément pour cette raison que l'Ukraine était en danger. Si Poutine envahissait l'Ukraine, seul le sang ukrainien serait versé pour la défendre.

Nous, Britanniques, ferions tout ce qui était en notre pouvoir pour aider, militairement, politiquement. Et nous faisions déjà beaucoup. Mais en fin de compte, le sort des Ukrainiens allait dépendre de la plus grande puissance du monde. J'ai coincé le sénateur Lindsey Graham, un ami de longue date, devant un ascenseur de l'hôtel à Munich. Qu'allait faire l'Amérique ? ai-je demandé au Républicain de Caroline du Sud. Comment le Congrès allait-il réagir ?

Lindsey est très influent et expérimenté. Il a réfléchi.

« Cela dépend, m'a-t-il dit. S'ils se battent, nous les aiderons. »

Je comprenais ce qu'il voulait dire. Les membres du Congrès allaient vouloir s'assurer que Poutine avait tort à propos de l'Ukraine, et que les Ukrainiens étaient de vrais patriotes, de vrais amoureux de la liberté, comme l'avait formulé John Stuart Mill, qu'ils étaient prêts à se battre et à mourir pour leur pays.

Combien de temps vont-ils devoir se battre ? ai-je demandé.

Deux semaines environ, a répondu Lindsey, alors qu'on ne pensait pas qu'ils tiendraient plus d'une semaine.

Poutine n'a pas envahi l'Ukraine parce qu'il s'inquiétait vraiment de l'OTAN ou de son élargissement.

Il l'a fait parce que c'est un dirigeant autoritaire au pouvoir depuis deux décennies et, avec un bilan économique plutôt inégal, il avait besoin de quelque chose, quelque chose de grand, pour rallier l'opinion nationale.

Il l'a fait parce qu'il n'y a rien de mieux, pour redorer son blason, qu'une guerre courte, circonscrite et victorieuse en terre étrangère.

Il l'a fait parce qu'il avait analysé la situation économique mondiale post-Covid, et qu'il voyait qu'une invasion de l'Ukraine provoquerait une forte hausse des prix du pétrole et du gaz, ce qui serait une excellente nouvelle pour la Russie.

Il l'a fait parce qu'il avait prévu, avec la ruse d'un joueur d'échecs, que le chaos qu'il engendrerait contribuerait à financer sa machine de guerre.

Il l'a fait parce qu'il savait que la Chine le soutiendrait et continuerait d'acheter son pétrole ; il s'était d'ailleurs rendu aux Jeux olympiques d'hiver de Pékin, le 4 février, pour obtenir l'approbation explicite du président Xi Jinping.

Il l'a fait en tant qu'ancien membre du KGB dont l'âme avait été marquée au fer par le démantèlement de l'Union soviétique, un événement qu'il a décrit comme l'une des grandes catastrophes du XXe siècle.

Il l'a fait parce qu'il pensait que la réintégration de l'Ukraine dans le giron russe constituerait un pas de géant vers la vengeance de cette humiliation et la reconstruction de l'empire soviétique.

Il l'a fait parce qu'il avait vu la faiblesse de l'Occident face à l'agression – en Syrie, en Ukraine, en Libye et ailleurs – au cours de ces dix dernières années.
Il l'a fait parce qu'il avait vu le désengagement indigne et précipité des puissances occidentales en Afghanistan.
Il l'a fait parce qu'il pensait que nous étions mous et que son agression resterait impunie.
Il l'a fait parce qu'il avait fini par croire à sa propre propagande, selon laquelle l'Ukraine n'était pas un vrai pays, et était dépourvue de sentiment national fort.
Il l'a fait parce qu'il pensait, par conséquent, que les Ukrainiens s'effondreraient avant son assaut.

C'est sur ce dernier point que j'ai longtemps pensé qu'il se trompait. Et avec le ministre de la Défense, Ben Wallace, j'étais déterminé à aider les Ukrainiens à lui donner tort.

Chapitre 52

LA BATAILLE DE KIEV

En quoi des armes fabriquées à Belfast sont cruciales pour la victoire ukrainienne

Poutine a donc attaqué l'Ukraine et, d'emblée, sa thèse ridicule sur la psyché ukrainienne a été battue en brèche. D'heure en heure, sa cruauté exacerbait un patriotisme – un désir de protéger l'indépendance de l'Ukraine – plus ardent que toute forme de sentiment national que j'avais pu voir s'exprimer en Europe.

Le président russe semblait sincèrement croire que les Ukrainiens se jetteraient dans ses bras. Quelqu'un l'avait convaincu que les foules planteraient des roses rouges dans les canons de ses chars. Aussi a-t-il dû être stupéfait, au fil des jours, de voir que les Ukrainiens se battaient comme des lions pour leur liberté. Plus leur résistance était farouche, plus Poutine se montrait impitoyable. Voulant à toute force atteindre Kiev, il a commencé à bombarder des immeubles d'habitation, voire des écoles et des hôpitaux. Le nombre de victimes parmi les femmes et les enfants a augmenté.

Il n'a pas fallu longtemps pour que nous parviennent des rumeurs sur les méthodes que Poutine était prêt à employer pour terroriser la population : torture, exécutions sommaires. Notre horreur grandissait en même temps que notre sentiment de honte : la culpabilité lancinante de voir une nation européenne se faire démembrer sous nos yeux, une démocratie que la Grande-Bretagne s'était solennellement engagée à protéger.

J'ai estimé qu'il était de mon devoir, puisque le Royaume-Uni était signataire de la Convention de Budapest, de rallier le soutien du monde entier ; ce qui devait être fait me paraissait évident, pas besoin d'ergoter là-dessus. Jamais dans mon expérience des affaires internationales je n'avais jamais vu une question d'une simplicité aussi manichéenne.

Le choix entre l'Ukraine et Poutine était un choix entre le juste et l'injuste, entre le bien et le mal, et si je me suis montré aussi virulent dans ces premières réunions déterminantes, celles du G7, de l'OTAN et d'autres organismes, c'est parce que je n'avais aucun doute sur le fait que j'avais raison et que la cause était désespérée.

À chaque réunion, à partir du 24 février, mon mantra a été le même : Poutine doit échouer et l'Ukraine doit réussir. Poutine doit être vaincu et l'Ukraine doit être libre.

C'est triste à dire mais tout le monde n'était pas de cet avis. Au cours de certaines de mes conversations téléphoniques avec d'autres dirigeants, et même avec certains de nos amis, je me suis rendu compte que les tentacules du Kremlin étaient partout. La Chine était activement pro-Poutine (ce qui était et reste un désastre), tandis que l'Inde était ambivalente, pour ne pas dire plus.

Je me souviens d'avoir parlé à un éminent dirigeant d'un pays du Golfe, avec lequel j'entretenais les meilleures relations personnelles.

« Pourquoi devrais-je me soucier de l'Ukraine ? » m'a-t-il dit.

Dès le début, néanmoins, nous avons pu compter sur nos alliés les plus proches. J'ai lancé mon « Poutine doit échouer » à l'occasion du premier appel entre membres du Quintet – États-Unis, Royaume-Uni, France, Allemagne, Italie –, et Joe Biden l'a repris presque immédiatement, suivi par Emmanuel Macron. Nous avons mis en place les sanctions les plus sévères[1] possible ; nous avons envoyé de l'aide humanitaire dans la région. Mais c'était d'une assistance militaire sérieuse que les Ukrainiens avaient désespérément besoin. L'aide que nous fournissions était extrêmement limitée, du moins au début, et son acheminement extrêmement lent.

Le 1er mars, cinq jours après l'invasion, je me suis rendu en Pologne, pour un voyage qui prenait désormais un rythme de navette diplomatique, afin d'obtenir des soutiens. À ce stade, les blindés de Poutine semblaient prêts à engloutir la capitale ukrainienne et ses 3 millions d'habitants. La colonne de chars et de véhicules blindés de transport de troupes s'étirait sur vingt-cinq kilomètres, et elle se dirigeait vers Kiev, tel un serpent sur le point de dévorer sa proie.

J'ai prononcé un discours passionné[2] dans un bâtiment moderne du British Council à l'extérieur de Varsovie. J'ai parlé des sanctions, de notre assistance humanitaire et de tout ce que nous faisions pour consolider la frontière orientale de l'OTAN. J'ai averti Poutine (une fois encore) qu'il allait au-devant d'un désastre et l'ai exhorté à faire faire demi-tour à cette colonne de chars.

Mon propos était convaincant et semblait bien reçu par mon auditoire, en grande partie polonais. Mais nous savions tous que la situation était désespérée, que nous n'en faisions pas assez, et qu'il y avait quelque chose d'un peu fluet dans le ton de défi que j'adoptais.

C'est alors que je me suis fait éreinter.

Une femme s'est levée. Je l'ai regardée avec méfiance. Je ne m'attendais pas vraiment à des questions. Elle a dit s'appeler Daria Kaleniuk, elle était ukrainienne et elle venait de passer la frontière pour se mettre à l'abri. Elle voulait que je sache qu'au moment où nous parlions, des civils étaient en train de mourir, que sa famille était terrifiée. Est-ce que je n'étais pas au courant, m'a-t-elle demandé, que selon les termes du mémorandum de Budapest de 1994, la Grande-Bretagne s'était engagée à défendre l'Ukraine ? Qu'est-ce que je faisais ici en Pologne quand je devrais être en Ukraine ? Alors que je la regardais sans dire un mot, elle s'est mise à sangloter. Les gens vivaient sous les bombes, et pourtant je n'étais pas là-bas parce que j'avais peur. L'ensemble de l'OTAN avait peur.

C'est alors qu'un fonctionnaire de l'ambassade britannique, portant un masque anti-Covid, s'est approché d'elle, comme pour lui faire comprendre qu'elle en avait assez dit, mais Daria a continué.

Pourquoi ne pourrions-nous pas obtenir une zone d'exclusion aérienne pour arrêter les bombes et les missiles, a-t-elle demandé ?

Il y a des moments où il faut être direct, même si ce que l'on dit est mal accueilli par l'auditoire. Ben Wallace et moi avions déjà discuté du concept de zone d'exclusion aérienne : utiliser la force aérienne de l'OTAN pour dégager le ciel ukrainien et mettre fin aux tourments subis par la population. Comme je l'ai dit à Daria, c'était tout simplement impossible.

Cela impliquerait, par exemple, que je donne l'ordre aux pilotes britanniques d'abattre des chasseurs russes. Et, de fait, l'OTAN se retrouverait effectivement en guerre avec la Russie ; sans parler de nos alliés au sein de l'Organisation, ce n'était pas une option que le gouvernement britannique envisageait. Il était terrible de rappeler aux Ukrainiens cette cruelle vérité, à savoir que nous ne pouvions pas utiliser nos avions pour les protéger des bombes et des missiles, et j'ai eu le sentiment que Daria avait franchement eu raison, de m'infliger cette raclée.

Ce que j'ignorais, au moment où nous avions cette conversation, c'est que la technologie militaire britannique fournissait déjà une assistance essentielle à l'Ukraine, et qu'elle commençait même à inverser le cours de la guerre. Dès l'été de l'année précédente, en 2021, Ben Wallace avait fait pression sur moi pour que nous envoyions des armes à l'Ukraine. Il avait compris le message de l'essai délirant que Poutine avait publié, et sa menace implicite, et il était convaincu que le leader russe était sérieux. En septembre 2021, il avait proposé d'envoyer des armes antichars, et je dois admettre que j'ai d'abord été sceptique.

Les experts du Foreign Office et certains responsables de la sécurité étaient circonspects. Et si cela ne faisait que provoquer Poutine ? demandaient-ils. Et si cela lui donnait un prétexte supplémentaire pour créer des problèmes, voire déclencher l'invasion ?

Écoutez, me disait Ben, ancien officier de la Garde, il va le faire de toute façon. Il va envahir le pays, croyez-moi. Nous devons les aider.

D'accord, ai-je dit, mettons votre plan à exécution, à condition que nous soyons en phase avec les Américains. C'est ainsi que nous avons entrepris de modifier la politique étrangère britannique, un processus qui s'est avéré d'une lenteur exaspérante.

Le Royaume-Uni apportait une certaine assistance à l'Ukraine depuis 2014, date de la première invasion de Poutine. Nous avions envoyé un petit contingent de soldats dans le cadre de l'opération Orbital. Ils fournissaient « formation » et conseils tactiques (encore qu'après des années de combat au corps à corps dans les tranchées du Donbass, je ne voyais pas trop ce qu'on pouvait encore apprendre aux Ukrainiens en la matière).

Ben et moi étions maintenant déterminés à ce que le Royaume-Uni fasse un grand pas en avant. Il faudrait pour cela sortir du consensus de l'UE et devenir le premier grand pays européen à fournir aux Ukrainiens des quantités significatives d'armes létales. Liz Truss, ministre des Affaires étrangères, partageait notre enthousiasme.

Les administrations ont continué de renâcler. Les hauts fonctionnaires britanniques faisaient la moue et évoquaient les risques d'« escalade ». Je trouvais cet argument ridicule. C'est Poutine qui nous menaçait d'escalade. Ce n'était pas comme si les Ukrainiens envisageaient d'attaquer la Russie, c'était Poutine qui annonçait, presque ouvertement, vouloir recourir à davantage de violence. Si nous ne pouvions pas réellement aller défendre les Ukrainiens, nous pouvions peut-être bien leur donner les moyens de se défendre eux-mêmes ? Où était le problème ?

À notre grande frustration, Wallace et moi n'arrêtions pas de voir la proposition apparaître à l'ordre du jour du Conseil national de sécurité, alors que nous la pensions approuvée. Je me suis retrouvé à griffonner rageusement dans la marge des propositions pour exhorter les hauts fonctionnaires à s'en occuper. Je crois que j'ai dû donner l'instruction quatre fois avant que le plan soit finalement activé.

Les 2 000 missiles antichars NLAW sont donc arrivés à la mi-janvier 2022, c'est-à-dire juste à temps. Lorsque les historiens étudieront la bataille de Kiev de mars 2022, j'imagine qu'ils trouveront toutes sortes d'explications à l'erreur d'analyse stupéfiante des experts militaires.

Il y a eu l'héroïsme des Ukrainiens, et l'incompétence des Russes. Il y a eu le leadership inspirant de Volodymyr Zelensky, dont les prises de parole commençaient à enflammer l'opinion publique dans le monde entier (ce qui est assez étonnant quand on sait qu'il parlait à peine anglais lorsque je l'ai rencontré pour la première fois).

Nous, Britanniques, avons également pu, de deux manières différentes fournir une aide militaire qui, à mon avis, s'est avérée très précieuse. Comme nous étions très bien informés des plans de bataille russes, nous avons pu aider les Ukrainiens à anticiper ce qui pourrait se passer à l'aéroport d'Hostomel, et à en préparer la défense. Hostomel est un grand aéroport de fret situé à environ trente-cinq kilomètres de Kiev, où les Soviétiques fabriquaient leurs grands avions-cargos Antonov. Nous savions que l'aéroport était essentiel aux plans de Poutine. Il comptait utiliser des troupes aéroportées pour s'en emparer, avant d'y faire venir des milliers et des milliers de renforts. Ceux-ci feraient alors jonction avec la grande colonne de chars descendant de Biélorussie, et *vlan*, il disposerait alors d'une force écrasante en hommes et en blindés pour porter l'estocade à Kiev.

Le premier problème de Poutine est qu'Hostomel s'est avéré imprenable. Chaque fois qu'il envoyait un gros hélicoptère, les Ukrainiens semblaient savoir où il allait se poser, et il était abattu. Lorsque les Russes se sont finalement emparés de l'endroit quelques jours plus tard, ils se sont rendu compte qu'ils étaient seuls.

Ils contrôlaient certes l'aérodrome, mais étaient dans l'incapacité d'y faire venir leurs renforts. Cette situation rappelait l'opération Market Garden de 1944, le désastre de la Seconde Guerre mondiale, au cours duquel les parachutistes alliés s'étaient emparés du pont d'Arnhem sur le Rhin, mais s'étaient retrouvés isolés et encerclés par les Allemands.

Il est devenu de plus en plus évident que les blindés russes n'avançaient plus, non pas parce qu'ils s'apprêtaient à frapper, mais parce qu'ils étaient coincés, bloqués ; et si ce terrifiant convoi de chars était stoppé net, c'était parce que, sur l'ensemble du théâtre d'opérations, les Ukrainiens découvraient les joies de la guerre asymétrique en utilisant des NLAW, entre autres armements, contre les chars russes.

Le missile NLAW, ou arme antichar légère de nouvelle génération, est fabriqué à Belfast par ce qui était autrefois la société Short Brothers (aujourd'hui Thales) et d'une conception apparemment toute simple. Il s'agit *grosso modo* d'un tube géant que l'on porte en bandoulière. Vous mettez le char en ligne de mire, vous appuyez sur un bouton, et *boum*, le tour est joué. Il est d'une efficacité redoutable. Les NLAW sont capables de faire exploser la tourelle d'un char, d'y mettre le feu, ou de détruire ses chenilles. Le blindé reste alors sur la route, bloquant la circulation. Les missiles Javelin, de fabrication américaine, précédemment fournis par Trump, ont une plus grande portée. Mais les NLAW sont apparemment très faciles d'utilisation, et excellents en combat rapproché.

Les Ukrainiens ont commencé à ne jurer que par eux. « *I'm in love with NLAW* », disaient-ils – un jeu de mots qui fonctionne si, comme les Ukrainiens, vous prononcez le *w* comme un *v*.

Le résultat a été qu'au bout de quelques semaines, le grand crocodile des unités blindées russes commença à avoir l'air tout à fait inerte. Ce n'était plus un crocodile, mais un bout de bois flotté. Les Ukrainiens apprenaient à dégommer les chars de tête et de queue, ce qui immobilisait une section du convoi, puis ciblaient les autres blindés à leur guise.

Leur supériorité aérienne n'a pas aidé les Russes : ils devaient amener leurs chars au point de jonction à l'aéroport d'Hostomel et, à leur grande fureur, ils n'y parvenaient pas. Leurs chars se faisaient systématiquement éliminer par les NLAW et les Javelin.

Plus tard dans la guerre, les drones allaient jouer un rôle plus important, mais pendant ces premières semaines, les lance-missiles antichars portatifs ont été essentiels à la défense de Kiev. Avoir fourni ces NLAW aux Ukrainiens aura été une des grandes fiertés de ma carrière.

Fin mars, la position des Russes à Hostomel était devenue intenable. Ils étaient encerclés par les forces ukrainiennes. Les pertes dans les colonnes de chars russes étaient telles que les hommes rechignaient à avancer et les officiers supérieurs, les colonels, devaient monter en première ligne pour leur redonner un peu de vigueur ; avec pour conséquence un pourcentage de pertes également élevé parmi les officiers supérieurs.

Finalement, les colonnes de blindés ont été contraintes de se disperser et de battre en retraite, et la menace pesant sur la capitale s'est évanouie. Contre toute attente, et à rebours de tous les pronostics militaires, les Ukrainiens avaient humilié Poutine et l'avaient envoyé promener.

Ils avaient rempli la première condition, la plus importante, pour obtenir un soutien plus franc des pays occidentaux, telle que l'avait identifiée le sénateur Lindsey Graham à Munich, juste avant l'invasion : ils avaient montré qu'ils étaient prêts à se battre pour défendre leur nation, qu'ils chérissaient vraiment leur liberté.

Plus important encore, et plus déterminant pour la mentalité américaine, ils avaient montré qu'ils étaient des gagnants ; et les gens aiment pouvoir soutenir le camp des vainqueurs. Les armes ont donc commencé à affluer.

D'autres pays ont suivi notre exemple en envoyant des armes létales, dont la France et l'Allemagne et la plupart des pays de l'OTAN, et bien d'autres dans le monde. Dès le mois suivant, en avril, Ben Wallace et ses homologues organisaient une grande conférence réunissant les donateurs de matériel militaire sur la base aérienne de Ramstein en Allemagne.

Au cours des mois et des années qui ont suivi, j'ai eu le sentiment que nous étions toujours trop lents à fournir cette aide militaire, toujours trop hésitants et préoccupés des risques d'« escalade », alors que celui qui craignait vraiment l'escalade, c'était Poutine. Mais l'envoi des NLAW a été déterminant en ce sens qu'il a permis de faire sauter un tabou et de ne plus avoir de scrupules à assumer de livrer des armes qui seraient immédiatement employées pour tuer les soldats de Poutine.

En utilisant nos armes de manière aussi efficace, les Ukrainiens ont montré que non seulement ils avaient le droit pour eux, qu'ils méritaient de l'emporter, mais qu'avec le bon matériel ils pouvaient, et allaient, gagner. Contrairement aux malheureux conscrits de Poutine, ils se battaient pour leur pays et leurs foyers.

Chapitre 53

LE COÛT DE LA GUERRE

Inflation et lutte croissante contre l'inertie du Trésor

La guerre a valu à l'Ukraine un soutien britannique dépassant celui de tout autre population européenne. Des drapeaux ukrainiens bleu et jaune n'ont pas tardé à surgir aux fenêtres, sur des pin's, sur les flèches des églises de tout le pays. Nous avons été en tête de l'Europe quant au volume de l'aide, et plus particulièrement en termes d'équipement militaire, que nous avons envoyée là-bas. Nous avons accueilli chez nous 210 000 Ukrainiens[1] qui avaient fui leur pays.

Notre regard sur la situation était d'une clarté morale frappante. Les sondages d'opinion indiquaient que 87 % de la population britannique reprochaient l'invasion à Poutine, et à lui seul : une proportion supérieure même à celle de l'Estonie. Un ardent sentiment pro-ukrainien soudait les partis politiques et l'ensemble de la population.

Peut-être faut-il y voir l'effet de l'instinct qui pousse les Britanniques à prendre le parti de l'opprimé ; ou celui de l'indignation encore vive contre l'attitude de Poutine à propos des empoisonnements de Salisbury.

Les Britanniques ont soutenu les Ukrainiens, même si la guerre poussait le prix du pétrole à la hausse, jusqu'à 110 dollars le baril, voire davantage, et attisait les flammes du feu de brousse inflationniste qui se répandait à présent à travers le monde.

En janvier 2022, l'inflation était de 5,5 % au Royaume-Uni[2] et, selon les prévisions, elle serait de plus de 7 % cette année-là. Ce niveau n'avait pas été atteint depuis mon enfance dans les années 1970. Les factures de fioul de la population s'envolaient et bientôt, les médias ont évoqué la « crise du coût de la vie ».

Tous les Tories détestent l'inflation pour le tort qu'elle fait non seulement au budget des ménages mais à l'épargne et à l'investissement. En tant que chancelier de l'Échiquier, Rishi avait raison de se concentrer sur la lutte contre ce fléau (et sans doute raison, aussi, de penser que la Banque d'Angleterre avait mis trop de temps à relever ses taux à l'automne précédent).

Mais était-ce la limite de nos ambitions économiques ? Nous avions certainement besoin d'une stratégie de croissance, post-Covid, post-Brexit, me disais-je.

En discutant avec des investisseurs internationaux, j'avais été agacé de les entendre dire que la Grande-Bretagne du Brexit avait encore à se différencier du modèle européen vacillant. Voyant très bien où ils voulaient en venir, j'ai descendu un matin l'escalier recouvert du tapis rouge pour rendre une visite inopinée à Rishi, dans son bureau du n° 11.

Il était assis sous le portrait de Hugh Gaitskell, un autre chancelier wykehamiste*, mais qui n'est pas resté dans les mémoires pour ses réductions fiscales ni pour sa dérégulation.

« Allons, Rishi, lui ai-je dit, et si nous faisions un geste fiscal spectaculaire pour montrer que les choses ont changé ? Et si nous réduisions l'impôt sur les sociétés à un niveau inférieur à celui de l'Irlande ? Pourquoi pas 10 % ? Ça leur montrerait. »

Rishi a été courtois comme toujours, mais il m'a rappelé que nous venions de signer un accord du G7 par lequel nous nous engagions à ne pas baisser l'impôt sur les sociétés au-dessous d'un certain seuil.

D'accord, mais alors quoi ? ai-je demandé. Il fallait prouver aux milieux internationaux des affaires que nous avions adopté une approche nouvelle et différente. Rishi n'arrêtait pas de nous rebattre les oreilles avec la Californie et la technologie. Que pouvions-nous faire ?

Il m'a dit qu'il avait compris, et qu'il y réfléchirait. Mais les semaines passaient, sans réponse de sa part.

Je voulais que nous lancions une stratégie de croissance pour la Grande-Bretagne du Brexit, et il me baladait. Aujourd'hui, je suis convaincu qu'il cherchait à gagner du temps.

Il voyait bien que l'enquête de Sue Gray** puis celle de la police me plaçaient dans une situation politique embarrassante et je pense que certains l'encourageaient imprudemment à se préparer à prendre ma succession.

* Nom donné aux élèves ou anciens élèves de Winchester College, fondé par William de Wykeham. Cet établissement scolaire élitiste a donné à la Grande-Bretagne six chanceliers de l'Échiquier, dont Hugh Gaitskell (1906-1963) pour les Travaillistes et Rishi Sunak pour les Conservateurs.

** Sue Gray, deuxième secrétaire permanente du Bureau du Cabinet, a repris l'enquête sur les fêtes de Noël et autres rassemblements organisés à Downing Street pendant le confinement Covid, enquête destinée à déterminer le rôle de Boris Johnson lors de ces soirées.

Maintenant que j'y pense, il avait, dès le mois de janvier, enregistré un site Internet sous le nom « Ready for Rishi* ».

Je me dis à présent qu'il réservait sa stratégie de relance, et sa nouvelle approche fiscale, pour le jour où il prendrait les commandes. Eh bien, tant pis !

À ce moment-là, je le croyais encore dans mon camp et j'attendais. Frustré, j'ai porté mon attention vers les solutions à long terme à nos problèmes. Leur utilité immédiate était dérisoire, car le coût de l'éclairage et du chauffage était soumis aux marchés mondiaux.

À plus longue échéance, cependant, je tenais à ce que nous dépendions moins des importations d'énergie et augmentions nos propres capacités de production.

Notre sujétion au gaz était excessive, et la guerre de Poutine avait été une mauvaise surprise. Nous avions autrefois été autosuffisants en matière énergétique ; à présent, non contents d'importer d'immenses quantités de gaz, nous achetions même de l'électricité à la France. Nous devions ambitionner l'autosuffisance verte, comme je l'avais exposé dans le plan en dix points. Nos éoliennes offshore obtenaient de bons résultats, mais il fallait en faire plus.

J'ai fixé un nouvel objectif[3] de production de 50 gigawatts avant 2030 (près de la moitié des besoins quotidiens en électricité du Royaume-Uni) grâce aux éoliennes en mer. Mais nous avions aussi besoin d'une énergie de base qui ne soit pas à la merci des dieux du vent capricieux. C'était dans notre pays que l'énergie nucléaire civile avait vu le jour et pourtant notre industrie nucléaire s'effondrait. J'ai donc défini une nouvelle mission – le Great British Nuclear – pour soutenir à la fois de grands réacteurs comme Hinkley et Sizewell, et des petits réacteurs modulaires afin de parvenir à une production en 2030 d'au moins 24 gigawatts grâce au nucléaire.

Dans tout le pays, des réacteurs nucléaires étaient sur le point d'être mis en sommeil. Je suis allé en voir certains et j'ai constaté un état de vétusté inquiétant, avec des machines qui vibraient et avaient visiblement été peintes et repeintes maintes fois au fil des décennies, comme les murs d'une école primaire victorienne.

Je suis aussi allé visiter le vaste nouveau parc nucléaire de Hinkley dans le Somerset, le plus grand projet d'ingénierie d'Europe. Sa construction avait déjà pris plusieurs années et son financement était un casse-tête. Cette centrale avait en effet été conçue pour résister à la frappe directe d'un

* « Prêts pour Rishi ».

gros-porteur 747 à charge maximale. Son coût de fonctionnement serait tout aussi élevé, le gouvernement garantissant un prix d'exercice de l'électricité extrêmement avantageux.

Je comprends que le Trésor ait hésité à conserver notre avance des années 1950 dans le domaine du nucléaire, mais les consommateurs actuels payent les conséquences de cette vision à court terme. Une des raisons pour lesquelles la position de la France a été meilleure que la nôtre au début de la crise énergétique était les 56 réacteurs nucléaires qu'elle possédait. À Hinkley, j'ai annoncé la mise en place de la British Energy Security Strategy* (BESS) afin qu'à l'avenir, sinon immédiatement, nous soyons mieux protégés de la folie d'hommes comme Poutine, avec une plus grande proportion d'énergies renouvelables et de nucléaire.

Notez que je n'excluais pas l'utilisation de pétrole et de gaz britanniques; je voyais bien que nous aurions besoin de davantage d'hydrocarbures pour nous aider à passer le cap. Mais en 2030, d'après mes plans, notre énergie serait pour l'essentiel propre, verte, et originaire du Royaume-Uni.

J'ai nommé deux défenseurs, celui de l'éolien avec Tim Pick, et celui du nucléaire avec Simon Bowen, pour m'aider dans ma campagne de développement des infrastructures, et je leur suis infiniment reconnaissant.

Un dimanche, alors que j'étais à Chequers, assis à mon bureau à travailler sur la BESS, j'ai entendu une information ahurissante. La Met avait décidé de m'infliger une amende pour infraction aux règles du confinement.

J'ai d'abord cru à une farce.

Quand j'ai appris que Rishi avait, lui aussi, été condamné à une amende, je me suis dit que décidément ça ne pouvait qu'être une blague.

Je sais que certains lecteurs auront sans doute été si bien influencés par les récits des médias qu'ils sont persuadés que j'ai « fait la fête » pendant le confinement: que je passais mes soirées en beuveries avec mes potes de la task force Covid et du bureau du Cabinet. Eh bien, ce n'est pas vrai.

Je n'ai pas « fait la fête » avec qui que ce soit. En réalité, quand je songe à la masse de travail que nous abattions tous et à l'énergie avec laquelle nous nous efforcions de mettre fin à une pandémie, cette simple suggestion me soulève le cœur. Et autant que je le sache, personne d'autre n'a eu d'activités sociales illicites.

Quant à cet « événement » du 19 juin 2020, soit près de deux années plus tôt, ni Rishi ni moi n'avons jamais imaginé, sur le moment ou par la suite, qu'il puisse le moins du monde contrevenir aux règles.

* Stratégie britannique de la sécurité énergétique.

Je vais vous dire ce qui s'est passé. Alors que j'occupais brièvement ma place dans la salle du Conseil où je participais toute la journée à des réunions, le chancelier et d'autres collaborateurs m'ont souhaité un bon anniversaire. Je n'ai pas vu de gâteau. Je n'ai pas mangé une miette de ce prétendu fichu gâteau. Si c'était une fête, il n'y en a pas eu de plus piteuse dans toute l'histoire de l'humanité.

J'étais à peine remis du Covid. Je n'ai pas chanté. Je n'ai pas dansé. J'ai avalé une salade. Après tout c'était l'heure du déjeuner et je mange habituellement à mon bureau. Je n'ai croisé personne que je ne croisais pas au cours d'une journée normale de travail.

Nous avons enchaîné avec une autre réunion. Je ne vois pas comment cette prétendue fête d'anniversaire aurait pu constituer une infraction aux règles. L'événement a été jugé d'une telle innocence que les médias en ont été informés.

On se fera une bonne image de l'évolution des mentalités, et du désir de vengeance, en se rappelant qu'au moment des faits – presque deux ans plus tôt –, le public avait appris ce qui s'était passé par le *Times*[4] (dans une version légèrement déformée) et que personne n'avait bronché.

J'ignore quel récit d'autres en ont fait à la police. J'étais bien sûr à la merci du témoignage de gens décidés à me renverser.

De plus, je faisais confiance à Sue Gray, qui (ce que j'ignorais) avait déjà été approchée pour occuper le poste de directrice de cabinet d'Ed Miliband, ancien leader du Labour, et qui deviendrait plus tard directrice de cabinet de Keir Starmer – mon ennemi politique numéro un.

Je ne sais pas du tout ce que ces gens ont pu raconter à la Met. Mais je me permets de douter que leurs propos aient été honnêtes.

Quant à toutes les autres amendes infligées – plus de 120 –, le fait est que j'en ignore tout. Je n'étais pas là, ou je n'ai rien observé qui m'ait paru illégal.

Si ces amendes étaient du même tonneau que la mienne, elles ont dû être un peu déconcertantes. Certaines allégations qui figuraient dans le rapport de Sue Gray – vomissements, bagarres, etc. – se sont révélées mensongères et ont dû être retirées.

Mais que pouvais-je faire ? J'ai payé l'amende et je me suis remis au travail.

J'avais du pain sur la planche. L'Europe affrontait désormais la plus grande guerre qu'elle ait connue depuis quatre-vingts ans, et les Britanniques s'affirmaient comme les plus ardents défenseurs de l'Ukraine, politiquement, diplomatiquement et militairement.

Chapitre 54

TRAIN DE NUIT POUR L'UKRAINE

Et le mythe de l'accord de paix contrarié

Oh là là, me suis-je dit. Mais que se passe-t-il ? Reprenant mes esprits, j'ai constaté que mon lit se comportait très bizarrement. J'avais l'impression qu'il tremblait et faisait des bonds. En réalité, toute ma chambre faisait des embardées. C'est alors que j'ai entendu une nouvelle détonation, identique à celle qui m'avait probablement réveillé.

Mais quelle heure était-il ? Je ne distinguais pas le cadran de ma montre et je n'avais pas de téléphone parce que je voyageais en zone de guerre avec deux compagnons seulement.

J'étais à bord d'un train qui traversait l'Ukraine dans le plus grand secret, espérions-nous, et sans mes gardes du corps.

Me rallongeant, j'ai ouvert les rideaux derrière ma tête. J'ai essayé de me calmer en contemplant les kilomètres et kilomètres de forêts de bouleaux spectrales qui défilaient au-dehors, les cours d'eau anonymes et les fermes plongées dans l'obscurité, flanquées de granges branlantes.

Les détonations, ai-je compris, n'étaient pas des missiles qui s'écrasaient sur le côté de la voiture. Ce n'était que le claquement métallique de ce train de l'ère communiste aux points d'aiguillage.

Voyons, me suis-je dit, il n'aurait pas l'idée de faire une chose aussi stupide. Nous avions décidé de ne pas informer les envahisseurs russes de mon déplacement, mais même si Poutine l'apprenait, il n'aurait pas l'audace de descendre un dirigeant du G7... Ou bien ?

Nous ne savions pas trop de quoi il était capable. Il n'avait pas hésité à employer des armes chimiques sur le sol britannique. Ni à envahir un pays européen souverain.

Il pouvait facilement faire mine d'ignorer un déraillement ferroviaire malencontreux et la perte accidentelle d'un leader occidental. Les membres des services de sécurité britanniques sont des hommes et des femmes formidables, mais ce voyage les inquiétait, c'est le moins qu'on puisse dire. Ils avaient mis des semaines à accorder leur approbation, ils avaient refusé que je sois accompagné de civils et, en définitive, Ben Wallace, le ministre de la Défense, avait dû intervenir pour que ce projet se réalise.

Mon escorte se limitait à une toute petite poignée de soldats des Forces armées de Sa Majesté, et ce n'étaient pas des soldats ordinaires. Avant d'aller me coucher, j'avais passé un long moment avec mes deux compagnons, mon conseiller militaire de Downing Street, le colonel Jaimie Norman, un commando de marine très réputé, et le général Gwyn Jenkins, qui exerçait le commandement général des opérations spéciales.

Il n'est certes pas question de décrire ici ce que ces hommes faisaient ou font. Mais je peux tout de même dire qu'ils avaient participé tous les deux à des aventures époustouflantes aux quatre coins du monde. Et alors qu'ils étaient assis à se raconter leurs faits d'armes respectifs, j'ai commencé à trouver que ma virilité n'était pas à la hauteur.

J'étais donc allongé à présent dans un train ukrainien bringuebalant, la tête encore pleine de leurs histoires, et je me suis ressaisi. Je me conduisais comme une mauviette, ai-je décrété.

Il était – m'avaient-ils assuré – incroyablement difficile pour les Russes de toucher un train en mouvement. C'était de surcroît un train remarquablement blindé, plusieurs centaines de tonnes d'acier; grand, imposant, avec une suite présidentielle comprenant une salle de bains carrelée de mosaïque or et brun et une salle de réunion et de télé moquettée, meublée de canapés à la garniture moelleuse, auxquelles s'ajoutait la chambre à coucher où je me trouvais, dont le lit king size cahotant avait été occupé tout récemment par la vedette de Hollywood, Sean Penn.

Ce voyage était dangereux, j'en conviens – mais pas tellement plus que de faire du vélo à Londres (une activité très sûre, voir plus haut dans ce récit); et c'était un risque qu'il fallait que je prenne, voilà tout. Je devais voir le président ukrainien Volodymyr Zelensky. Et je devais le voir en personne.

Le 8 avril 2022, jour de mon départ pour Kiev, la guerre venait d'entrer dans une nouvelle phase extrêmement délicate. Grâce à leur héroïsme pur et simple, et à la première livraison d'armes occidentales, les Ukrainiens avaient repoussé l'avance russe sur leur capitale. L'affreux cortège de blindés russes qui s'étirait sur 40 kilomètres avait fini par renoncer et par faire demi-tour.

Les Ukrainiens avaient remporté un succès militaire stupéfiant contre ce qui était sans doute la deuxième puissance militaire du monde. Mais ils n'avaient pas encore gagné – loin de là. Poutine avait déjà, avec une férocité sans nom, arraché un gros morceau de l'Ukraine. Quelques intrépides

Ukrainiens se battaient encore à Marioupol, sur la mer Noire, mais il venait de s'emparer de la plus grande partie du pont reliant la Russie et la Crimée, ainsi que des villes de Berdiansk et de Melitopol.

Il s'était engagé dans un programme de russification brutal : castrant des hommes ukrainiens et déportant plusieurs centaines d'enfants en Russie pour les rééduquer de force. Ses méthodes étaient pour l'essentiel les mêmes que celles employées à Grozny contre les Tchétchènes : bombardement impitoyable des secteurs civils, destruction d'immeubles d'habitation avec des tirs d'artillerie, sans se soucier du nombre d'innocents qui mouraient.

Les Ukrainiens avaient mis Poutine en colère, ils l'avaient déstabilisé ; et de toute évidence, il était prêt à se battre le temps qu'il faudrait. Tandis que le reste du monde observait ce qui se passait, bien des gens espéraient – cela se comprend – qu'une autre issue était possible. Les conséquences de la guerre étaient déjà effroyables. L'inflation était galopante. Il devait y avoir moyen d'apporter la paix à l'Ukraine en offrant à Poutine une « voie de sortie », une solution qui lui permettrait de sauver la face.

Les Français et les Allemands envisageaient apparemment une forme d'accord, peut-être par une cession de territoires en échange de la paix. Des négociations en ce sens avaient eu lieu, d'abord en Biélorussie puis en Turquie. Ces discussions m'inspiraient une profonde méfiance.

Fallait-il vraiment aider Poutine à sauver la face ? Ne pouvait-il pas le faire lui-même ? Les propositions russes entraîneraient, pour l'essentiel, l'humiliation de l'Ukraine et la transformation d'un pays indépendant en État vassal de la Russie, une fois de plus.

Ces plans étaient une catastrophe pour Zelensky et pour les Ukrainiens, sans parler du message désastreux qu'ils adresseraient au reste du monde sur les bénéfices de l'agression et la lassitude de l'Occident. Mais j'imaginais sans mal que, face à la perspective de devoir tenir durablement tête à Poutine, les Ukrainiens traumatisés aient pu se sentir si épuisés, et si seuls, qu'ils préféreraient encore capituler ; et j'imaginais tout aussi aisément que si les Ukrainiens décidaient de se rendre ou de conclure un accord effroyable et inégal avec la Russie, l'Occident serait si faible et divisé que les Russes s'en tireraient impunément. Comme ils l'avaient fait en 2014.

Je tenais donc à tendre la main à Zelensky et à lui donner les assurances les plus précises possible. Ce n'était pas à moi de lui dire comment mener les négociations, ni de l'empêcher de passer un accord s'il estimait que c'était dans l'intérêt de son pays. J'avais beau soutenir passionnément l'Ukraine, je ne pouvais pas être plus ukrainien que les Ukrainiens.

La seule chose que je souhaitais lui faire savoir, c'était que, s'il continuait de se battre et si les Ukrainiens décidaient de chasser l'envahisseur de leur pays, ce dont j'étais certain à 99 %, alors, il pourrait compter sur un soutien sans faille du Royaume-Uni. Les Ukrainiens savaient que notre pays avait joué un rôle majeur au cours des six dernières semaines pour mobiliser l'opinion occidentale contre l'agression de Poutine et en faveur de l'Ukraine.

Je tenais à donner à Zelensky l'assurance qu'en ce qui nous concernait, ce n'était qu'un début et que nous étions prêts à nous engager sur la durée. Et pour cela, il fallait que je sois là, en personne. Que nous nous serrions les coudes, physiquement et métaphoriquement.

Il me semblait aussi important de montrer aux Ukrainiens que nous approuvions leur analyse : ils avaient vaincu les Russes, ils avaient sauvé Kiev d'un sort terrible et l'Ukraine serait libre.

Selon eux, Poutine ne menaçait pas la sécurité de la ville, alors que les forces russes stationnaient encore à moins de trente kilomètres. Y avait-il meilleur moyen de manifester mon soutien à l'Ukraine que d'aller sur place et de le prouver ? Dans cette entreprise, j'avais pu compter sur le soutien énergique du professeur John Bew, brillant conseiller à la défense et à la sécurité de Downing Street, et de Jaimie Norman. C'était l'argument que nous avions présenté aux services de sécurité et, après avoir longuement hésité, ils avaient signé les autorisations nécessaires.

C'est ainsi que j'avais entrepris ce voyage cahin-caha de onze heures entre la Pologne et Kiev. J'aurais été fort étonné que quelqu'un en ait eu vent, tant notre sécurité opérationnelle avait été scrupuleuse. Nous étions partis la veille au soir dans un hélicoptère Wildcat de la RAF qui s'était posé, tous feux éteints, sur la pelouse de Chequers. L'obscurité était totale, et on m'avait remis des lunettes de vision nocturne tout droit sorties du *Silence des agneaux* pour que je puisse lire mon briefing une dernière fois : il n'était pas question de laisser sortir mes notes du Royaume-Uni.

Arrivés à une base aérienne, nous étions montés à bord d'un avion de transport à destination d'une localité de Pologne orientale, et de là nous avions fait à peu près une heure de route jusqu'à une ville frontalière, où nous étions censés prendre le train. Après avoir attendu une demi-heure à un passage à niveau angoissant et désert, nous avions compris que nous n'étions pas au bon endroit. Nous étions donc repartis pour rejoindre la gare principale.

Celle-ci était bien plus animée, et brillamment éclairée. Des tables à tréteaux étaient chargées de fruits, de couches pour bébés et de linge de lit

– des produits de première nécessité destinés aux familles de réfugiés –, car les Ukrainiens continuaient de franchir en masse la frontière avec l'Ouest. Eu égard à l'heure qu'il était, il y avait beaucoup de monde, et quelqu'un aurait très bien pu reconnaître ce curieux détachement de Britanniques qui se dirigeaient en sens inverse du flot de voyageurs.

J'ai enfoncé mon bonnet à pompon des transports londoniens sur ma tête et évité de croiser le regard des gens. Nous nous sommes glissés par une brèche de la palissade et avons traversé les rails jusqu'à notre train. Je me suis hissé sur le marchepied avant d'être accueilli à bord par un jeune homme pâle, mince et plein d'humour qui s'appelait Oleksandr Chevtchenko. Il était directeur de la communication de l'Ukrzaliznytsia, la Société nationale de chemins de fer ukrainiens.

Ce serait le premier de plusieurs voyages plaisants dans les trains de cette compagnie, et je tiens à rappeler que les cheminots et cheminotes aussi sont des héros de la guerre. Les chemins de fer ukrainiens ont perdu plusieurs centaines d'employés et, le jour même de mon arrivée, la gare de Kramatorsk avait essuyé une attaque de missiles effroyable et cynique, qui avait fait soixante-trois morts parmi la population civile, dont neuf enfants. Au total, les Russes ont frappé quatre gares ukrainiennes au cours de cette seule journée.

L'aube a dissipé les terreurs de la nuit. Le personnel de l'Ukrzaliznytsia était de bonne humeur et a insisté pour nous servir un petit-déjeuner de roi : crêpes au fromage blanc et galettes de pommes de terre avec du café, différentes sortes de jambon, fromages et légumes frais.

À l'approche de Kiev, j'ai commencé à distinguer des traces de combats : quelques bâtiments noircis et bombardés. À Irpin, dans les faubourgs de la capitale, notre convoi est passé à grand fracas sur un pont qui venait d'être construit pour remplacer celui que les Russes avaient détruit quelques semaines plus tôt. Oleksandr était très fier des prouesses de sa société.

En milieu de matinée, nous sommes arrivés dans la capitale et nous sommes descendus furtivement du train. Melinda Simmons, notre ambassadrice, était venue nous attendre au bout du quai, près d'une sortie latérale. Les Ukrainiens nous ont conduits discrètement jusqu'à l'enceinte présidentielle. Nous avons franchi plusieurs barrages antichars et sommes passés devant des emplacements de pièces d'artillerie recouvertes de filets de camouflage, avant d'emprunter un couloir sombre et poussiéreux menant à une place dallée où se dressait un curieux bâtiment dans le style de Victor Horta, appelé la Maison aux Chimères. Ce chef-d'œuvre de l'Art nouveau datant de 1902 est également connu sous le nom de la Maison de l'architecte fou et est décoré de sculptures kitsch en béton d'animaux exotiques.

Je suppose que si Poutine avait réussi son coup, ce bâtiment ferait désormais partie de l'administration coloniale russe de l'Ukraine. Aujourd'hui, c'est là que les présidents ukrainiens continuent d'accueillir leurs invités étrangers.

Vêtu de sa polaire kaki, Zelensky nous attendait à l'extérieur, entouré par un groupe familier de ministres et de conseillers. Il était pâle et semblait fatigué (comme nous, je suppose). Mais lorsqu'il nous a vus, son visage s'est éclairé d'un grand sourire.

Nous avons eu deux longs entretiens, l'un en tête à tête, l'autre avec nos équipes. Leur teneur a été identique. Je lui ai dit toute l'admiration que nous inspiraient ses exploits et l'héroïsme des Ukrainiens. Je lui ai confié le fond de ma pensée, qui n'a pas varié depuis.

« Vous gagnerez », lui ai-je déclaré.

Pour marquer notre soutien, nous avions monté un nouveau programme de financement militaire[1] d'un montant de 100 millions de livres. Zelensky nous a chaleureusement remerciés et a insisté sur son intention de reprendre l'intégralité du territoire actuellement tenu par les Russes.

Il a réclamé davantage d'armes et surtout de véhicules blindés pour permettre aux Ukrainiens de contre-attaquer et de se porter au secours de leurs troupes bloquées à Marioupol. Nous nous sommes engagés à faire tout notre possible. Et, effectivement, le Royaume-Uni a été le premier grand pays d'Europe à livrer non seulement des armes antichars, mais des chars occidentaux.

La fourniture de Challenger britanniques a brisé un tabou et préparé le terrain à la livraison d'Abrams américains et de Leopard allemands ; malheureusement, une fois de plus, toute cette entreprise a exigé davantage de temps que je ne l'espérais. Nous avons évoqué des questions à plus long terme, et en particulier les moyens de faire en sorte que, lorsqu'il aurait enfin été expulsé, Poutine ne revienne jamais.

Peut-être ne pourrions-nous pas faire entrer l'Ukraine immédiatement dans l'OTAN, mais nous pourrions fournir aux Ukrainiens une telle quantité d'équipement occidental, de formation et de soutien dans le domaine du renseignement que personne ne s'aviserait plus de les attaquer. L'objectif était de transformer l'Ukraine en porc-épic aux épines d'acier qu'aucun prédateur ne pourrait digérer. Cela ne remplaçait pas une adhésion à l'OTAN, mais il faudrait s'en contenter dans un premier temps.

Ces entretiens ont été suivis d'un événement vaguement surréaliste : une conférence de presse sans presse puisque ce voyage était censé rester secret.

Devant les caméras, nous avons donc fait, Volodymyr et moi, des déclarations qui seraient diffusées le lendemain. Notre emploi du temps prévoyait que nous irions déjeuner ensuite. Je ne nierai pas que j'attendais ce moment avec impatience. Il n'était pas loin de 17 heures, heure ukrainienne, et nous étions tous lessivés. Mais j'estimais n'avoir pas encore atteint un objectif majeur : manifester à l'Ukraine une confiance totale, publique et sans ambiguïté.

Dans ma déclaration aux médias, j'avais salué la victoire ukrainienne dans la bataille de Kiev. J'avais assuré aux Ukrainiens qu'ils l'emporteraient. Mais pour le moment, mes faits et gestes ne confirmaient pas entièrement mes propos. J'étais arrivé dans le plus grand secret ; j'avais été introduit dans des salles de réunion solidement gardées ; j'avais même refusé de parler aux journalistes. Il fallait que je mette le nez dehors pour montrer que j'étais convaincu que Kiev était une ville libre et qu'ici, en tout cas, il n'y avait plus rien à redouter des Russes.

« Volodymyr, ai-je dit, je pense que ça serait bien d'aller faire un tour. »

Le chef de la sécurité présidentielle était assis derrière lui et j'ai vu ses sourcils remonter d'un coup jusqu'au sommet de son haut front bombé. Mais Zelensky m'a aussitôt approuvé.

« Allons-y, a-t-il acquiescé.

– Je serais ravi de voir la ville.

– Je vais te la faire visiter. »

Nous n'avions fait aucune reconnaissance de l'itinéraire au préalable. Nous ne savions pas ce que nous trouverions, ni qui nous rencontrerions. Ce serait le premier bain de foule proprement dit de Zelensky depuis l'invasion. Six semaines auparavant, la ville retentissait encore d'explosions et de tirs, et grouillait d'agents secrets russes décidés, semble-t-il, à l'assassiner. Mais nous savions, lui comme moi, qu'il était essentiel que nous nous montrions côte à côte dans une ville désormais sûre et en paix.

C'est ainsi que par cet après-midi gris et maussade, nous avons arpenté le centre de Kiev sur les pavés humides pendant près de trois quarts d'heure. Je vous avouerai que j'avais l'œil aux aguets, craignant des snipers embusqués sur les toits des immeubles Art déco. Notre promenade s'est déroulée cependant dans une totale sérénité. Un passant s'est approché de nous alors que nous déambulions dans la rue et s'est répandu en remerciements à l'égard du Royaume-Uni.

Ouais, me suis-je dit, ma cote de popularité était manifestement meilleure à Kiev que dans certains coins de Kensington.

Une femme nous a repérés, elle aussi, et a filé chercher deux pichets de céramique ukrainiens traditionnels en forme de coq, un pour moi, l'autre pour le président ukrainien. Elle m'a expliqué qu'ils étaient un symbole de la résistance grâce à une photo devenue célèbre, prise après l'attaque de Poutine contre Borodianka, une ville proche de Kiev.

On voyait sur ce cliché une cuisine ravagée, à l'exception d'un pichet en forme de coq demeuré intact sur son étagère. En regardant cet objet, on pense immanquablement à la famille dont l'habitation a été détruite et on ne peut que se demander combien de ses membres sont morts et combien vivront assez longtemps pour assister à l'entière libération de l'Ukraine.

Un peu plus d'un an après, j'étais un ancien Premier ministre et je déjeunais dans un restaurant en Grèce. Une famille allemande occupait la table voisine et j'ai eu l'impression qu'une des femmes me jetait des regards hostiles. Elle avait des cheveux gris très courts et l'air renfrogné. Elle ne ressemblait pas à mes fans habituels.

Quand ils se sont levés pour quitter le restaurant, elle s'est approchée de moi et m'a collé subrepticement un post-it dans la main, comme Blind Pew remettant la « tache noire* ». Ce message disait, dans une écriture minuscule : « Monsieur Johnson, comment pouvez-vous vivre en paix alors que des centaines de milliers de gens sont morts après que vous êtes allé à Kiev et avez empêché un accord de paix en avril 2022 ? »

Très surpris, j'ai fait ensuite quelques recherches qui m'ont appris que cette rumeur circulait abondamment en Allemagne. Depuis, elle a gagné du terrain ailleurs. Poutine lui-même a répété cette allégation lors de l'interview complètement mensongère qu'il a donnée au journaliste américain Tucker Carlson en février 2024.

C'est du pipeau, voilà tout. Les Ukrainiens n'auraient jamais accepté les conditions de Poutine, ce n'est pas leur genre. À mon arrivée à Kiev, le monde n'ignorait plus rien des atrocités que les Russes avaient déjà commises à Boutcha et ailleurs. Je ne crois pas qu'un leader ukrainien quel qu'il soit, Zelensky ou un autre, aurait pu accepter un accord de paix et rester plus de cinq minutes à la tête du pays.

Je n'étais pas venu pour empêcher un accord, ni pour saborder le merveilleux « plan de paix » de Poutine. Mon seul objectif était de rassurer Zelensky sur la solidité du soutien occidental, et surtout britannique. Face aux

* Pew est un personnage de *L'Île au trésor* de Stevenson. Ce vieil aveugle transmet la « tache noire », un mystérieux avertissement mortel.

horreurs endurées par les Ukrainiens dans ce qui n'était pas une simple lutte pour l'indépendance de leur pays mais une lutte universelle pour les valeurs occidentales, je ne pouvais pas faire moins.

Après un long déjeuner à la Maison aux Chimères, nous sommes repartis tout droit pour la gare et, pichet à la main, j'ai commencé mon voyage de retour.

Chapitre 55

BIENVENUE DANS LE KENT, JUMELÉ À KIGALI

Une dissuasion efficace contre les gangs de passeurs

Il me semblait que ce que nous faisions en Ukraine était important – vital –, mais je ne perdais jamais de vue cette réalité : les électeurs veulent que vous vous penchiez d'abord sur leurs préoccupations immédiates. Et le problème numéro un, depuis des mois, c'était ces maudits passeurs et les canots pneumatiques sur la Manche.

Cette façon qu'ils avaient de bafouer la loi, de débarquer sur nos côtes dans leurs coquilles de noix – une fois, même, dans une pataugeoire gonflable pour enfants – rendait nos électeurs fous. C'était très dangereux, il survenait régulièrement des noyades, et en venant ici illégalement ces migrants rendaient dérisoire le parcours de tous les demandeurs d'asile qui déposaient un dossier en bonne et due forme.

Les « petits bateaux » semblaient inarrêtables. Ils étaient au journal tous les soirs. Des centaines de personnes arrivaient chaque jour, et des dizaines de milliers chaque année : 10 000 en 2020, 30 000 en 2021. En 2022 ils semblaient partis pour atteindre le nombre de 45 000. Cette histoire était une humiliation quotidienne pour l'État britannique.

Comment pouvions-nous prétendre avoir « repris le contrôle » de nos frontières quand celles-ci étaient clairement submergées par une marée humaine ? Nous dépensions une fortune pour soutenir la gendarmerie française, dans l'espoir qu'elle intercepte les migrants sur les plages de Calais et ailleurs. Elle en arrêtait bel et bien certains, mais beaucoup parvenaient à lui échapper.

Nous avions envisagé toutes sortes d'idées barjos et sans doute inhumaines : installer des machines à vagues, arraisonner en mer les pneumatiques, ou encore cueillir les migrants sur l'eau avec des chalutiers géants pour les renvoyer en France. C'était trop risqué. Tout projet de ce type échouerait, à juste titre, dès la première noyade.

Il ne restait donc qu'une solution – et je savais d'après mes conversations avec l'ancien grand Premier ministre australien, John Howard, qu'elle fonctionnerait. Lorsque l'Australie a été confrontée à un problème similaire – des bateaux entiers d'immigrants illégaux débarquant sur ses côtes –, Howard a eu l'idée radicale de les emmener immédiatement ailleurs pour traiter leurs demandes : à près de 5 000 kilomètres de l'Australie à vrai dire, sur l'île riche en guano de Nauru. Bien sûr cette mesure n'était pas parfaite, mais les Australiens ont pu constater que la perspective de finir le voyage à Nauru se révélait ultra-dissuasive : le flot n'a bientôt plus été qu'un goutte-à-goutte.

Nous devions trouver une destination équivalente, un centre de traitement offshore. Cela ferait perdre confiance aux gangs de passeurs, affaiblirait leur boniment auprès de leurs clients potentiels et perturberait sérieusement ce trafic. Nous avons examiné toutes sortes d'endroits, de l'île de l'Ascension aux Malouines, et j'ai discuté avec divers gouvernements.

Priti Patel, la ministre de l'Intérieur, travaillait sans répit. Un jour elle a décroché la timbale. J'étais enchanté. Nous avions trouvé un lieu pour le traitement des arrivées illégales dans notre pays, une solution idéale. Le 14 avril, peu de temps après mon retour d'Ukraine, je suis donc allé à Douvres pour annoncer la chose.

J'ai commencé par rappeler à tout le monde l'humanisme profond et le très grand sens moral du peuple britannique en matière d'accueil des victimes de persécutions. Rien que depuis 2015 nous avions ouvert les bras à 185 000 personnes qui avaient fui un conflit ou l'oppression : 100 000 Chinois de Hong Kong, 20 000 Syriens, 13 000 Afghans et à présent 50 000 Ukrainiens. J'estimais qu'une très large majorité de l'opinion soutenait ces mesures. J'ai précisé que plusieurs membres du gouvernement étaient des descendants directs d'immigrants venus chez nous par peur de persécutions dans un autre pays : Dominic Raab, Priti Patel, Nadhim Zahawi… et moi-même, si vous songiez à mon arrière-grand-père, Ali Kemal, réfugié à Wimbledon en 1912.

J'ai souligné à quel point était cruel le trafic des migrants sur la Manche, et dénoncé le mal qu'il faisait à la cause des demandeurs d'asile qui venaient ici en toute légalité. Par conséquent, nous allions signer avec le Rwanda un traité de migration et de développement économique par lequel nous enverrions les migrants illégaux à Kigali pendant que leur dossier serait étudié. Et même si cela devait prendre du temps, et même si ce projet devait soulever une opposition acharnée, j'étais convaincu qu'il fonctionnerait au bout du compte.

Enfin nous avions un plan. Qu'il plaise ou non. À présent nous pouvions nous attaquer à la tâche aussi laborieuse que minutieuse de le rendre juridiquement invulnérable.

Nous avions repris le contrôle de l'immigration légale. Même si les chiffres d'accueil avaient été élevés juste après le Covid, cela s'expliquait facilement : nous avions semblait-il une pénurie inquiétante de travailleurs, et il nous fallait battre l'inflation.

Tout le monde paniquait : les rayons des magasins n'étaient pas remplis, les choux de Bruxelles ne seraient pas cueillis pour Noël. Alors oui, pendant cette année post-Covid je peux imaginer que le Comité consultatif sur les migrations a surcompensé.

Mais cela ne changeait rien à l'essentiel : grâce au Brexit nous pouvions réparer cette erreur et réduire drastiquement les arrivées l'année suivante. Grâce au Brexit, aussi, nous avions désormais un plan radical – quoique controversé – pour les migrants illégaux de la Manche.

Pouvais-je réellement réussir ?

Considérant tout ce que nous avions fait avec le Brexit, ou avec les vaccins, sans même parler de l'envie de la population britannique d'obtenir des résultats, il y avait de bonnes raisons de penser que nous pouvions arriver à nos fins. Mais mon parti m'en laisserait-il le temps ?

Chapitre 56

CHER SIR GRAHAM

Ce que les auteurs des lettres avaient en tête

Quand le tohu-bohu du Partygate a commencé, je crains d'avoir souffert, comme on dit, de dissonance cognitive. J'ai eu tendance à rejeter l'idée que cette affaire puisse être sérieusement dangereuse, *a fortiori* fatale, sur le plan politique.

Allons donc ! pensais-je. J'étais certain de n'avoir rien fait de mal. D'après les rapports qui me parvenaient, les prétendues « fêtes » semblaient avoir surtout consisté à ce que les personnes concernées restent à leur table de travail dans la soirée et continuent de discuter ensemble, en sirotant un verre de vin blanc tiède, du sujet éprouvant qui les avait déjà occupées les douze heures précédentes, c'est-à-dire le Covid.

Face à l'intense tapage des médias, mes conseillers étaient un peu moins confiants. Quand nous avons repris le travail après les vacances de Noël, j'ai constaté qu'on faisait venir mes collègues du Parlement à mon bureau afin que je puisse leur tâter le pouls et m'assurer d'avoir leur soutien. Avec quelque étonnement, j'ai alors découvert que certains évoquaient des « lettres » dont ils avaient eu connaissance.

Ils faisaient référence à l'étrange méthode d'assassinat épistolaire propre au Parti conservateur. Si 15 % du corps parlementaire, dans le cas présent 54 députés tories, décident d'écrire à Sir Graham Brady, président du Comité 1922*, un groupe de députés de l'arrière-ban, pour exprimer leur défiance envers le Premier ministre, un vote doit être organisé afin de décider si l'occupant de Downing Street peut ou non conserver son poste. L'histoire montre que la plupart des Premiers ministres ont réchappé à ces scrutins, avec une marge plus ou moins confortable. Mais ils ressortent de l'épreuve si grièvement blessés qu'ils ne survivent pas longtemps.

* Groupe parlementaire du Parti conservateur composé de tous les députés d'arrière-ban qui se réunissent une fois par semaine lors de la session parlementaire pour coordonner leurs points de vue indépendamment de l'avant-ban (*front benchers*).

Il était important de régler cette affaire et d'anticiper les reproches éventuels de mes collègues. Mon réseau d'informateurs me donnait à penser que tout allait encore à peu près bien.

La coiffeuse de la Chambre des communes, Kelly Dodge, voit tout et sait tout. Pendant qu'elle taille les bouclettes des députés et leur astique le crâne avec des serviettes chaudes, elle entend certaines choses qui échappent aux whips. Elle a aussi un contact au bureau de Sir Graham Brady.

« Ça va, m'a-t-elle dit un matin tandis qu'elle rafraîchissait ma coupe, selon nos estimations ils ne sont pas plus d'une dizaine. »

Mais si Kelly se trompait ? Si le tiroir de Sir Graham débordait déjà de missives ? Mes collègues de l'arrière-ban m'étaient en général envoyés après les QPM du mercredi, et ces rencontres étaient minutées par Declan Lyons et Ben Gascoigne.

J'étais très surpris par l'humeur de nos parlementaires. À cause des confinements du Covid, je n'étais plus du tout en phase avec eux. Il était clair que les allégations du Partygate avaient déclenché des volées de bois vert contre les Tories, aussi bien dans leurs boîtes mail que sur les réseaux sociaux. Et ils m'en voulaient. C'était la gestion de la crise qui les faisait enrager plus que le fond du problème.

C'était le goutte-à-goutte incessant des informations communiquées aux médias (dont beaucoup étaient absolument fausses), et le supplice de l'attente, d'abord du rapport de Sue Gray, puis de la police. En parallèle, bien sûr, la férocité de la tempête médiatique rendait l'analyse impartiale des faits plus difficiles pour Sue Gray, et la Met, et aussi leur donner la possibilité de reconnaître que la vaste majorité, sinon la totalité de ces allégations concernait des événements parfaitement raisonnables dans un cadre professionnel et que personne n'avait eu l'intention d'enfreindre la loi.

Même si Sue et la Met avaient été disposées à accorder aux fonctionnaires impliqués le bénéfice du doute (et ce n'était pas le cas de Sue), cela devenait de plus en plus difficilement acceptable pour le monde politique et l'opinion publique. Précisément ce que recherchaient mes ennemis. J'essayais de faire valoir à mes collègues que cette affaire était pour l'essentiel absurde, une campagne pilotée par les médias et alimentée par d'anciens conseillers dont ils connaissaient d'ailleurs les noms.

Écoutez, disais-je : pourquoi diable ce truc ressort-il aujourd'hui, plus d'un an après que ces rassemblements festifs ont prétendument eu lieu ? Sur les centaines de fonctionnaires concernés, si certains avaient jugé qu'il se passait quelque chose d'anormal, nous en aurions à coup sûr entendu parler bien,

bien plus tôt. Les gens qui travaillaient à Downing Street et pour le bureau du Cabinet n'étaient pas tous des fans.

Si quelqu'un avait estimé que les règles du Covid étaient enfreintes, l'affaire aurait fuité depuis des mois. Mais nous n'avions rien entendu.

Bon nombre de mes collègues députés comprenaient et se rendaient compte que ce procès était injuste. Bon nombre estimaient aussi que c'était le moment de négocier avec moi. Ils se rendaient compte que j'étais dans le pétrin et, quitte à m'apporter leur soutien, ils voulaient quelque chose en échange. Prenons le cas d'un ancien ministre, banquier de profession, qui avait été viré sous un gouvernement précédent pour quelque incartade.

Ce type avait donné de la voix pour me soutenir dans le passé, mais je soupçonnais que ce n'était pas parce qu'il était un fervent partisan du Brexit, ou du nivellement par le haut, ou même de ma personne : il comptait plutôt sur moi pour se racheter en politique. Lors de ma campagne pour prendre la tête du Parti conservateur, il avait eu l'impression que je promettais de lui redonner une place au gouvernement, à présent il venait donc me voir pour me rappeler à mes prétendues obligations.

J'étais un peu perplexe. J'ai sondé ma mémoire. En effet, je l'avais gentiment réconforté, convenant qu'il était honteux qu'on l'ait poussé dehors (dans l'espoir, je le reconnais, de m'assurer son soutien), mais j'étais à peu près certain de n'avoir fait aucune promesse concrète quant à l'éventualité d'un poste au gouvernement. Ce genre de promesse, c'est toujours une très mauvaise idée.

« Écoute », ai-je dit. Nous étions assis sur les canapés verts de mon bureau parlementaire sous le buste en marbre au nez busqué de William Pitt. « Je n'exclus rien pour l'avenir, mais tout de suite ce n'est pas le moment. »

Il a mal réagi. « Ce que tu ne comprends pas, a-t-il dit, c'est que le parti tory au Parlement est une salaucratie. Plus t'es salaud, plus tu as du succès. »

Quelqu'un a passé la tête par la porte pour annoncer que l'entretien était terminé.

Le visage de mon compagnon, déjà assez vineux au naturel, s'est encore empourpré. « Ces gens auront ta peau », a-t-il déclaré avant de sortir avec raideur.

En regardant son dos furieux s'éloigner, j'ai su exactement à qui il faisait allusion. « Ces gens », c'étaient lui-même et tous ceux qui partageaient ses sentiments, et je crains qu'ils n'aient été bien plus nombreux que je ne l'avais alors compris. En additionnant tous mes ennemis naturels du Parti conservateur au Parlement – les partisans du Remain, les cameronistes, les amis de May, les écartés, les ignorés, les jaloux pour telle ou telle raison –, cela faisait beaucoup de monde. À vrai dire, bien plus de 50 % de nos députés.

Trop d'entre eux me considéraient avec l'air outré du commissaire Dreyfus devant les performances de l'inspecteur Clouseau. Les compétents, les travailleurs, c'étaient eux, et voilà que ce bouffon de Johnson qui haussait les épaules devant toutes les catastrophes et les absurdités allait de succès en succès et enquillait les postes prestigieux.

Cela leur tapait sur les nerfs. Cela leur donnait des envies de meurtre. J'avais souvent perçu le problème par le passé, mais je crains de n'en avoir jamais assez tenu compte. Quand j'y repense, je suis persuadé qu'avec assez d'amour et d'attention j'aurais pu rétablir les relations avec le parti au Parlement.

Mais j'étais trop sûr de moi. Je le regrette amèrement. À la mairie, j'avais pris l'habitude d'avoir un pouvoir monarchique absolu sans me préoccuper d'un quelconque arrière-ban. Je croyais aussi qu'ils n'auraient pas la folie de se débarrasser de moi.

J'avais remporté une grosse majorité, j'avais une vision claire pour le pays, et même après nous être fait laminer pendant des mois par les médias sur ces prétendues fêtes, nous n'étions pas à la ramasse dans les sondages, seulement une poignée de points de retard.

Quand même, ils ne seraient pas si bêtes ? Si ?

Chapitre 57

LA GRANDE-BRETAGNE ET L'INDE

Une relation qui n'a jamais été aussi bonne

Je suppose qu'il est toujours tentant pour une personnalité politique en difficulté dans son pays de se tourner vers les consolations des voyages internationaux. Les habitants des autres nations semblent d'une certaine façon plus gentils, plus polis, plus impressionnés par vos réalisations, et globalement très réceptifs à vos excellentes qualités.

Si j'avais besoin que quelqu'un me remonte le moral le 21 avril 2022 – et c'était le cas, un petit peu –, les gouvernements régionaux et nationaux de l'Inde se sont appliqués à la tâche avec un enthousiasme presque hystérique. Dès l'instant où nous nous sommes posés à Ahmedabad, dans le Gujarat, nous avons eu l'impression de plonger dans une orgie chorégraphiée de Beatlemania parrainée par l'État.

D'abord il y a eu la fanfare à l'aéroport : les danses, les guirlandes, et les dix mille têtes de chrysanthèmes orange. Dans la voiture, ensuite, nous avons longé des kilomètres de foules massées derrière des barrières – placées là sans doute pour contenir une ferveur sans limites –, agitant des drapeaux britanniques et indiens en plastique. À chaque coin de rue, semblait-il, nous attendait une nouvelle troupe folklorique de danseurs, de tambours ou de joueurs de cornemuse, et sur des multitudes de panneaux publicitaires géants était affiché mon visage, comme une grosse tomate rouge écrasée, qui toisait d'un regard sombre les multitudes apathiques.

Eh bien, je préfère ça, pensais-je en saluant gracieusement de la main à travers la vitre de la Range Rover du gouvernement de Sa Majesté, c'est même extraordinairement courtois.

Après les ennuis aux Communes, l'indignation affreusement surfaite de Starmer, les hululements des députés du Labour, les ricanements avec lesquels ils accueillaient mes bégaiements et mes excuses quelque peu (avec le recul) déplacées, cette fête était un baume pour l'âme. Je défie n'importe quel politicien de ne pas se sentir un minimum requinqué par la glorieuse splendeur d'un accueil indien digne de ce nom, même si à la descente d'avion il a un blues qui le dispose peu à danser avec Krishna.

Les médias ont relevé le contraste – maltraité à domicile, adoré (apparemment) à l'étranger – et s'en sont donné à cœur joie, comme un chien avec un nouveau joujou.

J'étais un crétin poltron et je fuyais mes adversaires, ont-ils laissé entendre. J'esquivais les critiques pour me réfugier dans des lieux de plaisir étrangers, ont-ils dit – comme si le voyage avait été organisé dans le but de gérer mon image. C'était absurdement injuste.

Depuis bientôt trois ans que j'étais Premier ministre, j'avais toujours eu à l'esprit d'effectuer un voyage en bonne et due forme en Inde. À mon grand chagrin, le projet avait été repoussé deux fois à cause de la pandémie. J'étais donc enchanté d'être enfin là-bas. J'avais un problème majeur à régler, et un important objectif Global Britain en tête.

J'adore l'Inde et j'ai quatre enfants dont les origines remontent, du côté de Marina, au sous-continent. Avec les années je suis devenu un grand habitué des mariages indiens. J'ai porté la tenue de mariage sikh complète avec le kurta, les sandales traditionnelles et un turban attaché, comme il se doit, à l'aide d'un bouton de porte (une fois je me suis présenté ainsi accoutré à une réception pour trouver tous les autres messieurs en costume).

J'ai passé bien des heures joyeuses à danser à l'indienne, où le secret est de faire tourner les mains deux fois comme pour changer une ampoule, puis deux fois comme sur l'accélérateur d'une moto, ce qui donne donc ampoule, ampoule, moto, moto. Ma vie politique a aussi compté une bonne part de plaisant syncrétisme anglo-indien. Je suis fier d'avoir dirigé le gouvernement le plus ethniquement diversifié de l'histoire du Royaume-Uni, notamment parce que nous avions au moins quatre ministres importants d'origine indienne : Rishi Sunak, Priti Patel, Alok Sharma et Suella Braverman. Il existe de profonds liens historiques, affectifs et culturels entre nos deux pays, et de nombreux exemples extraordinaires de coopération anglo-indienne, notamment pendant la lutte contre le Covid.

L'une des raisons pour lesquelles nous avons eu une telle abondance de doses du vaccin AstraZeneca – et avons été en mesure de contribuer à l'inoculation d'environ 2 milliards de personnes dans le monde, à prix coûtant –, c'est que nous avions conclu un accord avec M. Poonawalla, le dynamique PDG[1] du laboratoire pharmaceutique Serum Institute of India. Ce sont les Indiens qui ont fabriqué le produit qui m'a protégé contre une nouvelle infection, ainsi que des millions d'autres personnes rien qu'au Royaume-Uni.

L'amitié que nous, les Britanniques, partageons avec l'Inde est une relation comme nous n'en avons avec aucun autre pays. Et pourtant il faut dire les choses avec franchise. Depuis plusieurs décennies cette relation n'a pas livré de résultats à la hauteur de son potentiel, autant sur le plan commercial qu'au niveau stratégique.

Au cours des trente dernières années, nos échanges commerciaux avec la Chine ont grimpé en suivant une progression vertigineuse à quarante-cinq degrés, au point qu'ils pèsent aujourd'hui environ 100 milliards de livres par an. Les échanges avec l'Inde ont crû de façon beaucoup plus lente, et s'élèvent aujourd'hui à environ 40 milliards de livres, alors que la population indienne est encore plus nombreuse que celle de la Chine. D'après mon frère Jo, ancien correspondant du *Financial Times* à Delhi, qui a écrit des livres entiers sur le sujet, il y a toutes sortes d'explications à cette relative tiédeur de nos relations économiques.

D'abord, nous ne fabriquons plus assez le genre de choses dont les Indiens ont pu avoir besoin sur le parcours de leur développement industriel. Je crains qu'en matière de machines-outils et de locomotives, la Grande-Bretagne moderne ait depuis longtemps cessé – à quelques notables exceptions – d'être la source d'approvisionnement prioritaire.

Dans les domaines où nous sommes très compétitifs, la Grande-Bretagne est confrontée à des barrières commerciales inutiles. Il y a par exemple les tristement célèbres droits de douane de 150 % sur le whisky écossais. Je les ai dénoncés un jour, au milieu de quelques remarques impromptues devant la congrégation d'un gurdwara sikh à Bristol pendant la campagne électorale de 2017, et cela a provoqué des réactions indignées[2] parce que je donnais l'impression de prêcher la consommation d'alcool dans un lieu de culte.

Comme d'habitude, l'emballement a été exagéré. Quiconque a assisté à un mariage sikh connaît le rôle essentiel que joue le Johnny Walker Black Label (et d'ailleurs le Blue Label, le Purple Label ou même le White, tant le palais indien est raffiné) pour donner de l'entrain à la fête.

Combien de temps, ai-je souvent demandé, et demandé-je encore, les gens qui se rendent en Inde devront-ils se coltiner des bouteilles d'alcool du duty-free pour leurs familles et leurs amis parce que 1,4 milliard d'Indiens sont encore privés de scotch à prix raisonnable ?

Plus important encore, les Indiens imposent toutes sortes de restrictions sur les exportations de services du Royaume-Uni – un domaine dans lequel excelle notre pays. Selon Jo, et je suis certain qu'il a raison, l'économie indienne n'exploitera jamais son plein potentiel, et la population n'atteindra jamais un niveau de vie équivalent à celui de l'Occident, si l'Inde ne met pas fin à ces pratiques restrictives pour s'ouvrir dans les domaines du droit, de la banque, des assurances, de la comptabilité, etc. C'est la chose à faire pour nos deux pays.

Aussi voulais-je un accord de libre-échange en bonne et due forme, et il me semblait avoir trouvé exactement le partenaire et l'ami dont nous avions besoin en la personne de Narendra Modi. D'accord, il était controversé. En 2012, lors de mon premier voyage là-bas, en tant que maire, pour conclure des accords commerciaux, le Foreign Office s'était montré ouvertement dédaigneux. On m'avait même déconseillé de le rencontrer. Modi était un « nationaliste hindou », disaient-ils. Bon, ils ont vite laissé tomber tout cela.

Quelques années plus tard, alors qu'il était de passage à Londres pour sa campagne électorale, nous nous sommes donné rendez-vous devant le City Hall à la nuit tombée. Pour je ne sais quelle raison nous nous sommes rendus sur la promenade proche de Tower Bridge où nous attendait une foule de ses partisans. Il a levé mon bras en l'air et a entonné quelque chose en hindi, et si je n'ai pas pu comprendre ses paroles, j'ai toutefois ressenti son étrange énergie astrale.

Depuis j'apprécie sa compagnie, car je pense qu'il est l'acteur du changement dont notre relation a besoin. Avec Modi, j'en étais sûr, nous pourrions non seulement parvenir à un superbe accord de libre-échange, mais aussi bâtir un partenariat durable, en tant qu'amis et égaux. Nous avons tant de points communs : nos deux pays sont des démocraties, nous parlons anglais et nous partageons bien des inquiétudes, notamment sur le terrorisme et le changement climatique. Modi a fait un travail spectaculaire pour doter l'Inde en énergie solaire, et il a joué un rôle important pour permettre à la COP de Glasgow d'être un succès.

Il y a aussi la montée en puissance de la Chine. Nous avons tous les deux – Royaume-Uni et Inde – des sentiments ambivalents sur la question. Nous voulons avoir les meilleures relations possible avec la Chine, mais nous restons sur nos gardes. Nous nous méfions de l'expansionnisme chinois dans le Pacifique et nous ne voulons pas être bousculés dans cette région. C'est la raison pour laquelle j'avais lancé un nouvel examen de notre politique étrangère et de notre défense post-Brexit avec ce que nous avions alors appelé l'Indo-Pacific Tilt. Nous avons ouvert des ambassades dans la région, et envoyé en mai 2021 une immense flottille de navires menée par le *Queen Elizabeth*, notre porte-avions, avec 800 hommes et 65 000 saucisses à son bord (faites le calcul), pour un voyage de quarante pays à travers la mer de Chine méridionale et des exercices avec la marine indienne dans le golfe du Bengale.

Je voulais aussi attirer gentiment l'attention de Narendra et de ses brillants collaborateurs, comme son ministre des Affaires étrangères, Subrahmanyam Jaishankar, et son conseiller à la sécurité nationale, Ajit Doval, sur le fait que nous étions à un point d'inflexion mondial. L'invasion de l'Ukraine par Poutine constituait une atteinte à toutes les normes de comportement civilisé. Sa décision consternante avait manifestement été facilitée et approuvée par la Chine.

Je connaissais l'histoire et les sensibilités de l'Inde, les raisons de son non-alignement avec l'Occident depuis la fin de la guerre, sa relation apparemment indissoluble avec Moscou. Je comprends la dépendance indienne – comme celle de la Chine – aux hydrocarbures russes. Mais je me demandais si le moment n'était pas venu de moduler, de repenser certaines choses.

La relation entre la Russie et la Chine n'était plus celle du temps de la guerre froide. Poutine était désormais à n'en pas douter le partenaire junior, le client sinon même le nervi de la Chine. L'Inde voulait-elle vraiment s'aligner sur ce tandem d'autocraties ?

Les déconvenues militaires de Poutine avaient aussi souligné les carences inattendues de la machine de guerre russe. Comme je devais le dire aux Indiens, les missiles russes se révélaient moins précis, statistiquement, que mon premier service au tennis. Souhaitaient-ils réellement garder la Russie comme principal fournisseur d'équipements militaires ?

Il était temps, raisonnais-je, d'aller plus loin – bien au-delà des échanges commerciaux, du changement climatique et des partenariats éducatifs –, pour nous engager dans un programme complet de collaboration militaire et technologique. Eh bien, dans son genre, ce voyage a été un formidable succès. Après presque deux années de travail sur le programme, nous avions une énorme quantité de contrats prêts à être signés.

Nous avons donné à nos négociateurs un nouveau coup de pied aux fesses et avons promis d'avoir tout réglé « d'ici la fête de Divali » (ce qui a inévitablement suscité la question, « Oui, mais quelle Divali précisément* ? »). Surmontant les appréhensions de notre ministère de la Défense, qui s'inquiète toujours de la proximité de l'Inde avec la Russie, nous avons convenu de travailler ensemble sur toutes sortes de technologies militaires, des sous-marins aux hélicoptères en passant par les unités de propulsion marines.

J'étais tant absorbé par cette joyeuse mission que j'en oubliais presque mes problèmes au pays.

* Cette fête des Lumières, très importante, a lieu généralement en novembre pendant cinq jours. La date varie selon les calendriers utilisés à travers l'Inde.

J'étais sur le point d'inaugurer une usine géante de JCB dans le Gujarat, et de prononcer un discours vantant les mérites de cette entreprise qui prenait le parfait contre-pied de la réputation de la Grande-Bretagne de ne plus savoir fabriquer et exporter tractopelles, pelleteuses et autres machines sophistiquées d'une aussi belle couleur jaune d'œuf, quand on est venu me dire que j'avais un appel de Londres.

Les employés de JCB convergeaient dans le hangar d'assemblage. Mon discours devait commencer. Quelque peu agacé, je suis entré dans un petit bureau pour parler au téléphone en toute tranquillité.

C'était le chef des whips, Chris Heaton-Harris, qui voulait m'informer d'une motion déposée par des députés travaillistes ce jour-là. Ils essayaient de m'envoyer devant la Commission des privilèges pour avoir prétendument induit le Parlement en erreur dans l'affaire des infractions aux règles du Covid à Downing Street.

Des fadaises absolues, à mon sens, un canular typique des Travaillistes. Le chef des whips voulait la rejeter.

Puis j'y ai réfléchi un peu plus. Je ne voulais pas donner l'impression de chercher à me soustraire à une enquête. Je ne voulais pas être accusé d'utiliser ma majorité pour passer outre aux règles du Parlement, et répéter l'erreur de l'affaire Owen Paterson. Comme j'étais certain que je n'avais rien à cacher ni rien à craindre, et comme je savais que je n'avais pas induit le Parlement en erreur, en tout cas pas de manière intentionnelle, j'ai dit à Chris Heaton-Harris de laisser la motion suivre son cours.

Une fois de plus, je commettais l'erreur élémentaire de remettre mon destin entre les mains de gens qui pouvaient se révéler être mes ennemis.

Quand je repense à cette décision, je gémis en mon for intérieur.

Ah, bien. Tels sont les risques de prendre des décisions à plusieurs milliers de kilomètres de chez soi. Les grands voyages internationaux c'est super, mais la politique se fait à domicile.

DIXIÈME PARTIE

Les derniers mois

Chapitre 58

UN GENRE D'ÉTÉ TORRIDE

Mes ennemis sortent du bois

Vous auriez pu me juger suffisant, vaniteux ou foncièrement inconscient, mais si vous m'aviez demandé en juin 2022 s'il était probable que je reste à la tête du Parti conservateur, je vous aurais regardé avec des yeux ronds et répondu que non seulement j'étais sûr de mener mon parti aux prochaines élections, mais que j'étais certain que nous allions les gagner.

Les choses se présentaient sacrément bien. Malgré les coups de bélier que nous avions reçus au cours des six mois précédents, nous n'étions parfois qu'à quelques points derrière le Parti travailliste, et même (au moins une fois) à égalité. Gardez à l'esprit que sous Cameron les Tories étaient à plus de dix points des Travaillistes pendant la majeure partie de la période allant de 2010 à 2015, avant de remporter la victoire. Malgré l'indignation de mes détracteurs, l'opinion publique montrait des signes d'agacement face au Partygate et se demandait si les médias n'exagéraient pas un tantinet.

Pour les élections municipales du 5 mai 2020, les prédictions avaient été très sombres : les conseils municipaux tories allaient être écrasés. La dernière fois que ces sièges avaient été menacés, nous avait-on dit, c'était lors du court règne de Theresay May, lorsque la Gloria Imperatrix avait vingt points d'avance sur Corbyn. Nous devions donc logiquement prendre une raclée.

Il s'est avéré que l'attaque des Travaillistes n'a pas porté. Nous avons perdu quelques centaines de conseillers municipaux de valeur – ce n'est jamais une partie de plaisir, tant s'en faut –, mais l'écart en faveur de Starmer n'était que d'environ 5 %. Insuffisant pour que les Travaillistes obtiennent une majorité aux législatives. En fait, le Labour n'a repris qu'une poignée de conseils municipaux alors que, dans certaines régions du pays où les Conservateurs n'avaient jamais été jusque-là en position de force, nous avons gagné des sièges. Les résultats, si on regardait bien, révélaient que la réorganisation se poursuivait.

Pour un gouvernement arrivé à mi-mandat et un parti au pouvoir depuis douze ans, ce n'était pas si mal. Oui, bien sûr, je pouvais sentir la pression et la tension. Mais qu'est-ce que la vie sans pression ?

En politique, on passe toujours par des cycles de pression et de détente, de compression et de décompression. L'astuce consiste à encaisser le choc de la punition tant qu'elle dure, sachant que vos ennemis ne peuvent pas continuer de tirer indéfiniment. J'étais persuadé qu'ils n'avaient pas encore fabriqué dans toutes leurs forges belligérantes et maléfiques la balle qui pourrait m'abattre.

Il nous restait entre deux et trois ans avant les prochaines élections – une éternité en politique –, et d'ici là, je calculais que nous aurions achevé ou livré tellement de chantiers. Nous étions en train de réparer les infrastructures du pays, de l'énergie au haut débit en passant par le train à grande vitesse. Nous nous occupions du logement et de la planification. Nous étions en train de construire quarante hôpitaux flambant neufs et de remettre d'équerre la protection sociale afin de soulager l'une des principales pressions exercées sur le NHS. Nous mettions en place un programme entier de formation des compétences et de l'apprentissage tout au long de la vie. D'ici 2024, j'estimais qu'il n'y aurait dans le pays presque plus aucune ville jusqu'alors laissée-pour-compte qui ne ressentirait d'une manière ou d'une autre les avantages du nivellement par le haut.

Le Brexit commençait à porter ses fruits et ses bénéfices se feraient d'autant plus sentir que nous garderions notre sang-froid. Nous étions en train de résoudre les problèmes de la traversée de la Manche avec le plan Rwanda. C'était difficile mais nous y arriverions.

Nous avions un dirigeant travailliste qui n'avait de son côté aucun programme pour résoudre le problème, principalement parce qu'il faisait clairement partie du problème : un avocat des droits de l'homme qui avait défendu la libre circulation des personnes – le mouvement brownien des êtres humains à travers le monde – et qui avait un profond mouvement de recul venu du plus profond de son être à l'idée de renvoyer les clandestins dans leur pays. David Blunkett* et lui, ça faisait deux.

Et rappelez-vous, quand j'étais Premier ministre, le Reform Party, qui allait causer des dommages funestes au Parti conservateur en 2024, était à 0 % dans les sondages. Zéro.

* Personnalité travailliste majeure du gouvernement Blair, qui, après les émeutes entre Blancs et musulmans en 2001, déclara qu'il y avait la nécessité d'un minimum d'intégration culturelle passant notamment par l'apprentissage de la langue du pays.

Alors, oui, si vous demandez si j'aurais pu gagner si les Tories m'avaient gardé, la réponse est oui, absolument. (Souvenez-vous : Starmer a fini avec un score inférieur de 10 points au nôtre en 2019[1]. Il a en fait obtenu environ un demi-million de voix de moins que Jeremy Corbyn.)

Alors que nous arrivions à la fin du premier mandat, j'étais convaincu que nous serions en mesure d'expliquer à l'électorat que nous avions entamé la construction d'un pont vers l'avenir, un pont glorieux et magnifique, et que nous devions poursuivre pour atteindre l'autre rive.

Bien sûr, j'étais impatient de connaître la stratégie pour la croissance de Rishi Sunak, et j'aspirais à cette vision lawsonienne* de réduction des impôts et de simplification. Mais nous avions le temps, nous en avions discuté. Je pensais que la combinaison de nos compétences, les siennes et les miennes, était très convaincante, et que nous y parviendrions en fin de compte. Tout cela me semblait logique. Le problème (*long soupir*), c'est que de trop nombreux parlementaires du Parti ne voyaient pas les choses de la même façon.

Lorsque la situation est tendue, un épisode anodin peut soudainement la faire basculer vers le pire. Au début du mois de juin 2022, mes collègues ont été effrayés comme un troupeau de vaches face à un chien qui aboie. Cela a suffi, au moins pour 15 % d'entre eux, à les faire basculer dans le vide.

Au début de cet été qui allait s'étirer dans la chaleur, la nation fêtait un exploit unique, celui de la reine qui célébrait soixante-dix ans sur le trône, le plus long règne de toute l'histoire britannique.

Sa Majesté fit l'objet d'un immense élan d'amour et fit de son mieux pour y répondre. Elle apparut au balcon pour saluer la foule. Elle se laissa filmer en train de prendre le thé avec l'ours Paddington dans une petite vidéo charmante, alors même qu'elle devait se ménager. Depuis un an environ, je savais qu'elle souffrait d'une forme de cancer des os, et ses médecins craignaient qu'elle ne décline soudainement.

Elle était trop fatiguée pour se rendre en personne au grand service d'action de grâces qui s'est tenu à la cathédrale St Paul le vendredi 3 juin 2022. La foule était nombreuse et animée d'un esprit joyeux. La volée de marches est longue pour n'importe quel politicien et, alors que nous montions, Carrie arborant un chapeau rouge et blanc qui semblait prêt à s'envoler à tout instant et moi en jaquette, je sentais ces milliers de regards dans notre dos. J'ai donc été soulagé d'entendre ce qui semblait être un accueil très

* Nigel Lawson, chancelier de l'Échiquier sous deux gouvernements Thatcher, a mis en place une politique de privatisation et de réforme fiscale.

favorable : applaudissements et acclamations en nombre. Puis, oh, oh, juste au moment où nous arrivions en haut des marches, j'ai perçu une autre sorte de bruit.

Carrie ne l'a même pas remarqué, moi, si. Sans problème. Deux ou trois huées ou railleries sur le côté gauche. Évidemment, ça a suffi.

Peu importe que le climat général ait été sympathique ou que certains journalistes n'aient même pas détecté ce bruit de désapprobation. Dans son commentaire sur Sky News, Kay Burley a simplement dit que nous avions été applaudis.

Cette bonne vieille BBC avait, elle, capté les chahuteurs sur la bande-son. Tellement enchantée par cette contribution, la télévision s'est donné la peine de retrouver l'un d'entre eux pour l'interviewer (il s'est avéré qu'il s'agissait d'un Français résidant à Londres n'aimant pas beaucoup *le Brexit**). Comme vous pouvez l'imaginer lorsque les nouvelles passent en boucle vingt-quatre heures sur vingt-quatre, l'histoire a été exploitée, répétée et rebattue, telle la crème dans une baratte.

Bon, mon instinct politique n'est pas toujours mauvais et mon petit doigt m'a dit que pour les parlementaires tories nerveux, ceci allait être un moment difficile à passer. Quotidiennement, depuis six mois, les pauvres agneaux étaient bombardés de tombereaux d'ordures qui m'étaient destinés : des messages sur les réseaux sociaux disant que j'étais une andouille – et pire. Pour ceux qui avaient les nerfs en pelote, ils trouveront ci-dessous la preuve de ce que certains de mes collègues murmuraient en coulisse.

Ils disaient que je perdais le contrôle de notre électorat. Ils disaient que les électeurs seraient ravis que je m'en aille. Regardez-le, sur tous les écrans de télévision dans tous les coins chic, être hué, mon Dieu, à un moment d'unité nationale et de réjouissances. Aussi, lorsque le téléphone a sonné le lendemain tandis que nous nous préparions pour le spectacle grandiose du Jubilé, j'ai jeté un œil grincheux sur l'écran et je n'ai pas été surpris d'y voir le nom de Graham Brady.

J'avais une petite idée de ce que Sir Graham allait m'annoncer. Le ton de sa voix n'était pas spécialement exubérant ou super jouasse, mais il était incontestablement heureux de participer à l'action. « Monsieur le Premier ministre, a déclaré le président du Comité 1922, les 54 lettres sont arrivées. »

À partir de cet instant-là, les événements se dirigeaient droit vers leur conclusion macabre, je le savais, mais ce qui me frappe aujourd'hui, c'est mon refus crétin à l'époque de céder au désespoir. On peut participer activement à son propre déclin et à sa chute sans s'en rendre compte.

Le matin du vote, le 5 juin, je me suis assis à la table du Cabinet et j'ai rédigé 365 lettres, une pour chaque député conservateur, présentant ce que j'estimais être un argument de poids pour mon maintien à mon poste. En écrivant chaque prénom et en leur demandant instamment de me soutenir, j'ai commencé à voir tout l'embarras dans lequel je me trouvais.

Pour chaque député conservateur que je pouvais considérer comme un ami, il y en avait un qui, je le crains, n'était pas du tout de mon côté.

« C'est terrible », ai-je gémi devant Nigel Adams, un vieil ami député, qui organisait la riposte, une opération baptisée, je ne sais pas pourquoi, Sauvons le grand chien.

« Ces gens me haïssent », ai-je murmuré.

« Ne t'inquiète pas, m'a répondu Charlotte Owen, une de mes conseillères politiques, qui participait à cette opération. Nous allons gagner ! »

Eh bien, oui, nous avons gagné et avec une avance plutôt confortable. J'ai eu le sentiment d'avoir obtenu un sursis et que, si j'arrivais à passer l'été, tout irait bien.

Lorsque Poutine a lancé son invasion le 24 février 2022, l'Ukraine bénéficiait d'un très large soutien mondial. Lors du vote de l'ONU condamnant l'attaque, 141 pays avaient exprimé leur indignation, avec seulement 5 pays se rangeant résolument du côté de la Russie et 35 s'abstenant. Malheureusement, ce vote a masqué le fait qu'il y avait bien trop de pays qui offraient à l'Ukraine un soutien timoré, ou bien avaient une sympathie plus ou moins bien cachée pour Poutine.

C'était monstrueux, et cela avait de l'importance parce que nous devions faire tout ce qui était en notre pouvoir pour renforcer les sanctions mondiales à l'encontre des Russes. Le 23 juin 2022, j'ai pris l'avion (avec Carrie et Romy, qui était alors bébé) pour Kigali au Rwanda afin d'assister au sommet, longtemps retardé, des chefs du Commonwealth, autrement nommé CHOGM.

C'était une chance, car cela m'a permis de montrer aux médias que le Rwanda était désormais un pays sûr, propre et vert, et l'endroit idéal pour accueillir les immigrés clandestins. On s'est démené pour nier ce fait.

C'était aussi une occasion supplémentaire de rallier des soutiens pour l'Ukraine. J'avais des souvenirs du dernier CHOGM, quatre ans plus tôt à Londres, lorsque, en tant que ministre des Affaires étrangères, j'avais glissé des propos dans le communiqué, dénonçant les Russes au sujet des empoisonnements de Salisbury, pour découvrir ensuite qu'ils avaient été caviardés une fois encore par la secrétaire générale du

Commonwealth, la baronne Scotland. Cette fois, me suis-je dit, le dossier est accablant.

Nous parlions d'une invasion, du meurtre de milliers de civils : nous devions être en mesure de les convaincre de cette réalité.

Ha ! ha !

Lors de la première session plénière, j'avançais contre l'invasion un argument que j'estimais raisonnable quand je me suis rendu compte que mon vieil ami Yoweri Museveni, le président de la république d'Ouganda, levait la main.

« Je ne suis pas d'accord avec ce que vient dire Boris Johnson », a-t-il déclaré.

Je m'entendais en général très bien avec ce vieux combattant au visage joyeux, qui avait aidé à renverser le dictateur Idi Amin Dada. Personne ne prétendrait que sous la présidence de Museveni l'Ouganda est un modèle parfait de pluralisme démocratique, mais c'est bien mieux que sous Amin Dada (qui gardait la tête de ses ennemis au congélateur).

Au cours des années, Museveni et moi avions des discussions enjouées sur les Land Rover et l'élevage du bétail, et il m'avait toujours semblé avoir un intérêt sentimental – voire presque une allégeance – pour l'ancienne puissance coloniale. Comme il me l'a expliqué un jour, son nom même rappelle que son père a combattu pour le 7e bataillon des King's African Rifles, d'où Mu-seveni*.

En revanche, lorsqu'il s'est agi de Poutine et de l'Ukraine, nous nous sommes retrouvés à mille lieues l'un de l'autre. Il a ressorti certains des arguments du Kremlin, par exemple les absurdités sur les nazis et les terroristes d'Ukraine.

J'ai sorti mon atout. Museveni a environ 80 ans. Il fait partie de la génération des dirigeants africains d'après-guerre qui ont participé au démantèlement de l'Empire britannique. Il pouvait comprendre ce qui était en train de se passer, non ? L'attaque de Poutine était une agression néocolonialiste contre un État nouvellement indépendant. C'était de l'impérialisme pur et simple. N'était-il pas lui-même anti-impérialiste ?

Ça n'a pas marché. « Poutine nous donne des armes » a-t-il rétorqué. Et là, je dois avouer qu'il n'avait pas tort.

Regardez l'Afrique subsaharienne et vous verrez que la Russie est le plus grand fournisseur d'armes, soit environ 25 % du marché. Contrairement à certains d'entre nous, pays occidentaux, Poutine ne s'embarrasse pas

* *De seven* (« sept »). *Mu-seven* signifie « dans le 7e » [bataillon].

de questions préliminaires. « Vous avez un problème avec les islamistes ? demande Moscou. On vous envoie le groupe Wagner ! Ils vont les buter. » Hors de question de respecter les règles du droit humanitaire international, contraignant mais nécessaire. Les Russes ne prêchent pas la démocratie, ni la liberté de la presse, encore moins la protection des communautés LGBTQI. Je crains que, dans de nombreux pays, nos délicieuses discussions sur ces sujets ne soient accueillies avec dédain, voire une franche hostilité. Non seulement par les dirigeants mais aussi par une grande partie de la population elle-même.

Poutine n'en a rien à cirer de ces complications. Au contraire, il se présente comme le défenseur des valeurs familiales (ou chrétiennes) traditionnelles. Il n'est pas étonnant que son charisme sinistre se révèle si fascinant auprès de certains publics. Et le résultat est qu'en Afrique aujourd'hui il y a beaucoup trop de gouvernements qui, au mieux, sont ambigus, et nombre d'endroits où, chose incroyable, on peut voir des foules de jeunes hommes agiter un drapeau russe, comme pour faire la nique à l'Occident en général.

Donc, après que nous avons, Museveni et moi, discuté jusqu'à l'épuisement, j'ai renoncé et les 56 pays du Commonwealth se sont arrangés pour ne rien dire du tout sur l'Ukraine dans leur long communiqué. Ah, à l'exception d'une brève référence aux pénuries alimentaires et à l'inflation des prix que la propagande russe attribuait – dans un renversement démoniaque de la vérité – aux embargos occidentaux sur la Russie plutôt qu'à l'invasion russe de l'Ukraine.

C'était exaspérant. Regardons les choses en face : la Grande-Bretagne est, ou devrait être, un partenaire BIEN plus important pour ces pays que la Russie. L'économie britannique est beaucoup plus importante et diversifiée que l'économie russe ; nous commerçons davantage avec la plupart d'entre eux ; nous investissons plus que la Russie.

Parlent-ils russe ? Non. Ils parlent anglais. Envoient-ils leurs enfants dans des universités russes ? Non, Dans l'ensemble, ils préfèrent largement celles du Royaume-Uni – à juste titre. Pourquoi laissons-nous si docilement la Russie, sans parler de la Chine, mettre la main sur l'Afrique ?

Et pourquoi ne faisons-nous pas un meilleur usage du Commonwealth ? Cette entité a un potentiel incroyable, c'est une grande partie de la jeunesse et de la future croissance économique du monde. Il y a trop de personnes au sein du Foreign and Commonwealth Office qui traitent leur institution comme une honte post coloniale. J'ai apprécié le sommet, mais j'ai quitté Kigali très convaincu que l'ensemble avait besoin de plus d'élan.

Imaginez si les Français avaient une institution aussi naturellement porteuse que le Commonwealth. Pensez à ce qu'ils en feraient.

Lorsque nous nous sommes rendus au G7 au Schloss Elmau, en Bavière, je me suis retrouvé face à une nouvelle attaque de propagande russe. Olaf Scholz, le chancelier allemand, avait fait un grand pas en avant depuis les premières discussions sur l'Ukraine. Il est issu du SPD (les sociaux-démocrates), le parti de l'Ostpolitik, celui de la main tendue et de l'engagement avec la Russie. Donc au départ il montrait une certaine défiance à l'idée que des blindés allemands puissent être expédiés en Ukraine pour combattre les Russes. La vision de panzers allemands se dirigeant vers l'est... Eh bien, cette image a une connotation historique qui pèse lourd.

Au départ, les Allemands ont envoyé des choses comme des casques et un hôpital de campagne. Puis, et c'est tout à son honneur, Olaf a pris les choses en main et a renversé la situation. Désormais les Allemands expédient d'énormes quantités de matériel, des chars Leopard jusqu'aux missiles Patriot. En fait, je crois qu'ils ont dépassé le Royaume-Uni en tant que contributeurs à l'effort de guerre.

À chaque étape, cependant, nous avons tous été trop lents, trop nerveux de la réaction russe, trop inquiets à l'idée que nous pourrions « titiller l'ours » et provoquer une escalade du conflit. Au Schloss Elmau, un hôtel hyper-luxueux du type *La Mélodie du bonheur* situé dans les Alpes bavaroises, on nous a dit que Poutine « ne [devait] pas être humilié » (Macron), et qu'il y avait un risque de conflit nucléaire. Argh, ai-je dit, et je me suis impatienté.

À un moment donné, il y a eu une réunion bizarre du P3 – les trois démocraties dotées de l'arme nucléaire au sein du Conseil de sécurité de l'ONU : les États-Unis, le Royaume-Uni et la France –, pour discuter de la manière de gérer le problème des armes nucléaires. Que ferions-nous si Poutine utilisait une arme nucléaire sur le champ de bataille, pour la première fois depuis 1945 ?

Bon, ai-je dit, Poutine veut que nous parlions des armes nucléaires. Il veut présenter cette guerre comme un face-à-face entre une OTAN dotée de l'arme nucléaire et une Russie dotée de l'arme nucléaire. Il veut effrayer nos populations et nous filer la chair de poule.

En réalité, la guerre en Ukraine n'a rien à voir avec cela. Il s'agit de l'invasion brutale et criminelle d'un pays européen souverain par des moyens conventionnels, et nous devrions apporter aux Ukrainiens le soutien maximal jusqu'à ce qu'ils gagnent. J'ai suggéré qu'il y avait toutes sortes de raisons pour lesquelles Poutine n'avait aucune intention d'utiliser une arme tactique sur le champ de bataille ou tout autre type d'arme nucléaire. Il terrifierait sa propre population, qui s'attendrait à des représailles ; il perdrait le soutien de la Chine ; il ferait de son pays la brebis galeuse du monde entier, et il ne serait même pas victorieux : les Ukrainiens continueraient de se battre.

J'étais donc d'avis que nous devions laisser tomber le sujet, et c'est ce que nous avons fait.

Lors du sommet de l'OTAN à Madrid, le 29 juin, tout le monde semblait beaucoup plus confiant pour soutenir l'Ukraine et tenir tête à la Russie. Je suppose que c'est typique de l'OTAN. Elle a un effet de coagulation. En tant qu'alliance militaire la plus réussie de l'histoire, elle a une façon de faire en sorte que tout le monde se concentre sur l'ennemi commun. Et cette fois-ci, chacun des vingt-huit membres était prêt à dénoncer la Russie, et dans les termes les plus forts.

Quelques années auparavant, M. Macron avait jugé l'OTAN en état de « mort cérébrale* ». Aujourd'hui, l'alliance n'est plus seulement pleine de vie, elle est en pleine expansion, d'une manière que personne n'avait prévue. Cela prouve à quel point Poutine, par son invasion de l'Ukraine, a fait une erreur de calcul catastrophique en parvenant à annuler soixante-quinze ans de neutralité finlandaise et suédoise. Il voulait moins d'OTAN à ses frontières, il a fini par en avoir deux de plus avec l'Alliance.

Dans ces deux pays le changement d'attitude n'a pas été seulement le fait de la classe politique, mais aussi d'une demande populaire à tous les niveaux de la société. Après des décennies pendant lesquelles ils ont maintenu la pureté vertueuse de leur statut de non-alignés, deux grands pays scandinaves ont décidé qu'ils en avaient ras le bol, pour ainsi dire, de ce jeu de petits soldats. Nous voulons la sécurité qui va de pair avec la garantie de l'OTAN.

J'ai été fier du rôle qu'a joué la Grande-Bretagne dans la réalisation de ce projet. Les deux pays s'inquiétaient de la période de latence entre la demande d'adhésion à l'OTAN et l'adhésion effective. De fait, ils s'aligneraient sur l'OTAN et s'attireraient les foudres de la Russie avant d'avoir obtenu la précieuse sécurité de l'article 5, par lequel les fondateurs de l'alliance ont

* Interview donnée le 7 novembre 2019 au magazine britannique *The Economist*, et publiée le lendemain.

décrété, en 1949, qu'une attaque contre l'un était une attaque contre tous. Et si la Russie choisissait cette période de carence pour les menacer ou les intimider, voire les attaquer ?

C'était un petit risque. C'est exactement la réponse que nous avions l'habitude de faire à propos d'une invasion russe en Ukraine. Il fallait une réponse. Au Royaume-Uni, nous avons donc fait une offre formelle selon laquelle les forces britanniques leur viendraient en aide en cas d'agression. Le mois précédent, le 11 mai, je m'étais rendu en Suède et en Finlande pour signer les accords correspondants.

En Suède, la Première ministre Magdalena Andersson nous avait reçus dans son équivalent de Chequers, une propriété à la campagne nommée Harpsund. Je l'ai fait ramer sur le lac pour montrer aux photographes que nous étions tous dans le même bateau.

En Finlande, j'ai rencontré le président Sauli Niinistö dans son palais au bord de l'eau à Helsinki, pas très loin de Saint-Pétersbourg, de l'autre côté du golfe de Finlande. L'OTAN était si populaire qu'un petit groupe de manifestants pro-Johnson se trouvait à l'entrée ; ils font cruellement défaut ces jours-ci devant les grilles de Downing Street.

Les deux pays ont déposé une demande d'adhésion quelques jours après ma visite, et fin juin il était clair qu'ils allaient réussir. Les objections les plus fortes étaient formulées par les Turcs, mais j'étais assis à côté de mon ami Tayyip Erdogan pour m'assurer que ses réticences se dissipent. Le sommet s'est bien terminé et j'ai notamment annoncé que le Royaume-Uni atteindrait 2,5 %[2] de son PIB pour ses dépenses de défense d'ici à 2030 ; en effet, nous pouvons difficilement échouer si nous faisons ce qui est nécessaire pour les sous-marins, les SCAF* (Tempest), etc.

J'étais encore sous l'effet de la dopamine de ma dernière conférence de presse de l'OTAN lorsque je suis revenu dans la salle de la délégation britannique pour découvrir que Ben Gascoigne, mon secrétaire politique, voulait me parler. Il semblait qu'il y avait un autre problème à la maison. Le whip en chef adjoint, le député Chris Pincher, avait des ennuis pour avoir prétendument tripoté les fesses d'un homme au Carlton Club, alors qu'il était saoul.

J'imagine l'hilarité et le mépris du Kremlin : c'était (a) le genre de choses à quoi s'adonnaient les députés britanniques et (b) le genre de choses qui nécessitaient l'attention du Premier ministre.

* Le Système de combat aérien du futur (SCAF) est un projet européen d'un ensemble de systèmes d'armes aériens interconnectés.

« Ces députés veulent ma mort », ai-je dit à Gascoigne. À l'époque, je faisais de l'ironie.

On m'a dit qu'après avoir annoncé ma démission une semaine plus tard, le 7 juillet 2022, il y a eu un certain désarroi sur le terrain pour les Conservateurs. Certains électeurs semblaient déconcertés par ce qui s'était passé. Ils m'avaient élu à une large majorité trois ans auparavant.

Ils avaient eu de grands espoirs, et maintenant j'étais démis, sans que l'électorat ait été consulté. Pourquoi donc étais-je parti ? Quel était mon crime ?

De quoi s'agissait-il en réalité ? J'espère que le lecteur me pardonnera si j'avoue que je trouve tout cela assez douloureux à raconter, et je suis sûr qu'il existe beaucoup d'autres comptes-rendus qui ne font grâce d'aucun détail. Mais j'estime que les gens ont le droit de savoir – après tout ça – pourquoi j'ai cessé d'être Premier ministre, ou du moins ce que je pense qu'il s'est passé.

Permettez-moi d'écarter certaines causes invoquées.

Cela n'a rien à voir avec Chris Pincher, même si j'ai certainement mal géré cette affaire. Le week-end de mon retour du sommet de l'OTAN (de bien meilleure humeur), mon esprit était occupé par d'autres choses et je n'ai pas fait attention à ce qui se disait dans les médias. Pour une raison ou une autre, Downing Street avait décidé de répondre à un journaliste que je n'avais aucunement connaissance des allégations au sujet de Chris.

Ce n'était pas exact, car tout le monde savait qu'il avait la réputation de mal se comporter – parfois – quand il était ivre. Cette réputation était connue de l'ex-Première ministre, Theresa May, qui l'avait promu après qu'il eut fait l'objet de rumeurs. Je connaissais ces ouï-dire, bien sûr. « Pincher de nom, Pincher par nature » était la plaisanterie à son sujet *.

Mais d'après ce que j'avais compris auparavant, le comportement de Pincher pouvait être parfois embarrassant ou inconvenant plutôt que coercitif ou inexcusable. La réalité tragique est que, si l'on exclut du gouvernement toute personne simplement parce qu'elle a, à un moment donné, fait l'objet d'allégations de comportement inconvenant ou embarrassant, on n'aurait que très peu de députés conservateurs parmi lesquels choisir.

Ce que nous aurions dû dire, c'est que je n'étais au courant de rien – jusque-là – qui aurait pu se révéler préjudiciable à une carrière ministérielle.

* Littéralement : pinceur. Du verbe *pinch*, « pincer ».

Si j'avais agi ainsi, l'affaire était close. Ce n'était qu'un embrouillamini et, dans des circonstances normales, nous l'aurions démêlé sans encombre.

Qu'est-ce qui n'a pas fonctionné ? Pourquoi tant de mes collègues ont-ils eu des vapeurs ? Ce n'était même pas le Partygate, qui avait à ce moment-là perdu toute sa fraîcheur. Ce n'était certainement pas les sondages puisque, comme je l'ai dit, certains sondages, même au cours de ma dernière semaine, nous donnaient moins de cinq points de retard, et même moins de deux points pour l'un d'entre eux. Rien à voir avec l'énorme fossé qui s'est creusé après mon départ.

Le problème fondamental était que trop de députés conservateurs voulaient se débarrasser de moi. Certains avaient sans doute été ébranlés (inutilement, je pense) par les tempêtes de haine sur Twitter. Certains ne m'aimaient pas, pour des raisons personnelles ou parce qu'ils pensaient pouvoir faire mieux sous la direction de quelqu'un d'autre.

Un grand nombre d'entre eux, bien sûr, s'opposaient encore secrètement à moi au sujet du Brexit. Beaucoup ne s'inquiétaient pas des prochaines élections ; ou du moins ils ne s'inquiétaient pas que je puisse perdre. Ils s'inquiétaient que je puisse gagner et qu'ils n'obtiennent pas le traitement privilégié qu'ils pensaient mériter.

Ils voulaient donc le CHANGEMENT. Ils pensaient pouvoir changer de cheval sans douleur et, avec une majorité de 80 sièges et le redécoupage à venir des circonscriptions, ils pensaient pouvoir encore galoper vers la victoire. Ils avaient également un remplaçant en tête, depuis des mois, voire des années.

« Rishi me fera gagner ma circonscription », avait déclaré en janvier un jeune député prétentieux dans mon bureau au Parlement. En 2019, il avait été élu à un de ces sièges du Nord-Est qui n'avait presque jamais été tory auparavant.

Il avait poursuivi avec une condescendance grandiose qu'en ce qui le concernait, je pouvais tout aussi bien me désintégrer. J'avais bien sûr été trop poli pour lui faire part de mon désaccord, mais alors que je le regardais, je m'étais demandé…

Vraiment ? (Il a pris une raclée, évidemment.) J'aimais bien Rishi, je le considérais comme mon ami et mon coéquipier. Mais je n'avais pas sous mes yeux la preuve qu'il saurait faire face à l'ampleur de la tâche, monter une campagne de grande envergure, projeter une vision de l'avenir qui résonne vraiment auprès des électeurs. Je pensais que ce qu'il avait de mieux à faire serait de tenir bon, de nous aider à passer le cap de 2024, puis de prendre le relais en temps voulu.

Nous en avions parlé à plusieurs reprises et il m'avait assuré de son soutien total « aussi longtemps que [tu le voudras] » et il va sans dire que mon soutien à son égard était bien réel et actif. Il avait rencontré quelques difficultés en avril à propos des impôts de sa femme, et je peux vous dire que nous avions tous défendu à cor et à cri Rishi et sa famille. J'avais supposé qu'il me rendrait la pareille.

Alors, quand Sajid Javid a démissionné le mardi 5 juillet à la suite de l'affaire Pincher, je suis resté serein. J'aimais beaucoup ce vieux Saj, mais il avait beaucoup de mal à réformer le NHS et à résorber les listes d'attente, et je le soupçonnais d'être paranoïaque quant à sa position en tant que ministre de la Santé. Mais quand dans la même journée Rishi a démissionné, à 18 heures, je me suis senti triste.

Pire qu'un crime, j'ai pensé que c'était une erreur, à la fois pour Rishi et pour le parti, sans parler du pays. La suite l'a prouvé.

Alors que je lisais sa lettre de démission, avec ses phrases de plomb, j'ai murmuré (au moins intérieurement) les mots de César mourant : *kai su, teknon**. Si César avait reçu vingt-trois coups de couteau, moi, j'ai fini avec soixante-deux, en ce sens qu'un nombre impressionnant de ministres, soixante au total, ont décidé de suivre Saj et Rishi. Et si vous voulez connaître la raison officielle pour laquelle j'ai démissionné deux jours plus tard, c'est que, dans cette situation absurde, je ne me sentais vraiment pas capable d'aller voir la reine et lui dire que je ne pourrais pas nommer les meilleurs au sein du parti au pouvoir pour être ministres, et qu'il était donc temps que quelqu'un d'autre s'en occupe.

Y avait-il eu complot ? Bien sûr, dans le sens où nombre d'entre eux y travaillaient depuis des lustres, et pour certains au moment même où j'étais arrivé au pouvoir. Le complot avait-il été lui-même suffisant pour me faire tomber ?

Eh bien, je ne pense pas qu'il faille sous-estimer les nombreuses gaffes que j'ai commises. J'ai nommé trop de gens incompétents, qui se sont révélés des fous furieux. J'ai mal géré notre réponse à certaines crises.

Surtout, et en partie à cause du Covid, j'ai été loin d'avoir assez expliqué ma position aux parlementaires du parti, et d'avoir gardé à l'esprit de les maintenir dans le coup. Trop souvent je rentrais épuisé dans mon appartement de fonction, continuant de travailler tard dans la soirée, alors que j'aurais dû parler à mes collègues et les conserver de bonne humeur. C'est ma faute, et ce n'est pas la seule.

* Toi aussi, mon fils.

En y repensant, j'aurais dû davantage me protéger et protéger l'ensemble de Whitehall contre les allégations du genre de celles du Partygate. J'aurais dû expliquer à l'ensemble du staff – peut-être par une lettre – la nécessité non seulement de respecter les lois, mais aussi de montrer qu'on les respectait ; et rappeler à chacun que les gens étaient furieux et qu'ils voulaient trouver des coupables.

Après coup, j'ai compris que c'était ce qu'il fallait faire et je regrette infiniment de ne pas l'avoir fait. Si je me suis abstenu, c'est parce que j'ai supposé que ça allait de soi.

J'ai été complaisant et j'ai pensé que je pouvais charmer les gens pour qu'ils restent avec moi, alors que j'aurais dû prendre plus de temps avec eux et, si nécessaire, avoir une bonne dispute.

Je crains d'avoir été parfois arrogant. J'aurais dû me rendre compte de la différence entre la fonction de Premier ministre et celle de maire, dans la mesure où, au premier poste, on n'est pas seulement au service des électeurs mais aussi de ses collègues.

Je ne reproche pas à Rishi d'avoir voulu devenir Premier ministre de manière prématurée. En fait, je n'en veux à aucun d'eux d'avoir essayé de m'évincer. C'est ce que font les députés conservateurs, voilà tout. Comme me l'avait dit un jour Frank Johnson, c'est une bande de fauteurs de troubles. Ils ont constamment besoin d'être rassurés, et le Covid a rendu cette possibilité bien plus difficile.

Au lieu de jeter la pierre à mes collègues pour m'avoir éjecté, je devrais plutôt remercier la majorité qui est restée à mes côtés, qui a cru en moi et ce que nous faisions, et qui dans la plupart des cas y croit encore.

Ils avaient raison. C'étaient eux les héros. Nous avions un grand programme pour le pays. Dans les deux ans et demi qui nous restaient, nous aurions continué de combattre l'inflation, de la même manière que nous avions combattu le Covid. Nous aurions été en passe de réussir la révolution des infrastructures et d'aider les jeunes à devenir propriétaires d'une belle maison neuve.

Nous aurions respecté les promesses de notre programme électoral de 2019 pour la police, les médecins, les infirmières ; nous aurions continué, de manière visible, le nivellement par le haut. Et même si le processus avait été ralenti par le Covid, la route à suivre était claire.

En diminuant les impôts et en simplifiant les réglementations – grâce au Brexit –, nous aurions fait de la Grande-Bretagne le meilleur endroit au monde pour vivre, investir et fonder une famille.

Si nous étions restés unis, je n'ai aucun doute que nous aurions remporté la victoire en 2024 et que davantage de mes amis auraient désormais un siège.

Alors, que ressent-on quand on vous assassine ? Eh bien, on ne m'a jamais tiré dessus (excepté mon frère Leo avec une carabine à air comprimé), mais on m'a dit que, parfois, au début on ne sent presque pas la blessure. Néanmoins, peu de temps après, cela fait très mal, comme toutes les grandes exclusions humaines. Puis on commence à penser à l'avenir, et ça va mieux.

Chapitre 59

QUELQUES CONSEILS POUR L'AVENIR

De bonnes choses réalisées, mais encore beaucoup à faire

« Hasta, la vista, baby », ai-je lancé au speaker à la fin de la dernière session des Questions au Premier ministre. À ma grande surprise, les bancs derrière moi m'ont fait une *standing ovation*. Cela aurait presque pu me tirer les larmes, me suis-je dit, en passant pour sortir de la Chambre devant mes collègues souriants et qui m'applaudissaient, si autant d'entre eux n'avaient pas activement cherché à me démettre de mes fonctions.

Oh, c'est comme ça. C'était un geste très généreux de la part de mes amis, et dans l'ensemble j'ai pensé qu'ils avaient raison d'être fiers de ce que nous avions fait ensemble. Quelques jours plus tard, j'ai fait un discours à la Chambre pour expliquer ce que nous avions accompli en trois ans.

Je demande aux lecteurs de pardonner le ton de ce qui suit, car mes propos relèvent de l'autosatisfaction la plus débridée. Mais il y a tant de choses que nous avons réalisées ou que nous avons essayé d'entreprendre qui sont maintenant malheureusement oubliées ; et à l'époque actuelle, si on veut que ses lauriers soient redorés, mieux vaut s'en occuper soi-même.

Je leur ai rappelé que nous avions obtenu la plus large majorité conservatrice depuis 1987 et que nous avions obtenu le plus haut score électoral depuis l'écrasante victoire de Margaret Thachter en 1979. Nous avions gagné de Wrexham à Workington, de Bishop Auckland à Barrow-in-Furness.

Nous avions envoyé le grand furet bleu du conservatisme *one-nation** grimper tellement haut dans la jambe gauche du pantalon du Parti travailliste que celui-ci s'était pétrifié, en état de choc. Puis nous avions fait passer

* Expression propagée par Benjamin Disraeli, porte-parole du Parti conservateur, puis Premier ministre en 1868. Le conservatisme *one-nation* prône l'idée que les sociétés se développent de manière organique et que chacun possède des obligations envers les autres. Avec pour corollaire une obligation paternaliste des classes dirigeantes envers les autres. Ce qui entraîne la mise en place de réformes sociales.

le Brexit comme un boulet de canon alors que cela paraissait impossible au début. Et d'ailleurs, ai-je dit, avec pas moins de 48 votes en séances séparées des membres du Parlement sur le sujet, Keir Starmer, cette grosse bitte d'amarrage humaine, avait essayé encore et encore de bloquer la volonté du peuple.

C'est grâce à ce Brexit, sous sa forme et sa liberté pleine et entière, que nous avons pu homologuer un vaccin anti-Covid plus tôt que n'importe quel autre pays d'Europe. Le Brexit a contribué au déploiement du vaccin plus vite que dans tous les pays comparables – sauvant donc de nombreuses vies –, mais a aussi permis la sortie la plus rapide du confinement, et donc la reprise économique la plus véloce du G7.

Le résultat a été que, contrairement à toutes les prédictions, nous sommes sortis de la pandémie avec un taux de chômage au plus bas depuis cinquante ans ou presque[1], avec 620 000 emplois rémunérés de plus qu'avant l'arrivée du Covid et un taux de chômage des jeunes au plus bas depuis quarante-cinq ans.

Nous étions en train de remplir notre contrat vis-à-vis des millions de gens qui avaient quitté le Labour pour nous rejoindre. En augmentant le salaire minimum vital[2] dans des proportions record, en forçant les conseils d'administration à investir davantage dans leur personnel, en diminuant les impôts sur le crédit universel*, en diminuant les cotisations de Sécurité sociale, de sorte que les personnes, même dans les foyers les plus démunis, aient la satisfaction de savoir que l'essentiel de leurs revenus provenait de leur propre activité et non des allocations – comme c'était le cas sous les Travaillistes.

N'oubliez jamais, ai-je dit à la Chambre (qui, comme vous pouvez l'imaginer, manifestait bruyamment) que tout cela n'aurait pas pu avoir lieu si nous avions écouté Keir Starmer, le cône de signalisation qui ne signale rien du tout, qui voulait à chaque étape plus de confinement, plus de délais et de dépenses, et qui avait eu même l'outrecuidance crétine d'attaquer la task force Vaccins, qui a contribué à nous libérer.

En dépit des vents contraires de l'ouragan pandémique, nous nous sommes battus pour mettre en œuvre le programme de 2019. Nous étions sur la bonne voie pour recruter, comme promis, 20 000 policiers supplémentaires, dont déjà 13 500 embauchées. Nous avons retiré des milliers de couteaux des rues dans le cadre d'une nouvelle campagne d'interpellations et de fouilles au corps. Nous avons arrêté 1 500 gangs qui faisaient du trafic de

* Allocation qui permet à celui qui la reçoit d'améliorer son quotidien.

stupéfiants, de comté en comté. Nous nous étions engagés dans une grande campagne interministérielle pour rendre la Grande-Bretagne plus sûre pour les femmes et les jeunes filles, et s'assurer que les hommes responsables de viols et d'actes de violence soient réellement traduits en justice et envoyés en prison pour leurs crimes.

En à peine trois ans, nos efforts ont porté leurs fruits. En faisant confiance à la police, en lui laissant plus de liberté pour exercer ses pouvoirs et en mettant plus d'agents dans les rues, nous avons réduit de 31 % la criminalité de quartier. Ce qui à mon avis est un chiffre formidable lorsqu'on sait que celle-ci touche surtout les quartiers les plus pauvres, et que la réduction de la criminalité est la condition *sine qua non* de la croissance et de l'investissement.

Nous avions promis d'investir des milliards supplémentaires dans le NHS, et nous avons honoré cette promesse sans nul doute, et avant la crise du Covid. Oui, quels que soient les grognements défaitistes de l'opposition, nous étions partis pour construire 40 hôpitaux supplémentaires à l'aube de 2030. Nous avons recruté 10 000 infirmières de plus, rien que l'année précédente, et nous étions en passe d'atteindre notre objectif de 50 000 infirmières supplémentaires. Et, au moment où je vous parle, le NHS emploie plus de médecins et d'infirmières que jamais auparavant.

Après des décennies de tergiversations de la part de tous les partis, nous avons lancé un programme pour mettre fin au blocage des lits, une absurdité qui fait que dans n'importe quel grand hôpital britannique, un jour donné, on peut constater qu'environ 30 % des lits sont occupés par des gens qui n'ont pas besoin d'être là, mais dont les familles ne savent pas où les mettre parce qu'elles s'inquiètent des frais de leur prise en charge.

Nous nous sommes attaqués à l'aide sociale et n'avons pas craint de saisir à bras-le-corps l'épineux problème qui gratte le monde politique. Nous étions convenus que pour les personnes confrontées à des frais inattendus et catastrophiques – comme la démence, pour laquelle on ne peut raisonnablement pas s'attendre à ce que les gens les prennent en charge –, l'État interviendrait au-delà d'un plafond raisonnable de coûts. Toutes les autres personnes, en revanche, devraient être assurées par leurs soins.

Nous avons investi massivement dans les écoles, dans la rémunération des enseignants, dans le soutien scolaire. Nous ne nous sommes pas seulement attaqués à l'éternel problème des compétences après l'âge de 16 ans, grâce à la garantie LifeTime Skills*. Nous avons lancé une campagne pour

* Littéralement : des compétences pour toute la vie.

combattre la pénurie de compétences à la racine et pour insister sur le fait que 90 % des enfants de 11 ans au Royaume-Uni doivent savoir lire, écrire et compter, au lieu des 65 % actuels.

Ce n'est pas que ces 35 % d'enfants soient stupides, c'est qu'ils sont laissés-pour-compte, de manière stupide justement. J'ai rappelé à la Chambre ce qu'était le nivellement par le haut, mon credo. Nous, les conservateurs, pensons qu'il y a du génie et du talent partout, et que l'énergie et l'imagination innées sont réparties dans tous les coins du pays.

On ne peut pas en dire autant pour les perspectives d'avenir. C'est pourquoi nous devons continuer de déployer cette révolution des infrastructures, le plus grand programme d'investissement ferroviaire et routier depuis l'époque victorienne, non seulement HS2 mais aussi le Northern Powerhouse Rail, et surtout la connectivité électronique qui est désormais indispensable à l'économie moderne.

Lorsque je suis devenu Premier ministre en juillet 2019, seuls 7 % des ménages possédaient ce que l'on appelle le gigabit à haut débit. Aujourd'hui, ce chiffre s'élève à 69 % et continue d'augmenter. Et chaque jour, grâce aux efforts des programmes soutenus par le gouvernement, les vermicelles de fibre optique percent de nouveaux murs.

Nous étions en train de faire de la Grande-Bretagne une superpuissance technologique et scientifique avec 22 milliards de livres consacrés à la science, à la création d'une nouvelle Agence pour la recherche avancée et l'innovation, et littéralement à des centaines de satellites à orbite terrestre basse que j'avais achetés dans l'espoir de rivaliser avec Elon Musk, et que nous avons ensuite revendus en faisant un bénéfice. Nous avions deux nouveaux centres spatiaux, à Newquay et à Shetland, et prévoyions des lancements à partir de ces centres au cours de l'année à venir.

Le but de tous ces efforts était de poser les fondations, de fertiliser le sol, pour faire du Royaume-Uni, aux yeux du monde, le meilleur endroit pour vivre, travailler et investir.

Je m'enorgueillissais de voir que cela portait ses fruits. Nous avions des licornes technologiques, c'est-à-dire des start-up qui valent aujourd'hui plus d'un milliard de dollars, qui émergeaient tous les quinze jours ou presque, non seulement dans le triangle d'or d'Oxford-Cambridge-Londres, mais dans tout le pays. Nous venions de dépasser la Chine en tant que centre du capital-risque technologique, avec 16 milliards de livres engrangés au cours de l'année écoulée.

L'investissement dans les services publics, dans des rues sûres, dans les infrastructures était payant dans la mesure où les promoteurs ont produit un nombre record de logements. L'année dernière, il y a eu 400 000 premiers acheteurs, leur ai-je rappelé, et je me suis attardé sur le clivage entre les partis : les Conservateurs ont toujours été le parti de l'accession à la propriété, les Travaillistes celui des logements appartenant à l'État et des loyers contrôlés par le gouvernement, en dépit du fait que des gens comme Starmer habitent rituellement dans des hôtels particuliers d'Islington recouverts de stuc.

J'ai conclu en levant les yeux vers l'horizon et en expliquant comment nous avions contribué à concrétiser la vision d'une Grande-Bretagne mondialisée et à restaurer le dynamisme de notre pays sur la scène internationale. Je me permets de citer ci-dessous l'intégralité de ma péroraison qui, bien qu'elle soit inévitablement grandiloquente, donne une idée de ce que j'ai ressenti ce jour-là.

« En cette journée caniculaire, permettez-moi de rappeler à la Chambre que très peu de gouvernements dans le monde auraient pu organiser un sommet COP26 d'une telle portée. Je remercie mon très honorable ami, le député de Reading West [Alok Sharma], pour ce qu'il a fait : engager 90 % du monde à atteindre zéro émission nette d'ici à 2050 ; faire en sorte que le monde n'utilise plus de charbon ; passer des voitures à combustible fossile aux véhicules électriques ; planter des milliards d'arbres dans le monde ; et lancer l'initiative verte et propre, comme nous l'avons fait à Carbis Bay, grâce à laquelle les gouvernements du G7 vont maintenant mobiliser les milliards de milliards du secteur privé pour aider les pays en développement à utiliser les technologies propres et vertes qui offrent des avantages économiques autant qu'environnementaux.

« Je pense que les gens du monde entier peuvent voir, plus clairement que jamais, que nous avons dans ce pays – et, je pense, dans cette Chambre – une volonté renouvelée, en tant que Global Britain, de défendre la liberté et la démocratie. Notre campagne d'aide aux Ukrainiens en est la meilleure preuve.

S'il est vrai que je suis aujourd'hui plus populaire dans les rues de Kiev que je ne le suis dans celles de Kensington, c'est grâce à la vision et à l'audace de ce gouvernement, qui a été le premier d'Europe à envoyer des armes aux Ukrainiens, une décision rendue possible par un plus grand investissement dans la défense. Même si je crains que ce conflit ne continue d'être très dur, et si nos pensées et nos prières doivent continuer d'accompagner le peuple d'Ukraine, je pense vraiment qu'ils doivent gagner, et qu'ils gagneront.

Ce ne sera pas seulement d'une importance stratégique considérable, face à l'aventurisme et à l'agression de Poutine. Lorsque le peuple ukrainien aura gagné, il s'agira également d'une victoire du droit sur le non-droit et du bien sur le mal. Je pense que ce gouvernement l'a vu clairement, qu'il l'a vu dans toute son entièreté, et qu'il l'a vu plus vite que beaucoup d'autres régions du monde. C'est pourquoi j'ai confiance en ce gouvernement.

Par contre, je n'ai aucunement confiance dans les membres de l'opposition. Huit d'entre eux – je ne me lasse pas de le dire, et tout le monde doit le dire jusqu'aux élections législatives – ont voté, y compris le ministre des Affaires étrangères du Cabinet fantôme, en faveur de l'abandon de l'armement nucléaire indépendant de ce pays. Je pense qu'ils ne se seraient jamais, au grand jamais, opposés à Poutine.

La semaine dernière, j'ai pris place à bord de l'un de nos 148 avions de chasse Typhoon et j'ai survolé la mer du Nord, au-dessus du Doggerland. Les prairies inondées sont à nouveau exploitées grâce à des dizaines de gigawatts d'énergie verte et propre. Nous disposerons de 50 gigawatts d'énergie éolienne en mer d'ici à 2050, et grâce au militantisme de ce gouvernement je suis fier de dire que l'énergie éolienne en mer est désormais moins chère que l'énergie éolienne terrestre.

J'ai regardé cette forêt blanche et fantomatique de moulins maritimes, financée par des sommes toujours en progression provenant d'investisseurs internationaux, et j'ai pensé : "Voilà comment nous allons résoudre nos problèmes énergétiques ; voilà comment l'Europe devrait mettre fin à sa dépendance vis-à-vis du gaz de Poutine." Je suis fier de la manière dont nous avons répondu au défi, avec un réacteur nucléaire par an plutôt qu'un tous les dix ans. Ou zéro, comme ç'a été la politique ridicule et catastrophique du dernier gouvernement travailliste.

Le commandant d'escadre est alors intervenu et, pendant un moment merveilleux, je me suis retrouvé aux commandes du Typhoon. J'ai fait un looping, un roulis d'aileron et un tonneau, puis – j'en viens au fait, monsieur le speaker – j'ai rendu les commandes. Dans quelques semaines, c'est exactement ce que je ferai, au grand parti qui est le nôtre.

Après trois années dynamiques et exaltantes dans le cockpit, nous trouverons un nouveau leader, nous nous rassemblerons autour de lui ou d'elle dans un esprit de loyauté, et les vastes moteurs Rolls-Royce de notre message tory, de nos valeurs conservatrices rugiront : avec des services publics forts d'un côté et une économie d'entreprise dynamique de libre marché de l'autre, chacun stimulant l'autre et développant des milliards de livres d'impulsion vers l'avant. La raison pour laquelle nous continuerons de gagner est que nous sommes le seul parti qui comprenne la nécessité de ces deux éléments.

Quoi qu'il advienne de cette course [au leadership], nous continuerons de nous battre pour des impôts aussi bas que possible et une réglementation la plus légère possible. Le problème de l'opposition est qu'elle essaiera de voler avec un seul moteur, en faisant des courbettes aux barons syndicaux, en imposant sans cesse plus d'impôts et plus de dépenses, en cédant sans cesse à la tentation de nous ramener dans l'orbite de l'Union européenne, et en tournant en rond.

Certains diront, lorsque je quitterai mes fonctions, que c'est la fin du Brexit. Écoutez le silence de mort qui règne sur les bancs de l'opposition ! Le chef de l'opposition et l'État profond* l'emporteront dans le complot visant à nous réaligner sur l'Union européenne en prélude à notre éventuel retour. De ce côté-ci de l'hémicycle, nous leur prouverons qu'ils ont tort, n'est-ce pas ? [*Les députés: "Hear, hear!"*]

Certains diront que c'est la fin de notre soutien à l'Ukraine. [*Interruption.*] C'est exactement l'analyse. Apparemment les bouchons de *champanskoïé* seraient en train de sauter au Kremlin au moment même où les gauchistes d'Islington trinquent ensemble avec leur "Keir royal" préféré. Mais je ne doute pas que la personne qui prendra le relais dans quelques semaines veillera à ce que nous maintenions la coalition mondiale en faveur de nos amis ukrainiens.

Certains diront – et je crois que c'est le chef de l'opposition lui-même qui l'a déclaré – que mon départ signifie la victoire ultime du Parti travailliste. Je pense que les députés de ce côté-ci de la Chambre prouveront au chef de l'opposition qu'il a tout faux et qu'en temps voulu nous ferons entrer le très honorable et éminent député de Holborn et St Pancras dans une capsule à Newquay, que j'ai mentionné plus tôt, et nous l'enverrons en orbite, là où il doit être.

Et je dirai au très honorable député de Ross, Skye et Lochaber [Ian Blackford], qui parle au nom des nationalistes écossais, qu'il est temps pour lui de prendre sa pilule protéinée et de mettre son casque, car j'ai entendu dire que son propre parti ne tarderait pas à l'emmener dans les Shetland et à le propulser vers les cieux.

Ce gouvernement a mené certains des combats les plus difficiles de l'histoire politique moderne. Nous avons dû prendre des décisions, pour

* Appelé aussi État souterrain. Fait référence à la notion qu'il existerait un noyau de la classe dominante ou des représentants d'intérêts, qui agiraient au sein même de l'État et qui détiendraient le pouvoir décisionnel sur la société démocratique dans laquelle ils vivent.

quelques-unes les plus sombres depuis la guerre, et je crois que nous avons pris les bonnes. Au bout de trois ans, ce pays utilise visiblement sa nouvelle indépendance pour renforcer et booster son avantage naturel en tant que meilleur endroit au monde non seulement pour y vivre et investir, mais aussi pour y fonder une famille.

Avec un nouvel et incontestable esprit de leadership mondialisé, je crois que nous pouvons envisager l'avenir avec une confiance inébranlable, non seulement grâce à ce que ce gouvernement a fait, mais aussi grâce à ce qu'il fera et continuera de faire. Je recommande cette motion à la Chambre. »

Deux ans plus tard, je relis ces mots et, vous savez quoi, je n'en change pas une ligne. Et pourtant (comme les membres du Parti travailliste n'ont pas tardé à le noter), il y avait aussi quelque chose de mélancolique dans ce discours.

Tant de choses ont été accomplies, mais tant de choses n'ont été faites qu'à moitié. Nous avions le temps : il restait plus de deux ans de gouvernance. Mais je comptais sur mon successeur, quel qu'il soit, pour poursuivre la voie que j'avais tracée. Bien sûr, il était terriblement frustrant de ne pas pouvoir le faire moi-même.

Gouverner est difficile. Effectuer des changements est difficile. La plupart du temps, j'avais l'impression de tirer à moi seul un jumbo-jet sur le tarmac, avec un mors en cuir entre les dents. Je craignais qu'en l'absence d'efforts bruyants et constants vers l'avant nous allions perdre notre élan et nous vautrer.

Il est inutile de revenir sur les erreurs de mes successeurs. Liz Truss et Rishi Sunak ont tous deux de grandes qualités, et chacun a eu un peu de malchance.

Comme beaucoup d'ex-Premiers ministres, je crains qu'il m'ait été impossible de me désengager émotionnellement, et je me suis parfois arraché les cheveux devant certaines décisions.

Je vous entends d'ici demander : lesquelles, par exemple ?

Je ne voulais vraiment pas m'étendre sur le sujet, mais je pense que je dois le faire pour être complet.

Pourquoi avons-nous été si mauvais en 2024 ? C'est sans doute assez évident. Nous avons mis à la poubelle le programme sur lequel nous avions été élus et nous avons tourné le dos à de nombreuses personnes qui nous avaient portés au pouvoir. Nous avons ingénieusement réussi à nous aliéner les deux parties de la coalition qui nous avaient donné

14 millions de voix en 2019 (soit 4 millions de plus que Starmer en 2024), et 44 % des suffrages.

Entre autres choses, c'était de la folie de se servir de la conférence des Conservateurs à Manchester pour annoncer l'annulation du HS2 dans le nord du pays, et la réduction conséquente de Northern Powerhouse Rail, et bien d'autres choses encore. Quelles que soient les difficultés du HS2 (toutes les infrastructures britanniques sont infernales à construire), cette décision a envoyé le message suivant aux communautés du Nord et des Midlands : contrairement à nos promesses, nous ne sommes pas si intéressés que ça par le nivellement par le haut.

Nous n'étions pas déterminés à leur donner la même qualité d'infrastructures de transport que dans le Sud-Est ; nous ne nous intéressions pas à leurs transports en commun pour aller travailler et en revenir, et à leurs temps de trajet ; et nous ne nous intéressions pas à la croissance à long terme de l'ensemble du pays.

Pensions-nous vraiment que l'annulation du HS2 nous ferait remonter dans les sondages ? Combien de fois dois-je le répéter : on ne gagne pas une élection si l'on ne s'approprie pas l'avenir, et j'ai eu l'impression que nous annulions l'avenir.

Pour la même raison, il était dingue d'édulcorer le projet de loi sur l'urbanisme, de sorte que nous avons abordé les élections de 2024 sans grande offre de logement pour les jeunes, leur proposant seulement une lâche capitulation face aux prétendus préjugés de leurs grands-parents Nimby.

Nous avions accordé une grande importance à la décision du plan rwandais (même si Rishi s'y était opposé en tant que chancelier) mais, pour des raisons qui m'échappent, nous avons déclenché les élections avant qu'il ait eu le temps de se mettre en place. Ainsi, nous avons fortement contrarié tous ceux qui s'inquiétaient au sujet de nos frontières, et en commettant cette énorme faute directe, nous avons créé une vague de votes en faveur du parti Reform.

Dans le même temps, nous nous sommes intelligemment tiré une balle dans l'autre pied, en renonçant à la neutralité carbone et en revenant sur les engagements environnementaux que j'avais pris, ce qui a contribué à envoyer un autre groupe important d'électeurs conservateurs dans les bras des Libéraux-Démocrates (qui contrôlent maintenant l'ensemble du comté de l'Oxfordshire conservateur que je représentais autrefois).

Quelle qu'en soit la raison, nous n'avons jamais mentionné les actions valables qui ont été menées au cours de la période 2019-2022, lorsque j'étais Premier ministre. Le Brexit était tabou. Le déploiement le plus rapide d'Europe pour les vaccins n'a pas été mentionné. Nous sommes restés pratiquement silencieux sur l'Ukraine et la Russie. Les avantages et le potentiel de l'indépendance constitutionnelle ont été presque oubliés.

Au lieu de cela, nous avons eu quelques idées loufoques, telles que rendre les mathématiques obligatoires pour tous les jeunes de 18 ans, alors que nous aurions dû nous concentrer sur la maîtrise des notions arithmétiques de base à 11 ans.

Nous ne parlions plus aux gens qui nous avaient élus, nous ne semblions plus partager leurs ambitions et nous ne semblions pas offrir d'espoir ou de vision pour le pays.

Franchement, c'est ainsi que nous sommes passés de la plus grande victoire de ces quarante dernières années à la plus grande défaite des Conservateurs depuis 1821. Maintenant que j'ai enfin pu dire tout ce que j'avais sur le cœur, voici ce que nous, ou toute personne intéressée par la politique, devrions faire.

1) RÉSOUDRE LE PROBLÈME DU LOGEMENT. On ne peut pas espérer séduire la jeune génération si on n'a pas de programme pour l'aider à acquérir un logement. Nous avons construit beaucoup de logements, plus que les Travaillistes. Tout comme j'ai surpassé[3] Livingstone et Khan à Londres. Mais nous devrions faire davantage. Nous devons améliorer le système d'urbanisme et nous devons utiliser les libertés que nous donne le Brexit pour remédier aux délais et aux dépenses ahurissants nécessaires pour qu'une brique puisse être légalement posée sur une autre. Starmer a très mal commencé, semblant ignorer les opportunités de développement à Londres.

2) RÉGLER LE PROBLÈME DE L'IMMIGRATION. Les Travaillistes comme Starmer veulent revenir à la libre circulation[4] des ressortissants de l'UE ; en d'autres termes, un abandon total du contrôle. Cela ne convient pas à la Grande-Bretagne d'aujourd'hui. Le gouvernement travailliste actuel n'a aucun plan pour traiter les arrivées illégales. Le plan du Rwanda, toujours contesté, allait être difficile à mettre en œuvre, mais il reste de loin le meilleur moyen de dissuasion à long terme contre les gangs de passeurs transmanche.

3) AMÉLIORER LES COMPÉTENCES. Nous avons besoin d'une campagne nationale en faveur de la maîtrise de la lecture, de l'écriture et du calcul à l'âge de 11 ans, ainsi que d'un effort approfondi – que nous avons tenté – pour exalter les compétences pratiques et intégrer ces qualifications dans l'enseignement supérieur. Depuis des décennies, nous n'avons pas investi dans notre capital humain, si bien que les entreprises britanniques sont devenues dépendantes

de la main-d'œuvre immigrée, ce qui a eu pour effet d'augmenter la population et d'accroître la pression sur le logement et les services.

4) RÉPARER LE NHS. Avec le vieillissement de la population, les coûts de la prise en charge des personnes âgées ne sont pas maîtrisés. Nous devons réparer l'interface entre le NHS et l'aide sociale, responsable à l'heure actuelle de toutes sortes de retards, de souffrances et de dépenses. Nous devons conclure un nouveau marché avec la population. L'État interviendra pour aider les personnes confrontées aux coûts effroyables de la démence, seulement SI les gens s'assurent contre le coût général de la vieillesse. Nous devons commencer dès maintenant.

5) RÉPARER NOS INFRASTRUCTURES. Nous devons relancer la vision pour les trains à grande vitesse dans tout le pays, y compris le HS2. Nous devons trouver une solution pour les aéroports de Londres et nous avons besoin de Crossrail 2. Pour être vraiment productif, créatif et compétitif, il faut rencontrer d'autres personnes, et le télétravail ne suffit pas.

6) RÉPARER LE GOUVERNEMENT. L'État prend et dépense beaucoup trop d'argent. Il est insensé, après l'intervention massive de l'État sous l'impulsion du Covid, que les Travaillistes soient déterminés à aller plus loin, à taxer et à dépenser davantage, avec des augmentations de salaire supérieures à l'inflation et sans aucun gain de productivité. Cela empêchera l'investissement privé et étouffera l'économie. Étant donné qu'une grande partie des dépenses publiques est inévitablement consacrée aux salaires des fonctionnaires, nous devons trouver des moyens d'utiliser la technologie pour accomplir au moins une partie de leurs tâches et les aider à trouver de nouvelles carrières, sans doute mieux rémunérées, dans le secteur privé où leurs compétences font cruellement défaut.

7) RÉFORMER LE SYSTÈME FISCAL. L'un de mes plus grands regrets est que nous n'ayons pas profité du Brexit pour mettre un grand panneau « Investissez ici » au-dessus de la Grande-Bretagne, en diminuant l'impôt sur les sociétés ou en prenant d'autres mesures incitatives de ce type. Rishi et moi avions toujours eu l'intention de réduire à la fois les droits de succession et l'impôt sur le revenu à la fin de la législature, une fois que nous aurions réglé le problème de l'inflation. Il est évident que nous devons revenir, au minimum, aux taux en vigueur sous Tony Blair. Si l'on peut réduire les coûts du gouvernement, et c'est le cas, alors on peut assurément réduire la fiscalité.

8) RÉSOUDRE LE PROBLÈME DU CHANGEMENT CLIMATIQUE. Vous ne pouvez pas espérer gagner la confiance de la classe moyenne du Royaume-Uni si vous ignorez les préoccupations des gens en matière d'environnement.

Oui, bien sûr, il y a une place pour les combustibles fossiles de transition, mais la Grande-Bretagne est un leader mondial dans de nombreuses technologies vertes et le programme de neutralité carbone est déjà à l'origine de la création de dizaines de milliers d'emplois de qualité.

La réponse n'est pas d'abandonner le « net zéro » ni de s'en moquer, mais d'expliquer les difficultés et d'aller de l'avant. Contrairement à ce que croient nombre de mes amis conservateurs, le pourcentage de votants contre la neutralité carbone n'est pas suffisant. Regardez les sondages. Regardez les résultats des élections.

9) RÉPARER LE CAPITALISME. L'une des raisons pour lesquelles les gens ont voté pour le Brexit, c'est qu'ils avaient l'impression que le système ne fonctionnait pas pour eux. L'assouplissement quantitatif faisait grimper la valeur des actifs pour ceux-là mêmes qui avaient déclenché la crise de 2008 alors que la plupart des gens n'ont pas vu leurs revenus augmenter. L'écart entre les salaires des membres des conseils d'administration et ceux des employés s'est creusé. Nous ne pouvons pas rester indifférents à cette situation, c'est pourquoi nous avons commencé par une augmentation record du salaire minimum vital : la définition même du nivellement par le haut. Si nous voulons défendre notre système capitaliste, nous devons être conscients de ses failles, y compris celles des compagnies des eaux qui versent des dividendes et des salaires colossaux tout en pompant les rivières pleines d'eaux usées.

Et finalement...

10) REMÉDIER À L'OBSESSION NATIONALE DE L'AUTODÉVALORISATION. Lorsque les citoyens de ce pays ont voté pour le Brexit, ils ont fait preuve d'une fantastique confiance en eux. Ils pensaient que leur pays était tout à fait capable de s'autogérer. Ils voulaient reprendre le contrôle. Ils ont eu raison, dans le sens où notre nouvelle autonomie nationale donne déjà des résultats.

Nous utilisons les libertés offertes par le Brexit pour réglementer différemment dans tous les domaines, des vaccins à la production de vin en passant par l'attribution des créneaux dans les aéroports. Nous avons pu réduire la TVA sur tous les produits, des panneaux solaires aux tampons hygiéniques.

Nous avons pris le contrôle total de nos pêcheries et de nos eaux côtières et nous sommes en mesure de promouvoir des politiques agricoles qui répondent aux besoins des agriculteurs britanniques plutôt qu'à ceux du centre de la France. Nous avons pu stimuler la croissance régionale et le nivellement par le haut en inaugurant sept ports francs à faible fiscalité.

Nous sommes devenus le champion mondial du libre-échange, avec davantage d'accords de libre-échange que n'importe quel autre pays indépendant. Nous ouvrons des marchés aux produits britanniques dans le monde entier, nous vendons de la viande de porc au Mexique, des produits de beauté à la Chine, dans le cadre d'accords qui n'auraient pas été possibles auparavant parce que notre commerce était géré depuis Bruxelles.

Nous avons fait voler en éclats certains des mensonges les plus éhontés qui ont été colportés lors de la campagne pour le référendum de 2016. Il n'y a pas eu de pic du chômage après le Brexit, bien au contraire. Il n'y a pas eu d'effondrement des exportations ; d'ailleurs nous sommes aujourd'hui le quatrième exportateur mondial, le deuxième exportateur de services financiers, avec 200 milliards de livres par an, et le troisième pays au monde, après les États-Unis et la Chine, à disposer d'un secteur technologique d'une valeur de 1 000 milliards de dollars.

J'ai failli oublier de mentionner que, comme l'avait annoncé le grand bus rouge de la vérité, nous avons récupéré 15 milliards de livres par an pour les consacrer dans ce pays à nos propres priorités au lieu de les confier à Bruxelles pour qu'elles soient dépensées en pure perte.

Je ne veux pas être inutilement provocateur, mais autant le dire ici : jamais le Brexit ne sera annulé.

Quels que soient les sondages actuels, imaginons que les Britanniques puissent être convaincus de voter pour payer 15 milliards de livres par an (et plus) afin d'avoir le privilège d'abandonner le contrôle de leurs lois et de leurs frontières, et d'abandonner la livre sterling au profit de l'euro puisque l'adhésion à l'union monétaire est une condition de l'adhésion à l'Union européenne... Pourquoi le feraient-ils ? Pourquoi, alors que nous avons connu une croissance déjà plus rapide que la France, l'Allemagne et l'Italie depuis que nous avons quitté la période de transition ? *Amigos*, cela n'arrivera pas.

Nous pouvons aimer et soutenir nos amis de l'Union européenne de bien d'autres manières, sans rejoindre une UE dont nous n'avons jamais accepté la téléologie.

Nous avons défait nos liens et jamais plus nous ne serons tenus en laisse. Après le vote du Brexit, on a demandé à Henry Kissinger comment la Grande-Bretagne devait désormais se comporter sur la scène internationale. « [Avec] une confiance en soi suprême », a-t-il répondu, et il avait raison.

Personne ne peut sérieusement douter des fautes et des faiblesses systémiques et habituelles de ce pays. Nous les voyons tous les jours à la une des journaux, et un grand nombre d'entre elles pourraient être corrigées par certains remèdes que j'ai présentés.

Mais j'aimerais que parfois (sans abandonner notre talent pour l'autodérision) nous puissions nous souvenir de nos forces, parce qu'elles sont colossales ; et elles le seraient encore plus si elles se manifestaient, comme elles le devraient et j'espère qu'elles le feront, dans toutes les régions du Royaume-Uni.

C'est pourquoi il incombera au prochain gouvernement conservateur d'unir, de mettre fin aux querelles, de reconstruire la grande coalition de 2019 et de revenir au nivellement par le haut.

Chapitre 60

BALMORAL

Ma dernière conversation avec Sa Majesté, la reine Elizabeth II

C'était l'une de ces journées maussades dans l'Aberdeenshire, avec les feuilles qui commençaient à jaunir et la brume qui montait du large fleuve aux eaux brunes. Un cameraman vêtu d'un anorak a filmé notre entrée par les portes du château.

Comme mes treize prédécesseurs, j'étais venu passer la dernière heure de mon mandat en compagnie de la reine Elizabeth II.

Nous étions le 6 septembre 2022, plus de deux mois après ma démission et, selon notre système politique, il était convenu que je reste en place et m'occupe de la boutique pendant que le Parti conservateur s'affairait à choisir un nouveau chef.

Comme vous pouvez le deviner, l'été avait été plutôt frustrant. Shelley Williams-Walker avait vaillamment tenté de m'occuper : visite de centrales nucléaires, séances de remerciements à certains héros méconnus du gouvernement, comme le groupe d'escorte spéciale à moto : les Steve McQueen en cuir et à lunettes, qui se jettent dans la circulation avec une bravoure et une habileté étonnantes et qui aident le Premier ministre à se déplacer sans encombre.

Mais le pouvoir oublie un roi mourant. Je ne pouvais pas faire avancer les choses, pas comme je le voulais. J'étais maintenant dans l'état d'esprit de quelqu'un qui veut en finir.

Lorsque Carrie et moi sommes arrivés à Balmoral, on nous a fait entrer dans une bibliothèque où un feu était allumé. Nous avons patienté un bon moment en buvant du café. J'ai remarqué que l'humeur des courtisans dégageait quelque chose de différent. J'ai essayé de faire quelques remarques amusantes, le genre de conseils que je pourrais donner à Sa Majesté, sur la personne qu'elle pourrait appeler pour le poste de Premier ministre, ce genre de choses.

Ils ont souri. Mais ils avaient l'air fatigués. Edward Young, son secrétaire privé, a essayé de me préparer.

« Elle s'est beaucoup affaiblie au cours de l'été », a-t-il dit, puis le valet de pied a frappé à la porte et m'a fait entrer dans le salon de Sa Majesté.

« Bonjour, monsieur le Premier ministre », a dit la reine, et lorsque nous nous sommes assis l'un en face de l'autre sur les canapés bleu-vert, j'ai tout de suite compris ce qu'Edward voulait dire.

Elle était pâle, plus voûtée et elle avait des hématomes sombres sur les mains et les poignets, probablement dus à des perfusions ou à des injections. Mais son esprit – comme Edward l'avait également dit – n'était pas du tout altéré par sa maladie, et de temps en temps, au cours de notre conversation, elle affichait ce même grand sourire éclatant, d'une beauté soudaine et apaisante.

Venir voir la reine une heure par semaine et épancher son cœur était plus qu'un privilège. C'était un réconfort. Une forme de psychothérapie gratuite. C'était comme être à l'école et voir arriver une grand-mère très aimée vous faire sortir pour prendre le thé.

J'avais l'impression qu'il n'y avait rien que je ne puisse lui dire, et son génie, lorsque je lui décrivais les luttes intestines au sein du gouvernement ou les chicaneries venant de l'étranger, était d'avoir l'air à la fois compréhensive et sympathique, puis, au bon moment, d'offrir un tout petit conseil encourageant. Quelle que soit la crise que vous lui soumettiez – comme un de ses chiens qui aurait trouvé quelque chose de répugnant sur la lande et serait venu le déposer sur la moquette –, elle avait vu pire.

Un jour que je ronchonnais sur les malheurs de Covid, le bilan humain et les terribles conséquences économiques, elle m'a répondu d'un ton vif : « Je suppose que nous devrons tous repartir de zéro. »

Je me suis rendu compte qu'elle parlait avec l'expérience de quelqu'un qui avait eu Winston Churchill pour Premier ministre, et qui avait réellement servi, en uniforme, pendant la Seconde Guerre mondiale. Elle savait que son royaume était infiniment capable de rebondir et de se redresser. Nous devions juste nous ressaisir et nous atteler à la tâche.

Elle dégageait un tel sens du devoir au service de la nation, de patience et de leadership que l'on se sentait prêt à mourir pour elle si nécessaire. Cela peut sembler absurde pour certains (et totalement évident pour beaucoup d'autres), mais cette loyauté, aussi primitive qu'elle puisse paraître, est toujours au cœur de notre système.

Il faut quelqu'un de bienveillant et de sage, au-dessus de la politique, pour incarner ce qu'il y a de bien dans notre pays. Elle s'est acquittée de cette tâche avec brio.

C'est pourquoi je ne peux évidemment rien dire de ses opinions politiques, bien que certaines d'entre elles aient été assez claires. Ce que je peux révéler, c'est qu'elle avait une connaissance personnelle approfondie non seulement de l'histoire mais aussi de ceux qui font l'histoire.

Au cours de ses soixante-dix ans de règne, elle a rencontré toutes les personnes qui ont réellement bâti le monde moderne : de Charles de Gaulle à Emmanuel Macron, de Harry Truman à Joe Biden, du président Mao à Xi Jinping (dont les gardes du corps voyous, à sa grande indignation, ont un jour tenté d'infiltrer son carrosse royal).

Alors, quand j'oubliais le nom de la bataille de George II ou celui du défunt président de Zambie, elle répondait sur-le-champ : « Dettingen », ou « Kenneth Kaunda », comme si elle était la championne des quiz au pub. Parfois, elle semblait même connaître des choses avant que j'en aie été moi-même mis au courant.

C'est elle qui m'a appris qu'un avion extrêmement coûteux de la Royal Air Force, un F-35, était tombé de son porte-avions[1] dans la baille parce que quelqu'un avait oublié un couvercle en plastique sur une entrée d'air. C'était d'autant plus embarrassant de l'apprendre de la bouche de la reine.

Lors de ce dernier entretien, nous avons parlé, entre autres choses, de l'Ukraine. Je lui ai fait part de nos difficultés bien connues à persuader nos amis indiens à se montrer plus durs avec les Russes. Elle se souvenait des paroles, dans les années 1950, de l'ex-Premier ministre indien, Jawaharlal Nehru.

« Il m'a dit que l'Inde se rangerait toujours du côté de la Russie, et que certaines choses ne changent jamais. C'est ainsi. » Je cite ses propos comme une illustration de sa capacité incroyable à rassurer et à contextualiser.

Elle est décédée deux jours plus tard. Comme me l'a plus tard expliqué Edward Young, elle savait depuis l'été qu'elle n'en avait plus pour longtemps, mais elle était déterminée à tenir bon et à exécuter son dernier devoir : superviser la transition d'un gouvernement à l'autre, de manière ordonnée et dans le calme. Et, j'imagine, ajouter à son palmarès, qui bat tous les records, un autre Premier ministre sur le départ.

Elle m'a donné au moins deux conseils essentiels. Je crois que je peux vous en faire bénéficier sans contrevenir au protocole.

À la fin de cet entretien, comme le veut la tradition, on a fait entrer Carrie, et la reine a répété quelque chose qu'elle avait dit plus tôt. Elle avait été surprise par mon absence d'amertume, compte tenu de ce qui s'était passé à Westminster, mais elle approuvait mon attitude.

« L'amertume ne sert à rien », a-t-elle déclaré. Je dis : amen. Si chacun en politique – et dans l'existence – pouvait voir cela aussi clairement qu'elle, le monde serait bien, bien plus heureux.

Son deuxième conseil avait pour objet les pies, parce qu'au détour d'une de nos conversations, à Windsor cette fois-ci, j'avais avoué que je devenais parano lorsque je voyais une pie isolée. J'étais persuadé qu'elle portait malheur.

« Ah, oui », a dit la reine. Elle était totalement de mon avis. Mais elle avait un rituel apotropaïque contre le mauvais sort.

« Lorsque vous voyez une seule pie, dites seulement : bonjour, monsieur pie, aujourd'hui nous sommes le lundi 12 mars, enfin, donnez la date du jour. Cela règle le problème. »

Voilà. Au cas où quelqu'un d'autre aurait besoin du même conseil réconfortant. Voilà comment créer sa propre chance. Un sain conseil venu du saint des saints.

Postface

COMMENT FAIRE FACE À TOUT ÇA

J'espère sincèrement qu'au fil de ces pages, parfois turbulentes, je n'ai dissuadé personne d'entrer en politique. C'est une grande et noble profession. En repensant à mes trois années et des poussières au poste de Premier ministre, je suis fier des nombreuses actions que nous avons entreprises. Au cas où vous n'auriez pas bien fait attention :

Nous avons mis en déroute un Parti travailliste semi-marxiste, dont beaucoup des membres croyaient qu'ils allaient enfin arriver au pouvoir.

Nous avons rendu au Royaume-Uni son indépendance juridique et constitutionnelle.

Nous avons vacciné notre population plus rapidement qu'aucun autre pays comparable, la protégeant ainsi de cette maladie mortelle.

Nous avons aidé à défendre la liberté du peuple ukrainien. Et plus encore.

Je suis conscient que beaucoup de gens seront en désaccord, souvent de manière véhémente, avec ce bilan. Vous les verrez et les entendrez dans tous les médias quand ce livre sortira, les yeux exorbités et la voix parfois enrouée à force de crier leur fureur.

Les critiques, particulièrement celles qui sont personnelles, vous blessent durement si vous en faites les frais. C'est peut-être une conséquence des médias sociaux et des incendies soudains et haineux qui semblent embraser Internet.

Je ne suis donc peut-être pas le seul à penser que des gens de qualité sont découragés de faire de la politique, simplement parce qu'ils ne peuvent pas affronter l'agressivité.

Ai-je raison ? Feriez-vous par hasard partie de ceux-là ?

Dans ce cas, voici ce qu'il faut toujours avoir à l'esprit. Il ne s'agit pas de toi, mon gars. Il s'agit d'eux.

Il s'agit des frustrations, des souffrances, des doutes, de l'anxiété des gens qui vous ont élu pour les représenter. Il ne s'agit pas de vos rêves et de vos ambitions. Il s'agit des leurs.

Vous représentez le système. Vous représentez la loi. Vous personnifiez tout ce qui va mal dans leurs vies. Pour le meilleur et pour le pire, vous êtes l'expression de la volonté démocratique, vous prenez les décisions, vous prélevez les impôts, et par conséquent vous êtes la personne tout indiquée, à juste titre, sur laquelle crier.

Quant aux médias, ils font quelque chose d'essentiel : donner une voix à ceux qui autrement n'en auraient pas. Il ne faut donc pas se sentir blessé. Vous pouvez bien sûr prendre toutes les décisions nécessaires si la critique vous semble justifiée.

Mais cela ne doit pas vous décourager.

En contrepoint, il y a aussi l'amour, les éloges et les applaudissements en nombre, dont on vous gratifiera. Pour emprunter à Kipling, je crains qu'il ne faille considérer l'amour de la même manière que vous considérez la haine. Ce sont deux imposteurs.

Ne vous méprenez pas : tout cela n'a rien de personnel. Cela fait partie du boulot. Comme me l'a dit un jour la reine lors d'un de nos rendez-vous : « Il ne s'agit pas d'être populaire, il s'agit d'être utile. »

Je pense que dans les quinze dernières années au sommet, ou à proximité du sommet de la politique britannique, j'ai entrepris, mené ou mis en mouvement un grand nombre de chantiers qui sont utiles, de la location en libre-service de vélos jusqu'aux nouveaux réacteurs nucléaires en passant par de nouveaux ponts et de nouveaux réseaux ferroviaires. Nous avons lancé un programme de nivellement par le haut afin de libérer tout le potentiel du Royaume-Uni, et ce programme reste la meilleure voie à suivre pour l'ensemble du pays.

ANNEXES

Remerciements

J'ai été particulièrement aidé dans la rédaction de ce livre par Ross Kempsell, qui dirigeait de main de maître le Conservative Research Department, à l'époque où j'occupais le 10 Downing Street. C'est lui qui a fourni les notes en fin d'ouvrage, et si des erreurs s'y sont glissées, elles sont bien entendu de mon fait.

Je suis conscient d'avoir omis à maintes reprises de rendre hommage à toutes les personnes qui ont rendu possible une grande partie de ce que je prétends avoir accompli.

La raison en est que chaque fois que j'ai voulu le faire, j'ai constaté, une reconnaissance en entraînant inévitablement une autre, que le fil du récit devenait quelque peu encombré.

Je présente donc mes excuses à tous ceux qui auront le sentiment que leurs efforts n'ont pas été reconnus comme il se devait au fil des pages, mais voici CERTAINES des personnes à qui je serai toujours redevable.

Pour leur travail à Londres, mes remerciements vont à : Ann Sindall, mon assistante, qui a fait preuve de loyauté et de gentillesse pendant près de trente ans. Wayne Lawley, qui m'a accompagné depuis la circonscription de Henley ; Simon Milton ; Eddie Lister ; Lynton et Dawn Crosby ; Roisha Hughes ; Ben Gascoigne ; Daniel Moylan ; Guto Harri ; Isabel Dedring ; James Cleverly, responsable des services d'incendie et de secours ; Will Walden ; Munira Mirza ; Ray Lewis ; Richard Barnes ; Kulveer Ranger ; Andrew Gilligan, big boss de la petite reine ; Kit Malthouse ; Stephen Greenhalgh ; Victoria Borwick ; Bernard Hogan-Howe ; Paul Stephenson ; Peter Hendy et l'équipe de la régie TfL ; Ron Dobson ;

Veronica Wadley; Harvey McGrath; Simon Reuben, David Reuben et la famille Reuben pour le soutien héroïque de leur engagement bénévole à Londres; Daniel Ritterband, Neale Coleman, Katie Perrior, Jo Tanner; Gerard Lyons, économiste brexiter; Anthony Browne; Ian Clement; Nimco Ali; Matthew Pencharz; Lance Forman, roi du saumon; Mark Florman; Lord Marland; David Ross; Stanley Fink; Nick Candy; Clare Foges; Rachel Wolfe; Jonathan Dobson; Camilla Groom; Sara Cadisch; Amy Selman; Lizzie Noel; Richard Sharp; Anita et Poju Zabludowicz; Jim et Fitri Hay; Lakshmi et Usha Mittal; Bob Diamond; Evgueni Lebedev; Mervyn Davies pour avoir courageusement défendu le Garden Bridge; et bien d'autres encore.

J'ai eu l'immense honneur de représenter les habitants d'Uxbridge et de South Ruislip, et mes remerciements vont avant tout à Sir Ray Puddifoot et aux illustres Conservateurs réducteurs d'impôts du conseil de Hillingdon. Andrea Laybourne a fait un boulot formidable à mon bureau parlementaire. Pour leur travail inlassable dans la circonscription, je suis particulièrement reconnaissant à Catherine Rostron ainsi qu'à Alice Robinson, Alex Simpson, Richard Mark et Greg Munro.

Lorsqu'il s'est agi de voter pour le Leave en 2016, j'ai été l'un des chefs de file d'une formidable et joyeuse équipe de campagne. Merci à Matthew Elliot, Rob Oxley et toutes les personnes impliquées; et à Chris Harbone pour avoir soutenu le Brexit.

Comme je l'explique dans le texte, mon passage au Foreign et Commonwealth Office a été enrichi par les nombreux esprits brillants qu'abrite ce ministère. J'ai été particulièrement chanceux de travailler avec Martin Reynolds, Serena Stone, Nick Wareham, parmi les fonctionnaires, et je serai toujours reconnaissant à Ben Gascoigne, David Blair, rédacteur de discours et analyste de politique étrangère hors pair, David Frost et Liam Parker, notre porte-parole, qui a adroitement passé au papier de verre quelques formules malheureuses.

Je ne serais jamais devenu Premier ministre sans l'amitié et le soutien d'un très grand nombre de personnes. Ils sont trop nombreux pour que je puisse les remercier ici, mais je me dois de témoigner ma dette à:

Ben Wallace, député, la première personne à m'avoir suggéré de tenter ma chance, et qui est devenu par la suite un remarquable ministre de la Défense;

Nadine Dorries, qui a accompli un travail de premier ordre dans le domaine de la santé, puis au poste de ministre la Culture en déployant l'Internet à très haut débit, et qui m'a accompagné dès le début;

Jacob Rees-Mogg, qui a toujours fait preuve à mon égard d'une grande gentillesse personnelle et de générosité, et dont j'aurais probablement dû suivre les conseils sur l'économie plus tôt ;
Nigel Adams, qui m'a aidé à obtenir le poste et qui, ces derniers mois, a défendu notre position, comme à la bataille de Rorke's Drift ;
Ben Elliot, l'incarnation du charme et du tact, qui était chargé de la collecte de fonds et est devenu un grand président du parti ;
Anthony et Carole Bamford, pour leur soutien indéfectible dans les bons et les mauvais moments.

Je dois remercier les députés qui ont adhéré très tôt à la cause, notamment Jake Berry, Amanda Milling, Anne-Marie Trevelyan, Simon Clarke, Conor Burns, James Duddridge, Andrew Griffith, Ranil Jayawardena, Ross Thomson, John Whittingdale, Iain Duncan Smith, et d'autres collègues clairvoyants. Parmi les pairs, je me dois de citer Zac Goldsmith et Dan Hannan. Je remercie tout particulièrement Steve Barclay, qui, de manière désintéressée, a apporté son aide à Downing Street.

La victoire électorale de 2019 a été le fruit du travail de nombreuses personnes, mais je tiens à distinguer Isaac Levido, le directeur de campagne, pour sa patience et sa créativité, et l'excellent Brett O'Donnell pour la préparation de nos débats.

Pour ce qui est de mon séjour à Downing Street, il ne m'est pas possible de remercier tout le monde, mais au nombre des héros je dois citer : Eddie Lister, qui aurait dû être chef de cabinet dès l'élection ; Simone Finn, directrice de cabinet adjointe, merveilleusement loyale et grand serviteur de l'État ; Ben Gascoigne (troisième mention) ; Jack Doyle, porte-parole auprès des médias ; James Slack, à qui l'on doit le « *Slacky's sex ban* » ; Rosie Bate-Williams ; Henry Newman ; Henry Cook, inventeur de la règle des six ; Meg Powell-Chandler ; Declan Lyons ; Charlotte Owen, qui a œuvré sans relâche pour apaiser les députés de l'arrière-ban tories ; Sophia True ; Martin Reynolds, un diplomate extrêmement talentueux qui a quitté le FCO pour devenir mon chef de cabinet ; Stuart Glassborow ; Steve Higham ; Shelley Williams-Walker ; Dan Rosenfield, qui est intervenu à un moment clé ; Sam Cohen ; Sam Richards ; Allegra Stratton ; Ed Oldfield ; Will Lewis ; Peter Cratton ; Peter Cruddas ; David Frost ; Oliver Lewis ; Kate Bingham ; Paul Deighton ; Mark Sedwill ; Sarah Vaughan-Brown ; Josh Grimstone ; Ush Patel, le brillant responsable de mon agenda ; Harry Jameson, qui a tenté de me maintenir en forme ; les agents « double zéro » du service de protection rapprochée, qui font trembler nos adversaires ; Peter Wilson ; Jack Airey ; Sheridan Westlake ; Emily Maister ; Alex Hickman ; Will Gelling ; Nikki da

Costa; James Phillips; James Webb; l'équipe d'accueil de Downing Street et tous ceux qui ont permis à Dilyn de faire de l'exercice; Mark McInnes, qui a fait un travail remarquable pour préserver l'unité du Royaume-Uni; Martha Gutierrez Vetez qui a conduit notre fils Wilf à l'école; tous les fonctionnaires; Maggie Betts, Alison Kay et tout le personnel d'accueil; le personnel de la Garden Room, les équipes de la correspondance qui ont fait en sorte que tout fonctionne si bien.

Je remercie tout particulièrement le professeur John Bew, mon conseiller stratégique, ainsi que le colonel Jaimie Norman, mon conseiller militaire, de m'avoir aidé à forger la réponse ferme du Royaume-Uni à l'invasion de l'Ukraine par Poutine.

Certains ont pu avoir l'impression, à la lecture de ce récit, qu'à la fin tous les parlementaires du parti m'avaient tourné le dos. Ce n'était pas le cas. Les règles (insensées) en vigueur ont fait que j'avais simplement trop d'ennemis, mais beaucoup sont restés plus ou moins loyaux jusqu'au bout. Je tiens à les remercier aujourd'hui. Il s'agit notamment d'Adam Afriyie; Lucy Allan; Stuart Anderson; Sarah Atherton; Gareth Bacon; Shaun Bailey; Stephen Barclay; Simon Baynes; Scott Benton; Bob Blackman; Peter Bone; Ben Bradley; Paul Bristow; Sara Britcliffe; Conor Burns; Bill Cash; Maria Caulfield; Christopher Chope; Simon Clarke; Brendan Clarke-Smith; Chris Clarkson; James Cleverly; Thérèse Coffey; Robert Courts; David TC Davies; Sarah Dines; Leo Docherty; Richard Drax; James Duddridge; Mark Eastwood; Michael Ellis; Nigel Evans; David Evennett; Ben Everitt; Michael Fabricant; Nick Fletcher; Richard Fuller; Andrew Griffith; Kate Griffiths; James Grundy; Jonathan Gullis; Rebecca Harris; Trudy Harrison; John Hayes; Chris Heaton-Harris; Gordon Henderson; Darren Henry (Dép.); Antony Higginbotham; Philip Hollobone; Adam Holloway; Paul Howell; Eddie Hughes; Jane Hunt; Alister Jack; Ranil Jayawardena; Mark Jenkinson; Andrea Jenkyns; Caroline Johnson; Gareth Johnson; David Jones; Marcus Jones; Kwasi Kwarteng; Edward Leigh; Ian Levy; Brandon Lewis; Ian Liddell-Grainger; Marco Longhi; Craig Mackinlay; Cherilyn Mackrory; Kit Malthouse; Scott Mann; Julie Marson; Karl McCartney; Stephen McPartland; Mark Menzies; Amanda Milling; David Morris (Dép.); Joy Morrissey; Jill Mortimer; Wendy Morton; Holly Mumby-Croft; Sheryll Murray; Lia Nici; Matthew Offord; Priti Patel (Dép.); Mike Penning; Mark Pritchard; Tom Pursglove; Dominic Raab; Jacob Rees-Mogg; Andrew Rosindell; Dean Russell; Paul Scully; Grant Shapps; Alok Sharma; Greg Smith; Henry Smith; Royston Smith; Amanda Solloway; Mark Spencer; Alexander Stafford; Andrew Stephenson;

Jane Stevenson ; Bob Stewart ; Graham Stuart ; James Sunderland ; Kelly Tolhurst ; Justin Tomlinson ; Michael Tomlinson ; Anne-Marie Trevelyan ; Liz Truss ; Shailesh Vara ; Matt Warman ; Suzanne Webb ; Craig Whittaker ; John Whittingdale ; Nadhim Zahawi.

OK, certains d'entre eux ont parfois pu s'écarter du sujet à l'occasion, mais dans l'ensemble ils ont été solides. J'inscris ici leurs noms avec fierté.

Ce livre n'aurait pas été écrit sans la sagesse et les encouragements d'Arabella Pike chez HarperCollins et de ma merveilleuse agente, Natasha Fairweather. L'un des plaisirs que j'ai eus à l'écrire a été d'essayer de tout expliquer à un couple de Remainers déclarés et passionnés. Merci également au conseiller de la reine, Gugliemo Verdirame, qui a eu la gentillesse de lire le texte dans sa version préliminaire ; et à mon cousin Sam Blyth dans la salle à manger duquel une grande partie de ces pages ont été écrites.

Enfin, je dois remercier toute ma famille. La médaille qui fera justice à leur héroïsme et à leur patience n'a pas encore été frappée. Merci à mes frères et sœur, à ma défunte mère, à mon père et à ma belle-mère ; merci à Marina, qui m'a accompagné pendant une grande partie de ce voyage.

Merci à tous mes enfants, qui ont supporté tout cela plus ou moins stoïquement, et, par-dessus tout, merci à Carrie, mon épouse bien-aimée et ma source d'inspiration.

Brightwell-cum-Sotwell, août 2024

Notes

PREMIÈRE PARTIE
Pris au piège

Chapitre 1 : La malédiction de la femme araignée

1. Le Dr Phillip Lee, député de Bracknell, quitte les Conservateurs le 3 septembre 2019. *Phillip Lee quits Tories, leaving government without a majority* [Phillip Lee quitte les Tories, laissant le gouvernement sans majorité], *The Guardian*, 3 septembre 2019.
2. La session parlementaire avait commencé le 13 juin 2017. *Brexit impasse leads to longest UK parliament session since civil war* [L'impasse du Brexit conduit à la plus longue session du Parlement britannique depuis la première révolution anglaise], *The Guardian*, 13 mai 2019.
3. En fait, Dominic Grieve s'était déjà engagé à démissionner si je devenais chef du Parti conservateur. *Dominic Grieve: I will leave party if Boris Johnson becomes leader* [Dominic Grieve : « Je quitterai le parti si Boris Johnson en devient le chef »], *The Guardian*, 8 août 2018.
4. J'ai dû faire face aux critiques à la Chambre des communes le 25 septembre sur mon utilisation du terme « capitulation ». *MPs' fury at Boris Johnson's "dangerous language"* [La fureur des députés face au « langage dangereux » de Boris Johnson], BBC News, 25 septembre 2019.

Chapitre 2 : La coupe empoisonnée

1. *Laughing Boris is gone: Now for a serious Tory contender [Boris l'amuseur est parti : place à un candidat sérieux pour les Tories]*, Michael Portillo, *The Sunday Times*, 21 novembre 2004.
2. Les résultats donnés pour le référendum sur l'Union européenne sont publiés par la BBC. Voir *EU referendum: Welsh voters back Brexit*, BBC News, 24 juin 2016.
3. Osborne déclara qu'un budget d'urgence était nécessaire pour traiter le « "trou noir" de 30 milliards de livres » si le Royaume-Uni votait pour quitter l'Union européenne. *EU referendum: Osborne warns of Brexit budget cuts [Référendum sur l'UE : Osborne met en garde contre les coupes budgétaires liées au Brexit]*, BBC News, 5 juin 2016.
4. Tous les résultats des élections locales de mai 2019 sont publiés par la bibliothèque de la Chambre des communes (2019). Tous les résultats pour les élections pour le Parlement européen sont publiés par BBC News, 27 mai 2019.
5. Lire par exemple *Elitist Britain 2019: The Educational Backgrounds of Britain's Leading People*, Sutton Trust (2019).
6. Comme l'a constaté le Pr Michael Parkinson : « Les villes secondaires britanniques sont loin derrière leurs homologues européennes – de Munich et Amsterdam à Lyon, Barcelone, Milan et Copenhague. L'étude la plus complète et la plus à jour de la preuve internationale des performances selon les villes est celle de l'OCDE de 2020. Ce rapport conclut que la valeur ajoutée brute par habitant dans les grandes villes du Royaume-Uni représente seulement 86 % de la moyenne nationale en 2016 : c'est un écart de 14 %, le plus important en termes de productivité intérieure, au sein des plus importants pays de l'OCDE. Et l'écart de productivité entre les villes secondaires au Royaume-Uni et ailleurs est encore plus important. La productivité par personne était 30 % plus élevée en Australie et en Allemagne, 26 % aux Pays-Bas, 22 % en France et 17 % en Italie qu'en Grande-Bretagne. » *The Conversation*, 15 mars 2022.
7. Pour plus d'informations sur le sujet, lire par exemple *Unleashing the Potential of the UK's Cities: Report of the UK's Urban Futures Commission*, Royal Society of Arts, septembre 2023.

Chapitre 3 : Le syndrome d'enfermement

1. L'effondrement partiel et soudain de la digue de Whaley Bridge avait engendré la peur d'une catastrophe générale. *Whaley Bridge dam collapse : Evacuation over Toddbrook Reservoir fears* [Effondrement du barrage de Whaley Bridge : Évacuation en raison des craintes suscitées par le réservoir de Toddbrook] BBC News, 1er août 2019.
2. *Fluchtlingskrise : AngelaMerkel will "Wir schaffen das" nicht wiederholen* [Crise des réfugiés : Angela Merkel ne veut pas répéter "Nous y arriverons" »], WiWo.de, 17 septembre 2016.
3. Discours du Premier ministre à Florence : *A new era of cooperation and partnership between the UK and the EU* [Une nouvelle ère de coopération et de partenariat entre le Royaume-Uni et l'UE], 22 septembre 2017.
4. Les eurosceptiques font fréquemment référence à la loi comme étant « la loi de capitulation ».

Chapitre 4 : Plus Hulk est en colère...

1. Vingt et un rebelles en tout se sont vu retirer le whip conservateur.
2. Lorsqu'on m'a demandé de commenter la démission de mon frère, j'ai déclaré : « Écoutez, les gens ont des opinions qui divergent au sujet de l'UE. La manière d'unir le pays, je le crains, c'est de faire aboutir cette chose. C'est la réalité ». *Jo Johnson quits as MP and minister, citing "national interest"* [Jo Johnson quitte ses fonctions de député et de ministre en invoquant « l'intérêt national »], *The Guardian*, 5 septembre 2019.
3. Peter Brooke, l'ancien secrétaire d'État pour l'Irlande du Nord, a prononcé cette phrase dans un discours à Londres le 9 novembre 1990.
4. La Chambre des communes s'est réunie le samedi 3 avril 1982.
5. *Jeremy Corbyn doesn't need to win to become PM* [Jeremy Corbyn n'a pas besoin de gagner pour devenir Premier ministre], *The Times*, 5 novembre 2019 ; *"Remain alliance" involving Labour could cost Conservatives up to 50 seats, analysis finds* [L'alliance Remain comprenant les Travaillistes pourrait coûter jusqu'à 50 sièges aux Conservateurs, selon une analyse], *The Independent*, 29 août 2019.

Chapitre 5 : Tremblement de terre

1. Jon Ashworth a continué : « Il est clair que [Johnson] n'en avait rien à faire. »
2. Il s'agissait de Tim Farron.

DEUXIÈME PARTIE
Londres

Chapitre 6 : La plus grande ville sur Terre

1. À propos de la mise en circulation du « bus articulé », Ken Livingstone a déclaré : « Comme pour les bus sur le continent, toutes les portes peuvent être utilisées pour monter ou descendre, ce qui permet à tout le monde de voyager sans problème, confortablement et en toute sécurité. »
2. Au sujet de l'IRA, Ken Livingstone a déclaré : « C'est ainsi que les membres de l'IRA se voyaient. Ils étaient prêts à mourir – dix d'entre eux sont morts après avoir fait la grève de la faim. Ce n'est pas ce que font les criminels ou le parrain d'une mafia ; ils sont convaincus de se battre pour la liberté de leur pays et il faut traiter avec eux sur cette base. » *The Guardian*, 12 avril 2000.
3. *Population changes over the decades* [Les changements de population sur des décennies], Trust forLondon : trustforlondon.org.uk/data/population-over-time/.
4. En avril 2008, j'ai déclaré : « Aucun candidat n'a le droit de supposer qu'une communauté votera automatiquement pour lui, chaque vote doit être mérité. Le maire travailliste actuel est à court d'idées et s'est concentré sur une politique de division plutôt que d'unité. »

Chapitre 7 : Crise à Londres

1. *Time Magazine* du 20 octobre 2008.

Chapitre 8 : Le culte du couteau

1. Selon l'*Evening Standard* du 13 avril 2012 : « Le fléau de la criminalité à l'arme blanche qui frappe la Grande-Bretagne a atteint de nouveaux sommets avec six meurtres dans le pays en moins de vingt-quatre heures. » *Six stabbed to death in just 24 hours as Blade Britain's knife epidemic spirals out of control.*
2. Le rapport, publié en novembre 2008, était sous-titré : « Équiper les jeunes pour l'avenir et prévenir la violence – propositions du maire et appel aux partenariats. »
3. En mai 2009, il est apparu que la MET procédait à Londres à des interpellations avec contrôle d'identité et fouille au corps toutes les trois minutes.

Chapitre 9 : La révolution cycliste

1. Ce rapport a été publié en novembre 1963.
2. Selon Reuters : « Un nouveau rétroviseur routier, conçu pour réduire les accidents impliquant des camions et des cyclistes, est en cours d'installation à Londres dans le cadre d'une initiative majeure en matière de sécurité. » Reuters, 6 juillet 2010.
3. J'ai écrit en mars 2016 dans mon avant-propos au rapport du City Hall intitulé *Human Streets: The Mayor's Vision for Cycling Three Years On* [Des rues humaines : la vision du maire pour le vélo trois ans après] : « Il y a exactement trois ans, j'ai dévoilé comment j'envisageais de rendre le vélo à Londres plus sûr, plus populaire et plus répandu. Mon plus grand regret en tant que maire est de ne pas l'avoir fait plus tôt. À l'époque, nos premières voies peintes [en bleu] étaient révolutionnaires. Mais sachant ce que je sais aujourd'hui, nous aurions mis en place nos nouvelles pistes cyclables séparées du reste de la circulation dès le début. »

Chapitre 10 : Hop ! Et hop !

1. Le *Daily Mail* a écrit : « Ils sont de retour ? Enfin, presque. Une version XXIe siècle du vieux bus Hop ! Et hop ! a été révélée hier. Le successeur

du London Routemaster, retiré en 2005 de tous les trajets à l'exception de quelques itinéraires touristiques, entrera en service le 20 février. » *MailOnline*, 17 décembre 2011.

Chapitre 11 : Londres brûle

1. House of Reeves, un magasin de mobilier emblématique de Croydon, a été fondé en 1867, peu après la fin de la guerre de Crimée.
2. Selon *Time Magazine* : « On n'a pas vu autant d'incendies faire rage simultanément dans Londres avec autant d'intensité depuis le blitz de la Seconde Guerre mondiale. » *Time Magazine*, 9 août 2011.
3. Richard Mannington Bowes est mort à la suite de blessures à la tête reçues lors d'une agression à Ealing, alors qu'il cherchait à éteindre un feu pendant les émeutes.

Chapitre 12 : Un été à nul autre pareil

1. Le *New York Times* a écrit : « Il provoquerait, a-t-on dit, des crises d'épilepsie. Quelqu'un l'a comparé à un svastika brisé ou à "une espèce de relation sexuelle comique entre les Simpson". Ça n'a pas fait rire le maire. » *The New York Times*, 7 juin 2007.
2. *London 2012: G4S "only knew eight days ago" of shortage* [Londres 2012 : G4S "n'a été informé qu'il y a huit jours" de la crise], BBC News, 14 juillet 2012.

Chapitre 14 : La COP fait flop à Copenhague

1. David Brown, l'un des responsables de TfL, a déclaré à la BBC : « Nous n'avons pas connu de telles conditions depuis plus de vingt ans. Nous étions préparés, au sens où tous nos plans de lutte contre le froid dans le métro ont été mis en place. Mais je crois en fait que le volume de neige tombé au milieu de la nuit nous a posé de grandes difficultés. »
2. La mairie a payé un tiers des 60 millions de livres du programme et le Premier ministre, Gordon Brown, s'est engagé à financer le reste.

3. Le média *Business Green* a rapporté que Geely investissait 250 millions de livres dans une nouvelle usine à Coventry, avec mille emplois à la clé, *Electric Black Cabs to be built in Coventry*, Business Green (https://www.businessgreen.com.), 26 mars 2015.

Chapitre 15 : Des solutions plus radicales

1. Julian Huppert, le député libéral-démocrate, a déclaré : « Pas plus tard que le mois dernier, la Royal Navy a été obligée de détruire une mine datant de la guerre retrouvée dans l'estuaire de la Tamise, en raison du "risque important pour la sécurité publique". Si ce cargo était mis à mal par des travaux de construction l'explosion serait deux mille fois plus puissante, elle détruirait toutes les fenêtres à Sheerness et créerait une vague de cinq mètres aux portes de la capitale. La dernière fois que nous avons essayé de déplacer une épave du même genre, elle a explosé. » BBC News, 30 mai 2012.
2. J'ai été élu député d'Uxbridge et South Ruislip le 7 mai 2015 avec 50,2 % des suffrages et 10 695 votes.

TROISIÈME PARTIE
Confessions d'un eurosceptique

Chapitre 16 : Chips saveur cocktail de crevettes

1. D'après les autorités de la République fédérale d'Allemagne : « Le Forum démocrate hongrois et l'Union paneuropéenne ont lancé une invitation à un "Pique-nique paneuropéen". Ils voulaient manifester en faveur de l'ouverture des frontières et d'une Europe réunifiée. » https://www.bundesregierung.de/breg-en/service/archive/-pan-european-picnic, 19 août 1989.

Chapitre 17 : Le choix du Leave

1. Selon la mairie : « La majeure partie du coût de la construction a été couverte par le contrat de sponsoring avec Emirates. La Commission

européenne a également approuvé la demande de la régie TfL pour 8 millions de livres au titre du programme du Fonds européen de développement régional (FEDER) de Londres, qui financera une grande partie du reste. »

2. Le 14 juin 2016, Bloomberg rapportait : « Si les sondages montrent que le vote sur le Brexit au Royaume-Uni va se jouer sur le fil du rasoir, les bookmakers restent assez confiants quant au maintien du pays dans l'Union européenne. »
3. Il a été publié le 16 mars 2016 sur le site web du *Daily Telegraph* sous le titre : *Boris Johnson exclusive: There is only one way to get the change we want – vote to leave the EU* [Boris Johnson en exclusivité : Il n'y a qu'un seul moyen d'obtenir le changement que nous voulons : voter pour quitter l'UE].
4. Selon *The Oxford Encyclopaedia of Rhetoric*, la *suasoria* et la *controversia* sont des « exercices de composition et de déclamation de discours sur un thème donné ».

Chapitre 18 : Dans mon bus

1. Obama a déclaré : « Le Royaume-Uni donne le meilleur de lui-même lorsqu'il contribue à diriger une Union européenne forte. Le fait de faire partie de l'UE accroît la puissance du Royaume-Uni. Je ne pense pas que l'UE modère l'influence britannique dans le monde, elle l'amplifie. L'Amérique souhaite que l'influence de la Grande-Bretagne grandisse, y compris au sein de l'Europe. »
2. Le document a été publié en mai 2016 par les services d'Osborne sous le titre « HM Treasury analysis: The immediate economic impact of leaving the EU » [Analyse du Trésor de Sa Majesté : L'impact économique immédiat de la sortie de l'UE].
3. Par la suite, la distribution de ce document a été critiquée comme constituant un avantage indu accordé au camp du Remain ; par exemple par la Commission indépendante sur les référendums de l'University College de Londres (UCL).
4. Dans son jugement sur l'affaire HP Bulmer Ltd et autre contre J Bollinger SA et autres – [1974] 2 All ER 1226 à 1232-3, Lord Denning a écrit : « Mais lorsque nous en venons à des questions comportant un élément européen, le traité est pareil à une marée montante. Il envahit les estuaires et remonte les rivières. On ne peut pas le contenir. »

5. Quand on lui a demandé si j'étais en mesure de diriger le Parti conservateur, Lord Heseltine a déclaré à la BBC: « J'en serais très surpris... Je pense que chaque fois qu'il fait une de ces étonnantes déclarations, les membres du Parti conservateur se demandent s'il a la faculté de jugement nécessaire pour ce rôle. » BBC Radio 4, émission *Today.*
6. Texte tiré du RÈGLEMENT D'EXÉCUTION (UE) N° 1333/2011 du 19 décembre 2011, fixant des normes de commercialisation pour les bananes, des dispositions relatives au contrôle du respect de ces normes de commercialisation et des exigences relatives aux communications dans le secteur de la banane.

Chapitre 19 : Triomphe et désastre

1. Major a déclaré à l'émission *The Andrew Marr Show* : « Le NHS est à peu près aussi en sécurité avec eux qu'un hamster apprivoisé le serait avec un python affamé. »
2. Farage a déclaré : « [Il] semble que le Remain va l'emporter de justesse » pendant la nuit.
3. Vers tirés du poème de Chesterton, « The Secret People » (1907).

QUATRIÈME PARTIE
Global Britain

Chapitre 21 : Brexit in America

1. Lors de la Boston Tea Party, des colons américains ont jeté 340 caisses de thé de la Compagnie des Indes orientales dans le port de Boston.
2. Selon *Le Monde* du 5 septembre 2023, sur son site Internet (https://www.lemonde.fr/) : « En 2008, la zone euro et les États-Unis avaient un produit intérieur brut (PIB) à prix courants équivalent de 14 200 milliards et 14 800 milliards de dollars respectivement (13 082 milliards et 13 635 milliards d'euros) Quinze ans après, celui des Européens est à peine au-dessus de 15 000 milliards de dollars, tandis que celui des États-Unis s'est envolé à 26 900 milliards. »
3. Comme l'a formulé le Centre européen d'économie politique internationale (ECIPE) : « L'économie américaine a clairement surpassé celle de

l'UE. Cette disparité des résultats économiques s'est maintenue sur une longue période et, grâce à la puissance des intérêts composés, a abouti à un écart de 82 % du PIB par habitant en faveur des États-Unis en 2021. » ECIPE, juillet 2023.

4. Blair s'est exprimé en avril 1999 au Chicago Economic Club : « Nous sommes tous internationaux à présent, que cela nous plaise ou non… Nous ne pouvons pas tourner le dos aux conflits et aux violations des droits de l'homme dans d'autres pays si nous voulons préserver notre sécurité. »

Chapitre 22 : La Grande-Bretagne à l'étranger

1. Dans son ouvrage *All the Countries We've Ever Invaded: And the Few We Never Got Round To* [Tous les pays que nous avons envahis : et les quelques-uns que nous n'avons jamais eu le temps de faire], l'historien Stuart Laycock constate dans une enquête portant sur deux cents pays du monde que la Grande-Bretagne a envahi tous ces pays sauf vingt-deux.

Chapitre 23 : Chaos en Mésopotamie

1. Pour les chiffres, regarder par exemple, le site web Iraq Body Count, qui revendique de gérer « la plus grande base de données publiques au monde sur les morts civiles violentes depuis l'invasion de 2003 ».
2. Selon le site de la BBC (18 mars 2016) : « Les composants du canon Big Babylon ont été fabriqués en Grande-Bretagne […] Les énormes tuyaux d'acier exposés à Fort Nelson ont été fabriqués au Royaume-Uni par Sheffield Forgemasters, réputé pour sa production d'acier de haute qualité. »
3. Voir l'article de l'*Independent* : *The arms for Iraq scandal: Firm claims pounds 4m from taxpayer to cover Saddam bill* [Le scandale des armes pour l'Irak : une entreprise réclame 4 millions de livres aux contribuables pour couvrir la facture de Saddam], *The Independent*, 12 décembre 1992.

Chapitre 24 : Tuer Kadhafi

1. Comme l'a rapporté *The Guardian* du 25 mars 2004 : « Tony Blair a serré aujourd'hui la main du colonel Mouammar Kadhafi, mettant symboliquement fin à trois décennies d'isolement de la Libye par les pays occidentaux [...] M. Blair a rencontré le dirigeant libyen dans une tente bédouine installée sur des terres agricoles près de la capitale libyenne, Tripoli, pour des entretiens historiques. Le colonel Kadhafi lui a dit : « Vous avez l'air en forme, vous êtes encore jeune. »
2. Le président américain Barack Obama a déclaré que cette décision était une « erreur », et les familles des victimes ont réagi avec fureur.
3. Comme l'indique un communiqué de l'OTAN de l'époque : « Nous avons appris par la suite de plusieurs renseignements d'origine sources ouvertes et des services de renseignement alliés que Kadhafi se trouvait dans le convoi et que la frappe a probablement contribué à sa capture. »

Chapitre 26 : Gøing Gløbal

1. Le *Guardian* du 2 décembre 2016 a publié un portrait à son sujet : « [Le nouveau président de la Gambie, Adama Barrow] est fier d'avoir travaillé comme agent de sécurité dans un magasin Argos à Holloway Road, dans le nord de Londres. »
2. « Les vacanciers britanniques pourraient bientôt retourner à Charm el-Cheikh après que le gouvernement britannique a levé les restrictions sur les vols vers la station balnéaire égyptienne. » *The Guardian*, 22 octobre 2019.

Chapitre 27 : Vendre deux fois le même chameau

1. Boris Johnson, *My vision for Middle East Peace between Israel and a new Palestinian state* [Ma vision pour la paix au Moyen-Orient entre Israël et un nouvel État palestinien], *The Telegraph*, 29 octobre 2017.

Chapitre 28 : Libérer Nazanin

1. Selon un reportage de la BBC du 6 novembre 2017 : « Une fondation humanitaire craint qu'une Anglo-Iranienne détenue en Iran ne voie sa peine de prison doublée à la suite de remarques faites par le ministre des Affaires étrangères. Boris Johnson a déclaré à une commission de la Chambre des communes que Nazanin Zaghari-Ratcliffe, arrêtée à l'aéroport de Téhéran en 2016, "enseignait le journalisme". La Thomson Reuters Foundation affirme qu'elle était allée rendre visite à sa famille et a exhorté M. Johnson à rectifier cette "grave erreur". »
2. Une déclaration de Monique Villa, directrice générale de la Thomson Reuters Foundation, publiée le 6 novembre 2017, disait : « Je vois une corrélation directe entre cette affirmation de Boris Johnson, lequel a condamné à juste titre le traitement que Nazanin a subi en Iran, et le fait que Nazanin ait été amenée de nouveau au tribunal le samedi 4 novembre et accusée de "diffuser de la propagande hostile au régime". »
3. Corbyn a déclaré : « Nous avons supporté assez longtemps que Johnson embarrasse et sape notre pays par son incompétence et ses opinions coloniales rétrogrades, et qu'il mette nos citoyens en danger ». *The Guardian*, 11 novembre 2017.
4. Comme l'a écrit *The Week* le 18 novembre 2021 : « La solution est simple : les ministres pourraient régler la dette de quelque 400 millions de livres du Royaume-Uni à l'Iran. En 1971, le Royaume-Uni a accepté de vendre 1 500 chars aux Iraniens. Après la chute du shah en 1979, cependant, "nous avons refusé de livrer les chars mais nous avons gardé l'argent" – un sujet de litige depuis lors. »

Chapitre 29 : Poutine l'empoisonneur

1. Dans l'interview accordée à la télévision nationale russe, Bochirov a affirmé : « Il y a une célèbre cathédrale là-bas, la cathédrale de Salisbury… Elle n'est pas seulement célèbre en Europe mais dans le monde entier, je crois. Elle est célèbre pour sa flèche de 123 mètres, elle est célèbre pour son horloge, la première horloge fabriquée au monde qui fonctionne encore. »
2. « Plus de vingt alliés occidentaux ont ordonné l'expulsion de dizaines de diplomates russes en réaction à l'empoisonnement à l'agent

neurotoxique au Royaume-Uni, dans une manifestation de solidarité qui constitue le plus fort coup concerté porté aux réseaux de renseignement russes en Occident depuis la guerre froide. » *The Guardian*, 27 mars 2018.

Chapitre 30 : Patine sur l'Ère dorée

1. Du 20 au 23 octobre 2015, le Royaume-Uni a accueilli le président Xi Jinping à Londres pour la première visite d'État de la Chine depuis dix ans.
2. Lors d'une conférence de presse conjointe avec George Osborne à l'université de Pékin en octobre 2013, j'ai déclaré : « Je suis ici pour faire savoir aux étudiants que, s'ils ont envie d'étudier à l'étranger, les établissements d'enseignement supérieur de Londres, de renommée mondiale, les accueilleront à bras ouverts. »
3. Selon un reportage de la BBC du 2 février 2015 : « Il existe une blessure historique profonde, jamais cicatrisée, dans les relations entre le Royaume-Uni et la Chine – une blessure dont la plupart des Britanniques ne savent rien, mais qui cause une grande souffrance en Chine. Elle a été provoquée par la destruction en 1860 du plus beau palais du pays. Certains y voient un mémorial pour la Chine – un endroit qui raconte l'histoire d'un anéantissement culturel, que tous les Chinois connaissent, mais presque personne en dehors de ce pays. »
4. On a pu lire dans la presse : « Le ministre britannique des Affaires étrangères, Boris Johnson, s'est vu empêcher de réciter un poème "inapproprié" de l'ère coloniale, de Rudyard Kipling, par l'ambassadeur britannique au Myanmar, lors d'une visite officielle là-bas, au mois de janvier, comme le montre une séquence présentée à l'antenne pour la première fois dimanche. »

Chapitre 31 : Apprenez à lire aux filles

1. Selon un article paru dans le *Guardian* du 11 avril 2024 : « Dix ans plus tard, un certain nombre des jeunes filles enlevées, qui sont aujourd'hui des femmes, ont été libérées ou ont réussi à s'évader, mais une centaine d'entre elles sont encore portées disparues. »

2. Selon une enquête commanditée par l'ONU et publiée le 15 octobre 2020, « en 2006, le taux de littératie parmi les femmes adultes de Somalie était estimé à 26 %, contre 19 % en 2001. Pendant la même période, le taux de littératie parmi les hommes était de 36 % contre 25 % en 2001, ce taux étant de 31 % pour l'ensemble des hommes et des femmes. »
3. J'ai lancé la Plateforme pour l'éducation des filles à une réception à laquelle ont assisté Meghan Markle et le prince Harry, le 20 avril 2018.

CINQUIÈME PARTIE
Une période critique

Chapitre 32 : La voie de la servitude

1. J'ai déclaré à la conférence Med 2 de Rome en décembre 2016 : « Certains hommes politiques déforment et malmènent la religion et différentes tendances d'une même religion pour servir leurs propres objectifs politiques. C'est un des plus grands problèmes politiques de toute la région. Et à mes yeux, la tragédie – et la raison pour laquelle tant de guerres par procuration se mènent constamment dans cette zone – est qu'il n'existe pas de leadership suffisamment fort dans les pays eux-mêmes. »
2. « Boris Johnson aurait ouvertement contesté la décision de Theresa May de réduire l'utilisation des pouvoirs de contrôle et de fouille lors d'un échange houleux au sein du cabinet en début de semaine », PoliticsHome, 22 mars 2018.
3. Dans un discours prononcé le 17 janvier 2017 à Lancaster House, Theresa May a défini « 12 priorités » pour négocier la sortie de la Grande-Bretagne de l'UE.

Chapitre 33 : Échec à Chequers

1. Lors d'un échange (le 2 juin 2017), l'intervieweur est intervenu : « Boris, juste un instant. Je vous en prie, juste un peu de calme. » J'ai riposté, en désignant Ian Lavery : « Il vient de me crier dans l'oreille ! » Plus tard, on peut me voir debout si près de Lavery que c'en était gênant, conduisant celui qui était alors président du Labour à me dire : « Vous permettez ? Faut-il vraiment que vous soyez aussi désagréable ? »

SIXIÈME PARTIE

Un grand projet pour la Grande-Bretagne

Chapitre 34 : La révolution des infrastructures

1. M'engageant pour l'augmentation des dépenses d'éducation, j'ai déclaré : « L'effet n'est pas seulement – je l'espère – d'accorder une augmentation à tous les établissements, primaires et secondaires, mais de veiller à ce que les écoles qu'on a laissé prendre le plus de retard obtiennent la plus grosse augmentation. Je ne vois rien de plus fondamental pour la société que les dépenses pour l'éducation. »
2. Avant le budget 2020, Sajid Javid m'a déclaré : « Il y aura une révolution des infrastructures dans notre grand pays. »
3. Mon administration a publié l'Union Connectivity Review [Analyse de connectivité de l'Union] en novembre 2021. Une étude de faisabilité – « Un lien fixe entre la Grande-Bretagne et l'Irlande du Nord : faisabilité technique » – a estimé que « les défis physiques de la mer d'Irlande et de la Manche du Nord ne doivent pas être sous-estimés. L'option du tunnel et celle du pont sont techniquement réalisables sur le plan de la construction, mais il s'agirait du plus long tunnel sous-marin ou de la plus longue travée de pont jamais construits. Une combinaison de tunnels et de ponts intégrant des îles artificielles comme celle qu'ont employée la Scandinavie et la Chine n'est pas possible en raison de la grande profondeur de la mer d'Irlande et d'autres facteurs contraignants. Il convient aussi de noter que les infrastructures routières et ferroviaires nécessaires pour relier le système de traversée fixe aux principaux réseaux de transport d'Irlande du Nord et de Grande-Bretagne constituent en soi des travaux de construction majeurs. »
4. Le gouvernement a déclaré à l'époque : « Le Royaume-Uni a réduit ses émissions de 43 % depuis 1990 tout en réalisant une croissance économique de plus des deux tiers – le meilleur résultat de tous les pays du G7. »
5. Le *Sun* du 29 janvier 2020 a publié le contenu d'une note que le chancelier Sajid Javid et moi-même avions adressée aux ministres : « Nous avons été élus avec le mandat budgétaire clair de garder le contrôle des dépenses quotidiennes. Il faudra donc que tout le gouvernement fasse des économies afin de dégager des fonds à investir dans nos priorités. »

6. L'*Evening Standard* rapportait – non sans prescience – en 2012 : « Le maire a l'intention de procéder à des coupes de 5 milliards de livres sur neuf ans grâce à une réduction des coûts de "back-office" [les services d'appui], à une restructuration et à un travail plus efficace [...] Des sources proches du maire affirment que les prétendues tensions entre David Cameron, M. Osborne et lui sont exagérées, suggérant qu'il dispose d'une marge de manœuvre spéciale pour s'écarter de la ligne du parti afin de défendre les intérêts de Londres. Mais certains membres de l'équipe dirigeante s'inquiètent des futures ambitions de M. Johnson. »

Chapitre 35 : Cauchemar zoonotique

1. Mon discours à la nation a été diffusé le 23 mars 2020.
2. Selon un reportage de la BBC, « Edwina Currie, ministre de la Santé, a provoqué l'indignation en affirmant que l'essentiel de la production d'œufs de Grande-Bretagne [était] infectée par la salmonelle ».
3. Comme l'a expliqué plus tard le *Daily Telegraph* : « En décembre 1984, la vache numéro 133 est tombée malade à la ferme de Pitsham, près de Midhurst, West Sussex. Elle avait du mal à tenir debout, tremblait, manquait d'appétit et manifestait un comportement erratique. À sa mort en 1985, des analyses de laboratoire réalisées sur son cerveau ont mis en évidence le modèle typique de l'ESB. Mais le ministère de l'Agriculture n'a admis que c'était bien le premier cas connu de la maladie de la vache folle que presque deux ans plus tard, lorsque d'autres cas sont apparus. »

Chapitre 36 : Comment la crise a commencé

1. Selon le *Daily Telegraph* du 27 janvier 2020 : « La Grande-Bretagne mettra en quarantaine les gens débarquant par avion de Chine, car on s'inquiète de l'absence de contrôles effectués sur environ 1 500 personnes arrivées au Royaume-Uni depuis le début de l'année. Matt Hancock, le ministre de la Santé, préconise une méthode "ceinture et bretelles" à l'égard du coronavirus, car on redoute que le virus soit bien plus contagieux qu'on ne le pensait. »

2. Dans un article du 31 janvier 2020, le *Daily Mail* écrit : « Boris Johnson a déclaré aujourd'hui que ce serait "à plein régime" après le Brexit, en rassemblant son Cabinet à Sunderland qui soutient le Leave quelques heures avant le moment historique. Au terme de trois ans et demi de tourmente, l'appartenance légale du Royaume-Uni à l'UE prendra fin sur le coup de 23 heures – ouvrant une ère nouvelle pour le pays. »
3. Selon un reportage de la BBC du 7 février 2020 : « Li Wenliang avait contracté le virus quand il travaillait à l'Hôpital central de Wuhan. Il avait adressé une mise en garde à ses collègues médecins le 30 décembre, mais la police lui avait dit de cesser de "faire des commentaires mensongers". Sa mort a donné lieu à des rapports contradictoires, mais le *Quotidien du peuple* annonce à présent qu'il est mort à 2 h 58, vendredi (jeudi à 18 h 58 GMT). »
4. Sajid Javid a démissionné le 13 février 2020. Comme l'a rapporté ce même jour le *MailOnline* : « Furieux, Sajid Javid a déclaré aujourd'hui qu'aucun ministre "qui se respecte" n'aurait obéi à l'injonction de Dominic Cummings de virer ses collaborateurs – après quoi il a démissionné de son poste de chancelier, plongeant dans le chaos le remaniement du Premier ministre. »
5. Public Health a publié une déclaration le 26 février 2020 : « Un nouveau système de mise en évidence des cas de Covid-19 en Angleterre a été mis au point par Public Health England (PHE) et par le NHS pour renforcer les systèmes existants, se préparer à une transmission plus large du virus et l'éviter. Rien n'indique actuellement que le virus circule dans la population anglaise. »
6. Un article du *Daily Telegraph* de décembre 2019 explique : « Boris Johnson mettra le NHS au cœur de son programme national lorsqu'il présentera son programme de gouvernement jeudi, dans le Discours de la reine. Dans une déclaration d'intention à la nation, le Premier ministre inscrira dans la loi une augmentation de 33,9 milliards de livres des dépenses annuelles du NHS d'ici à 2023-2024, dès que les députés auront voté pour son projet de loi sur le Brexit. »

Chapitre 37 : Service de soins intensifs

1. Je disais dans mon message vidéo du 27 mars 2020 : « Je m'isole. C'est la chose à faire, absolument. Mais soyez sûrs que je pourrai continuer,

grâce à la magie de la technologie moderne, de communiquer avec l'ensemble de mon équipe de pointe pour diriger la riposte nationale contre le coronavirus. »

2. Le *MailOnline* écrivait le 2 avril 2020 : « L'air mal en point, Boris Johnson a fait une apparition sur le pas de sa porte jeudi soir alors qu'il est en quarantaine à Downing Street après avoir contracté le coronavirus, pour applaudir le personnel du NHS et d'autres travailleurs essentiels comme les employés de supermarché et les chauffeurs-livreurs qui sillonnent le pays. »
3. *The Golden Bough : A Study of Magic and Religion* de Sir James George Frazer (1890) [Le Rameau d'or : une étude de la magie et de la religion].
4. Par exemple, le Political Pulse d'Ipsos d'avril 2020 indiquait : « La cote de popularité de Boris Johnson augmente nettement, l'image du Parti conservateur étant, elle aussi, en progrès. La majorité des Britanniques (51 %) ont maintenant une opinion favorable de Boris Johnson (+ 17 points depuis début mars), trois sur dix (31 %) affirmant avoir une opinion défavorable de lui (- 16 points). »

Chapitre 38 : Des rues silencieuses

1. Dans un reportage, BBC News a relaté : « Le Royaume-Uni a enregistré 737 nouveaux décès à l'hôpital dus au coronavirus, ce qui porte le nombre total de décès à 10 612. »
2. Constat de la bibliothèque de la Chambre des communes : « La pandémie de Covid-19 a entraîné de très hauts niveaux de dépenses publiques. Les estimations actuelles du coût total des mesures gouvernementales dues au Covid-19 se situent entre 310 milliards environ et 410 milliards de livres. C'est l'équivalent d'environ 4 600 à 6 100 livres par personne au Royaume-Uni. »

Chapitre 39 : La fermeture des écoles

1. Le *Guardian* expliquait dans un article du 1er juin 2020 : « Des milliers d'enfants sont retournés à l'école à travers toute l'Angleterre pour la première fois depuis le début du confinement du coronavirus en mars, mais beaucoup sont restés chez eux en raison de l'inquiétude de leurs

parents et des avertissements de certains conseils municipaux, estimant qu'il était encore trop tôt pour rouvrir plus largement. »
2. Comme le rappelle le Parlement du Royaume-Uni : « La loi de 1870 sur l'éducation constitue le tout premier texte législatif traitant spécifiquement du droit à l'éducation en Angleterre et au pays de Galles. Plus important encore, elle témoignait d'un engagement à l'assurer à l'échelle nationale. »

SEPTIÈME PARTIE
Le début de la riposte

Chapitre 40 : Build Back Better

1. Selon un reportage de BBC News : « La dette du Royaume-Uni a dépassé pour la première fois les 2 000 milliards de livres, en raison des dépenses importantes engagées pour soutenir l'économie dans le contexte de la pandémie du coronavirus. La dépense consentie pour certaines mesures comme le programme d'aide au maintien de l'emploi a pour conséquence que la dette est désormais égale à la valeur de tout ce que le Royaume-Uni produit en une année. La dette totale s'est élevée à 2 004 milliards de livres en juillet, soit 227,6 milliards de plus que l'année précédente, a précisé le Bureau des statistiques nationales du Royaume-Uni. »
2. Selon le titre du *Wall Street Journal* du 26 février 2023 : *Lab leak most likely origin of Covid-19 pandemic, Energy Department now says* [Fuite de laboratoire très probablement à l'origine de la pandémie de Covid-19, selon le Département de l'Énergie]. Le 8 mars 2023, le Committee on Oversight and Accountability [Comité de surveillance et de transparence] de la Chambre des représentants à Washington a publié un communiqué de presse intitulé : *Covid origins hearing wrap-up: Facts, science, evidence point to a Wuhan lab leak* [Synthèse de l'audit sur les origines du Covid : les faits, la science et les preuves pointent vers une fuite du laboratoire de Wuhan]. Le 10 juin 2023, l'équipe Insight du *Sunday Times* a publié une enquête intitulée : *What really went on inside the Wuhan lab weeks before Covid erupted* [Ce qui s'est réellement passé dans le laboratoire de Wuhan quelques semaines avant qu'éclate la pandémie de Covid]. Également en juin 2023, le Bureau du directeur

du renseignement national américain a déclassifié et publié un rapport intitulé *Potential links between the Wuhan Institute of Virology and the origin of the Covid-19 pandemic* [Liens possibles entre l'Institut de virologie de Wuhan et l'origine de la pandémie de Covid-19].

3. J'ai déclaré à Dudley : « Il peut sembler un peu prématuré de prononcer aujourd'hui un discours sur la Grande-Bretagne d'après le Covid – alors que cette maladie ignoblement trompeuse continue de sévir dans d'autres pays, alors que les cas se multiplient à travers le monde, et alors que beaucoup de gens dans notre pays s'inquiètent – à raison – de l'apparition de nouveaux foyers, localisés ou à l'échelle nationale, tels que la flambée de cas observée à Leicester [...] et pourtant nous ne pouvons pas juste continuer d'être prisonniers de cette crise. »
4. Selon un sondage KCL/Ipsos MORI d'avril 2020 : « La moitié des personnes (49 %) disent se sentir plus anxieuses ou déprimées que d'habitude en raison du coronavirus, 38 % dorment moins ou moins bien que d'habitude. »

Chapitre 41 : Lutter contre la vague

1. J'ai déclaré lors d'une conférence de presse télévisée le 16 octobre : « Nous avons créé de toutes pièces une immense industrie du diagnostic, et développé notre capacité de tests pour la faire passer de 2 000 tests en février à plus de 300 000. »
2. Le variant dit « du Kent », ou « VUI – 202012/01 », a été associé à 1 108 cas au 13 décembre 2020, principalement dans le sud et l'est de l'Angleterre. »

HUITIÈME PARTIE
2021 : la reprise grâce au vaccin

Chapitre 43 : Si j'avais un marteau

1. Le journal le *Sun* a écrit : « Les irréductibles du référendum se sont affrontés hier sur la Tamise, alors que Nigel Farage menait une flottille de trente bateaux de pêche vers Westminster – ce qui a incité l'arrogant chanteur irlandais à essayer d'assourdir la manifestation. »

2. Brandon Lewis a déclaré devant la Chambre des communes que l'Internal Market Bill enfreignait le droit international, mais « de manière spécifique et limitée » seulement.
3. La loi UKIM a reçu le consentement royal le jeudi 17 décembre 2020.
4. Lors d'une conférence de presse à Londres le 24 décembre – je portais une cravate ornée de petits poissons –, j'ai déclaré : « Nous avons aussi résolu, aujourd'hui, une question qui a tourmenté notre vie politique pendant des décennies et il ne tient qu'à nous, tous ensemble, en tant que nation nouvellement et véritablement indépendante, de prendre conscience de l'immensité de cet instant et d'en tirer le meilleur parti. »

Chapitre 44 : Le miracle de la vaccination

1. Selon un reportage d'ITV News : « L'une des premières personnes à recevoir le vaccin contre le Covid-19 dans le cadre du programme national de vaccination au Royaume-Uni a déclaré au Premier ministre Boris Johnson qu'elle faisait cela "pour la Grande-Bretagne". Lyn Wheeler, 81 ans, habitant Bromley, au sud-est de Londres, a été la première personne à recevoir le vaccin Pfizer au Guy's Hospital mardi matin. »
2. Starmer a affirmé que l'argent dépensé par le programme de vaccination pour des consultants en relations publiques « ne [pouvait] pas être justifié. »
3. Selon un reportage de BBC News du 2 décembre 2020 : « Le Royaume-Uni est le premier pays au monde à approuver le vaccin contre le coronavirus de Pfizer/BioNTech, ouvrant ainsi la voie à une vaccination de masse. Selon la MHRA, l'Agence de régulation des médicaments et des produits de santé, le déploiement de ce vaccin qui offre une protection allant jusqu'à 95 % contre la maladie du Covid-19 peut se faire en toute confiance. »

Chapitre 45 : En avant la vaccination !

1. Le *Telegraph* a écrit le 1er avril 2021 : « L'usine Halix de Leyde, aux Pays-Bas, est au cœur d'une lutte acharnée de part et d'autre de la Manche. Piquée au vif par le manque de 200 millions de doses acquises par contrat

auprès d'AstraZeneca dans ses livraisons, l'Union européenne a juré de bloquer l'exportation à destination du Royaume-Uni de la moindre dose fabriquée dans cette usine Halix de 6 700 mètres carrés. Cependant, il est aujourd'hui possible de révéler que les contribuables britanniques ont dépensé des millions de livres pour augmenter la capacité de production de cette usine dernier cri avant que l'efficacité du vaccin d'Oxford ait été prouvée. »

2. Emmanuel Macron a déclaré le 29 janvier 2021 : « Nous avons très peu d'informations sur ce vaccin, on attend de voir les résultats de l'EMA [l'Agence européenne des médicaments]. Aujourd'hui on pense qu'il est quasi inefficace pour les plus de 65 ans [...] les premiers retours que nous avons ne sont pas aujourd'hui encourageants pour les plus de 60-65 ans. »
3. Selon Sky News le 24 février 2021 : « Le quotidien le plus vendu en Allemagne a salué le succès du déploiement du vaccin contre le Covid au Royaume-Uni, et le projet du pays de lever le confinement, en annonçant en une : "Chers Britanniques, NOUS VOUS ENVIONS". L'article du tabloïd *Bild* explique que les Britanniques "réagissent avec une euphorie immense" depuis que Boris Johnson a dévoilé son programme pour lever graduellement toutes les restrictions d'ici au 21 juin. »
4. En juillet 2022, l'université d'Oxford a déclaré : « L'université estime que cela s'est fait – et cela continue de se faire – grâce à son partenariat avec AstraZeneca, qui a permis de mettre plus de trois milliards de doses à disposition dans 183 pays. Du fait de cet engagement à assurer un accès équitable partout sur la planète, le vaccin Oxford-AstraZeneca a sauvé 6,3 millions de vies dans la première année de son déploiement mondial – plus qu'aucun autre vaccin en circulation sur la même période. »

Chapitre 47 : Triomphe à Carbis Bay

1. Comme l'a rapporté BBC News : « La Chine a condamné l'accord, qu'elle considère comme "extrêmement irresponsable". Selon le porte-parole du ministère des Affaires étrangères, Zhao Lijian, il "compromet gravement la paix et la stabilité de la région et intensifie la course aux armements". L'ambassade de Chine à Washington a accusé ces pays d'avoir "la mentalité et les préjugés idéologiques de la guerre froide". Le pacte a également déclenché une querelle avec la France, qui a désormais perdu son contrat avec l'Australie pour la construction de douze

sous-marins. “C’est un coup dans le dos”, a dit Jean-Yves Le Drian, ministre des Affaires étrangères, au micro de France Info. »

Chapitre 48 : Kaboul, l’effondrement

1. Remarques du président Biden sur la réduction des forces américaines en Afghanistan le 8 juillet 2021.
2. Comme l’a rapporté le *Daily Telegraph* en avril : « Le Royaume-Uni voulait que les troupes américaines restent en Afghanistan, a révélé le chef des forces armées. Le général Sir Nick Carter a déclaré que la décision du président Biden de retirer la totalité des 2 500 soldats américains avant le 11 septembre n’était “pas la décision” souhaitée par le Royaume-Uni. »
3. Comme l’a révélé une réponse parlementaire : « En mai 2021, le coût total de l’opération Herrick pour la réserve spéciale du Trésor de Sa Majesté s’élève à 22,2 milliards de livres. »

Chapitre 49 : Sauver la planète

1. J’ai écrit dans le *Financial Times* du 18 novembre 2020 : « Il est temps de planifier une relance verte avec des emplois hautement qualifiés qui donneront aux gens la satisfaction de savoir qu’ils contribuent à rendre le pays plus propre, plus vert et plus beau. Imaginez la Grande-Bretagne quand une révolution industrielle verte aura contribué à tirer le pays vers le haut. Vous préparerez votre petit-déjeuner à l’hydrogène avant de monter dans votre voiture électrique, dont vous aurez rechargé la batterie fabriquée dans les Midlands pendant la nuit. Autour de vous, l’air est plus propre, camions, trains, bateaux et avions fonctionnent à l’hydrogène ou au carburant synthétique. Les villes et régions britanniques – Teesside, Port Talbot, Merseyside et Mansfield – sont désormais synonymes de technologies et d’emplois verts. C’est ici que la capacité de la Grande-Bretagne à produire de l’hydrogène et à capturer le carbone a ouvert la voie à la décarbonation des transports, de l’industrie et de l’électricité. »
2. Selon le gouvernement britannique (6 février 2024) : « Le Royaume-Uni est la première grande économie à diviser ses émissions par deux,

les ayant réduites de 50 % entre 1990 et 2022, tout en enregistrant une croissance économique de 79 % – de nouvelles statistiques officielles publiées aujourd'hui le confirment. En comparaison, la France a réduit ses émissions de 23 % et les États-Unis n'ont enregistré aucun changement entre 1990 et 2021. »

Chapitre 50 : Oh misère, c'est Omicron !

1. Communiqué du gouvernement britannique le 10 août 2021 : 3 adultes britanniques sur 4 reçoivent les deux doses d'un vaccin anti-Covid-19. https://www.gov.uk/government/news/3-in-4-uk-adults-receive-both-doses-of-a-covid-19-vaccine.
2. L'université d'Oxford a constaté : « La pandémie de Covid-19 a entraîné des pertes d'espérance de vie jamais observées depuis la Seconde Guerre mondiale en Europe occidentale et a dépassé celles relevées à l'occasion de la dissolution du bloc de l'Est dans les pays d'Europe centrale et orientale. »

NEUVIÈME PARTIE
La guerre en Europe

Chapitre 51 : Une invasion injustifiée

1. Le communiqué de Downing Street à la suite de l'appel téléphonique du 2 février 2022 : « Le Premier ministre s'est entretenu avec le président russe Poutine cet après-midi. Le Premier ministre a exprimé sa profonde inquiétude quant à l'activité hostile de la Russie à la frontière ukrainienne. Il a souligné la nécessité de trouver une voie qui respecte à la fois l'intégrité territoriale de l'Ukraine et son droit à l'autodéfense. Le Premier ministre a souligné que toute nouvelle incursion russe sur le territoire ukrainien serait une tragique erreur de jugement. »
2. Compte-rendu de la rencontre publié par Downing Street le 19 février 2022 : « Le Premier ministre a rencontré le chancelier allemand Olaf Scholz aujourd'hui à Munich. Les dirigeants ont discuté des tensions en Ukraine et ont convenu que l'OTAN devait rester unie face aux menaces actuelles. Le Premier ministre a déclaré que nous [étions] actuellement dans la

phase la plus dangereuse de la crise, avec une invasion russe possible à tout moment. Le Premier ministre et le chancelier Scholz ont décidé de redoubler d'efforts afin de parvenir à une résolution diplomatique pour éviter une effusion de sang inutile. »

3. Dans ce discours prononcé lors de la conférence de Munich sur la sécurité le 19 février 2022, j'ai déclaré : « Je crois que la Russie n'aurait absolument rien à gagner dans cette entreprise catastrophique et tout à perdre, et tant qu'il est encore temps, j'exhorte le Kremlin à amorcer une désescalade, à retirer ses forces de la frontière et à renouer le dialogue. Toutes les nations présentes à cette conférence partagent la vision d'une Europe sûre et prospère composée d'États souverains décidant de leur destin et vivant sans peur ni menace. Et cette vision s'étend bien entendu à la Russie, une nation dont nous révérons le patrimoine culturel, et dont le sacrifice dans la lutte contre le fascisme a été incommensurable. »

Chapitre 52 : La bataille de Kiev

1. Comme l'a rapporté BBC News : « Le Royaume-Uni a annoncé une série de sanctions contre la Russie après qu'elle a ordonné l'envoi de troupes dans deux régions de l'est de l'Ukraine tenues par les rebelles. Cinq banques ont vu leurs avoirs gelés, de même que trois milliardaires russes – qui auront également l'interdiction de se rendre au Royaume-Uni. Boris Johnson a déclaré que les actions de la Russie équivalaient à une "invasion renouvelée" et que les sanctions constituaient un "premier barrage". Il a souligné qu'elles pourraient être étendues, mais que certaines voix appelaient maintenant à une réaction plus sévère. »
2. J'ai déclaré en Pologne le 1er mars 2022 : « Je ne faiblirai pas dans ma conviction que, quel que soit le temps qu'il faudra, une Ukraine souveraine et indépendante émergera à nouveau, parce que Poutine s'est cogné l'orteil et a trébuché sur un fait gigantesque et immuable : il peut envoyer tous les soldats et les chars qu'il voudra, les Ukrainiens souhaitent vivre libres dans un pays indépendant – ce que les Polonais comprendront immédiatement – et le Royaume-Uni leur apportera toujours un soutien sans réserve pour [que] ce souhait [soit respecté]. »

Chapitre 53 : Le coût de la guerre

1. Selon l'Observatoire des migrations de l'université d'Oxford : « Près de 210 000 personnes sont arrivées au Royaume-Uni le 16 juillet 2024 en utilisant un des deux systèmes de visas d'entrée conçus sur mesure pour les Ukrainiens. »
2. Selon un reportage de BBC News en février 2022 : « Le coût de la vie a atteint le mois dernier son plus haut niveau depuis trente ans, alors que les prix de l'énergie, des carburants et de l'alimentation ont continué de monter en flèche et que les détaillants ont limité les remises saisonnières. Les prix ont augmenté de 5,5 % au cours des douze derniers mois précédant janvier, contre 5,4 % en décembre, ce qui a accentué la pression sur le budget des ménages. L'inflation augmente désormais plus vite que les salaires et devrait dépasser les 7 % cette année. »
3. Le gouvernement a publié sa Stratégie pour la sécurité énergétique britannique en avril 2022.
4. Voir l'article du *Times* du 20 juin 2020 intitulé *Rishi Sunak settles in as Downing St's Captain Sensible* [Rishi Sunak s'affirme comme le Capitaine Raisonnable de Downing Street].

Chapitre 54 : Train de nuit pour l'Ukraine

1. Ce nouveau financement militaire incluait plus de 800 missiles antichars NLAW ainsi que des systèmes antichars Javelin supplémentaires.

Chapitre 57 : La Grande-Bretagne et l'Inde

1. Selon Reuters (3 mars 2021) : « Le Royaume-Uni recevra 10 millions de doses du vaccin AstraZeneca contre le Covid-19 fabriquées par le Serum Institute of India (SII), a déclaré mardi le gouvernement britannique. SII, le plus gros fabricant de vaccins au monde en termes de volume, produit en masse le vaccin AstraZeneca développé avec l'université d'Oxford, pour des dizaines de pays pauvres et à revenu intermédiaire. »
2. Comme l'a écrit le *Guardian* dans son édition du 17 mai 2017 : « Boris Johnson a présenté ses excuses pour avoir provoqué "une réaction furieuse" chez un fidèle d'un temple sikh quand il a évoqué son désir

enthousiaste de relancer le commerce du whisky, apparemment sans se rendre compte que l'alcool est interdit par certains enseignements sikhs. »

Chapitre 58 : Un genre d'été torride

1. Comme l'a écrit Fraser Nelson dans le *Spectator* : « Il manque quelque chose d'important dans la victoire historique et écrasante du Labour : les électeurs. Keir Starmer a remporté 63 % des sièges avec seulement 33,8 % des voix, soit la plus faible part de suffrages pour un Premier ministre moderne. Ce résultat est inférieur à ce qu'avaient prédit les (nombreux) instituts de sondage. Ainsi, les Travaillistes en 2024 n'ont obtenu que 1,6 % de plus que le résultat calamiteux de Jeremy Corbyn en 2019 – et moins que Corbyn en 2017. »
2. Selon Reuters : « Le Premier ministre britannique Boris Johnson a déclaré jeudi que son pays allait porter ses dépenses de défense à 2,5 % de son produit intérieur brut (PIB) d'ici à la fin de la décennie, prenant ainsi un nouvel engagement pour renforcer le budget militaire après l'invasion de l'Ukraine par la Russie. »

Chapitre 59 : Quelques conseils pour l'avenir

1. Selon le *Financial Times* du 17 mai 2022 : « Au premier trimestre 2022, le taux de chômage au Royaume-Uni est tombé à son niveau le plus bas depuis près d'un demi-siècle, tandis que le nombre d'offres d'emploi a atteint un nouveau record de 1,3 million. »
2. Le 31 mars 2022, le gouvernement britannique a déclaré : « Des millions de travailleurs britanniques bénéficieront d'une augmentation de salaire à partir du vendredi 1er avril 2022, avec l'entrée en vigueur de l'augmentation du salaire minimum national et du salaire de subsistance national. L'augmentation des salaires, qui bénéficiera à environ 2,5 millions de personnes, comprend la plus forte augmentation jamais accordée au salaire national de subsistance. Elle augmentera de 1 000 livres par an la rémunération des travailleurs à temps plein, ce qui contribuera à atténuer les pressions liées au coût de la vie. »
3. Selon un article de *CityA.M.* du 20 mai 2021 : « Au cours des cinq premières années de son mandat, Sadiq Khan a réalisé un peu plus de la

moitié du nombre de logements à prix abordable par rapport à Boris Johnson lorsque celui-ci était maire de Londres. Les chiffres de l'Autorité du Grand Londres montrent que Boris Johnson a construit 62 387 logements à prix abordable au cours de ses cinq premières années, alors que Sadiq Khan en a construit 34 659 au cours de la même période. »

4. Selon l'article du *Times* du 21 août 2024, titré *Free movement curbs could be relaxed under EU reset* [Les restrictions à la libre circulation pourraient être assouplies dans le cadre d'une réinitialisation de l'UE]

Chapitre 60 : Balmoral

1. Comme l'a rapporté plus tard BBC News : « Le pilote d'un avion de chasse britannique, qui a dégringolé d'un porte-avions de la Royal Navy a fait part de son soulagement d'avoir réussi à s'éjecter du F-35, qui coûte 100 millions de livres. S'exprimant peu après l'incident survenu en novembre 2021, le pilote, connu sous le nom de Hux, a rappelé qu'il n'avait eu que quelques secondes pour réagir. Une enquête officielle a conclu que la perte soudaine de puissance au décollage avait probablement été causée par l'oubli d'une bâche sur l'une des entrées d'air de l'avion. »

Table

PREMIÈRE PARTIE : Pris au piège 11
Chapitre 1 : La malédiction de la femme araignée 13
Chapitre 2 : La coupe empoisonnée 23
Chapitre 3 : Le syndrome d'enfermement 43
Chapitre 4 : Plus Hulk est en colère... 55
Chapitre 5 : Tremblement de terre 67

DEUXIÈME PARTIE : Londres 79
Chapitre 6 : La plus grande ville sur Terre 81
Chapitre 7 : Crise à Londres 95
Chapitre 8 : Le culte du couteau 109
Chapitre 9 : La révolution cycliste 121
Chapitre 10 : Hop ! Et hop ! 133
Chapitre 11 : Londres brûle 145
Chapitre 12 : Un été à nul autre pareil 155
Chapitre 13 : Miracle à Battersea 165
Chapitre 14 : La COP fait flop à Copenhague 175
Chapitre 15 : Des solutions plus radicales 185

TROISIÈME PARTIE : Confessions d'un eurosceptique 195
Chapitre 16 : Chips saveur cocktail de crevettes 197
Chapitre 17 : Le choix du Leave 209
Chapitre 18 : Dans mon bus 217
Chapitre 19 : Triomphe et désastre 231

QUATRIÈME PARTIE : Global Britain 239
Chapitre 20 : La superpuissance du soft power 241
Chapitre 21 : Brexit in America 247
Chapitre 22 : La Grande-Bretagne à l'étranger 261
Chapitre 23 : Chaos en Mésopotamie 273
Chapitre 24 : Tuer Kadhafi 281
Chapitre 25 : Le boucher d'Alep 289
Chapitre 26 : Gøing Gløbal 299
Chapitre 27 : Vendre deux fois le même chameau 311
Chapitre 28 : Libérer Nazanin 321
Chapitre 29 : Poutine l'empoisonneur 333
Chapitre 30 : Patine sur l'Ère dorée 347
Chapitre 31 : Apprenez à lire aux filles 365

CINQUIÈME PARTIE : Une période critique 377
Chapitre 32 : La voie de la servitude 379
Chapitre 33 : Échec à Chequers 387

SIXIÈME PARTIE : Un grand projet pour la Grande-Bretagne 395
Chapitre 34 : La révolution des infrastructures 397
Chapitre 35 : Cauchemar zoonotique 413
Chapitre 36 : Comment la crise a commencé 421
Chapitre 37 : Service de soins intensifs 435
Chapitre 38 : Des rues silencieuses 445
Chapitre 39 : La fermeture des écoles 453

SEPTIÈME PARTIE : Le début de la riposte 463
Chapitre 40 : Build Back Better 465
Chapitre 41 : Lutter contre la vague 477
Chapitre 42 : Dilyn flaire une taupe 489

HUITIÈME PARTIE : 2021 : la reprise grâce au vaccin 495
Chapitre 43 : Si j'avais un marteau 497
Chapitre 44 : Le miracle de la vaccination 511
Chapitre 45 : En avant la vaccination ! 523
Chapitre 46 : Survivre dans la fosse aux ours 533
Chapitre 47 : Triomphe à Carbis Bay 547
Chapitre 48 : Kaboul, l'effondrement 565
Chapitre 49 : Sauver la planète 577
Chapitre 50 : Oh misère, c'est Omicron ! 595

NEUVIÈME PARTIE : La guerre en Europe 611
Chapitre 51 : Une invasion injustifiée 613
Chapitre 52 : La bataille de Kiev 627
Chapitre 53 : Le coût de la guerre 635
Chapitre 54 : Train de nuit pour l'Ukraine 641
Chapitre 55 : Bienvenue dans le Kent, jumelé à Kigali 651
Chapitre 56 : Cher Sir Graham 655
Chapitre 57 : La Grande-Bretagne et l'Inde 659

DIXIÈME PARTIE : Les derniers mois 665
Chapitre 58 : Un genre d'été torride 667
Chapitre 59 : Quelques conseils pour l'avenir 683
Chapitre 60 : Balmoral 697

POSTFACE : Comment faire face à tout ça 701
ANNEXES
Remerciements 705
Notes 711

Crédits photos

Premier cahier

Né à New York (collection de l'auteur)
Début de ma scolarité (collection de l'auteur)
Avec Jo, Rachel, Charlotte et Stanley Johnson (collection de l'auteur)
Scholar (collection de l'auteur)
En train de bûcher (collection de l'auteur)
Mes débuts comme eurosceptique (BBC Archive)
Dans mon bureau de rédacteur en chef (Edd Westmacott/Alamy Stock Photo)
Avec Marina, dans les locaux du *Spectator* (Alan Davidson/Shutterstock)
En train d'agiter le drapeau olympique (PA Images/Alamy Stock Photo)
En compagnie de la commissaire de police Jo Oakley (Peter Macdiarmid/Getty Images)
Je suis venu remercier les habitants de Clapham (Matthew Chattle/Alamy Stock Photo)
Marina et les enfants attendent les résultats (Peter Macdiarmid/Getty Images)
Avec Lara, Milo, Marina, Cassia et Theo, en route (Andrew Parsons/Parsons Media)
Résultats sous haute tension (Andrew Parsons/Parsons Media)

Avec mon vieil adversaire, Ken Livingstone (Andrew Parsons/Parsons Media)

Hop ! Et hop ! Sur la plateforme ouverte d'un bus Routemaster (Andrew Parsons/Parsons Media)

Avec Leo, Rachel, mon père et Jo à Orpington (Andrew Parsons/Parsons Media)

À vélo sur Whitehall (Dan Kitwood/Getty Images)

Un phénix renaît de ses cendres (Carl Court/Getty Images)

Lancement de l'ArcelorMittal Orbit (Alan Davidson/Shutterstock)

En selle avec Arnold Schwarzenegger (Oli Scarff/Getty Images)

Un tir, dos au panier (Associated Press/Alamy Stock Photo)

Aux Jeux olympiques, avec les athlètes britanniques (Shutterstock)

Hommage au sprinteur jamaïcain, Usain Bolt (Shutterstock)

Avec mes fils, Milo et Theo, aux épreuves olympiques de cyclisme (theodore liasi/Alamy Stock Photo)

Cascade mouvementée mais promotion réussie (Kois Miah/Getty Images)

En campagne dans le bus Leave (Andrew Parsons/Parsons Media)

Reprenons le contrôle (Andrew Parsons/Parsons Media)

J'y suis ! Arrivé au ministère des Affaires étrangères (Andrew Parsons/Parsons Media)

Au Pérou, quelque part dans la jungle amazonienne (Andrew Parsons/Parsons Media)

Cricket à Kolkata (NurPhoto SRL/Alamy Stock Photo)

En Birmanie, dans les ruines calcinées d'une maison d'un village rohingya (Andrew Parsons/Parsons Media)

À Moscou, le 22 décembre 2017, je dépose des fleurs (STEFAN ROUSSEAU/Getty Images)

Gagné ! Je prends la direction du Parti conservateur (Andrew Parsons/Parsons Media)

Je ne savais pas exactement comment j'allais m'y prendre pour faire aboutir le Brexit (Andrew Parsons/Parsons Media)

Deuxième cahier

Le 10 décembre 2019, la victoire au bulldozer pour le Brexit (Andrew Parsons/Parsons Media)

Un baiser de Lucky le chien (Andrew Parsons/Parsons Media)

Tonnerre de Haddock ! (Andrew Parsons/Parsons Media)

À la rencontre d'électeurs conservateurs dans un pub (Andrew Parsons/Parsons Media)

Un transport de joie qui manque de dignité (Andrew Parsons/Parsons Media)

Demandant la permission à la reine (WPA Pool/Getty Images)

Saut en hauteur et énergie multipliée par trois (WPA Pool/Getty Images)

Avec les 109 nouveaux députés (PAUL GROVER/Alamy Stock Photo)

Avec le Taoiseach irlandais, Leo Varadkar (Associated Press/Alamy Stock Photo)

Retour du passeport bleu britannique (Andrew Parsons/Parsons Media)

Vu la tête de Jean-Claude Junker (PA Images/Alamy Stock Photo)

Je vous l'avais bien dit que l'accord de retrait était prêt à l'emploi ! (Leon Neal/Getty Images)

Discours à la nation (Andrew Parsons/Parsons Media)

Conférence de presse sur le Covid (Andrew Parsons/Parsons Media)

Message de bon rétablissement (avec l'aimable autorisation de l'auteur)

En convalescence à Chequers : en bas des marches (avec l'aimable autorisation de l'auteur)

Convalescence avec Wilf (avec l'aimable autorisation de l'auteur)

Applaudissements avec Carrie devant le 10 Downing Street (Mark Thomas/Alamy Stock Photo)

Visite au Pilgrim Hospital (Andrew Parsons/Parsons Media)

Piqûre de rappel (Andrew Parsons/Parsons Media)

C'est dans la boîte ! (avec l'aimable autorisation de l'auteur)

Visite du chantier du HS2 (PA Images/Alamy Stock Photo)

On continue de gagner en remportant l'ancien siège de Peter Mandelson (Associated Press/Alamy Stock Photo)

À la plage avec Angela Merkel (WPA Pool/Getty Images)

Avec le grand naturaliste, David Attenborough, (Chris J Ratcliffe/Getty Images)

Échange de coups de coude avec Joe Biden (Imago/Alamy Stock Photo)

Visite d'Emmanuel Macron (Andrew Parsons/Parsons Media)

Entraînement de troupes ukrainiennes (Andrew Parsons/Parsons Media)

Avec Volodymyr Zelensky (Anadolu/Alamy Stock Photo)

Au Trump National Golf Club (avec l'aimable autorisation de l'auteur)

Top gun à Coningsby, (Andrew Parsons/Parsons Media)

Avec Poutine (ALEXEY NIKOLSKY/Getty Images)

Promenade dans les Alpes bavaroises avec Olaf (Andrew Parsons/Parsons Media)

Chequers, nous voilà ! Descente d'hélicoptère (avec l'aimable autorisation de l'auteur)

Noël au 10 Downing Street (Andrew Parsons/Parsons Media)

Les joies du camping à Chequers en famille (avec l'aimable autorisation de l'auteur)

La grande évasion avec Carrie (avec l'aimable autorisation de l'auteur)

À Chequers avec Carrie, Wilf et Romy. Les deux enfants sur le seuil du 10 Downing. (Andrew Parsons/Parsons Media)

À Chequers (Andrew Parsons/Parsons Media)

Notre mariage le 30 mai 2021 (Fulton Photography, www.fultonphotography.co.uk)

Wilf et Romy (avec l'aimable autorisation de l'auteur)

Dans le hall du 10 Downing Street, le 7 juillet 2022 (Andrew Parsons/Parsons Media)

Sur le départ (Andrew Parsons/Parsons Media)

Cet ouvrage a été composé
par Nord Compo
et achevé d'imprimer en octobre 2024
par l'imprimerie Bussière à Saint-Amand-Montrond (18)
pour le compte des Éditions Stock
21, rue du Montparnasse, 75006 Paris

PAPIER À BASE DE FIBRES CERTIFIÉES

Stock s'engage pour l'environnement en réduisant l'empreinte carbone de ses livres. Celle de cet exemplaire est de :
1,2 kg éq. CO_2
Rendez-vous sur www.editions-stock-durable.fr

Imprimé en France

Dépôt légal : novembre 2024
N° d'édition : 01 – N° d'impression : 2080869
38-07-5231/7